민의와 의론

정치사상총서 03

민의와 의론
동아시아 3국의 정치사상

지은이 / 장현근·김정호·윤대식·이상익·조성환·박홍규·이세형·방상근·김영수·이원택·
　　　　송완범·고희탁·노병호
펴낸이 / 강동권
펴낸곳 / (주)이학사

1판 1쇄 발행 / 2012년 10월 10일

등록 / 1996년 2월 2일 (등록번호 제 03-948호)
주소 / 서울시 종로구 안국동 17-1 우 110-240
전화 / 02-720-4572 · 팩스 / 02-720-4573
이메일 / ehaksa@korea.com

© (사)한국정치사상학회, 2012, Printed in Seoul, Korea.

ISBN 978-89-6147-169-5 94340
　　　978-89-6147-139-8 94340(세트)

이 책의 저작권은 저자가 가지고 있습니다.
저작권법에 의해 보호를 받는 저작물이므로 이 책 내용의 일부 또는 전부를 재사용하려면
저작권자와 (주)이학사 양측의 동의를 얻어야 합니다.

* 책값은 뒤표지에 표시되어 있습니다.

> 이 도서의 국립중앙도서관 출판시도서목록(CIP)은 e-CIP 홈페이지(http://www.nl.go.kr/ecip)와 국가자료공동목록시스템(http://www.nl.go.kr/kolisnet)에서 이용하실 수 있습니다. (CIP제어번호: CIP2012004302)

정치사상총서 03

민의와 의론

동아시아 3국의 정치사상

장현근 | 김정호 | 윤대식 | 이상익 | 조성환
박홍규 | 이세형 | 방상근 | 김영수 | 이원택
송완범 | 고희탁 | 노병호 지음

한국, 중국, 일본 등 동아시아 정치사상 가운데 통치자와 민의의 반영이라는 관계를 보다 정확하게 규명하여 전통 사상이 갖는 강한 정치성을 설명하고 이를 통해 현대 한국 정치의 심연에 깔린 한국인의 정치의식에 대해 새로운 설명을 시도하고자 한다. 동시에 동아시아 전통 정치 경험들을 비교 분석함으로써 이들 사회에 공존하는 이념적 동질성을 규명하고 민주정치발전 과정상의 차이점 등을 이해할 수 있는 체계적인 정리 작업을 하고자 한다.

이학사

일러두기

1. 이 책은 한국정치사상학회 회원들이 '민의와 의론'을 주제로 함께 연구한 결과물이다.
2. 각 장별로 독립적인 글이므로 각 장 지은이의 글쓰기를 살리되, 인명과 몇몇 용어 및 전체적인 형식은 통일하였다.
3. 인명과 주요 용어는 각 장별로 처음 나올 때 한 번(단 일부 용어는 두 번 이상) 원어나 한자 병기를 하는 것을 원칙으로 하였다. 인용문의 경우 어법에 맞지 않는 일부 구절은 표현을 수정하기도 하였다. 별도의 설명이 없는 고딕체는 지은이의 강조이다.
4. 부호의 쓰임은 다음과 같다.
    『 』: 도서명
    「 」: 논문명, 책의 장
    ( ): 본문에서의 지은이의 부연 설명, 외국어나 한자 병기, 생몰 표기
    [ ]: 인용문에서의 인용자의 부연 설명, 음이 다른 한자나 한자 구절 표기
    ……: 중략

서문

20세기 세계는 한마디로 서양 세력의 확장이었다. 정치 또한 서구 이념의 지구적 보편화와 비서양의 일방적 서양화가 진행되었다. 21세기에 들어선 지금까지도 세계 정치는 서구식 민주주의만을 유일한 체제로 받아들이고 있다. 인류 역사의 그 어느 때도 이토록 광범한 지역에서 수십억의 인구가 하나의 정치체제로 획일화된 적이 없었다. 민주주의 이념이 갖고 있는 우수성과 제도적 성취 때문이기도 하겠지만, 지난 300년 동안 대의민주주의 정치제도를 정착시켜 온 서구 국가들의 '힘의 우월성' 때문이기도 하다.

이론적으로 대의민주주의가 군사적, 경제적 힘의 탁월성을 가져온다고 증명된 적은 없다. 그럼에도 비서양 국가들은 서양의 강요와 자발적 복종으로 서양을 맹목적으로 추종함으로써 힘을 키우려고 하였으며, 그 방법을 철저한 자기 전통의 부정에서 찾았다. 동아시아 3국도 일본의 몇몇 사례만 예외적이었을 뿐, 수천 년의 정치적 경륜과 유교적 전통, 독자적인 문화를 송두리째 버리고 대의민주주의라는 서구 이념의 충실한 신도가 되었다. 모두 지난 150년 동안 벌어진 현상이다.

기나긴 갈등과 질곡의 근대화 과정을 지나면서 힘의 대이동이 이루어지고 동아시아 3국의 역량이 서양 전체를 압도할 날이 눈앞에 다가오고 있다. 정치가 밑그림을 잘 그려주어야 새로운 시대에는 동아시아가 그 중심 역할을 할 수 있을 것이다. 민주주의는 생활 원칙이고 사회 원리이며 정치 이념으로 작용하는 것임에도 지금 서양에서는 민주주의가 사람들을 도덕적으로 타락시켜왔으며, 정치적 동물인 인간을 비정치화시켰다는 등 민주주의의 노화가 고민거리로 등장하고 있다. 민주주의는 변화를 통해서만 더욱 강한 보편성을 확보할 수 있을 것이며 더 나은 상태로의 발전이 가능할 것이다. 민의(民意)를 중시하고 의론(議論)을 통해 이루어졌던 동양의 전통 정치사상에 관한 연구는 이 문제에 대한 대안 모색에 일조를 할 수 있을 것이다.

동아시아 정치는 민의 중시와 민본의 전통을 갖고 있으며, 의론을 통해 민의의 반영과 군권에 대한 견제를 이루어왔다. 이는 민주주의와 상부상조하며 다원화된 세계를 끌어안으며 인류의 지성을 드높이고 지혜로운 세상을 만들어가는 데 필요한 훌륭한 아이디어들을 제공해줄 것이다. 과거의 전철을 밟아서는 안 된다. 민주주의 체제를 정착시키기 위해 기울였던 노력을 부정해서도 안 될 것이며, 근대 초 서양처럼 패권과 일방적 강요를 통해 체제를 이식시키려 들어서도 안 될 것이다.

자본과 기술이 중시되는 경제 우위의 시대가 되면서 인간의 삶과 사회적 관계를 가장 본질적으로 정의하는 정치에 대한 관심이 크게 줄어들고 있다. 정치를 인간관계의 질서를 만드는 궁극적 원리로 파악할 때, 민의와 의론 중시라는 역사적 경륜을 가진 동아시아 전통 정치에 대한 연구는 현대인들의 고민을 경제문제보다 본질적 삶의 문제로 전환시킬 수 있는 한 계기를 마련해줄 것이다.

이 책은 전통적 정치 이념에 대한 정당화나 찬양이 아니다. 곳곳에서 동아시아 전통 정치사상이 사회 구성원 모두의 타고난 정치적 권리를 중시해주지 않았음을 비판하고 있으며, 한 성씨가 수백 년간 권력을 독점한 전통이 잘못되었음을 인정하고 있고, 인간의 보편적 평등과 일반적 자유가 보장되지 않은 귀족적 제도에 대해 아쉬움을 표현한다. 동아시아 전통 정치가 민의를 중시하기는 했지만, 거기에는 한계가 있었고 민의는 통치자의 소극적인 수렴과 배려의 대상이었을 뿐이었다. 민의 자체가 정부 정책을 결정하는 데 적극적이고 주체적인 역할을 수행하지 못했으며, 따라서 민의의 수렴을 위한 어떤 제도화도 이루어내지 못하였다. 민의를 수렴하기 위해 동아시아 3국의 전통 정치에서 존재했던 의론 또한 공론을 형성하여 올바른 정치의 전개에 도움을 주었지만, 근본적으로 위로부터의 권위주의를 극복하지 못한 한계가 있어서 제한적 성과만을 보였을 뿐이었다.

이 모든 것은 궁극적으로 동아시아 전통 정치의 특질인 군주 중심의 정치체제가 갖고 있는 문제점들이다. 이 책은 그러한 한계들에 대한 통절함 위에 서 있다. 동시에 그 한계를 벗어나 우리 심성에 맞는 동아시아적 정치 이념을 만들고자 하는 희망 위에 서 있기도 하다. 전통 시대 정책 수립에 민의가 어떻게 반영되었으며 정부와 민간의 관계는 어떻게 설정되었는지 규명하여 정치사상의 기초를 다지고, 동양 정치사상을 바라보는 기존 시각을 깨 동서양 정치사상의 수렴을 통한 정치발전에 이바지하고자 한다.

한국·중국·일본 등 동아시아 정치사상 가운데 통치자와 민의의 반영이라는 관계를 보다 정확하게 규명하여 전통 사상이 갖는 강한 정치성을 설명하고 이를 통해 현대 한국 정치의 심연에 깔린 한국인의 정치의식에 대해 새로운 설명을 시도하고자 한다. 동시에 동아시아 전통 정치 경험들을 비교 분석함으로써 이들 사회에 공존하는 이념적 동질성을 규명하고 민주정치발전 과정상의 차이점 등을 이해할 수 있는 체계적인 정리 작업을 하고자 한다.

이 책은 동아시아 사상사에서 민(民)이 갖는 정치적 의미를 탐구한 서장 외에 한국, 중국, 일본 등 동아시아 3국의 정치 전통에서 민의 또는 의론과 관련된 주제들을 제1부 중국, 제2부 한국, 제3부 일본으로 구분하여 각각 시대별로 정리하였다. 이를 통해 동아시아 3국의 역사 전면에 흐르는 민의와 의론의 정치사상에 대한 전체적인 윤곽을 파악하고자 한다.

첫째, 서장은 동아시아 정치사상에서 최고의 핵심 개념이라 할 수 있는 민 개념 및 유사 개념들의 어원과 원류, 그리고 민심과 민의가 갖는 정치적 의미 등에 대해 초기 문헌들을 중심으로 문헌학적 접근을 하였다. 원래 이주한 노예 노동자를 부르던 민(民)이란 말은 나중에 피통치자 전체를 대변하는 개념이 되었다. 민의 정치적 의미는 군주의 상대로서 피통치자 전체였고, 천(天)의 상대로서 국(國)의 근본이었으며, 도덕의 표준이었고, 자유롭고 재산권을 가진 존재였다. 동아시아 정치 전통에서는 유교의 영향이 절대적이었다는 점에서 서장은 유교의 논의를 많이 다루었다.

제1부는 중국을 다루었다. 1장은 중국 선진 제자백가 가운데 묵가 사상과 도가 사상을 민의의 관점에서 조명하였다. 묵자는 여론 정치를 통한 정치적 소통의 필요성을 주장했으며, 공익적 능력 여하에 따라 민이 정치에 참여할 수 있는 가능성을 열어놓았다. 또한 민의를 적극적으로 반영하는 정치의 중요성을 강조하고, 특히 군-신-민 간 정치적 소통의 방법을 제시하기도 했다. 노장 사상은 정치 지도자의 이기적 지배 욕구 억제와 무위무욕(無爲無欲)의 섬김의 정치를 강조했다. 동시에 노장은 자비를 통한 용기, 검소를 통한 베풂, 그리

고 국민의 위에 군림하지 않고 국민을 섬기려는 자세가 정치 지도자의 필수적 덕목임을 밝혔다.

2장은 진·한 제국의 의론의 정치에 대해 다루었다. 한 제국은 간언의 전통을 의론의 제도화로 전환하는 데 성공했기 때문에 오래 지속될 수 있었다. 진 제국의 경우 위로부터 제기된 의론의 일방적인 소통 방식을 채택한 반면, 한 제국의 경우 아래로부터 제기된 간언의 쌍방향적인 소통 방식을 채택하는 데 성공했다는 차이점이 있다. 염철회의는 황제-신하 모두가 발의에 참여하여 의론한 후 황제의 재가를 통해 정책을 산출하는 방식을 취했다는 점에서 아래로부터의 의견 수렴과 위로부터의 대응이라는 소통의 제도화를 보여주는 방증이다. 다만 염철회의는 민의의 상달과 일정한 거리를 두고 출발하였다.

3장은 주자학을 다루었다. 주자는 통치권을 군주권·재상권·간관권(諫官權)으로 분립시켜 서로 견제하여 운용하는 것이 바람직하다고 보았다. 주자가 권력분립을 옹호한 까닭은, 국가는 한 사람만의 힘으로는 다스릴 수 없다는 점과 상호 견제를 통하여 통치권이 공정하게 운용될 수 있다는 점에 있었다. '군·신·민의 소통'에 대하여 주자는 천리와 민심이 접맥되는 지점에서 공론의 이론적 근거를 발견하고, 공론에 공동선의 추구라는 의미를 부여했다. 주자는 공론을 구현할 수 있는 제도적 장치들로서 언로의 개방과 언론의 자유를 역설하고, 공론의 주도자로서 간관의 역할을 중시했다.

4장은 중국 근대 정치에서의 '민의'의 문제를 1890년대 후반의 후난(湖南)성 민권운동, 1900년대 초반의 입헌 개량파와 공화 혁명파의 민권론의 전개를 중심으로 분석하였다. 호남개혁운동의 민권론은 군민공주제(君民共主制)하에서 의회를 설립하고 정부의 근대화를 주장하였다. 1901년 이후 군권과 민권의 개량주의적 절충을 주장한 입헌파와 군권의 일소와 민권의 전면적 실시를 주장한 혁명파 간의 입장 차이는 근본적인 것이 아니다. 입헌파와 혁명파의 '민권 사상'은 특히 '민의'의 지지 정도와 관련하여서 큰 차이를 보였으며, 혁명파는 일반 평민의 광범위한 지지까지 받았으나 정치적으로 제도화하지는 못하였다.

제2부는 한국을 다루었다. 5장은 태종조 공론 정치의 모습을 통해 권력정치가를 넘어선 유가적 군주로서의 태종의 모습을 살펴본다. 태종 10년에 선언한 유신의 교화를 통해 태종은 전반기에 다져진 정치제도와 강화된 왕권을 바탕으로, 스스로가 쿠데타를 통해 부정했던 본래의 성리학적 정치 질서로 복귀하려고 하는 모습을 보인다. 집권 후반기의 태종은 분명한 공론 정치의 사례를 보여주고 있으며, 세종조의 공론 정치 역시 이 연장선상에 있는 것이다. 이것은 태종조 전반기의 권력정치에도 불구하고 꾸준히 지속된 조선의 제도화와 태종의 왕권 강화 정책에 대한 새로운 평가를 가능하게 한다.

6장은 조선 성종 시대 의론의 정치를 다루었다. 먼저 성종의 친정(親政) 이후 성종 16년까지 계속된 진퇴(進退) 논쟁을 통해서 철인왕으로서의 설득적 리더십을 조명한다. 성종의 '교화의 정치'는 인욕(人欲)에 물든 정치가들로 하여금 스스로의 내면을 돌아보도록 하는 '철학적' 설득을 중시한다. 성종 16년부터는 성종의 중재적 리더십이 빛을 보았다. 그의 시대가 정치적 안정과 태평을 유지할 수 있었던 이유는 대신과 대간의 대립을 '중재'하며 정치적 안정을 유지했던 성종의 '중재적' 리더십 때문이다. 비록 정치적 안정을 해칠 수 있는 소인이 존재한다고 하더라도 능히 중재할 수 있는 군주의 역할이 존재한다면 정치적 안정이 유지될 수 있을 것이다.

7장은 조선 선조 대 공론 정치의 굴절과 좌절에 대해 살펴보았다. 조선은 '당론'이 독단적인 유아론적 시비론으로 바뀌면서 '공론'을 압도한 붕당 현상을 초래하였다. 특히 이율곡은 사림의 도덕적 근본주의에 대해 낮은 차원의 '사적 윤리주의'로 대체할 수 있다는 점을 지적하고 정치적 문제의 다원성과 민생에 대한 관심을 주장했다. 그는 사림 간의 상호 존중과 당쟁의 조정을 제안했으나, 오히려 기회주의자 혹은 공론의 적인 소인으로 비판받았다. 조선은 공론의 정치적 중요성을 잘 인식하고 있었음에도 자율적인 사회적 공론장이 대단히 취약했으며, 정치적 '결정'과 '논의'의 장을 조정안에 통합, 제한함으로써 극단적인 분열의 정치를 초래한 것으로 이해된다.

8장은 19세기 개화기에 민의의 성장과 그에 따른 의론(議論) 기구의 전환을 다룬다. 먼저 조선 시대의 최고 국정 기구인 의정부와 비변사의 연혁을 살펴보고, 조선 후기에 제기된 비변사 혁파론과 의정부 복설론을 통해 각각 의론 기구로서의 특징을 살펴본다. 이어서 개화기의 민의 표출과 민회(民會) 운동의 전개가 의론 기구의 분화를 아래로부터 추동하였으며, 그 결과 갑오경장으로 내각제가 실시됨에 따라 의정부가 한편으로 (행)정부로 분화되어 나아가고, 다른 한편으로 만민공동회의 의회 설립 운동에서는 의정부가 의회로 분화되어나가는 단초를 살펴볼 수 있다. 비록 실패로 끝나 식민지로 전락했지만, 개화기의 민회 운동은 현대 한국 정치에도 면면히 이어지고 있다고 하겠다.

제3부는 일본을 다루었다. 9장은 일본 전근대의 왕권과 민의와의 관련성 문제를 다루었다. 왕권은 사람이 아닌 제도와 권위일 수도 있다. 정이대장군은 형식적으로는 칙령에 의해 임명되는 신하이지만, 무로마치시대와 에도시대에는 실질적으로 조정을 지배한 일본의 통치자이고 대외적으로도 일본의 국왕으로서 대우를 받는 것이 통례였다. 정이대장군이 필요한 9세기 중엽이 이민족을 대상으로 한 시기의 정이(征夷)였다면, 이후 고대 말기와 중세로의 전환에서 보는

바와 같이 상대편을 제압하는 대상으로 규정하는, 개변하는 이(夷)의 모습은 이후 민의의 확산과도 오버랩된다고 할 수 있을 것이다.

10장은 에도시대 일본을 다루었다. 에도시대에 전개된 주자학 수용, 반발, 해체의 양상을 나타내는 사상사적 흐름을 정치와 민의의 상관관계라는 측면에서 재조명하였다. 이토 진사이(伊藤仁齋)를 유학적 패러다임을 활용한 민의 정치적 진화의 선구적 개척자로서, 오규 소라이(荻生徂徠)를 민의의 수렴 및 조작을 통해 사무라이 지배체제의 위기를 벗어나고자 한 통치 계급의 사상적 모색으로서, 모토오리 노리나가(本居宣長)를 민의 정치적 진화를 근대적 민족주의로 수렴시키고자 한 근대적 민족주의의 원형으로서 파악하여 그 흐름의 정치사상적 의미를 부각시키고자 하였다.

11장은 막부 말·메이지기의 일본에서 대유행한 정치 용어 '공의 여론(公議輿論)'이라는 관념을 민의 혹은 의론이라는 관점에서 조명한 것이다. 막부 말 이래 민이 정치적인 주체로 발전해갈 조건이 정비되었다. 메이지유신을 전후하여 민이 국민으로 재탄생하려 한 바로 그때에 공의 여론 관념이 지니는 역동성이 발휘되지 못하고, 오히려 제도적·방법론적·주체적인 측면에서 정태적 성격을 드러내었다. 즉 탄생부터 불안정했던 공의 여론은 메이지 정부가 안정되자 정부에 의해 독점되어버리고, 민은 결정된 공(公)을 수동적으로 수행하지 않으면 안 되는 신민으로 전락해버리고 만다.

이상의 논의를 통해 한국, 중국, 일본 등 동아시아 전체의 역사를 관통하여 민의가 정치에 얼마나 중요한 역할을 했는지 부각시키고자 했다. 이러한 여러 연구 결과를 통해 우리는 민주주의 정치 질서의 문제점을 보완하는 한편, 향후 새로운 정치 이념을 창출하여 인류의 미래를 설계하는 데 큰 시사점을 발견할 수 있을 것이다. 동서양 사상의 융합을 통한 새로운 정치 이념은 첫째, 민의 위치를 재정립함으로써 '보다 나은 세상'을 위한 시민의 지향을 설계할 수 있게 해줄 것이다. 둘째, 동아시아 각국에서 민의가 어떻게 정치적으로 반영되었는가를 통해 서구 민주주의 이념이 가져온 여러 가지 병리적 현상을 해결할 수 있는 중요한 단서들을 발견할 수 있을 것이다. 셋째, 서구 민주주의 제도의 맹목적 추종이 우리 정치의 최종 목표가 아님을 확인하고, 동아시아 전통 사상과 그 성취를 반영하는 대안적 제도의 창출을 구상할 수 있을 것이다.

2012년 9월
집필자들의 생각을 종합하여 장현근 씀

차례

서문 / 5

서장 동아시아 사상사에서 민과 민의_장현근 / 17

제1부 중국 정치사상사에서 민의와 의론

1장 선진시대 묵자와 노장에서의 민의_김정호 / **71**
2장 진한시대 의론의 제도화와 민의_윤대식 / **105**
3장 송 대 주자학에 있어서 민심과 공론_이상익 / **149**
4장 중국 근대의 민의와 민권론의 전개_조성환 / **185**

제2부 한국 정치사상사에서 민의와 의론

5장 조선 초기 태종과 공론 정치_박홍규·이세형 / **215**
6장 조선 전기 성종과 의론의 정치_방상근 / **259**
7장 조선 중기 당쟁과 이율곡의 공론 정치론_김영수 / **313**
8장 개화기의 민의와 의론 기구의 전환_이원택 / **353**

제3부 일본 정치사상사에서 민의와 의론

9장 일본 전근대의 민의와 왕권_송완범 / **387**
10장 에도시대 사상사와 민의_고희탁 / **413**
11장 막말 유신기의 공의 여론과 민의_노병호 / **481**

결론을 대신하여_장현근 / **527**

각 장에 대한 안내 및 각 장이 처음 게재된 학술지 / **533**
지은이 소개 / **535**

서장 동아시아 사상사에서 민과 민의

장현근

1. 민(民)은 누구인가?

언어와 사물을 다룬 『시경(詩經)』은 수천 년 동안 동아시아 지식인들에게 자연세계와 인문질서를 이해시키고, 다사다난한 인간의 역사 및 아름다움과 추함이 교직된 사랑과 정치에 대한 기초를 가르쳐 왔다. 거기에 「생민(生民)」이란 제목의 빛나는 서사가 있는데, 이렇게 출발한다.

저 태초에 민(民)을 낳으신 이/ 그분이 바로 강원(姜嫄)[1]이시니/ 민을 어찌 낳으셨을까?/ 정갈한 몸으로 제사 올리시고/ 하여 무

---

1) 강원(姜原)이라고도 쓰는데, 『시경』의 이 구절 외에 『사기(史記)』「주본기(周本紀)」에도 나온다. 신의 계보로 볼 때 그녀는 오제의 한 사람인 제곡(帝嚳)의 아내였고, 거인의 엄지 발자국을 밟아 잉태하여 후직(后稷)을 낳았다고 한다. 다양한 추측과 해설이 존재한다.

자식의 징조를 떨어내셨네./ 제(帝)의 발자취 엄지를 밟으시고/ 기쁘게 받아 의지하고 머무르셨네./ 곧 아이 배고 곧 조신하시니/ 곧 낳고 곧 기르시니/ 그분이 바로 후직(后稷)이시라.[2]

농업의 신으로 추앙받는 주(周) 민족의 조상 후직의 탄생 신화는 이렇게 시작하는데, 여기서 민(民)은 누구인가? 주희(朱熹)는 『시경집전(詩經集傳)』에서 "민(民)은 인(人)이다."라고 주석하는데, 왜 사람의 형상을 가리키는 인(人) 자보다 훨씬 후에 생긴 민이란 글자를 썼을까? 『시경』에 무려 102차례나 나오는 민은 이렇게 인으로 이해해도 될 만한 곳이 여럿이다. 그런데 『시경』도 그렇고, 민이 무려 278회나 등장하는 『서경(書經)』의 경우도 보통 인으로 해석하면 이해가 안 되는 민의 용례가 훨씬 많다. 이 때문에 민이 인의 동의어인가에 대한 논란이 오랫동안 있었다. 민의 보다 근원적인 어원은 무엇이었을까?

폭력이 질서인 초기 사회는 대체로 정복자가 정복민을 노예로 삼는다. 중국의 초기도 그랬을 것이고 민은 그와 관련이 있어 보인다. 이런 민이 춘추전국시대 이후 피통치자 전체를 가리키는 의미로 보편화되는데, 그럼에도 위 『시경』처럼 문헌들이 굳이 인을 쓰지 않고 민을 쓴 이유는 무엇인가? 『좌전(左傳)』 「성공 13년(成公十三年)」에 "민은 하늘과 땅의 가운데 존재로 부여받아 태어났다."[3]고 한다. 이에 대해 공영달(孔穎達)은 "민은 인이다."라는 소(疏)를 달았다. 이는 천·지·인 3각 구조로 세상을 보는 것으로 위 주희의 해석과도 유사하다. 하늘·땅과 비견되는 우주 간의 위대한 존재로 인을 상정하고

---

2) 厥初生民, 時維姜嫄. 生民如何? 克禋克祀, 以弗無子, 履帝武敏, 歆, 攸介攸止, 載震載夙, 載生載育, 時維后稷.
3) 民受天地之中以生.

있다. 대부분의 제자백가 서적은 이런 경우 인을 쓴다. 그렇다면 원래 사람대접을 못 받던 특수한 의미의 민이 춘추전국시대에 이르러 인과 비슷하게 불릴 정도로 그 의미가 보편화되었다는 얘기다. 그럼에도 민은 정치적 의미와 함께하며, 인과는 다른 속성을 지닌다. 민의(民意)를 중시하고 민의를 강조한 의론(議論)의 정치를 전개했던 동아시아 정치사상사를 다루기 위해선 민이 갖는 구체적인 의미가 무엇인지 알아볼 필요가 있다.

민과 인이 나란히 쓰인 용례를 보면 그 차이를 어느 정도 이해할 수 있다. 『시경』을 보자.

> 아리땁고 즐거운 군자(君子)시여/ 좋은 덕(德)을 드러내고 드러내시어/ 민(民)을 화목케 하고 인(人)을 화목케 하시니/ 하늘로부터 녹을 받으실진저.[4]

여기의 민에 대해서 주희는 "민은 서민(庶民)이고, 인은 재위자(在位者)이다."[5]라고 주석한다. 재위자는 한자리 차지하고 있는 사람, 즉 관직에 있는 사람을 뜻한다. 계급으로 볼 때 인이 높고 민은 낮다. 민은 보편적 의미를 지닌 많은 사람을 뜻하고, 인은 직책이 있는 소수를 뜻한다. 서민의 서(庶)는 많다, 여럿이다 등의 의미다. 보편적으로 사람을 가리키는 인 자가 민과 대비되었을 때는 관직에 있는 사람을 가리킨다는 말인데, 그렇다면 민은 사람 취급도 못 받는 존재였단 말인가? 이에 대해서도 이견이 분분하다. 『좌전』의 다음 기록에서 해답의 실마리를 찾을 수 있다.

---

4) 假樂君子, 顯顯令德. 宜民宜人, 受祿于天.
5) 『詩經集傳』: 民, 庶民也; 人, 在位者也.

하늘엔 십간[6]이 있고, 인에겐 열 개의 등급이 있는데, 아랫사람은 그로써 윗사람을 섬기고, 윗사람은 그로써 신을 공경하는 것이다. 그래서 왕(王)은 공(公)을 신하로 예속시키고,[7] 공은 대부(大夫)를 신하로 예속시키고, 대부는 사(士)를 신하로 예속시키고, 사는 조(皁)를 신하로 예속시키고, 조는 여(輿)를 신하로 예속시키고, 여는 예(隸)를 신하로 예속시키고, 예는 요(僚)를 신하로 예속시키고, 요는 복(僕)을 신하로 예속시키고, 복은 대(臺)를 신하로 예속시킨다.[8]

『좌전』은 춘추시대 당시 사회를 구성하는 모든 사람을 열 가지 등급으로 나누어 기술한 것이다. 사(士)는 스스로 생산수단을 소유하지 못하고 장원의 주인인 대부 '집안[家]'의 집사(執事)나 무사(武士)였음을 생각하면, 그에 예속된 조(皁)와 그 이하는 직접 생산을 담당하거나 마구간 관리 등 온갖 잡역에 종사하는 일꾼이었다. 복(僕)은 마부다. 왕, 공, 대부, 사라는 네 계급의 소수의 인(人)을 받들며 조, 여, 예, 요, 복, 대라는 여섯 계급의 다수의 인이 봉사하는 사회구조를 말한 것이다. 그렇다면 도성 안의 국중(國中)은 그런 계급 구조를 갖고 살았겠지만, 농업 사회인 당시 성 밖에서 농사에 종사하는 대부분의 사람은 무엇이라고 불렀는가? 국중의 가(家) 내에도 정치는

---

6) 갑(甲)에서 계(癸)까지의 십간(十干). 원문의 십일(十日)을 '日'로 대표되는 하늘을 뜻하는 것으로 해석했다. 십간(十干)은 십간(十幹)이라고도 쓴다. 하늘에 태양이 열 개 솟아올라 인간 사회가 뜨거움에 힘겨워하자 요임금이 신궁 예(羿)에게 명령하여 아홉 개를 화살로 떨어뜨리고 평화를 찾았다는 이른바 십일병출(十日竝出)의 신화와는 달리 해석해야 한다.
7) 원문의 신(臣) 자는 원래 노예적 신분의 사람을 뜻하는 말이다. 따라서 상위 신분으로 노예처럼 복속한다는 의미에서 '신하로 예속시킨다.'고 번역하였다.
8) 『左傳』「昭公七年」: 天有十日, 人有十等, 下所以事上, 上所以共神也, 故王臣公, 公臣大夫, 大夫臣士, 士臣皁, 皁臣輿, 輿臣隸, 隸臣僚, 僚臣僕, 僕臣臺.

존재하였지만, 대부의 가는 국(國)의 유지에 필요한 상비군과 과세의 원천은 아니었을 것이고, 그런 정치적 의미를 지닌 피통치자 일반은 무엇이라 불렀을까? 그래서 민, 서민, 여민(黎民), 백성(百姓), 국인(國人) 등 여러 가지 개념을 깊이 이해해보는 것은 매우 의미 있는 일이다. 이들이 민 또는 백성이란 개념으로 통합되어 오늘에 이르렀기 때문이다.

이렇게 정치적 의미를 지닌 민은 납세와 병역의 의무만 있고, 권리는 없는 존재였을까? 없었다면 통치자들은 '보호해준다'는 '구실'로 '세'를 뜯어먹는 주먹 이상도 이하도 아니었는가? 있었다면 어떤 권리를 누릴 수 있었는가? 현재는 적어도 형식적·절차적으로는 국의 주인이 민이지만, 그래서 국민(國民)은 통치자와 피통치자 전체를 가리키는 용어가 되었지만, 전통 시대에 민은 국의 노예일 뿐이었는가? 어원 및 개념으로 볼 때 동아시아 정치사상에서 민이 갖는 의미는 무엇이고, 초기 사상에서 드러나는 중민(重民), 민의, 의론 등 사조의 의미는 무엇인지 알아보는 것은 오늘의 국민의 권리와 의무에 대해 되돌아볼 수 있는 조그만 계기가 될 수도 있다. 이 책 전체에 등장하는 가장 중요한 개념인 민, 민의, 의론 및 그와 관련된 용어들의 출처부터 살펴보도록 하자.

2. 민 관련어의 어원

1) 민(民)

고대로 갈수록 한자는 일자일의(一字一意) 원칙에 충실하므로 기록 속에서 '국민(國民)'이란 말을 찾을 수는 있으나, 국은 그저 국이고 민은 그저 민이다. 국은 제후의 읍성을 상형한 글자로, 가(家)를 관장한 대부(大夫)들이 제후가 되어 가국(家國)이 혼용된 전국시대를 거쳐, 군국(郡國)을 나누어 전 중국을 통치했던 한(漢) 왕실 초기까지도 그 의미가 보존되었다. 따라서 오늘날 국민의 의미와 연관된 글자의 초기 형태는 한자 민(民) 자를 통해서 찾아보아야 한다.

지금까지 중국 글자 중 가장 오래된 기록으로 알려진 은나라 중기 이후의 갑골문(甲骨文)에는 민 자로 보이는 글자를 찾을 수 없다. 그보다 조금 늦은 것으로 알려진 금문(金文)에 민 자가 보이는데, 청동기에 새겨진 다음 글자들을 보자.

후기 갑골문　　초기 금문　　후기 금문　　소전
　　　　　　　(우정(盂鼎))　(모박(某鎛))　(『설문해자』)

모두 예리한 도구로 눈을 찔러 눈을 멀게 하여 도망을 못 가게 함으로써 노예로 삼은 것을 나타내는 지사 문자(指事文字)이다. 나중에 민(民)이 노예의 본의(本義)를 상실한 후 망(亡) 자를 붙여 맹(氓) 자를 새로 만들었다.

이를 두고 그동안 여러 가지 학설이 대립되어왔다.

첫째, 이를 사람의 나체로 보는 입장이다. 두 젖꼭지를 드러낸 어미 모(母) 자와 유사한 글자로 보고, 발에 기계를 찬 형상으로 이해한다. 청나라 때 육차운(陆次云)의 『동계섬지(峒溪纤志)』[9]를 보면, 중국

---

9) 청나라 강희(康熙) 22년에 판각한 『육운사잡저(陸云士雜著)』에 있으며, 《사고전서

서부의 묘족(苗族)들이 한족들을 포획하면 노예로 삼았는데, 그들에게 나무 신발을 신기고 나무 족쇄를 채워 일생 동안 달아나지 못하게 했다는 것이다. 민의 금문 자형이 옷도 입지 않고 발에 기계를 찬 육차운의 이 비유를 꼭 닮아서 그것을 노예로 해석한다. 이 민이 나중에 보통 인민을 부르는 용어로 발전했다는 것이다.

둘째, 꼬챙이로 눈을 찌르는 형상으로 본다. 이 입장은 가장 널리 받아들여지고 있는데 특히 시에광후이(谢光辉)가 펴낸 『상용한자도해(常用汉字图解)』(1997) '민' 자 부분엔 고대 노예주가 노예들의 모반을 없애려고 무거운 발목 차꼬를 달거나, 새끼줄로 목을 묶거나, 한쪽 발을 자르거나, 꼬챙이로 눈을 찌르기도 했다는 것이다. 역시 노예의 상형으로 보는 입장이다. 이 민이 나중에 노예를 포함하는 평민을 지칭하는 말로 발전했다는 것이다.

셋째, 노예로 보는 해석에 이의를 제기하고 주나라 경전을 중심으로 해석하여 이주 백성을 뜻하는 맹(萌) 또는 맹(氓) 자의 가차(假借)로 보려는 경향이다. 이는 『설문해자(说文解字)』가 대표적이다. "민은 맹(萌)의 무리이다. 고문의 상형에 따른 것이다."[10] 민을 일종의 지사문자로 보는 견해로, 지사한 고문의 상형은 위에서 말한 번식과 양육의 모(母)를 말한다. 『광아(廣雅)』[11]에는 "민은 맹(氓)이다."라고 하면서, 토착인들을 민(民)이라 하고, 외부에서 온 사람을 맹(氓)이라 한다. 야오야오(姚垚)는 민이 맹(萌)·맹(氓)의 가차자임에 대하여 이렇게 설명한다(姚垚, 2001: 98-99). (1) 노예와 노예주 관계가 가장 보

(四庫全書)》에 수록되었다.
10) 民, 众萌也. 从古文之象.
11) 중국 최초의 사전(詞典)으로 알려진 『광아』는 삼국시대 위(魏)나라 장읍(張揖)이 편찬한 책으로 고대 사전의 원형인 『이아(爾雅)』의 체제를 모방하여 확장한 것이다.

편적이었던 은나라 때의 기록인 갑골문에 민 자가 없고, (2) 그림의 형태로 볼 때 눈 목(目) 자와 아무 관련이 없고, (3) 노예는 생산을 담당하는데 장애인을 만들어 무슨 도움이 되겠냐는 것이고, (4) 글자의 뜻을 볼 때 초기 문헌의 민의 용례는 널리 인민을 가리키거나 오로지 일국의 국민을 가리키거나 분절적인 개인을 가리킬 뿐 노예로 쓰인 용례는 없다는 것이다.

넷째, 궈모뤄(郭沫若, 1892~1978)는 『십비판서(十批判书)』에서 꼬챙이로 눈을 찌른 노예란 주장과 문헌 기록을 합하고, 또 맹인이란 설을 더하여 은나라 때 '민'이라 불린 사람들이 따로 존재했다고 말한다. 위 그림에 표시된 대로 주나라 초기 「대우정(大盂鼎)」이나 춘추시대 「진공동정(秦公銅鼎)」 등에 보이는 민 자는 옆으로 째진 눈에 꼬챙이를 찌른 한쪽 눈이 먼 노예라고 본다. 궈모뤄에 따르면 민은 원래 생산 노예로 주나라 초기 인격(人鬲)이라고도 불렸다고 한다(郭沫若, 1982: 41 등).[12] 그러다 나중에 신분 변동을 겪으며 민이 피통치자 전체를 부르는 말이 되었다는 것이다.

이상을 종합하면, 붙잡힌 뒤 눈이 찔린 채 옮겨져서 강제로 노동에 종사하게 된 노예라는 의미로 시작된 민 개념이 신분 변동을 거치며 결국 피통치자를 지칭하는 말로 의미 신장을 하였으며 노예와 평민을 포괄하게 되었다고 할 수 있다. 나중엔 심지어 국왕 한 사람을 제외하고 정치사회의 모든 구성원을 지칭하게 되었다. 오늘날은 아예 최고 통치자까지를 포함하는 국민 개념으로 발전하였다.

금문을 해석하면 민은 소경, 맹인, 어두움 등 나쁜 뜻과 어울리고 있다. 또는 묘민(苗民), 여민(黎民) 등 중원 민족에 대항한 타민족을

---

12) 궈모뤄는 「작책시령궤(作册矢令簋)」의 "作册矢令尊宜 (進肴) 于王姜, 姜賞令貝十朋, 臣十家, 鬲百人."을 예로 들며 '신(臣)'도 노예 신분인데, 처자식을 거느린 노예를 말하고, '격(鬲)'은 홑몸의 보통 노예를 지칭했다고 말한다.

지칭할 때도 쓰고 있다. 묘민이란 고대부터 한족들과 중원을 다투었던 민족인데, 오늘날 산시 성 서쪽 지역에 광범위하게 살고 있는 묘족(900만 명 정도)의 조상인지에 대해선 의견이 분분하다. 『서경』「여형(呂刑)」에서는 "묘민은 영험한 수단을 쓰지 않고 형벌로 다스렸다."[13] 대왕이 "포학함에 대하여 위엄으로 되갚으니 이에 묘민들이 절멸하여 더 이상 땅 위에 대를 이어내려가지 못하였다."[14]고 한다. 『서경』「순전(舜典)」에도 묘민을 비하하는 대목이 있다.[15] 전국시대 문헌인 『산해경(山海經)』의 「대황북경(大荒北經)」에서는 "서북쪽 바다 밖, 흑수의 북쪽에 사람들이 사는데, 날개가 있다. 그들을 이름 하여 묘민이라 부른다."고 한다.[16] 신화와 관련되는 이러한 내용에 의하면 묘민은 삼황오제의 한 신인 전욱(顓頊)의 후예로 나쁜 의미를 지닌 초기의 민과 어느 정도 관련이 있어 보인다.

부정적 의미에서 무지몽매한 백성이란 뜻으로 민은 전통 시대 중국 정치 문화를 구성하는 한 요인이 되기도 했다. 장펀톈(張分田)은 민이 형상적 의미에서부터 평가적 의미와 그 확장 등 다양한 의미를 지니는데 처음부터 폄하되었다고 주장한다. 예를 들면 민은 맹(氓) 또는 맹(甿)으로 불리는데, 맹(氓)은 야인(野人), 즉 대다수가 향촌에 사는 민중을 가리키며, 맹(甿)은 『설문해자』에 따르면 전민(田民)으로 곡식이나 뽕나무를 심거나 가꾸는 노동자들로 사람을 낮춰 부를 때 쓰는 말이었다고 한다. 또 맹(氓) 또는 맹(甿)은 소경을 뜻하는 맹(盲)이나 명(瞑)으로도 해석한다.[17] 실제로 맹인을 민으로 보았다는

13) 苗民弗用靈, 制以刑.
14) 報虐以威, 遏絶苗民, 無世在下.
15) 竄三苗於三危.
16) 西北海外, 黑水之北, 有人有翼, 名曰苗民.
17) 예컨대 가의(賈誼)의 『신서(新書)』「대정하(大政下)」편에서는 "民之爲言, 氓也. 氓之爲言, 盲也."라고 한다.

말이 아니라 '맹목적'이란 말처럼 견해가 분명하지 못한 사람을 무시해서 부른 말이라는 것이다. 그래서 장펀톈은 중국에서 민의 어의가 종속된 사람, 비천한 사람, 우매한 사람, 덕이 없는 사람 등 부정적 의미를 지니게 되었으며 한(漢)·당(唐) 이래 중국 정치 문화의 한 성분이 되었다고 주장한다(張分田, 2007).

긍정적이든 부정적이든 민의 의미가 피통치자 전체를 뜻하는 것으로 정의된 것은 문헌 기록의 출발, 즉『서경』에서부터 시작된다. 은나라 기록인『서경』「반경(盤庚)」에 민이 있는 것을 보면 주나라 개념이 아니라 은나라 때부터 있었던 말로 보인다. 주나라 때부터 특수한 의미와 어두운 의미를 걷고 피통치자 전체를 부르는 개념으로 쓰이기 시작하였으며,『시경』과『서경』엔 여러 해석이 가능할 정도로 의미가 혼재하였다.

그러다가 춘추전국시대에는 정치적 의미를 지니는 여민(黎民), 서민(庶民), 백성(百姓), 국인(國人) 등과 더불어 피통치자를 부르는 보통명사로 완전한 자리를 잡았다.『좌전』「민공 원년(閔公元年)」에서는 "천자는 조민(兆民)이라 말하고, 제후는 만민(萬民)이라 말한다."고 하고『춘추곡량전(春秋穀梁傳)』「성공 원년(成公元年)」에서는 "옛날에 4민이 있었는데, 사민(士民)이 있고, 상민(商民)이 있고, 농민(農民)이 있고, 공민(工民)이 있다."[18]고 하여 모든 사람을 포괄하였다. 그런데 민은 정치적 의미를 지닌 존재로 모든 사람을 지칭하는 인(人)과는 여전히 구별되어 쓰이기도 하였다. 공자는『논어(論語)』「학이(學而)」편에서 이렇게 말을 한다.

 천승(千乘)의 국(國)을 이끌려면 정사(政事)를 공경히 하여 믿음

---

18) 古者有四民. 有士民, 有商民, 有農民, 有工民.

을 주고, 국용(國用)을 절약하여 인(人)을 아끼고, 민(民)을 부릴 때는 시기를 맞추어야 한다.[19]

이 해석은 두 가지로 생각할 수 있다. 하나는 인을 관직에 있는 사람, 즉 이 글 서론의 『좌전』에 등장하는 '국중의 사(士)' 이상으로 보는 경우이다. 그럼 주희의 인과 민 구분과 같아지고, 인은 후술할 국인(國人) 개념과 유사해지는 것이다. 또 한 가지는 인을 제후국 안의 모든 사람을 포괄하는 단어로 생각하는 경우이다. 그럼 인은 민을 포괄하는 넓은 개념이고, 민은 국을 위해 부림을 당하는 정치적 의미를 지닌 존재로 정의할 수 있다. 그러면 오늘날 한국인이란 말과 시민이란 말의 차이쯤이 생기게 된다. 하지만 예컨대 맹자(孟子)가 "민이 귀중하고, 사직은 그다음이며, 군주는 가볍다."[20]고 했을 때처럼 정치적으로 의미가 있는 민은 사람 취급을 받지 못했던 사회 구성원인 노예 계급과는 다른 것이었다. 결국 노예를 제외한 민은 정치와 관련된 언술에서 가장 보편적으로 쓰이는 용어가 되었다.

2) 여민(黎民)

여민(黎民)은 민과 관련하여 더욱 여러 가지 생각을 하게 한다. 동양 전통 정치사상을 다룬 문헌들은 피통치자를 대부분 여민이라 불렀다. 여(黎)는 검다는 뜻이니 맨머리를 하고 다니는 사람들을 뜻하는 말이고, 따라서 모자를 쓴 관직에 있는 사람, 귀족, 통치 계급과 대비하여 말할 때 쓰는 개념이었다. 이렇게 차림새로 피통치자를 뜻

---

19) 道千乘之國, 敬事而信, 節用而愛人, 使民以時.
20) 『孟子』「盡心下」: 民爲貴, 社稷次之, 君爲輕.

하는 글자로는 검은 머리라는 뜻의 여수(黎首) 또는 검수(黔首)[21]가 있고, 거친 베옷을 입었다는 의미인 포의(布衣)가 있다. 진시황(秦始皇) 28년(서기전 219년) 태산(泰山)의 바위에 검(黔) 자와 같은 뜻을 지닌 여민이란 글자를 썼고 진시황 32년 갈석(碣石)산의 석각에도 피통치자를 칭하는 뜻으로 여민이라 썼다.

그런데 검수가 그랬듯이 여민 또한 진시황 때 처음 사용된 것이 아니라 훨씬 이전부터 사용된 개념으로 보인다. 중국인은 자신들 최초의 조상으로 황제(黃帝)를 받드는데, 처음 중국에서 황제족, 염제(炎帝)족, 이(夷)족이 백 개의 씨족[百[22]姓] 연맹을 대표하여 주변의 여족(黎族), 묘족과 중원을 다투어 마침내 승리했다고 믿는다. 이미 춘추시대에 중국의 지식인들에게 보편적으로 받아들여진 이 이야기는 그 사실 여부를 떠나 백성의 대립된 존재로 주변 민족을 상정했고 그것이 중국인 의식의 원류를 형성했다는 것을 보여준다. 이것은 화이론(華夷論)의 출발로도 추측이 되지만, 여민이 백성과 같은 뜻이 아니라 오히려 대립된 개념으로 출발했음을 의미한다. 치우(蚩尤)[23]

---

21) 전국시대와 진나라 때 피통치자를 뜻하는 말로 검수는 보편적으로 사용되었다. 『여씨춘추(呂氏春秋)』의 「집일(執一)」편 및 「진란(振亂)」편 등과 『전국책(戰國策)』 「조책(魏策)」, 『한비자(韓非子)』 「충효(忠孝)」편, 이사(李斯)의 「간축객서(諫逐客書)」, 『예기(禮記)』의 「제의(祭義)」편 등에 민(民), 서민(庶民) 등의 용어와 함께 사용되고 있다. 특히 『사기』 「진시황본기(秦始皇本紀)」에서는 진시황 26년(서기전 221년) 민(民)을 검수(黔首)로 바꾸어 부르라는 명을 하달하였다고 한다.
22) 백은 꼭 100이 아니라 아주 많다는 의미다.
23) 치우(蚩尤)는 『사기』 「오제본기(五帝本紀)」와 수많은 문헌이 증명을 하듯, 황제와 중원을 다툰 고대의 혁혁한 인물이다. 구이저우성 민족연구소(貴州省民族研究所)의 『천남검서북 묘족사회 역사조사자료(川南黔西北苗族社會歷史調査資料)』 등에 따르면 그는 묘족의 조상이라는 주장도 있고, 묘족과 구여족(九黎族)이 깊은 관계가 있다는 주장도 있고, 치우의 형제가 81명이라는 설에서 유추하여 81개 부족으로 발전하였다는 주장도 있다.

를 탁록(涿鹿)²⁴⁾으로 몰아붙여 공격을 한 군사 대연맹 집단이 각자의 성(姓)이 있었고, 이를 '백성'이라 부른 반면, 포로가 된 구여인(九黎人)들을 '여민'이라 부른 것은 귀천의 구별 의식이 작용하고 있었다고 하겠다. 귀족 노예주 '백성'과 천민 노예 '여민'이란 대비이다.

『서경』「요전(堯典)」에서는 요임금이 "큰 덕을 밝혀 구족(九族)과 친하게 지내니 구족이 서로 화목하게 지내게 되었고, 백성(百姓)을 잘 변별하여 밝혀주니, 각 백성이 분명히 드러나게 되었고, 여민 또한 그 시대의 화해 분위기에 맞추어 바뀌게 되었다."²⁵⁾고 말한다. 또 『시경』「대아(大雅)」'운한(雲漢)'에서는 "주(周)의 나머지 여민들이여/ 한 사람도 살아남은 이가 없을 지경이니."²⁶⁾라고 한다. 여기서 '여민'을 어떻게 해석할 것인가에 대하여 여러 가지 견해가 있다.

첫째는 후한 정현(鄭玄, 127~200)의『모시전(毛詩傳)』과 취완리(屈萬里, 1907~1976)의『상서석의(尚書釋義)』는 여(黎)를 무리 중(衆)으로 해석한다.『사기(史記)』「맹자순경열전(孟子荀卿列傳)」의 '여서(黎庶)'란 표현과 같이 다중을 뜻하는 말로 본 것이다. 여라는 글자로만 보면『이아(尔雅)』「석고 하(释诂下)」에서도 "여(黎), 중야(众也)"라고 한다. 닳다는 뜻이고, 여러 사람이란 의미의 서민을 말한다.

둘째,『서경』에 대한 채침(蔡沈, 1167~1230)의「전(傳)」에서는 여를 검을 흑(黑)으로 해석한다.『순자(荀子)』「요문(堯問)」편의 안색이 '여흑(黎黑)'하다란 표현과 같이 민(民)의 머리가 검은 사람, 혹은 노동이나 인종 때문에 얼굴이 검은 사람을 가리켜 여민이라 부른 것이다.

셋째, 위에서 언급한 황제 전설 속의 이민족을 '여민'으로 볼 수 있

---

24) 오늘날 중국 허베이 성(河北省) 쥐루 현(涿鹿縣)이라는 주장이 많지만, 정확히 규명된 것은 아니다.
25) 克明俊德, 以親九族, 九族旣睦; 平章百姓, 百姓昭明; 協和萬邦, 黎民於變時雍.
26) 周餘黎民, 靡有孑遺.

다. 포로로 잡은 여족 노예들을 '여민'이라 불렀다는 해석이다. 이들이 오늘날 중국 광둥 성 남부와 하이난 섬에 분포하고 있는 소수민족 여족의 조상인지는 알 수 없다. 하지만 당시 기장[黍]이 주식이었던 점과 여(黎) 자를 연결시켜 중원에서 농사를 짓던 여족 다중을 뜻하는 것으로 볼 수도 있다. 여민 노예라는 주장은 현대 궈모뤄가 『노예제시대(奴隸制時代)』란 책에서 강하게 주장하였다. 여민은 고서에 등장하는 인격(人鬲), 즉 노예로 인(人)은 민(民)과 같은 뜻이고 옛날엔 여(黎) 자와 시커먼 솥 격(鬲) 자가 같은 음이었다는 것이다.

넷째, 판원란(范文瀾, 1893~1969)의 구여(九黎)설도 노예로 보긴 하지만 궈모뤄와 전혀 다르다. 그는 『중국통사간편(中國通史簡編)』 제1책에서 "남방에 거주하는 사람들을 통칭하여 만족(蠻族)이라 불렀는데, 그 가운데 구여족(九黎族)[27]이 가장 일찍 중부 지구에 진입하였다."고 한다. 위에서 언급했듯이 맹수를 토템으로 하는 이 부족들은 치우를 영수로 하여 탁록의 전투를 벌였으나 전투에 패하여, 일부는 남하하여 여국(黎國)을 만들고 일부는 포로가 되어 노예 신분인 '여민'이 되었는데, 서주 시대까지 이 이름이 있었다는 것이다. 판원란은 여민을 민족의 이름으로 보고 있는 것이다.

다섯째, 그 외에도 몇 가지 주장이 있다. 천종몐(岑仲勉, 1886~1961)은 『서주사회제도문제(西周社会制度問題)』(1957)에서 여민을 초기에 생산을 담당했던 농노로 본다. 그도 여의 출처를 격(鬲) 자로 보는데, 격은 무리 중(衆) 혹은 여러 사람이란 의미의 서인(庶人)과 뜻이 같다고 보았다. 그는 고염무(顧炎武, 1613~1682)의 『정림시문집(亭林詩文集)』 권1에 나오는, 서인은 씨(氏)가 없으며 씨가 없는 사람을 민이라

---

27) 구여족의 구(九) 자도 수많은 종족을 대칭하는 백성의 백(百) 자와 같이 많다는 의미로 보는 것이 옳을 듯하다.

불렀다는 설을 따른다. 서인은 곧 민이고, 여는 격이니 여민이 되었다는 주장이다. 한편 후샤오스(胡小石, 1888~1962)는 「독계예기(读契禮記)」에서 격을 고대에 창을 바치고 투항한다는 의미의 헌(獻) 자와 같은 글자로 보고, 인과 민을 통용하는 글자로 보아 「우정(盂鼎)」의 '인격(人鬲)'과 『서경』「대고(大誥)」의 '민헌(民獻)', 「낙고(洛誥)」의 '헌민(獻民)'을 같은 뜻이라고 한다(胡小石, 1958). 이렇게 정복자 주나라에 투항한 은나라 '헌민'이 노예였다가 나중 정치에도 참여하면서 백성의 하나가 되었고, 이에 여민과 백성이 섞이게 되었다는 주장이다.

이들 주장을 종합하면, 『서경』과 『시경』에 등장하는 여민은 원래 구여의 이민족이었으나 노예로 잡혀와 검은 머리 검은 얼굴 그대로 무리지어 농업 노동에 종사한 사람들이란 뜻이 된다. 「요전」의 '구족'이니 '화해'니 '백성'이니 '변별'이니 하는 의미는 이로써 매우 분명해지는 듯하다. 이 여민이 나중에 신분 변동을 거치며 백성과 합해지고 피통치자를 대표하는 명사가 되었다고 할 수 있다.

3) 백성(百姓)

위에서 언급한 『서경』「요전」에서는 "백성(百姓)을 잘 변별하여 밝혀주니, 각 백성이 분명히 드러나게 되었다."고 한다. 여기서의 '백성'은 오늘날 우리가 사용하고 있는 피통치자 전체를 지칭하는 말이 아니다. 공자의 직계 후손인 공안국(孔安國, 기원전 15?~기원후 74?)은 『상서공전(尙書孔傳)』에서 백성을 '백관(百官)'이라 해설하였다. 이 정의가 적어도 백성에 대한 한 가지 뜻은 잘 담고 있는데, 이에 대해 역사적으로 의심한 사람은 별로 없는 듯하다.

백성이 백관인 것은 성(姓)과 관련이 깊다. 성은 글자 그대로 아이를 낳는 주체인 여성의 생산 자체를 뜻한다. 어머니가 가족 구성의 중추가 되고, 자식 및 재산의 관리 주체를 어머니가 맡음으로써 가족 간 결합을 방지한 모계사회의 유산일 가능성도 있는 여성 계통의 성(姓)은 춘추전국시대까지도 남자 계통의 씨(氏)와 구분되어 사용되었다. 남성 중심의 사회가 되면서 관직과 영역을 표시하는 씨가 확립되지만, 전국시대 후반부터 성과 씨가 혼용되기 시작하였고 진한시대에 이르러 성과 씨가 혼합되면서 성 또는 씨 하나로 성씨를 대변하게 되었다.[28] 더 이상 씨를 만들 땅이나 관직이 없게 되었기 때문이기도 하고, 가문 중심의 세력 강화가 이루어진 전국시대를 거치면서 같은 '성씨'를 힘으로 생각했기 때문이기도 할 것이다.

성이 있는 여자는 귀족이자 통치 계층이었다. 귀족이 아니면 성이 없었다. 앞에 예로 든 황제족, 염제족, 이족이 백성(百姓)의 연합체 대표로 탁록에서 구여족의 치우와 전투를 벌였다고 했을 때 '백성'은 귀족들의 연합체를 뜻한다. 그러다가 하나라에서부터 남성 중심 세습 제도를 시작하면서 성씨는 더욱 중요한 귀족의 표상이 되었을 것이다. 은나라 때는 보다 철저한 계급사회가 형성되었는데, 크게 보면 씨족 계급, 평민계급, 노예 계급 등이 있었다. 통치 계급의 최고 수령은 국왕이었는데, 왕은 광대한 토지와 노예를 점유하고 인민에 대한 생살여탈의 대권을 장악하여 강력한 통치를 행사하였다. 계급 구조상 왕의 밑으로 제자(諸子)·제부(諸婦) 및 태사(太師)·소사(少師)·후(侯)·백(伯)·남(男) 등의 귀족이 있었다. 또한 제사와 점복(占卜)을 관장하는 무사(巫史)와 정인(貞人), 이민족의 추장으로 이민

---

[28] 송나라 정초(鄭樵)의 『통지(通志)』 「씨족략(氏族略)」에 의하면 "삼대 이전에 성과 씨는 둘로 나뉘어 있었으며, 남자는 씨를 불렀고, 부인은 성을 불렀다. ⋯⋯ 삼대 이후 성과 씨가 하나로 합해졌다."고 한다. 고염무의 『일지록(日知錄)』 「씨족(氏族)」에서는 성과 씨를 부르던 것이 사마천의 『사기』부터 섞여서 하나가 되었다고 말한다.

족의 통치를 담당하는 대리인인 방백(邦伯)과 후(侯) 등이 있었다. 이 관직의 이름을 그대로 성씨로 삼는 경우가 많았으며, 그래서 이들을 통틀어 '백성'이라 부르기도 하였다(劉澤華, 2008[2002]: 35 참조).

하 민족이 은 민족에게 정복당하고, 은 민족은 주 민족에게 정복당하면서 신분상의 변동도 매우 컸을 것이다. 주나라는 당연히 왕족인 희(姬) 성이 가장 고귀한 신분이었을 것이다. 주나라 초 성을 중심으로 종성 씨족(宗姓氏族)의 종법(宗法) 제도가 확립됨으로써 '백성' 가운데에서도 차이가 나기 시작하더니, 춘추시대 후반기 종족(宗族)들이 무너지고 철기 문명과 인구 증가, 이를 통한 경제 발전 등으로 토지의 사유가 늘면서 세습 귀족들은 갈수록 설 땅을 잃어갔고, 마침내 백성도 귀족의 의미를 잃게 되었다. 일부 '백성'의 사회적 지위는 '서민(庶民)'과 다를 바 없었다.

다음은 주나라 초기의 상황을 짐작할 수 있는 구절들이다.

이제 나는 가슴과 배, 콩팥과 창자까지 다 펼쳐서 그대 백성에게 짐의 뜻을 모두 알리는 바이니라.[29]

온 무리 여(黎)와 백성이/ 두루두루 당신의 공덕을 치하하네.[30]

백성이 날마다 운용하면서도 그 이치를 모르나니, 그래서 군자의 도를 아는 이가 드물도다.[31]

외조(外朝)의 정무를 장악하고 만민을 불러 모아 묻는다. 첫째

---

29) 『書經』「盤庚下」: 今予其敷心腹腎臟, 歷告爾百姓於朕志.
30) 『詩經』「小雅」'天保': 群黎百姓, 遍爲爾德.
31) 『周易』「繫辭上」: 百姓日用而不知, 故君子之道鮮矣.

는 나라가 위태로운가를 묻고, 둘째는 수도를 옮길 것인가를 묻고, 셋째는 군주를 세울 것인가를 묻는다. 그 자리는 왕은 남향을 하며, 삼공(三公), 각 주의 장관, 백성은 북쪽을 향하고, 모든 신하[臣]는 서쪽을 향하고, 모든 관리[吏]는 동쪽을 향한다.[32]

위 인용들에서도 백성은 물론 피통치자 일반을 지칭하는 말이 아닙니다. 모두 정치에 개입하고 있는 사람들로써 귀족이거나 관료임을 짐작할 수 있다. 하지만 초기 '백성'처럼 특정한 사람을 지칭하지 않고 보통명사처럼 쓰이고 있다. 이는 주 왕조에 이르러 '백성'이 백관의 족성(族姓)이긴 하지만 그냥 정치에 참여하는 모든 사람을 지칭하는 말로 쓰였다는 예증이다. 춘추시대 후기 또는 전국시대 문헌으로 인정받는 『국어(國語)』 「초어 하(楚語下)」를 보면 그와 같은 증거를 더 많이 찾을 수 있다.

    소왕(昭王)이 물었다. "이른바 백성(百姓) · 천품(千品) · 만관(萬官) · 억추(億醜) · 조민(兆民)이 우리 경내를 통과해왔다는데 무엇을 가리킨 말이오?"
    관야보(觀射父)가 대답했다. "민(民) 가운데 자기 이름을 올려 관직에 오른 사람이 수없이 많다는 말입니다. 왕과 공의 자제 가운데 자질이 훌륭해 관직의 임무를 수행할 수 있는 사람이면 그 이름 위에 관직을 올려주는 것이고, 그의 직무상 공적에 근거하여 성(姓)을 하사함으로써 자기 관직을 잘 감수케 함이니 이것을 백성이라 부른 것입니다."[33]

---

32) 『周禮』 「秋官」 '小司寇': 掌外朝之政, 以致萬民而詢焉. 一曰詢國危, 二曰詢國遷, 三曰詢立君. 其位, 王南鄕, 三公及州長 · 百姓北面, 臣西面, 群吏東面.
33) 王曰: "所謂百姓, 千品, 萬官, 億醜, 兆民經入畡數者, 何也?" 對曰: "民之徹官百.

그렇게 성씨를 받은 백관이 수없이 많아 천품, 만관, 억추에 이른 다는 것이다. 그래서 억조의 민으로부터 세금을 받아 그들을 부양해야 한다. 그것이 군왕의 일이다. 여기서 우리는 백성이 천, 만, 억으로 늘어나 마침내 조민(兆民)의 민으로 의미 확장을 해감을 알 수 있다. 백성은 이제 특별한 성씨를 지닌 귀족 집단이 아니라 그냥 관직을 가진 사람, 그리고 정치에 참여하는 일반 민중의 의미를 지니게 되었다.

제자백가의 책에서 백성은 하층 노예 계급을 제외하고 거의 피통치자 전체를 아우르는 보통명사로 쓰이고 있다. 예를 들면 『논어』에선 세 군데서 여섯 차례 쓰고 있다.

> 백성이 풍족하면 군주가 어떻게 풍족하지 않을 수 있겠습니까? 백성이 풍족하지 못하면 군주께서 어떻게 풍족할 수 있겠습니까?[34]

> 자기 자신의 높은 수양을 통해 백성을 편안하게 해주어라. 자기 자신의 높은 수양을 통해 백성을 편안하게 해주는 것은 요임금·순임금께서도 힘들어하신 바이니라.[35]

> 아무리 가까운 친척을 두었다 하더라도 어진 사람이 있음만 같지 못하다. 백성이 잘못을 저질렀다면, 그건 나 한 사람 때문이리라.[36]

王公之子弟之質能言能聽徹其官者, 而物賜之姓, 以監其官, 是爲百姓."
34) 「顔淵」: 百姓足, 君孰與不足? 百姓不足, 君孰與足?
35) 「憲問」: 脩己以安百姓. 脩己以安百姓, 堯舜其猶病諸!
36) 「堯曰」: 雖有周親, 不如仁人. 百姓有過, 在予一人.

『논어』에서의 백성은 거의 모두 민으로 바꾸어도 통용이 될 정도로 백성이 피통치자를 뜻하는 민과 같은 의미로 사용되고 있다. 굳이 따지자면, 위 예문들을 주의 깊게 해석해보면 알 수 있듯이, 아직도 백성이 민보다 덜 포괄적인 개념임을 알 수 있다. 공자 시대 이래로 민은 신분적 제한을 거의 두지 않고 보통 사람들 전체를 뜻하는 말로 사용되고 있기 때문이다. 예컨대 『논어』「옹야(雍也)」편에 "만약 민이 혜택을 볼 수 있도록 폭넓게 베풀고 또 가난한 중(衆)을 구제할 수 있다면 어떻습니까?"[37]라고 할 때 민은 보통 일반 사람들 무리를 뜻하는 중과 같이 사용되고 있을 정도이다.

백성이 민과 비슷하게 쓰이지만, 또한 모든 민중을 포괄하지는 못하고 약간 제한적인 의미를 지닌 것은 『맹자(孟子)』에서도 확인된다. 예를 들면 『맹자』「양혜왕 하(梁惠王下)」에서는 "이는 다른 이유가 아닙니다. 민과 함께 즐기기 때문입니다. 이제 왕께서 백성과 함께 즐긴다면 바로 왕도를 행하는 것입니다."[38]라고 하면서 민과 백성을 같은 의미로 사용하고 있다. 하지만 「양혜왕 상(梁惠王上)」의 눈물을 흘리는 소를 차마 볼 수가 없어 양으로 바꾸라고 명령한 제 선왕(齊宣王)에 대한 이야기에서 "양으로 바꾸라 하였으니 백성이 나를 인색하다고 말할 만하지요."[39]에서 왕의 명령을 두고 왕을 평가하는 말을 할 수 있는 신분은 제한적일 수밖에 없다. 전국시대 제자백가의 책들을 보면 이렇게 정치 또는 정책에 대한 평가를 말할 때는 아직도 민보다 백성을 언급하는 곳이 대부분이다. 하지만 시대가 내려갈수록 백성은 피통치자 전체를 지칭하는 말로 보편화된다.

이렇게 된 데는 시대적 분위기와 큰 관련이 있다. 춘추전국시대는

---

37) 如有博施於民而能濟衆, 何如?
38) 此無他, 與民同樂也. 今王與百姓同樂, 則王矣.
39) 而易之以羊也, 宜乎百姓之謂我愛也.

하극상이 빈발하고 신분의 대변동이 이루어진 시기였다. 어제의 귀족이 오늘의 귀족이 아니었으며, 어제의 여민(黎民)이 오늘의 노예가 아니었다. 공적을 쌓아 성(姓)을 갖고 백성이 된 여민도 있었다. 자유민, 농노, 노예 등을 포괄하는 '여민'은 그들과 반대되는 귀족의 통칭인 '백성'과 더 이상 대립적 개념이 아니었다. 백성은 여민이 되었고, '여민백성'이란 말이 보통명사가 되어갔다. 전국시대에 이르러 백성이 평민이 된 것은 노예를 제외하고 평민의 거의 모두가 성을 가졌다는 의미일 수도 있다.

4) 국인(國人)

민, 여민, 백성 외에도 고대로부터 일반 대중, 또는 피통치자 일반을 지칭하는 용어가 여럿 있다. 무리를 이룬다는 점에서 중(衆) 자와 결합하여 쓰기도 하고, 그들의 외모나 복장 형색을 가리켜 표현하기도 한다. 그중 정치적으로 의미를 지니고 있으며 춘추전국시대에 일시 사용했다가 사라진 국인(國人)이란 용어가 있다.

국인에 대한 경전 기록은 상당히 많이 보인다.

아 저 이의 어질지 못함은/ 국인이 모두 알고 있다네.[40]

아름다운 이 군자님/ 국인이 이에 본받도다. 국인이 이에 본받으니/ 어찌 만수무강 않을쏜가.[41]

---

40) 『詩經』「國風·陳風」'墓門': 夫也不良, 國人知之.
41) 『詩經』「國風·曹風」'鳲鳩': 淑人君子, 正是國人. 正是國人, 胡不萬年.

그랬었다면 문왕께서도 국인들에게 아무런 덕도 내리시지 못했을 것이다.[42]

물건을 사는 사람은 각각 그 본전을 추종하고, 도읍과 성 밖 비(鄙) 지역은 각자 제 주인을 추종하고, 국인과 교인(郊人)은 그들의 관할 장관을 따르게 되고, 그런 뒤에 그들에게 건네준다.[43]

만약 국(國)에 큰 변고가 있으면, 국인에게 명령하여 제사 지내도록 한다.[44]

여기서 언급된 '국인'은 언뜻 보면 오늘날 사회의 일반 민중과 다를 바 없다. 하지만 자세히 보면, 당시의 '국인'은 정치에 참여한 사람들의 총칭임을 알 수 있다. 오히려 근대국가의 시민(市民)과 대비해볼 수 있는데, 한 나라의 정치적 결정이 이루어지는 국도(國都)의 성 안에 사는 사람들을 뜻한다. 성 밖에 사는 교인(郊人) 또는 야인(野人)과 구별되고, 국(國) 내의 일에 참여한다는 점에서 '백성'보다는 큰 개념이었을 것으로 생각된다. 국인이란 말은 『좌전』엔 무려 82차례나 등장하며 가장 활발하게 정치 참여를 한 부류로 정리되어 있다. 그와 비슷한 시기의 역사서인 『국어』에도 "국인이 감히 말을 못하고 길목마다 감시의 눈이 빛났다."[45] 등 국인의 용례가 매우 많다.

경전과 역사서를 주요 텍스트로 공부했던 제자백가들이 국인이라는 용어를 사용하여 정치를 얘기한 곳은 300군데가 넘는다. 그들의

---

42) 『書經』「周書·君奭」: 文王蔑德降於國人.
43) 『周禮』「地官司徒」: 買者各從其抵, 都鄙從其主, 國人, 郊人從其有司, 然後予之.
44) 『周禮』「春官宗伯」: 若國有大故, 則令國人祭.
45) 「周語上」: 國人莫敢言, 道路以目.

용례를 보면 국인의 의미가 더 분명해진다. 대표적으로 『맹자』의 다음 구절은 군주가 국인들과 정책 상담을 해야 한다는 내용이다.

맹자가 말했다. "군주는 현인을 등용시킬 때 마치 부득이하여 한 것처럼 해야 합니다. 신분이 낮은 사람이 신분이 높은 사람을 뛰어넘는 지위에 앉을 수도 있고, 관계가 먼 사람이 가까운 사람을 뛰어넘는 지위에 앉을 수도 있는데 신중하지 않아서야 되겠습니까? 좌우 측근이 모두 특정인을 어질다고 말하더라도 믿어선 안 됩니다. 여러 대부가 모두 어질다고 하더라도 믿어선 안 됩니다. 국인 모두가 어질다고 말하면 그때야 주의 깊게 살펴보고 현명함을 확인한 뒤에 등용하십시오. 좌우 측근이 모두 특정인을 안 된다고 말하더라도 귀담아 듣지 마십시오. 여러 대부가 모두 안 된다고 하더라도 듣지 마십시오. 국인 모두가 안 된다고 말하면 그때야 주의 깊게 살펴보고 불가함을 확인한 뒤에 버리십시오. 좌우 측근이 모두 특정인을 죽여야 한다고 말하더라도 귀담아 듣지 마십시오. 여러 대부가 모두 죽여야 한다고 하더라도 듣지 마십시오. 국인 모두가 죽여야 한다고 말하면 그때야 주의 깊게 살펴보고 죽여야 한다는 판단이 선 뒤에 그를 죽이십시오. 그래서 전 국인이 그를 죽인 것이라고 말하는 것입니다. 이렇게 한 뒤라야 민(民)의 부모가 되실 수 있습니다."[46]

---

[46] 『孟子』「梁惠王下」: 曰: "國君進賢, 如不得已, 將使卑踰尊, 疏踰戚, 可不慎與? 左右皆曰賢, 未可也; 諸大夫皆曰賢, 未可也; 國人皆曰賢, 然後察之; 見賢焉, 然後用之. 左右皆曰不可, 勿聽; 諸大夫皆曰不可, 勿聽; 國人皆曰不可, 然後察之; 見不可焉, 然後去之. 左右皆曰可殺, 勿聽; 諸大夫皆曰可殺, 勿聽; 國人皆曰可殺, 然後察之; 見可殺焉, 然後殺之. 故曰, 國人殺之也. 如此, 然後可以為民父母."

이 인용에 등장하는 사람들의 비율을 보면 '군주 > 좌우 측근 > 대부 > 국인 > 민'이 된다. 측근이나 대신보다 '국인의 말'을 정책 판단의 준거로 삼으라는 주장은 맹자 당시인 전국시대 중기에 국인의 정치적 역할이 컸음을 반증한다. 동시에 민은 국인보다 범위가 넓은 피통치자 전체를 가리키는 용어로 쓰이고 있음을 알 수 있다. 『맹자』에 민은 209회 쓰이고 있는데, 그중 서민(庶民)이 5회, 그와 유사한 의미로 서인(庶人)이 14회, 백성(百姓)이 19회, 국인(國人)이 8회 등장한다. 『맹자』에서 민은 614회 등장하는 인(人)과 거의 같은 의미를 지닌다.[47] 서(庶)는 여럿, 많다는 의미로 서인은 곧 서민이고, 민이고, 백성이다.

『맹자』「등문공 상(滕文公上)」가운데 정전제(井田制)에 대한 맹자의 생각을 피력한 부분이 있는데, "야(野), 즉 성 밖 농지에 9분의 1 세제를 적용해 조법을 실시하고, 국(國) 즉 성 안의 경작지엔 10분의 1 세제를 적용하여 자발적으로 납부하도록 한다."[48] "그렇게 함으로써 [국인과] 야인을 구별한다. 이것이 [정전제의] 대략이다."[49] 국인은 성 밖에 사는 야인과 다른 세금 체계를 가진다는 뜻으로 '국인'의 범위를 알 수 있다.

국인과 야인을 구별하는 이 개념은 상당히 후대까지 간직되었다. 예를 들면 『삼국지(三國志)』「위지魏志」'정혼전(鄭渾传)'은 이렇게 말한다.

위(魏)나라 군의 경계에 들어오니 …… 이때는 오히려 국(國)과

---

47) 인과 민의 통용과 차이 등에 대해선 천다치(陳大齊, 1991: 267-281)가 매우 상세하게 설명한다.
48) 請野九一而助, 國中什一使自賦.
49) 所以別野人也. 此其大略也.

야(野)를 나누어 다스렸는데, 국인은 50가(家)를 1리(里)로 삼고, 야인은 30가를 1읍(邑)으로 삼았다.[50]

사람이 많이 사는 성 안의 주민을 국인으로 보고, 농사짓는 성 밖의 주민을 야인으로 구분하고 있다. 하지만 '제후 위국(諸侯爲國)'의 국 개념이 사라지면서 국인 개념도 안 쓰이게 된 듯하다. 제국하에서 황제가 다스리는 나라에 왕실의 이름을 딴 왕조의 명칭만 존재하였고, 피통치자는 백성 또는 민으로 부르기만 하였다. 특히 백성은 개념 범주의 확장을 계속하여 '민'과 거의 같은 말이 되었다.[51] 국인은 그 속에 잠겨버렸다. 물론 중국사에서 그 이후에도 국은 계속 존재하였고, 중국어의 특성상 국 자와 인 자를 결합한 '국인'이란 말도 종종 쓰였다. 하지만 이때의 국인은 더 이상 춘추전국시대 정치적 영향력을 가진, 민보다 상위개념으로서 국인이 아니었다.

5) 국민(國民)

일정한 강역을 가진 국가 안에서 국법의 테두리 내에 살아가는 사람을 우리나라는 '국민'이라 통칭한다. 한자로 '국민(國民)'이라 쓰고 일본에선 '國民(こくみん)'이라 부르고 중국에도 이 한자가 있지만 합성 개념어로만 쓰며 통칭은 공민(公民, Gongmin)이라 한다. 국민보다 더 넓은 국가 구성의 기본 요소로서 '인민(人民)'이란 말이 있으며 한국, 북한, 중국, 일본이 다 같이 사용하는 개념이지만, 이념 대립의 유산으로 우리는 이를 잘 쓰지 않는다.[52] 인민은 국민보다 포괄적 구

---

50) 入魏郡界, ······ 此時尚是國野分治, 國人五十家爲一里; 野人三十家爲一邑.
51) 장현근(2004: 89-91) 및 황권제(黃俊傑, 1991: 164-165)에 상세하게 나온다.
52) 대만에서 해방(解放)이란 말을 꺼리고, 광복(光復)이란 말을 쓰는 것도 같은 이

성개념이며, 역사성을 갖고 있으나 우리나라에선 국민의 개념이 거꾸로 인민의 개념을 포괄하고 있다고 하겠다.

동아시아 국가에서 가장 넓은 개념어와 다양한 용례로 국민이란 말을 쓰고 있는 나라는 우리나라이다. 1937년 「황국신민(皇國臣民) 서사(誓詞)」의 후유증으로 그에 따르지 않는 사람을 비국민(非國民)이라 불렀던 역사에 비추어보면 아이러니한 일이다. 북한에선 줄여서 황민(皇民)이라 부르지만, 우리는 국민이란 개념과 이것이 중첩되면서 혼란을 겪었고, 급기야 국민학교(1941년 일황 칙령)를 초등학교로 명칭 변경(1996년)을 하기에 이르렀다.

그렇지만 현재 우리가 사용하고 있는 국민이란 용어에는 근대적인 의미가 깃들어 있다. 영어 nation의 번역어로서 '국민'을 처음 사용한 사람은 사무라이 의사의 아들 니시 아마네(西周, 1829~1897)지만 동아시아 근대국가의 탄생이 몇 십 년 사이로 모두 이루어진 점으로 볼 때 한국, 중국, 일본에서 국민이란 말은 매우 보편적으로 유행한 듯하다. nation이 꼭 국민과 일치하는 단어는 아니지만,[53] 근대 유럽에서 민족 단위의 통일국가들이 형성되면서 이를 nation state라 부르게 되고, 그로부터 보편화된 개념으로 볼 수 있다. 이것을 우리는 국민국가로도 부르고 민족국가로도 번역하다 최근엔 국민국가가 일본 군국주의의 유산이란 이유로 또 개념어의 혼란을 겪고 있다.

국민이란 단어에는 또 하나의 부정적 의미도 숨어 있다. 즉 왕정시대에 군주는 국가와 등치되었고, 그래서 국민은 국왕에 예속된 사유이다.

[53] nation이란 말이 처음 기록된 경우는 968년 크레모나의 주교 리우트프란드(Liutprand)라는 주장이 설득력을 얻고 있다. 그가 라틴어 natio의 파생어로 이탈리아 왕국에 속한 사람들을 뜻하는 말로 썼다고 한다. 이것이 나중에 프랑스 대학에 소속된 프랑스 법을 적용받는 nation 등으로 쓰였다고 한다.

람으로서 신민(臣民)이란 의미와 등치되기도 한다. 그런데 현대인들은 서양 근대국가 발전의 연속선상에 등장한 신분적 구속이 없는, 국가로부터 비교적 자유로운 시민(市民)이란 의미로 국민이 쓰이기를 더 갈망한다. 나아가 민주주의국가의 주인으로서 국권의 주체이길 바란다. 동아시아에서 이렇게 근대적인 의미를 담으며 국가와 비교하여 '국민'의 용어 정의를 처음 시도한 사람은 중국인 입헌주의자 량치차오(梁啓超)였다.

1899년 량치차오는 『청의보(淸議報)』에 「근세 국민 경쟁의 대세 및 중국의 전도를 논함(論近世國民竞爭之大勢及中國前途)」이라는 문장을 발표하였다. 그는 '국가'와 '국민'을 대립적이고 통일적인 개념으로 보았다. 그는 국가를 봉건시대 황권 지상주의의 산물로 보고, '짐은 곧 국가'라는 유럽 근대국가 초기 개념을 수용하여 국가를 국왕의 사유재산으로 취급한다. "국가는 국(國)을 한 왕실 가(家)의 사유재산으로 부른 것이다." 국가는 가족으로부터 시작되었는데, 폭력으로 폭력을 바꾸는 과정을 거쳐 가가 국이 되었다고 한다. 국민은 이와 반대이다. "국민은 국을 인민의 공유재산으로 부른 것이다." 국은 민이 쌓여서 이루어진 것이므로 민을 버리면 국이 존재할 수 없는 그런 개념이라는 것이다. 이 경우 국가와 국민은 전체적이고 부분적인 관계의 총합인데, 서로 떨어질 수 없는 관계로 국가 관련 모든 일은 결국 국민과 관련이 있다는 주장이다. 근대적 국민 의식을 보여준 것으로 생각된다.

량치차오의 '국민' 개념은 완전하지는 않았지만 당시 중국의 정치 현실에 대한 비판과 서양 이론에 대한 학습을 통해 이루어졌다. 나중에 1901년 『청의보』에 발표한 「국가사상 변천의 동이를 논함(國家思想變遷之異同論)」에선 더 발전시켜 "국가는 국민과 동일한 것이며 자연 발생적인 단체이다." "국가는 국민을 위해 세워진 것이다."(梁

啓超, 2003)라고 말한다. 이 개념은 입헌주의에 반대하고 공화주의를 주장하는 당시 혁명파들에게도 영향을 미쳤다. 1903년 5월 추용(鄒容)의 『혁명군(革命軍)』[54]은 한 나라의 정치 기관엔 모든 사람이 참여할 수 있고, 참정권이 없다면 국민이라 부를 수 없다고 말한다. 추용은 국민의 상대개념으로 노예(奴隷)를 말하며, "국민은 자치 능력이 있고, 독립 성향이 있으며, 참정권이 있고, 자유로운 행복을 누리고, 어떤 일을 하고 있든 모두가 완전무결한 사람들이다."고 한다.

량치차오 등의 주장은 중국뿐만 아니라 동아시아에 큰 영향을 미쳤다. 예컨대 『청의보』는 중국에서 활동하는 구한말 지식인들뿐만 아니라 발간 1주일 내에 인천의 화교 상인들을 통해 한국 내 지식인들에게도 전달되었다. 박은식은 을사늑약을 지나며 중국 서적을 통해 근대적 신개념을 수용하는데, 「인민의 생활상 자립으로 국가가 자립을 이룸」이란 글에서 "국(國)은 다만 정부 몇 개인의 국이 아니오, 우리 이천만 동포가 공유한 국이라."(박은식, 2002: 362)라고 말한다. 한국에도 국민주권주의 개념이 생겨나 오랜 왕정 국가의 전통을 어느 정도 탈피한 듯 보인다.[55]

그로부터 쓰이기 시작한 국민 개념은 100년이 넘도록 이 땅에서

---

54) 추용(1885~1905)의 『혁명군』(1903. 5)은 장타이옌(章太炎)의 『박강유위논혁명서(駁康有爲論革命書)』와 함께 상하이의 대동서국(大同書局)에서 동시 출판되었으며, 신해혁명을 고취하고 선전하는 데 절대적인 역할을 하였다.
55) 참고로 『두산백과사전』(EnCyber & EnCyber.com)에서는 현재의 국민 개념을 다음과 같이 정의한다. "일반적으로 국민의 국가에 대한 관계는 국민의 지위에 따라 다음의 4가지로 분류된다. ① 소극적 지위: 국가로부터 자유로운 입장을 주장하는 지위인데, 이 경우 국민은 자유권을 가진다. ② 적극적 지위: 국가의 적극적인 행위를 요구하는 지위인데, 국민은 사회권을 가진다. ③ 능동적 지위: 여기에는 국가기관에 대해서 그 행동을 요구하는 지위와 국가 활동에 참가하는 지위가 있다. 전자는 재판을 요구하는 권리 등의 국무 청구권이고, 후자는 참정권을 통하여 실현된다. ④ 수동적 지위: 국권에 복종하는 관계로서, 국법에 따라 의무를 지는 지위에 서는 경우를 말한다."

그 쓰임새를 넓혀왔음에도 여전히 개념적 혼란이 있고, 부정과 긍정의 의미가 혼재한다. 부정적 의미를 불식시키고 '국민' 개념에 새로운 의미 부여를 하든, 아니면 보다 보편적으로 사용할 수 있는 '인민' 등 다른 개념을 차용하여 보편화시키든, 아니면 중국의 '공민'처럼 다른 개념어를 만들어내든 논해볼 가치가 있다. 이 점에서 민(民)에 대해 전통적인 어원 규명은 의미가 있다고 생각한다.

3. 민심과 민의의 원초적 의미

1) 민심(民心)

동아시아 전통 정치사상은 어느 사상가를 막론하고 대체로 민을 중시한다는 점에서 중민(重民) 사상이라고 말해진다. 하지만 여기서 중시하는 민은 현대 민주주의 정치에서처럼 민 그 자체가 아니다. 민 자체가 국가에 대하여 권리 행사를 하고 의무를 이행하는 구조가 아니라, 민이 소망하는 무엇을 정부가 반영하는 형태로서 민을 중시한다는 말이다. 민이 주체적으로 정치 행위를 함으로써 자신들이 유리한 방향으로 정책을 끌어가는 것이 아니라, '민이 소망하는 무엇'을 위정자들이 정책 결정에 반영하는 구조이다. 따라서 동양 정치사상사에서 중민 사상은 정치의 주체로서의 민이 아니라, 통치의 객체로서의 민이다. 따라서 위정자들이 파악하고 판단하는 상대적 용어인 민심, 민의 등으로 민을 이해하였다.

민의보다는 민심이 더 즉각적이다. 의(意)는 뒤에 얘기하겠지만 마음 심(心) 위에 소리 음(音)을 얹어 한 단계 더 나아간 의미를 담고 있기 때문이다. 한자적 의미로 보면 심(心) 자는 아주 일찍 출현하였다. 갑골문에 심실과 심방이 나뉜 형태의 글자가 있는 것을 보면, 초기부터 인체를 해부해 심장을 뜻하는 글자를 만든 듯하다. 초기 금문인 모박(某鎛)에 있는 글자를 보면 ⚘ 형태로 가운데 피를 뜻하는 점을 찍었을 정도이다. 소전체 ⚘가 더 정밀한 심장의 모습과 핏줄을 상형하고 있는 걸 보면 후대로 갈수록 해부학 수준이 높아졌다는 의미이다. 『설문해자』에선 심장, 토(土)에 속하는 장기, 신체의 중앙 등을 뜻하는 상형문자라고 한다.[56]

심이 단순히 육체의 한 기관이나 인간의 본능을 표현하는 것에서 마음, 영혼, 정신 등의 의미를 지니고 철학적, 윤리적 관념으로 변화된 것은 매우 오래되었다. 마음의 노래를 담은 『시경』엔 유추된 의미나 변이된 표현까지 포함하여 수많은 심이 등장하고 있으며, 특히 「절남산(節南山)」에선 "군(君)의 자제들이 바르게 이어가니/ 민심을 가라앉히게 하도다."[57] 라고 한다.

『서경』에는 '민심(民心)'이란 용어가 3차례 등장하는데, 정치적 의미를 지닌 집단의식의 표현으로서 심이 매우 다양한 용례를 보인다.

> 무고한 사람을 죽이기보다는 차라리 법을 지키는 자세를 굽히는 길을 택하시니, 제왕의 호생지덕이 민심에 스며들어 관리들을 거스르지 않아도 되게 된 것입니다.[58]

---

56) 人心, 土藏, 在身之中. 象形. 토(土)가 중앙을 가리키는 음양오행 관념을 대표하고 있다는 점에서 이는 후대의 추상적 관념이 개입된 것으로 보인다. 어떤 문헌에서는 심장을 오행 가운데 화(火)에 속하는 장기로 보기도 한다. 일실된 『황제내경(黃帝內經)』이 복원된다면 보다 정교한 신체 구조와 심(心)에 대한 표현을 얻을 수 있을 것이다.

57) 君子如屆, 俾民心闋.

58) 『書經』「大禹謨」: 與其殺不辜, 寧失不經, 好生之德, 洽於民心, 玆用不犯於有司.

> 황천은 특별히 친애하는 대상이 없으며, 오직 덕이 있는 사람을 돕는다. 민심은 항상 따르는 대상이 없으며, 오직 은혜를 베푸는 사람을 품는다.[59]

앞에서 언급한 통치자가 파악하고 판단해야 할 객관적 대상으로서 민심을 얘기하고 있다. 특히 「군아(君牙)」에선 "민심은 중심이 없는 것이니, 그대가 중심을 세워주어야 한다."[60]고 말한다. 모두 윤리와 정치의 합일을 얘기하는 것들로서, 유가 사상의 민심 관념의 형성에 지대한 영향을 미쳤으며 후대에도 동아시아 정치 전통에서 민심의 의미는 여기서 크게 벗어나지 않는다.

『논어』에는 민심이란 말이 등장하지 않지만, 『맹자』 「진심 상(盡心上)」에는 위정자가 실천해야 할 선정(善政)의 중요한 결과로서 민심을 얘기한다.

> 어진 말은 어진 음악 소리처럼 사람의 마음속 깊이 들어가지 못하고, 선정[61]은 좋은 교화만큼 백성의 마음을 얻지 못한다. 선정은 백성이 두려워하지만, 좋은 교화는 백성이 친애한다. 선정은 백성의 재물을 얻지만, 좋은 교화는 민심을 얻는다.[62]

---

59) 『書經』「蔡仲之命」: 皇天無親, 惟德是輔. 民心無常, 惟惠之懷.
60) 추용(1885~1905)의 『혁명군』(1903. 5)은 장타이옌(章太炎)의 『박강유위논혁명서(駁康有爲論革命書)』와 함께 상하이의 대동서국(大同書局)에서 동시 출판되었으며, 신해혁명을 고취하고 선전하는 데 절대적인 역할을 하였다.
61) 여기서의 선정(善政)은 일반적으로 얘기하는 좋은 정치가 아니다. 『논어』「위정(爲政)」편에 나오는 '도지이정(道之以政)'의 '정'은 유가 정치사상의 중요한 개념이다. 보통 정령(政令)으로 번역하며, 더 구체적으로는 정부 명령, 정책 명령, 정책 등으로 번역되기도 한다. 그러나 법가적 의미의 형벌이란 의미를 뺀다면 민생과 깊은 관계가 있는 '법령'이란 의미가 더 정확한 의미를 전달한다.
62) 仁言, 不如仁聲之入人深也. 善政, 不如善敎之得民也. 善政民畏之, 善敎民愛之;

민심이란 민의 주체적인 여론이라기보다 민의 반응 정도로 해석하는 것이 좋을 것이다. 『순자』의 「악론(樂論)」에서도 음악이 "민심을 선하게 만들 수 있다."고 강조하는데, 같은 의미로 보인다. 『순자』「부국(富國)」에서는 이렇게 얘기한다.

> 권세는 같아도 지혜는 다른 법인데, [위에서] 사리사욕을 도모해도 재난이 없고, 하고 싶은 대로 방종하여도 어려움을 겪지 않는다면 민심은 분격하여 설득할 수 없게 된다.[63]

민심은 분격하여 일을 낼 수도 있다. 『서경』에서 비주체적이었던 민심은 후대 유가 사상가들에 이르러 주관적인 반응을 보일 정도로 중요한 개념으로 인식된 것이다. 하지만 선진의 문헌들에 민심은 다른 개념보다 많이 등장하지 않는다. 오히려 분격한 민심의 요동으로 정권의 전복이 일어난 진한시대를 지나면서, 그 이후 문헌들에는 민심이란 말이 많이 등장하며 정치적 용어로 자리 잡는다. 참고로 『조선왕조실록(朝鮮王朝實錄)』(http://sillok.history.go.kr)을 검색하면 한자 민심(民心)이 1,375건이나 검색될 정도이다.

2) 민의(民意)

민의란 민의 뜻을 말한다. 의지(意志)라는 말이 있지만, 동아시아 정치사상사에서 민의는 민의 의지를 뜻하는 말이 아니다. 앞에서 언급했듯이 의(意)는 갑골문이나 금문에는 없고 『설문해자』가 채택한

善政得民財, 善敎得民心.
63) 埶同而知異, 行私而無禍, 縱欲而不窮, 則民心奮而不可說也.

소전에 등장하는데 심(心) 자 위에 소리 음(音) 자를 얹은 것이다. 마음에 든 생각을 즉흥적으로 소리로 내뱉는다는 의미를 담고 있다.[64] 의(義)와 같은 뜻이라고 하지만 의(義)가 객관적이고 보편성을 띤 공인된 진리 등을 담은 의미인 데 비해, 의(意)는 개체성과 주관성을 띤 개인의 생각 등을 의미한다. 따라서 글자적 의미의 민의는 민이 마음에 드는 생각을 즉각적으로 표현하는 것으로 수시로 바뀔 수도 있는 것이다.

『설문해자』의 해석은 좀 다르다. "의(意)는 지(志)이다. 마음을 써서 다른 사람의 말을 헤아리고는 바로 그 사람의 의(意)를 알아차리는 것이다."[65] 회의 문자가 확실하지만, 같은 회의 문자인 지(志)와는 원초적 의미가 좀 다른 듯하다. 지(志)는 금문에 처음 등장하는데 글자의 위 부분은 원래 ⩙였다. 갈 지(之) 자는 앞으로 나간다는 강한 의지를 담은 말로, 지(志)는 내심으로 추구하는 목표를 말한다. 소전까지 위에 지(之) 형태를 가진 㞢로 쓰였으나, 예서로 가면서 위가 사(士)로 바뀐 지(志) 자가 되었다. 『상형자전(象形字典)』에 따르면 의(意)가 즉흥적인 감정을 표현한 말이라면 지(志)는 안정적이고 장기적이며 이성적인 생각을 나타내는 말이다.

후대에 성립된 개념이 분명한 민의란 말은 초기 경전이나 유가 사상가들의 책에 등장하지 않는다. 『장자(莊子)』 잡편의 「설검(說劍)」은 천자의 정치와 제후의 정치와 서인의 만용을 검술로 빗댄 천하의 명문인데, 이런 대목이 있다.

위로 둥근 하늘을 본받아 [해, 달, 별의] 삼광(三光)에 순응하고,

---

64) 이는 『象形字典』(http://vividict.com/WordInfo.aspx?id=1313)의 해석에 따른 것이다.
65) 意, 志也. 從心察言而知意也.

아래로 네모난 땅을 본받아 [봄, 여름, 가을, 겨울의] 사시(四時)에 순응하고, 중앙으로 민의를 화합케 함으로써 사방을 편안케 합니다. 이 검을 한번 쓰면 천둥 번개가 내리치듯 사방 봉토 안이 모두 예복을 차려입고 임금의 명에 따르지 않는 자가 없게 됩니다.[66]

장자의 말은 오늘날 사용하듯 '민의를 따른다.'는 민에게 주체성을 부여한 용어가 아니라, 통치자의 입장에서 민의를 화합시킨다는 의미이다. 따라서 민심과 크게 다를 바가 없다. 『관자(管子)』의 「신승마(臣乘馬)」와 「사어(事語)」 두 편에는 가격과 물가정책을 논의하는 대목에서 "민심과 원한을 맺거나 민의를 상하게 하지 않는다."[67] 같은 용례가 보인다. 민심은 분노 등 기복이 있는 감정을 그대로 나타내는 말이며, 민의는 전체적인 민의 의견이나 소망을 얘기하는 것이다.

사실상 민심, 민의, 민정(民情), 민욕(民欲)은 고전 문헌에서 대부분 집단적으로 마음에 품고 있는 희망이나 소망을 얘기할 때 혼용해서 써왔다. 민의의 용례는 전통 시대 문헌에 그다지 많이 등장하지 않으며, 참고로 방대한 『조선왕조실록』을 뒤져도 겨우 10건이 검색될 뿐이다. 예컨대 중종(中宗) 20년 10월 4일 기축(己丑)조의 『실록』은 "민의에 따라서 명년을 기다려 옮겨 쌓도록 하라."[68]는 기사를 싣고 있다. 하지만 대부분의 경우는 민심이란 말로 표현되고 있다. 민심이란 말이 광범하게 민의를 대변하며 통용되었던 것이다.

민의보다는 민지(民志)의 용례가 훨씬 많다. 앞에 언급했듯이 민

---

66) 上法圓天以順三光, 下法方地以順四時, 中和民意以安四鄕. 此劍一用, 如雷霆之震也, 四封之內, 無不賓服而聽從君命者矣.
67) 非怨民心傷民意.
68) 請從民意, 待明年移築.

의가 소극적이고 집단적인 즉흥성을 뜻하는 글자라면 민지는 민의 적극적 의지를 반영한 말이다. 『대학(大學)』의 유명한 다음 구절을 보자.

> 공자께선 "소송을 다룰 때 나는 다른 사람의 입장이 되어 반드시 소송이 없도록 하겠노라!"고 말씀하셨다. 무정한 사람이 제 말을 끝까지 다하지 못하는 것은 민지를 크게 두려워하기 때문이니, 이를 가리켜 근본을 안다고 말한다.[69]

『조선왕조실록』을 보아도 민지는 358건이나 검색되는데, 예를 들면 『실록』의 첫 권 태조의 즉위 조서(1392년 7월 28일 정미)의 기사부터 "공로와 덕망으로써 중외(中外)가 진심으로 붙좇으니, 마땅히 위호(位號)를 바르게 하여 민지(民志)를 안정하게 하소서."[70] 라고 한다.

아쉽게도 현대 한국어에선 민지는 사어가 되고 민의가 이를 대변하게 되었다. 이 때문에 번역어와 용법에서도 민의와 민지의 원초적 의미가 퇴색되고 있다. 오늘날 민의의 번역어로 will을 채택하는 것은 문제가 있다고 생각한다. 흔히 영어 사전에서 민의를 will of the people로 번역해 서양 정치사상에 등장하는 'will'을 연상시킴으로써 동양적 민의의 원초적 의미와는 달라졌다는 얘기다.

또한 현대어에서 민의는 public opinion으로서 '공론(公論)'으로 의미 전환을 하기도 한다. 『한서(漢書)』 「두주전(杜周傳)」에는 "천심에 순응하고, 민의를 말한다."는 대목에 있는데 천심을 민의와 대응시키는 적극적인 의미 전환으로 보인다. 후대 민의에 대한 논의의 많

---

69) 子曰:"聽訟, 吾猶人也. 必也使無訟乎!" 無情者不得盡其辭, 大畏民志, 此謂知本.
70) 以功以德, 中外歸心, 宜正位號, 以定民志.

은 부분이 여기에 근거를 두고 있는데, 민의를 하늘의 뜻으로 보아, 천심을 대변한 공론으로 취급하게 되었다. 민의와 연결되는 공론 또는 의론은 이 책의 많은 부분에서 전통 시대 정치사상의 핵심 관념으로 다루어질 것이다.

4. 전통 시대 민(民)의 정치적 의미

1) 천(天)의 상대이며 국(國)의 근본

민은 자체의 생명을 유지하고 편안한 상태로 생존을 이어갈 수 있도록 하면 농사를 지으며 제 먹거리를 해결하고 살아가는 존재이다. 따라서 자연 그 자체의 존재이기도 하며, 하늘과 땅과 관련된 존재이기도 하다. 춘추시대의 기록인 다음 두 사례를 보자.

> 민은 하늘과 땅의 가운데 존재로 부여받아 탄생하였는데, 이른바 운명이라 한다.[71]

> 땅에는 높고 낮음이 있으며, 하늘에는 어둡고 밝음이 있으며, 민에는 군주와 신하가 있으며, 나라에는 도성과 시골이 있는 것이 옛날부터의 제도이다.[72]

여기서 민은 군신 상하 모두를 가리킨 말이며, 하늘과 땅의 상대

---

71) 『左傳』 「成公十三年」: 民受天地之中以生, 所謂命也.
72) 『國語』 「楚語上」: 地有高下, 天有晦明, 民有君臣, 國有都鄙, 古之制也.

로 민을 상정하고 있다. 『한서』의 「율력지 상(律曆志上)」과 「오행지 중(五行志中)」에도 같은 말이 보이는데 천·지·인 삼각 구조로 우주를 보는 동양학 담론의 중요한 관념은 이렇게 만들어졌다. 물론 천인 관계의 서열로만 볼 때 천이 상위자고 주재자인 데 비해 민은 하위자이고 종속자이긴 하지만, 천의 상대로서 민의 중요성은 이렇게 강조되었다. 그래서 민(民)은 나라의 근본이기도 하다.

> 황조 할아버지의 훈계는 이렇습니다. 민은 가까이 생각해야 하며, 뒷전에 밀어두면 안 된다. 민이야말로 나라의 근본이니, 근본이 튼튼해야 나라가 편안하다. 내 천하를 둘러보니 우부우부 하나하나가 모두 나보다 훌륭하게 보였느니라. 한 명의 인(人)이 세 번 실수할 수도 있는 법, 원망이 어찌 분명해질 때를 기다리겠는가! 아직 보이지 않을 때 도모해야 하니라. 내 억조의 민을 대함에 썩은 고삐로 여섯 마리 말을 모는 듯 두려워하나니, 인의 위에 위치한 사람이 어찌 공경하지 않겠는가?[73]

민은 하늘이니 정치와 정책 수행은 모두 민을 중심으로 이루어져야 한다는 생각도 일찍부터 존재하였다. 『서경』의 다음 유명한 구절은 동양 사상에서 민의 중요성을 강조할 때 언제나 등장하는 구절이다.

> 하늘이 귀 밝고 눈 밝음은 내 민(民)이 귀 밝고 눈 밝음으로부터 오며, 하늘이 모든 것에 밝고 두려운 것은 내 민이 모든 것에 밝

---

73) 『書經』 「夏書·五子之歌」: 皇祖有訓, 民可近, 不可下, 民惟邦本, 本固邦寧. 予視天下愚夫愚婦一能勝予, 一人三失, 怨豈在明, 不見是圖. 予臨兆民, 懍乎若朽索之馭六馬, 爲人上者, 奈何不敬?

고 두려워함에서 오느니라.[74]

천심이 민이란 말이다. 하늘이 잘 듣고 잘 본다고 하는데 이것은 우리 백성이 잘 듣고 잘 보는 것에서 온 것이다. 하늘이 군주에게 어떤 정치할 권리를 줬는데 그 권리는 민에서 왔다는 것이다.[75]

한 대에 확립된 의미이긴 하지만, 그 단서는 이미 선진시대에 이루어졌을 것이다. 생존 자체로서의 민과 그것을 하늘로 삼아야 하는 통치자에 대하여 유향(劉向)은 이렇게 말한다.

왕도를 실천하는 사람은 민(民)을 하늘로 삼고, 민(民)은 밥을 하늘로 삼는다.[76]

『사기』「역생육가열전(酈生陸賈列傳)」에도 같은 말이 있다. "왕도를 실천하는 사람은 민인(民人)을 하늘로 삼고, 민인은 밥을 하늘로 삼는다."[77] 민과 인을 결합하여 모든 종류의 사람이 다 그러함을 강조하고 있다.

민이 가장 중요하게 여기는 것은 물질적 수요이다. 그래서 식(食), 즉 밥으로 민을 설명하고 있는 것이다. 『문자(文子)』「상인(上仁)」편은 "밥이란 민의 근본이다."[78]라 하고, 『삼국지(三國志)』「오지(吳志)」 '소가전(邵賈傳)'에서도 "민은 국의 근본이며, 밥은 민의 근본이다."[79]

---

74) 『書經』「皋陶謨」: 天聰明, 自我民聰明, 天明畏自我民明威.
75) 천과 민의 상관관계에서 민을 더욱 중시한 견해로는 왕부지(王夫之)가 대표적이다. 특히 『상서인의(尙書引義)』 권4《船山全書》제2책) 참조.
76) 『新序』「善謀下」: 王者以民為天, 而民以食為天.
77) 王者以民人為天, 而民人以食為天.
78) 食者, 民之本也.
79) 夫民者, 國之本; 食者, 民之本也.

라고 말한다. 민을 국의 근본으로 삼는다는 말은 어떤 의미에서 군주나 사직보다 민의 존재가 훨씬 중요하다는 것을 의미한다. 이는 맹자의 '민귀군경(民貴君輕)' 사상을 반영한 것이라 볼 수 있다. 여기에 이르면 민은 더 이상 노예나 하층 천민의 무리가 아니며, 국가와 정치의 가장 중요한 존재의 하나로 의미 지어진다. 그후 동양의 정치사상사에서 대부분의 사람은 정치적 권리의 부여 여부나 실제로 소중하게 여겼느냐의 여부와 상관없이 민을 국의 근본으로 언급하여왔다.

2) 군주의 상대로서 피통치자 전체

천(天)의 상대어로 민을 얘기하면, 위의 언급처럼 민이 군주를 포함하게 된다. 『서경』「고종융일(高宗肜日)」에 "왕이 할 일은 민을 공경하는 것이니, 하늘의 자손이 아닌 자가 없다."[80]고 할 땐 군주를 포함한 모든 존재를 천의 후예로 보면서 군왕의 역할을 말하고 있다. 하지만 이 특별한 경우를 제외하곤, 피통치자를 부르는 민 관련 개념들을 모두 민으로 통칭할 때 민은 통치자인 군주, 관료 등과 상대를 이루게 된다. 무엇이든 하늘을 중심에 놓고 보는 주나라 사람들의 사유 구조로 볼 때 민의 상대로서 군(君)의 지위 또한 천이 부여한 것이었으므로 굳이 우열을 둔다면 천 > 군 > 민이 된다. 『서경』「자재(梓材)」에서는 "황천이 그렇게 중국의 민을 부탁한 것이다."[81]라고 하는데 군주에게 명하여 부탁한 것이며, 중국의 민이란 천하의 대중, 즉 왕의 신민을 얘기한다. 『좌전』에서는 국가적 성공을 언

---

80) 王司敬民, 罔非天胤.
81) 皇天既付中國民.

기 어려운 다섯 가지 경우를 언급하면서 "참모는 있으나 따르는 민이 없는 것이 넷째요, 민은 있으나 통치자의 덕이 없는 것이 다섯째이다."82)라고 하는데, 이 민에 대하여 두예(杜預)는 중(衆)으로 해석한다. 민은 통치자 외의 모든 민중이다.

통치자와 민은 존비의 차별이 있으나 그들의 관계는 절대로 노예주와 노예의 관계가 아니다. 오로지 노예주를 위하여 존재하는 노예와 달리 민은 통치자의 보호 대상이다. 피통치자 계층인 민이 있어야 통치 계층이 존재할 수 있는 상대성 때문이다. 그래서 어려움을 잘 보살펴야 한다. "위대하도다! 상제(上帝)는/ 위엄 갖춰 세상에 임하시고/ 세상을 널리 둘러보시고/ 백성의 고통을 살피시네."83)

『서경』엔 이러한 언급이 많다.

> 사악(四岳)아, 넘치는 홍수가 사방을 쪼개어 산을 휩쓸고 언덕을 덮쳐 하늘 아래 범람하여 민(民)이 탄식하니 유능한 사람이 있으면 그로 하여금 다스리게 하리라.84)

> 기(棄)야, 여민이 걱정하고 굶주린다. 넌 후직이니 때맞추어 온갖 곡식을 파종하여라.85)

통치자는 민(民)이 수재, 한재, 기황 등 자연재해를 당할 때 보호해야 하고, 그들의 고통을 줄여줄 방법을 고민해야 했다. 『시경』「대

---

82) 『左傳』「昭公十三年」: 有謀而無民, 四也; 有民而無德, 五也.
83) 『詩經』「大雅」'皇矣': 皇矣上帝, 臨下有赫. 監觀四方, 求民之莫.
84) 『書經』「堯典」: 湯湯洪水方割, 蕩蕩懷山襄陵, 浩浩滔天. 下民其咨, 有能俾乂?
85) 『書經』「堯典」: 棄, 黎民阻飢, 汝后稷, 播時百穀.

아」'민로(民勞)'는 "민이 모두 노고에 지쳐 있나니."[86] 정치 안정을 이루어야 하고, 쉬게 해주어야 하고, 편안하게 해주어야 한다고 노래한다. 『논어』 「학이」편에서 공자는 "민을 부릴 때는 시기를 맞추어야 한다."고 하는데, 농사철에 전쟁이나 요역에 민을 동원해서는 안 된다는 주장이다.

민은 통치자를 위하여 노역에 종사하기도 하고, 세금을 내기도 하고, 군인이 되어 전투에 나서기도 한다. 통치자는 이들 민이 부담해야 할 노역과 질고(疾苦)를 헤아려야 하고, 보살펴야 한다. 군주의 상대로서 민, 즉 통치자와 피통치자는 어느 하나가 없어져서는 안 될 상생의 관계이다. 한걸음 더 나아가 『예기』에선 공자의 말을 빌려서 이를 더 구체적으로 표현하고 있다.

> 민은 군주를 마음으로 삼고, 군주는 민을 몸으로 삼는다. 마음이 건장하면 몸이 상쾌하고, 마음이 숙연하면 얼굴이 경건하다. 마음이 좋아하게 됨은 몸이 필경 편하기 때문이며, 군주가 좋아하게 됨은 민이 필경 바라기 때문이다. 마음은 몸으로 인해 온전하기도 하고 몸으로 인해 다치기도 한다. 군주는 민으로 인해 존재하기도 하고 민으로 인해 망하기도 한다.[87]

유기체적 관점에서 민과 군주를 몸과 마음의 관계로 비유하며 두 존재의 불가분리성과 상호 의존성을 말하고 있다. 비록 통치자와 피통치자의 관계이긴 하지만 이 정도이면 민의 의미가 격상하여 군주와의 관계가 명령과 복종의 상하 관계가 아니라 상호 의존적인

---

86) 民亦勞止.
87) 『禮記』 「緇衣」: 民以君爲心, 君以民爲體; 心莊則體舒, 心肅則容敬. 心好之, 身必安之; 君好之, 民必欲之. 心以體全, 亦以體傷; 君以民存, 亦以民亡.

공생 관계가 된다. 『좌전』「문공 13년(文公十三年)」 "하늘이 민을 낳고는 이에 군주를 두어 민을 이롭게 하고자 하였다."[88]에 따르면 민은 군주보다 앞선 존재이고, 순자(荀子)는 더 나아가 천 〉 군 〉 민이 아니라 천 〉 민 〉 군의 구조를 언급할 정도이다. "하늘이 민을 낳음은 군주를 위해서가 아니라 그로 하여금 민을 위해서 일하라는 것이었다."[89]

3) 도덕의 표준

앞에서 인용한 『서경』「고요모(皐陶謨)」에서는 하늘이 밝고 두려운 것은 민이 밝고 두려워함에서 비롯된다고 한다. 이는 하늘이 어진 사람을 드러내고, 악한 사람을 징계하고 두렵게 한다는 것에서부터 출발했다는 의미이다. 민의 행동이 정치 행위의 표준이 된다는 것이다. 이는 민이 도덕의 표준으로서 기능한다는 뜻이다. 민은 우주 만물 가운데 그 자체의 특수한 지위를 가지며, 만물의 영이므로 그들의 행동 자체가 정치의 기준이 되어야 한다는 주장이다.

민은 도덕적 표준이므로 시비와 선악을 분변할 수 있다. 『시경』「대아」 '증민(蒸民)'에 이런 구절이 있다.

하늘이 이 민을 낳으심에/ 어떤 물질이 있으면 그에 따른 법칙을 두었으니/ 민이 지켜야 할 떳떳한 이치는/ 그것은 정말 아름

---

88) 天生民而樹之君, 以利也.
89) 『荀子』「大略」: 天之生民, 非爲君也, 以爲民也. 동중서의 같은 말 "天之生民, 非爲王也, 而天立王以爲民也"(『春秋繁露』「堯舜不擅移·湯武不專殺」)에 입각해서 번역하였다.

다운 덕이로다.[90]

『논어』에서 공자는 이 구절을 인용하면서 "이 시를 지은 사람은 도를 아는 사람이다."라고 하였다. 어떤 사물에 대해서든 반드시 법칙이 있는 것이니 민이란 국을 움직이는 근본으로서 덕의 표준을 세우는 존재라는 얘기다. 민의 행보가 정치적 덕목의 핵심이 된다는 의미로 민을 가치판단의 궁극적 준거로 상정하고 있는 것이다. 물론 민을 민 스스로가 지덕(知德)을 소유하여 정치적으로 주체적 행위를 하는 존재로 보지는 않았다. 공자는 "민을 정책 집행에 따르도록 만들 수는 있어도, 그 구체적인 내용을 알게 만들 수는 없다."[91]고 말하였다.

그래서 민은 유덕한 통치자의 교화의 대상이긴 하지만, 민심의 향배 자체가 교화의 내용이기도 하다. 『서경』「대우모(大禹謨)」에 등장하는 다음 구절들을 보자. 순임금이 자신을 잘 보필하여 정치가 잘 행해질 수 있도록 한 신하 고요(皋陶)의 공로를 치하한 대목이다. 이에 대하여 고요는 다음과 같이 말하면서 공로를 모두 순임금의 공덕으로 돌렸다.

> 제왕의 덕에 허물이 없으시고, 아래에 임하여 간소하게 하시고, 사람들을 관대하게 대하십니다. 벌을 주되 그 자손에게까지 미치지 않게 하시지만, 상을 주는 일에는 그 후손에게까지 미치게 하십니다. 실수로 저지른 죄는 잘못을 크게 묻지 않지만, 일부러 저지른 죄는 작은 일도 처벌하십니다. 죄가 의심스러우면 가볍

---

90) 天生蒸民, 有物有則. 民之秉彛, 好是懿德.
91) 『論語』「泰伯」: 民可使由之, 不可使知之.

게 처벌하시지만, 공은 의심스러워도 두텁게 상을 내리십니다. 무고한 사람을 죽이기보다는 차라리 법을 지키는 자세를 굽히는 길을 택하시니, 제왕의 호생지덕이 민심에 스며들어 관리들을 거스르지 않아도 되게 된 것입니다."[92]

여기서 유래하여 호생지덕은 인애하고 자비로워서 차마 생명을 죽이지 못하는 미덕을 의미하는 말로 사용된다. 또 생명이 있는 것을 아끼고 사랑하는 데서부터 훌륭한 정치가 시작된다는 의미가 담겨 있으며, 특히 사형에 처할 죄인을 특사하여 살려주는 제왕의 덕을 의미하기도 한다. "호생지덕(好生之德)"의 의미는 통치자는 민을 교화시켜야 하고, 덕으로 복종시켜야 한다는 뜻이다. 『논어』「학이」편에서 "성실히 장례를 치르고 깊이 먼 조상을 추념하면 민들의 덕이 두터이 순박해진다."[93]라고 한 이유도 거기에 있다. 『시경』「대아」 '억(抑)'에서 노래하는 "공경하고 신중하게 위엄 있게 예의 바르게/ 오직 민의 법칙이로세."[94]는 그런 의미다. 눈을 뚫고 발을 자르는 혹형과는 완전히 다른 의미다. 이 정도에 이르면 민은 노예가 아닐뿐더러 노예와 평민의 총칭일 수도 없다. 민은 도덕 정치의 표준이다.

4) 자유롭고 직업을 가진 존재

『춘추곡량전』의 사·농·공·상 4민(四民)의 분류는 민이 각자 직업

---

92) 帝德罔愆, 臨下以簡, 御衆以寬; 罰弗及嗣, 賞延于世. 宥過無大, 刑故無小; 罪疑惟輕, 功疑惟重; 與其殺不辜, 寧失不經; 好生之德, 洽于民心, 茲用不犯于有司.
93) 愼終追遠, 民德歸厚矣.
94) 敬愼威儀, 維民之則.

을 가진 존재였다는 의미이다. 사는 지식과 행정 능력을 갖춘 관리자 직업에 종사하는 민이고, 농은 각종 농업에 종사하는 민이며, 공은 각종 기술자와 장인으로 손으로 무언가를 만드는 직업에 종사하는 민이고, 상은 상업 활동에 종사한 민을 말한다.

4민은 자기 재간을 가지고 관련 직업과 업무에 따라서 주체적으로 생산관리를 경영하는 사람들이었다. 지식을 중시하는 유가 사상이 통치 이데올로기로 등장하기 전이나, 상업을 억제하고 농업을 강조하는 법가 사상이 지배하던 시대엔 이들 4민 사이에 우열이 존재한 것 같지는 않다. 4민설을 제기한[95] 『관자』 「소광(小匡)」편에선 "사·농·공·상 4민은 국가의 초석이 되는 민이다."[96]라고 하면서 서로 직업이 섞이지 않도록 하라고 주장하지만, 「치국(治國)」편에선 '농·사·상·공 4민'의 순서로 기술하고 있다. 또한 『순자』 「왕제(王制)」에는 '농·사·공·상'의 순서를 매기고 있다. 『사기』 「순리열전(循吏列傳)」 외 한 대 이후 문헌들은 대체로 사·농·공·상의 순서를 따르며, 신분의 우열을 두는 경우도 있다. 어쨌든 이 민은 모두 직업을 가진, 따라서 자기 재산을 가진 존재들이었다.

민은 또한 자유롭게 이사할 권리가 있었다. 『시경』엔 "나라가 천리가 되더라도/ 오직 민이 머무를 곳이로다."[97]라고 한다. 『맹자』 「공손추 상(公孫丑上)」에서는 국군이 선정을 행하기만 하면 "곧 천하의 민 모두가 그를 위해 맹(氓)이 되기를 원할 것이다."[98]라고 한다. 맹은 바로 민이다. 다른 국에서 들어온 사람들이다. 『설문해자』는

---

95) 4민설을 관자가 처음 주장했다는 주장도 있다. 예를 들면 고염무(顧炎武)는 『일지록(日知錄)』에서 "士農工商謂之四民, 其說始於管子"라고 말한다.
96) 士農工商四民者. 國之石民也.
97) 邦其千里, 維民所止.
98) 則天下之民皆悅而願爲之氓矣.

"맹은 민이다."라고 해석한다. 단옥재(段玉裁)의 주엔 "타 지역에서 귀순해 온 사람을 가리켜 맹이라 한다."[99]고 한다. 은나라와 주나라 이래로 일국 국력의 쇠퇴와 발전은 항상 먼 데 있는 사람들이 기꺼이 통치자에게 귀순해 오느냐에 달려 있었다. 만약 사방의 민이 곳곳으로부터 그 나라의 저잣거리로 귀순해 오면 국가는 자연히 강성해진다. 이런 현상이 발생할 수 있는 전제는 민이 자유롭게 이주할 수 있었다는 것이다. 노예는 자기 뜻대로 둥지를 옮길 수 없다.

민은 이렇게 자유롭게 한 나라에서 다른 나라로 옮겨 올 수도 있는 존재이다. 그리고 맹이 되어서도 열심히 나라를 위해, 자신을 위해 일함으로써 재산권을 가질 수도 있었다. 『시경』「위풍(衛風)」'맹(氓)'은 이렇게 말한다.

> 외지에서 온 맹이 희죽거리네,/ 옷감을 가지고 와 실타래를 바꾸려 하네./ 실타래 바꾸러 온 것이 아니었네,/ 온 이유는 나에게 수작을 거는 거였네.[100]

앞에서 말했듯이 맹은 민이다. 그는 옷감 등 사적인 개인의 물건을 가지고 와서 무역에 종사할 수도 있었다. 스스로 주체가 되어 혼인 문제를 해결할 수도 있었다. 민은 분명 인신의 자유가 없는 노예일 수가 없다.

---

99) 『論語』「泰伯」: 民可使由之, 不可使知之.
100) 氓之蚩蚩, 抱布貿絲, 匪來貿絲, 來即我謀.

5. 소결

　민의 어원으로 볼 때 초기의 민은 붙잡힌 뒤 눈이 찔린 채 옮겨져서 강제로 노동에 종사하게 된 노예라는 의미로 출발하였으나, 신분 변동을 거치며 결국 피통치자를 지칭하는 말로 의미 신장을 하여 노예와 평민을 포괄하게 되었다고 할 수 있다. 나중엔 심지어 국왕 한 사람을 제외하고 정치사회의 모든 구성원을 지칭하게 되었다. 오늘날은 아예 최고 통치자까지를 포함하는 국민 개념으로 발전하였다.

　후대 문헌들의 용례는 비교적 늦지만 초기 문헌과 비교했을 때 민의 자의(字意)에 큰 의미 차이가 없다.『서경』「반경」은 금문 시대에 상당하는 문헌이다. 반경이 은(殷) 땅에서 다른 곳으로 옮겨 가려고 하자 다스리던 민 가운데 반대하는 사람이 아주 많았다. 그래서 반경은 그가 다스리는 중민(衆民)을 모아서 천도의 이익에 대해 일일이 설득하였다. 민은 그렇게 정치적으로 의미가 있을 뿐만 아니라 영향력도 있는 존재였다. 「반경」 상·중·하 3편은 민 자를 19차례나 사용한다. 이 시기 민은 이미 노예로 해석할 수 없으며, 자유의지를 지니고, 개인 재산을 소유했으며, 이사할 행동의 자유가 있었던 사람이다.

　민이 정치적으로 중요한 사람이었으므로 군주는 그들의 수요를 만족시켜줄 의무가 있었다. 그렇지 않으면 국의 근본이 흔들릴 수 있었다. 치민의 도는 도덕 교화에 있었지 혹형이나 굴레에 있지 않았다. 민은 노예가 아니었다. 민의 의미는 이렇게 확장과 변환을 거듭하였다. 결국 민은 피통치자 전체를 대변하는 글자가 되었으며, 군주의 상대로서 피통치자 전체였고, 천의 상대이며 국의 근본이었으며, 도덕의 표준이었고, 자유롭고 재산권을 가진 존재였다.

　동양 고대 사상에서 민은 단순한 보민(保民)의 대상만은 아니었으며, 군주보다 중시하는 중민(重民)을 거쳐 공경하는 경민(敬民)의 의식까지 존재하였다. 사상적으로 단순한 권리와 의무의 상관관계로 정치를 인식하여, 동양 전통 정치사상 속에 등장하는 민을 그저 의무만 있는 노예적 상태의 존재로 보거나, 민의 초기적 의미에만 천착하여 맹목적이고 어리석은 존재로만 취급하는 시각은 교정되어야 한다. 그것은 현실 정치에서 국민을 사유의 중심에 놓고 생각하지 않고, 앞에서 이끌어야 할 무지몽매한 존재로만 인식하는 일부의 시각을 교정시키는 것과도 관련이 있다.

질의와 응답

1. 민(民)의 최초의 의미는 무엇이며 어떤 의미 변화를 거쳤는가?
→ 붙잡힌 뒤 눈이 찔린 채 옮겨져서 강제로 노동에 종사하게 된 노예라는 의미로 출발한 민 개념은 신분 변동을 거치며 결국 피통치자를 지칭하는 말로 의미 신장을 하여 노예와 평민을 포괄하게 되었다고 할 수 있다. 나중엔 심지어 국왕 한 사람을 제외하고 정치사회의 모든 구성원을 지칭하게 되었다. 오늘날은 아예 최고 통치자까지를 포함하는 국민 개념으로 발전하였다.

2. 백성(百姓)의 최초의 의미는 무엇이며 어떤 의미 변화를 거쳤는가?
→ 백 개의 성(姓)이란 뜻의 '백성'은 귀족들의 연합체를 뜻하였다. 은나라 때 관직의 이름을 그대로 성씨로 삼는 경우가 많았으며, 그래서 이들을 통틀어 '백성'이라 부르기도 하였다. 서주 시대에 백성은 차츰 귀족의 의미를 잃게 되었다. 일부 '백성'의 사회적 지위는 서민과 다르지 않게 되었다. 춘추시대, 특히 『논어』에서의 백성은 거의

모두 민으로 바꾸어도 통용이 될 정도로 백성이 피통치자를 뜻하는 민과 같은 의미로 사용되고 있다.

3. 민심이란 관념은 어떻게 생겨났는가?
→ 단순히 심장을 지칭하던 심(心) 자는 후대로 올수록 마음, 영혼, 정신 등의 의미를 지니고 철학적, 윤리적 관념으로 변화하였다.『시경』,『서경』등이 등장한 서주 초기 민과 심을 결합시켜 윤리와 정치의 합일을 얘기하게 되었다. 전국시대『맹자』와『순자』를 거치면서 민심은 위정자가 실천해야 할 선정(善政)과 연결되었다. 초기에 비주체적이었던 민심은 후대 유가 사상가들에 이르러 주관적인 반응을 보일 정도로 주체적 개념으로 전환되었다.

4. 민심과 민의는 어떻게 다른가?
→ 소극적이고 집단적인 즉흥성을 뜻하는 민의란 말은 후대에 성립되었다. '민의를 따른다.'는 민에게 주체성을 부여한 용어가 아니라, 통치자의 입장에서 민의를 화합시킨다는 의미이다. 전체적으로 민심과 민의는 같은 뜻이다. 민심은 분노 등 기복이 있는 감정을 그대로 나타내는 말이며, 민의는 전체적인 민의 의견이나 소망을 얘기하는 것이지만, 대부분의 경우 민심이란 말이 광범위하게 민의를 대변하며 통용되었다. 전통적으로는 민의보다는 민지(民志)의 용례가 훨씬 많다.

5. 민의 정치적 의미는 무엇인가?
→ 동아시아 전통 사상에서 민은 국가의 근본으로 취급되었다. 천명이 지배하는 사회에서 천명을 대변하는 상대자였으며, 군주의 상대로서 피통치자 전체를 뜻하기도 했다. 통치의 대상으로서 현실적으

로 광범위한 민중을 뜻하기도 하지만, 관념적으로 민심에 윤리성을 부여하여 민을 도덕 정치의 표준으로 삼기도 했다. 민은 모두 직업을 가진, 따라서 자기 재산을 가진 존재들이기도 했으며, 일정한 범위에서 자유를 누리기도 했다.

참고 문헌

『國語』,『荀子』,『韓非子』,『呂氏春秋』,『新語』,『新書』(賈誼),『戰國策』,『史記』, 『廣雅』,『說文解字』,『詩經集傳』(朱熹),『三國志』.

《十三經注疏》(1984, 北京: 中華書局).

《中國哲學書電子化計劃(http://chinese.dsturgeon.net/index_gb.html).

『조선왕조실록』(http://sillok.history.go.kr).

『百度百科』(http://baike.baidu.com).

『象形字典』(http://vividict.com).

『淸議報』(中國影印. 台北: 成文出版社. 民國56(1967)).

『漢典』(www.zdic.net).

박은식, 2002,「인민의 생활상 자립으로 국가가 자립을 이룸」,『白巖朴殷植全集』, 서울: 동방미디어;『西友學會月報』8.

荀況, 2002,『荀子』, 장현근 옮김, 서울: 책세상.

劉澤華 主編, 2008[2002],『중국정치사상사』(선진편 상/하), 장현근 옮김, 서울: 동과서.

陸賈, 2010,『新語譯解』, 장현근 역주, 서울: 소명출판사.

장현근 편저, 1997,『중국정치사상 입문』, 서울: 지영사.

장현근 편저, 2005,『상군서: 동양의 마키아벨리즘』, 서울: 살림.

장현근, 2004,『맹자: 도덕국가 지침서』, 서울: 살림출판사.

장현근, 2010,『맹자: 바른 정치가 사람을 바로 세운다』, 서울: 한길사.

郭沫若, 1982,『郭沫若全集』, 歷史編 第2卷, 北京: 人民出版社.

范文瀾, 1959, 『中國通史簡編』, 北京: 人民出版社.

謝光輝 主編, 1997, 『常用漢字圖解』, 北京: 北京大學出版社.

梁啓超, 2003, 『飮氷室合集』文集之六, 北京: 中華書局; 『淸議報』1901年 10月 12日, 22日.

姚垚, 2001, 「民字本義試探」, 『學術論壇』, 2001年 第3期(總第146期).

劉澤華, 2000, 『中國的王權主義: 傳統社會與思想特點考察』, 上海: 上海人民出版社.

劉澤華 主編, 1996, 『中國政治思想史』(秦漢魏晉南北朝卷), 杭州: 浙江人民出版社.

岑仲勉, 1957, 『西周社會制度問題』, 上海: 上海人民出版社.

張分田, 2007, 「政治文化符號視角的"民"字核心词义解读[정치 문화 부호 시각에서 본 '민' 자의 핵심 어의 해독]」, 『人文雜志』(南開大學) 2007年 第6期.

陳大齊 1991, 『孟子待解錄』, 臺北: 臺灣商務印書館.

鄒容, 1903, 『革命軍』, 上海: 大同書局.

胡小石, 1958, 「讀契禮記」, 『江海学刊』, 1958年 第1期.

黃俊傑, 1991, 『孟學思想史論』, 臺北: 東大圖書公司.

제1부 중국 정치사상사에서 민의와 의론

1장 선진시대 묵자와 노장에서의 민의 _ 김정호
2장 진한시대 의론의 제도화와 민의 _ 윤대식
3장 송 대 주자학에 있어서 민심과 공론 _ 이상익
4장 중국 근대의 민의와 민권론의 전개 _ 조성환

1장 선진시대 묵자와 노장에서의 민의

김정호

1. 고대 중국 사상의 공동체적 특성

흔히 한국을 비롯한 동아시아 사회의 특성을 서양의 자유주의적 전통과 대비시켜 '공동체 중심적'이라고 표현해왔다. 여기서 말하는 공동체 중심적이란 공동체의 이익을 위해 개인적 가치와 존엄성을 희생시킬 수 있다는 서구의 전체주의적 개념이 아니라 개인의 가치를 공동체의 가치와 지속적으로 결합시키려는 동아시아의 전통적 의식을 의미한다. 이 점에서 공동체 중심적 의식은 평화로운 공동체의 유지발전이라는 목표의 달성을 위한 구성원 사이의 조화와 협력을 전제로 하고 있다. 그리고 그 공동체란 가장 최소 단위인 가족에서부터 시작하여 계층, 사회, 국가, 자연을 포괄하는 개념으로 인식되어왔다.

이러한 공동체 중심적 의식은 동아시아에서 장기간에 걸쳐 축적되어온 사상적 전통과 무관하지 않다. 고대 중국의 대표 사상인 유학을 비롯하여 묵학, 노장, 불교 사상 등의 공통된 특성이라면 바로 구성원 사이의 조화와 협력을 통한 공동체의 발전을 추구했다는 점이라고 할 수 있다. 어느 사상도, 어떤 사상가도 자신이 속한 공동체의 이익을 훼손하는 특정 개인, 또는 집단의 극단적 이익 추구를 용인하지 않았으며 그들 사이의 갈등을 전제로 하지 않았다. 나아가 갈등의 위험성이 나타나는 경우에도 사회도덕적 실천을 통해 극복될 수 있음을 확신했다(김정호, 2008b: 132). 공자의 충례·호양·조화·자애의 실천 의식이라든지, 묵자의 겸애와 식화의 상동사회론 그리고 노장의 자연주의적 인식론 등은 이러한 특성을 잘 보여주고 있다.

그러나 고대 중국 사상에 나타난 공동체 의식의 보다 핵심적 내용은 정치의식[1]에 있다. 공자의 충례·호양, 묵자의 겸애론, 노장의 인식론 등이 일면 추상적이거나 마땅히 따라야 하는 당위적인 성격을 가지고 있는 것이라면, 그들의 정치의식은 매우 현실적이다. 예를 들어 앞으로 살펴볼 묵자의 상동사회를 구현하기 위한 실천 방법으로서의 정치의식은 민의의 중요성과 군-신-민 간의 지속적인 소통을 강조한다. 기본적으로 현명한 군주에 의한 정치를 지향하는 봉건적 특성을 지니고 있기는 하지만 민(백성)의 정치에의 참여를 허용하는 한편 정치 지도자들의 책임과 실천을 주장하는 등 상당히 진보적인 주장이 전개되고 있다. 노장 사상 역시 시대적 특성상 봉건성을 탈피하지 못했고, 정치적 실천론, 방법론에 있어서도 묵자 사상에 비해 소극적이라고 평가되지만 정치 지도층의 자발적이고 솔선수범적인 자세와 민 중심의 공동체의 발전을 강조하는 등 오늘의 입장에서도 간과해서는 안 될 중요한 원칙들을 제시하고 있다.

---

[1] 여기서 '정치의식'이란 자신이 속한 정치사회의 제반 문제를 진단하고 그에 맞는 처방, 즉 해결책을 제시하는 데 근간이 되는 일련의 사고방식 및 실천적 태도를 의미한다.

2. 묵자의 이상적 국가 사회와 민의의 정치의식

1) 묵자의 이상적 국가 사회

묵자는 중국 전국기 말의 사상가로 알려져 있다. 이름은 적(翟)으로서 노나라 사람이다. 조상이 은나라의 유민이라는 설이 있고, 문벌과는 전혀 관계가 없는 천민 계층의 인물이었을 것으로 짐작된다(蕭公權, 1978: 126). 청 말의 묵자 연구학자였던 손중용(孫仲容)에 따르면 묵자는 공자 사후 50~100년 뒤인 열국기 사람이라고 한다. 또한 손이양(孫詒讓)의 『묵자한고(墨子閒詁)』(1923)에 나온 연표에 의하면 묵자의 생존기는 BC 468~376년이라고 했다. 이 기간은 주나라의 왕이 낙양의 일개 읍장 정도로 전락하고 각 제후들이 경쟁적으로 부국강병을 통한 패권 확보에 박차를 가하던 혼란의 시기였다(김만규, 2004: 89).

묵자의 사상은 공자로 대표되는 유학 및 노장 사상과 더불어 대표적인 고대 중국 사상으로 알려져 있고, 특히 전국기 말 맹자로부터 강한 비판을 받은 것[2]으로 미루어 당시에 상당한 영향력이 있었던 것으로 보인다. 그러나 묵자 사상은 강한 혁신성과 반유학적(反儒學的) 태도로 말미암아 중국 내부에서는 물론 유학 사상의 영향권이

---

2) 맹자는 "양주[楊朱: 전국시대의 인물로 개인의 이익을 최우선시하는 학설을 펼쳤던 사람]와 묵적[墨翟: 묵자의 이름]의 이론이 세상에 가득 차서 천하 사람들이 양주 아니면 묵적의 논리를 따르고 있다. 양주는 자기를 가장 중요하게 여기니 임금이 없는 것과 같고 묵적은 서로 사랑하라 하니 아버지가 없는 것과 같다. 임금이 없고 아버지가 없는 것은 금수와 마찬가지이다. …… 양주와 묵적의 논의가 사라지지 않는 한 공자의 도(道)가 나타나지 않을 것이다.[楊朱墨翟之言, 盈天下, 天下之言, 不歸楊則歸墨, 楊氏爲我, 是無君也, 墨氏兼愛, 是無父也, 無父無君, 是禽獸也, …… 楊墨之道不息, 孔子之道不著.]"(『孟子』「滕文公下」)라고 했다.

었던 한국과 일본에서도 큰 사상적 지배력을 행사하지는 못했다. 구체적으로 중국 내에서 묵자의 사상은 최초의 중앙집권적 통일국가인 진한시대를 거치면서 급속히 쇠퇴했다고 한다(勞思光, 1997: 275). 이와 관련하여 묵가의 쇠퇴 원인에 대해서는 다양한 설명이 존재한다. "예를 들어 후스(胡適)는 첫째 유가의 반대, 둘째 정치가들의 시기, 셋째 묵가 후학의 궤변화를 들고 있다. 팡서우추(方授楚)는 첫째 묵학 자체의 모순(예를 들어 겸애와 비공(非攻)), 둘째 이상의 지나침, 셋째 조직의 파괴, 넷째 '옹진(擁秦)'의 혐의(嫌疑) 등을 제시한다. 팡서우추는 결론적으로 구귀족 사회의 붕괴로부터 발생했던 정치·사회의 변동 과정에서는 묵가의 주장이 비록 이상적이고 과격했다 하더라도 수용될 수 있는 것이었으나, 정국이 안정되었을 때에는 반통치 계급의 학파는 특히 위정자들에게 받아들여지기 어려웠을 것이라고 본다. 특히 진은 '양법음유(陽法陰儒)', 한은 '양유음법(陽儒陰法)'이었으므로 묵학은 결국 소멸될 수밖에 없었다고 한다. 또한 이케다 도모히사(池田知久)는 후기 묵가에 이르러 점차 고전에 대한 지식이 그 자체의 본질이 됨으로써 본래의 목적성을 상실하고, 난해한 이론투쟁에 참여하면서 유가·도가와 마찬가지로 지식인 계층으로 전락한 것을 묵가 소멸의 가장 큰 원인으로 분석하고 있다."(尹武學, 2003: 각주 12에서 재인용)

  그럼에도 16세기 중국 명 말의 반전제적 개혁 사상가로 평가되는 이지(李贄, 1527~1602)가 『묵자비선(墨子批選)』[3]이라는 책을 편

---

3) 『묵자비선』은 『묵자(墨子)』 63편 중 27편을 이지가 선택하여 편찬한 것이다. 모든 편에 이지의 해석이 나와 있지는 않으며 일부편(「辭過」, 「尙賢上」, 「尙同中」, 「兼愛上」, 「非樂上」, 「非命上」 등)에만 후미(後尾)에 간단히 자신의 견해를 밝히고 있다. 그럼에도 불구하고 이것은 묵자 사상에 대한 이지의 관심과 사상 수용 및 전파의 의도를 피력한 것이라고 평가할 수 있다.

찬한 것과, 18세기 말 한국의 뛰어난 실학사상가 홍대용(洪大容, 1731~1783)이 묵자 사상의 수용 의지⁴⁾를 언급한 사실, 일본의 대표적 혁신 사상가로 간주되는 안도 쇼에키(安藤昌益, 1703~1762)가 묵자의 사상을 비판적으로 수용한 것 등에 비추어 묵자의 사상이 단절되지 않고 이후 동아시아 사상가들에게 지속적으로 영향을 미쳤다는 점을 부인할 수는 없을 것이다(김정호, 2003: 224-226).

중국 고대 묵자 사상에 나타난 민의의 정치의식의 구체적 내용을 살펴보기에 앞서 묵자가 가장 이상적으로 생각했던 국가 사회의 모습을 개괄적으로 검토할 필요가 있다. 이는 미시적으로는 묵자의 민의의 정치의식을 체계적으로 검토하기 위한 토대이며, 거시적으로는 묵자 사상의 특성과 한계를 동시에 파악할 수 있는 근거가 되기 때문이다.

묵자 사상은 고대 중국의 봉건적 정치 질서를 배경으로 탄생한 것이다. 비록 묵자의 사상이 극도의 혼란기를 배경으로 공자로 대표되는 유학적 정치 질서관에 강한 반감을 표출하기는 했으나 그 역시 근본적으로 봉건적 특성을 벗어날 수는 없었다.

묵자 사상이 지닌 봉건성의 가장 중요한 특징은 무엇보다 정치의 최고 주체를 군주로 설정했다는 점이다. 묵자에게 현실의 군주는 관료를 임명하고 정책을 결정하며 형벌권을 행사하는 주체로 규정된다. 따라서 묵자 사상의 상당 부분은 '현명한 군주에 의한 정치란 무엇인가?'에 집중되어 있다고 해도 과언이 아니다. 묵자에게 군주는 "하늘에 의해 선택된 세상에서 가장 훌륭하고 성스럽고 지식 있고 분별 있고 지혜 있는 사람"⁵⁾으로 상정된다. 군주의 아래에는 지역을

---

4) "유학을 버리고 묵학에 들어가고자 했다[欲逃儒而入墨]."(『湛軒書』, 內集, 卷三, 與人書, 二首)는 홍대용의 언급은 이를 잘 보여주고 있다.
5) 『墨子』「尙同中」: 是故選擇天下賢良聖智辯慧之人, 立以爲天子.

책임지는 제후들이 존재하고 공경·대부들을 위시하여 가장 작은 단위인 향리에 이르기까지 관료들이 자신의 지위와 역할에 맞는 활동을 전개한다. 민은 정치의 대상으로 간주된다.[6] 이는 전형적인 봉건적 정치체제의 모습이다. 공맹으로 대표되는 유학적 정치 질서의 외관 역시 이와 다르지 않다.

물론 묵자는 인간들이 자신의 이익을 위해서 서로를 공격하는 혼란과 혼돈의 상태[7]를 벗어나기 위해 '인간 중에서 선택된' 지도자로서 군주가 처음 생겨났음을 강조한다. 그럼으로써 군주는 개인적 차원에서 자신의 지위와 권력을 유지하고 추구하는 것이 아니라 철저히 국가와 민을 사랑하고 그들로부터 신뢰를 얻으며 안정과 부귀를 제공하는 존재가 되어야 한다[8]고 역설한다.[9]

묵자가 이처럼 군주권의 존재근거를 철저히 민의 안정과 행복 추구에 두고 있기는 하지만 그것이 곧 민에 의한 '군주권의 변화' 가능성을 열어놓는 것이 아니라는 측면에서 봉건적 한계를 지닌 것이라고 평가할 수 있다. 이와 관련하여 민에 의한 군주권의 변화가 근대

---

6) 『墨子』「尙同中」참조.
7) 펑유란(馮友蘭)은 이러한 혼란과 혼돈의 상태를 토머스 홉스(Thomas Hobbes)가 말한 자연 상태(the state of nature)라고 하고 있으나(馮友蘭, 1981: 58 참조), 양자의 시대적 배경 등을 감안하면 엄밀한 의미에서 정확하지 않은 표현이라고 생각된다.
8) 『墨子』「尙同中」: 古者上帝鬼神之建設國都, 立正長也, 非高爵, 厚其祿, 富貴佚而錯之也, 將以爲萬, 民興利除害, 富貴貧寡, 安危治亂也.
9) 이와 관련하여 샤오쿵취안(蕭公權)은 "근래 일부 학자가 묵자가 민선 제도(民選制度)를 주장했다고 말하지만 묵자에는 민선에 관한 명문(明文)이 없고, 또 그의 사상 체계에서나 역사적 배경에서 모두 민선에 관한 관념이 발생했을 가능성이 없었다는 것을 고려하면, 그러한 의미가 반드시 있다고 억지로 단정하여 해석하는 것은 묵자를 심히 잘못 이해한다는 비난을 면하기 어려울 것이다."(蕭公權, 1988: 219-220)라고 함으로써 팡서우추를 비롯한 일부 학자의 견해를 비판했다. 나 역시 묵자가 군주권의 존재근거를 민의 선택에 둔 것은 민선 제도를 염두에 둔 것이기보다는 민을 위한 군주의 역할을 강조하기 위한 것으로 보고 있다.

적 사고여서 고대 중국의 묵자 사상 평가에 적용하는 것은 무리이며 서구적 시각일 뿐이라는 반론이 있을 수 있다. 그럼에도 묵자는 선택된 인간으로서의 군주가 어떻게 민을 위한 정치를 해야 하는지만을 강조할 뿐 현실 군주의 잘못에 대해 넓은 의미로서의 민이 최소한 어떻게 대응해야 하는지는 전혀 언급하지 않았다. 이는 어쩌면 전국기의 극심한 혼란 속에서 정치적 변화보다는 안정을 추구했던 묵자 자신의 정치적 의도와 관련이 있는 것으로 보인다.

다른 한편 묵자의 민은 비록 군주권을 변화시키지는 못하지만 자신의 능력과 사회적 기여도에 따라 정치적 지위와 부를 얻을 수 있는 존재로 규정된다. 동시에 군주 밑의 관료 역시 그 권위와 지위가 영원히 보장되는 것이 아니라 능력이 없으면 그것을 상실할 수밖에 없음을 강조한다. 묵자는 이에 대해 "그러므로 성왕의 시대에는 덕으로써 벼슬자리에 나아가고 관직으로써 일을 맡아 하며 수고로움으로써 상이 결정되고 공로로써 녹이 분배되었다. 따라서 관리라고 해서 항상 귀하지는 않았고 민이라고 해서 마지막까지 천하지는 않았다. 능력이 있으면 등용되어 높은 자리에 올랐고, 능력이 없으면 낮은 자리로 좌천되었다."[10]고 했다. 비록 제한된 형태이기는 하나 민의 직접적인 정치 참여 가능성을 열어놓았다는 점이 묵자 사상의 혁신적 특성 중 하나이다. 즉 현명한 군주를 중심으로 정치를 담당하는 관료, 그리고 민으로 구성된 국가에서 공익적 공로에 따라 능력 있는 민이 사회적 지위와 대우를 획득할 수 있는 개방된 사회의 모습을 이상적으로 그리고 있는 것이다.

그럼에도 불구하고 남아 있는 두 가지 문제가 있다. 그 하나는 역

---

10) 『墨子』 「尙同中」: 故當是時, 以德就列, 以官服事, 以勞殿賞, 量功而分祿, 故官無常貴, 而民無終賤, 有能則擧之, 無能則下之.

시 정치의 최고 주체로서 군주의 문제이며, 다른 하나는 공익에 기여할 능력이 없는 사회적 약자의 문제이다. 현명한 군주의 절대적 권위와 역할을 적극 인정해야 하기는 하지만 묵자가 처한 현실은 현명함보다는 정복욕과 차별 의식을 가진 권력자들 간의 갈등과 투쟁이 전개되는 시기였다. 이런 상황에서 현실의 군주로 하여금 묵자가 생각하는 '현명함'을 바탕으로 신분적 차별이 아닌 능력에 따른 배분이 시행되는 국가 사회를 이룩하게 하기 위해서는 군주의 권위를 능가하는 보다 강력한 존재가 요구되었다. 이른바 묵자의 '천(天)' 개념이다.

구체적으로 묵자에게 하늘은 군주가 따라야 할 정치의 모습을 결정하고 그 공과에 따라 상벌을 실시하는 절대 권위의 존재이다. 다시 말해 묵자는 현실 군주의 '현명한 군주'로의 전환을 위해 하늘을 활용했던 것이다. 묵자가 "천자는 세상에서 가장 귀하고 부유한 존재이다. 그러므로 천자는 하늘의 뜻에 따르지 않을 수 없다. 하늘의 뜻에 따르는 것은 서로를 사랑하고 서로에게 이익을 주는 것으로서 이를 행하면 반드시 하늘로부터 상을 받을 것이다. 하늘의 뜻에 따르지 않는 것은 서로 차별하고 미워하며 서로를 해치는 것으로서 이를 행하면 반드시 하늘로부터 벌을 받을 것이다."[11]라고 하면서 결론적으로 "하늘이 천자보다 중요하고 귀하다."[12]라고 한 것은 이를 잘 보여주고 있다. 이처럼 묵자는 민의 정치 참여 가능성을 열어놓았음에도 결국 군주권의 견제 문제를 '하늘의 의지'와 연관시킴으로써 봉건적 한계를 드러내고 있는 것이다.

---

11) 『墨子』「天志上」: 故天子者, 天下之窮貴也, 天下之窮富也, 故於富且貴者, 當天意而不可不順, 順天意者, 兼相愛, 交相利, 必得賞, 反天意者, 別相惡, 交相賊, 必得罰.
12) 『墨子』「天志下」: 天之重且貴於天子也.

다음으로 사회적 약자층의 문제에 대해서 묵자는 여러 곳에서 고아, 홀아비, 과부 등에 대한 배려를 강조[13]하면서 특히 의정(義正)·역정(力正)의 개념을 통해 이를 보다 구체적으로 다음과 같이 언급했다.

> 하늘의 뜻을 따르는 것을 겸애라 하고 하늘의 뜻에 반하는 것을 차별이라 한다. 겸애는 의정이며 차별은 역정이다. [구체적으로] 의정이란 큰 것이 작은 것을 공격하지 않고 강한 자가 약한 자를 업신여기지 않으며 많은 자가 적은 자를 해치지 않는 것이다. 또한 사기꾼이 어리석은 자를 속이지 않고 귀한 자가 천한 자에게 오만하지 않으며 부유한 자가 가난한 자에게 교만하지 않고 나이 어린 사람이 늙은 사람의 것을 빼앗지 않는 것이다. …… 역정이란 이와 반대이다. 크면 작은 자를 공격하고 강하면 약한 자를 업신여기며, 수가 많으면 적은 사람을 해치고 사기꾼이 어리석을 사람을 속이는 것이다. 또한 자신이 귀하다고 해서 천한 자에게 오만하고 부유하다고 해서 가난한 사람에게 교만하며 나이 어린 사람이 늙은 사람의 것을 빼앗는 것이다.[14]

결국 묵자는 하늘의 뜻을 수행하는 현명한 군주에 의한 정치를 지향하면서 한편으로 공익적 능력을 갖춘 민에 대해서는 관리로 등용될 수 있는 기회를 제공하며, 다른 한편으로 사회적 약자층에 대해

---

13) 『墨子』「常賢中」참조.
14) 『墨子』「天志下」: 順天之意者, 兼也, 反天之意者, 別也, 義正者, 大不攻小也, 強不侮弱也, 衆不賊寡也, 詐不欺愚也, 貴不傲賤也, 富不驕貧也, 壯不奪老也, …… 力正者, 大則攻小也, 強則侮弱也, 衆則賊寡也, 詐則欺愚也, 貴則傲賤也, 富則驕貧也, 壯則奪老也.

서는 정치적으로 배려함으로써 '공동체의 안정과 풍요, 그리고 평화를 이룩할 수 있는 정치사회'(朴文鉉, 1993: 16)를 이상 사회로 상정하고 있었음을 알 수 있다.

이처럼 묵자의 이상적 국가 사회의 모습은 당시 봉건적 정치체제의 모순을 극복할 수 있는 일부 혁신적 대안을 담고 있으나 현실의 민이 아니라 오직 추상적인 하늘의 의지에 의해서만 그 지위가 변동될 수 있는 군주의 존재와, 국가 발전에 있어서의 현실 군주의 현명함에 대한 절대적 의존 등 근본적으로 봉건성을 탈피하지 못한 것이었다고 볼 수 있다. 사상이란 시대적 상황을 초월할 수 없으며, 기본적으로 그 사상의 배경이 되는 시대의 문제를 고민하고 그것을 극복하기 위해 전개된 것(정윤재, 1999: 35)이라는 사실을 다시 한번 보여주는 것이라 할 수 있다.

그렇다면 묵자의 사상에서 의의를 찾는 것은 불가능한 것일까? 비록 전체적인 국가 사회질서의 기본 틀은 묵자 생존 당시의 시대적 제약을 받을 수밖에 없었지만 구체적인 정치사회 유지의 기본 인식 및 공동체적·개인적 실천 방법의 방향 등은 시대를 초월하는 가치를 지니고 있음도 부인할 수 없다. 앞에서 언급했듯이 중국 고대의 묵자 사상이 근세 동아시아 개혁 사상가들의 정치사회 인식과 국가 발전 방법론에 활용될 수 있었던 것은 정치사회체제의 변화에도 적용될 수 있는 묵자 사상만의 특성이 있었기 때문이었음을 상기할 필요가 있다. 다음에서는 이에 대해 보다 구체적으로 살펴보기로 하겠다.

2) 묵자 사상에 나타난 민의의 정치의식

묵자 사상에 나타난 민의의 정치의식의 가장 중요한 특징은 정치

적 차별에 대한 강한 부정과 개방적 인재 활용의 강조, 정치적 소통
(여론 정치)의 필요성 주장, 정치적 책임과 실천의 중요성 역설 등으
로 요약될 수 있다.

(1) 정치적 차별의 부정과 개방적 인재 활용의 강조

먼저 묵자는 비록 군주의 정치적 역할에 상당 부분 의존하는 논
리를 전개했지만, 정치적 차별, 특히 인재 등용에 있어서의 차별을
강력히 부정하는 입장을 취했다. 묵자에게 정치적 차별은 국가의 발
전과 안정을 저해하는 가장 중요한 요소로 인식되었다. 이런 점에
서 그는 먼저 "현명한 사람을 숭상하는 것은 하늘과 귀신과 백성의
이익이 되는 것이며 정사(政事)의 근본이 된다."[15]고 했다. 여기서 현
명한 사람이란 단순히 지식이 많은 사람이 아닌 '국가와 국민의 이
익과 행복을 위해 자신의 능력과 재능을 발휘하는 사람'을 말한다.
묵자가 '지(知)'의 개념을 '재(材)'로 규정한 것[16]도 이러한 차원에서
이다.

그런데 현명한 사람의 등용과 활용, 즉 인재의 활용은 동아시아
전통 사상, 특히 유학 사상의 전통에서도 흔히 언급되는 요소이다.
다시 말해 '인재의 등용과 활용'이라는 어구만 놓고 보면 묵자의 논
리는 유학 사상과 다르지 않다. 양자의 가장 중요한 차이점은 인재
등용 및 활용에 있어 한쪽은 신분 질서를 전제로 한다는 것[17]이고,
다른 한쪽은 차별적 입장에서 벗어나 철저히 개인의 공익적 능력
에 기초를 둔다는 점이다. 묵자는 이에 대해 "차별하는 것은 잘못이

---

15) 『墨子』「尙賢下」: 尙賢者, 天鬼百姓之利, 而政事之本也.
16) 『墨子』「經上」: 知, 材也.
17) 『孟子』「滕文公上」: 或勞心或勞力, 勞心者治人, 勞力者治於人, 治於人者食人, 治
人者食於人, 天下之通義也; 『中庸』第十二: 親親之殺, 尊賢之等, 禮所生也.

다."[18]라고 주장하면서 보다 구체적으로 다음과 같이 말하였다.

> 옛날에 성왕들은 현명한 사람들을 숭상하는 것을 매우 중요하게 여겼다. 능력에 따라 등용할 때에도 친족이라고 해서 편들지 않았고 부귀한 사람들이라고 해서 우대하지 않았으며 얼굴빛이 좋다고 해서 편애하지 않았다. 현명한 사람이라면 그를 등용하여 높은 지위를 주고 부유하고도 귀하게 해주었으며 관직의 우두머리로 삼았다. 못난 자라면 파면시켜 가난하고도 천하게 해주었으며 일꾼으로 삼았다.[19]

그렇다면 묵자가 생각하는 인재의 등용과 활용은 대다수의 능력 없는 사람 중에서 소수의 능력 있는 사람만을 차별 없이 뽑아 활용하려는 것이었을까? 묵자가 궁극적으로 원했던 것은 인재 등용에 있어서 철저히 정치적 차별을 배제하고 오로지 공익적 능력을 기초로 관리를 선발하는 것이 결국 국가에 현명한 사람이 많아지게 하는 최선의 방법임을 역설하려는 것이었다. 위의 예문에 이어서 묵자가 "그리하여 백성은 상을 받으려 애쓰고 형벌을 두려워하면서 다 같이 현명한 사람이 되려고 하였다. 그 결과 현명한 사람이 많아지고 못난 자가 적어졌다."[20]고 한 것은 이를 보여주는 것이라 하겠다. 정치적 차별을 없애 국가 내 현명한 사람들, 즉 능력 있는 사람들이 점차 많아지는 사회, 그것이 묵자가 요구하는 이상적인 정치사회의 모습이었던 것이다.

---

18) 『墨子』「兼愛下」: 墨子曰, 別非也.
19) 『墨子』「尙賢中」: 故古者, 聖王甚尊尙賢, 而任使能, 不黨父兄, 不偏富貴, 不嬖顔色, 賢者擧而上之, 富而貴之, 以爲長官, 不肖者抑而廢之, 貧而賤之, 以爲徒役.
20) 『墨子』「尙賢中」: 是以民皆勸其賞, 畏其罰, 相率而爲賢者, 以賢者衆而不肖子寡.

따라서 현명한 사람들 중 더욱 현명한 사람들이 공직에 등용되었을 때의 모습은 자신이 가진 최대한의 능력을 발휘하여 국가 전체적 발전과 안정을 이룩하려고 최선의 노력을 다하는 것일 수밖에 없다. 묵자는 이를 다음과 같이 묘사하고 있다.

> 현명한 사람들은 정치를 함에 있어 일찍이 조정에 나아가고 늦게 퇴근하며, 옥사를 다스리고 정사를 처리한다. 그래서 국가는 다스려지고 형벌과 법령은 바로잡히게 되는 것이다. 현명한 사람들은 관직의 우두머리 노릇을 함에 있어서 밤늦게 자고 아침 일찍 일어나면서 관소(關所)와 시장 및 산림과 연못이나 다리에서 얻어지는 이익을 거두어들여 관청을 충실하게 한다. 그래서 관청은 충실해지고 재물은 흩어져 없어지지 않는다. 현명한 사람들은 마을을 다스림에 있어서 일찍 출근하고 늦게 퇴근하면서 밭 갈고 씨 뿌리며 농사짓게 하여 곡식을 거두도록 한다. 그래서 곡식은 풍부해지고 백성은 식량이 넉넉하게 된다. 그러므로 국가가 다스려지면 곧 형벌과 법령이 바로잡히고, 관청이 충실해지면 곧 만백성이 부유하게 되는 것이다.[21]

이처럼 묵자는 철저히 사회적 공익을 실현할 수 있는 능력에 따라 인재를 등용하고 활용하는 것이 정치의 기본임을 역설했다. 능력 이외의 일체의 정치적 차별은 국가의 발전과 국민의 삶의 안정을 저해하는 요소로 간주되었다. 나아가 국가 내 모든 사람이 현명해지

---

21) 『墨子』「尙賢中」: 賢者之治國也, 蚤朝晏退, 聽獄治政, 是以國家治而刑法正, 賢者之長官也, 夜寢夙興, 收斂關市山林澤梁之利, 以實官府, 是以官府實而財不散, 賢者之治邑也, 蚤出莫入, 耕稼樹藝聚菽粟, 是以菽粟多而民足乎食, 故國家治則刑法正, 官府實則萬民富.

는 것을 희망했다. 여기에는 모든 인간이 자신의 의지 여하에 따라 능력을 발휘할 수 있다는 의식이 전제되어 있음은 물론이다(金命震, 1988: 105).

(2) 정치적 소통(여론 정치)의 필요성

묵자 사상에 나타난 민의의 정치의식의 두 번째 내용은 정치적 소통, 즉 현대적인 용어로 한다면 여론 정치의 필요성 주장이다. 묵자는 비록 많은 부분을 할애하지는 않았으나 정치의 효과가 민이 감각적으로 느끼는 것에 달려 있음을 강조함으로써 소위 '상동(尙同)의 정치'를 추구했다. 상동의 정치란 군주와 관료, 그리고 민이 국가 발전 및 국민의 안정과 평화를 위해 지속적으로 상호 소통하는 정치의 모습이라 할 수 있다. 먼저 묵자는 군주와 신하(관료) 간의 소통에 대해서 양자 사이의 공익적 논쟁을 통한 의견 교환의 필요성을 다음과 같이 표현했다.

군주에게 반드시 그의 뜻과는 다른 의견을 가진 신하가 있고, 직위상 위에 있는 사람에게 반드시 따져 논하는 아랫사람이 있어 양자 간의 논쟁이 진지하게 벌어지고 서로 훈계하며 의견 교환이 이루어지게 된다면 그 군주는 오래도록 나라를 보전할 수 있을 것이다. 신하가 그의 지위를 소중히 여겨 곧은 말을 하지 않음으로써 가까운 신하들은 벙어리가 되고 먼 신하들은 입을 다문다면 민의 마음속에 원한이 맺히게 될 것이다. 아첨하는 자들이 곁에 있어 좋은 논의들이 막혀버린다면 곧 국가는 위태로워질 것이다.[22]

---

22) 『墨子』「親士」: 君必有弗弗之臣, 上必有詻詻之下, 分議者延延, 而交徹者詻詻焉,

위의 예문에서 알 수 있듯이 묵자는 한 국가의 신하(관료)란 자기의 신분적 안위를 위해서가 아니라 철저히 백성의 이익을 위해서 군주에게 진언해야 하는 존재가 되어야 한다고 판단했다. 군주 역시 통치자로서의 권위만을 내세우는 것이 아니라 신하(관료)들과의 지속적인 토론과 의견 교환을 통해 정치를 시행해야 함을 역설하고 있는 것이다.

민과의 소통 역시 중요하다. 묵자는 "정치의 근원을 민이 귀와 눈으로 직접 듣고 본 것에 두어야 한다."[23]고 했다. 민이 듣지 못하고 보지 못한 것을 가지고 그것이 마치 정치의 본질인 것처럼 주장하는 것은 허황된 것이고, 그것은 그렇게 주장하는 사람들의 정치 목적을 달성하기 위한 것으로 간주한다. 묵자의 이른바 '운명론 내지는 숙명론' 비판은 이러한 측면에서 이해할 수 있다. 묵자는 부귀, 빈천, 장수, 치란 등 국가 사회 내 인간의 삶과 관련된 모든 것이 운명적(숙명적)으로 정해졌다[24]는 논리를 강하게 비판했다. 그는 "운명론[숙명론]을 주장하는 사람들의 말을 따른다면 위에서는 정사를 행하지 않고 아래에서는 사람들이 자신의 일에 종사하지 않을 것이다. 위에서 정사를 행하지 않으면 곧 형법과 행정이 어지러워질 것이고, 아래에서 일에 종사하지 않으면 쓸 재물이 부족할 것이다. …… 또한 안으로 굶주리는 사람들을 먹이며 헐벗은 사람들에게 옷을 입혀주며 늙은이들과 약한 자들을 돕고 길러줄 것이 없게 될 것이다."[25]

可以長生保國, 臣下重其爵位而不言, 近臣則暗, 遠臣則唫, 怨結於民心, 諂諛在側, 善議障塞, 則國危矣.

23) 『墨子』 「非命上」: 於何原之, 下原察百姓耳目之實.
24) 『墨子』 「非命上」: 子墨子言曰, 執有命者, 以雜於民間者衆, 執有命者之言曰, 命富則富, 命貧則貧, 命衆則衆, 命寡則寡, 命治則治, 命亂則亂, 命壽則壽, 命夭則夭.
25) 『墨子』 「非命上」: 今用執有命者之言, 則上下聽治, 下不從事, 上不聽治則刑政亂, 下不從事則財用不足, …… 內無以食飢衣寒, 持養老弱.

라고 했다. 즉 묵자는 모든 것이 운명적(숙명적)으로 정해져 있다면 정부와 민이 함께 자신의 역할을 수행함으로써 보다 나은 사회를 만들어가는 것이 무의미하다고 본 것이다. 따라서 이러한 운명론(숙명론)을 타파하기 위해서는 국가 내 모든 사람이 상호 소통하면서 '실증적 근거'를 가지고 정치의 효용성을 검증해가는 것이 필요하다는 입장이다(李雲九, 1988: 56 참조).

그렇다면 실제의 정치에서 현실 군주와 민은 어떻게 소통할 수 있는 것인가? 묵자는 이에 대해 우선 "옛 말씀에 이르기를 한 눈으로 보는 것은 두 눈으로 보는 것만 못하고, 한 귀로 듣는 것은 두 귀로 듣는 것만 못하며, 한 손으로 잡는 것은 두 손만큼 강하지 못하다."[26]고 하면서 아무리 뛰어난 성왕이라 하더라도 천하의 모든 일을 직접 가서 듣고 볼 수 없다[27]고 했다. 이는 곧 국가는 군주 1인의 탁월한 능력에만 절대적으로 의존해서는 안 되며 가능한 많은 민이 군주에게 국가 사회에 필요한 정보를 제공해야 한다는 점을 지적한 것이라 하겠다. 이를 통해 군주와 민이 국가의 발전과 안정, 그리고 평화라는 공동체의 목적을 공유하며 그 목적을 위해 끊임없이 소통하는 모습을 이상적으로 그려내고 있는 것이다. 다음의 묵자의 설명은 이 점을 잘 나타내고 있다.

> 군주도 역시 나라 안의 민에게 다음과 같은 법령을 발표한다. "만약 나라를 사랑하고 이롭게 하는 사람을 보거든 반드시 그것을 고하고, 만약 나라를 미워하고 해치는 자를 보아도 역시 반

---

[26] 『墨子』「尙同下」: 古者有語焉曰, 一目之視也, 不若二目之視也, 一耳之聽也, 不若二耳之聽也, 一手之操也, 不若二手之彊也.
[27] 『墨子』「尙同下」: 故唯毋以聖王爲總耳明目與, 豈能一視而通見千里之外哉, 一聽而通聞千里之外哉, 聖王不往而視也.

드시 그것을 고하라." 만약 나라를 사랑하고 이롭게 하는 것을 보고서 그것을 고한다면 그것 역시 나라를 사랑하고 이롭게 하는 것과 같다. 군주가 그것을 알면 상을 내리고, 다른 여러 사람은 듣고서 그를 칭찬한다. 만약 나라를 미워하고 해치는 것을 보고서도 그것을 고하지 않는다면 그것 역시 나라를 미워하고 해치는 것과 같다. 군주가 그것을 알면 그에게 벌을 내리고, 다른 여러 사람은 듣고서 그를 비난한다. 그래서 나라 안의 모든 사람은 누구나 상을 받고 싶어 하고 벌은 피하게 된다. 그 결과 모든 민은 선한 것을 보면 얘기해주고, 선하지 않은 것을 보아도 얘기해주게 된다. 군주는 선한 사람이 발견되면 그에게 상을 주고, 악한 사람이 발견되면 그에게 벌을 내린다. 선한 사람이 상을 받고 악한 사람이 벌을 받게 된다면 그 나라는 반드시 잘 다스려질 것이다. 그 나라가 다스려지는 까닭을 살펴보면 결국 상동의 정치를 하기 때문이다.[28]

비록 봉건적 특성을 많이 포함하고는 있으나 묵자의 이러한 민의의 반영을 토대로 한 소통의 정치의식은 오늘날의 우리에게 의미하는 바가 크다. 최고 정치 지도자와 관료들 사이의 솔직하고 객관적인 토론 문화의 형성, 더 많은 정보와 국민의 의견을 수용하려는 태도 등이 요구되고 있기 때문이다. 묵자가 이상적으로 생각했던 국가 내 모든 정치 주체 간의 소통은 단순히 정치의 효율성을 높이기 위

---

28) 『墨子』「尙同下」: 國君亦爲發憲布令於國之衆曰, 若見愛利國者, 必以告, 若見惡賊國者, 亦必以告, 若見愛利國以告者, 亦猶愛利國者也, 上得且賞之, 衆聞則譽之, 若見惡賊國, 不以告者, 亦猶惡賊國者也, 上得且罰之, 衆聞則非之, 是以徧若國之人, 皆欲得其長上之賞譽, 避其毁罰, 是以民見善者言之, 見不善者言之, 國君得善人而賞之, 得暴人而罰之, 善人賞而暴人罰, 則國必治矣, 然計若國之所以治者, 何也, 有能而尙同一義爲政故也.

한 것만이 아니라 국가 내 모든 구성원 간의 화합과 협력을 통한 공동체의 발전에 필수불가결한 의식적·실천적 요소임을 인식할 필요가 있다.

(3) 정치적 책임과 실천의 중요성

묵자 사상에 나타난 민의의 정치의식의 세 번째 요소는 정치적 책임과 실천의 중요성 강조이다. 지금까지 묵자가 주장했던 많은 논의는 결국 정치적 책임과 실천이 뒤따르지 않으면 의미를 갖지 못하는 것이다. 묵자도 이 점을 잘 인식하고 있었던 것으로 보인다. 이에 관해 우선 묵자는 "말을 많이 하려고 힘쓰지 말고 실천하는 데 힘써야 한다. …… 실천이 자신의 말과 합치되지 않는 사람은 명예를 이룩하지 못한다."[29]고 함으로써 보편적 의미로서 실천의 중요성을 역설했다. 이러한 인식을 바탕으로 그는 "정치란 것은 입으로 말한 것을 몸으로 반드시 실천하는 것이다."[30]라고 하여 정치적 실천의 중요성을 강조했다. 동시에 실천하지 못할 능력을 가진 사람들은 그에 대한 책임이 반드시 뒤따라야 한다는 점도 지적했다. 묵자가 "자신의 책임을 감당해내지 못하면서도 지위를 차지하고 있는 것은 그 지위에 있을 사람이 못 되는 것이다. 자신의 지위를 감당해내지도 못하면서 녹을 받고 있는 것은 그 녹을 받을 사람이 못 되는 것이다."[31]라고 한 것은 이를 잘 나타낸 것이라 할 수 있다.

정치적 구호만으로 끝나지 않고 반드시 실천이 뒤따라야 한다는 의식, 그리고 정치가로서 관료로서 자신의 지위와 역할을 감당하지

---

29) 『墨子』 「修身」: 言無務爲多而務爲, …… 行莫辯於身者, 不立.
30) 『墨子』 「公孟」: 子墨子曰, 政者, 口言之, 身必行之.
31) 『墨子』 「親修」: 是故不勝其任而處其位, 非此位之人也, 不勝其爵而處其祿, 非此祿之主也.

못한다면 거기에 따른 정치적 책임을 져야 한다는 묵자의 주장은 오늘날 민주주의 정치체제에도 적용될 수 있는 유용한 정치의식이라고 판단된다. 한 국가의 정치가가 자신의 공약은 국민과의 약속이므로 반드시 실천하지 않으면 안 된다는 의식을 지닐 때, 그리고 관료들이 강한 공익적 책임감을 가지고 자신의 역할을 최대한 수행하려고 할 때 그 국가의 발전이 담보될 수 있음은 자명하기 때문이다.[32]

3. 노장의 이상적 국가 사회와 민의의 정치의식

1) 노장의 이상적 국가 사회

묵자와 함께 중국 고대 사상을 대표하는 것이 노장 사상이다. 노장 사상은 장자(莊子)의 『장자(莊子)』와 노자(老子) 『도덕경(道德經)』을 통해 그 사상적 원형이 형성되었다. 동일한 인식론적 토대를 가지고 전개되었기 때문에 일반적으로 하나의 사상으로 간주한다. 『장자』는 전국시대 말기 그리고 『도덕경』은 전국시대 또는 전한시대 말기 저작으로 추정되고 있다. 장자라는 인물과 저서 사이에는 시대 차이가 없지만, 인물로서의 노자와 저서로서의 『도덕경』의 관계에 관해서는 이론이 많다. 구체적으로 『사기(史記)』에 따르면 노자는 공자보다 약 20년 나이가 많은 사람으로서 주나라 말기의 인물로 알려

---

[32] 이와 관련하여 공자 역시 정치인이 갖출 조건으로서 과단성, 사리(事理), 재능 그리고 근면성 및 공정성과 솔선수범의 자세를 제시하기도 했다(『論語』「雍也」: 季康子問 仲由, 可使從政也與, 子曰, 由也 果, 於從政乎 何有, 曰, 賜也, 可使從政也與, 曰, 賜也 達, 於從政乎 何有, 曰, 求也 可使從政也與, 曰, 求也 藝, 於從政乎 何有; 『論語』「顏淵」: 子張問政, 子曰, 居之無倦, 行之以忠; 『論語』「子路」: 子路問政, 子曰, 先之勞之, 請益, 曰, 無倦).

져 있다. 반면에 저서로서의 『도덕경』은 『장자』보다 그 사상 내용이 더욱 정교하고 표현 방법이 세련된 점으로 미루어 노자가 직접 지은 것이라고 보기 어려울 뿐 아니라 『장자』보다 뒤에 저술된 것이라고 할 수 있다. 그러므로 흔히 노자와 장자의 사상을 합해서 노장 사상이라고 하지만 그것은 결국 저서로서의 『장자』와 『도덕경』을 통해 나타난 것이므로 저서의 시대적 순서에 따라 전목(錢穆) 같은 학자는 '장노철학(莊老哲學)'이라고 부르기도 했다(具本明, 1982: 241-242). 노장 사상 역시 묵자 사상처럼 봉건시대의 산물이고 또 중국은 물론 동아시아의 전통적 지배 사상으로서의 역할은 하지 못했던 것이 사실이다. 그러나 노장 사상의 인간관과 자연관, 그리고 상대주의적 인식론 등이 이후 자국의 모순적 현실을 타파하기 위한 이론적 근거로서 동아시아의 많은 사상가에게 영향을 미쳤다는 점에서 그 사상적 중요성은 매우 크다고 할 수 있다(김정호, 2003; 2005).

앞서 살펴본 바와 같이 묵자는 하늘의 뜻을 수행하는 현명한 군주에 의한 적극적 정치를 지향하면서 한편으로 공익적 능력을 갖춘 민에 대해서는 관리로 등용될 수 있는 기회가 제공되며, 다른 한편으로 사회적 약자층에 대해서는 정치적으로 배려함으로써 '공동체의 안정과 풍요, 그리고 평화를 이룩할 수 있는 정치사회'를 이상적 국가 사회로 상정하고 있었다.

반면 노장은 공자로 대표되는 유학은 물론 공자의 유학에 강한 반발을 보였던 묵자의 적극적 정치론 역시 결국 그러한 입장을 전개하는 이들의 정치적 목적을 달성하기 위한 수단에 불과하다는 인식을 가지고 있었다. 장자는 이에 대해 유학 사상과 묵자 사상의 시비 논쟁의 예를 들어 "유학과 묵학을 보면 상대방이 그르다고 하는 것을 이쪽에서는 옳다고 하고 상대방이 옳다고 하는 것은 이쪽에서 그르다고 한다."[33]고 표현했다. 이는 유학과 묵학이 각기 자신의 정치적 목적에 따라 상반된 인간, 역사, 우주의 원리 및 도덕론 등을 전개함으로써 자파의 학문적·정치적 명예와 이익을 얻으려는 욕구를 충족시키려 했다는 점을 지적한 것이다.

따라서 노장에게는 이러한 유학과 묵학의 이론을 팔아 명예를 떨치려는 소위 매덕득명(賣德得名)의 이기적 욕구에 기초한 정치론 또한 그 자체가 허구이며 작위적인 것이 될 수밖에 없었다. 유학이나 묵학에서 요구하는 성인의 정치 또는 군자의 정치는 자연이 부여한 인간 본성을 구속하는 하나의 수단에 지나지 않는다는 것[34]이 노장의 태도였다.

노장에게 진정한 정치란 지배자의 이기욕 충족을 전제로 하는 작위와 인위의 정치가 아니라 자연이 부여한 인간 본성에 따르는 무위무욕(無爲無欲)의 정치였다. 무위무욕의 정치에 대해 노자는 다음과 같이 설명했다.

> 현명하고 능력 있는 사람을 숭상하지 않으면 민을 다투지 않게 하고 얻기 어려운 재화를 귀하게 여기지 않으면 민을 도둑질하게 하지 않으며 가지고 싶은 것을 보여주지 않으면 민의 마음을 어지럽게 하지 않을 것이다. 그러므로 성인의 정치는 민으로 하여금 사사로운 욕망을 제거하여 그 본성에 따라 행동하게 하는 것이다. 그리하여 항상 민을 무지무욕(無知無欲)하게 하고 이른바 안다고 하는 사람으로 하여금 아무것도 하지 못하게 한다. 이와 같이 무위를 행하면 다스려지지 않는 법이 없다.[35]

---

33) 『莊子』「齊物論」:儒墨之是非, 以是其所非, 而非其所是.
34) 『莊子』「馬蹄」: 及至聖人, 蹩躠爲仁, 踶跂爲義, 而天下始疑矣, 澶漫爲樂, 摘僻爲禮, 而天下始分矣; 及至聖人, 屈折禮樂, 而匡天下之形, 縣跂仁義, 以慰天下之心, 而民乃始踶跂好知爭歸於利, 不可止也, 此亦聖人之過也.

이렇게 보았을 때 노장이 이상적으로 생각하는 국가 사회의 모습은 일체의 작위적이고 인위적인 정치 방법론을 배제하고 인간이 가진 이기적 욕구를 최대한 억제함으로써 인간 상호 간 불신과 갈등이 존재하지 않게 하는 평화롭고 풍요로우며 조화로운 사회라고 할 수 있다. 노자가 다음과 같이 『도덕경』에서 표현하고 있는 소위 '소국과민(小國寡民)'의 이상 사회의 모습은 이러한 노장의 이상적 국가 사회의 모습이 구체화된 것이라 할 수 있다.

> 작은 나라에 적은 백성. 여러 가지 기물이 있지만 이를 사용하지 않게 하고, 민으로 하여금 죽음을 중하게 여겨 멀리 이사하지 않게 한다. 배와 수레가 있기는 하지만 이를 탈 곳이 없고, 갑옷과 무기가 있기는 하지만 진열할 곳이 없다. 사람들로 하여금 다시 새끼를 묶어 약속의 표시로 사용하고, 그 음식을 달게 먹고, 그 의복을 아름답게 입고, 그 거처에 안주하고, 그 풍속을 즐기게 한다. 이웃 나라를 서로 바라보고 닭과 개의 소리가 들려도 민이 늙어 죽을 때까지 서로 왕래하지 않는다.[36)]

일면 이러한 노장의 이상적 국가 사회의 모습은 현실도피적이며 매우 소극적으로 보일 수 있다. 특히 노장이 묵자와 같이 국가 사회의 구조를 체계적으로 제시하지 못했을 뿐 아니라 정치가 행해지는

---

35) 『道德經』第三章: 不尙賢, 使民不爭, 不貴難得之貨, 使民不爲盜, 不見可欲, 使民心不亂, 是以, 聖人之治, 虛其心, 實其腹, 弱其志, 强其骨, 常使民, 無知無欲, 使夫知者, 不敢爲也, 爲無爲, 則無不治.
36) 『道德經』第八十章: 小國寡民, 使有什伯之器, 而不用, 使民重死, 而不遠徙, 雖有舟輿, 無所乘之, 雖有甲兵, 無所陣之, 使人復結繩而用之, 甘其食, 美其服, 安其居, 樂其俗, 隣國相望, 鷄犬之聲相聞, 民之老死, 不相往來.

것을 부득이한 것으로 인식했다는 점[37]에서 상대적 소극성에 대한 현대적 평가는 타당성을 가진다고도 볼 수 있다. 그러나 그러한 소극성은 노장 사상 형성 당시의 시대적 배경, 즉 유학과 묵학이 추구하는 현실의 정치가 오히려 인간의 본연적 자유를 억압한다는 인식을 반영한 것이라 할 수 있다. 따라서 노장 사상의 정치론의 본질적 평가는 그 소극적 측면에만 한정되어서는 안 된다. 오히려 그것의 목적이 현실 정치 지도자들의 자기중심적 지배 욕구를 제어함으로써 자연이 부여한 인간 본성을 회복시키고, 궁극적으로 조화와 평화의 국가 공동체를 형성하려는 데 있었음을 직시할 필요가 있다.

2) 노장 사상에 나타난 민의의 정치의식

(1) 정치 지도자의 이기적 지배 욕구 억제와 무위무욕적 태도

노장 사상의 민의의 정치의식의 첫 번째 내용은 정치 지도층이 이기적 지배 욕구를 억제해야 할 필요성을 강조한 것이라 할 수 있다. 노장 사상의 민의의 정치의식의 출발점은 군주나 관료, 그리고 지식인을 위시한 정치 지도층이 과도한 이기 욕구를 가지고 있으며 그것이 민의 이기욕 충족 의도로 이어짐으로써 결국 사회 전체를 불안과 불신으로 몰아가는 현실의 모순을 인식하는 데 있다. 장자는 이 점을 다음과 같이 표현했다.

오늘날의 어진 사람은 고달픈 눈으로 근심 걱정하여 세상을 도덕적으로 바로잡기를 욕구하며, 어질지 못한 사람은 본래부터 지니고 태어난 본성과 운명을 버리고 자기 욕망에 따라서 부귀

---

37) 『莊子』 「在宥」: 君子不得已而臨莅天下, 莫若無爲.

를 탐한다. 어진 사람과 어질지 못한 사람이 다 같이 자기의 욕망을 관철하려는 점에서는 같다. 인(仁)과 불인(不仁) 사이에는 가치의 구별이 없다. 구별이 없는데도 불구하고 인위적으로 도덕적 구분을 하려고 애쓰는 것은 각자가 지닌 고유의 개성을 훼손시키는 것에 불과하다. 요·순·우왕 3대 이후 온 세상은 어찌하여 이다지도 시끄러운가? …… 갈고리, 먹줄, 자 같은 것으로, 즉 법률, 예의, 인의, 도덕 같은 것으로 사람을 바로잡으려 하기 때문이다. 그러나 이러한 것을 내세우는 것은 각자의 본성을 빼앗는 것에 불과하다. …… 인의와 도덕으로 천하를 고치려고 하는 것은 자연적으로 주어진 본성을 억지로 바꾸려는 것과 같다.[38]

장자가 다소 추상적인 표현으로 인간 이기욕 추구의 부당성을 지적했다면, 노자는 보다 구체적으로 "민이 굶주리는 것은 위에 있는 정치가나 관료가 [자신들의 욕구를 위하여] 세금을 많이 거두기 때문이다. 또한 민이 다스리기 어려운 것은 위에 있는 사람들의 이기적 작위 때문이다."[39]라고 했다. 나아가 그는 "무위의 대도(大道)는 매우 평탄하건만 그래도 사람들은 사도(邪道)로 가려 한다. 그리하여 조정은 더러워지고 논밭은 황폐하고 창고는 비었는데도 권력자들은 아름답게 채색된 옷을 입고, 날카로운 칼을 차고, 맛있는 음식에 물리고, 재화가 남아돈다. 이런 것을 도둑질한 영화라고 한다. 그것이 어

---

38) 『莊子』「駢拇」: 今世之仁人, 蒿目而憂世之患, 不仁之仁, 決性命之情而饕貴富, 故意仁義, 其非人情乎, 自三代以下者, 天下何囂囂 …… 且夫待鉤繩規矩而正者, 是削其性也 …… 天下莫不奔命於仁義, 是非以仁義, 易其性與.
39) 『道德經』第七十五章: 民之饑, 以其上食稅之多, 是以饑, 民之難治, 以其上之有爲, 是以難治.

찌 무위의 대도가 되겠는가."⁴⁰⁾라고 함으로써 명확히 현실 모순의 원인이 정치 지도층의 사적 욕망 추구에 있음을 지적했다.

따라서 노장에게는 어떻게 하면 정치 지도층이 솔선수범하여 사욕을 없애고 공익, 즉 다수 민의 온전한 삶의 보전과 평화로운 정치사회 건설을 이룩하게 할 수 있느냐가 가장 우선적으로 고려되어야 하는 문제로 인식되었다.

이에 대해 노장은 "성인은 과도한 것을 버리고 과욕을 버리며 교만을 버린다."⁴¹⁾ "성인은 편견이나 고집 없이 백성의 마음으로써 마음을 삼는다."⁴²⁾ "내가 스스로 무위하면 백성도 자연히 교화되고, 내가 고요한 것을 좋아하면 백성도 저절로 바르게 되며, 내가 스스로 무사하면 백성도 자연히 부유해지고, 내가 스스로 무욕하면 백성도 자연히 순박하게 된다."⁴³⁾는 등의 표현으로 정치 지도층이 스스로 먼저 무위무욕의 정치의식을 지닐 때 진정한 의미의 공동체의 발전이 이루어질 수 있다는 점을 강조했다.

하지만 한계 역시 존재한다. 노장의 민의의 정치의식 속에는 현실 군주권의 변동 가능성은 물론 묵자 사상에서 나타나는 것과 같은 민을 정치 주체로 상정하는 것이나 정치 지도자와 민 사이의 지속적인 소통 의식 등은 거의 부각되고 있지 않다. 물론 노장의 입장에서 민을 정치의 주체로 삼는다는 것 자체가 매덕득명의 작위적인 정치적 입장으로 비추어질 것이다. 동시에 정치 지도자와 민 사이의 소통 역시 위의 예문처럼 일체의 편견이나 고집을 버리고 민의 입장에서

---

40) 『道德經』第五十三章: 大道甚夷, 而民好徑, 朝甚除, 田甚蕪, 倉甚虛, 服文綵, 帶利劍, 厭飮食, 財貨有餘, 是謂盜夸, 非道也哉.
41) 『道德經』第二十九章: 是以, 聖人, 去甚去奢去泰.
42) 『道德經』第四十九章: 聖人, 無常心, 而百姓心爲心.
43) 『道德經』第五十七章: 我無爲,而民自化, 我好靜, 而民自定, 我無事, 而民自富, 我無欲, 而民自樸.

민을 헤아리고 무욕의 의식과 자세를 견지하면 자연적으로 이루어지는 것이기 때문에 굳이 인위적인 소통 방식을 논의할 필요가 없었을 것이다. 또한 노장은 "참된 사람[정치인 포함]은 자신의 주장만을 내세우지 않고, 자신의 주장만을 내세우는 자는 참된 것을 모르는 사람이다. 그러므로 자기주장만이 옳다는 시각을 버리고 권력욕과 이익을 포기하면, 널리 화합하고 분쟁이 해결되어 남의 허물도 함께 나누게 될 것이다."44)라고 하고 또 "온 세상 모든 사람의 자각과 화합은 누구나 욕구를 지니고 있다는 점에서 동등하다는 시각에서 출발해야 한다."45)고 했다. 나아가 장자는 "자신의 주장을 포기하고 화합하려는 것은 어리석고 우둔한 행위로 보이지만, 이러한 자세야말로 상호 갈등과 보복의 요인이 권력욕과 이기욕에 있다는 점을 각성한 것이다. 이러한 덕이 지배해야만 온 세상 사람이 다 같이 순응하게 된다."46)라고 했고, 노자는 이러한 자각을 "자신이 만들고도 소유하지 않으며, 자신이 이룩하고도 자랑하지 않고, 자신이 성취하고도 통제하지 않는 자세가 권력욕과 이기욕이 바로 갈등과 투쟁의 요인이라는 점을 각성한 도덕이다."47)라고 했다. 이처럼 비록 노장이 민을 통치의 대상으로만 한정하는 봉건적 한계를 극복하지 못한 것은 사실이나, 다른 한편으로 삶의 욕구 주체로서의 본연적 동등성을 지닌 모든 인간이 자신의 욕구를 억제하고 상대방을 이해하는 자세로서 화합하는 주체가 되어야 한다는 점을 지적한 것으로 볼 때, 단순히 '우민(愚民)'의 관점에서만 노장의 정치의식을 이해해서는 안 될

---

44) 『道德經』 第五十六章: 知者不言, 言者不知, 塞其兌, 閉其門, 挫其銳, 解其紛, 和其光, 同其塵, 是謂玄同.
45) 『莊子』 「胠篋」: 天下之德, 始玄同矣.
46) 『莊子』 「天地」: 其合緡緡, 若愚若昏, 是謂玄德, 同乎大順.
47) 『道德經』 第十章: 生而不有, 爲而不恃, 長而不宰, 謂之玄德.

것이라고 생각된다. 바로 이 점이 노장 사상에 나타난 민의의 정치의식이 지닌 첫 번째 현재적 가치인 것이다.

(2) 자비와 검소, 그리고 섬김의 정치의식

노장 사상에 나타난 민의의 정치의식의 두 번째 내용은 자비와 검소, 그리고 섬김의 정치의식이다. 노장은 정치 지도층의 이기적 지배욕구 억제와 무위무욕의 정치의식을 제시하는 한편 정치 지도자들이 갖추어야 할 실천적 의식과 태도를 특히 『도덕경』을 통해 제시했다.

우선 검소와 자비에 대해서 노장은 다음과 같이 표현했다. "나에게 세 가지 보배가 있다. 잘 간직하여 이를 보배로 삼는다. 그 첫째는 자비이고, 둘째는 검소함이며, 셋째는 감히 천하에 앞장을 서려 하지 않는 것이다. 자비하므로 능히 용기가 있고, 검소하므로 능히 널리 베풀 수 있으며, 감히 천하에 앞장을 서려 하지 않으므로 능히 기량 있는 자의 우두머리가 된다."[48] 노장에게 자비란 상대방에 대한 배려뿐 아니라 다른 사람을 위한 용기 있는 행동의 기본 의식으로 간주된다. 검소함 역시 단순히 무엇인가를 절약하고 아끼는 데 그치지 않고 공익적 입장에서 남에게 베풀어줄 수 있는 실천적 토대가 되는 것으로 인식되고 있다. 이는 모든 사람이 지녀야 할 의식이기는 하지만 불의에 대한 용기, 그리고 공익적 봉사라는 측면에서 본다면 우선적으로 정치를 담당하는 지도자들에게 필수적인 덕목이라 할 수 있다.

노장의 민의의 정치의식 중 특히 중요한 것은 민을 섬기는 정치

---

[48] 『道德經』第六十七章: 我有三寶, 待而保之, 一曰慈, 二曰儉, 三曰不敢爲天下先, 慈故能勇, 儉故能廣, 不敢爲天下先, 故能成器長.

지도자의 의식적 태도를 강조한 부분이다. 노장은 정치 지도자는 어떤 경우에도 민의 위에서 군림하려는 의식을 지녀서는 안 된다고 했다. 정치 지도자 스스로가 자기의 공을 내세우고 자기를 높이려는 태도를 지니는 것은 결코 민의 지지를 받을 수 없는 것으로 간주된다. 이 점을 노장은 다음과 같이 서술했다.

> 강과 바다가 백곡의 왕인 까닭은 그것이 진실로 스스로를 낮추기 때문이다. 그러므로 민의 위에서 정치를 하려 하면 반드시 말로써 스스로를 낮추고, 민의 앞에 서려고 하면 반드시 몸으로써 민의 뒤에 선다. 그러기에 성인은 위에 있어도 민이 무겁다고 하지 않으며, 앞에 있어도 민이 방해된다고 하지 않는다. 따라서 천하가 그를 추대하기를 즐거워하며 싫어하지 않는다. 누구하고도 싸우려 하지 않으므로 그와 능히 싸울 자가 없는 것이다.[49]

이와 같은 노장의 섬김의 정치의식은 노장 사상 전체를 통해 볼 때 비록 많은 부분이 할애되지는 않았다. 그럼에도 그것은, 특권적 정치의식을 지님으로써 국민과의 소통이 단절되는 것은 물론 결과적으로 정치적 갈등과 불안정을 초래할 수 있는 권위적 정치 문화의 문제점을 해소할 수 있는 의식적 대안이라는 점에서 큰 의미를 지니고 있다.

---

49) 『道德經』第六十六章: 江海所以能爲百谷王者, 以其善下之, 故能爲百谷王, 是以, 欲上民, 必以言下之, 欲先民, 必以身後之, 是以, 聖人, 處上而民不重, 處前而民不害, 是以, 天下樂推而不厭, 以其不爭, 故天下莫能與之爭.

4. 소결

흔히 겸애와 상동, 그리고 무위무욕의 인식론으로 대표되는 묵자와 노장의 사상은 고대 중국 전국기 말의 혼란을 배경으로 한 것이었다. 따라서 기본적으로 봉건적 특징을 가질 수밖에 없었다. 특히 군주권의 변동 가능성에 대한 견해나 군주의 역할에 대한 강한 의존 등이 그러하다. 그러나 동시에 묵자와 노장의 사상이 이후 장기간에 걸쳐 면면히 동아시아의 사상가들에게 영향을 미쳐왔다는 사실을 볼 때 묵자와 노장 사상이 지닌 보편적 중요성 역시 간과할 수는 없는 것이다.

이러한 측면에서 묵자와 노장의 사상 중 특히 현재적 의미를 가질 수 있는 민의 정치의식의 내용을 분석했다. 비록 완전히 시대를 초월하여 오늘날에 바로 접목시킬 수는 없지만 가능한 범위 내에서 묵자와 노장 사상에 나타난 민의 정치의식이 우리에게 줄 수 있는 함의를 밝히려고 했다.

먼저 묵자 사상에 나타난 민의 정치의식의 내용으로서 정치적 차별에 대한 강한 부정과 개방적 인재 활용의 강조, 정치적 소통(여론 정치)의 필요성 주장, 정치적 책임과 실천의 중요성 역설 등에 대해 설명하고 그 의의를 살펴보았다. 구체적으로 묵자는 철저히 사회적 공익을 실현할 수 있는 능력에 따라 인재를 등용하고 활용하는 것이 정치의 기본임을 역설하는 한편 능력 이외의 일체의 정치적 차별은 국가의 발전과 국민의 삶의 안정을 저해하는 요소로 간주했다. 나아가 공익적 능력 여하에 따라 민이 정치에 참여할 수 있는 가능성을 열어놓았다. 또한 민의를 적극적으로 반영하는 정치의 중요성을 강조하고, 특히 군-신-민 간 정치적 소통의 방법을 제시하기도 했다. 여기에 더하여 정치는 단지 구호만으로 끝나서는 안 되고 반드시 실천이 뒤따라야 한다는 의식, 그리고 정치가로서, 관료로서 자신의 지위와 역할을 감당하지 못한다면 거기에 따른 정치적 책임을 져야 한다는 의식의 중요성을 주장하기도 했다.

다음으로 노장 사상에 나타난 민의의 정치의식의 내용으로는 정치 지도자의 이기적 지배 욕구 억제와 무위무욕의 정치의식, 그리고 자비와 검소, 그리고 섬김의 정치의식에 대해 설명했다. 구체적으로 노장은 공동체의 발전을 위해서는 무엇보다 정치 지도자의 솔선수범과 자기 욕구의 억제가 중요함을 역설했다. 지도층의 그러한 이기욕 억제가 국민 모두의 평화와 행복을 담보할 수 있는 가장 중요한 실천적 태도임을 강조했다. 동시에 노장은 자비를 통한 용기, 검소를 통한 베풂, 그리고 국민 위에 군림하지 않고 국민을 섬기려는 자세가 정치 지도자의 필수 덕목임을 밝혔다.

이러한 묵자와 노장의 민의의 정치의식은 비록 양자 간의 사상적 차이에도 불구하고 공통적으로 차별 의식, 정치권과 국민 사이의 괴리감, 정치 지도자를 포함한 정치인에 대한 불신으로 대표되는 권위적 또는 비민주적 정치 문화의 문제점을 되돌아보게 하고 그것을 극복할 수 있는 유용한 의식적·실천적 대안이 될 수 있는 것이다.

결론적으로 묵자와 노장 사상에 나타난 민의의 정치의식은 개체 간 갈등과 대립이 더 나은 발전의 토대가 된다는 서구적 역사 발전 의식과는 달리 조화와 협력을 통한 공동체의 발전을 욕구했던 동아시아적 인식론의 특징과 함께 중국 고대 사상으로서 묵자와 노장 사상이 지닌 고유한 특성을 잘 보여주는 것이라고 할 수 있다.

질의와 응답

1. 묵자가 생각한 이상 국가의 모습은?
→ 하늘의 뜻을 따르는 현명한 군주에 의해 정치가 수행되는 국가, 정치사회적 차별 없이 공익적 능력을 갖춘 민에게 기회가 부여되며, 사회적 약자층에 대해서는 정치적 배려가 제공되는 안정과 풍요, 평화의 공동체이다.

2. 묵자는 정치사회적 차별을 없애는 가장 효과적인 방법을 무엇이라고 보았나?
→ 신분, 용모, 친불친에 관계없이 철저히 사회적 공익을 실현할 수 있는 개인적 능력에 따라 인재를 등용하고 활용하는 것이다.

3. 묵자가 제시한 민의 반영의 방법은 무엇인가?
→ 자기의 신분적 안위를 위해서가 아니라 철저히 민의 이익을 위해서 군주에게 진언하는 신하(관료), 끊임없이 국가 사회에 필요한 공익적 정보를 군주에게 전달하는 민, 그리고 통치자로서의 권위만을 내세우지 않고 신하(관료)들과 토론하고 민의 목소리를 적극적으로 들으려는 군주 사이의 지속적인 소통이다.

4. 노장이 생각한 이상 국가의 모습은?
→ 일체의 작위적이고 인위적인 정치 방법론이 배제된 소위 무위무욕의 정치가 실행되는 국가, 인간이 가진 이기적 욕구를 최대한 억제시킴으로써 인간 상호 간 불신과 갈등이 존재하지 않게 하는 평화롭고 풍요로우며 조화로운 사회이다.

5. 묵자와 노장이 제시하는 민의를 올바르게 반영하기 위하여 훌륭한 지도자가 갖춰야 할 자질과 자세는 무엇인가?
→ 정치적 책임감과 실천력, 지배 욕구의 억제력, 자발적이고 솔선수범하는 자세, 자비와 검소 그리고 섬김의 자세이다.

참고 문헌

『논어』(김도련 역주, 1990, 서울: 현음사).

『도덕경』(노대준 역해, 1984, 서울: 홍신문화사).

『묵자』(김학주 역해, 1993, 서울: 문문당).

『장자』(김학주 옮김, 1983, 서울: 을유문화사).

高在旭, 2001, 「묵자의 사회사상」, 『中國學報』 34: 457-472.

具本明, 1982, 『中國思想의 源流體系』, 서울: 대왕사.

金命震, 1988, 「中國의 古典의 理念 論爭에 關한 硏究 —特히 墨子의 '非儒論'의 경우를 중심으로」, 『中國硏究』 7: 103-125.

김만규, 2004, 『바로 보는 한국의 정치사상』, 서울: 논형.

김정호, 2003, 『근세 동아시아의 개혁 사상』, 서울: 논형.

김정호, 2005, 『도전과 응전의 정치사상』, 서울: 모시는사람들.

김정호, 2008, 「유교중심적 '아시아적 가치'논쟁의 한계와 동아시아적 대안가치의 모색」, 『정치·정보연구』 11(1): 123-145.

勞思光, 1997, 『中國哲學史』, 鄭仁在 譯, 서울: 探究堂.

朴文鉉, 1993, 「『太平經』과 墨子의 經世思想」, 『道敎學硏究』 12: 15-35.

范善均 譯解, 1997, 『孟子』, 서울: 惠園出版社.

蕭公權, 1988, 『中國政治思想史』, 崔明 譯, 서울: 法文社[蕭公權, 1978, 『中國政治思想史』, 台北: 華岡出版有限公司].

신동은, 2006, 「선진유가의 禮論 연구: 묵자와의 비교를 중심으로」, 『敎育哲學』 36: 27-43.

尹武學, 1990,「墨子의 明學에 대하여—後期 墨家와의 相關性을 中心으로」, 『東洋哲學硏究』11: 45-93.

尹武學, 2003,「墨家의 敎育思想—孔子와의 비교를 중심으로」,『東洋哲學硏究』32: 229-255.

尹武學, 2004,「先秦儒家의 墨家批判」,『儒敎思想硏究』20: 335-356.

李雲九, 1988,「墨子의 宗敎意識 批判—'天志' '明鬼' '非命'편을 중심으로」,『大東文化硏究』22: 35-59.

정윤재, 1999,「자아 준거적 정치학과 한국 정치사상 연구: 문제 해결적 접근의 탐색」,『한국 정치사상의 비교연구』, 성남: 한국정신문화연구원.

馮友蘭, 1981,『중국철학사』, 더크보드 編, 姜在倫 譯, 서울: 日新社.

洪大容, 1972,『湛軒書』, 서울: 景仁文化社.

安藤昌益, 1983,『安藤昌益全集』, 東京: 農山漁村文化協會.

晏子春秋 校注, 1989,『墨子閒詁』, 臺北: 中華書局.

李贄, 1978,『墨子批選』, 台北: 中國子學名著集成編印基金會.

曹繁康, 1973,『中國政治思想史』, 台北: 大中國圖書有限公司.

2장 진한시대 의론의 제도화와 민의

윤대식

1. 전쟁의 정치에서 의론의 정치로

춘추전국으로부터 진·한 제국에 이르는 고대 중국의 역사는 정치 권위의 붕괴로 인한 혼란과 무질서로부터 정치 권위의 형성과 질서로 전개되었다고 알려져 있다. 그것은 춘추전국시대를 정치적 혼란과 무질서, 국가 간 멸국 병합의 시기로 특징짓는 역사 이해와 함께 진·한 제국의 출현을 분열·파괴와 대비되는 통일·안정으로 규정하는 관습적인 교육 방식에 기초한다.

그러나 춘추전국과 진·한 제국의 비교에 따른 통상적인 역사 이해를 받아들일지라도, 춘추전국을 정치적 혼란과 파괴로, 진·한 제국을 정치적 통합과 안정으로 재단하는 것이 과연 타당한 평가일까? 예를 들어 춘추전국은 전쟁과 정복으로 점철되어 개별 국가이익만을 추구했을 뿐 통합과 안정을 간과했던 것일까? 그렇다면 그 무수한 전쟁과 정복 행위는 어떤 의도에서 발생한 것일까? 만약 전쟁과 파괴가 인간 본성의 솔직한 표현이라면, 역사적 가치를 가진 것으로 평가할 필요도 없으며, 기록되어야 할 이유도 없었을 것이다. 반면 진·한 제국의 출현은 비로소 정치적 통합과 안정을 가져왔기 때문에 전쟁과 정복 행위가 완전히 종식되었다는 것을 의미하는 것일까? 만약 전쟁과 파괴의 참담함을 경험했기에 안정과 통합을 희구했다면, 왜 그들은 제국(帝國) 질서가 자신들의 열망을 채워줄 것이라고 생각했을까?

오히려 주목할 사항은 '제국으로서 진과 한은 어떤 역사적 의의를 갖는 것일까?'이다. 더욱이 춘추전국으로부터 진·한 제국으로의 이행이 역사의 분절적 과정이 아닌 연속적 과정으로서 혼란과 무질서로부터 안정과 질서라는 전통적인 순환적 역사관의 한 실증적 사례로 거론될 수 있다는 점을 고려할 때, 제국의 우선 과제는 통합의 유지였을 것이며, 그것은 단일한 공동체로서 '제국 질서와 지배를 어떻게 유지할 것인가?'일 것이다. 왜냐하면 제국은 그들에게 '최초'의 경험이었기 때문이다.

제국 질서의 유지는 크게 두 가지 맥락에서 제기되었다. 하나는 여전히 이전의 기제와 마찬가지로 전쟁과 정복으로 내외의 위협 요소에 대응하는 것이고, 다른 하나는 이전 기제와 전혀 다른 새로운 방식으로 대응하는 것이다. 사실상 춘추전국의 정치 현실에서는 '전쟁'이 현실 정치의 수요—생존—를 충족시키는 수단으로 채택되었으나, 진·한 제국으로의 전환은 질서유지를 위해 물리적 폭력을 선별적으로 사용해야 할 당위성을 제기하는 변화를 의미했다. 왜냐하면 생경한 제국 질서에 반발하는 도전자들과 외부의 침략자들로부터 공동체를 보존하기 위한 전쟁은 비로소 '정의로움'의 여부를 평가받는 가치판단의 대상으로 전환되었기 때문이다. 그렇게 보자면 물리적 폭력 사용을 정당화할 수 있는 정치 권위의 확립에 실패했던 진 제국과 무제(武帝)에 의해 전쟁과 정치의 정합성을 찾는 데 성공했던 한 제국은 역사의 분절이 아니라 연속임을 보여준다.

한편 국가에 의한 물리적 폭력 사용에도 불구하고, 역사의 연속성에는 물리적 폭력뿐만 아니라 토의와 논변이 정치와 정합하는 방식 역시 작동했다. 비록 『춘추좌씨전』, 『사기』와 같이 유가적 가치에 의거한 사료에 한정한다 할지라도, 춘추전국의 전 과정에서도 '전쟁'의 효용성만큼 '유덕함'의 효용성이 강조되었다. 진·한 제국으로 이행하게 되면서 유덕한 '왕자(王者)'의 존재는 최고 정점의 '황제'로 대체되었고, 통합된 질서의 창출자인 왕자를 위한 '간언'의 전통은 통합된 질서의 유지자인 황제를 위한 '의론'으로 계승되었다. 결국 진·한 제국 질서는 이미 만들어진 통일성을 어떻게 유지할 것인지에 초점을 맞추었으며, 그 지속성을 어떻게 연장할 것인지를 고려해야 했던 것이다. 그 관건은 내외의 위협에 대한 끊임없는 전쟁과 정복이 아니라 설득과 융합의 성공 여부에 달려 있었다. 따라서 황제의 전제 권력을 유지하기 위해 내부 위협 요소인 신민 간 횡적 유대나 사적 예속을 차단할 필요성도 있지만, 황제에 대한 신민의 귀속감을 인지시킬 수 있는 기제의 창출과 유지가 시급한 과제였다(이성규, 2004: 5-6). 만약 황제-신민을 직접적으로 소통시킬 수 있는 기제를 창출할 수 있다면, 황제 통치에 대한 자발적 복종과 순응을 유도함으로써 도덕적 지위를 획득할 수 있고, 그것이야말로 새로운 제국 질서의 항상성을 유지하는 데 효율적일 것이다. 그 해답은 제국의 일원성을 위한 제도화였으며, 그 중심에 '의론'의 제도화가 위치한다.

진·한 제국 시기 의론의 제도화를 보여주는 대표적인 사건은 전한 소제(昭帝) 6년(BC 81)에 있었던 염철(鹽鐵)회의이다. 염철회의는 소제에 이르러 중국인들이 정리해야 할 이전 시기, 즉 한 문제의 치세와 한 무제의 통치가 지닌 성격을 어떻게 평가하고 새로운 시대에 추구해야 할 전범으로 어떤 모델을 채택할 것인지에 대한 고민에서 비롯했다.[1] 여기에서 주목할 점은 염철의 전매라는 국가정책 결정을 둘러싼 논쟁이 존재했다는 사실이다. 이 글은 여기에 주목한다. 즉 황제를 정점으로 하는 제국 질서는 중앙집권적 군현제 또는 군국제의 작동 기제로 구조화되었다. 이로 인해 황제의 지배력은 말단 기구까지 확대되었으며, 아래로의 일관된 명령 체계를 확보할 수 있었다. 결국 국가정책은 황제의 자의적 판단과 결정에 의해 이루어지는 전제적인 성격으로 규정될 수 있다.

그런데 제국 질서의 최종적인 결정권이 황제에게 있었다고 전제할 수 있다면, 실질적으로 황제의 자의적 또는 독단적인 권력 행사 내지 의사 결정은 보장되었던 것일까? 오히려 황제라는 용어와 존재 자체가 갖는 신성성은 황제 자신이 과거 군주들과 마찬가지로 여전히 자신의 정치 권위를 합리화하는 원천을 보장받기 위한 수단이 아니었을까? 더 나아가 제국 질서는 황제의 자의성을 견제할 만큼 강력했던 의사 결정의 주체 또는 제도적 장치가 작동했기 때문에 유지되었던 것이 아닐까?

이 글의 목적은 제국 질서라는 최초의 정치적 경험이 사상적, 제도적으로 역사의 연속성에 따른 결과이며, 그 연속성의 근거로 이전 시기 군신 간 관계의 간언과 제도화가 이후 황제-신민 간 관계의 의론과 제도화로 진행되었음을 밝히는 것이다. 그것은 고대 중국의 제국 질서가 단순히 황제 중심의 강제적인 전제주의가 아니라 황제-

---

1) 염철회의는 법가 관료인 상홍양(桑弘洋)을 위시한 상인 계층 출신 관료들과 유가 관료인 현량과 문학[賢良文學科]의 문인들이 주도했는데, 실질적으로 두 정치 세력 혹은 사회계층이 힐항(頡頏)한 것이었다. 그 결과는 염철 전매제의 수정이나 정변이 아니라 유법의 절충과 융합을 통한 제3의 이념 체계 창출이었고, 양자 간 공존과 사회 통합을 통한 중국적 관료 조직과 사회구조의 정립이었다(『염철론』: 5-18).

신민의 소통을 위한 의론의 제도화라는 또 다른 맥락에 의해 유지되었음을 시사한다.

2. '의론'의 역사성: 군주-신하의 소통으로서 '간언'

의론(議論)의 사전적 의미는 '의견을 서로 논변한다.'로 되어 있다. 물론 '의론'은 '의'와 '론'이라는 별개의 의미를 조합한 용어이고, 양자 간 차이도 미묘하다. 『설문해자』에서 "의는 말하는 것"[2]으로 풀이하는데, '의'의 의미는 "『주서』에 옛것을 배우고 관직에 들어가 일을 의론하여 제도를 정하니 다스림이 마침내 미혹되지 않을 것이라고 했고 미산 소씨가 해석하기를 선왕은 사람과 법 모두를 책임졌기에 책임진 사람이 많아졌다라고 했으므로 일에 임하여 올바름을 의론하면 나라의 큰일에도 다수의 의론이 합해져서 정해지는 것이 당연하다고 했다."[3]는 분석처럼 이해 문제를 다루는 것으로, 선후의 차원이며 결론이 나기 이전의 과정 중에 있는 것을 가리킨다.

반면 "『운서』에 론이란 의라고 했고, 양나라 『소명문선』에 실린 바에는 론이란 두 가지의 대체를 갖는데 하나는 사론(史論)을 의미하며 사관이 말을 전하기만 하고 논의하지 않은 채 그 사람의 선악을 재단하는 것이다. 사마천이 상앙의 공적을 논했던 것이 이러한 예이다. 다른 하나는 학사 대부들이 고금의 때와 인물을 의론하거나 경전과 사관의 말을 평가해서 그 잘못을 바로잡는 것인데 가의가 진나라의 잘못을 론한 것이 이러한 예이다."[4]라는 설명을 전제로 하자면, '론'

---

2) 『說文解字』: 議, 語也.
3) 『明文衡』 卷56,「文章辨體序題」: 周書曰, 議事以制, 政乃不迷. 眉山蘇氏釋之曰, 先王人法並任, 而任人為多, 故臨事而議是, 則國之大事合衆議, 而定之者, 尚矣.

은 시비와 선악의 문제를 다루는 것이고, 본말의 차원으로 이미 결론 지어진 것을 가리킨다. 즉 '론'은 가치의 맥락에서 접근하는 것으로 쟁을 하는 것인 반면, '의'는 득실의 맥락에서 상량하는 것이다.[5]

여기에서 흥미로운 사실을 찾을 수 있는데 '의'와 '론', 그리고 '의론' 모두 '말하기(to speak)'에 해당하며, 그 말하기가 이루어지는 의미 있는 공간이 존재한다는 것이다. 이미 '의'와 '론'의 용법에서 드러나듯이 말하기의 공간은 역사와 정치의 영역에 해당한다. 개인의 사적 공간에서 이루어지는 관계의 소통으로서 '말하기'는 '의론'의 의미에 해당하지 않는 셈이다.

왜 그런 것일까? 그것은 동양의 정치 영역에서 폭력에 의한 지배가 아닌 정당한 정치 권위의 확보를 위해 발전시킨 사유의 결과물이 '말'의 중요성과 관련 있기 때문이다(김영수, 2005: 8). 예를 들어 정명(正名)으로 명명되는 유가적 이상상은 "명분이 바르지 못하면 말이 순하지 못하고, 말이 순하지 못하면 일이 이루어지지 못하고, 일이 이루어지지 못하면 예악이 일어나지 못하고, 예악이 일어나지 못하면 형벌이 맞지 못하고, 형벌이 맞지 않으면 백성이 손발을 둘 곳이 없어진다."[6]는 『논어』의 정언에서 찾아지는데, 이것은 논변이 단순한 언어적 형식논리에 머물지 않고 객관적 진리를 논증함으로써 현실 정치의 당위성까지 규정한다는 것을 시사한다. 그것은 현실의

---

4) 『明文衡』卷56, 「文章辨體序題」: 按韻書, 論者, 議也. 梁昭明文選所載, 論有二體, 一曰史論, 乃史臣於傳末作論議, 以斷其人之善惡. 若司馬遷之論項籍商鞅, 是也. 二曰論, 則學士大夫議論古今時世人物, 或評經史之言, 正其訛謬. 如賈生之論秦過.
5) 예를 들어 조선의 최고 의결 기구는 그 명칭이 '논정부(論政府)'가 아니라 '의정부(議政府)'였음을 주목할 필요가 있다(최진홍, 2009: 51).
6) 『論語』「子路」: 名不正則言不順, 言不順則事不成, 事不成則禮樂不興, 禮樂不興則刑罰不中, 刑罰不中則民無所錯手足.

정치 권위가 "명칭에 의거하여 실제를 살피고 실제에 비추어 명칭을 확정한다. 명칭과 실제는 서로 의존하고 서로 설명하니 서로 부합하면 다스려지고 부합하지 않으면 어지러워진다."[7]는 명실상부한 질서 구축의 정치적 과제를 안고 있음을 지적하는 것이다.

그렇다 할지라도 굳이 정치 영역에서 '말'을 통해 과제를 해결해야 할 절박함이 있었을까? 오히려 제국 질서는 법과 폭력에 의해 성취된 결과물이고, 통치 영역의 확대라는 난관에 봉착했기에 더욱 물리적 힘에 의존해야 하지 않았을까? 그 해답은 역설적으로 제국이라는 새로운 통치 기제의 출현에 따른 현재의 결과를 과거의 문제의식으로 접근할 때 제시될 수 있다.

이제 다시 주목할 사항은 '의론'이라는 용어가 한 제국 이후에야 본격적으로 사용되기 시작했고, 제국 초기까지 현실 정치의 요구에 부합하지 못하는 행위로 인식되었다는 점이다. '의론'의 초기 용례를 찾아보면 "제나라 선왕이 문학 유사들을 좋아하여 추연, 순우곤, 전병, 접여, 신도, 환연 같은 무리들 76명에게 집을 하사하고 상대부로 삼아 다스리지 않고 의론하게 했다."[8]는 『사기』의 기사를 들 수 있다. 또한 『전한서』에서 한 제국 초기 논공행상 과정에서 전쟁에 참여했던 공신들이 소하의 봉읍이 더 큰 것에 대해 '소하는 말[馬]이 땀을 흘릴 정도의 수고로움도 없었고 헛되이 문장과 붓을 쥐고 의론만을 지키면서 싸우지 않고 편안히 거처했다.'고 불만을 제기하는 기사에서 '의론'의 부정적 어감을 확인할 수 있다.[9]

---

7) 『管子』「九守」: 修名而督實, 按實而定名, 名實相生, 反相爲情. 名實當則治, 不當則亂.

8) 『史記』 卷46, 「田敬仲完世家」: 宣王喜文學游說之士, 自如騶衍·淳于髡·田駢·接子·愼到·環淵之徒七十六人, 皆賜列第, 爲上大夫, 不治而議論.

9) 『前漢書』 卷39, 「蕭何曹參傳」: 漢五年, 已殺項羽, 即皇帝位, 論功行封, 羣臣爭功, 歲餘不決. 上以何功最盛先封, 為酇侯食邑八千户, 功臣皆曰, 臣等, 身被堅執兵多

사실 전국시대 또는 진 제국의 멸망과 초·한 패권 쟁탈과 같은 일련의 과정 속에서 여전히 현실 정치를 작동하는 기제는 전쟁과 파괴로 이해되었을 수도 있다. 그것은 역사 과정의 논리적 귀결이기도 하다. 전국시대의 경우 각국의 군주들은 과거 주 왕실의 천자와 달리 자신의 군주를 추방하고 나라를 찬탈한 입장이었기 때문에 스스로 권위를 형성해나가야 했다(이재룡, 2000: 219). 따라서 그들은 자신들의 권위를 정당화하기 위해서도 부국강병의 가시적인 결과를 도출해야 했으며, 부국강병책을 제시할 수 있는 정치 교의야말로 현실 정치에서 지배적 위상을 차지할 수 있었다. 그것은 법가의 출현과 함께 전국시대의 최종적인 승자로서 진 제국의 탄생으로 이어졌다.

전국시대의 법가 또는 진 제국의 법치는 반유가적이다. 즉 전국시대에 부국강병을 열망한 각 군주들과 진 제국의 법치를 뒷받침했던 법가의 법치론은 "언변과 꾀는 나라의 혼란을 조장하고 예의와 음악은 음란과 방탕을 불러들이고 자애와 인애는 죄의 근원이며 보증과 변호는 간사함이 머무는 곳"[10]으로 '의론'을 경계한다. 물론 그것은 주의 종법 질서가 붕괴된 이후 새로운 질서로의 이행이 여전히 이루어지지 않고 있었던 전국시대의 인식에 기인한다. 따라서 종법 질서로의 회귀를 목표로 하는 유가의 교의와 태도는 법가에게 현재의 혼란을 유발하거나 해결하지 못하는 낡은 규준에 불과했던 것이다.

그렇게 보자면 진 제국의 부정적 태도는 실질적으로 제국의 초석을 다진 상앙(商鞅) 법치론의 반지성적 태도에 기인한다. 상앙은 '유

者百餘戰, 少者數十合攻城, 畧地大小, 各有差. 今蕭何未有汗馬之勞, 徒持文墨議論, 不戰顧居. 臣等上何也? 上曰, 諸君知獵乎? 曰, 知之. 知獵狗乎? 曰, 知之. 上曰, 夫獵追殺獸者狗也, 而發縱指示獸處者人也.

10) 『商君書』「說民」: 辯慧, 亂之贊也. 禮樂, 淫佚之徵也. 慈仁, 過之母也. 任擧, 姦之鼠也.

가에서 받드는 열 가지 것'으로 "예의, 음악, 시경, 서경, 자선, 수양, 효도, 공경, 청렴, 변론"을 거론하는데, "이 열 가지 것이 있으면 군주는 백성에게 전쟁을 하도록 시킬 수 없어 나라는 반드시 쇠약해지고 멸망에 이르게 된다."[11]고 유가적 가치를 비판했다. 물론 그것은 존군이라는 목적을 위해서 기존의 정의 개념을 뒤바꾸어 유가적 가치가 '불의'를 조장하는 것이라는 파격적인 해석을 함으로써 당시 귀족들에 의해 전횡된 사적 영역을 압도하려는 의도를 가지고 있었다(윤대식, 2008: 145-155). 이로 인해 "세상에서 말하는 현명한 자란 말이 바른 것에 지나지 않는다. 그의 말을 선하고 바르게 만드는 것은 당파"[12]라는 상앙의 단정은 '의론'을 사적 이익에 한정된 행위로 파악하고 있음을 시사한다.

법치론의 최종적인 완성과 함께 진 제국의 법치를 이론적으로 뒷받침하는 한비자(韓非子)의 평가도 다르지 않다. "대저 세상의 어리석은 학자들은 치란의 실정도 잘 모르면서 쓸데없이 수다스럽게 옛날의 책을 읊어대 당대의 정치를 어지럽히며 사려가 부족해 함정에 빠져드는 것조차 피하지 못하면서 함부로 법술을 터득한 사람을 비난하고 있다. …… 이것이야말로 가장 큰 어리석은 짓이며 가장 심한 재앙인 것"[13]이라는 한비자의 평가야말로 "변설과 지혜가 공자나 묵적과 같더라도 공자나 묵적 같은 자가 농사지을 수 없다면 나라에 무슨 도움이 되겠는가?"[14]라는 반문과 "담론하는 자는 변설만을 힘

---

11) 『商君書』「去彊」: 國有禮, 有樂, 有詩, 有書, 有善, 有修, 有孝, 有弟, 有廉, 有辯. 國有十者, 上無使戰, 必削至亡.
12) 『商君書』「愼法」: 世之所謂賢者, 言正也, 所以爲善正也, 黨也.
13) 『韓非子』「姦劫弑臣」: 且夫世之愚學, 皆不知治亂之情, 讘訟多誦先古之書, 以亂當世之治. 智慮不足以避穽井之陷, 又妄非有術之士 …… 此亦愚之至大而患之至甚者也.
14) 『韓非子』「八說」: 博習辯智如孔墨, 孔墨不耕耨, 則國何得焉?

쓰고 실용에는 못 미친다."[15]는 단정으로 귀결된다. 결국 춘추전국시대의 멸국 병합으로부터 진 제국의 통일에 이르기까지 현실 정치의 담론은 부국강병과 군주 권위의 공고화를 목표로 한 것이었으며, 실제적이고 생산적인 전쟁과 노동에 초점을 맞추고 있었다. 그것은 한 제국 이후에 들어와서야 현실 정치의 담론에서 '의론'이 통치의 필수 요소로 재인식될 수밖에 없었음을 반증한다.

그렇다면 한 가지 의문이 제기될 수 있다. 과연 공식적인 '의론'의 기제는 한 제국 이전까지 전혀 작동하지 않았던 것일까? 반대로 한 제국은 '의론'의 기제를 채택했기에 전혀 전제적이지 않았던 것일까? 오히려 엄형주의에 기초한 진 제국의 법치는 강제와 억압의 물리적 폭력만을 통치 기제로 채택한 것이 아니었고, 이와 반대로 한 제국 역시 덕치에 기초한 유가적 도덕 정치만을 채택하지 않았을 수도 있다. 더욱이 춘추전국으로부터 진·한 제국의 역사 과정을 연속성으로 파악해야 한다는 전제를 고려할 때, 이미 통치의 영역에서 '폭력'과 '의론'의 두 맥락이 공존했다고 추론할 수 있다. 그 명백한 선례는 군신 관계에서 차지하는 '간언'의 기능이다.

정말 그런 것일까? 새롭게 등장한 황제는 도덕적 절대성을 갖춘 지상의 천제이고, 제국 질서는 물리적 폭력에 기초했다. 이제 군신 관계는 일차적으로 황제-신민의 관계로 재정립되었다.[16] 그런데 진 제국의 실패는 '폭력'과 '의론' 두 기제의 균형이 무너진 데 기인하는 것일 수 있다. 예를 들어 진시황 34년 수도인 함양에서 주연이 베

---

15) 『韓非子』 「五蠹」: 其談言者, 務爲辯, 而不周於用.
16) 진·한 제국의 제민 지배 체제(齊民支配體制)는 기본적으로 황제와 편호 제민의 직접적인 관계로 형성, 유지되었으며 일반 제민은 물론 황제의 정치를 보좌 또는 대행하는 관리도 모두 제국 구성원이기보다 황제의 신민이었다. 따라서 정치적 안정과 통합의 관건은 황제에 대한 신민의 귀속감을 어떻게 강화하느냐는 것이었다(이성규, 2004: 5).

풀어지고 박사 70명이 황제에게 축수를 올리는 상황에서 순우월(淳于越)이 박사들의 축수가 황제의 과실을 유도하는 아부라고 비난하는 기사를 주목할 필요가 있다.[17] 이에 대한 시황제의 대응은 즉각적인 것이 아니고 "의론하도록 하명"하는 것이었다. 더욱이 "이제 황제께서 천하를 통일하시어 흑백을 가리고 모든 것이 지존 한분에 의해서 결정되도록 하셨거늘 …… 조정에 들어와서는 마음속으로 비난하고 조정을 나와서는 길거리에서 의논하며 군주에게 자신을 과시하여 명예를 구하고 기발한 주장을 내세워서 자신을 높이려고 하며 백성을 거느리어 비방하는 말을 조성할 뿐"[18]이라는 이사(李斯)의 대답으로 전개되는 분서갱유의 정책은 역설적으로 그 자체가 아래로부터 '간언' → 위로부터 문제 제기 → 아래의 '의론'이라는 선순환의 군신 간 소통 결과임을 시사한다. 동시에 이사의 대답과 인식에 기초한 분서갱유의 정책은 제국 질서 유지의 기제로서 '폭력'과 '의론'의 균형이 무너진 결과에 기인한다는 사실을 시사한다.

그런데 아래로부터의 '간언'은 이미 삼대의 정치부터 군신 관계의 이념적·제도적 장치로 기능했다. 초기 '간언'은 군신 간 소통을 위한 이념적·규범적 수준에서 작동한다. 최초의 역사 기록인 『상서』는 그 내용의 대부분이 군신 간 소통의 여부가 통치의 성공과 정치 권위의 정당성 확보의 관건임을 계고하는 것이기도 하다. 예를 들어 은 왕조 태갑(太甲)의 경우는 군신 간 소통이 가져온 최선의 결과로 제시된다. 태갑은 은 왕조의 시조인 탕(湯) 임금의 후계자이다. 즉 창

---

17) 『史記』卷6, 「秦始皇本紀」: 始皇置酒咸陽宮, 博士七十人前爲壽. 僕射周靑臣進頌曰 …… 始皇悅. 博士齊人淳于越進曰, 臣聞殷周之王千餘歲, 封子弟功臣, 自爲枝輔. 今陛下有海內, 而子弟爲匹夫, 卒有田常·六卿之臣, 無輔拂, 何以相救哉? 事不師古而能長久者, 非所聞也. 今靑臣又面諛, 以重陛下之過, 非忠臣.

18) 『史記』卷6, 「秦始皇本紀」: 丞相臣斯昧死言 …… 今皇帝幷有天下, 別黑白而定一尊 …… 入則心非, 出則巷議, 夸主以爲名, 異取以爲高, 率群下以造謗.

업 군주인 탕 임금을 계승한 태갑은 수성의 의무를 부여받은 군주인데, 당시 재상이었던 이윤(伊尹)이 탕 임금의 유훈을 계승해야 하는 태갑의 의무를 계고했다.

『상서』「태갑상」의 기사에는 "하늘이 선왕의 덕을 보고 큰 명을 주어 만방을 어루만지고 편하게 하시니 이윤이 그 임금을 도와 백성을 안정시켰습니다. 그래서 임금님은 나라의 바탕이 되는 유업을 크게 계승하게 된 것"이라고 지적한 이윤의 간언을 태갑이 대수롭지 않게 생각하고 받아들이지 않았음을 보여준다.[19] 이에 대해 이윤이 "그렇게 해서 얻은 천명을 넘어뜨려 스스로 전복되게 하지 말 것"과 "탕 임금이 행한 바를 따르는 것이 법도이며 그렇게 하면 나만 기쁜 것이 아니라 이후 만세까지 칭송의 말씀이 있을 것"이라고 훈계함으로써 태갑이 뉘우쳤다는 것이다.[20]

흥미로운 사실은 태갑의 고백이다. "나 소자가 덕을 모르고 스스로 사람답지 못한 데 이르러 욕정으로 법도를 망치고 방종으로 예의를 망쳐 스스로 죄를 자초했으니 하늘이 만든 재앙은 오히려 피할 수가 있어도 내가 만든 재앙은 오히려 누그러뜨릴 수가 없다. 이미 내가 사보의 가르침을 배반하여 초기에 능히 잘하지 못했는데 그래도 바로잡아 구해준 덕에 힘입어 끝까지 잘 다스리도록 하겠다."[21]는 태갑의 고백은 정치 현실에서 군주에게 강요되었던 규범화의 전범이기도 하다.

반면 군신 간의 소통이 순기능으로 작용하지 않을 경우, 아래로부

---

19) 『尙書』「太甲上」: 天監厥德, 用集大命, 撫綏萬方. 惟尹躬克左右厥辟, 宅師. 肆嗣王丕承其緖.
20) 『尙書』「太甲上」: 無越厥命以自覆 …… 率乃祖攸行. 惟朕以懌, 萬世有辭.
21) 『尙書』「太甲中」: 予小子不明于德, 自厎不類, 欲敗度, 縱敗禮, 以速戾于厥躬. 天作孽猶可違, 自作孽不可逭. 旣往背師保之訓, 弗克于厥初, 尙賴匡救之德, 圖惟厥終.

터의 간언은 결과적으로 군신 관계의 규범성을 위협하는 것으로 간주된다. 예를 들어 공자는 은나라의 멸망에 대해 "미자는 떠나가고 기자는 노비가 되었고 비간은 간하다가 죽었다."[22]고 분석했다. 그것은 "이루어진 일은 논란하지 말고 끝난 일은 따지지 말며 이미 지나간 일은 허물하지 않는다."[23]와 "부모를 섬길 때는 잘못하시는 점이 있더라도 따지지 말아야 한다."[24]는 유가적 가치 표명에서 알 수 있듯이 군주-신하의 소통을 부자 간 소통의 문제처럼 관계의 규범적 측면으로 접근하는 것이었다.

'간언'의 규범적 기능이 제도화의 계기를 마련한 것은 전국시대 군신 관계의 변화에 기인한다. 그 사례는『맹자』에서 선명해진다. 맹자는 '간쟁'을 신하의 의무로 규정한다. 맹자는 제 선왕(齊宣王)에게 세신(世臣)을 '귀척(貴戚)의 경'과 '이성(異姓)의 경'으로 구별하고 "귀척의 경은 군주에게 큰 허물이 있으면 간언하되, 거듭 간언해도 듣지 않으면 군주의 자리를 바꿉니다. …… 이성의 경에 대해 묻자 군주에게 허물이 있으면 간언하되, 거듭 간언해도 듣지 않으면 떠나버립니다."[25]라고 대답한다.

왜 간언의 수용이 이루어지지 않을 경우, 신하는 군신 관계의 규범성으로부터 이탈할 수 있는 것일까? 사실상 신하가 군주에게 간쟁하는 의의는 "충성을 다하고 정성을 표현하기 위해서"라는 자발성에 기초한다.[26] 그것은 공자의 인식과 마찬가지로 군신 관계를 지속시키는 근거이기도 하다. 따라서 맹자의 대답은 종법 질서에서 군

---

22) 『論語』「微子」: 微子去之, 箕子爲之奴, 比干諫而死.
23) 『論語』「八佾」: 成事不說, 遂事不諫, 旣往不咎.
24) 『論語』「里仁」: 子曰, 事父母幾諫, 見志不從, 又敬不違, 勞而不怨.
25) 『孟子』「萬章下」: 王曰, 聽問貴戚之卿. 曰, 君有大過則諫, 反覆之而不聽則易位 …… 然後請問異姓之卿. 君有過則諫, 反覆之而不聽, 則去.
26) 『白虎通義』卷上,「德論上 諫諍」: 臣所以有諫君之義何? 盡忠納誠也.

신 관계의 규범성과 세습성이 무너진 전국시대에 군신 관계를 유지하는 기제로 자발성이 더 이상 작동하지 않는다는 사실을 반영한다. 즉 일시적 피고용인으로 행동하는 새로운 유형의 신하인 '이성의 경'은 자신의 정치적 조언과 도움이 필요 없는 군주에 대해서는 종속의 의무가 없는 계약적 성격의 행위자임을 설명한다(Hsu Cho-yun, 1965: 151-152). 그러므로 "군자는 윗사람의 신임을 받은 후에 간언을 하는 것"[27]이며, 간쟁을 받아들이지 않는 군주에 대한 신하의 이탈은 "존귀한 자를 굴복시켜 비천한 자의 취지를 폄으로써 나쁜 군주를 고립시키기 위해서"[28]라고 합리화될 수 있다.

맹자는 간쟁을 의무로 규정할 수 있는 전제로 군주의 의무-간언의 수용-이행을 요구한다. 맹자는 "간언한 내용을 군주가 실행하고 건의하는 말을 군주가 받아들여 군주의 은택이 백성에게 미치도록 해야 한다."고 전제하면서, "오늘날에는 신하의 간언을 실행하지 않고 건의의 말을 받아들이지 않아서 군주의 은택이 백성에게 미치지 않는다."는 논리 전개로 정치 권위와 통치의 정당성을 위한 제도화로서 '간언'의 기능을 강조한다.[29] 결국 "성인이나 현자도 간쟁을 받아들이지 못하는 군주를 바로잡을 수 없다."[30]는 점에서 '간언'의 순기능 또는 제도화의 관건은 군주의 수용 여부에 달려 있는 셈이다.

만약 삼대의 정치로부터 춘추전국을 거쳐 진·한 제국에 이르는 고대 중국의 역사를 연속적인 과정으로 이해한다면, 정치의 영역에서 군주의 자의적이고 전제적인 통치만이 그 연속성을 뒷받침하

---

27) 『論語』「子張」: 信而後諫.
28) 『白虎通義』卷上,「諫諍」: 諸侯諍不從得去, 何? 以屈尊, 申卑, 孤惡君也.
29) 『孟子』「離婁下」: 曰, 諫行言聽, 膏澤下於民 …… 今也爲臣, 諫則不行, 言則不聽, 膏澤不下於民.
30) 『鹽鐵論』卷5,「相刺」: 賢聖不能正不食諫諍之君.

는 설명 변수는 아니다. 비록 후대의 유가 교의에 충실한 내용일지라도, 『주례』의 "향리의 통치 행위를 살펴 문서로 왕에게 공이 있으면 존속시키고 잘못이 있으면 폐지하기를 아뢰며 형벌이 잘못 적용된 무고한 자를 가려내 사면하는 일을 행한다."[31]는 사간의 직제 편성은 이미 아래로부터의 '간언'이 통치 구조에서 이념적 기제의 방식으로나마 기능했다는 사실을 가리킨다. 더욱이 진·한의 관제에서 간의대부, 의랑, 간대부, 급사중, 박사 등의 직제가 간언을 주 임무로 하는 것임을 고려할 때(박건주, 2001: 1-2), 이후 유가적 통치 이념의 채택은 새로운 황제-신민의 군신 관계를 공고화하기 위한 '의론'의 제도화를 가져왔으며, 그것이야말로 통합적 공동체인 제국 질서를 위한 제도로 역사적 연속성에 따른 논리적 귀결인 셈이다.

3. '의론'의 제도화: 황제-신하의 소통으로서 '조의'

제국은 질서의 양태와 통치 구조에 대한 근본적인 인식 변화를 가져왔다. 즉 천자인 주나라 왕과 춘추시대 제후에 불과했던 패자, 그리고 전국시대 스스로의 정치 권위를 형성해야 했던 군주로서의 왕과 달리 황제는 권위의 원천 그 자체이기에 정당한 것으로 규정된다.

왜 그런 것일까? 그것은 단일한 공동체로의 통합이 이루어진 시점에서 멸국의 대상이었던 기존의 왕을 계승하는 것이 새로운 역사 단계에 적합하지 않다고 판단했기 때문이다. 이로 인해 진시황의 일차적인 체제 정비는 군주에 대한 새로운 칭호의 규정이었고, 황제의 칭호는 과거 천자로서 왕의 범주가 갖는 한계성, 즉 상제의 명을 받

---

31) 『周禮』「地官司徒」: 司諫 …… 以敎鄕里之治, 以詔廢置, 以行赦宥.

아 인민을 통치하는 군주의 위상을 넘어서 '빛나는 상제'로서 천제 그 자체의 권위를 가리킨다(니시지마 사다오, 2004: 37-39). 즉 "황제의 공덕이 훌륭하여 천하를 통일하니 그 은덕과 혜택이 장구했다. …… 황제께서 천하를 통일하고 만사를 다스리시니 먼 곳이나 가까운 곳이나 모두 태평스럽게 되었다."[32]는 기사는 통일국가의 군주야말로 우주를 지배하는 천제와 그 성격이 같다는 의미로서 지상의 절대자임을 시사하는 것이기도 하다. 결국 황제의 권력은 모든 권력의 원천이며, 동시에 주권으로서 최종적인 법의 연원인 셈이다(시마다 마사오, 2004: 60-61).

여기에서 흥미로운 사실은 절대자인 황제를 규정하는 일련의 과정으로부터 표출되는 상대성이다. 만약 황제의 존재 자체가 "귀천을 가리지 않고 모든 사람에게 의견을 표시하게 하여 선한 것과 선하지 않은 것을 앞에서 진술하게 하니 숨길 일이 없게 되었다."[33]는 절대성을 보장한다면, '황제' 개념 자체가 역설적으로 군신 간 의사소통, 즉 논의를 통한 결과물이라는 점에서 상대적이다. 예를 들어 "진왕이 처음에 천하를 병합하자 승상과 어사에게 명을 내려 말하길 …… 육국의 왕들이 모두 처벌당하고 천하가 크게 안정되었으니 이제 호칭을 바꾸지 않는다면 그동안 이루어놓은 공업을 드러낼 수 없으며 후세에 전할 수도 없을 것이다. 황제의 호칭을 논의하도록 하라."[34]라는 기사로부터 진시황이 최초 통일 군주로서 자신에 대한 칭호 규정에 대해 아래의 '의론'을 요구했음을 찾을 수 있다. 그것은 아래로

---

32) 『史記』卷6,「秦始皇本紀」: 皇帝休烈, 平一宇內, 德惠脩長 …… 皇帝幷宇, 兼聽萬事, 遠近畢淸.
33) 『史記』卷6,「秦始皇本紀」: 貴賤並通, 善否陳前, 靡有隱情.
34) 『史記』卷6,「秦始皇本紀」: 秦初幷天下, 令丞相·御史曰 …… 六王咸伏其辜, 天下大定. 今名號不更, 無以稱成功, 傳後世. 其議帝號.

부터의 '간언'이라는 방식을 군주의 문제 제기부터 출발하는 일방적 소통으로 형식 변경한 것일 수 있다.[35] 그럼에도 불구하고 "신들이 박사들과 함께 논의하기를 …… 왕을 태황이라고 하고 명을 제라고 하고 영을 조라고 하며 천자가 스스로를 칭할 때는 짐이라고 하십시오."[36]라는 제신의 응답에 진시황 자신이 '황제' 칭호에 대한 수정 외에는 의론대로 수용할 것을 재가하면서, 그 이유로 "짐이 듣건대 태고 시대에는 호칭만 있었고 시호는 없었으며, 중고 시대에는 호칭이 있었고 죽은 후에 행적에 따라 시호를 삼았다고 한다. 그렇다면 자식이 아비를 의론했다는 것이고 신하가 군주를 의론했다는 것인데 이는 아무런 의미도 없는 것이니 짐은 이러한 제도를 채택하지 않겠다."[37]라고 대답했던 사실은 외형상이나마 군신 간 소통을 합리화하려는 의도임을 보여준다. 진 제국의 통치 기제가 법치였음을 상기하자면, 진시황의 태도는 아래로부터의 '간언'을 수용하기보다 황제를 정점으로 하는 제국의 새로운 질서 구조를 강조하는 경향을 보였다고 할 수 있다.

굳이 황제가 자신으로부터 출발한 의론의 강제성을 아래로부터 수렴하는 형식을 취한 이유는 무엇일까? 그것은 통일 이전 '누가 통

---

35) 전국시대의 분열 속에서 통일천하를 주재할 왕자 또는 천자는 조만간 필연적으로 출현할 수밖에 없는 존재로서 대망되었다. 전국시대 후반에는 천(天)과의 감응, 합일을 통해 우주적 질서를 체현하고 주재하는 초월적이고 절대적인 군주의 출현을 희구하는 성인 제왕론이 확산되었다. 따라서 진시황의 황제 존호 제정과 황제 지배의 출현은 통일에 대한 시대적 여망에 부응하는 조치였다고 해석될 수 있다. 동시에 황제의 출현과 지배라는 새로운 방식은 변법 성공 이후 진 나라에서 확립된 지배 방식으로 제민 지배 체제를 제국 질서의 근간으로 재현하려는 의도도 담고 있다(이성구, 2001: 304).
36) 『史記』卷6, 「秦始皇本紀」: 臣等謹與博士議曰 …… 王爲泰皇, 命爲制, 令爲詔, 天子自稱曰朕.
37) 『史記』卷6, 「秦始皇本紀」: 朕聞, 太古有號毋諡, 中古有號, 死而以行爲諡. 如此則子議父, 臣議君也, 甚無謂, 朕弗取焉.

치할 것인가?'의 의문에 대한 진시황의 해답이 '황제'의 출현과 '제국'의 질서로 제시되었으며, 이에 반해 '어떻게 통치할 것인가?'에 대한 의문은 이미 '법에 의한 지배'로 해결되었기 때문일 것이다. 그 결과 처음 경험하는 '제국의 영토를 어떻게 통치해야 할 것인가?'에 대한 격렬한 논쟁 과정을 통해 군현제를 전국적으로 시행하고,[38] 도량형·화폐·문자·사상을 통일하고, 법과 예교에 따른 풍속 정화 등을 실시함으로써 중앙집권화를 위한 일원화 과정이 전개된다.

그렇다면 '의론'을 위한 선순환 구조는 진 제국에 이르러 본격적으로 작동한 셈이다. 비록 아래로부터의 '간언' 전통이 황제의 절대성에 의해 봉쇄되었을지라도, 황제의 문제 제기에 따른 신하의 대응이라는 정형화된 방식은 황제-신민 관계의 일차적인 소통이 이루어졌음을 시사한다. 반면 진 제국의 통치는 '어떻게 통치할 것인가?'에 대한 근본적인 의문을 생략했기 때문에 제국 질서의 지속성을 유지할 수 있는 제도화에 실패했고, '위(황제)로부터의 일방성'이 '아래(신하)의 대응'을 더 이상 만들어내지 못함으로써 결국 제국의 멸망으로 이어지고 만다.

한 제국의 출현은 진 제국의 실패를 선례로 한다는 점에서 시사적이다. 한 제국은 태생적으로 이전 왕조를 부정해야 할 필요가 있었다. 이로부터 한 제국은 통치의 정당성을 위한 전제로 진 제국의 실정과 법치의 가혹함을 과도하게 선전하고 약법삼장(約法三章)으로

---

38) 분봉제의 폐지와 전면적인 군현제 실시는 당시 역사적 상황에서 다민족을 통일시켜 강력한 중앙집권 국가를 건립해야 한다는 진보적 이상을 담고 있다. 이로부터 새로 획득한 전 영토를 지방행정단위에 편입시켜 군수와 현령을 중앙의 직접 지배하에 둠으로써 세습적 대토지 소유의 여지를 없애고 지방 세력의 할거를 방지하며 직업 관료제의 단초를 제공했다. 이 점에서 진 제국 이후 역대 중국 왕조의 지방행정제도는 기본적으로 군현제의 틀을 벗어나지 않았다(김정계, 2007: 200).

상징되는 반법가적 성격을 표출해야 했다. 따라서 이전 왕조를 부정하는 일은 황제-신민 관계의 경직된 소통을 비판하는 것에서 출발한다. 그 평가는 가의(賈誼)의 「과진론」에서 찾아진다.

> 진 왕은 스스로 만족하여 남에게 묻지 않고 마침내 잘못을 저지르고도 고칠 줄을 몰랐다. …… 당시 세상에 생각이 깊고 세상 변화를 깊이 생각하고 아는 자가 없었던 것이 아니지만 감히 충성된 마음을 다하여 황제의 잘못을 막지 못했던 이유는 진나라의 습속에 꺼리고 피해야 할 금기가 많아 충성스러운 간언을 하는 사람은 말도 끝나기 전에 목숨을 잃게 되었기 때문이다. 그러므로 천하의 선비들로 하여금 귀를 기울여 듣게만 하고 두 다리를 한데 모은 채 입을 꾹 다물고 아무 말도 하지 못하게 했다. …… 선왕은 상하의 언로가 막히는 것이 나라를 망친다는 것을 알았기 때문에 공경사대부를 두어 법령을 정비하고 형벌을 두어 천하를 다스렸다. …… 진나라는 본말을 모두 상실했기 때문에 오래가지 못했다.[39]

가의의 평가처럼 정말 진 제국은 황제의 절대성으로 인해 하향식 문제 제기의 일방성만 존재했고 '간언' 같은 상향적 의견 수렴의 통로를 폐쇄했던 것일까?[40] 반대로 한 제국은 처음부터 군신 간 소통

---

39) 『史記』卷6, 「秦始皇本紀」: 秦王足己不問, 遂過而不變 …… 當此時也, 世非無深慮知化之士也, 然所以不敢盡忠拂過者, 秦俗多忌諱之禁, 忠言未卒於口, 而身爲戮沒矣. 故使天下之士, 傾耳而聽, 重足而立, 拑口而不言 …… 先王知雍蔽之傷國也, 故置公卿大夫士, 以飾法設刑, 而天下治 …… 秦本末並失, 故不長久.
40) 시황제에 관한 기본 사료인 『사기』의 「진시황본기」에도 가의의 「과진론」이 소개되어 있다. 그것은 한 제국에 이르러 유교가 국가 교의로 채택되고 통치 이념의 위상을 차지함에 따라 시황제에 대한 부정적 평가를 기술하고 있다는 점에

의 통로를 확보하여 법치가 아닌 규범적 통치 기제로 제국 질서를 유지하는 데 성공한 것일까? 앞서 밝혔듯이 진 제국에 이르러 선순환적인 군신 간 소통의 구조가 작동했다면, 오히려 한 제국에서는 그 문제의식이 희석되었던 것이 아닐까?

사실상 한 제국은 진 제국의 통치조직을 그대로 계승한다. 고염무(顧炎武)는 "『한서』 '백관표'를 보면 현령·현장 모두 진나라 관직으로 그 현을 관장하여 다스렸다. 만호 이상은 현령이 되고 그 녹봉은 1,000석에서 600석에 이른다. 만호가 안 되면 현장이 되는데 녹봉이 500석에서 300석에 이른다. 모두 승·위를 두는데 [그들의] 녹봉은 400석에서 200석에 이르며 이들이 수령이다. 100석 이하의 녹봉을 받은 두식과 좌사가 있는데, 이들이 아전이다. 대략 10리마다 1정을 두고 정에는 장을 10명 두며 정마다 1향이 있고 향에는 삼노, 유질, 장부, 유격을 둔다. 삼노는 교화를 관장하고 장부는 송사와 부세를 거두는 일을 담당하고 유격과 격순은 도적을 금하는 업무를 담당한다. 현은 대략 사방 100리이고 그 백성이 추수하면 세금을 감면하고 백성이 적으면 빈 들판으로 내버려둔다. 향과 정 또한 이와 같이 모두 진나라의 제도라고 했다."[41]고 평가한다. 만약 이러한 평가가 타당하다면, 그것은 진 제국의 소통 구조를 한 제국 역시 계승했음을 암시한다. 더욱이 진 제국의 소통 구조가 '간언'의 전통에서 비롯되었다는 점을 고려할 경우, '간언'의 이념적 기원을 확보한 유가의 이념이 국가 교의로 채택된 한 제국에 이르러 '간언'의 제도화, 즉

서 의도적이다(니시지마, 2004: 42-43).
41) 『日知錄』 卷8, 「鄕亭之職」: 漢書·百官表, 縣令·長皆秦官, 掌治其縣. 萬戶以上爲令, 秩千石至六百石. 減萬戶爲長, 秩五百石至三百石. 皆有丞·尉, 秩四百石至二百石, 是爲長吏. 百石以下, 有斗食·佐史之秩, 是爲少吏. 大率十里一亭, 亭有長十, 亭一鄕, 鄕有三老·有秩·嗇夫·游徼. 三老掌教化, 嗇夫職聽訟·收賦稅, 游徼·徼循禁賊盜. 縣大率方百里, 其民稠則減, 稀則曠, 鄕·亭亦如之, 皆秦制也.

'의론'이 형성되었을 것으로 추론할 수 있다.

흥미로운 사실은 한 제국 출현 과정에서 한 제국 스스로 전통의 계승을 부정했다는 점이다. 예를 들어 "진나라를 만나 학문이 사라지고 마침내 어지러워져 망했다. 한나라가 흥하여 어지러움을 제압하고 하루도 쉬지 않고 돌이켜 바로 세웠는데, 숙손통에게 의례를 제정하도록 명하니 이로써 군신의 위치를 바로잡게 되었다. 한 고조가 기뻐하면서도 내가 마침내 오늘에서야 천자의 귀함을 알게 되었다고 탄식하고 숙손통을 봉상으로 삼아 마침내 의법을 정했다."[42]는 기사는 한 제국 초기까지도 여전히 '어떻게 통치할 것인가?'에 대한 단서를 찾지 못했던 상황을 보여준다.

진 제국의 경우, '어떻게 통치할 것인가?'에 대해 명백히 검증된 기제, 즉 법치의 채택이 제국 스스로 소통의 부재를 가져왔던 내재적인 동기로 평가절하될 수 있지만, 진 제국의 실패를 경험한 한 제국의 경우, 여전히 '어떻게 통치할 것인가?'에 대한 해답을 준비하지 못했던 이유는 무엇일까? 그것은 한 제국 스스로가 부정해야 할 이전 역사의 연속선상에 놓여 있다는 사실을 자각하지 못했기 때문일 것이다. 즉 "한 고조가 진나라의 의법을 모두 제거하고 간소하게 만들었더니 여러 신하가 술에 취해서 공을 다투고 어떤 자는 망령되게 소리치며 칼을 기둥에 꽂기도 했다."[43]는 『전한서』의 기사는 이전의 규범적·제도적 안전장치를 부정하는 과정에서 질서유지의 최소 기능까지 없애버린 문제점을 드러내고 있다. 결국 제도로서의 '의론'

---

42) 『前漢書』「禮樂志」: 遭秦滅學, 遂以亂亡. 漢興撥亂, 反正日不暇給, 猶命叔孫通制禮儀, 以正君臣之位, 高祖說而歎曰, 吾乃今日知為天子之貴也. 以通為奉常, 遂定儀法.
43) 『前漢書』「酈陸朱劉叔孫傳」: 高帝悉去秦儀法為簡易, 羣臣飲爭功醉, 或妄呼按劒擊柱.

은 한 고조의 요구에 따라 숙손통이 '옛 예법과 진나라의 의법을 채록해서 섞어놓은 것'이며, 그 자체가 군신 간 문제 제기와 대응이라는 소통의 기제가 작동한 것이기도 하다.

한 제국은 국가의사 결정을 위한 제도로서 '의론'을 '집의(集議)'로 명명했다고 한다(와타나베 신이치로, 2002: 27-28). 만약 '제도'로서의 '집의'가 이념적으로 전국시대 '간언'의 전통을 계승한다고 전제할 수 있다면, 주의할 점은 전국시대 '간언'의 제도화가 주례적 질서로의 복귀라는 이념적 목표를 가지고 있었다는 점을 직시하는 것이다. 즉 "옛것을 배우고 관직에 들어가 일을 의론하여 제도를 정하니 다스림이 마침내 미혹되지 않을 것"[44]이라는 『상서』의 기사는 제도의 실재성 여부를 떠나 고대 왕조―주 왕조―에도 소통의 제도화에 대한 인식이 존재했음을 시사한다. 그렇기 때문에 "옛적에 관중이 헌원이라고 칭하고 명당에서 나라 일을 의론하고자 하면 먼 곳에서도 찾아왔다. 홍수의 곤란함을 겪으면서 요임금은 사악에게 자문했고 그들이 순임금을 천거했으며 삼대가 일어났던 것이다. 춘추시대에 송나라에 대한 포위를 풀어주는 것에 대해 노나라 환공은 논의에 힘썼고 조나라 무령왕이 호복을 입었을 때 계부와 논쟁했으며 상앙이 변법을 취하자 감룡이 맞서 논변했다고 하니 비록 헌장을 추측할 수 없으나 같고 다름을 바라볼 수 있다."[45]는 평가는 요순의 태평성대 → 주의 종법 질서 → 춘추전국의 전쟁 → 진·한 제국 질서로의 수평적인 왕조 교체와 주의 의사 → 춘추전국의 간언 → 진·한의 의론으로 전개되는 군신 간 수직적인 소통 기제를 대조하여 설명하

---

44) 『尙書』「周書·周官」: 學古入官, 議事以制, 政乃弗迷.
45) 『文心雕龍』「議對」: 昔管仲稱軒轅, 有明臺之議, 則其來遠矣. 洪水之難, 堯咨四岳, 宅揆之擧舜, 疇五人三代所興. 詢之芻蕘. 春秋釋宋魯桓務議, 及趙靈胡服而季父爭論. 商鞅變法而甘龍交辨, 雖憲章無算, 而同異足觀迄至.

는 것이다.

이미 한 제국은 진 제국의 통치 기제를 계승했다. 비록 진 제국이 군현제의 전국적 실현을 통해 황제의 존재 자체와 황제권의 실질적 지배를 추구했을지라도, 진 제국은 일방적인 하향식 통치에 따른 경직성으로 말미암아 소통에 실패하고 말았다. 반면에 한 제국은 진의 군현제를 계승하는 군국제를 채택하고 황제권과 제후왕의 지배권이 공존하는 방식을 채택했다. 그것은 과거 주 왕조의 분봉제를 황제 지배권과 결합시켜 중앙의 황제 권력의 통제를 받는 구조였으며, 이로부터 황제의 존재와 황제 권력은 신비주의적이고 관념적인 지배권으로 공고화되었다. 특히 한 대의 황제 관념은 문제-무제의 시기에 이르러 통치의 안정에 비례해 교외의 제사와 의례의 도입이 이루어지면서 신비주의적 요소를 내포하게 되었다.

한편 황제와 함께 천자라는 용어가 다시 사용되었는데, 그것은 지상의 천제로서 세계 질서의 주재자라는 인위적인 자신감이 표출된 황제 관념과 함께 천명의 수명자로서 천자 관념이 결합된 것이기도 했다. 동중서(董仲舒)의 경우, 도덕적 절대자이자 수명자로서의 황제와 현실의 황제가 갖는 괴리를 극복하기 위해 개인으로서의 황제가 아닌 제도로서의 황제에 정당성을 부여하려고 시도했으며, 그 대응은 황제에 의한 의례의 회복으로 나타났다(정하현, 1989: 212-215). 따라서 한 무제 이후 국가 제례의 정형화는 유가적 소양을 갖춘 관료들에 의해 주도되었고, 제국 질서의 일원성을 공고화하고 황제 권위와 지배의 정당성을 과시하기 위해 이용되었다.[46]

---

[46] 비록 한 무제에 이르러 유교의 국교화가 이루어졌을지라도 황제권의 신비화 작업에 참여하여 적극적으로 전제군주에 호응한 것은 방사(方士)이다. 당시 유가는 종교적 권위나 관료 집단을 형성해서 황제권을 견제할 능력을 갖추지 못했고, 황제의 요구에 대한 내부의 의견 불일치로 인해 잡다한 제사의 축소와 예제

그렇다면 '집의'는 어떤 방식으로 '의론을 모으는 것'일까? 한 제국 초기 중앙정부의 정책 결정 기구는 승상-어사대부-태위-치속내사-정위로 구성되었는데, 정책은 황제의 하명(문제 제기)에 따라 최고 기관인 승상이 주재하는 조의를 통해 결정되는 구조였다.[47] 바로 조의를 통해 정책 결정을 진행하는 전 과정을 '집의'로 규정한다.[48] 따라서 초기 집의는 공경, 열후, 종실이 모두 모여 의논하고, 중대사를 논의할 때는 여러 직책에서 의론에 참여하는 형태를 취한다. 황제 자신의 발의든 신하의 상주든 관계없이 의론의 안건이 제출되면 황제는 이에 대한 의견을 자문할 '집의'를 개최하는 것이 일반화된 결정 방식인 셈이다(조준구, 1999a: 100). 이와 같은 정책 결정 과정은 황제권의 자의적 행사를 견제하는 제도적 안전장치로 기능하는 동시에 정치 권위에 대한 도전으로 간주되어 황제 권력의 위협 요소로 인식되는 부작용도 가져왔다. 그 대표적인 사례는 한 경제(漢景帝)의 어사대부였던 조조(鼂錯)의 법제 개혁과 비극적 죽음이었다.

조조는 한 문제 때 가령으로 태자의 교육을 담당했고, 자신이 가르친 태자가 황제에 즉위하면서 어사대부가 되었는데, 중농 억상 및 법령 개정과 함께 제후왕의 봉지를 삭감하고 주변 군을 회수함으로써 중앙집권화를 위한 개혁을 시도했다. 이와 관련하여 "공경, 열후,

---

의 개혁을 요구한 입장이었다(이성구, 2002: 1-2).
47) 승상은 황제를 보좌하는 내·외정의 총괄자이고, 어사대부는 부승상, 태위는 군사 부문, 치속내사는 재정 부문, 정위는 사법과 국가 형벌 부문을 담당했다. 또한 봉상(奉常)은 의례의 관장, 내사는 수도 통치의 기능을 수행했다. 지방관직으로 군수는 군의 행정, 군위는 군의 군사 관리, 자사는 지방 감찰의 기능을 수행했다(니시지마 사다오, 2004: 109-116).
48) 한 대 집의의 안건은 그 내용이나 경중에 따라 조정에서의 회의를 거쳐 공론화되고 정책으로 채택되거나 논의에 국한되거나 황제의 독단에 의해 무시되거나 했다. 그러나 대부분의 경우 가장 단순한 형태의 논의 과정이라도 거치게 되며, 사안이 중대할수록 논의의 범위는 확대되었다(방향숙, 2001: 2).

종실이 집의했는데 감히 막지 못했다. 오직 두영만이 싸웠는데 이로 인해 조조와는 대립했다. 조조는 다시 법령 30장을 개정하니 모든 제후가 조조를 더욱 미워했다."⁴⁹⁾는 기사로부터 이미 한 문제 때 제도로서 '황제'를 정착시키려는 노력이 한 경제에 이르러 '집의'에 참여하는 구성원의 자격 요건 등 일련의 제도적 장치로 발전하고 있음을 알 수 있다.

반면 그것은 제도로서의 '황제' 권위와 군신 간 소통의 기제가 여전히 확고하지 못했다는 현실을 보여준다. 제후들의 봉지 삭감 직후 "오왕 유비, 초왕 유무, 조왕 유수, 교서왕 유앙, 제남왕 유벽광, 치천왕 유현, 교동왕 유웅거가 모반을 일으켜 병사를 출동시켜 서쪽으로 향했다. 천자는 그 때문에 조조를 주살하고 원앙을 파견하여 (조조의 처벌을) 통보했지만 반란군은 멈추지 않았다."⁵⁰⁾는 기사는 조조의 법제 개혁이 제후왕의 권력을 축소시키고 통제권을 황제에게 귀속시키는 황제권 강화를 위한 일련의 제도화였지만, 최대 수혜자인 황제에 의해 조조 자신이 죽음을 당하는 비극을 알려준다.

왜 비극적인 결말로 끝난 것일까? 여기에서 소통의 공간이 공적 영역이어야 한다는 점이 선명해진다. 조조 죽음 직후 반란군의 전투 중지를 확인하러 보냈던 등공이 경제에게 "오왕은 모반을 준비한 지 수십 년에 이르고 있었는데 다만 봉토를 삭감당한 데에 분개하여 조조를 죽인다는 명분을 내세운 것일 뿐, 원래 그의 뜻은 조조에게 있었던 것이 아닙니다. …… 대저 조조는 제후들이 강성하고 비대해져

---

49) 『史記』卷101, 「袁盎鼂錯列傳」: 遷爲御史大夫, 請諸侯之罪過, 削其地, 收其枝郡. 奏上, 上令公卿列侯宗室集議, 莫敢難, 獨竇嬰爭之, 由此與錯有郤. 錯所更令三十章, 諸侯皆諠譁疾鼂錯.
50) 『史記』卷11, 「孝景本紀」: 吳王濞·楚王戊·趙王遂·膠西王卬·濟南王辟光·菑川王賢·膠東王雄渠反, 發兵西鄉. 天子爲誅晁錯, 遣袁盎諭告, 不止.

서 그들을 제재할 수 없게 될까 걱정한 까닭에 그들의 봉토를 삭감하도록 주청하고 나라의 존엄을 꾀한 것이니 이것은 만세에 이익이 되는 것"[51]이라고 평가했던 점에서 법제 개혁의 당위성과 공공성은 명백했다.

그럼에도 불구하고 "경제 즉위 직후부터 어사대부에 임명되어 자주 사람을 물리치고 정사에 관한 일을 말했는데 황제는 언제나 그것을 받아들였다. 그래서 그에 대한 황제의 총애는 구경(九卿)을 능가했으며 법령은 그에 의하여 개정된 것이 많았다."[52]는 조조의 행동은 그 동기의 순수성과 군신 간 소통의 원활함 모두를 왜곡시킬 만큼 사적 경계를 벗어나지 못한 것이었다. 결국 조조는 죽음을 맞이했고 수혜자인 황제조차 자기 이익을 포기하게 되었으며 더 나아가 '안으로는 충신의 입을 막고 밖으로는 제후를 위하여 원수를 갚아준' 자가당착으로 끝났다. 여전히 공적 제도로서 '의론'은 확고하지 않았던 셈이다.[53]

---

51) 『史記』卷101,「袁盎鼂錯列傳」: 鄧公曰, 吳王爲反, 數十年矣, 發怒削地, 以誅錯爲名, 其意非在錯也 …… 夫鼂錯患諸侯彊大不可制, 故請削地, 以尊京師, 萬世之利也.
52) 『史記』卷101,「袁盎鼂錯列傳」: 景帝卽位, 以錯爲內史. 錯常數請閒言事, 輒聽, 寵幸傾九卿, 法令多所更定.
53) 송나라의 장구성(張九成)은 『맹자전』에서 "상앙이 각박함으로 진을 섬겼더니 진의 보답 역시 각박함으로 거열형에 처해 죽게 했고, 조조가 술수로 경제를 가르치니 경제의 보답 역시 술수로 동시에서 참형에 처해 죽게 했다[商鞅以刻薄事秦, 秦之報也, 亦以刻薄至車裂而死. 晁錯以術數敎景帝, 景帝之報也, 亦以術數至斬於東市]."고 평가했다.

4. 소통의 성공?: '회의'는 '민의'를 반영했는가?

한 제국은 무제에 이르러서야 추은령에 따른 분봉의 제도화에 기초한 중앙집권화를 완성한다. 추은령은 황제의 은덕이 제후왕의 자제에게 동등하게 미친다는 명목 아래 봉지를 자제에게 분할하고 자제를 열후로 삼는 것을 내용으로 한다. 그것은 제후왕의 봉지가 세대를 거듭할수록 분할 축소되는 것을 의미하며, 제후왕을 억제하고자 했던 조조의 주장이 실현되는 것을 의미한다(니시지마 사다오, 2004: 167). 따라서『염철론』에서 "조조는 한나라에게는 충신이었지만 제후에게는 원수였다. 남의 신하 된 자는 각자 그 군주를 위해 죽고 그 나라를 위해 쓰인다."[54]는 문학의 평가는 군신 간 의론의 제도적 작동 여부가 왕조와 정치 권위의 지속성을 결정한 관건이었음을 잘 드러낸다.

후한 채옹(蔡邕)에 따르자면, 본격적인 의론 제도는 논변과 문서로 구성된 형식과 함께 공경들이 모여 의논하는 것으로 구체화된다(와타나베 신이치로, 2002: 25-29). 즉 "무슨 일이 있으면 공경 백관이 모여 의론[회의]한다. 비록 대각(臺閣)이 올바른 입장에 있다고 해도 홀로 다른 의견을 가진 자가 의론을 반박[駁議]한다. 박의는 모관 모갑이 의론함에 이와 같다, 라고 하고 문미에는 신이 어리석게 이의를 말합니다, 라고 쓴다. 박의가 아닌 의문에는 이의를 쓰지 않는다. 그 의문이 황제의 뜻에 합치되면 모관 모갑의 의견이 좋다, 라고 문서로 답한다."[55]는 회의 과정은 정책 결정이 문제 제기와 응답, 그리고 반

---

54) 『鹽鐵論』「晁錯」: 晁生忠於漢, 而讐於諸侯. 人臣各死其主, 為其國用.
55) 『獨斷』卷上: 其有疑事, 公卿百官會議. 若臺閣有所正處, 而獨執異議者曰駁議. 駁議曰, 某官某甲議以為, 如是, 下言, 臣愚戇議異, 其非駁議, 不言議異. 其合於上意者, 文報曰某官某甲議, 可.

박을 거친 논리적 결과임을 가리킨다.

그런데 왜 황제권의 일방적인 문제 제기와 신하의 수동적 대응이라는 초기 의론 방식이 집의의 방식을 거쳐 아래로부터 검증 절차를 통한 황제의 대응이라는 회의의 방식으로 전환된 것일까? 물론 유가적 정치 교의가 국가 교의로 채택되었던 무제 시기의 특징을 고려한다면, "대저 위임해서 그 성과에 책임지는 것이 군주의 본질"[56]이라는 군신 관계의 근본적인 인식 변화와 함께 "두루 자문하는 것을 의론한다고 말한다. 의론한 말이 올바르니 일을 심사해도 올바르다."[57]와 "대개 정사는 회의를 따르고 정책은 여러 사람에 의해 결정된다. 은은하고 기탄없는 말은 예의 모습을 취하지만 침묵하고 마음을 억누르는 것은 조정에 복을 가져오지 못한다."[58]는 한 장제(漢章帝)의 언명까지 모두 조당의 회의라는 제도를 통해 황제 자신도 관료의 집단 의지에 힘입어 '어떻게 통치해야 하는가?'에 대해 고민했음을 보여준다(와타나베 신이치로, 2002: 20).

회의의 정형을 마련한 최초의 사건은 염철회의이다. 여기에서 주목할 인물은 한 무제의 재정 개혁을 이끌었던 어사대부 상홍양(桑弘羊)이다. 무제의 대외 팽창정책으로 인한 흉노, 남월, 조선과의 빈번한 전쟁은 군비와 식량 조달, 작위와 보상에 대한 부담을 가중시켰지만, 제국 내부의 현실은 "부유한 상인이나 큰 거래상들은 더러 재물을 쌓아놓고도 가난한 백성을 부려먹거나 수백 대의 수레로 곡식을 옮기며 …… 제철업과 제염업에 손을 대 재물이 더러 수만금이 쌓였어도 국가의 위급함과 백성들의 곤궁함을 돕지 않았다."[59]는 모

---

56) 『日知錄』卷8, 「掾屬」: 夫委任責成, 君之禮也.
57) 『文心雕龍』「議對」: 周爰諮謀, 是謂爲議. 議之言宜, 審事宜也.
58) 『後漢書』「袁張韓周列傳」: 蓋事以議從, 策由衆定. 闇闇衎衎, 得禮之容, 寢嘿抑心, 更非朝廷之福.

순에 직면해 있었다. 이로 인해 무제는 국가 주도의 재정 개혁, 즉 화폐와 염철의 전매를 통한 중앙집권적 통치를 강화하게 되었고, 이 과정에서 거대 제염업과 제철업에 종사한 상인 출신의 동곽함양(東郭咸陽)과 공근(孔僅)의 대사농 임명, 상홍양의 시중 임명이 이루어진다.

상홍양은 소금과 철의 국가 전매, 상업적 유통 과정에서 국가 수익 증대를 목적으로 균수·평준법의 실시, 조세체계 정비 등 국가재정 전반에 걸친 개혁을 주도했다. 상홍양은 무제에게 "대농에 부승 수십 인을 임명하여 군국을 나누어 주관하게 하고 각기 파견된 현마다 균수관과 염철관을 두어 부세(賦稅)를 징수하여 수송케 하고 경사에는 평준관을 두어 천하에서 수송하는 물자를 모두 받도록 하십시오. 공관을 소집하여 수레와 각종 기기를 만들게 하되 그 비용은 대농에서 지급하도록 하십시오. 대농에 속한 여러 관리가 천하의 물자를 모두 총괄하여 값이 오르면 팔고 값이 떨어지면 사들이도록 하십시오. 그러면 부유한 거대 상인들이 크게 모리를 취할 수 없고 본래의 균형을 되찾게 되며 모든 물가가 등귀하는 일이 없어질 것입니다. 이처럼 물가가 억제되는 것을 평준이라고 합니다."[60]라고 균수법과 평준법의 실행을 청원하는데, 조세 부과와 연계되었던 두 대안은 국가의 시장 개입을 통해 물가를 조절하고 상공업의 균형적인 이익 창출을 의도한 것이었다. 따라서 상홍양의 정책은 국가 통제에 의

---

59) 『史記』「平準書」: 富商大賈, 或蹛財役貧, 轉轂百數, 廢居居邑 …… 冶鑄煮鹽, 財或累萬金, 而不佐國家之急, 黎民重困.

60) 『史記』「平準書」: 乃請, 置大農部丞數十人, 分部主郡國, 各往往縣置均輸鹽鐵官, 令遠方各以其物貴時, 商賈所轉販者為賦, 而相灌輸, 置平準于京師, 都受天下委輸, 召工官, 治車諸器, 皆仰給大農. 大農之諸官, 盡籠天下之貨物, 貴即賣之, 賤則買之, 如此富商大賈, 無所牟大利, 則反本而萬物不得騰踊, 故抑天下物. 名曰平準.

한 상공업 진흥과 부세의 형평성을 확보하기 위한 것이고, 과거 법가의 중농 억상 정책의 연장선상에서 제시된 것으로 이해할 수 있다.[61]

더욱이 정치적 맥락에서도 상홍양의 재정 개혁은 지역 호족의 발호를 억제하고 왕권을 강화하는 효과를 가져다주는 것이었다. 앞서 분봉된 제후왕들의 정치적·경제적 독립성이 황제 권력에 대한 위협으로 등장했던 경제 시대의 경험으로부터 획득한 학습 효과를 전제로 하자면, 한 무제 역시 구조적으로 동일한 문제, 즉 지역호족들에 대한 경제적 통제가 이루어지지 않은 상태에 직면했다. 상홍양의 새로운 경제정책은 경제적 방임 상태에 놓여 있는 독립적인 지역 호족들을 약화시키고 황제 권력에 편입시키기 위한 조치였던 것이다. 따라서 '염철회의'의 성격을 결정짓는 가장 중요한 요소는 소제의 계승 과정에서도 실질적으로 조의를 주재하는 어사대부로서 상홍양이 여전히 국가재정에 권한을 행사하고 있었다는 정치 현실이다.

무제 사후 새 황제의 계승은 순조로운 체제 유지에 대한 불안감을 야기했고, 그것은 황제를 돕기 위해 새롭게 참여한 곽광, 김일제, 상관결의 내조와 기존 참여자인 상홍양의 외조 간 갈등과 대립을 가져왔다. 특히 정치적 안정을 위한 제국의 정책은 두 가지 맥락에서 진행되었는데, 하나는 민간의 현량을 천거해 민심을 자문하게 하고 빈민 구제를 하는 휼민 정책이고, 다른 하나는 국가의 공전과 둔전을 다시 설치하여 국가재정을 증강시키는 부국강병책이었다(니시지마

---

61) 상홍양의 평준법은 법가의 중농 억상 정책이기보다 오히려 『관자』에서 제시된 국가계획경제에 가깝다고 할 수 있다. 양자 간 일치성이 놀라우리만큼 큰 이유는 『관자』의 편찬 연대와 전한 시대의 물리적 거리에 기인하는 것으로도 판단할 수 있다. 『관자』에서 국가계획경제[乘馬]는 소금과 철의 독점과 국가의 식량 가격 통제를 기초로 하는데, 국가의 독점적 분배를 의미하는 것이 아니라 신민의 생존과 안전의 보장을 위해 부유한 상인들과 축재자들의 과도한 이익을 방지하는 국가 평준 정책[國準]으로의 의미를 지닌다.

사다오, 2004: 284-285). 두 정책은 각각 내조와 외조의 담당 영역이기도 했다. 양자의 역할이 모순되는 성격을 지니는 한 갈등은 필연적일 수밖에 없었으며, 그 구체적인 표출이 염철회의인 셈이다. 따라서 염철회의는 표면상으로는 소금과 철에 대한 국가 전매제의 옹호와 철폐를 논쟁한 것이지만, 실질적으로는 한 무제 시대의 계승과 단절 여부를 둘러싼 국가정책의 방향을 결정하는 것이었다(김한규, 1982: 83).

그렇다면 어떤 근거로 염철회의가 '의론'의 의미를 담보했다고 평가할 수 있을까? 또한 염철회의가 정치과정에 참여한 각 세력 간 갈등의 제도적 표출이라면, 집의와 의론의 제도적 순기능으로서의 '회의'가 아래의 민의를 충분히 반영할 수 있었을까? 우선 회의가 발의와 논의, 그리고 정책으로 전개되는 과정을 내포한다면, 발의와 논의 과정에서 그 주체는 황제와 신하 모두가 될 수 있었다. 즉 황제와 신민 모두가 발의할 수 있으며, 황제의 발의는 직접적인 정책으로 전환되거나 회의에서 의논한 후 다시 황제의 재가를 통해 정책으로 전개될 수 있는 반면, 신하는 황제에게 상주의 형식을 갖춰 자신의 의견을 상정할 수 있었다.[62]

또한 황제-신하 간 의론은 의문의 형태로 정치적 상황에 대한 구체적인 사정이나 대안을 문제 삼는 황제의 문제 제기[詔策/册]에 따라 신하가 답을 쓰는 방식으로 전개되거나 그 반대의 경로를 취할 수도 있었다. 물론 대책은 내용에 따라 실행으로 옮기려는 현실적인 면을 갖고 있다. 따라서 염철회의에 참가한 현량과 문학 역시 통

---

[62] 전·후한 시대 황제가 자의적인 의지로 정책을 결정하여 명령을 내린 경우는 전한의 23건과 후한의 39건 정도에 불과하며, 관료와 민간 부문에서 상주의 형식으로 발의한 경우가 전한의 220건과 후한의 255건으로 대부분을 차지한다. 그렇게 보자면 공식적인 '회의'와 '상주'를 염두에 두고 의론했다고 볼 수 있다(방향숙, 2001: 7-10).

상의 경우와 마찬가지로 책문을 받아 대책을 상주한 것이며, 현량과 문학 및 어사대부의 논쟁 역시 작위적인 것이 아니라 책문과 대책이라는 하나의 과정을 거치는 모습을 반영하는 것이다(조준구, 1999b: 656-657). 이로부터 염철회의의 두 가지 맥락, 즉 추천된 현량에 의한 휼민 정책과 임명된 관료 집단의 부국강병책이 교차하면서, '의론'이 아래로부터의 의견 수렴과 위로부터의 대응이라는 황제-신민 간 소통의 제도화임을 보여준다.

정말 그런 것일까? 제국 초기에는 소통의 경직이 불가피한 측면이 있었지만, 안정기에 접어들면서 황제-신하 간 아래로부터의 의견 수렴 또는 '간언'에 의한 원활한 소통을 추구하려는 시도가 엿보인다. 한 문제 2년 일식 현상이 반복되자 황제는 "임금이 부덕하여 정사를 제대로 베풀지 못하면 하늘이 재앙의 징후를 보여 경계시켰다고 한다. 재앙의 징후 중 이보다 더 큰 것이 어디 있겠는가? …… 각지에서 재덕이 출중하고 직언할 수 있는 자를 천거하여 짐의 부덕함을 바로잡아주기 바란다."[63]는 의지를 피력한다. 그것은 '재덕이 출중하고 직언할 수 있는 자의 천거', 즉 현량의 선출을 통한 민심 수습과 소통의 필요성을 인식했다는 단서를 제공한다. 물론 한 문제의 인식이 현량과 문학의 관료 편입을 제도적으로 뒷받침하는 수준은 아니었지만, 황제권의 일방적 통치에 변화의 계기를 마련했다는 의미를 지닌다.

현량과 문학의 제도 편입은 한 무제에 이르러 본격화되었다. "한 나라가 일어난 지 60여 년이 흘러 천하는 편안했다. 조정의 관원들은 모두 천자가 봉선(封禪)을 거행하고 제도를 개정할 것을 희망했

---

63) 『史記』 卷10, 「孝文本紀」: 十一月晦, 日有食之. 十二月望, 日又食. 上曰 …… 人主不德, 布政不均, 則天示之以菑, 以誡不治 …… 及擧賢良方正能直言極諫者, 以匡朕之不逮.

다. 임금은 유술(儒術)을 숭상하여 현량을 초빙하고 조관(趙綰)과 왕장(王臧) 등 문장에 박식한 학자들을 공경으로 삼아 옛 성 남쪽에 명당을 세우고 제후들에게 조회토록 할 것을 의론하고자 했다."[64]는 기사는 군주에 대한 '간언'을 출사의 의무로 체화한 현량과 문학의 유가들을 관료로 편입시킴으로써 황제-신민 간 정치적 소통의 제도화에 이르게 되었음을 의미한다. 따라서 "세상을 다스리는 밝은 군주가 천하 만민을 걱정하고 북변의 정세가 아직 안정되지 못한 것을 염려했기 때문에 사자로 하여금 현량과 문학 고제(高第)들을 천거하고 식견이 뛰어난 인물들을 널리 초빙하도록 했으니 이는 장차 그들의 비상한 의논과 비범한 책략을 보고자 함"[65]이라는 대부의 설명은 황제에 의한 현량과 문학의 관료 편입 자체가 아래로부터의 '간언' 또는 아래로부터의 상향적 의견 수렴을 위한 제도화의 본격적 전개라는 점을 시사한다.

현량과 문학 역시 아래로부터의 '간언'이라는 자신들의 의무에 충실했다. "우리 유생들이 제출한 대책들은 …… 그 취지가 예의를 숭상하여 재물의 이익만 중시하는 풍조를 물리치고 옛 사람들의 도를 회복하여 현재의 잘못을 바로잡자는 데 있다."[66]는 문학의 대답은 "바른 것으로 다른 사람을 보좌하는 것을 충성이라 하고, 간사한 것으로 다른 사람을 인도하는 것을 아첨이라 한다. 무릇 윗사람의 잘못에 따르지 않고 옳은 것을 받아들이도록 하는 사람은 군주의 충신

---

64) 『史記』卷12,「孝武本紀」: 漢興已六十餘歲矣, 天下乂安. 薦紳之屬, 皆望天子封禪改正度也. 而上鄉儒術, 招賢良, 趙綰·王臧等, 以文學爲公卿, 欲議古立明堂, 城南以朝諸侯.
65) 『鹽鐵論』「利議」: 大夫曰, 作世明主, 憂勞萬人, 思念北邊之未安, 故使使者, 擧賢良文學高第, 詳延有道之士, 將欲觀殊議異册.
66) 『鹽鐵論』「利議」: 文學曰, 諸生對册 …… 在於崇禮義, 退財利, 復往古之道, 匡當世之失.

이요, 대부의 직사."⁶⁷⁾라는 인식에 따른 논리적 귀결이다. 그렇기 때문에 "조정에 충신이 없으면 정치가 어두워지고 대부에게 직사가 없으면 그 지위가 위태롭다."⁶⁸⁾는 현량의 답변은 '간언'만이 선왕의 도를 전달해서 치세를 이룰 수 있다는 책임감과 자부심을 반영한다(박건주, 2001: 17).

그렇다면 현량과 문학은 아래의 민의를 충실히 반영했던 것일까? 환관(桓寬)은 염철회의에 대한 평가를 다음과 같이 기술한다.

> 내가 염철에 관한 토론을 보니 공경과 문학 및 현량 등의 발언은 그 주장이 각각 다르고 그 논거도 서로 달라 혹자는 인의를 숭상하고 혹자는 권세와 재리를 힘써 추구했음을 볼 수 있다. …… 현량으로는 무릉현 출신의 당생과 문학으로는 노국 출신의 만생 등 무리 60여 명이 모두 궁정에 모여 육예의 가르침을 펼치고 태평의 근원에 대해 논했다. …… 그러나 그들의 주장은 구름과 안개에 가려져 폐기되기에 끝내 실행되지 못했으니 안타까운 일이다. 공경은 무력에 의지하여 영토를 넓히는 것만 알았지 덕을 넓혀 먼 곳에 있는 사람들을 귀부하게 할 줄을 몰랐고 권세와 재리를 추구하여 재정수입을 넓힐 줄만 알았지 농업으로 나라를 부유하게 할 수 있음은 알지 못했다.⁶⁹⁾

---

67) 『鹽鐵論』 「刺議」: 文學曰, 以正輔人謂之忠, 以邪導人謂之佞. 夫怫過納善者, 君之忠臣, 大夫之直士也.
68) 『鹽鐵論』 「相刺」: 文學曰, 朝無忠臣者, 政闇. 大夫無直士者, 位危音潮.
69) 『鹽鐵論』 「雜論」: 客曰, 余覩鹽鐵之議, 觀乎公卿文學賢良之論意, 指殊路. 各有所出, 或上仁義, 或務權利, 異哉吾所聞 …… 賢良, 茂陵唐生, 文學, 魯萬生之倫, 六十餘人, 咸聚闕庭, 舒六藝之, 諷論太平之原 …… 然蔽於雲霧終廢而不行, 悲. 夫公卿知任武可以辟地, 而不知德廣可以附遠, 知權利可以廣用, 而不知稼穡可以富國也.

환관은 현량과 문학이 '태평성대의 근원'으로 제국 질서의 제도화를 넘어선 규범화를 의론함으로써 지배의 영속성을 가능케 하려고 희망했던 반면, 한 무제의 중앙집권화 작업에 참여한 상홍양 중심의 기존 관료들이야말로 폭력과 이익을 추구함으로써 소통에 기초한 제국 질서의 규범화를 방해했다고 평가한다.

왜 선대의 국가 운영에 참여한 공경들의 업적을 부정적으로 평가하는 것일까? 실질적으로 어사대부들은 회의의 전 과정에서 기존의 국가 운영 방식을 방어하는 입장에 놓여 있었다. 이로 인해 어사대부들은 회의의 주제인 염철의 국가 전매를 둘러싼 논쟁에서 현량과 문학의 공격에 대응하는 방식으로 논의를 전개한다.

"지금 군국에 소금, 철, 술, 균수의 권한을 가진 자가 백성과 더불어 이익을 다투고 있으니 …… 소금, 철, 술의 전매제와 균수법을 철폐하여 본업을 진작시키고 말업을 물리쳐서 농업을 크게 이롭게 하는 것이 마땅하다."[70]면서 전통적인 농본 억상과 국가 통제의 철폐를 요구하는 현량과 문학의 문제 제기는 단순히 염철의 국가 전매 철폐에 국한된 것이 아니라 국가에 의한 재정 확보가 왜 필요한지에 대한 근본적인 논쟁으로 전환된다. 이러한 문제 제기는 경제 영역의 국가 통제가 흉노와의 전쟁에 필요한 비용 마련을 위한 것이었다는 점에서 대부들의 반박을 불러온다.

대부는 "그대들은 특출한 계책과 원대한 계획이나 흉노를 토벌하여 변경을 안정시킬 방책도 내놓지 못한 채 말라빠진 죽간의 서책이나 껴안고 공허한 말만 굳게 믿으며 무엇을 행하고 버려야 하는지 세상이 어떻게 변하는지도 알지 못한"[71]다고 현량과 문학을 경멸

---

70) 『鹽鐵論』「本義」: 今郡國有鹽鐵酒榷均輸與民争利 …… 願罷鹽鐵酒榷均輸, 所以進本退末, 廣利農業, 便也.
71) 『鹽鐵論』「利議」: 諸生無能出奇計遠圖, 匈奴安邊境之册, 明枯竹, 守空言, 不知趨

하면서 "변경 방비에 소요되는 재정이 부족했기 때문에 소금, 철, 술에 대한 전매제도를 시행하고 균수법을 실시해서 재정을 확충하여 변경 방비에 소요되는 비용을 충당하고자 하는 것인데 …… 직접 갑옷을 입고 무기를 들고 북방을 향하여 흉노에 복수할 뜻을 세우지는 못한다 할지라도 이제 염철 전매와 균수 제도마저 폐지하고자 하니 변경 방비 비용 조달을 어지럽히고 군사전략을 손상시키는 등 변경 문제를 걱정하는 마음이 전혀 없어 보인다. 이는 도의상 마땅한 일이라 할 수 없다."[72]고 반박한다.

대부의 답변은 궁극적으로 '앞으로 어떻게 통치할 것인가?'에 대한 방향으로 유가의 도덕주의에 근거한 예치와 법가의 실용주의에 기초한 법치, 즉 예를 통한 질서와 법을 통한 질서 중 어느 것이 체제의 기제로 채택되어야 하는 것인지에 대한 인식의 차이점을 보여준다(유희성, 2007: 146).

그러나 정치적 맥락에서 접근하자면, 대부들이 경멸하듯이 "소위 선거에서 뽑혔다는 것은 때를 잘 만나고 행운을 입어 우연히 숫자를 채운 것일 뿐"[73]인 현량과 문학의 정치적 입지를 고려할 때, 양자 간 갈등은 특정한 정치적 후원 때문에 발생한 것일 수도 있다. 즉 현량과 문학의 태도는 민의의 상달일 수도 있지만, 한편으로 국가 통제로 말미암아 상실했던 상업적 이익을 기대하는 특정 집단—민간 상공업자들—을 대변하는 것일 수도 있다는 것이다. 왜냐하면 국가 전매의 대상인 소금, 철, 술과 같은 품목에서 대규모 상업에 종사할

舍之宜時世之變.
72) 『鹽鐵論』「本義」: 邊用度不足, 故興鹽鐵設酒, 較置均輸, 蕃貨長財, 以佐助邊費 …… 於原野縱然, 被堅執銳, 有北面復匈奴之志, 又欲罷鹽鐵均輸, 憂邊用, 損武畧, 無憂邊之心, 於其義未便也.
73) 『鹽鐵論』「相刺」: 所謂中直者, 遭時蒙率, 備數適然耳.

수 있는 계층은 지방 호족뿐이었기 때문이다.

더욱이 어사대부들의 입장을 상업적 이익 추구라는 '말업'으로 비난하고 농본주의를 강조한 현량과 문학의 논리는 윤리적 정당성에 한정되어 있는데, 지방 호족이야말로 족적(族的) 결합이나 가족윤리를 강조하는 유가적 교의에 가장 근접한 존재들이기도 했다(니시지마 사다오, 2004: 291-293). 그러므로 어사대부들의 현량과 문학 비판은 상당 부분 타당성을 지닌다. 왜냐하면 현량과 문학이 '태평성대의 근원'으로 제국 질서의 제도화를 넘어선 규범화를 의론하고 그 근거로 '옛 법인 육예'를 제기함으로써 훗날 지배의 영속성을 위한 기제 창출 과정에서 정치와 경학이 밀착하는 양상을 보여주었기 때문이다. 결국 염철회의는 한 제국에 접어들어 '의론'의 제도화를 보여주는 최초의 사건인 동시에 의론 과정에서 국가 발전 방향에 대한 총괄적인 논의가 이루어졌기에 '공(公)'의 영역과 내용을 독점적으로 결정하는 출발점이기도 했다. 여전히 '의론'을 위한 제도적 장치들은 최초의 기대와 달리 '민의'의 상달에 일정한 한계를 지녔던 셈이다.

5. 소결

제국의 출현은 기존 군주-신민 관계를 황제-신민 관계로 대체했다. 그것은 황제와 신민 양자의 성격에 대한 재정립에 기초했다. 즉 황제는 기존의 천자가 지닌 도덕적 고결성과 신성성, 그리고 왕이 지닌 세속적 우월성을 모두 포섭하고 극복한 지상의 천제로 격상된 정치 권위로 정립되었다. 반면 신민은 과거에는 천자와 왕에 귀속되었지만 언제든지 새로운 정치 권위의 대체자로서의 가능성을 안고 있었다. 그러나 황제의 출현과 함께 신민의 의미와 범위는 도덕적,

정치적 절대자에게 복속하는 단일 집단으로 축소되었다. 이로 인해 황제-신민의 관계는 이전 군신 관계와 다른 각도에서 접근해야 할 필요성이 있다.

만약 황제-신민 관계가 기존 정치 관념을 초월한 생경한 것이라면, 제국 질서는 어떻게 유지되었던 것일까? 만약 진·한 제국의 역사적 의의를 찾는다면, 어떤 점에서 이전 역사와 비교할 수 있을까? 이 점에서 진·한 제국은 독특하면서도 보편적이다. 즉 주의 종법 질서와 춘추전국의 패권 경쟁을 거쳐 진·한의 통일과 제국 질서로의 이행은 역사의 연속성을 보여주는 동시에, 제국이 이전 역사의 특징을 포괄하고 향후의 역할 모델로 기능했음을 알려준다. 제국은 이전 군신 관계에서 제시된 정치 권위의 정당성에 관한 원천을 그대로 계승하면서 동시에 제도화로의 발전을 추구했다. 그 결과 제국 질서가 유지될 수 있었으며, 황제-신민 관계의 규범성을 확보하는 데 성공할 수 있었다. 그럼에도 불구하고 규범의 제도화를 위한 일련의 발전 양상이 황제 권력의 강화와 궤를 같이한다는 점에서 여전히 쌍방향의 소통을 제한하는 한계성을 지닌다. 그것이 중국 정치의 전제성을 보여주는 외피이기도 하다.

중국적 질서의 정치 관념과 인식은 주례적 질서관으로부터 춘추전국의 대의관을 거쳐 진·한 제국의 제국관으로 전개되었다. 그것은 주례적 종법 질서와 춘추전국의 전쟁과 파괴로부터 진·한 제국의 통일과 질서로 이어지는 역사의 법칙성에 부응하면서 동시에 규범에서 일탈로, 다시 일탈에서 규범으로 순환되는 특징을 보여준다. 만약 정치적 의무라는 맥락에서 군신 관계를 접근할 수 있다면, 군주와 신민 모두 관계의 건강성을 유지하기 위한 제도적·규범적 안전장치를 필요로 한다. 실제로 주 왕조는 제도적 장치로 상정된 '간언'의 기능을 채택했고, 춘추전국시대는 군신 관계의 규범화로서

'간언'의 제기와 수용을 상정했으며, 진·한 제국은 그것을 '의론'으로 제도화했다. 결국 황제-신민의 새로운 군신 관계 역시 과거의 제도적, 규범적 기능인 '간언'을 수용한다는 점에서 역사의 산물이다. 오히려 '간언'을 황제 권력에 대한 견제 또는 민의의 상달이라는 현재의 민주적 가치로 재단할 경우, 군주-신민 관계를 유지하는 궁극적인 기제가 소통에 있었음을 그들이 잘 알고 있었다는 사실을 간과할 수 있다. 왜냐하면 제국 질서의 유지는 황제-신민 관계의 건강성이 얼마나 지속될 수 있느냐의 문제이며, 그 관건은 양자 간 소통의 방식이 어떻게 보장되었느냐의 문제일 뿐, 민의의 상달이 이루어졌느냐의 여부가 아니었기 때문이다.

질의와 응답

1. 진·한 제국이라고 말하는데, 왕조라는 말 대신 제국이라는 말을 쓰는 이유가 무엇인가? 그리고 이전의 역사에는 제국이 없었는가?

→ 중국 역사에서 진시황의 통일이 이루어지기 이전을 춘추전국(春秋戰國)시대라고 말한다. 좀 더 구체적으로는 춘추시대(B.C. 770~481)와 전국시대(B.C. 481~221)로 나뉘는데, 춘추시대에는 200여 개의 국(國)이 있었지만 전국시대에 들어오면 12개 정도로 줄어들어서 총 7개국이 남는다. 이때 각 국가에는 저마다 왕(王)이 있었지만 진시황이 통일하면서 자신을 왕 중의 왕인 황제(皇帝)로 차별화한다. 그리하여 황제가 다스리는 영역은 황제의 국, 즉 제국(帝國)이 되고 황제 아래에 왕이 놓이게 되었던 것이다. 그것은 과거에 왕 아래에 제후가 놓였던 것과 동일한 것이다. 예를 들어 중국 황제에 대해 조선 왕이 제후의 신분을 자처했던 것을 생각해보면 황제와 왕의 의미가 어

떻게 다른지 알 수 있다. 물론 황제 역시 왕일 뿐이다.

2. '의론'이라는 용어와 '의논'이라는 용어가 다른 것인가?
→ 동일한 용어다. 우리말로 '의논한다'는 표현 그대로다. 다만 여기에서는 의논한다는 관습적인 표현이 처음 등장했을 때를 강조하고, 당시에 '의'와 '론'을 따로 사용했다가 조합한 용어이기에 용어 각자의 표기를 그대로 사용한 것뿐이다. 또한 의론이라는 것은 단어이지 제도가 아니다. 의론하는 제도는 '집의'라는 명칭을 사용한다. 그렇기 때문에 의론한다는 용어의 등장은 이전에 의론하는 정해진 방식이 없었다는 의미이기도 하다.

3. 왜 진한시대 의론하는 제도의 성립이 중요한 것인가?
→ 이전에도 왕에게 간언(諫言)하는 일은 중요했지만, 제국에 들어와서 간언하는 일의 제도화와 황제와 신하 간의 직접적인 소통의 중요성이 더 커지게 되었다. 더구나 제국의 통치 영역이 이전 왕의 통치 영역보다 더 커졌기 때문에 통치력이 미치려면 행정조직과 제도적인 장치가 더 많아져야 했다. 지방의 반란까지 중앙의 황제가 일일이 진압할 수도 없지만, 폭력만으로 더 넓고 많아진 통치 영역을 감당할 수는 없었다. 따라서 황제의 권위를 강화하기 위한 제도적 안전장치가 필요했고, 그것을 자발적으로 끌어오기 위해서는 신하의 적극적인 참여를 유도해야 했다. 결국 정치라는 공적 영역에서 황제에게 언제든지 자신의 의사를 전달할 수 있는 제도적 장치에 대한 신민의 수요가 커지고, 황제 역시 이를 수용해야 자신의 의사를 밑으로 전달할 수 있다는 판단에 이르게 되었기에 의론하는 제도를 만들었던 것이다.

4. 염철회의라는 것이 정확히 무엇인가?

→ 염철(鹽鐵)은 소금과 철을 말하는 것이고, 염철회의란 소금과 철의 국가 전매 제도를 유지할 것인지 아니면 일반 상인들에게도 소금과 철의 구매와 판매를 허용할 것인지를 논의했던 사건이다. 오늘날로 보면 공기업을 민영화할 것인지, 국가 독점 사업 영역에 민간의 참여를 허용할 것인지를 결정하는 정부 회의라고 이해할 수 있다. 고대부터 국가에서 판매를 독점으로 하는 사업 중 가장 중요한 품목이 소금과 철이다. 소금과 철은 사람의 생존에 가장 필수적인 품목이자 국가의 가장 중요한 일인 전쟁에 필수적인 품목이었기 때문에 국가 간 전쟁의 원인이기도 했다. 춘추전국시대에도 이것을 가장 먼저 독점하여 부국강병에 성공했던 나라가 제(齊)나라인데, 당시 재상인 관중(管仲)의 이름을 빌려 쓴 『관자』라는 책을 보면 「경중갑(輕重甲)」편에 소금과 철의 이익을 전담하는 관청을 두었다는 기록이 있을 정도다. 그렇기 때문에 염철회의는 국가 주도의 부국강병 정책을 계속 유지할 것인지, 개인의 경제행위를 더 허용해서 시장경제의 자율성을 높여줄 것인지에 대한 정책 논의이기도 하다. 더 중요한 것은 염철회의 이후부터 국가정책을 둘러싼 대규모의 회의가 개최되어, 황제가 회의를 직접 주관하고 논의된 사항을 최종 결정하는 것이 제도화되었다. 따라서 염철회의는 공식적인 의론 제도가 가동되었던 출발점이다.

5. 회의라는 방식으로 황제와 신하들이 모여 의론하고 국가정책을 결정했다면 현대의 민주주의하고 비슷하다고 볼 수 있는가?

→ 고대 동아시아의 정치 문화를 황제 중심의 강력한 중앙집권적 국가로 보는 경향이 있다. 그리고 동아시아의 중국, 한국, 일본의 전통 정치 문화에서 현대 민주주의의 요소가 잘 나타나지 않는 것도 사

실이다. 반면 전통적인 가치의 대표인 유교 사상의 경우 민본(民本)을 강조하기에 현대 민주주의에 가까운 정치적 사유와 실천이 있었다고 보기도 한다. 엄격히 말하자면 둘 다 정확한 평가는 아니다. 항상 현재 우리 시각에서 과거를 재단할 때 발생하는 문제이지만, 황제 또는 왕이 다스리는 신분 차별적인 사회가 비민주적/반민주적이라고 폄하할 어떠한 근거도 없고, 반대로 그 시대에도 민주적인 사상과 행위가 있었다고 평가하는 것도 지나친 자기 해석이다. 현대를 사는 우리가 민주주의 가치를 최고선으로 받아들이듯이, 그들 시대에는 최고선으로 받아들인 삶의 양식이 있을 것이다. 불변하는 것은 인간의 존엄성일 것이다. 다만 회의라는 방식까지 발전했음에도 불구하고 여전히 인간의 삶을 결정하는 문제는 황제와 신하들이라는 소수의 특권적 참여자들에게 한정되었고, 그나마 이들 간에 소통이 이루어질 경우에는 극단적인 정책을 견제할 수 있었다는 장점이 나타난다는 사실에 주목해야 할 것이다. 즉 현대 민주주의처럼 여론을 수렴하고 국민의 대표자가 정책을 결정하는 제도가 아니라 황제와 신하 소수가 정책을 결정해서 백성의 삶을 결정하는 방식이라는 점에서 순수한 의미의 민의(民意) 반영이나 상달(上達)은 없었고, 오로지 하달(下達)만 있었을 뿐이다.

참고 문헌

『論語』, 『獨斷』, 『孟子』, 『孟子傳』, 『明文衡』, 『文心雕龍』, 『白虎通義』, 『史記』, 『商君書』, 『尙書』, 『鹽鐵論』, 『日知錄』, 『前漢書』, 『周禮』, 『韓非子』.
『논어』(김형찬 옮김, 2005, 서울: 홍익출판사).
『맹자』(박경환 옮김, 1999, 서울: 홍익출판사).

『백호통의』(신정근 역주, 2005, 서울: 소명출판사).

『사기본기』(정범진 외 옮김, 1994, 서울: 까치).

『사기세가』 上, 下(정범진 외 옮김, 1994, 서울: 까치).

『사기열전』 上, 下(정범진 외 옮김, 1995, 서울: 까치).

『상군서』(김영식 옮김, 2000, 서울: 홍익출판사).

『상군서』(우재호 옮김, 2005, 서울: 소명출판).

『신완역 서경』(김학주 역저, 2002, 서울: 명문당).

『염철론』(김한규·이철호 옮김, 2002, 서울: 소명출판사).

『주례』(지재희·이준영 해역, 2002, 서울: 자유문고).

『한비자』 I, II(이운구 옮김, 2002, 파주: 한길사).

김영수, 2005, 「조선 공론 정치의 이상과 현실(I)」, 『한국정치학회보』 39(5): 7-27.

김정계, 2007, 「고대 중국 중앙의 지방에 대한 통제 전통: 일원화 전략을 중심으로」, 『지방정부연구』 11(2): 197-214.

김한규, 1982, 「한 대 중국적 세계 질서의 이론적 기초에 대한 일 시론」, 『동아연구』 1: 81-120.

니시지마 사다오(西嶋定生), 2004, 『중국의 역사: 진·한편』, 최덕경·임대희 옮김, 서울: 혜안.

박건주, 2001, 「중국 고대의 유생과 언관」, 『중국사연구』 12: 1-43.

방향숙, 2001, 「한 대 정책입안과 초제관의 변화」, 『중국사연구』 14: 1-32.

시마다 마사오(島田正郎), 2004, 『아시아법사』, 임대희·박원길·우덕찬·이광수 옮김, 서울: 서경출판사.

와타나베 신이치로(渡邊信一郎), 2002, 『천공의 옥좌』, 문정희·임대희 옮김, 서울: 신서원.

윤대식, 2008, 『동아시아의 정치적 의무관에 대한 모색』, 파주: 한국학술정보.

이성구, 2001, 「왕이란 무엇인가: 중국의 황제」, 『역사비평』 54: 302-319.

이성구, 2002, 「한 무제 시기의 황제 의례」, 『동양사학연구』 80: 1-31.

이성규, 2004, 「중국 고대 제국의 통합성 제고와 그 기제」, 『중국고대사연구』 11: 1-71.

이재룡, 2000, 「전기 순수 법가의 국가관」, 『법철학연구』 3(2): 217-236.

임지환, 1992, 「상홍양의 염철 전매에 대하여」, 『인문논총』, 전북대학교 인문학연구소, 259-271.

정하현, 1989, 「황제 지배 체제의 성립과 전개」, 서울대학교동양사학연구실 편, 『강좌중국사 I』, 서울: 지식산업사, 205-249.

조준구, 1999a, 「『鹽鐵論』에 나타난 현량과 문학」, 『명지사론』 10: 94-108.

조준구, 1999b, 「현량과 문학」, 『역사와 실학』 15: 652-673.

최진홍, 2009, 「栗谷의 經世論: 法과 疏通을 중심으로」, 서울대학교 박사 학위논문.

Hsu Cho-yun. 1965, *Ancient China in Transition: An Analysis of Social Mobility, 722-222 B.C.*, Stanford: Stanford University Press.

3장 송 대 주자학에 있어서 민심과 공론

이상익

1. 전통 유교와 민주주의

선진 유학(先秦儒學)과 마찬가지로 주자학(朱子學) 역시 '군주정' 시대를 배경으로 형성되었다. 많은 사람은 군주정과 민주정을 상반되는 것으로 인식하거니와, 그리하여 주자학 역시 민주주의와 모순되는 것으로 인식한다. 그러나 이러한 통념은 여러 측면에서 재고를 요한다.[1]

---

[1] 크릴(H. G. Creel)은 1949년에 발간된 그의 저서 *Confucius: The Man and the Myth*(『孔子: 인간과 신화』, 이성규 옮김, 2007, 서울: 지식산업사)에서 '공자의 사상'을 일관되게 '민주주의'로 해석하였다. 메리앰(C. E. Merriam)은 '민주주의의 기본 가정'을 "① 인간의 기본적 존엄성, 차별보다는 우애 원칙에 근거한 개성의 보호 및 함양의 중요성, 근거도 없이 또는 과도하게 인간 차별을 강조하는 데서 비롯된 특권의 폐지. ② 인류의 완벽성을 부단히 지향하는 것에 대한 확신. ③ 국가의 수익은 본래 집단적인 수익이므로 크게 지연되거나 지나친 차별 없이 가능한 한 신속하게 전 사회에 분배되어야 한다는 가정. ④ 사회의 방향과 정책의 기본적인 문제에 관해 최후 결정을 대중이 내리는 것이 바람직하다는 생각, 그리고 그런

민주주의국가에서 사는 우리는 나라의 주인은 국민이며, 통치자나 행정 관료는 국민의 공복(公僕)이라고 말한다. 그런데 실제로는 종인 통치자가 주인인 국민을 지배하거니와, 국민은 피치자에 머무는 것이다. 이러한 사태는 일견 모순되어 보이며, 이러한 사태를 제대로 이해하려면 주권(主權)과 통치권(統治權)을 분명히 구분해야 할 것이다.[2] 요컨대 민주국가에서 주권자는 국민이지만, 통치권자는 통치자인 것이다. 그런데 이러한 원칙은 전통 유교에 있어서도 마찬가지였다. 유교에 있어서 군(君)·신(臣)·민(民)의 위상을 개관하자면, 군주와 신료는 통치권자요, 백성은 주권자인 것이다. 유교에 있어서의 정치란 주권자의 뜻을 통치권자가 대행하는 것이요, 통치권의 행사에 있어서는 군주와 신료의 협력과 견제가 필요하다는 것이다. 이러한 내용은 유교의 기본 입장으로서, 이는 주자학에 있어서도 마찬가지이다.

한편 주자학에서는 두 맥락에서 '군·신·민의 소통'을 논의해왔다. 하나는 '감응(感應)'인바, 이는 정의(情意)가 소통되는 것을 말한다. 유학에서는 피차간에 정의가 소통되면 감응이 이루어지고, 감응

결정을 표현하기 위한 절차를 인정하고 그 결정이 정책으로 반영되는 것이 바람직하다는 생각. ⑤ 폭력적인 방법을 쓰지 않고 합의 과정을 거쳐 의식적인 사회 변화를 성취할 수 있다는 신념"이라고 설명한 바 있는데, 크릴은 이 다섯 항목 가운데 ④를 제외한 네 항목은 기본적으로 공자의 사상과 일치하는 것이라고 설명하였다. 또 크릴은 ④가 실제로 가장 중요한 것 같지만, "기원전 500년 경 공자가 중국의 정치를 농민 계급에게 넘길 것을 제안하지 않았다는 것은 조금도 이상한 일이 아니다."라고 설명하였다(204-205쪽). 크릴은 더 나아가 유교가 '미국의 독립선언'이나 '프랑스혁명' 등 근대 서구 민주주의의 발달에도 일정하게 기여했다는 점을 자세히 논한 바 있다. 이렇게 본다면, 전통 유교를 '반민주적(反民主的)'이라고 규정하는 많은 사람의 통념은 여러모로 재고할 필요가 있는 것이다.
2) 주권과 통치권의 구분에 대해서는 권영성(1998: 115) 참조.

이 이루어지면 만사가 형통하게 된다고 본다.[3] 다른 하나는 '공론(公論)'인바, 이는 구성원들 간의 의사(意思)가 소통되는 것을 말한다. 주자학에서의 공론이란 공적인 논의를 통하여 공정한 결론을 도출한다는 것으로서, 이는 선진 유학의 천명론(天命論)과 민심론(民心論)을 지양시킨 것이다. 주자학에서는 공적인 논의를 통해 국시(國是, 국가가 추구하는 공동선(共同善))를 정립하고 그것을 구현할 수 있는 최선의 방안을 찾을 수 있다고 보는 것이다.

위와 같은 맥락에서, 이 글에서는 먼저 '주권론과 통치권론'을 중심으로 주자학에 있어서 '군·신·민의 위상' 문제를 논한 다음, '감응론과 공론론'을 중심으로 주자학에 있어서 '군·신·민의 소통' 문제를 논하고자 한다. 이 글의 결론부에서는 주자학의 입장을 오늘날 자유민주주의의 입장과 간략히 비교해보고, 그 의의와 한계를 지적해보고자 한다.

2. 주자학에 있어서 군·신·민의 위상

우선 주자학에 있어서 '주권의 소재 문제'를 살펴보기로 하자. 유교의 주권론은 천명사상(天命思想)에서 출발한다. 주권자인 하늘이 가장 훌륭한 사람[聖人]을 왕으로 지명하여 통치권을 부여하고, 백성을 돌보고 가르치라고 명령했다는 것이다. 그런데 천명의 구체적인 내용을 인식하기 위한 과정에서, 천명론은 민심론으로 전환하게 되었다.[4] '민심은 곧 천심'이라는 말이 그것이다. '민심이 곧 천심'이라

---

3) 이는 '음양론적(陰陽論的) 세계관(世界觀)'의 기본 전제로서, 이러한 생각은 『주역(周易)』의 태괘(泰卦)에 의해 대표된다. 즉 태괘는 '하늘과 땅이 교감함으로써 만사가 크게 형통하게 됨'을 상징한다.

는 말은 정치적 주권은 바로 민에 있다는 것을 함축하거니와,[5] 이는 맹자의 다음과 같은 말에서 잘 드러난다.

> 걸(桀)·주(紂)가 천하를 잃은 것은 그 백성을 잃었기 때문이요, 백성을 잃은 것은 백성의 마음을 잃었기 때문이다. 천하를 얻는 데는 방법이 있으니, 그 백성을 얻으면 천하를 얻을 것이다. 백성을 얻는 데는 방법이 있으니, 백성의 마음을 얻으면 백성을 얻을 것이다. 백성의 마음을 얻는 데는 방법이 있으니, 백성이 원하는 것을 베풀어주어 모이게 하고, 백성이 싫어하는 것을 베풀지 말아야 한다. 백성이 '어진 왕에게 돌아가는 것'은 물이 아래로 흐르는 것과 같으며, 짐승들이 들판으로 달려가는 것과 같다.[6]

위의 인용문에 의하면, 통치권자의 본분은 백성이 원하는 것을 실현하는 것이다. '백성이 원하는 것을 실현하는 것'을 유교에서는 '위민(爲民)'이라고도 하고 '민본(民本)'이라고도 하였다. 군주는 '백성을 위하는 통치' 또는 '백성을 본위로 삼는 통치'를 해야 한다는 것이다. 이러한 맥락에서 예컨대 제 선왕(齊宣王)이 연(燕)나라를 정벌하고서 연나라를 차지할 것인지 말 것인지를 묻자, 맹자는 다음과 같이 말한다.

---

4) 이에 대한 자세한 논의는 이상익(2004: 제7장) 참조.
5) 이러한 맥락에서, 벤자민 슈월츠 역시 중국 고대의 천명사상은 '매우 인상적인 민주주의적 함의'를 지니고 있다고 설명한 바 있다(슈월츠, 1996: 84-85 참조).
6) 『孟子』「離婁上」: 孟子曰 桀紂之失天下也 失其民也 失其民者 失其心也 得天下有道 得其民 斯得天下矣 得其民有道 得其心 斯得民矣 得其心有道 所欲 與之聚之 所惡 勿施爾也 民之歸仁也 猶水之就下 獸之走壙也.

취해서 연나라 백성이 기뻐한다면 취하십시오. 옛 사람 중에 그렇게 한 사람이 있으니, 무왕(武王)이 그랬습니다. 취해서 연나라 백성이 기뻐하지 않는다면 취하지 마십시오. 옛 사람 중에 그렇게 한 사람이 있으니, 문왕(文王)이 그랬습니다.[7]

요컨대 맹자는 제 선왕에게 '연나라에 대한 정책은 연나라 백성의 동의 여부에 따라 결정하라.'고 권한 것이다. 위의 '무왕과 문왕의 일'에 대해 주자의 집주(集註)에서는 다음과 같이 풀이하였다.

장자(張子[張載])는 "이 일은 그 사이에 털끝 하나도 용납할 수 없다. 하루 동안이라도 천명이 끊기지 않으면 이는 군신 관계가 되는 것이요, 그날로 천명이 끊기면 독부(獨夫)가 되는 것이다. 그런데 '천명이 끊겼는지, 끊기지 않았는지'는 어떻게 아는가? '사람들의 마음'일 뿐이다. 제후들이 [주왕(紂王)을 정벌하기를] 기약하지 않았는데도 모인 자가 800이나 되었으니, 무왕이 어찌 정벌을 그만둘 수 있었겠는가?"라고 하였다. …… 조씨(趙氏[趙岐])는 "정벌의 도(道)는 마땅히 민심에 순응해야 하니, 민심이 기뻐하면 하늘의 뜻을 얻은 것이다."라고 하였다.[8]

요컨대 주왕에게 천명이 지속되고 있었다면, 주왕과 무왕은 군신 간이 되니, 무왕의 정벌은 반역이 되는 것이지만, 주왕에게 천명이

---

7) 『孟子』「梁惠王下」: 孟子曰 取之而燕民悅 則取之 古之人 有行之者 武王是也 取之而燕民不悅 則勿取 古之人 有行之者 文王是也.
8) 『孟子』「梁惠王下」10, 朱子註: 張子曰 此事間不容髮 一日之間 天命未絶 則是君臣 當日命絶 則爲獨夫 然命之絶否 何以知之 人情而已 諸侯不期而會者八百 武王安得而止之哉 …… 趙氏曰 征伐之道 當順民心 民心悅 則天意得矣.

단절되었다면 주왕은 정당성이 없는 외로운 사내에 불과하니, 무왕의 정벌은 '정당한 혁명'이 된다는 것이다. 그런데 '천명의 지속 여부'는 바로 '민심'을 통해서 확인할 수 있다는 것이다. 이처럼 전통 유교에서는 천명론과 민심론이 유기적으로 연결되고 있거니와, '천(天)이 주권자'라는 생각은 실질적으로 '민(民)이 주권자'라는 생각으로 전개되었다.

위에서 소개한 맹자의 두 예문에는 주권자는 백성이라는 인식이 충분히 함축되어 있거니와, 맹자는 마침내 다음과 같이 말한다.

> 백성이 가장 귀중하며, 사직(社稷)이 그다음이고, 군주는 가볍다. 그러므로 구민(丘民)에게 신임을 얻으면 천자(天子)가 되고, 천자에게 신임을 얻으면 제후가 되며, 제후에게 신임을 얻으면 대부가 된다. 제후가 사직을 위태롭게 하면 제후를 바꾼다. 이미 희생(犧牲)을 갖추고 곡식을 깨끗이 하여 때에 맞게 제사를 지냈는데도 가뭄이 들거나 홍수가 나면 사직을 바꾼다.[9]

맹자는 백성이 가장 귀중하고, 군주는 오히려 가벼운 존재라고 규정하였다. 또한 민심의 지지를 얻어야만 군주가 될 수 있다고 하였으니, 이는 바로 주권자는 군주가 아니라 백성이라는 주장일 것이다. 나아가 맹자는 민생을 위해서는 사직도 다시 세울 수 있다고 하였다. 요즈음 말로 하자면 민생을 위해서는 국가의 통치 체제도 바꿀 수 있다는 뜻일 것이다.[10] 이와 같은 맹자의 주장에 따르면 군주

---

9) 『孟子』「盡心下」: 孟子曰 民爲貴 社稷次之 君爲輕 是故 得乎丘民而爲天子 得乎天子爲諸侯 得乎諸侯爲大夫 諸侯危社稷 則變置 犧牲旣成 粢盛旣潔 祭祀以時 然而旱乾水溢 則變置社稷.
10) '사직(社稷)'이란 토신(土神)과 곡신(穀神)을 제사하는 곳으로서, 국가와 백성의

는 통치권자에 불과한 것이다. 위의 인용문에 대해 주자는 다음과 같이 풀이하였다.

> 대개 국가는 민을 근본으로 삼으며, 사직 또한 민을 위해서 세운 것이다. 군주의 존귀함 또한 국가와 사직의 존망에 달려 있는 것이니, 그 경중이 이와 같은 것이다. '구민(丘民)'은 전야(田野)의 백성으로서 지극히 미천한 사람들이다. 그러나 그들의 마음을 얻으면 천하가 돌아온다. 천자는 지극히 존귀하나 그의 마음을 얻은 자는 제후가 되는 데 지나지 않는다. 제후가 무도(無道)하여 장차 사직을 위태롭게 하면 당연히 다시 현군(賢君)을 세우거니와, 이는 군주가 사직보다 가벼운 것이다. 제사를 지냄에 예(禮)를 잃지 않았는데도 토지와 곡식의 신(神)이 백성을 위해 재앙과 환난을 막아주지 않는다면 그 사직단(社稷壇)을 허물고 다시 설치하는 것이니, …… 이것은 사직이 비록 군주보다 중요하나 백성보다는 가벼운 것이다.[11]

주자는 맹자와 같은 맥락에서 '민귀군경론(民貴君輕論)'을 재확인한 것이다. 맹자의 민귀군경론에 대해 주자의 제자 보한경은 "하늘은 백성을 위해 군주를 세운 것인데, 전국시대(戰國時代)에 이르러서

안녕을 빌던 곳이었다. 모든 정성을 다해 사직에 제사를 올렸는데도 천재지변이 생긴다면, 그 사직의 효험이 없는 것이니, 다른 곳으로 옮겨 세워야 한다는 것이다. 사직은 '국가(國家)'와 같은 의미로도 쓰였다.
11) 『孟子集註』「盡心下」14, 朱子註: 蓋國以民爲本 社稷亦爲民而立 而君之尊 又係於二者之存亡 故其輕重如此 丘民 田野之民 至微賤也 然得其心 則天下歸之 天子 至尊貴也 而得其心者 不過爲諸侯耳 是民爲重也 諸侯無道 將社稷爲人所滅 則當更立賢君 是君輕於社稷 祭祀不失禮 而土穀之神 不能爲民禦災捍患 則毀其壇壝而更置之 …… 是社稷雖重於君 而輕於民也.

는 세도(世道)가 쇠미해져 군주들이 그 직분을 알지 못하고 백성을 초개(草芥)같이 여기면서 구휼할 줄 알지 못하였다. 그러므로 맹자가 이러한 경중론(輕重論)을 전개한 것이다."[12]라고 하여, 그 시대적 의미를 부여하였다.

맹자의 민귀군경론에 대해서는 그것이 찬탈의 빌미가 될 수 있다는 점에서 종종 이의를 제기하는 사람들이 있었다. 이에 대해 주자는 다음과 같이 설명한다.

> 이치로 말하면 백성이 귀하고, 직분으로 말하면 군주가 귀하다. 이 두 가지는 진실로 양립하는 것으로, 서로 어긋나는 것이 아니다. 각각 상황에 따라 그 경중의 소재를 살펴야 하는 것뿐이다.[13]

주자는 '이치'와 '직분'에 따라 군주와 백성의 경중이 각각 달리 설명되는 것이라 하였다. '이치로 말한다.'는 것은 군주를 세운 까닭을 말하는 것으로서, 군주는 백성을 위해 존재하는 것이므로 백성이 귀중하다는 것이다. 주자의 이러한 설명은 주권은 어디까지나 백성에게 있다는 뜻일 것이다.[14] '직분으로 말한다.'는 것은 '백성과 군주가

---

12) 『孟子集註大全』 「盡心下」 14, 慶源輔氏小註: 天生民而立之君 以司牧之 是君爲民而立也 世衰道微 至戰國時 爲君者 不知其職 視民如草芥 而不知恤也 故孟子發此輕重之論 而幷及夫社稷焉 蓋社稷亦爲民立故也.
13) 『孟子集註大全』 「盡心下」 14, 朱子小註: 問 民貴君輕之說得 不啓後世簒奪之端乎 朱子曰 以理言之則民貴 以分言之則君貴 此固兼行而不悖也 各於其時 視其輕重之所在而已爾.
14) 만약에 국가의 주인이 군주로서 국가가 군주의 사유물과 같다고 한다면, 군주는 국가를 다른 사람에게 줄 수도 있을 것이다. 그런데 맹자는 "천자(天子)는 천하(天下)를 다른 사람에게 줄 수 없다."고 하였다. 이에 대해 주자는 "천하는 천하의 천하요, 한 사람의 사유물이 아니기 때문이다."라고 주석한 바 있다. 이를 요즘 말로 해석하자면, "국가는 국민의 국가요, 통치자의 사유물이 아니다."라는 뜻일 것이다. 여기에서도 드러나듯이 주자는 분명 '국가의 주권은 국민에게 있

각각 맡은 역할로 말한다.'는 것으로서, 통치자의 역할에 따라 백성의 안위가 결정되는 것이므로 군주의 직분이 훨씬 귀중하다는 것이다. 요컨대 주자에 의하면, 주권의 맥락에서 보면 백성이 귀중하고, 통치권의 맥락에서 보면 군주가 중요한 것으로서, 맥락을 달리하는 이 두 주장은 결코 모순이 아니라는 것이다.[15]

이제 주자학에 있어서 통치권에 대한 인식을 살펴보기로 하자. 주자는 「대학장구서(大學章句序)」에서 다음과 같이 말한 바 있다.

> 대개 하늘이 백성을 내시면서 이미 인의예지(仁義禮智)의 본성을 부여하셨지만, 그러나 사람마다 타고난 기질이 간혹 가지런할 수 없었다. 그러므로 모두가 인의예지의 본성을 지니고 있음을 알아서 온전히 실현할 수는 없었다. 그리하여 백성 가운데 총명예지(聰明睿智)하여 능히 자신의 본성을 온전히 실현할 수 있는 사람이 있으면, 하늘은 반드시 그에게 명하여 수많은 백성의 군사(君師)가 되어 백성을 다스리고 교육함으로써 백성이 자신의 본성을 회복하게 하였다. 이것이 복희·신농·황제·요·순 등이 하늘을 계승하여 인도(人道)의 표준을 세운 까닭이요, 사도(司徒)와 전악(典樂)의 관직을 설치하게 된 까닭이다.[16]

다.'고 보았던 것이다.
15) 많은 사람은 민주주의(인민주권)와 군주정은 양립할 수 없다고 생각한다. 그러나 밀턴(John Milton)은 "인민주권은 군주정과 완벽하게 양립 가능하다. 세습적 군주정이라 할지라도 인민이 왕족에게 정부 권력을 위임할 수 있고 또 지배 권력을 박탈할 수 있다면 인민주권은 실현된다."고 설명한 바 있다(스트라우스·크랍시, 2007: 231). 유교에서도 군주는 민(民)의 추대(推戴)에 의해 옹립(擁立)되고 민의 저항에 의해 방벌(放伐)된다고 설명하였음은 주지하는 바일 것이다. 요컨대 전통 유교의 '추대론(推戴論)'은 오늘날의 선거론(選擧論)만큼 완전한 구상이라고는 할 수 없지만, 선거론과 취지를 같이한다는 점은 분명할 것이다.
16) 「大學章句序」: 蓋自天降生民 則旣莫不與之以仁義禮智之性矣 然其氣質之稟 或

위의 인용문은 주자학에 있어서 군·신·민의 위상과 역할을 간명하게 보여주고 있다. 주자는 우선 통치의 필요성을 인간의 불완전성에서 찾았다. 인간은 본래 선한 본성을 지니고 태어났으나, 사람마다 기질의 맑고 흐림이 달라서, 모든 사람이 자신의 본성을 완전히 실현하지는 못한다는 것이다. '인의예지의 본성을 완전히 실현하지 못한다.'는 것은 '현실에 갈등과 혼란이 존재하게 된다.'는 의미이다. 이는 이른바 '자연 상태의 혼란'과 같은 맥락으로서 하늘은 이 문제를 해결하기 위해서 가장 총명한 사람을 골라 군사(君師)로 임명하였다는 것이다. 군사(통치자)의 임무는 백성을 다스리고 교육함으로써 백성이 자신의 본성을 회복하도록 만드는 것인바, 이는 갈등과 혼란을 극복하고 모두가 사람답게 사는 것을 뜻한다.

주자는 '군주'를 '천명(天命)의 대행자(代行者)'로 규정했다. 이는 전통적인 천명사상에 입각한 것이다. 전통적 천명사상은, 주권론의 맥락에서는 '주권재천(主權在天[主權在民])'을 밝히는 역할을 하지만, 통치권론의 맥락에서는 군주의 통치권을 옹호하면서 동시에 군주의 자의적 통치를 막는 역할을 하였다. 이는 유교의 기본 논리로서, 주자의 경우도 마찬가지인 것이다. 주자는 통치자의 기본적인 임무를 '치(治)와 교(敎)'[17]로 규정하였거니와, 그리하여 통치자를 '군사(君師)'라고도 표현한 것이다. 군사의 가장 중요한 임무는 '하늘을 계승하여 인도의 표준을 세우는 것[繼天立極]'이다. 이는 사람다운 도리를 밝히고 그 모범을 보인다는 것으로서, 전통적인 덕치의 이념을

不能齊 是以 不能皆有以知其性之所有而全之也 一有聰明睿智能盡其性者 出於其間 則天必命之 以爲億兆之君師 使之治而敎之 以復其性 此伏羲神農黃帝堯舜所以繼天立極 而司徒之職 典樂之官 所由設也.

17) '치와 교'는 '양민(養民)과 교민(敎民)'으로 설명되기도 한다. 양민은 '백성의 생업을 보장하는 것'이며, 교민은 '백성으로 하여금 사람답게 살도록 교육하는 것'이다.

다시 천명한 것이다.

　군주는 백성을 다스리는 일을 혼자의 힘만으로 할 수는 없다. 이른바 '군주의 보조자'로서 '신(臣)'이 필요한 것이다. 위의 인용문에 보이는 '사도'와 '전악'이 그들이다.[18] 주자는 군주에게 보조자가 필요한 이유를 다음과 같이 설명한다.

> 무릇 천하의 통치는 진실로 반드시 한 사람으로부터 나와야 하지만, 천하의 일은 한 사람이 홀로 책임질 수 없는 것입니다. 그러므로 군주는 정무에 임하든 깊은 곳에서 쉬든 항상 마음을 바로잡고 뜻을 참되게 한 다음, 반드시 천하의 돈후성실(敦厚誠實)하며 강명공정(剛明公正)한 현인(賢人)을 찾아 보상(輔相)으로 삼아야 합니다. 그로 하여금 사대부 가운데 총명하여 사리에 통달하고 곧아서 감히 간언을 말할 수 있으며 충신(忠信)과 염절(廉節)이 일을 하고 본분을 지키기에 충분한 사람을 널리 뽑아, 각자의 그릇과 능력에 따라 여러 직위에 배치하도록 합니다. 그리하여 그들로 하여금 함께 여러 직위를 담당하게 함으로써 위로는 군덕(君德)을 보좌하고 아래로는 방본(邦本)을 튼튼히 하도록 하며, 좌우의 천한 시종(侍從)이나 사령(使令)이 그 틈을 엿보지 못하도록 해야 합니다. 공이 있으면 그 임무를 오래 맡기고, 능

---

18) '사도(司徒)'는 교육을 담당하는 신하였고, '전악(典樂)'은 음악을 담당하는 신하였다. 순(舜)은 설(契)에게 사도의 관직을 내리면서 '공경하여 오륜(五倫)을 베풀라.'고 당부한 바 있다. 교육에서는 인륜(人倫)을 가르치는 것이 가장 중요했던 것이다. 기(夔)에게는 전악의 관직을 내리면서 시가(詩歌)를 함께 언급하고, "여덟 가지 음(音)이 서로 절도를 어기지 않아야 신(神)과 인간이 화목할 것"이라고 당부한 바 있다. 즉 여기서 말하는 음악은 교훈적인 가사(歌詞)를 포함하는 것으로서, 사람들로 하여금 음악을 통하여 화목한 덕성을 기르게 했던 것이다(『書經』 「虞書」 '舜典' 참조).

력이 모자라면 다시 현자를 찾아 바꾸어야 합니다. 대개 그 사람은 물리칠 수 있으나 그 직위는 구차하게 채워서는 안 되며, 그 사람은 버릴 수 있으나 그 임무는 가볍게 빼앗을 수 없는 것입니다. 이것은 천리(天理)의 당연한 바로서, 바꿀 수 없는 것입니다. 군주는 이러한 이치를 살펴서, 조금이라도 그 사이에 사의(私意)를 개입시켜서는 안 되는 것입니다. 그러면 마음이 크고 엄격하게 공정해져서, 태연(泰然)히 '무위(無爲)의 정치'를 행할 수 있으며, 앉아서 백관(百官)과 중직(衆職)의 성공을 거두어들일 수 있는 것입니다. 하나라도 혹시 이와 반대되면, 인욕과 사의에 병들게 되어, 편당(偏黨)들은 흑심을 품고 어리석은 자들은 시기와 혐의를 일삼아, 날마다 마음을 어지럽히게 되며, 간사한 무리들이 참소하고 번쇄한 일들로 현기증이 나는 것 또한 이루 말할 수 없으니, 이것 또한 필연적인 이치입니다.[19]

위의 인용문은 이른바 '군신공치(君臣共治)'의 당위성을 설명하는 것으로서 그 요점은 세 가지로 정리된다. 첫째, 군주는 나라를 다스리는 일을 혼자 감당할 수 없으며, 그러므로 신하들의 도움이 필요하다는 것이다. 이러한 맥락에서는 신하의 역할이 군주를 보좌하는

---

[19] 『朱子大全』 卷13 頁9-10, 「延和奏箚二」: 夫天下之治 固必出於一人 而天下之事 則有非一人所能獨任者 是以 人君 旣正其心誠其意於堂陛之上突奧之中 而必深求天下敦厚誠實剛明公正之賢 以爲輔相 使之博選士大夫之聰明達理 直諒敢言 忠信廉節 足以有爲有守者 隨其器能 寘之列位 使之交修衆職 以上輔君德 下固邦本 而左右私褻使令之賤 無得以奸其間者 有功則久其任 不稱則更求賢者而易之 蓋其人可退而其位不可以苟充 其人可廢而其任不可以輕奪 此天理之當然而不可易者也 人君察於此理而不敢以一毫私意鑿於其間 則其心廓然大公 儼然至正 泰然行其所無事 而坐收百官衆職之成功 一或反是 則爲人欲私意之病 其偏黨反側 黮闇猜嫌 固日擾擾乎方寸之間 而姦僞讒慝叢脞眩督 又將有不可勝言者 此亦理之必然也.

것으로 규정된다. 둘째, 군주와 그 주변 사람들의 사심(私心)을 막아야 한다는 것이다. 이러한 맥락에서는 신하의 역할이 군주를 견제하는 것으로 규정된다. 셋째는 '무위(無爲)의 정치'가 바람직하다는 것이다. '무위의 정치'란 군주가 공정한 마음으로 솔선수범하여 신민들을 감화시키는 것이기도 하고, 또 여러 신하에게 권한과 책임을 위임하는 것이기도 하다. 주자는 이러한 내용들을 '천리의 당연한 바로서 바꿀 수 없는 것'이라 하였다.

이렇게 볼 때 주자의 군신공치론은 이른바 '권력분립론'과 맥락을 같이하는 것이다. 주자는 통치권을 '군주권(君主權)·재상권(宰相權)·간관권(諫官權)'으로 나누어 운용하는 것을 바람직하게 여겼다. 주자는 다음과 같이 말한다.

> 신(臣)은 듣자오니, 군주는 재상을 논정하는 것으로 직분을 삼고, 재상은 군주를 바르게 하는 것으로 직분을 삼는다고 합니다. 두 사람이 각각 그 직분을 다한 다음에야 체통이 바르게 되고 조정이 존엄해지며, 천하의 정사가 반드시 한 곳에서 나와 '문로(門路)가 많은 폐단'이 없어지는 것입니다. 진실로 재상을 논정하는 책임을 맡은 사람이 '자기에게 알맞은 사람'을 구하고 '자기를 바로잡을 사람'을 구하지 않으며, '사랑할 만한 사람'을 고르고 '두려워할 만한 사람'을 고르지 않는다면, 이것은 군주가 그 직분을 잃는 것입니다. 군주를 바로잡을 책임을 맡은 사람이 '옳은 것을 올리고 그른 것을 바꾸는 것'으로 일을 삼지 않고 '부화(附和)하여 군주의 뜻을 받드는 것'을 능사로 삼으며, '세상을 경륜하고 만물을 주재하는 것'으로 마음을 삼지 않고 '자신을 용납하여 총애를 굳게 하는 것'으로 방책을 삼는다면, 이것은 재상이 그 직분을 잃는 것입니다. …… 능히 '자기를 바

르게 하고 두려워할 만한 사람'을 골라 재상으로 삼는다면, 반드시 자중하는 선비를 얻을 수 있어서 나[군주]의 신임 또한 무겁게 될 것입니다. 나의 신임이 이미 무겁다면 그[재상]도 '옳은 것을 올리고 그른 것을 바꾸고자 하는 뜻'을 다할 것이요, '세상을 경륜하고 만물을 주재하고자 하는 마음'을 실천할 것입니다. 또한 천하의 곧고 믿음직스러우며 감히 말할 수 있는 선비를 공정하게 뽑아 대간(臺諫)이나 급사(給舍)로 삼고 그 의론에 참여하게 하십시오. 그리하여 폐하의 복심(腹心)과 이목(耳目)이 의지하는 바가 항상 어진 사대부에게 있게 하고 여러 소인에게 있지 않도록 하며, 착한 사람을 추천하고 악한 사람을 처벌하는 권한이 항상 낭묘(廊廟)에 있게 하고 사문(私門)에서 나오지 않게 하십시오. 이렇게 하고서도 군주의 권위가 서지 않고, 국세가 강해지지 않으며, 기강이 서지 않고, 형정(刑政)이 맑아지지 않으며, 민력이 넉넉해지지 않고, 군정(軍政)이 닦이지 않는다는 것을 신은 믿지 않습니다.[20]

주자는 우선 군주권에 대하여 "군주는 재상을 논정하는 것으로 직책을 삼는다."고 하였다. 군주권의 핵심은 재상을 논정하는 것이요, 재상을 임명하였으면 그 밖의 통치의 실무를 재상에게 위임해야 한

---

20) 『朱子大全』卷12 頁9,「己酉擬上封事」: 臣聞 人主以論相爲職 宰相以正君爲職 二者各得其職 然後體統正而朝廷尊 天下之政 必出於一 而無多門之弊 苟當論相者 求其適己而不求其正己 取其可愛而不取其可畏 則人主失其職矣 當正君者 不以獻可替否爲事 而以趨和承意爲能 不以經世宰物爲心 而以容身固寵爲術 則宰相失其職矣 …… 選之以其能正己而可畏 則必有以得自重之士 而吾所以任之不得不重 任之旣重 則彼得以盡其獻可替否之志 而行其經世宰物之心 而又公選天下直諒敢言之士 使爲臺諫給舍 以參其議論 使吾腹心耳目之寄 常在於賢士大夫 而不在於群小 陟罰臧否之柄 常在於廊廟 而不出於私門 如此而主威不立 國勢不彊 綱維不擧 刑政不淸 民力不裕 軍政不修者 臣不信也.

다는 것이다. 이것이 이른바 '재상 정치론'이다. 군주는 재상을 임명하고, 재상은 통치의 실무를 총괄하며, 간관은 군주와 재상을 견제하는 것, 이것이 주자의 권력분립론의 골간이다. 이렇게 권력을 분립시켜 운용하면 '군주의 권위가 서고, 국세가 강해지며, 기강이 서고, 형정이 맑아지며, 민력이 넉넉해지고, 군정이 닦이게 된다.'는 것이다. 주자는 다음과 같이 말하기도 한다.

> 재상은 중직(衆職[內閣])을 통솔하고, 천자와 더불어 가부를 상의하여 정령을 내리는 것입니다. 이것이 천하의 기강입니다. 그런데 기강은 저절로 세워질 수 없는 것입니다. 반드시 군주의 심술(心術)이 공평정대하여 편당의 사사로움이 없어야만, 기강이 그에 의거하여 세워지는 것입니다. 또한 군주의 심술도 저절로 공정해질 수 없는 것입니다. 반드시 현신을 가까이하고 소인을 멀리하여 의리의 귀결을 강명하고 사사(私邪)의 통로를 막은 다음에야 공정해질 수 있는 것입니다. 옛 성왕이 사부(師傅)·빈우(賓友)·간쟁(諫諍) 등의 관직을 설치했던 까닭은 [군주의] 앞뒤에서 권장하고 좌우에서 부지(扶持)하도록 한 것이었으니, 이는 군주의 심술이 잠깐 사이 혹 공정을 잃을까 두려웠기 때문입니다.[21]

재상은 신하들의 우두머리로서, 여러 신하를 통솔하며, 군주와 더

---

21) 『朱子大全』 卷11 頁19, 「庚子應詔封事」: 宰相兼統衆職 以與天子相可否而出政令 此則天下之綱紀也 然而綱紀不能自立 必人主之心術 公平正大 無偏黨反側之私 然後綱紀有所繫而立 君心不能以自正 必親賢臣遠小人 講明義理之歸 閉塞私邪之路 然後乃可得而正也 古先聖王 所以立師傅之官 設賓友之位 置諫諍之職 凡以先後縱臾 左右維持 惟恐此心 頃刻之間 或失其正而已.

불어 정령을 논하는 역할을 맡는다. 이렇게 본다면 통치의 실무는 사실상 재상이 총괄하는 것이다. 다만 정령까지 재상에게 일임할 수는 없는 것이기에, 정령을 내림에 있어서는 군주의 재가를 받도록 해야 한다는 것이다. 재상과 군주가 서로 상의하여 정령을 내리게 된다면, 이 자체로는 2권분립에 해당된다고 하겠다. 그런데 '군주의 공정한 심술'을 확보하기 위해 사부·빈우·간쟁 등의 언관(言官)을 설치하게 되었으니, 이로써 '군주권·재상권·간관권'의 3권분립 체제가 형성된 것이다. 주자는 분립된 3권의 역할을 다음과 같이 설명하기도 한다.

> 무릇 명령의 출납과 인재의 진퇴는 한결같이 두세 명의 대신에게 맡기되, 그들로 하여금 반복하여 헤아리고 사견을 따르지 말고 공론을 참작하여 상주(上奏)한 다음에 실행하도록 하십시오. …… 만일 다시 의심스러운 점이 있으면 대신과 간관을 불러들여 면전에서 서로 논란하며 논의하게 하고, 그 가운데 선책(善策)을 택하여 폐하를 대신하여 결정하도록 하십시오. 이렇게 하면 근신(近臣)도 간여할 수 없고, 권세를 쥔 대신도 사사롭게 전횡할 수 없으며, 폐하께서도 또한 천하의 일에 밝아져서 득실을 따지는 데 의심스러운 점이 없을 것입니다.[22]

위의 인용문에서는 선책(정령)을 결정하는 것을 신하(대신과 간

---

22) 『朱子大全』 卷14 頁28-29, 「經筵留身面陳四事箚子」: 凡號令之弛張 人才之進退 則一委之二三大臣 使之反復較量 勿循己見 酌取公論 奏而行之 …… 如更有疑 則詔大臣與繳駁之官 當晚入朝 面議於前 互相論難 擇其善者 稱制臨決 則不惟近習不得干預 朝權大臣 不得專任己私 而陛下亦得以益明習天下之事 而無所疑於得失之算矣.

관)의 몫으로 설정했다. 대신(재상)과 간관 중에서, 정령을 기획하는 것은 재상일 것이요, 재상의 결정이 공정하게 이루어지도록 견제하는 것은 간관일 것이다. 이렇게 본다면 통치의 실무는 역시 재상이 총괄하는 것이다. 간관은 군주를 견제하기도 하고, 재상을 견제하기도 한다. 그리고 군주는 재상과 간관을 감독한다.

주자의 구상은, '재상(대신)은 통치의 실무를 맡고, 언관은 간쟁을 통해 군주와 재상을 견제하며, 군주는 최종적인 감독권을 행사하는 것'이 바람직하다는 것이다.[23] 주자는 "위로는 군주로부터 아래로는 수많은 집사(執事)에 이르기까지 각각 맡은 업무가 있거니와, 서로 침해해서는 안 됩니다."[24]라고 하였다. 이는 각자의 권한과 업무를 존중해야 한다는 뜻으로서, 이러한 원칙은 당연히 '군주권·재상권·간관권'에도 적용될 것이다.[25]

3. 주자학에 있어서 민심과 공론

주자학에서는 '감응'과 '공론'이라는 두 맥락에서 '군·신·민의 소

---

23) 조선 시대의 통치 권력도 이러한 맥락에서 3권분립 체제로 조직되었다. 『경국대전(經國大典)』의 통치권 구조는 '군주권(君主權)·재상권(宰相權)·언간권(言官權)'의 삼각 구도였던 것이다(설석규, 2002: 12; 정두희, 1994: 201-209 참조).
24) 『朱子大全』卷14 頁26, 「經筵留身面陳四事箚子」: 上自人主 以下至於百執事 各有職業 不可相侵.
25) 쑨원(孫文)은 중국 혁명 당시 '서구의 3권분립'에다 '감찰권[監察院]'과 '관리 선발권[考試院]'을 별도로 독립시킨 '5권분립' 제도를 고안했는바, 당시 중화민국의 헌법은 5권분립을 기초로 구성되었다고 한다. 쑨원은 자신의 5권분립론이 '몽테스키외와 공자의 사상을 혼합한 것'이라고 명백히 밝혔고, "5권분립의 헌법안은 전복된 청조(淸朝)의 헌법과 본질적으로 같은 것"이라고 극언하기도 했다(크릴, 2007: 337-339 참조).

통'을 논의해왔다. '감응'은 군·신·민 사이에 정의(情意)가 소통되는 것을 말하고, '공론'은 군·신·민 사이에 의사(意思)가 소통되는 것을 말한다.

먼저 '감응'에 대해 살펴보자. 감응은 공자·맹자의 전통을 계승하는 것으로서 이는 '도덕적 감응'과 '정서적 감응'으로 대별된다. '도덕적 감응'은 이른바 덕치론과 맥락을 같이하는 것으로서『논어』에서는 주로 덕치를 통한 도덕적 감응을 강조하였다.『논어』에서 덕치론을 대변하는 내용은 "덕으로 정치를 하는 것은 비유컨대 북극성이 제자리에 머물러 있으면 뭇 별이 그를 향하는 것과 같다."[26)]는 말일 것이다. 이에 대해 주자는 다음과 같이 풀이한다.

> 덕으로 정치를 하면 사람들이 저절로 감화된다. 그러나 감화는 정사에 있는 것이 아니요, 도리어 덕에 있는 것이다. 대개 '정(政)'이란 '사람의 바르지 못함을 바로잡는 것'이니, 어찌 하는 바가 없겠는가? 다만 사람들이 돌아오는 것은 바로 덕에 있는 것이다. 그러므로 [사람들을 복종시키려고] 하는 일을 기다리지 않고도 천하가 돌아오는 것이니, 뭇 별이 북극성을 향하는 것과 같다.[27)]

유학에서는 정치의 궁극적 과제를 교민(教民, 백성을 사람답게 살도록 교육함)에 두었거니와, 교민은 통치자의 솔선수범(率先垂範)에 달려 있다는 것이 유교의 지론이었다. 통치자가 앞장서서 모범을 보이

---

26) 『論語』「爲政」: 子曰 爲政以德 譬如北辰居其所 而衆星共之.
27) 『論語集註大全』爲政 1, 朱子小註: 爲政以德 人自感化 然感化不在政事上 却在德上 蓋政者 所以正人之不正也 豈無所爲 但人所以歸往 乃在其德耳 故不待作爲而天下歸之 如衆星之共北極也.

면 백성은 저절로 그에 감화되게 마련이라는 것이다. 이는 통치자와 백성 간의 도덕적 감응이라 하겠다.

'정서적 감응'은 이른바 '여민동락(與民同樂)'을 말하는 것이다. 맹자는 통치자가 인정(仁政)을 통해 백성을 자식처럼 보살필 것을 강조했으며, 특히 "임금이 백성의 즐거움을 즐거움으로 삼으면 백성 또한 임금의 즐거움을 즐거움으로 삼고, 임금이 백성의 근심을 근심으로 삼으면 백성 또한 임금의 근심을 근심으로 삼는다."[28]고 하여, 통치자는 백성과 고락을 같이할 것을 역설한 바 있다. 이처럼 고락을 같이하면, 통치자와 백성은 곧 일심동체가 된다. 그것은 평상시에는 통치자가 백성을 위해 인정을 베푸는 것으로 드러나고, 국가적 위기의 상황에는 백성이 통치자를 위해 기꺼이 목숨을 바치는 것으로 드러난다. 맹자는 다음과 같이 말한다.

> 임금이 인정을 베풀면, 백성은 윗사람들을 친하게 여겨서, 그들을 위해서 목숨을 바치게 될 것이다.[29]

맹자에 의하면 통치자가 백성에게 은혜를 베풀면 백성은 통치자를 친하게 여기고 그를 위해 목숨을 바치는 반면에, 통치자가 백성을 학대하거나 백성의 고통을 외면하면 백성도 통치자를 외면하거나 반역하게 된다는 것이다. 이에 대해 주자는 범씨(范氏)의 말을 인용하여 다음과 같이 풀이하였다.

> 『서경』에 이르길, "백성은 나라의 근본이니, 근본이 튼튼해야 나

---

28) 『孟子』「梁惠王下」: 樂民之樂者 民亦樂其樂 憂民之憂者 民亦憂其憂.
29) 『孟子』「梁惠王下」: 君行仁政 斯民 親其上 死其長矣.

라가 편안하다."고 하였다. 창름(倉廩)과 부고(府庫)를 둔 것은 백성을 위한 것이니, 풍년에는 거두어들이고, 흉년에는 나누어 주는 것이다. 백성의 추위와 배고픔을 불쌍히 여기고, 백성의 질병과 고통을 구제해주기 때문에 백성은 윗사람을 친애하여, 윗사람에게 위태롭고 어려운 일이 있으면, 달려가서 구해주기를 자제가 부형을 지켜주고 수족이 두목을 보호함과 같이하는 것이다.[30]

정서적 감응은 윗사람과 아랫사람, 즉 통치자와 백성이 부모와 자식처럼 친애하는 것으로 드러난다. 부모와 자식은 흔히 서로를 위해 목숨까지 바치거니와, 통치자와 백성의 관계도 이와 같이 되는 것이 바람직하다는 것이다. 그런데 상하 간의 정서적 감응에서 우선적으로 전제되는 것은 통치자가 백성에게 마땅한 혜택을 베풀어야 한다는 것이다. 맹자는 그것을 '인정'이라고도 말했고, '항산(恒産)을 보장함'이라고도 말했다. 주자 역시 같은 맥락에서 '백성의 세금을 감면해줄 것'을 누차 역설한 바 있다. 주자는 다음과 같이 말한다.

신(臣)이 엎드려 폐하의 조칙을 읽자온대 '부지런히 백성의 고통을 구휼하라.'는 말씀이 있었습니다. 신은 삼가 이미 받들어 시행하고 있습니다만, 그러나 신이 그윽이 듣자오니, 육지(陸贄)가 말하기를, "백성은 나라의 근본이요, 재물은 백성의 마음이다. 그 마음이 상하면 그 근본이 상하고, 그 근본이 상하면 가지와 줄기가 말라비틀어져 뿌리 또한 뽑힌다."고 했습니다. 이 말

---

30) 『孟子集註』「梁惠王下」 12, 朱子註: 范氏曰 書曰 民惟邦本 本固邦寧 有倉廩府庫 所以爲民也 豊年則斂之 凶年則散之 恤其飢寒 救其疾苦 是以 民親愛其上 有危難則赴救之 如子弟之衛父兄 手足之捍頭目也.

을 미루어 말씀드리자면, 오늘 '부지런히 백성의 고통을 구휼함'에는 '그 부세를 너그럽게 하고, 바치지 못한 세금을 느슨하게 함'만 한 것이 없습니다. 그런 다음에야 백성의 마음을 위로하고 감격시켜 화기를 불러올 수 있는 것입니다.[31]

'정서적 감응'에는 또 하나의 축이 있으니, '공정성'이 그것이다. 주자에 의하면 통치자가 사심을 배제하고 모든 사람을 공정하게 대할 때, 백성은 기뻐하고 복종한다. 주자는 군주에게 '사사로운 은혜를 억제하여 공도(公道)를 드높이라.'고 간언하면서, 다음과 같이 말한다.

신(臣)이 듣자오니, 하늘은 사사로이 덮어주는 것이 없고 땅은 사사로이 실어주는 것이 없으며, 해와 달은 사사로이 비추어주는 것이 없습니다. 그러므로 왕자(王者)가 이 세 가지 사사로움이 없음을 받들어 천하를 다스린다면, 모든 사람을 똑같이 대하고 널리 사랑하여 크게 공정하게 되니, 천하 사람들이 모두 마음으로 기뻐하고 진실로 복종할 것입니다. 만약 그 사이에 다시 신(新)·구(舊)에 따라 친(親)·소(疎)를 삼으면, 그 편당의 정(情)과 편협한 도량이 진실로 사람들로 하여금 분노하여 복종하지 않으려는 마음을 지니게 할 것입니다. 그 호오(好惡)와 취사(取捨) 또한 반드시 의리에 합당할 수 없을 것이며, 심하면 모책(謀策)을 막고 국사(國事)를 망치며 덕을 방해하고 정사를 어지럽히

---

31) 『朱子大全』 卷16 頁7-8, 「奏推廣御筆指揮二事狀」: 臣伏讀聖詔有曰 勤恤民隱 臣謹已遵稟施行訖 然臣竊聞 陸贄有言 民者邦之本 財者民之心 其心傷則其本傷 其本傷則支幹凋瘁 而根柢蹶拔矣 推此言之 則今日所以勤恤民隱 莫若寬其稅賦 弛其逋負 然後可以慰悅其心 而感召和氣也.

는 데 이를 것이니, 그 해는 이루 말할 수 없겠습니다.[32]

주자는 두 가지 관점에서 '통치자의 사사로운 은혜'를 비판하였다. 첫째는 통치자가 사심을 품으면 '백성이 분노하여 복종하지 않는다.'는 것이다. 이는 통치자와 백성 사이의 정서적 감응이 불가능하게 됨을 말한다. 둘째는 통치자의 사심은 의리에 어긋나서, 결과적으로 국정을 망치게 한다는 것이다. 반면에 통치자가 공정하면 '모든 사람이 마음으로 기뻐하고 진실로 복종할 것'이라 하였는바, 이처럼 통치자와 백성이 정서적으로 감응해야만 국정이 형통해질 것임은 물론일 것이다.

'공정성을 매개로 한 통치자와 백성의 감응'이라는 관념은 자연스럽게 '공론'과 연결된다. 공론은 민심(民心)이나 여론(輿論)과는 구별되는 개념으로 송 대(宋代)에 정립된 개념이다. 선진 유학에서는 '민심은 곧 천심'이라 했으면서도, 한편으로는 '민심은 때때로 부당할 수 있다.'는 점을 경계했다. 송 대에 이르러 공론이라는 개념이 본격적으로 등장했거니와, 주자는 '천리에 따르고 인심에 부합하여, 천하의 모든 사람이 함께 옳게 여기는 것'이 공론이라고 정의했다. 즉 주자는 천리와 민심이 접맥되는 지점에서 공론을 정의한 것으로, 공론이란 '다수의 의사이면서 동시에 그 정당성이 입증된 의사'를 말한다.[33]

---

32) 『朱子大全』卷12 頁5, 「己酉擬上封事」: 所謂抑私恩以抗公道者 臣聞天無私覆 地無私載 日月無私照 故王者奉三無私 以勞於天下 則兼臨博愛 廓然大公 而天下之人 莫不心悅而誠服 儻於其間 復以新舊而爲親疎 則其偏黨之情 褊狹之度 固已使人憪然有不服之心 而其好惡取舍 又必不能中於義理 而甚則至於沮謀敗國 妨德亂政 而其害有不可勝言者.

33) 즉 '공론'은 두 차원에서 이해할 수 있다. 하나는 '공개적인 논의'인바, 이는 '절차로서의 공론(public forum)'을 말한다. 다른 하나는 '공정한 의론'인바, 이는 공

주자는 자신의 상소문 곳곳에서 '국정을 한결같이 공론에 따르라.'고 간언하였다. 예컨대 주자는 다음과 같이 말한다.

> 재이(災異)의 변고와 화란(禍亂)의 기미가 완전히 사라지지 않는 것 또한 폐하께 달려 있습니다. 폐하께서는 정신을 모으고 공손히 한 다음, 옛 선왕들을 깊이 거울로 삼으십시오. 날마다 대신들과 정사의 원리를 강구하고, 찬성과 반대가 서로 구제하게 하여 오직 옳은 것을 따르며, 명령을 내리고 시행함에 하나라도 조정에서 나오지 않은 것이 없게 하며, 인재의 진퇴가 하나라도 공론에 어긋남이 없도록 하십시오. 한쪽의 말만 치우치게 들어서 사사로운 문로를 열어주지 않는다면, 성덕(聖德)이 날로 새로워지고 성치(聖治)가 날로 흥기되어, 하늘과 사람의 감응이 어긋나지 않을 것이며 재앙의 싹도 생기지 않을 것입니다.[34]

이 인용문에서 직접적으로 공론과 연계시킨 것은 '인재의 진퇴'뿐이지만, 그 밖의 것들도 사실은 모두 공론과 연계된 것이다. '대신들과 정사의 원리를 강구하고, 찬성과 반대가 서로 구제하게 하여 오직 옳은 것을 따르며, 명령을 내리고 시행함이 모두 조정에서 나오도록 하는 것'은 모두 '조정에서 공개적인 논의를 통해 다양한 의견을 수렴하는 과정'을 전제하기 때문이다.

주자는 공개적인 논의를 통해서만 공정한 의론이 성립할 수 있다

개적인 논의를 통해 정립된 '결과로서의 공론(public opinion)'을 말한다. '공론'에 대한 자세한 논의는 이상익(2004: 제8장) 참조.

34) 『朱子大全』卷14 頁13, 「甲寅行宮便殿奏箚一」: 若夫災異之變 禍亂之幾 有未盡去 則又在乎陛下 凝神恭黙 深監古先 日與大臣 講求政理 可否相濟 惟是之從 必使發號施令 無一不出乎朝廷 進退人材 無一不合乎公論 不爲偏聽 以啓私門 則聖德日新 聖治日起 而天人之應不得違 孼孽之萌 不得作矣.

고 보아, 공론이 성립할 수 있는 조건으로 '언로의 확대'와 '언론의 자유'를 강조했다. 주자는 다음과 같이 말한다.

> 안으로는 군신백관(群臣百官)으로부터 밖으로는 일반 백성에 이르기까지 능히 성심을 일깨워주고 정사의 방향을 제시할 수 있는 사람이면, 소원함과 비천함을 묻지 말고 모두 스스로 소통할 수 있도록 하십시오. 그런 다음에 근신(近臣) 가운데 '통명정직(通明正直)한 사람' 한두 명을 골라 그들로 하여금 각각 그들이 아는 '학식이 있고 감히 말할 수 있는 선비' 서너 명을 이끌고 궁궐의 문을 맡도록 하십시오. 그리하여 무릇 사방에서 올라오는 말[言]을 모두 살피고 열람하여, 그 가운데 충성을 다하고 직언을 숨기지 않는 것을 골라 날마다 폐하께 아뢰도록 하십시오. 이렇게 하면 무릇 하늘과 사람의 관계에서 하늘이 견고(譴告)하는 바를 장차 폐하 앞에서 모두 환하게 밝히는 자가 있을 것이니, 그런 다음에 모든 정사를 총괄하여 폐하를 대신해서 결정하고, 일의 등급을 정하여 순서에 따라 시행하여, 하루 사이에 구름이 걷히고 안개가 흩어져서 요(堯)의 하늘과 순(舜)의 해가 크게 밝아지도록 하십시오. 그러면 상제(上帝)와 귀신(鬼神)이 위노(威怒)를 거두어들이고, 여러 백성은 아름다운 혜택을 누릴 것입니다.[35]

---

35) 『朱子大全』卷13 頁8, 「辛丑延和奏箚」: 內自臣工 外及畎庶 有能開寤聖心 指陳闕政者 無問疏賤 使咸得以自通 然後差擇近臣之通明正直者一二人 使各引其所知有識敢言之士三數人 寓直殿門 凡四方之言有來上者 悉令省閱 擧其盡忠不隱者 日以聞於聰聽 則夫天人之際 譴告所繇 將有粲然畢陳於前者 然後兼總條貫 稱制臨決 畫爲科品 以次施行 使一日之間 雲消霧散 堯天舜日 廓然清明 則上帝鬼神 收還威怒 群黎百姓 無不蒙休矣.

'안으로는 군신백관으로부터 밖으로는 일반 백성에 이르기까지'는 '모든 사람에게 언로를 개방하라.'는 뜻일 것이요, '소원함과 비천함을 묻지 말고 모두 스스로 소통할 수 있도록 하라.'는 것은 '언론의 자유를 보장하라.'는 뜻일 것이다. 주자는 이처럼 모든 사람에게 언로를 개방하고 언론의 자유를 보장하라고 주장하면서도, 또한 공론을 주도하는 핵심 역할을 하는 사람이 필요하다고 보았다. 위에서 "근신 가운데 '통명정직한 사람' 한두 명을 골라 그들로 하여금 각각 그들이 아는 '학식이 있고 감히 말할 수 있는 선비' 서너 명을 이끌고 궁궐의 문을 맡도록" 하라는 것이 그것이다. 요컨대 공론은 모든 사람의 의견을 결집한 것이지만, 공론의 결집에는 '통명정직한 사람'이나 '학식이 있고 감히 말할 수 있는 선비'의 주도적인 역할이 필요하다는 것이다. 이제 이상의 내용을 바탕으로, 주자학에 있어서 공론의 성격을 정리해보기로 하자.

첫째, '공론(결과로서의 公論)'은 '공개적 논의(절차로서의 公論)'를 통해 성립한다는 것이다. 공개적이고 자유로운 논의를 통하면, 정책을 자세히 심의할 수 있고, 독단(獨斷)과 사사(私邪)를 배제할 수 있어, 최선의 결론을 얻을 수 있다는 것이다. 주자는 다음과 같이 말한다.

> 군주는 비록 명령을 제정하는 것을 직분으로 삼지만 반드시 대신과 함께 도모하고 간관의 의견을 참고해야 합니다. 그들로 하여금 충분히 의논하게 하여 공론의 소재를 구한 다음, 왕정(王庭)에 게시하고 밝게 명령을 내려 공개적으로 실행해야 합니다. 이로서 조정이 존엄해지고, 명령이 자세히 살펴지는 것입니다. 비록 [명령이] 부당한 점이 있다 하더라도 천하의 모든 사람이 그 잘못이 누구에게서 비롯된 것인지를 밝게 알 수 있어, 군주

가 홀로 그 책임을 지게 되지는 않는 것입니다. [국정을] 의논하고 싶은 신하들은 또한 모두 거리낌 없이 자신의 의견을 다 밝힐 수 있는 것이니, 이것이 고금(古今)의 상리(常理)이며 또한 조종(祖宗)의 가법(家法)입니다.[36]

주자는 '공론에 입각한 정치'야말로 '고금의 상리'이며 '조종의 가법'이라고 규정했다. 공론 정치는 그 자체로 '보편타당한 정치의 원리'일 뿐만 아니라 '선왕의 전통'과도 부합된다는 것이다.

둘째, 공론은 천하 모든 사람의 의견을 결집한 것이지만, 공론의 형성에는 특정한 주체가 필요하다는 것이다. 공론이 단순한 민심이나 여론과 구별되는 점은 그 공정성에 있었다. 즉 민심이나 여론은 다수의 의견만을 뜻할 뿐 그 공정성이 보장되지 않으나 공론은 다수의 의견이면서도 공정성을 지닌 것이다. 여기에서 주자는 공정성을 담보하는 기제로서 '통명정직한 사람'이나 '학식이 있고 감히 말할 수 있는 선비'의 주도적인 역할이 필요하다고 본 것이다. 주자는 "천하의 곧고 믿음직스러우며 감히 말할 수 있는 선비를 공정하게 뽑아 대간이나 급사로 삼고 그 의론에 참여하게 하십시오."[37]라고 했던 바, '대간'이나 '급사'는 모두 간관을 뜻한다. 요컨대 '통명정직한 사람'이나 '학식이 있고 감히 말할 수 있는 선비'는 대개 간관의 직책을 맡게 되었는데, 이러한 맥락에서 공론을 주도하는 것은 간관이었던 것이다. 한 국가에는 여러 부류의 사람이 존재하고, 이들이 모두 공

---

36) 『朱子大全』卷14 頁26, 「經筵留身面陳四事箚子」: 蓋君雖以制命爲職 然必謀之大臣 參之給舍 使之熟議 以求公議之所在 然後揚于王庭 明出命令 而公行之 是以朝廷尊嚴 命令詳審 雖有不當 天下亦皆曉然知其謬之出於某人 而人主不至獨任其責 臣下欲議之者 亦得以極意盡言 而無所憚 此古今之常理 亦祖宗之家法也.

37) 『朱子大全』卷12 頁9, 「己酉擬上封事」: 公選天下直諒敢言之士 使爲臺諫給舍 以參其議論.

론의 형성에 참여할 수 있는 것인데, 주자는 특히 '통명정직한 간관'의 역할을 중시했다.

셋째, 공론은 만장일치를 가능케 한다는 것이다. 주자는 다음과 같이 말한다.

> 선입견을 주장하여 '치우치게 듣고 홀로 전횡한다.'는 비난을 초래하지 마시고, 사사로운 은혜를 두터이 하여 '사람을 살핌이 넓지 못하다.'는 훈계를 범하지 마십시오. [인재의] 진퇴와 [정책의] 취사를 오직 공론의 소재를 살펴서 결정하신다면, 조정이 바르게 되고, 내외와 원근이 '한결같이 바르게 될 것'입니다.[38]

만장일치가 그 자체로 좋은 것은 물론 아닐 것이다. 일치된 결론 자체가 부당한 것일 수도 있기 때문이다. 주자는 공론에 따른다면 "조정이 바르게 되고, 내외와 원근이 한결같이 바르게 될 것"이라 하였는데, 이는 공론을 통해서 만장일치로 정당한 결론을 얻게 된다는 말일 것이다. 이것이 바로 공론(절차와 결과의 합일체로서의 공론)이 추구하는 목표라고 할 수 있다. 공개적인 논의를 통하여 공론을 결집하고, 공론에 입각해 공정한 정치를 시행한다면, 모든 국민이 그것에 흔쾌히 동의할 것임은 자명하다고 하겠다. 이런 맥락에서 공론에는 '천하'나 '만세'라는 말이 접두어로 붙게 되는 것이다.

넷째, 공개적 논의는 만약 그 결과가 부당한 경우 책임의 소재를 분명히 알 수 있다는 것이다. 주자는 "비록 [명령이] 부당한 점이 있다 하더라도 천하의 모든 사람이 그 잘못이 누구에게서 비롯된 것인

---

[38] 『朱子大全』 卷11 頁10, 「壬午應詔封事」: 毋主先入 以致偏聽獨任之譏 毋篤私恩 以犯示人不廣之戒 進退取捨 惟公論之所在是稽 則朝廷正 而內外遠近 莫敢不一於正矣.

지를 밝게 알 수 있어, 군주가 홀로 그 책임을 지게 되지는 않는 것"
이라고 하였다. 공개적 논의의 결과에 부당함이 있을 수 있다는 것
은 '공개적 논의라는 절차'를 거쳤으나 '공정한 결론이라는 결과'를
도출하지 못한 경우일 것이다. 이러한 경우에도 공개적 논의는 그
책임 소재를 분명히 해준다는 점에서 의미가 있다는 것이다.

마지막으로, 공론은 '공동선'을 추구한다는 것이다. 앞에서 인용했
던 주자의 다음과 같은 말을 다시 보자.

> 천하의 곧고 믿음직스러우며 감히 말할 수 있는 선비를 공정하
> 게 뽑아 대간이나 급사로 삼고 그 의론에 참여하게 하십시오.
> 그리하여 폐하의 복심과 이목이 의지하는 바가 항상 어진 사대
> 부에게 있게 하고 여러 소인에게 있지 않도록 하며, 착한 사람
> 을 추천하고 악한 사람을 처벌하는 권한이 항상 낭묘에 있게 하
> 고 사문에서 나오지 않게 하십시오. 이렇게 하고서도 군주의 권
> 위가 서지 않고, 국세가 강해지지 않으며, 기강이 서지 않고, 형
> 정이 맑아지지 않으며, 민력이 넉넉해지지 않고, 군정이 닦이지
> 않는다는 것을 신은 믿지 않습니다.

주자는 '천하의 곧고 믿음직스러우며 감히 말할 수 있는 선비'를
뽑아 간관으로 삼고, 이들로 하여금 공론을 주도하게 하라고 하였
다. 여기서 '감히 말할 수 있는 선비'라는 표현을 주목해보자. '감히
말한다.'는 것은 '군주의 귀에 거슬리는 내용도 말할 수 있다.'는 것
이다. 다시 말하면 공론을 주도하는 간관은 '군주의 사익 추구'를 비
판할 수 있어야 한다는 것이다. 공론은 군주의 사익 추구를 용납하
지 않는 것임은 물론, 특정한 계층이 국정을 농단하는 것도 막는 것
이다. 그 결과 '군주의 권위가 서고, 국세가 강해지며, 기강이 서고,

형정이 맑아지며, 민력이 넉넉해지고, 군정이 닦이게 되는 것'인바, 이는 공론을 통해 공동선이 실현되는 것임을 뜻한다고 하겠다.

4. 소결

주자학에 있어서 군·신·민의 관계에 대해 이제까지 이 글에서는 '군·신·민의 위상'과 '군·신·민의 소통'이라는 두 맥락으로 대별하여 논하였다.

'군·신·민의 위상'에 있어서는 주자학의 주권론과 통치권론을 살펴보았다. 주자는 주권의 차원에서 보자면 백성이 귀중하고 군주가 가벼우나, 통치권의 차원에서 보자면 군주가 귀중하고 백성은 가볍다고 보았다. 나라를 세우고 통치자를 세운 목적은 백성의 안녕을 위한 것이니 이러한 맥락에서 주권은 백성에게 있고 백성이 통치자보다 귀중하다는 것이요, 백성의 직분보다 통치자의 직분이 훨씬 중대하므로 이러한 맥락에서는 통치자가 백성보다 귀중하다는 것이었다. 주자는 이 두 주장은 차원을 달리하며 양립하는 것으로 결코 모순이 아니라고 보았다.

주자 당시에도 군주의 통치권만 옹호하고 백성의 주권은 소홀하게 인식한 경우가 없지 않았다. 사마광(司馬光)의 「의맹(疑孟)」이나 이구(李覯)의 「상어(常語)」가 그것이다. 이들은 특히 맹자의 혁명론(방벌론)을 비판하고, 도통(道統)의 반열에서 맹자를 제외시켰다. 이에 대해 주자는 민본의 이념을 다시 확인하면서 맹자의 혁명론을 옹호하고, 「존맹변(尊孟辨)」을 통해 이들의 주장을 다시 변척하였다.[39]

---

39) 『朱子大全』 卷73 頁1-40, 「讀余隱之尊孟辨」 참조. 이에 대한 자세한 논의는 안

주자의 이러한 주장은 사실 주권과 통치권을 별개로 인식하고, 주권이 통치권보다 상위의 개념임을 분명히 함으로부터 도출된 것이었다.

주자는 통치권의 운용에 있어서는 군주권·재상권·간관권으로 분립시켜 서로 견제하도록 하는 것이 바람직하다고 보았다. 주자가 권력분립을 옹호한 까닭은, 국가는 한 사람만의 힘으로는 다스릴 수 없다는 점과 상호 견제를 통하여 통치권이 공정하게 운용될 수 있다는 점에 있었다. 요컨대 주자는 인간 능력의 유한성을 인정하고, 인간의 타락 가능성을 경계한 것이다. 주자의 이러한 주장들은 선진 유학의 정신을 계승하는 것으로서 주자는 다만 보다 구체적이고 세련되게 이론화한 것뿐이다.

'군·신·민의 소통'에 있어서는 주자학의 감응론과 공론론을 살펴보았다. 감응론은 '덕치를 통한 도덕적 감응'과 '여민동락을 통한 정서적 감응'을 두 축으로 삼는 것으로서, 이 역시 선진 유학의 전통을 그대로 계승한 것이다. 주자는 감응론의 또 하나의 축으로서 '통치자의 공정한 자세'를 강조하였는데, 이러한 맥락에서 감응론은 공론론으로 연결된다.

공론론은 '군·신·민의 의사의 소통'과 그 공정한 수렴을 지향하는 것이다. 공론론 역시 선진 유학의 전통을 계승하는 것이나, 선진 유학에서 이론적으로 미비되었던 것을 보다 완전하게 정립한 것이다. 선진 유학에서는 '민심은 천심'이라는 맥락에서 민심을 소중하게 인식하면서도, 또 한편으로는 민심의 타락 가능성을 경계하였다. 마침내 송 대에 이르러서 민심 가운데 공정성을 담보할 수 있는 부분만을 발라내서 공론으로 개념화하게 된 것이다. 주자는 공론을

병주(1987: 120-137) 참조.

'천리에 따르고 인심에 부합하여, 천하의 모든 사람이 함께 옳게 여기는 것'이라고 정의했다. 주자는 천리와 민심이 접맥되는 지점에서 공론의 이론적 근거를 발견하고, 공론에 공동선의 추구라는 의미를 부여했던 것이다. 주자는 공론을 구현할 수 있는 제도적 장치들로서 언로의 개방과 언론의 자유를 역설하고, 공론의 주도자로서 간관의 역할을 중시했다.

이제 마지막으로 주자학의 이러한 내용들을 오늘날의 입장과 간단히 비교해보고, 그 의의와 한계를 지적해보기로 하자.

'군·신·민의 위상'에 있어서 주자학의 인식은 오늘날 민주주의의 이념과 본질적으로 다른 것이 없다. 많은 사람이 주자학의 민주성(民主性)을 의심하는 가장 큰 이유는 주자학이 군주제를 벗어나지 못했다는 점에 있을 것이다. 그러나 이러한 인식은 기본적으로 주권과 통치권을 혼동한 데서 비롯된 것이다. 주권과 통치권을 분명히 구분하고 본다면, 주자학이 추구한 것은 '전제적 군주정'이 아니라 '민주적 군주정'이었다.[40] 다만 주자학에서는 백성의 주권을 통치에 반영시킬 수 있는 방법론이 매우 빈약하였고, 백성의 기본권에 대한 인식이 오늘날처럼 명확하지 못했던 것이다.[41]

'군·신·민의 소통'에 있어서는 주자학의 인식은 오늘날 민주주의의 이념과 대체를 같이하면서도 몇 가지 다른 점도 보여준다.[42] 첫째, 오늘날은 소통의 영역을 주로 의사소통에 한정하나, 주자학에서

---

40) 김비환은 "유교적 입헌주의는 그 근본정신에 있어서 현대의 자유주의적 입헌주의와 일맥상통하는 측면이 있으며, 관점에 따라서는 현대의 입헌주의를 보다 향상시킬 수 있는 귀중한 통찰을 제공해줄 수 있다."고 주장한 바 있다(김비환, 2008: 30). 김비환의 논지에 따른다면 조선 시대의 정체(政體)는 입헌군주제에 해당될 것이다.
41) 이에 대한 자세한 논의는 이상익(2004: 331-333) 참조.
42) 이에 대한 자세한 논의는 이상익(2007: 27-29) 참조.

는 감응(도덕적 감응과 정서적 감응)의 영역 또한 매우 중시했다는 점이다. 감응은 통치자와 피치자를 일심동체로 만들어준다는 점에서, 의사의 소통 못지않게 중요한 의미를 지닌다.[43] 둘째, 의사의 소통에 있어서도 주자학에서는 민심(여론)과 공론을 명확히 구별하나 오늘날에는 양자가 때때로 혼동되고 있다는 점이다. 물론 오늘날에는 통치자와 피치자의 소통이 옛날보다 훨씬 활발해졌을 것이다. 그러나 이는 소통의 의의에 대한 보다 심화된 인식에서 기인하기보다는 대중매체(mass media)의 획기적 발달에서 기인하는 것이 사실일 것이다. 그런데 대중매체는 본질적으로 양면성을 지닌다. 때로는 민의를 수렴하고 공론을 선도하나, 때로는 여론을 선동하는 수단으로 전락하기도 하는 것이다. 선동된 여론은 포퓰리즘(populism)으로 연결되고, 포퓰리즘은 결국 민주주의를 배반하게 되는 것이다.[44] 이렇게 본다면 주자학의 감응론과 공론론은 오늘날 더욱 절실하게 음미되어야 할 것이다.

---

[43] 2008년 봄부터 여름까지 지속된 '촛불시위'에는 여러 가지 요인이 있을 것이다. 물론 직접적인 도화선은 '광우병 사태'였고, 그것은 문화방송(MBC) 'PD수첩'의 왜곡 조작이 선동한 측면이 클 것이다. 그러나 여기에는 또한 국민의 이명박 정부에 대한 실망이 크게 작용한 것이다. 대통령직인수위원회 시절의 여러 과오는 차치하더라도, 이명박 정부의 인사('고·소·영, 강부자' 인사)나 '한반도 대운하' 등의 정책은 전혀 국민의 공감을 얻지 못한 것이요, 정부 스스로 고립을 자초한 과오가 큰 것이다.

[44] 이에 대한 자세한 논의는 서병훈(2008: 235-247) 참조.

질의와 응답

1. 전통 유교의 정치사상을 민주주의로 해석할 수 있는 핵심 논거는 무엇인가?
→ 주권과 통치권의 구분. 민주국가에서 주권자는 국민이지만, 통치권자는 통치자인 것이다. 그런데 이러한 원칙은 전통 유교에 있어서도 마찬가지였다. 유교에 있어서 군(君)·신(臣)·민(民)의 위상을 개관하자면, 군주와 신료는 통치권자요, 백성은 주권자인 것이다. 유교에 있어서의 정치란 주권자의 뜻을 통치권자가 대행하는 것이요, 통치권의 행사에 있어서는 군주와 신료의 협력과 견제가 필요하다는 것이다. 이러한 내용은 유교의 기본 입장으로서 이는 주자학에 있어서도 마찬가지이다.

2. 주자학에서는 두 맥락에서 '군·신·민의 소통'을 논의해왔는바, 그 두 맥락은 무엇인가?
→ 하나는 '감응(感應)'인바, 이는 군신민 사이에 정의(情意)가 소통되는 것을 말한다. 다른 하나는 '공론(公論)'인바, 이는 군신민 사이에 의사(意思)가 소통되는 것을 말한다.

3. 주자학에서 말하는 '군신민의 감응'은 무엇을 뜻하는가?
→ 그것은 '여민동락'과 '솔선수범'을 뜻한다. 여민동락은 군신민이 고락을 같이하는 것으로서 이는 정서적 감응을 추구하는 것이다. 솔선수범은 통치자가 덕치를 통해 도덕적으로 모범을 보이는 것으로서 이는 도덕적 감응을 추구하는 것이다.

4. 주자학에서 말하는 '공론'은 기존의 민심론(民心論)과 어떻게 구별되는가?
→ 선진 유학에서는 '민심은 곧 천심'이라 했으면서도 한편으로는 '민심은 때때로 부당할 수 있다.'는 점을 경계했다. 송 대에 이르러 공론이라는 개념이 본격적으로 등장했거니와, 주자는 '천리에 따르고 인심에 부합하여, 천하의 모든 사람이 함께 옳게 여기는 것'이 공론이라고 정의했다. 즉 주자는 천리와 민심이 접맥되는 지점에서 공론을 정의한 것으로 공론이란 '다수의 의사이면서 동시에 그 정당성이 입증된 의사'를 말한다.

5. 주자학의 '3권분립론'의 구체적 내용은 무엇인가?
→ '군주권·재상권·간관권'의 분립을 말한다. 주자의 구상은, '재상(대신)은 통치의 실무를 맡고, 언관은 간쟁을 통해 군주와 재상을 견제하며, 군주는 최종적인 감독권을 행사하는 것'이 바람직하다는 것이다.

참고 문헌

『四書集註大全』, 『書經』, 『朱子大全』.
권영성, 1998, 『憲法學原論』, 서울: 법문사.
김비환, 2008, 「朝鮮 初期 儒教의 立憲主義의 諸要素와 構造」, 『정치사상연구』 14(1), 한국정치사상학회.
서병훈, 2008, 『포퓰리즘: 현대 민주주의의 위기와 선택』, 서울: 책세상.
설석규, 2002, 『朝鮮時代 儒生上疏와 公論政治』, 서울: 선인.
슈월츠, 벤자민, 1996, 『중국 고대 사상의 세계』, 나성 옮김, 서울: 살림.
스트라우스, 레오·조셉 크랍시 편, 2007, 『서양정치철학사』 2, 이동수 외 옮김, 인간사랑.

안병주, 1987, 『儒敎의 民本思想』, 서울: 성균관대 대동문화연구원.

이상익, 2004, 『儒敎傳統과 自由民主主義』, 서울: 심산.

이상익, 2007, 「道學思想과 疏通의 政治」, 『정치사상연구』 13(2), 한국정치사상학회.

정두희, 1994, 『朝鮮時代의 臺諫研究』, 서울: 일조각.

크릴, H. G., 2007, 『孔子: 인간과 신화』, 이성규 옮김, 서울: 지식산업사.

4장 중국 근대의 민의와 민권론의 전개

조성환

1. 문제의 제기

'민의(民意)'는 정치의 본질을 구성한다. 정치에 있어서의 '인민'과 '인민의 의사', 즉 '민의'는 동서고금을 통해 통치(정치)의 정당성의 원천이자 궁극적 목적으로 작용해왔고, 근대 민주주의와 함께 '민의'는 근대적 정치과정의 본질적 기반을 이루게 되었다. 고대의 귀족정과 왕정 등 과두적 정체에서도 통치의 원천과 목적은 '민의'를 위한 것이었고 지배자의 통치와 '민의'와의 극단적 괴리가 생겨날 경우 통치의 정당성과 실효성은 도전을 받고 정치적 위기가 수반되었다. 서양 정치사의 자연법적 전통뿐만 아니라 맹자의 정치사상은 '폭군방벌론'을 인정하여 군권(君權)의 절대성이 아니라 '민의'의 근본성을 인정하고 있다.

중국 고대 정치사상의 전통에서 공자와 순자는 군주와 백성의 일체성을 강조하되 군주에 기운 반면에 맹자는 군주와 백성이 대립되는 개념임을 암시하고 백성이 중요하다는 민귀론(民貴論)을 주장했다. 『맹자』에는 "백성이 가장 귀하고, 사직은 그다음이고, 임금은 대단치 않다."라고 하여 민귀군경(民貴君輕)의 사상이 피력되어 있다. 맹자가 본 민귀론은 인민이 정치의 근본이자 목적이며 '민의', 즉 민심의 향배가 정권의 교체와 정책의 취사선택에 있어서 최종적인 기준이 됨을 의미하기도 한다.

맹자의 민귀 사상은 근대적 민권 사상과는 구별을 요한다. 근대적 민권 사상은 민향(民享)·민유(民有)·민치(民治)의 세 관념을 포함하여 인민은 정치의 목적과 국가의 주체가 동시에 되어야 할 뿐만 아니라, 국정에 자발적으로 참여하는 권리를 반드시 가져야 한다. 이와 비교할 때 맹자의 민귀는 민향에서 시작하여 민유에 이르는 것에 불과하고 민치를 포함하는 것이 아닌 것으로 평가된다(蕭公權, 1998: 161). 민치의 이론은 근대 18세기 이후 서양에서 발아하여 19세기를 거쳐 20세기에 이르러 민주주의의 제도화로 현대 정치과정의 일반적 구조로 자리 잡게 된다. 결국 '민의'와 관련한 근대 정치와 전근대 정치의 구분은 '민치'의 여부에 의하여 판단될 수 있는 것이다.

이 글은 근대 중국 정치에서의 '민의'의 문제를 1890년대 후반 이후 제기된 호남개혁운동과 변법유신운동, 20세기 초 입헌 개량파의 민권론과 혁명파의 민권주의의 전개를 통해서 파악하는 것을 목적으로 한다. 이 글이 근대 중국에서의 '민의'의 문제를 19세기 말, 20세기 초에 걸쳐 이어진 일련의 정치적 사건에서 제기된 민권주의의 전개를 통해 파악하고자 하는 것은 근대 중국의 정치사적 특수성으로 인한 것이다.

19세기 말, 20세기 초 중국의 근대 정치는, 첫째, 안으로 사회·경제적 쇠락의 심화, 밖으로 제국주의 침탈의 점증에 의한 대내외적인 도전의 심화와 이에 대한 청조(淸朝)의 무기력한 대응에 의해 '과분

(瓜分)'과 망국의 역사적 위기가 심화되는 구도 속에서 전개되었다. 청일전쟁에서의 중국의 패배(1895)는 망국의 위기의식을 환기시켜 후난성을 중심으로 개혁운동을 결집시켰고 이는 무술정변(1898)으로 이어졌다. 무술정변에서의 개혁운동의 실패 이후에는 청조 자체의 폐기를 요구하는 '혁명파'의 공세가 드세어졌고, 결국 신해혁명(1911)에 즈음하여 청조는 종말에 이르고 1912년 중국에는 아시아 최초의 공화국이 성립된다.

둘째, 위기적 역사 속에서 청조의 무능은 역사의 새로운 주체, 즉 새로운 지식인의 결집을 자극했고 이들은 청조의 개혁과 혁신을 요구하게 되었다. 태평천국의 난을 진압한 후 청조의 고위 관료가 주도한 양무(洋務)운동이 큰 성과를 거두지 못했을 뿐만 아니라 중화질서의 변방에 위치했던 일본에게조차 중국이 패배하게 되었다. 이후 중국의 지식층은 더 이상 제국의 관리자인 관료로 진출하여 일신의 안위를 희구하는 것이 힘들게 되었다. 국가 존망의 위기에 봉착해 많은 예비 관료는 옛날과 같이 과거를 통한 입신(立身)을 도모하는 것이 아니라 제국 자체를 개혁하거나 혁명하려는 변혁자로서 결집하여 개혁과 혁명의 정치적 운동을 주도하게 된 것이다. 청일전쟁 이후 중국의 지식층은 중화 제국의 관리자가 아니라 근대적 변혁자, 즉 인텔리겐차(intelligentsia)로 변모해나간 것이다.[1]

결국 근대 중국은 역사의 위기가 심화되는 가운데 구질서가 급속히 쇠락하고 근대적 지식인 중심의 새로운 중국의 건설을 모색하는 과도기적 정치과정이 전개되었다. 따라서 근대 중국 정치와 '민의'의 문제는 전근대적 왕조 정치나 근대적 민주정치의 패러다임에서

---

[1] 중국 근대 지식층의 지식사회학적 역할의 변화에 대해서는 퍼스(Furth, 1986)와 슈브리에(Chevrier, 1985) 참조.

접근될 수 없는 과도기적 성격을 지닐 수밖에 없다. 이 글은 19세기 말, 20세기 초에 전개된 중국 근대 지식층의 개혁과 혁명의 운동을 추동(推動)시켰던 민권 사상의 분석을 통해 근대 중국 정치에서의 '민의'의 성격과 위상을 파악하려고 한다. 이 글은 1895년 이후의 호남개혁운동에서의 민권론, 1900년대 초의 입헌 개량파의 민권 사상, 공화 혁명파의 민권주의라는 세 가지 서로 다른 민권 사상의 전개를 분석할 것이다.

2. 1890년대 호남개혁운동과 민권론

청일전쟁에서의 중국의 패배는 열강에 의한 국가의 분할, 즉 '과분'과 망국의 위기의식을 환기시키는 동시에 '변법(變法)'으로 함축된 개혁운동을 결집시키는 계기가 되었다. 1895년 이후 중국의 개혁운동은 베이징과 상하이 등 대도시뿐만 아니라 캉유웨이(康有爲)가 태어나고 자랐으며 제자들을 교수한 광둥 성의 광저우와 함께 후난 성 창사 등 지방 도시에서 개시되었다.[2] 특히 후난 성 창사의 개혁운동이 가장 활발하였다. 첫째, 호남개혁운동은 순무(巡撫) 진보잠(陳寶箴)과 그 아들 천산리(陳三立), 염법도(鹽法道) 황준헌(黃遵憲)을 중심으로 지방의 개혁 정치를 통해 전개되었다. 둘째, 이 운동은 개혁파의 이론적 지도자인 량치차오(梁啓超)가 '시무학당(時務學堂)'을 중심으로 사상적인 선전 활동에 종사하고, 담사동(譚嗣同), 당재상(唐才常) 등 후난 성 인사들의 개혁파 그룹이 형성됨으로써 추진 동력을

---

2) 무술변법운동사에서 호남개혁운동에 대해서는 첸바오잔(翦伯贊 等, 1953)과 탕지준(湯志均, 1984) 참조.

확보하였다(閔斗基, 1985: 66). 셋째, 호남개혁운동은 '시무학당', '남학회(南學會)' 등 다양한 학회의 설립, 일간(日刊)『상보(湘報)』를 위시한『시무보(時務報)』,『상학보(湘學報)』등의 발간을 통해 확산되었다. 결국 호남개혁운동은 지방 관리들의 적극적 후원, 량치차오를 위시한 개혁가들의 결집, 학회의 설립과 학회보의 출간을 통해 개혁론의 저변이 확산되는 양상으로 전개되었다.

'민권론'은 호남개혁운동의 개혁적 지식인들을 결집하는 중심 사상으로서 일간『상보』나『시무보』를 통해 격렬하게 개진되었다. 1890년대 후반의 호남개혁운동에서 개진된 '민권론'은 군권에 대한 견제론의 차원에서 출발하여, 군민공주(君民共主)의 제도적 대안으로 국회와 민권, 정부와 민권과의 관계를 밝히고 있다.

첫째, '군권견제론'의 차원에서 민권론이 개진되었다. 량치차오는『시무보』에「중국적약유어방폐(中國積弱由於防弊)」라는 논문을 발표하면서 중국은 "진(秦)에서 명(明)까지의 천하가 선왕지세(先王之世)의 '공천하(公天下)'가 아니라 '사천하(私天下)'였음을 전제하고, '사천하'의 군권이 강화되면 될수록 국위(國威)는 그만큼 더 떨어지고 약해지며 관리와 백성은 날로 어리석어진다."고 하였다. 이와는 달리 "서양에서는 각자가 스스로 해야 할 일을 다하고 사람마다 각자가 마땅히 향유해야 할 이익을 얻을 수 있는 '자주지권(自主之權)'을 갖고 있어 천하가 '공(公)'하게 된다."고 언급했다(梁啓超, 1984a: 551-555). 이는 량치차오가 '자주지권', 즉 자유를 군권을 제약할 방책으로 의식하고 있었으며, 이 경우에 있어서 민권 개념은 '자주지권'을 핵심으로 하고 1차적으로 군권을 제약(견제)하는 것으로 평가된다(閔斗基, 1985: 280). 한편『시무보』의 동인(同人)인 왕강년(汪康年)은「중국자강책(中國自强策)」에서 "서인(西人)과 맞서기 위해서 민권을 회복해야 한다."고 주장하기도 했다(汪康年,「中國自强策」,『時務報』第

4冊(1896), pp. 203-208; 閔斗基, 1985: 281에서 재인용).

둘째, 호남개혁운동의 민권 사상의 현실적인 모델은 미국이나 프랑스와 같은 공화제적 민주제가 아니라 영국식의 '군민공주(君民共主)'의 제도였다. 양창지(楊昌濟)는 "'군민공주제'를 통하여 군주의 압력을 경감하여 민기(民氣)를 펴서 외모(外侮)를 막을 수 있게 그 힘을 동원하는 것이 필요하다."라고 주장했다. 한편 카이종준(蔡鍾濬)은 "군주국 중에서 민주권을 써서 내외에 위세를 떨칠 수 있는 체제를 가장 바람직스럽고 현실적인 제도"로 보았다(蔡鍾濬, 「君主表」, 『湘學新報』(1896); 閔斗基, 1985: 281에서 재인용).

셋째, 호남개혁운동은 민권과 국회, 민권과 정부와의 관계에 대한 정치적인 평가를 내리고 있다. 당재상은 군주제하의 국회가 국인(國人)의 뜻을 결집하는 기관임을 강조하고 그 원칙을 민의 공의(公義), 즉 민의 기능과 역할에 대한 보편적 승인으로 보았다. 아울러 당재상은 민권의 온전한 행사를 위해서는 민이 그 군(羣)을 스스로 군(羣)하는 것, 즉 민이 일정한 원칙에 따라 결합체를 이루는 것이 필요하다고 보았다.[3] 한편 당재상은 민의 합군(合羣)으로서의 국회를 상정하는 동시에 국회의 구성을 통해 민권이 발휘되기 위해서는 아래로부터의 변법(變法之下)보다는 위로부터의 변법(變法之上)이 더 효과가 크다고 보았다. 위로부터의 변법은 곧 국가의 변화를 염두에 둔 것이었다. 즉 열강에 의한 분할 위기에 처한 국가의 보전과 독립 유지를 의미하는 것으로 이것은 곧 군(君)의 변법을 의미하였다. 이러한 차원에서 개혁가들은 군권을 단순한 왕권 그 자체로만 본 것이

---

[3] 당재상무술변법운동사에서 호남개혁운동에 대해서는 첸바오잔(翦伯贊 等, 1953)과 탕지쥔(湯志均, 1984) 참조. 이 민의 결합 원리를 서양의 사회적 진화론의 군(羣) 개념에서 구한 것은 1895년 옌푸(嚴復)가 톈진(天津)의 『직보(直報)』에 처음 발표한 「원강(原强)」의 영향을 받았다.

아니라 중앙정부의 권능(權能)의 차원으로 이해한 것으로 평가된다. 즉 호남개혁가들에게 있어서 군권은 단순한 군주권만이 아니라 근대적, 능률적 정부를 내포하는 것이었다(閔斗基, 1985: 282).

이상에서 본 바와 같이 호남개혁운동의 민권론은 민권으로써 군권을 제한하되 군민공주제하에서 국회(의회)를 설립하고 정부를 근대화하는 것을 지향하고 있다. 따라서 호남개혁운동의 민권론은 1894년 흥중회(興中會)를 세우고 혁명을 선언한 쑨원(孫文)의 민주적 민권주의와는 구별을 요한다. 량치차오, 담사동, 당재상 등 호남개혁가들은 캉유웨이가 영도한 무술년의 변법운동, 즉 청조의 폐기가 아니라 일본식 메이지유신과 같은 청조의 유신(維新)을 도모한 것이다. 1898년의 무술정변은 장빙린(章炳麟)의 표현대로 '혁정(革政)'으로써 '혁명(革命)'을 피하려 했으나(章炳麟, 1977b: 13) 수구파의 반동으로 '혁정', 즉 개혁마저 실패로 돌아가게 된 것이었다. 무술정변에 의한 개혁 정치와 변법파의 103일 천하가 서태후(西太后)와 청조 수구파의 반동으로 막을 내리자 변법 개혁가들인 캉유웨이, 량치차오, 장빙린 등은 망명길에 오르고, 담사동 등은 수구파에 체포되어 체형됨으로써 정변의 순교자가 된다. 무술정변의 실패와 함께 중국 지식계는 보다 급진화된다. 캉유웨이, 량치차오 등은 보황(保皇)하되 입헌개량의 방식으로 점진적인 변화를 추구하여 반제(反帝)를 확보하고 군민공주제(개명군주제)의 근대국가를 형성하려 했다. 이와는 달리 장빙린과 쑨원을 위시한 동맹회파는 반만(反滿)의 종족혁명과 공화적 민주제, 그리고 민생사회주의를 동시에 추진하는 종족·정치·사회혁명의 병행을 주장하며 본격적인 혁명 노선을 실천해나갔다. 입헌 개량파와 혁명파의 민권론의 차이는 바로 그들이 서로 달리 선택한 정치적 전략에 따라 드러나게 된다.

3. 입헌 개량파의 민권론

무술정변의 좌절 이후 이 운동을 주도한 캉유웨이와 그의 제자 량치차오는 망명하여 새로운 정치 운동을 도모하게 된다. 캉유웨이는 1899년 캐나다에서 보황회(保皇會)를 조직하여 광서(光緖) 황제를 질서의 상징으로 유지한 채 정권 담당자들을 구축(驅逐)하고 그들 스스로가 정권을 담당하여 근대적 입헌 체제를 수립하겠다는 입장을 천명하게 된다. 량치차오는 일본으로 건너가 서양의 근대 정치 이론을 섭렵하고 스승 캉유웨이의 보황회 활동을 돕는다. 캉유웨이와 량치차오는 당재상이 계획한 자립군기의(自立軍起義)를 지원하고 개제(改制), 변법을 위해 북방에서는 '존왕(尊王)'을, 남방에서는 '입국(立國)'의 기반을 갖추는 것을 천명했다. 이들의 행동 방략은 적극적으로 근왕(勤王)을 내세워 황제를 옹립하고 있는 집권층을 제거하고 장기적으로는 나라의 터를 마련하는 일이었다(黃彰健, 1977: 652). 즉 이들은 보황(保皇)을 명분으로 내세우고 입헌 개량의 정치적 방략을 펼치게 된 것이다.

이러한 맥락에서 보황회의 입헌론은 배만(排滿)의 차원에서 반청(反淸)의 기치를 내세운 혁명파와의 일대 논전이 불가피하게 되었다. 개량파와 혁명파 간의 논전은 '만한(滿漢) 동화' 대 '배만 혁명', '군주 입헌' 대 '공화 입헌'의 선택을 둘러싸고 전개되었고 량치차오는 『신민총보(新民叢報)』를 통해 혁명파의 여러 논객에 대응하면서 입헌 개량의 논지를 전개하였다. 이 논전에서 량치차오는 개량파에게 특유한 '민권론'을 개진하게 된다. 량치차오의 민권론은 18, 19세기 유럽의 민주 학설을 차용했다. 량치차오는 1901~1902년간은 자유와 민권, 그 자체를 강조했지만 1903년 미국 여행 이후에는 '국권(國權)'을 상대적으로 강조하여 '개명 전제론(開明專制論)'으로 공화 혁명파에게 맞서고 신해혁명 이후에는 공화를 승인하는 등 민권 관념의 변화를 보였다. 량치차오의 민권 관념의 변화는 그 내용도 중요하지만 중국 근대 정치의 전개에 따른 지식인의 정치 관념의 변화를 추적하는 데에도 시사점이 크다고 할 수 있다. 이 글에서는 1901년에서 1907년 사이 량치차오가 보황회 소속의 입헌 개량의 대표 논객으로 활동하던 시기의 민권론을 정리하기로 한다.

량치차오의 민권론은 중국을 적약(積弱)과 수구(守舊)로 몰아넣은 전제에 대한 비판으로부터 출발한다. 량치차오는 중국이 날로 쇠락한 것은 군주정 때문이라고 보았다. 량치차오는 폭정, 인정을 불문하고 전제의 치리(治理)는 "민을 어리석게 하며[愚其民], 유약하게 하고[柔其民], 풀을 꺾어놓는[渙其民] 것"이었고, 그 치술(治術)은 "민을 길들이고[馴], 속이고[餂], 부려먹고[役], 감시하는[監] 데" 있다고 판단했다(梁啓超, 1984b: 141). 량치차오는 중국이 전제정치로 인하여 인민의 인격과 정치 능력이 훼손되고 국가의 역량이 손상되어 독립이 보장될 수 없는 상태에 이르렀다고 보았다.

"국민은 개개의 사람이 결집한 것이다. 국권이라는 것은 개개인의 권리가 모여서 이루어진 것이다. …… 그 국민이 강하면 강국이라고 하고, 그 국민이 약하면 약국이라고 한다. 그 국민이 부유하면 부국이라고 하고, 그 국민이 빈궁하면 빈국이라고 한다. 그 국민이 권리를 지니면 유권국이라 하고, 그 국민이 염치를 잃어버리면 무치국이라고 한다. 무치국은 천지에서 독립을 할 수 없다."(梁啓超, 1978a: 134-135)

량치차오는 전제가 국가의 근본을 해치고 독립을 위태롭게 하는 일시적인 쇠약을 초래할 뿐만 아니라 국가의 진보를 가로막아 장기적이고 구조적인 차원의 해독을 초래하는 것으로 보았다. 특히 량치차오는 중국이 두 가지의 정치사회학적 이유와 세 가지의 지식사회학적 이유로 전제가 압도하고 민권이 피폐해짐으로써 존망의 위기에 처하게 됨을 설파했다. 즉 량치차오는 정치사회학적으로 중국이 진(秦) 이래 제국(帝國)으로 통합되어버려 경쟁적 정치체제가 발전할 수 있는 구조가 배제되었고[大一統而競爭絶也], 오랑캐에 둘러싸인 지리적 폐쇄성으로 인해 여타의 대문명 지역과 교류하고 경쟁하기가 어려웠다고[環蠻族而交通難也] 지적한다. 아울러 그는 중국은 지식사회학적으로 언어와 문자가 분리되어 백성의 지혜가 계발되지 않았고[言文分而人智局也], 전제가 지속되어 민성(民性)이 박약하며[專制久而民性漓也], 학설이 협애하여 사상이 상통하지 않는다[學說隘而思想窒也]고 했다(梁啓超, 1978a: 145-147). 보편 제국으로의 통합에 따른 정치적 무경쟁과 오랑캐의 존재로 인한 문명 교류의 제한, 언문 분리, 전제의 지속, 협애한 학설에 의해 중국은 민성(民性)과 민지(民智), 그리고 민권(民權)이 박약했고 국권(國權) 역시 허약하여 존망의 위기에 처했다고 량치차오는 판단한 것이다.

량치차오는 중국이 망하지 않고 존속하려면 군주전제를 고쳐 민권 헌법을 세우고 입헌정체를 만들어야 한다고 인식했지만 중국이 단숨에 입헌정체를 실현할 수 있다고 보지는 않았다. 량치차오의 민권론은 정치적 점진주의의 차원에서 이해된다. 즉 량치차오는 입헌정체는 민지가 어느 정도 개명되어야 시행될 수 있다는 것을 전제하고 중국은 민지가 폐색(閉塞)되어 있으니, 갑자기 입헌하면 도리어 서두르다가 이루지 못하게 될 수 있다는 신중론의 입장에 섰다(蕭公權, 1998: 1202). 이러한 차원에서 량치차오는 중국은 "첫째, 정부는 관리를 파견하여 외국의 헌정을 살펴야 한다. 둘째, 헌법 초안을 의정하고 연구해야 한다. 셋째, 초안을 공포하여 국민에게 공개 토론시켜야 한다. 넷째, 20년을 정하여 예비 입헌의 시기로 삼아야 한다."고 주장했다(梁啓超, 1984c: 153-154).[4)]

량치차오에게 있어서 민지의 개명은 정치적 점진주의는 물론 '공덕(公德)'을 갖춘 '신민(新民)'의 육성이라는 윤리적 일대 변화와 함께해야 했다. 당시 중국의 활로는 '민족국가'를 형성하는 것이라고 량치차오는 판단했고 민족국가의 국민은 '공덕'을 갖춘 '신민'일 것이 요구되었다. 이 '공덕'은 애국을 최고선으로 하는 공리주의적 체계의 새로운 도덕인 것이다(이혜경, 2002: 221). 량치차오의 신민론은 안으로 근대국가의 시민적 기초를 역설하는 동시에 밖으로 통합된 근대 민족국가의 독립의 기반을 강조한 것으로 이해된다. 량치차오는 근대 정치의 동력은 자주적이고 자유로운 개인에 의거하며, 이를 가장 효율적으로 동원하고 통합하는 정치 원리가 민족주의라고 보았다(曹成煥, 1990: 30). 량치차오가 근대적 시민 윤리를 갖추고 민족주의적 국가통합에 필요한 애국심의 공덕을 갖춘 '신민'의 육성을 강조한 것은 그가 근대 정치의 시민적 기초의 중요성을 얼마나 중시했는가를 보여준다. 이러한 점은 공화 혁명과 함께 민권이 자동적으로 확보될 것으로 본 혁명파들과 량치차오와의 차이를 나타내준다.

량치차오는 1906년 '개명 전제론'이라는 신중론으로 혁명파의 공화 혁명론에 맞선다. 1903년 미국 여행을 마친 후 그의 정치사상이 18세기의 자유평등으로부터 19세기의 중국경민(重國輕民)의 신중론으로 급변한 것은 널리 알려진 일이다(蕭公權, 1998: 1202). 이에 더하여 량치차오는 1905년 혁명파가 중국혁명동맹회를 결성하고 『민보(民報)』를 발행하여 종족혁명, 정치혁명, 사회(민생)혁명을 주장한 데 대하여 혁명의 불가함과 위험성을 공격하고 나선다. 량치차오는 먼저 공화 입헌은 "주권이 국민에게 있고 국민의 자유의지에 의

---

4) 량치차오의 이 건의가 나간 뒤 청의 조정은 5대신을 파견하여 헌정을 살피게 했고, 다음 해에 입헌을 예비하라는 조칙을 하달했고, 다시 2년 뒤에는 국회를 소집하는 기한을 발표했다.

해 전국적인 보통 투표로 다수결을 얻은 세력이 국가를 경영하는 제도"로 주권이 인민에게 주어지지 않고 자치(自治)의 경험도 없는 중국에 바로 적용할 수가 없다고 단언했다(梁啓超, 1978c: 210). 다음으로 혁명파가 임시적인 약법(約法)에서 보편적 헌법으로의 이행에 대한 구체적인 방도 없이 군법(軍法)을 실시할 경우 간악한 영웅에게 이용되어 전제(專制)로 되돌아갈 위험성이 크다는 것이다. 끝으로 혁명은 필시 폭동을 불러오고 이는 제국주의 열강의 간섭을 초래하여 자칫 중국을 망하게 할 수 있다는 망국의 위험을 환기시켰다(梁啓超, 1978d: 238). 량치차오는 위와 같은 공화 혁명의 불가함과 위험성을 주장하면서 열강의 침탈로부터 중국을 구하려는 시대적인 목표가 "민권(民權)을 흥하게 하여 민주(民主)로 개혁하는 것"(梁啓超, 1978b: 186)에 있다면 위험스런 폭동주의가 아닌 점진주의에 의해 중앙정부의 성격을 개량하는 것이 타당하다고 본 것이다. 량치차오에 의하면 중국은 미국, 프랑스 등의 공화제가 아니라 독일, 일본식의 개명 전제의 모델을 따라야 했다.

청 말부터 중화민국의 개국까지 량치차오는 민권을 제창하기도 하고 군헌(君憲)을 옹호하기도 했다. 이는 량치차오의 민권론이 모든 정치의 진화에는 일정한 단계가 있다는 점, 그리고 민권 정치가 이 정치 진화의 최후의 귀결이라는 점을 전제하기 때문이었다. 이러한 전제로부터 량치차오는 중국의 쇠락의 원인으로 전제(專制)를 탈피해야 함을 주장할 때에는 민권(民權)의 확립을 주장했다. 그러나 이 민권을 달성하기 위해 혁명의 방법을 사용할 경우 대란(大亂)과 제국주의에 의한 망국을 초래할 수 있다는 점을 이유로 점진적으로 군주 입헌과 개명 전제의 도입할 것을 주장하였다(蕭公權, 1998: 1194). 이러한 차원에서 량치차오의 민권론은 이상주의적 비전이기 보다는 '진화론적 상황론'에 가깝다. 특히 혁명의 위험성, 즉 혁명이 간악한 영웅에게 이용될 수 있다는 량치차오의 경고는 신해혁명 직후 위안스카이(袁世凱)가 황제를 참칭했으니 적중하기도 했다. 그러나 량치차오는 1906년 "개명 전제론"을 주장할 당시 인민이 미숙하기 때문에 공화제와 헌정(憲政)을 실시하기가 어렵다고 주장한 것과는 달리 5년 뒤 신해혁명이 성공하자 인민의 미숙이 헌정을 시행하는 데 장애가 될 수 없다고 주장하게 된다. 무너진 황실보다는 공화의 가능성에 신뢰를 보내고 민권과 민치(民治)의 신장을 주장한 것이다. 이러한 맥락에서 정치적 상황에 따라 약간의 변화는 있었지만 량치차오는 온건한 민권주의자로 평가받을 수 있는 것이다(蕭公權, 1998: 1210).

4. 공화 혁명파의 민권주의

신해년의 중국 혁명은 홍중회의 결성에서 연원하며, 1905년 일본에서 발족한 '중국혁명동맹회', 1911년 10월 우창(武昌) 봉기를 거쳐, 1912년 1월 공화정체의 중화민국을 수립했다. 무술정변의 실패는 무능한 청조의 유신, 즉 개혁의 가능성을 난망케 하였고 많은 청년 지식층을 혁명파로 기울게 하였다. 특히 캉유웨이를 중심으로 한 보황회의 만한 동화론의 주장은 반만(反滿)의 애국심을 자극했다. 1903년 장빙린이 서문을 쓴 추용(鄒容)의 『혁명군(革命軍)』은 격렬한 배만 혁명론의 논지로 캉유웨이의 만한 동화론을 비판했다.[5] 이로부터 시작된 보황 입헌파와 반만 혁명파 간의 논쟁은 1905년 동맹회의

---

5) 추용의 『혁명군』은 『소보(蘇報)』(1903년 6월)에 게재되었다. 이로 인해 장빙린과 추용이 투옥되는 소보안(蘇報案) 사건이 생겼다. 추용은 투옥된 후 옥사했다.

성립 이후 1905~1906년 사이에 량치차오와 동맹회의 혁명파 논객과의 논박으로 이어진다. 보황과 배만에 대한 민족주의적 논쟁은 별도의 서술이 필요하며 이 글에서는 입헌적 차원의 민권론과는 다른 공화 혁명파의 민권주의를 살펴보기로 한다.

추용의 『혁명군』은 파괴만이 있는 야만의 혁명이 아니라 파괴 후 건설이 있는 문명의 혁명을 강조한다. 추용은 "문명의 혁명은 파괴가 있고 또한 건설이 있다. 건설하기 위해 파괴하는 것이다. 그것은 국민을 위해 자유·평등·독립·자주의 모든 권리를 강구하고 국민의 행복을 증진시킨다."고 했다. 추용은 이러한 문명의 혁명을 위해서는 "민족을 명확히 인식하는 것[剖淸人種]"과 "노예근성을 제거하는 것[去奴隷之根性]"이 요점이라고 역설하고, 노예근성을 제거하는 것이 민권주의의 기초라고 보았다. 추용의 민권주의는 도덕적으로 보면 "독립불기(獨立不羈)하는 정신을 양성하는 것, 모험 진취적이고 끓는 물에 들어가고 타는 불을 밟고 죽음을 두려워하지 않는 기개를 양성하는 것, 서로 친애하고 자기만 생각하지 않고 남을 사랑하고 의무를 다하는 공공 도덕을 양성하는 것, 개인과 단체 자체를 통해 인격을 진보시키는 집단을 양성하는 것"이다(鄒容, 1978: 667). 한편 정치적으로는 모든 공민(公民)이 "평등, 자유의 대의를 알고 …… 정치, 법률의 관념을 가지고 …… 정부란 국가의 사무를 총괄하는 기관이지 한두 사람의 사유가 아님을 인식하게 하는 것"이었다(鄒容, 1978: 665).

추용의 문명의 혁명은 장빙린의 혁명에 의한 인민의 개명(開明) 주장으로 이어진다. 보황파의 지도자 캉유웨이는 "인심과 공리가 개명되지 않고 옛 풍속이 그대로 남아 있는[公理未明, 舊俗俱在]" 중국에서는 혁명이 일어나면 날마다 싸워 살아남기에 급급할 것이라고 판단하고 혁명을 반대했다.[6] 이에 대해 장빙린은 '혁명을 통한 개명'을 주장함으로써 혁명의 당위성을 설파했다. 장빙린은 "인심의 지혜는 경쟁을 통해 생긴다. 오늘날의 인민의 지식은 다른 것이 아니라 혁명을 통해서 개명된다. …… 공리도 혁명을 통해서 개명된다. 낡은 풍속도 혁명을 통해서 제거된다. 혁명은 천웅(天雄), 대황(大黃)의 만병통치약은 아니지만 실로 좋은 것을 보충하고 나쁜 것을 버리는 양약(良藥)이다."라고 응수했다(章炳麟, 1977a: 204). 이와 같이 혁명에 대한 장빙린의 관점은 의지주의(voluntarism)였다.

아울러 장빙린은 혁명이 입헌의 방략보다 그 방법에 있어 용이하다는 입장을 취한다. 장빙린은 "입헌에는 소수의 재략과 만인의 합의라는 두 가지의 어려움이 있지만 혁명에는 만인의 합의라는 한 가지 어려움만 존재하니 어려움이 작은 것을 택하는 것이 곧 쉬운 길을 택하는 것이다."라고 했다(章炳麟, 1977a: 202). 즉 장빙린은 소수의 재략(才略)을 믿어 입헌적 개량을 기다리기보다는 반만이라는 중국인 전체의 합치된 의사를 바탕으로 혁명을 일으키고 이로써 공화 입헌에 직접 진입하는 것이 더 용이하다고 주장했다. 한편 장빙린은 대의제에 대해서는 부정적이었지만 민권 공화에는 반대하지 않았다. 장빙린은 대의제보다 더 좋은 민권의 제도는 첫째, 4권을 분립하고,[7] 둘째, 민의를 선양하며, 셋째, 법치를 행함으로써 가능하다고 보았다. 장빙린의 민권론은 인민의 참정(參政)과 법치의 정부를 전제한 것이었다.

1905년 '중국혁명동맹회'의 결성과 그 기관지 『민보』의 발간은 입헌파와 혁명파 간의 새로운 중국 건설을 위한 정치 전략에 대한 논쟁을 더욱 가열시켰다. 혁명파의 영수인 쑨원은 『민보』의 발간사에

---

6) 캉유웨이는 재미(在美) 화상(華商)에게 행한 연설에서 혁명 불가론을 주장했다(康有爲, 1981: 474-494).
7) 장빙린은 행정·입법·사법의 3권에다 따로 교육을 합하여 4권을 제시했다.

서 민족·민권·민생의 삼민주의를 천명했다(孫文, 1978a: 81). 민족주의는 이족 정부, 즉 만주족 정부에 대한 전복을 의미하며, 민권주의는 전제를 말소하고 민권을 보장할 공화정부를 세우는 것이며, 민생주의는 토지를 국유화해 집산(集産)주의를 실행하는 것이었다.『민보』는 왕징웨이(汪精衛), 후한민(胡漢民), 주즈신(朱執信), 펑지유(馮自由) 등 동맹회의 혁명 이론가들을 총동원하여 삼민 혁명의 의미와 그 추진 방략을 제시했다.

왕징웨이는「민족적 국민(民族的國民)」이라는 정론(政論)을 통해 민권을 보장하는 국민주의(國民主義)의 전제로서 반만 종족혁명과 전제의 전복을 논증하고 있다. 그는 "이족(異族)을 쫓아내는 것이 민족주의의 목적이고 전제를 전복하는 것이 국민주의의 목적이니 민족주의의 목적, 즉 만주족을 추방하면 자연히 국민주의의 목적이 달성된다."고 주장한다(汪精衛, 1978: 97). 이는 만한(滿漢) 간의 종족 불평등을 혁파하는 종족혁명과 전제정치를 혁파하는 정치혁명은 표리일체이며 구국을 위해서는 동시화될 수밖에 없다는 점으로 귀결된다. 특히 왕징웨이는 청 대(淸代)는 한 대(漢代)나 당 대(唐代)와 비교될 수 없고 원 대(元代)와 같은 인종적 불평등 계급 정치, 즉 "만주족을 제1급, 몽고족을 제2급, 한족 군인을 제3급, 일반 한족을 제4급으로 취급하는 정치"라 지적한다(汪精衛, 1978: 102). 그는 민족주의를 주장하는 것이 단순히 종족상의 권리를 주장하는 것만이 아니라 귀족계급에 대한 평민계급의 권리, 즉 중국인의 민권을 주장하는 것임을 분명히 한 것이다.

「민보육대주의(民報六大主義)」를 역설한 후한민은 민권주의의 차원에서 20세기에 새로운 정치를 창도하려면 반드시 전제를 남김없이 씻어내어야 하며 공화 입헌의 체제를 세워야 한다고 역설하고 국민이 미숙하다고 걱정하거나 역사 관습이 그에 맞지 않다고 두려워하여 겨우 개명 전제를 주장하는 개량파를 반박했다.

"아! 그들은 정치학을 모를 뿐 아니라 더불어 역사를 말할 수도 없다. 각국에서 입헌이 어려웠지만, 평민이 군주와 귀족과 싸워 이기기보다는 쉬웠다. 미국의 독립에서는 평민만 있었기 때문에 입헌도 쉬웠고 민권도 가장 신장되었다. 중국의 귀족은 진·한 이래로 사라졌다. 그것은 중국의 가장 큰 정치사적 특색이다(몽고족의 원과 만주족의 청은 귀족제를 행했다. 그러나 그것은 이족(異族)의 체제이니 불문한다). 지금 만주만 박멸하면 모든 계급이 없어진다(미국에는 경제적 계급이 있지만 중국에는 그것도 없다). 따라서 (공화) 입헌은 다른 국가에 비해 쉬우면 쉬웠지 결코 어렵지는 않을 것이다."(胡漢民, 1978: 376)

주즈신과 펑지유는 민권을 확보하기 위한 정치혁명과 함께 평균지권에 근거한 토지국유화를 내용으로 하는 사회(민생)혁명의 동시 추진을 주장했다. 한편 민생주의는 캉유웨이, 량치차오가 주도한 개량파의 입헌 방략과는 다른 차원의 혁명파 고유의 주의이자 정책 프로그램에 해당한다. 쑨원은 『민보』 발간 1주년 기념 연설에서 중국은 민권주의를 확립하여 국민적 국가를 건설하는 동시에 민생주의를 통하여 사회적 국가를 만들어야 한다고 역설했다(孫文, 1978b: 539).

혁명파의 민생주의는 주즈신에 의해 정치혁명과 사회혁명의 병행 논리로 발전되었다. 주즈신은 사회혁명은 방임 경쟁과 사유재산제라는 경제조직상의 불완전성에 그 원인이 있으며 빈부 격차의 심화와 자본의 발호를 억제하기 위한 것이라고 보았다. 주즈신은 "정치혁명은 평민(平民)이 주체가 되고 정부가 그 대상(객체)이 되는 데 비해 사회혁명은 세민(細民, proletariat)이 주체가 되어 객체인 호우(豪右, bourgeoisie)를 타도하는 것"으로 대별하고 정치혁명과 사회혁명의 상호 관계를 유형화시켰다. 이 유형화에서 주즈신은 중국은 유럽, 러시아의 경우와 달리 "정치혁명과 사회혁명의 원인이 병존하고 사회혁명의 객체인 호우가 [형성되지 않아서] 정치혁명을 방해하지 못하므로 정치혁명의 현실적 요구와 사회혁명의 예방적 조치를 동시에 추진할 수 있는 이점이 있다."고 보았다(朱執信, 1978: 438-439). 정치혁명과 사회혁명에 대한 주즈신의 이론적 차원의 논의와는 달리 펑지유는 "토지 및 기간산업의 국유화와 단세론을 혁명정부의 행정 방침으로 정책화시키는 것"이 민생주의라고 주장했다(馮自由, 1978: 425).

이상에서 살펴본 바와 같이 혁명파는 추용의 문명의 혁명, 장빙린의 혁명에 의한 인민의 개명, 왕징웨이와 후한민의 민족혁명과 정치혁명의 일체성, 그리고 주즈신과 펑지유의 정치혁명과 사회혁명의 병행 논리 등을 통해 종족(민족)·정치(민권)·사회(민생)혁명을 동시에 추진하는 방략을 역설했다. 혁명파의 민권주의는 세 차원의 혁명을 동시화시킨다는 차원에서 쑨원이 역설한 '민권주의' 그 자체의 논리로서만 존재하는 것이 아니다. 혁명파의 민권주의는 '민족주의'와 '민생주의'의 유기적 연관 속에서 파악되는 것이다. 1905년 『민보』를 발간하면서 혁명의 종지가 된 삼민주의는 1912년 중화민국의 성립과 더불어 국가 건설의 이념 체계가 된다. 그리고 쑨원은 1924년 삼민주의에 대한 총괄적인 체계를 세워 강연에 임한다. 이 강연에서 '민권주의'는 1911년 혁명 이전의 비교적 단순한 체계, 즉 반전제 혁명의 이념 체계로서의 민권주의를 넘어 혁명 민권(반혁명 세력에 대한 권리박탈)과 전민 정치(全民政治, 인민의 권(權)과 정부의 능(能, 治權)이 대립하지 않음)라는 정부의 통치 논리로 변모한다(孫文, 1978c: 661-764).

5. 소결

　이 글은 1895년 청일전쟁에서의 중국의 패배 이후부터 1911년 신해혁명까지의 중국 근대 정치의 흐름, 즉 1890년대 후반의 호남개혁운동, 1900년대 초반의 입헌 개량파와 공화 혁명파의 민권론의 전개를 분석하였다. 이 시기의 서로 다른 세 흐름의 정치 운동에서 전개된 민권론의 공통된 주제는 '반전제'였다. 중화 제국의 내적인 쇠락, 밖으로 열강의 침탈이라는 역사의 구조적인 위기에 직면하여 '시대의 변혁자'를 자처하고 개혁, 혹은 혁명운동을 주도한 근대적 지식인들은 전통적 전제로서는 이 위기를 극복할 수 없다는 시대 인식을 하기 시작했고, 그 대안으로 군권을 민권으로 대체해야 한다고 주장하게 된 것이다. 다만 이 대체의 방식은 그 정치적 방략에서 절충적인 군민공주의 정치적 개량주의와 군권의 해소와 민권으로의 직접 진입을 주장하는 혁명주의로 구분될 뿐이었다.

　근대 중국의 민권론의 전개에서 그 선구가 된 호남개혁운동의 민권론은 민권으로써 군권을 제한하되 '군민공주제'하에서 의회를 설립할 것과 정부의 근대화를 주장하였다. 호남개혁운동은 관리, 신사(紳士) 계층 및 젊은 지식인들이 결집한 지방 차원의 개혁운동이었지만 이는 1898년 무술변법이라는 국가 차원의 개혁운동의 사상적, 정치적 기반이 되었다. 호남개혁운동에서 제기된 '민권론'은 당시의 시대적 상황을 감안해볼 때 대단히 급진적인 사상이었다. 정치사적으로는 이 급진성으로 인해 조정 내 수구파의 결집을 강화시켜 결국 변법운동을 실패로 끌고 간 주요한 원인이 되었다는 평가가 있을 정도이다.[8] 사상사적으로 호남개혁운동의 민권론은 대단히 중요한 위

---

8) 이 점은 호남개혁운동과 무술정변의 주도자였던 량치차오가 직접 술회한 바가

상을 차지한다. 즉 군권에 대한 민권의 요구와 무술변법운동의 결집은 정변의 실패에도 불구하고 1901년 청조의 신정(新正) 실시와 이와 연관된 입헌 운동의 개시로 이어진다. 아울러 보황회를 중심으로 한 입헌 개량론은 추용, 장빙린 등 배만 혁명파와 1905년 동맹회 논객들로부터 많은 비판을 받는다.

군권과 민권의 개량주의적 절충을 주장한 입헌파와 군권의 일소(一掃)와 민권의 전면 실시를 주장한 혁명파 간의 입장 차이는 근본적인 것이 아니라 정치적 수단의 차원, 즉 권력 장악의 방법 차이로 이해하는 것이 정확하다(閔斗基, 1997: 9 참조). 입헌파는 청조를 보존하되 자신들이 권력을 잡아 의회를 설립하고 입헌을 실시함으로써 제국주의 열강에 의한 중국 간섭을 봉쇄하고 실질적인 정치 근대화를 주도하려고 했다. 이에 반해 혁명파는 260년 이상 구조화된 중국인의 반청 감정을 동원하여 무능한 청조를 구축(驅逐)함으로써 만주족의 특권적 지배와 전근대적(봉건적)인 전제를 동시에 일소하는 것을 목표로 삼았다. 입헌파와 혁명파는 비록 정치적 전략이 달랐지만 전제라는 전근대적 지배를 극복하고 민권을 제도화하는 근대적 정치 질서의 수립을 목표로 하였다. 부연하면 입헌파는 제국주의적 침략과 망국의 위험성을 최소화하여, 즉 반제국주의에 유념하면서 입헌주의와 민권주의라는 근대적 정치 기반을 점진적으로 구축하는 방략을 제시한 반면, 혁명파는 제국주의의 위험성보다는 일반적이고 불가항력적인 '반청'의 국민적 정념(情念)을 혁명적으로 정치화함으로써 공화제라는 근대적인 정치제도를 동시에 획득하려고 한 것이다.

있다(梁啓超, 1940: 62). 이 점에 대한 학술적인 평가는 민두기(閔斗基, 1985: 276-295) 참조.

입헌파와 혁명파는 공히 민권으로 '반전제'의 정치 근대화를 주장했다. 그러나 양자의 '민권 사상'은 특히 '민의'의 지지 정도와 관련하여서 큰 차이를 보였다. 입헌파의 개량주의적 접근은 신사 등 엘리트 계층의 지지와 후원을 받았다. 반면에 혁명파의 '민권주의'는 중국인에게 일반화된 반만 감정의 지지를 받았을 뿐만 아니라 평균지권을 기초로 한 '민생주의'의 사회적 권리를 보장함으로써 다수 평민의 광범위한 지지를 받았다. 물론 이러한 일반 평민의 광범위한 지지가 곧 반청·공화 혁명의 조기 실현을 보장했다고 판단할 근거는 희박하다. 그러나 1911년 10월 우창 봉기에 이은 청조의 종식과 1912년 1월 중화민국의 성립은 입헌파나 혁명파의 예상보다도 훨씬 조기에 다가온 것이었다. 반청·공화 혁명의 조기 실현은 2000년 이상된 전제의 타도와 아시아 최초의 공화국 수립이라는 역사적 평가를 받을 수 있다. 그러나 "중국은 공화 혁명에도 불구하고 봉건 제도가 여전히 잔존했고", 아시아 최초의 공화국은 "청조를 봉건 군벌 위안스카이와 바꿔치기함으로써 성립되었다."는 부정적 평가도 가능하다(閔斗基, 1997: 6).

20세기 초 중국의 신해혁명 당시에는 청조의 종식이라는 구질서의 해체는 뚜렷했지만 공화 혁명에 의한 새로운 민권주의의 제도화는 불확실하였다. 신해혁명기에 제기된 '민권주의'의 제도화 과제는 5·4신문화운동기의 '민주'의 계몽운동으로 연속되게 된다. 이러한 측면에서 중국의 국민혁명은 신해혁명을 제1차 혁명으로, 5·4운동을 제2차 혁명으로 포괄하는 것이다(閔斗基, 1997: 22-25 참조). 그러나 양차에 걸친 중국의 국민혁명은 중국을 통합과 발전의 반석 위로 유도하지 못했다. 5·4운동의 반제(반일)·민족주의는 1921년 중국 공산당의 창당을 견인했고 국민당은 1926년 장개석의 집권으로 우경화가 가속화되었다. 1920~30년대 중국은 봉건 군벌의 발호, 일본 제국주의의 중국 침탈의 노골화라는 대내외적으로 악화된 정세 속에서 파시스트화한 국민당과 혁명 투쟁을 가속화시킨 공산당 간의 내전적 투쟁으로 '민의'에 의한 정치는커녕 그 이전 1, 2차 국민혁명을 통해 확보한 '민권'도 위태로워져버렸다.

1949년 이후 대륙의 중화인민공화국은 레닌의 민주집중제와 프롤레타리아 일당독재, 대만은 정부와 인민의 대립을 소거한 '전민주의'와 '만능 정부'의 원리에 의한 국민당의 독재가 구조화되었다.[9] 대만은 민주화됨으로써 '민권'이 보장되고 '민의'에 의한 정치를 실시하고 있지만 현대화에 의해 발전을 거듭하고 있는 중국은 경제사회적 다원화에도 불구하고 정치적 차원의 '민권'과 '민의'에 의한 정치는 아직도 요원한 상태이다. 이 글이 제기한 근대 중국의 '민의', 그중에서도 '민권론'의 전개에서 제기된 문제는 21세기 중국이 여전히 풀어야 할 과제로 남는다. 19세기 말, 20세기 초를 대상으로 한 이 글의 문제의식은, 세기를 뛰어넘어 21세기 중국의 발전과 체제 전환이 정치적으로 민권주의를 보장할 제도를 갖출 것인가? 향후의 중국 정치가 경제사회적 다원화의 성숙에 맞추어 '민의'의 다원주의를 제도화시켜 '민의'에 의한 정치가 일상화될 것인가? 하는 역사적인 물음과 곧바로 연관된다.

---

9) 대만과 대륙에서 공히 중화민국의 국부(國父)로 숭앙받는 쑨원의 삼민주의 중 '민권주의'는 정부와 국민의 대립(국가 대 시민사회의 구분)을 인정치 않는 '전민 정치', 그리고 국가주의를 의미하는 '만능 정부론'에 의하여 다원주의적이거나 민주주의적으로 해석되기보다는 집단주의 혹은 국가주의로 귀결된다.

질의와 응답

1. 근대 중국의 '민권론' 제기의 시대사적 의의와 정치사적 의미는 무엇인가?

→ 근대 중국은 역사의 위기가 심화되는 가운데 구질서가 급속히 쇠락하고 근대적 지식인을 중심으로 새로운 중국의 건설을 모색하는 과도기적 정치과정이 전개되었다. 따라서 근대 중국 정치와 '민의'의 문제는 전근대적 왕조 정치나 근대적 민주정치의 패러다임에서 접근될 수 없는 과도기적 성격을 지닐 수밖에 없었다. 1890년대 호남개혁운동에서 신해혁명에 이르는 시기에 제기된 '민권론'은 중국 근대 지식인이 근대 정치에서의 민의의 의미를 모색한 사상사적 시도였다.

2. 근대 중국 민권 운동의 시원인 호남개혁운동에서의 '민권'의 개념은 어떻게 해석해야 하는가?

→ 1890년대 호남개혁운동에서 제기된 민권의 개념은 첫째, '자주지권'을 핵심으로 하고 1차적으로 군권을 제약(견제)하는 것으로 평가된다. 둘째, 민권 사상의 현실적인 모델은 미국이나 프랑스와 같은 공화제적 민주제가 아니라 영국식의 '군민공주'의 제도였다. 셋째, 후난 성의 개혁가들이 제기한 민권은 군권의 변화를 요구하였다. 즉 민권의 확립은 군권의 변화, 즉 단순한 군주권을 넘어 근대적, 능률적 정부의 도입을 의미했다.

3. 20세기 초 보황회는 민권을 보장하기 위해 어떠한 방식으로 입헌 체제를 도입하려 했는가?

→ 보황회는 중국이 망하지 않고 존속하려면 군주전제를 고쳐 민권

헌법을 세우고 입헌정체를 만들어야 한다고 인식했지만 중국이 단숨에 입헌정체를 실현할 수 있다고 보지는 않았다. 즉 보황회는 정치적 근대화로서 민권 헌법에 기초한 입헌 체제의 도입을 주장했으나 이를 실현하기 위해서는 점진주의적 개량에 의해야 한다고 주장했다. 보황회의 대표 논객인 량치차오는 중국에 입헌 체제를 도입하기 위해서는 정부는 관리를 파견하여 외국의 헌정을 살피고, 헌법 초안을 연구하여 제정한 후, 그 초안을 국민에게 공포하여 공개 토론을 거치고, 20년을 정하여 예비 입헌의 시기로 삼아야 한다고 주장했다.

4. 20세기 초 쑨원이 주도한 혁명파의 민권주의의 정치적 특성은 무엇인가?
→ 혁명파의 민권주의는 전제(專制)의 혁명적 폐기와 공화정에 의한 인민의 권리를 보장하는 것이었다. 그런데 혁명파의 민권주의는 그 자체로 근대적 민권 혁명을 지향했지만 '민족주의' 및 '민생주의'와 유기적으로 연계되어 있다. 혁명파는 민족·민권·민생 혁명의 동시적 추진, 즉 민족의 해방, 공화정에 의한 민권의 확보, 토지국유화 등 사회적 혁명을 주장하는 삼민주의를 주창하였다. 한편 1924년 쑨원의 삼민주의 강연에서 완결된 '민권주의'는 전제 및 반혁명 세력에 대한 권리박탈을 의미하는 혁명 민권에다가 전민 정치라는 정부의 통치 논리까지 포괄하게 된다.

5. 1901년에서 1911년 신해혁명 시기까지의 개량파의 민권론과 혁명파의 민권주의의 정치 전략적 차이는 무엇인가?
→ 군권과 민권의 개량주의적 절충을 주장한 입헌파와 군권의 일소(一掃)와 민권의 전면 실시를 주장한 혁명파 간의 입장 차이는 근본

적인 것이 아니라 정치적 전략의 차원, 즉 권력 장악의 방법 차이로 이해할 필요가 있다. 입헌파는 청조를 명목적으로는 보존하되 자신들이 권력을 잡아 의회를 설립하고 입헌을 실시함으로써 제국주의 열강에 의한 중국 간섭을 봉쇄하고 실질적인 정치 근대화를 주도하려고 했다. 즉 입헌파는 제국주의적 침략에 수반될 수 있는 망국의 위험을 회피하기 위해 반제국주의에 유념하면서 입헌주의와 민권주의라는 근대적 정치 기반을 점진적으로 구축하는 방략을 제시한 것이다. 이에 반해 혁명파는 260년 이상 구조화된 중국인의 반청 감정을 동원하여 무능한 청조를 구축(驅逐)함으로써 만주족의 특권적 지배와 전근대적(봉건적)인 전제를 동시에 일소하는 것을 목표로 삼았다. 즉 혁명파는 제국주의의 위험성보다는 일반적이고 불가항력적인 '반청'의 국민적 정념(情念)을 혁명적으로 정치화시켜 청조를 전복함으로써 만주족 지배로부터의 광복(光復)을 실현하는 동시에 공화제를 수립하여 근대적인 정치제도를 획득하려고 한 것이다.

참고 문헌

閔斗基, 1985, 『中國近代改革運動의 硏究: 康有爲 中心의 1898年 改革運動』, 서울: 일조각.
閔斗基, 1997, 『中國初期革命運動의 硏究』, 서울: 서울대학교출판부.
蕭公權, 1998, 『中國政治思想史』, 崔明・孫文鎬 譯, 서울: 서울대학교 출판부.
이혜경, 2002, 『천하관과 근대화론: 양계초를 중심으로』, 서울: 문학과 지성사.
曺成煥, 1990, 「中國 近代 民族主義의 理論形成과 政治戰略, 1895~1904」, 『한국사회사연구회논문집』 18.
曺成煥, 2000, 「19세기 말~20세기 초 중국의 국제화: 양계초의 정치사상을 중심으로」, 하영선 외, 『국제화와 세계화』, 서울: 집문당.

康有爲, 1981,「答南北美洲諸華商中國只可行立憲不可行革命書」, 湯志鈞 編, 『康有爲政論集 上册』, 北京: 中華書局.

譚嗣同, 1981,「仁學」, 蔡尙思·方行 編, 『譚嗣同全集』, 北京: 中華書局.

孫文, 1978a,「發刊詞」(『民報』, 1905), 張枬·王忍之 編, 『辛亥革命前十年間時論選集』第二卷 上册, 北京: 新華書店.

孫文, 1978b,「『民報』周年記念大會上的演說(三民主義與中國前途)」(『民報』, 1906), 張枬·王忍之 編, 『辛亥革命前十年間時論選集』第二卷 上册, 北京: 新華書店.

孫文, 1978c,「民權主義」(1924), 『孫中山選集』, 香港: 中華書局.

梁啓超, 1940, 『淸代學術槪論』, 上海: 商務印書館.

梁啓超, 1978a,「新民說」(『新民叢報』, 1902), 張枬·王忍之 編, 『辛亥革命前十年間時論選集』第一卷 上册, 北京: 新華書店.

梁啓超, 1978b,「開明專制論」(『新民叢報』, 1906), 張枬·王忍之 編, 『辛亥革命前十年間時論選集』第二卷 上册, 北京: 新華書店.

梁啓超, 1978c,「申論種族革命與政治革命之得失」(『新民叢報』, 1906), 張枬·王忍之 編, 『辛亥革命前十年間時論選集』第二卷 上册, 北京: 新華書店.

梁啓超, 1978d,「暴力與外國干涉」(『新民叢報』, 1906), 張枬·王忍之 編, 『辛亥革命前十年間時論選集』第二卷 上册, 北京: 新華書店.

梁啓超, 1984a,「中國積弱由於防弊」(『時務報』第9册, 1896), 吳嘉勛·李華興 編, 『梁啓超選集』, 上海: 人民出版社.

梁啓超, 1984b,「中國積弱遡源論」(『淸議報』, 1901), 吳嘉勛·李華興 編, 『梁啓超選集』, 上海: 人民出版社.

梁啓超, 1984c,「立憲法議」(『淸議報』, 1901), 吳嘉勛·李華興 編, 『梁啓超選集』, 上海: 人民出版社.

嚴復, 1986, 『嚴復集』, 北京: 中華書局.

汪精衛, 1978,「民族的國民」(『民報』, 1905), 張枬·王忍之 編, 『辛亥革命前十年間時論選集』第二卷 上册, 北京: 新華書店.

李擇厚, 1979, 『中國近代思想史論』, 北京: 人民出版社.

章炳麟, 1977a,「駁康有爲論革命書」, 湯志鈞 編, 『章太炎政論集』上下册, 北京:

中華書局.

章炳麟, 1977b, 「論學會有大益黃人極宜保護」, 湯志鈞 編, 『章太炎政論選集』, 北京: 中華書局.

章炳麟, 1984, 「訄書」, 『章太炎全集』第三卷, 上海: 人民出版社.

翦伯贊 等, 1953, 『戊戌變法』, 上海: 中華書局.

朱執信, 1978, 「論社会革命当与政治革命並行」(『民報』, 1906), 張枬·王忍之 編, 『辛亥革命前十年間時論選集』第二卷 上冊, 北京: 新華書店.

鄒容, 1978, 「革命軍」(『蘇報』, 1903), 張枬·王忍之 編, 『辛亥革命前十年間時論選集』第一卷 下冊, 北京: 新華書店.

湯志均, 1984, 『戊戌變法史』, 北京: 人民出版社.

馮自由, 1978, 「民生主義與中國政治革命之前途」(『民報』, 1906), 張枬·王忍之 編, 『辛亥革命前十年間時論選集』, 第一卷 下冊, 北京: 新華書店.

胡漢民, 1978, 「民報六大主義」(『民報』, 1906), 張枬·王忍之 編, 『辛亥革命前十年間時論選集』第二卷 上冊, 北京: 新華書店.

黃彰健, 1977, 「唐才常上康有爲書」, 『明清史研究叢稿』, 臺北: 臺灣商務印書館.

Bastid, M., 1979, *L'évolution de la société chinoise à la fin de la dynastie des Qing, 1873~1911*, Paris: Edition de l'Ecole des Hautes en Sciences Sociales.

Bergère, Marie-Claire, 1994, *Sun Yat-sen*, Paris: Fayard.

Bernal, Martin, 1976, *The Chinese Socialism to 1907*, Ithica: Cornell University Press.

Chevrier, Y., 1985, "Chine; fin du règne du lettré? Politique et culture à l'époque de l'occidentalisation", *Extreme-Occident/Extreme-Orient* 4.

Elman, B., 1984, *From Philosophy to Philology: Intellectual and Social Aspects of Change in Late Imperial China*, Cambridge Mass.: Harvard University Press.

Furth, Ch., 1986, "Intellectual Change: From the Reform Movement to the May Fourth Movement, 1895~1920", Fairbank, B., ed., *The Cambridge History of China*, Vol. 12, Part 1. 322-405, Cambridge, Mass.: Harvard University Press.

Huang Philip, 1972, *Liang Ch'i-ch'ao and Modern Chinese Liberalism*, Seattle:

University of Washington.

Levenson, J. R., 1964, *Confucian China and Its Modern Fate: A Trilogy*, London: Routledge & Kegan Paul.

한국 정치사상사에서

제2부

5장 조선 초기 태종과 공론 정치 _ 박홍규·이세형
6장 조선 전기 성종과 의론의 정치 _ 방상근
7장 조선 중기 당쟁과 이율곡의 공론 정치론 _ 김영수
8장 개화기의 민의와 의론 기구의 전환 _ 이원택

민의와 의론

5장 조선 초기 태종과 공론 정치

박홍규 · 이세형

1. 태종의 유신

조선 3대 국왕인 태종(재위 1400~1418년, 상왕기 1418~1422년)에 대한 기존의 평가는 주로 왕권 강화와 중앙집권화를 추구한 권력 군주로서의 모습에 집중된다. 이러한 시각에서 태종조의 강화된 왕권과 중앙집권화를 통해 조선의 제도화와 기초가 확립되었고, 나아가 세종의 문화정치와 공론 정치를 가능하게 했다는 긍정적인 결론이 도출된다. 그러나 이는 결국 태종의 왕권 강화 정책 그 자체는 정치적 숙청을 동반한 비유교적, 권력정치적인 것이라는 시각을 내포하고 있다. 과연 태종의 정치 그 자체는 성리학적 건국이념에서 일탈한 정치, 태종의 일방적 · 자의적 권력 방사(放肆)에 따른 일종의 계엄 정치일 뿐인가? 태종과 세종은 적어도 정치철학적 입장에서는 서로 단절된 것인가?

태종이 조선 건국과 왕위 찬탈, 그리고 집권 초기 왕권 강화를 위해 감행한 잔혹한 정치적 숙청은 그가 권력의 논리에 얼마나 매진했는가를 보여준다. 그러나 권력정치가로서의 태종의 모습이 상왕기를 포함해 22년에 이르는 태종 치세 전부를 대표한다고 볼 수는 없다. 나아가 태종이 세종의 성세를 예견하고 스스로 악역을 맡았다고 보기도 힘들다.

이 글은 태종이 단순한 권력정치가의 면모를 뛰어넘어, 자신의 통치 시기를 통해 실제 정치 운영에 있어서도 성리학적 이념에 충실하고자 했음을 밝히고자 한다. 이를 위해 태종조와 세종조의 정치적 연속성을 발견하고자 한다. 그 연속성이란 현재 조선조 정치의 특징으로 부각되고 있는 '공론 정치'의 개념이다. 지금까지 태종과 공론 정치의 관계를 직접적으로 분석한 연구는 없었고, 공론 정치를 '재상 위임 정치'나 '군신 협치(君臣協治)'와 관련된 것으로 이해하고 있는 기존의 연구를 통해서 본다면 태종은 오히려 공론 정치와는 거리가 먼 것으로 생각된다.[1] 그러나 이처럼 공론 정치와 왕권을 대립적인 의미에서 파악하는 것은 공론 정치의 가치를 서구의 근대 민주주의나 입헌주의와 관련지어 평가하려는 의도 때문인데, 이로 인해 성리학에서 중시하는 정치적 행위자인 왕이 자의적·전제적 존재로 오해되기까지 했다. 따라서 공론 정치와 왕권과의 관계에 대한 재검토를 통해 태종의 집권 후반기의 모습 속에서 공론 정치가 작동한 사례를 확인하고, 이를 통해 조선조 정치의 중요한 특징인 공론 정치가 이미 태종의 집권 후반기에 시작되고 있었으며 세종조의 공론 정치 또한 그 연장선상에 있었음을 규명하고자 한다. 나아가 공론 정

---

1) 박현모는 숙의를 중시하는 세종의 정책 결정 방식을 공론 정치의 대표적 사례로 들며, 그와 대조적으로 태종은 핵심 사안을 위에서 지시하고 신속하게 임시방편적 조처[權道]를 취해서라도 좋은 결과를 거두는 것을 중시했다고 설명한다(박현모, 2005: 255).

치와 왕권이 가진 긍정적 관계를 살피는 것은 현재 주목받고 있는 심의민주주의나 토의민주주의 이론이 간과하고 있는 리더십의 의미를 다시 환기시키는 의미가 있다고 본다.

이러한 연구에 중요한 단서를 제공하는 역사적 사건이 태종 10년 7월에 있었던 '유신의 교화' 선언이다. 유신의 교화란 태종이 태조와 신의왕후의 신주를 종묘에 부묘하고 신료에게 하교하는 자리에서 전국적인 대사면을 선포하며 사용한 특징적 표현으로서, 약 4개월 전인 태종 10년 3월 17일 민무구·민무질 형제에게 자결을 명하고 그들의 당여(黨與)에 대한 정치적 숙청을 완료하면서 태종이 집권 전반기에 일관되게 추진한 왕권 강화 작업이 일단락되는 시점에 등장한 것이다.

> 생각건대 태조 강헌 대왕의 높은 공과 성한 덕이 천인(天人)에 이르렀고, 나 소자(小子) 또한 이루어진 공렬을 이었으니, 조선 억만년의 무강한 아름다움을 맞이할 것이 정히 오늘에 있다. 하물며, 성한 예를 거행함에 마땅히 비상한 은택을 내려야 하겠다. 금월 26일 새벽 이전의 모반·대역, 조부모·부모를 죽인 것, 처첩이 남편을 죽인 것, 노비가 주인을 죽인 것, 고독(蠱毒)·염매(魘魅), 모고살인(謀故殺人), 강도를 범한 것을 제외하고, 이미 발각되었거나 아직 발각되지 않은 것, 이미 결정되었거나 아직 결정되지 않은 것을 모두 다 용서하여 면제한다. 아아! 이미 황고를 높이어 극향의 의를 베풀었으니, 아름답게 신민과 더불어 크게 유신의 교화를 편다.

'유신(惟新)'의 개념이 가진 정치적 의미와 태종의 왕권 강화 정책의 가장 큰 걸림돌이었던 민씨 형제를 숙청한 시점이라는 시기적 의미를 생각해볼 때, 유신의 교화는 태종 자신이 이후의 정치적 성격이 전환될 것임을 공개적으로 선언하는 것이라고 볼 수 있다. 따라서 태종의 집권기는 유신의 교화를 기준으로 전반기와 후반기로 나눌 수 있다. 유신의 교화 이전의 태종은 스스로 인정한 것처럼 무가적(武家的) 정체성을 가진 군주였으며, 강한 권력의지를 갖고 왕권 강화를 위한 정치적 숙청을 감행했다. 그러나 이 시기는 또한 태종 개인의 권력정치와는 독립적으로 이미 창업 이후 일정한 궤도에 들어선 조선의 제도화가 동시에 진행되던 시기였다. 왕권 강화라는 목적이 달성된 후 유신의 교화를 선언하면서, 태종은 집권 전반기의 파행적인 정국 운영을 극복하고 본래의 성리학적 정치 질서로 복귀하려고 하는 의지를 표현하고 있다. 이러한 태종의 의지는 유신의 교화를 전후로 뚜렷하게 포착되는 태종의 자기 정체성 변화와, 구체적인 공론 정치의 사례들을 통해 알 수 있다.

2. 공론 정치와 왕권

1) 공론 정치의 의미

기존의 연구는 공론 정치를 공론을 중시하는 정치 내지 공론화 과정을 통한 신중한 정책 결정 방식, 공정한 다수의 의견이자 국가의 원기로 간주된 공론에 따르는 정치, 양반이라 통칭되는 지식인 관료들과 예비 관료 집단인 유생들이 다양한 방식으로 공론을 형성하고 이러한 공론이 국왕과 언관을 주축으로 하여 공식적·공개적으로 소통되는 정치 등으로 설명하고 있다(박현모, 2004: 44; 이현출, 2002: 131; 엄훈, 2002: 289). 그리고 공론 정치의 제도적 특징으로 재상 중심

정치, 간관 제도, 유향소, 경연·학교·집현전·홍문관 등 교육 및 조언 기구의 제도화, 사림 세력에 의한 붕당정치 등을 들고 있다(박현모, 2005: 245-248; 이승환, 2005: 19; 엄훈, 2002: 297; 김영주, 2002: 73-75; 김용직, 1998: 66-68). 이에 따라 대부분의 연구자는 조선의 공론 정치가 세종조를 통해 등장하여 조선 중기에 이르러 확립된 것으로 파악하고 있다.[2] 공론 정치의 핵심어인 '공론'에 대해서는 성리학적 차원에서 정치체의 구성원들이 표출해내는 리(理)에 부합하는 공통된 의견 및 다수의 합리적 의지, 공정하며 공개적이고 공공적인 공(公, public opinion)의 개념과 합리적인 의사 결정 과정을 거치지 않은 채 많은 사람이 정서적으로 공감하는 의견인 중·여·물(衆·與·物, mass opinion)의 개념이 혼합되어 있는 것 등으로 정리하고 있다(이승환, 2005: 13-14; 김영주, 2002: 86).

그러나 이러한 설명들은 매우 모호할 뿐 아니라, 서구 정치사상의 개념과 혼동을 야기하고 있다. 실제로 많은 연구가는 공론 정치를 서구의 근대 민주주의·입헌주의와 관련짓거나, 심지어 심의민주주의와 유사한 개념으로 설명하고 있다.[3] 이는 공론 정치를 서구의 근대 민주주의 및 입헌적 민주주의와 유사한 성격을 가진 것으로 묘사

2) 박현모는 조선조 공론 정치의 출발을 수성 군주로 스스로의 역할을 파악한 세종이라고 보고 있다(박현모, 2005: 240-242). 이승환은 공론 정치가 본격적인 궤도에 오르는 시기를 성종조로, 그 절정기를 중종-선조-광해군으로 파악한다(이승환, 2005: 19). 엄훈은 선조 초부터 공론 정치가 정립된 것으로 보고 있다(엄훈, 2002: 297). 김용직 역시 공론 정치가 본격적 궤도에 오른 것을 성종조로, 절정기를 중종조 무렵으로 설명한다(김용직, 1998: 70).
3) 이승환은 공론에 대한 주희의 견해는 현대 심의민주주의에서 강조하는 공개적 토론과 합리적 심의를 통한 정책의 결정과 별로 다를 것이 없다고 주장한다(이승환, 2005: 15). 박현모 역시 공론 정치를 'confucian deliberative politics'로 번역함으로써 서구 심의 정치와의 유사성을 강조하고 있는 것으로 보인다(박현모, 2004: 44). 김용직은 공론 정치를 심의와 언술 정치가 중시되는 조선의 독특한 입헌주의적 근대성의 맹아라고 설명한다(김용직, 1998: 67).

함으로써 조선조 정치의 긍정적인 측면, 즉 근대성이나 입헌적 성격을 부각하려는 의도가 있는 것으로 보인다. 물론 조선의 공론 정치가 서구의 민주주의 발전 과정과 마찬가지로 군주의 전제적 통치를 견제하고 여론과 토론에 의한 성숙한 정치를 추구했다거나, 심의민주주의와 유사한 면모가 있다는 것을 부정할 수는 없다. 그러나 공론 정치를 서구적 관점을 기준으로 해석하려고 하는 것은, 그 의도가 가진 긍정성에도 불구하고 공론 정치의 진정한 의미와 가치를 훼손하고 있는 것이다. 왜냐하면 공론 정치에서 말하는 공론 개념과 서구의 공론장(public sphere) 혹은 공론(public opinion; mass opinion)의 개념은 부분적인 유사성에도 불구하고 그 의미와 맥락이 전혀 다르기 때문이다.[4]

서구 심의민주주의 이론의 정치철학적 토대를 마련한 롤즈(John Rawls)는 공공 영역을 도덕·종교·철학적인 이슈가 배제된 중립적이고 이성적인 논의의 장으로 표현하며, 하버마스(Jürgen Habermas)는 법적으로 제도화된 토론 및 의사 결정 절차가 있는, 폭넓게 확장되고 분화된 공론의 장이라고 표현한다(Rawls, 2001: 76-77; Habermas, 1998: 246-249). 양자 간 의미의 차이를 인정하더라도, 결국 롤즈와 하버마스는 모두 의사 결정의 공간으로서의 공론장을 절차적 정당성의 입장에서 접근하고 있는 것이다. 근본적 가치나 도덕적 내용이 공론장에서 다루어질 수 있어야 한다는 주장이 현대 심의민주주의 이론가들 사이에서 제기되고 있으나, 그것 역시 궁극적인 정당성

---

[4] 이상익과 강정인은 영어의 '의견(opinion)'은 플라톤 이래 불완전한 지식으로서 폄하의 대상이 되어왔으며, 오늘날 영어에서도 '고집' 혹은 '편견'의 의미를 지니는 데 반해, 한자어 '론(論)'은 '말'을 매개로 한 '논리'와 '이성' 등 합리적 의미를 강하게 띠고 있기 때문에 영어의 'public opinion'이 '공론(公論)'으로 번역될 수 있는지에 대해 심각한 고찰이 필요하다는 중요한 지적을 하고 있다(이상익 외, 2004: 107).

이 아닌 어디까지나 끊임없는 정치적 주체 간의 상호 정당화나 자기 개선 과정이 필요한 잠정성(provisionality)을 의미한다(Gutmann et al., 2004: 125-127). 즉 서구에 있어 공론장이란 근본적 가치가 배제된 도덕적으로 중립적인 공간이거나, 어느 정도 근본적 가치들을 용인하더라도 특정한 가치의 우위를 거부하는 비결정성이 지배하는 공간이라고 할 수 있다. 이는 결국 권리 주체로서의 사적 개인의 욕망과 영역을 긍정하며, 동시에 모든 사적 개인으로부터 초월적인 공간으로서의 정치적(공적) 영역을 설정하는 영역 분리의 입장을 기초로 하고 있는 것이다. 이러한 전제 속에서 심의민주주의란 "평등한 개인들 사이에서의 자유로운 공적인 논의를 기초로 하여 집단적인 정치적 권력의 행사가 정당화되는 과정"이다(Cohen, 1999: 412).

그러나 성리학에서 말하는 공론 개념은 이와 근본적으로 다르다. 서구의 'private'의 개념이 가진 의미와 달리 성리학에 있어 사(私)란 긍정되어야 할 것이 아니라 오히려 비판되어야 할 것, 거부되어야 할 것으로 인식된다. 주희는 한 개인에게서도 도덕적 소통의 경향을 '공(公)'으로, 이기적 욕심에 이끌려서 천리(天理)에서나 인간관계에서 폐쇄적 성향을 갖는 것을 '사(私)'로 규정한다(권향숙, 2002: 28). 즉 성리학의 공(公)이나 공론의 개념은 서구와 같은 영역적 개념이 아니라 그 자체가 이미 궁극적 정당성을 가지는 정치적 원리로서의 천리를 전제로 하여, 이 천리에 따라 정치를 운영하는 하위 범주로서 의미를 갖는 것이다.[5] 이는 곧 천리-공론의 정치와 인욕(人欲)-사심(私心)의 정치는 서로 완전히 대립적인 개념이라는 것이다.[6] 예컨대

---

[5] 김영수는 정치를 천리의 연장으로 보는 성리학의 공론관이 '귀일', 즉 진리의 발견을 지향하는 것과 반대로, 현대 민주주의의 공론 영역은 인간의 다원성(plurality)과 차이(difference)에 근거하고 있다는 점을 적절히 지적하고 있다(김영수, 2005: 11).

서구에서는 사적 관계로 파악되는 가족 관계에 있어서도, 성리학에서는 천리에 따르는 공적인 자세를 요구한다.[7]

성리학적인 정치의 개념은 그 자체가 곧 천리의 정치이고, 천리의 정치를 이루는 방법이 공론 정치이다. 공론 정치에 있어 서구적인 토론이나 심의 개념과의 부분적인 유사점이 존재할지라도 기본적으로 양자는 다른 것이다. 천리를 이루는 정치란 평등한 개인들의 논의와 심의를 통해서 이루어지는 것이 아니라, 군자나 선각자가 소인과 후각자를 깨우치고 가르쳐서 이루어지는 정치라고 할 수 있기 때문이다. 절차적 합리성에 천착하는 서구와는 달리 성리학에서의 공이란 이미 우주적이고 궁극적인 가치를 내포하고 있는 개념이기에 그러하다.

2) 공론 정치와 왕권

공론 정치와 서구의 심의민주주의·입헌주의를 연관시키는 기존의 이해는 공론 정치의 한 주체인 왕의 역할과 관련하여 심각한 문제를 야기한다. 성리학적 정치관에서 중요한 의미를 갖고 있는 정치적 행위자인 왕을 공론 정치에 부정적인 것으로 묘사하거나, 왕의 역할을 인정하더라도 그보다는 재상이나 신료, 혹은 민심의 역할을 강조하게 되는 것이다. 이 경우 왕권은 자의적이고 전제적인 것으로서 공론에 대립적인 것으로 생각되며, 결국 공론의 소재를 신권에 귀착시켜 신권의 확대와 왕권의 약화, 신료의 역할 및 자율성의 확대, 나아가 재상 위임 정치나 사림 정치로 공론 정치를 설명하게 된

---

6) 『朱子語類』「學七 力行」: 人之一心, 天理存, 則人欲亡. 人欲勝, 則天理滅, 未有天理人欲夾雜者.
7) 『近思錄』「家道篇」: 父子之愛本是公.

다. 이렇게 본다면 왕권 강화에 매진한 태종은 공론 정치와는 전혀 무관하거나, 세종조 공론 정치의 기틀을 놓은 수준에 머무른 것으로 이해될 수밖에 없다.

그러나 성리학의 공론 개념이 왕권에 대한 신권의 우위를 뜻하거나, 나아가 대중의 의견 혹은 다수의 의견이라고 명료하게 설명되지는 않는다. 절대주의 왕권에서처럼 왕권을 왕의 자의적 권력 행사 혹은 사적 의지의 발현으로 바라보고 왕권의 제한과 입헌주의·민주주의의 역사를 동일하게 바라보는 근대 이후의 서구와 달리, 성리학에서 왕은 천리를 추구하는 정치에 있어 핵심적인 위치를 차지하는 존재이다. 주희는 정치의 중요한 주체로 확고한 의지를 가진 국왕, 군주의 의지를 책임지고 실행하는 재상, 정책을 실시하는 유능한 인재라는 세 요소를 들고 있다. 그중 훌륭한 의론을 진언하고 좋은 계책을 말한다고 해도 강직하고 과단성 있는 군주의 의지가 먼저 확립되어 있지 않으면 실행에 옮길 수 없음을 말하며 군주의 역할이 중요함을 인정하고 있다.[8] 따라서 공론 정치의 주체와 관련하여 생각할 때, 조정에서의 논의가 신료들에게서 나와야 공론이라거나, 왕 개인의 의지는 공론이 아니라거나 하는 단순한 논리는 성립하지 않는다. 오히려 왕과 신하라는 두 정치적 행위자는 공의(公義)와 사리(私利)의 대립적인 개념 틀 안에서 그 성격이 파악되어야 한다. 다수 신하들의 의견이 항상 공론은 아니며, 오히려 신하들의 논의가 사리 추구, 즉 관료들의 사적인 권력 행사나 사적인 결합을 위한 것이

---

8) 『近思錄』「治體篇」: 伊川先生曰, 當世之務, 所尤先者有三. 一曰立志, 二曰責任, 三曰求賢. 今雖納嘉謀陳善算, 非君志先立, 其能聽而用之乎 …… 三者之中, 復以立志爲本. 所謂立志者, 至誠一心, 以道自任, 以聖人之訓爲可必信, 先王之治爲可必行, 不狃滯於近規, 不遷惑於衆口, 必期致天下如三代之世也.」; 『近思錄』「治體篇」: 自非剛斷之君, 英烈之輔, 不能挺特奮發, 以革其弊也.

라면 공론이라고 불릴 수 없다. 나아가 소수의 권신이 조정의 공론을 방해할 경우, 신권을 억제하고 공론을 확대하는 것이 공론 정치를 위한 왕의 임무가 되는 것이다. 왕의 의지와 결단이 천리에 따르는 공론 정치의 중요한 요소임을 생각한다면, 정책 결정에 있어 왕의 역할이 공론 정치와 결코 상반되지 않는다는 것을 알 수 있다.

따라서 태종의 왕권 강화 정책을 곧 공론 정치에 부정적인 것으로 단정할 수는 없다. 공론과 왕권은 때로는 갈등하면서도 때로는 동시에 추구될 수 있는 미묘한 성질을 가진 것이다. 중요한 것은 태종의 왕권 강화 정책의 성격이며, 그것이 궁극적으로 공론 정치에 어떤 영향을 미치고 있는가를 살피는 것이다.

3. 태종조 공론 정치의 기초

태종의 집권 전반기는 조선의 건국이념인 성리학에 따라 진행되던 제도화 과정과, 왕권 강화를 위한 태종의 권력정치가 공존하며 갈등을 일으키던 시기였다. 따라서 이 시기를 바르게 평가하기 위해서는 태종 개인 차원의 권력정치와는 독립적으로 꾸준히 진행되던 성리학적인 제도화 과정과 함께, 태종이 추구했던 왕권 강화 정책의 성격을 모두 살피는 것이 필요하다. 이를 통해, 결코 일치하지 않았으나 그렇다고 완전히 배치되지도 않았던 조선의 성리학적인 제도화와 태종의 왕권 강화 정책이 결과적으로 태종조 후반기와 세종조로 이어지는 공론 정치의 기초를 마련했다는 결론을 얻을 수 있다. 이를 태종의 권력 기반, 제도화, 왕권 강화라는 세 가지 측면에서 살펴보고자 한다.

1) 성리학적 권력 기반

태종 자신은 비록 무력과 테러를 통해 권력을 장악했음에도 불구하고, 그의 정치적 정당성은 항상 성리학의 질서에 기초하고 있었다. 태종 자신의 정체성이나 의지와 상관없이, 이미 조선의 건국은 정치와 언어의 패러다임 자체를 급격히 변화시켰다. 즉 성리학의 한반도 수용과 그것을 통한 조선의 건국은, 단순한 왕조의 변화가 아니라 이전과 다른 혁명적인 정치적 변동을 가져온 것이다. 물론 태종이 조선 건국의 정치철학적 의미를 완전히 이해했으며 그것에 동의하고 있었다는 근거는 불확실하다. 그러나 집권 초 태종의 언설 체계는 이미 그가 조선의 정치적 정당성의 유일한 근원이 성리학임을 인정하고 있었다는 것을 보여준다. 태종의 즉위 교서는 그가 성리학적 군주관과 정치철학에 대해 인정하고 있었음을 보여준다.

왕자(王者)의 덕은 백성에게 은혜롭게 하는 것보다 더 큰 것이 없다. 하늘과 사람의 두 사이에 위치하여 위로 아래로 부끄러움이 없고자 하면, 공경하고 어질게 하여, 하늘을 두려워하고 백성에게 부지런히 하는 것이다. 힘써 이 도에 따라서 부하(負荷)된 임무를 수행하겠다(『定宗實錄』2年 11月 癸酉條).

태종의 공식적인 언술 내용은 그의 개인적인 권력의지마저 성리학적 문법을 동반해야 비로소 정당화된다는 것을 보여준다. 태종조의 조선 정치 역시 큰 틀에서는 성리학의 패러다임 안에서 움직이고 있으며, 권력정치가의 야심과 성군(聖君)의 소망은 동전의 양면처럼 태종에게 함께 존재하고 있는 것이다. 태종은 성리학적인 교육과 훈련을 체계적으로 받은 조선 최초의 군주였고, 그것은 그가 젊은 나

이에 과거에 급제한 경력이 있으며 세자 시절부터 서연을 행한 것을 통해 알 수 있다(조남욱, 1997: 161). 그뿐만 아니라 무력으로 뒷받침한 세력을 제외하고 태종 권력의 인적 기반을 형성한 대부분의 핵심 인물은 권근, 하륜, 박석명 등으로 모두 신진 사대부 세력이었다.

2) 제도화

태종의 성리학적 권력 기반은 태종 자신이 원하였든 원하지 않았든 조선의 각종 정치·사회적 제도들이 설립되고 안정화되도록 했고 그것은 구체적으로 태종조 전반기의 정치적 모습이 그 이전의 고려나 태조의 집권기와는 근본적으로 다른 특징을 갖도록 했다. 특히 태종의 집권 전반기를 통해 처음으로 등장하거나 확립된 제도들인 언관 제도, 경연 제도, 직소 제도 등은 이후 공론 정치와 관련하여 중요한 의미를 갖고 있다.

(1) 언관 제도

언관이 왕을 권고하고 잘못을 지적하는 간쟁의 역할은 공론 정치의 핵심적인 특징이라고 할 수 있다. 『조선왕조실록』에서 최초로 공론에 대한 관점이 언급되는 태조 원년 11월 기사는 언관 자신이 스스로를 공론의 근원이자 뿌리로 인식하고 있음을 보여준다.[9] 그러나 수시로 간쟁을 하도록 해달라는 이 상소에 대해 태조는 국가의 중대사에 해당하는 것에 한해 계문하도록 지시함으로써 조정 대부분의 실제적인 논의를 근신들이 주축을 이룬 도평의사사에서만 하도록 제한했다. 언관들은 정치적인 논의의 주체로 받아들여지지 않았으

---

9) 『太祖實錄』元年 11月 丙戌條: 臣等竊謂公論者, 天下國家之元氣也.

며, 관료에 대한 감찰이나 탄핵의 역할에 머물렀다.

그러나 태종조에 들어서서 간쟁의 제도화와 언관의 역할은 크게 확대된다. 태종의 즉위와 동시에 문하부 낭사 맹사성 등이 상언한 내용 중, 태종은 경연 참석 및 관료 인사에 대한 대간의 사전 심사를 즉시 시행하도록 허락한다(『定宗實錄』2年 11月 癸酉條). 특히 중요한 것은 태종 원년 7월 문하부의 낭사가 사간원으로 독립되어 비로소 최초의 독립된 간쟁 기관으로 자리 잡은 것이다.[10] 물론 태종이 언관의 활동에 대해 항상 호의적이지는 않았음은 분명하다. 집권 초기 강무(講武)나 사냥 등 태종 자신의 개인적 선호와 관련된 문제에 대해서는 첨예한 대립을 빚기도 했다. 그러나 태종은 어떤 경우에도 간쟁 제도 자체에 손대지는 않았으며, 언관에 대한 처벌에 있어서도 매우 신중했다.[11]

태종은 언관과 충돌했을 경우에도 간쟁 자체보다는 언관의 간언 태도를 더 문제시했던 것 같다. 태종 9년(1409년) 윤4월 22일에 있었던 지사간원사 한상덕의 간언에 대해 태종은 "내가 즉위한 이후로 간관과 더불어 옳거니 그르거니 서로 말하였으나, 오늘처럼 잘하는 자는 보지 못하였다."고 극찬한다. 한상덕이 간한 내용은 정사를 들으라는, 태종에게는 불쾌할 수 있는 내용이었음에도 그는 태종의 심기를 배려하는 은유적인 자세로 간언하여 오히려 태종의 신뢰를 얻

---

10) 정두희는 태종이 문하부를 혁파하고 낭사를 독립시켜 사간원을 만듦으로써 고려와 다른 조선의 제도적 특징을 분명히 했다고 지적한다(정두희, 1989: 62-63). 반면 최승희는 이때의 사간원 독립을 간관 기능의 강화로 볼 수 없다고 주장한다(최승희, 1989: 115-116). 그러나 사간원 독립은 정무 기관이었던 문하부에 포함되어 있던 간쟁 기능이 제도적으로 보장된 것으로서 그 의미를 높이 평가해야 한다.
11) "임금의 동정과 정령의 득실을 모두 간하여 바르게 하는 것이 간관이다. …… 간쟁하는 선비는 말이 비록 적중하지 않을지라도 내가 죄를 주지 아니하였다."(『太宗實錄』9年 閏4月 乙丑條)

을 수 있었다. 반면 태종은 자신의 사냥·성색(聲色)을 노골적으로 드러나게 비판한 전가식과 이지직에 대해서는 파면이라는 징계를 내린다(『太宗實錄』 2年 4月 癸丑條).[12] 그러나 이들의 경우 '세 사람이 함께 상소해야 한다.'는 간언 절차를 어겼을뿐더러, 배후에 임금의 장인인 여흥부원군 민제가 관련되어 있었음에도 불구하고 태종은 이들에 대한 처벌을 상당히 주저하다가 결국 그 직을 파면하는 선에서 종료한다.

또한 언관과의 충돌 자체를 부정적으로 보기도 힘들다. 공론 정치와 문화정치의 사례로 언급되는 세종조 역시 언관과의 충돌이 잦았으며, 실제로 세종의 재위 기간 동안 언관의 활동 빈도는 태종조와 거의 비슷한 수준이었기 때문이다.[13] 세종 역시 대간의 탄핵을 거부한 적이 많았으며, 특히 그가 아끼는 중신에 대한 탄핵은 용납하지 않았다. 또한 세종 자신이 분명한 의지를 갖고 추진하는 정치적 사안에 대해서는 반대하는 신료들을 내쫓으면서까지 의도를 관철시켰다.[14] 세종은 태종 못지않은 왕권에의 강한 의지를 갖고 대간을 적절

---

12) 태종의 불만을 반드시 부정적으로 볼 수는 없다. 공자 역시 우직하고 고지식하게 간하는 것보다 임금의 마음을 잘 헤아려 풍자적으로 간하는 것(諷諫)을 선호했기 때문이다(『孔子家語』「辯政」: 忠臣之諫君, 有五義焉 …… 五曰諷諫. 唯度主而行之, 吾從其諷諫乎).
13) 사헌부·사간원·대간·삼성·집현전·예문관 등 언론기관의 활동 상황을 보면 태종조의 월 평균 횟수가 4.2회임에 비해 세종조는 4.8회로, 거의 차이가 없다 (최승희, 1989: 133-135). 지방의 언론기관인 유향소에 대해서도, 세종은 태종 17년에 신명색으로 혁파된 유향소를 세종 10년에 복원했으나, 그 권한을 대폭 축소하고 지방 수령의 권위를 강화시킴으로써 실제로는 유향소를 억압하는 태종의 정책을 고수했다(정완근, 1984: 7-9).
14) 세종 24년 10월, 왕실의 자손인 이인우의 며느리를 사헌부가 부인의 예절이 없다는 이유로 국문하는 사건이 벌어지자, 세종은 이인우가 가까운 친척은 아니지만 종실과 관련되어 있으며 벼슬이 호군에 이르렀는데도 마음대로 국문했다는 이유로 대사헌 정갑손을 비롯한 사헌부 관료들을 모두 국문하도록 한다(『世宗實錄』 24年 10月 癸巳條). 하루 뒤 이들을 석방하기는 하나 결국 관련자 전원을

한 수준에서 통제하고자 했던 것이다. 그럼에도 많은 연구자는 세종조를 공론 정치, 문화정치의 대표적인 사례로 언급하거나 세종을 성군으로 표현하며 세종의 치세를 조선 역사에서 가장 모범적인 정치가 행해졌던 시기로 제시한다. 결국 이것은 공론 정치가 단지 왕이 언관들의 간언이나 신료들의 주장을 많이 수용하는 것 이상의 것임을 나타내고 있는 것이다.

(2) 경연 제도

경연 제도는 왕과 신하가 경전을 읽고 토론하는 제도였지만, 임금의 학문과 덕을 고양시켜 훌륭한 정치를 이룬다는 기본적인 목적 외에도 경전을 매개로 하여 임금과 신하의 고정적인 논의 통로가 확보된다는 의미가 있다. 경연장은 자연스러운 정치적 논의의 공간으로 기능할 수 있었던 것이다. 이러한 의미에서 경연 제도는 공론 정치와 긴밀한 관계를 갖고 있다. 조선의 경연 제도는 태조 원년 7월에 공민왕 2년의 경연 제도를 보완하면서 시작되었다. 그러나 태조 자신은 재위 시에 『대학연의』를 진강하게 한 적은 있으나 제도화된 경연을 열지는 않았다. 정종은 재위 2년 동안 약 30여 회의 경연을 열었다(남지대, 1980: 124-125). 횟수로는 상당히 많은 편이지만, 정종이 당시의 정치적 현실에서 의미 있는 행위자가 아니었고 재위 기간이 워낙 짧았기 때문에 정치적 의미를 부여하기는 어렵다.

반면 앞서 언급했듯이 태종은 세자 때부터 서연에 참여해왔으며

좌천시킨다. 특히 정갑손은 세종 27년 판한성부사로 복귀하기까지 2년간 외직을 전전한다. 그런데 이 사건은 세종 24년 8월부터 벌어진 첨사원 문제와 긴밀히 연결되어 있는 것으로 보인다. 세종이 세자의 직무확대를 위해 일종의 세자 직무 처결 기관인 첨사원을 두려고 한 데 대해 정갑손이 끝까지 반대했기 때문이다.

즉위 교서를 통해 경연을 제도화하고 정치적 논의에 활용했다.[15] 물론 태종이 항상 경연을 즐겨한 것은 아니다. 태종은 종종 나이와 건강 문제를 들어 경연을 회피하고자 했다. 그러나 태종의 이런 자세는 경연 제도가 아직 정착되지 못했으며, 여전히 제도화의 과정 속에 있었기 때문임을 고려해야 할 것이다.

경연을 통한 성리학적 정치 문법의 진보는, 정치적 논의 공간의 확보 외에 또 다른 의미가 있다. 태종이 신료들과 대등한 대화가 가능하도록 했다는 것이다. 경전에 대한 지식은 태종으로 하여금 신료들을 제어함에 있어 물리적 위협이나 폭력을 사용하지 않고 논리와 언어로 정당화할 수 있는 기반을 마련해주었다. 이것은 군신 간의 정치적 대립이 처벌이나 숙청과 같은 사법적 공간이 아니라, 언어를 이용한 세련된 논의 공간에서 벌어질 수 있다는 가능성을 보여준다. 예컨대 태종은 후척봉군(后戚封君)의 문제에 관한 예조의 실수를 바로 지적할 수 있었으며, 세 번 간하여 듣지 않으면 벼슬을 내놓고 물러간다는 『예기』의 한 구절을 이용해 언관들을 억제하기도 했다(『太宗實錄』 9年 8月 丙寅條; 『太宗實錄』 11年 7月 辛酉條). 이처럼 경연 제도는 태종이 성리학적 정치 질서를 배우도록 만들었으며, 태종 자신도 논리적인 토론 문화에 점차 익숙해질 수 있었다.

(3) 직소(直訴) 제도

직소 제도는 신원자가 직접 왕에게 호소할 수 있는 제도로서 이중

---

15) 경연장에서 정사가 논의된 사례는 많다. 정종 2년(1400년) 5월 17일 및 6월 20일에 태종이 서연 중 국방 문제나 사병 혁파 문제를 거론한 것, 태종 원년(1401년) 윤3월 23일에 시독관과 불교 폐지론에 대해 논의한 사례, 5월 8일에 이첨, 박신, 조용, 김과 등과 함께 정사를 논의할 때 사관 참여 문제를 두고 어지럽게 토론한 사례 등이 그 예이다.

태종조를 통해 등장하거나 확립된 제도에는 신문고 제도와 대가(大駕) 앞 상소 등을 들 수 있다. 신문고 제도는 처음 등문고라는 이름으로 태종 원년 7월에 설치된다. 이후 신문고라고 이름을 고치고 다시 태종 2년 1월에 신문고 설치를 언급하면서 서울의 경우 주무 관청, 외방의 경우 수령과 감사에게 먼저 고하고, 차례로 사헌부와 신문고 제도를 둠으로써 3단계의 여론 청취 제도가 확립된다(『太宗實錄』 2年 1月 己酉條). 신문고 제도는 설치 초기부터 상당히 활발하게 작동한 것으로 파악된다. 태종 2년 3월에 태종이 전지한 내용을 보면, 노비변정(奴婢辨正) 사업과 관련한 사안은 더 이상 신문고를 치지 못하도록 지시한다. 이것은 노비변정과 관련된 사안에 집중되었다는 한계에도 불구하고 역설적으로 신문고 제도가 상당한 수준으로 작동했다는 증거이기도 하다. 실제로 『태종실록』은 멀리 동북면에 살던 사람, 여인, 심지어 승려들까지 집단적으로 신문고를 이용했고, 이를 통해 구체적으로 관리가 감찰되거나 정책이 결정된 일이 있었음을 알려준다.[16] 왕의 대가 앞에 엎드려서 소리치거나 심지어는 직접 의장에 부딪혀 호소하는 대가 앞 상소 역시 태종조에 자주 이용된 직소 방법이었다. 이 또한 노비변정에 억울함이 있는 사람들이 주로 사용했으나, 국가나 관리의 부당한 처사에 항의하는 수단으로도 이용되었다.[17]

[16] 척불 정책과 관련해 조계사의 중 성민이 동료 수백 명을 몰고 와서 신문고를 쳤다거나(『太宗實錄』 6年 2月 丁亥條), 각도 군영의 색장 149명이 집단적으로 신문고를 쳐서 서용해주기를 청했다는 『실록』의 기사(『太宗實錄』 8年 3月 庚戌條)는 신문고 제도의 활발한 작동을 증명한다.
[17] 억울하게 병조정랑에게 문책당한 대전견룡(大殿牽龍, 대전의 숙위를 맡은 군인) 등이 대가 앞에서 상소하자 즉시 병조정랑 유장을 파직한 사례가 있다(『太宗實錄』 10年 10月 戊午條). 노비변정 사업과 관련하여 억울함을 호소하거나 정책의 변경을 주장한 예는 매우 많아 마침내 이 문제를 갖고 대가 앞에서 호소하는 것을 금하기까지 한다(『太宗實錄』 15年 4月 戊辰條).

물론 직소 제도를 통한 호소를 곧 공론이라고 하기는 어렵다. 상당수의 호소가 이기적인 동기에 기인한 것이었고, 심지어 타인을 무고하는 일까지도 있었기 때문이다. 그러나 이러한 제도가 공론 확대에 기여한 것은 틀림없다. 직소 제도 자체가 가진 의미가 일상적인 제도를 통해 수렴하지 못하는 긴급하고 중요한 의견을 개진할 수 있도록 하는 것이었으며, 성리학의 민본주의 사상을 구체화한 제도이기 때문이다.

3) 왕권의 강화

태종의 성리학적 정치 기반이나 언관 제도·경연 제도·직소 제도 등을 통해 기존의 연구가 언급한 공론 정치의 제도들이 태종 집권 전반기를 통해 서서히 확립되어가고 있음을 알 수 있다. 이제 태종의 왕권 강화 정책 자체가 가진 특징들을 분석하고 그것이 당대 조선의 공론 정치에 어떤 효과를 가져왔는가를 살피고자 한다.

(1) 왕권의 합리적 정당화

조선왕조의 개창 때부터 조선의 개국 세력은 왕권의 정당성을 인심과 하늘의 뜻에 의지했으며 신비한 기사나 권위에 의지하지 않았다. 그럼에도 불구하고 태조 이성계의 경우 조선의 창업과 왕조의 정당성을 부분적으로 꿈이나 신비한 사건에 기탁하고 있는 것이 사실이다.[18] 반면 태종은 명확하게 왕권에 대한 합리적 정당화의 입장

---

18) 태조는 태종과의 대화 중 "음양의 설이 비록 믿을 것은 못 되나, '왕씨 500년 뒤에 이씨가 나라를 얻어서 한경에 도읍한다.' 하였는데, 우리 집이 과연 그 설에 응하였으니, 어찌 허황한 말이냐?"라며 조선의 건국과 도참의 사상을 암암리에 연관시키고 있다(『太宗實錄』 5年 8月 甲戌條).

을 표명한다. 태종이 신비한 일이나 도참설 등에는 별 관심이 없는 매우 합리적이고 실제적인 정치인이라는 것은 『실록』 곳곳을 통해 알 수 있다. 그런데 태종은 이보다 더 나아가 부왕인 태조에 대한 신비화에도 냉소적이다. 예를 들어 태종은 예조가 임금과 신하가 잔치하는 예도와 악장의 차례를 정할 때 「몽금척」과 「수보록」을 첫째로 삼자 다음과 같이 비판한다.

> 만일 먼저 「몽금척」·「수보록」을 노래하면, 이것은 꿈 가운데 일이거나, 혹은 도참의 설이다. 어찌 태조의 실덕(實德)을 기록할 곡조가 없느냐? …… 옛부터 제왕이 흥하는 것이 천명과 인심에 있으니, 어찌 부참(符讖)을 족히 믿을 수 있겠는가?(『太宗實錄』 11年 閏12月 辛巳條)

그로부터 한 달 후 하윤이 태조를 기리며 「수정부」와 「보동방」의 두 시를 지어 바치자, 또다시 「수정부」와 「수보록」에 대하여 다음과 같이 지적한다.

> 이것으로 본다면 참문(讖文)과 몽괴(夢怪)가 믿을 것이 못 된다. 우리 태조의 창업이 실로 천명과 인심에 기초한 것이니 비록 금척(金尺)과 보록(寶籙)의 이상함이 없더라도 창업하지 못하겠는가? 경 등은 모두 유신인데 어찌하여 논설하는 것이 여기에 미치는가?(『太宗實錄』 12年 1月 甲寅條)

태종은 자기뿐 아니라 왕조의 개창자인 태조에 대한 신비화에도 부정적이었다. 오히려 태종은 조선 개국과 자신의 왕권의 정당성을 조작된 신화나 신비주의가 아닌 '실덕'으로 평가받겠다는 의지를 표명한다. 이것은 덕 있는 사람이 천명을 받아 왕이 되어야 한다는 성리학의 정치적 정당성 논리와도 통하고 있다. 특히 위의 두 기사가 모두 유신의 교화 이후에 있었던 일임은 의미가 깊다. 태종이 추구한 합리적인 왕권 강화의 성격이 두드러지고 있는 것이다. 태종이 왕권 강화에 매진했고, 특히 집권 전반기에 그런 모습이 두드러진 것은 사실이다. 하지만 그렇다고 그가 왕권 강화를 위해 무력과 폭력으로 일관한 것이 아니며, 오히려 세련된 정치적 방법에 의지했다는 것을 인식해야 한다. 이는 태종의 왕권 강화 노력이 단순한 전제적·자의적 왕권 확대와는 다른 특징을 갖고 있음을 말해준다.

(2) 자문·보좌 기구의 설치와 육조직계제

태종의 왕권 강화 노력은 예문관과 승정원이라는 자문 및 보좌 기구의 설치, 그리고 육조직계제로 구체화된다. 태종 원년 7월에 설치된 예문관은 재상 세력을 견제하고 국왕 중심의 통치 체제를 이끌기 위해 신진 유학자의 보좌를 받으려는 의도로 해석된다. 태종은 공신 세력을 비롯한 구세력으로부터 일정한 협조를 얻어 정권을 수립했으며, 따라서 태종은 재상 세력을 완전히 제압할 수가 없었다(최선혜, 1995: 106-108). 따라서 태종은 공신과 권신이 독점했던 국가의 의사결정 체제를 보다 많은 사대부의 공론에 개방하고 그것을 바탕으로 왕권의 안정과 강화를 노렸다고 볼 수 있다(정두희, 1983: 41-53). 예문관은 태종의 이러한 정책을 실제적으로 뒷받침하기 위한 보좌 기구였다.

승정원 역시 같은 맥락에서 평가할 수 있다. 승정원은 왕명의 출납과 비서 업무를 맡아보았기에 왕과 밀접한 관계를 갖고 조정의 논의를 이끌 수 있었다. 왕의 최측근 비서들인 대언들은 각기 육조의 업무를 나누어 담당하여 각 부문의 행정 실무를 태종에게 직접 보고

했고, 이들은 때로 의정부 및 육조 등과 함께 국정 논의의 주체로서 참여하여 그들과 함께 적극적으로 조정의 공론을 형성할 수 있었다 (이동희, 1991: 3-23). 태종은 승지들을 육조 출신 관료들 중에서 발탁했으며, 승지에서 퇴임하는 관료들을 바로 의정부와 육조의 핵심 관료로 다시 기용하여 행정 실무에 대한 장악력을 극대화했다.[19] 즉 태종조의 승정원은 왕의 비서 및 자문 기구임과 동시에 권신 세력을 견제하고 왕권을 뒷받침한 보좌 기구였다는 것을 알 수 있다.

예문관 및 승정원의 강화와 함께 육조의 강화는 태종의 왕권 강화 정책이 가진 또 다른 특징을 말해준다. 정종 2년에 이미 도평의사사가 의정부로 전환되었지만, 수령의 보고서를 대내(大內)와 도당(都堂, 도평의사사의 다른 말)과 헌부에 보내달라는 태종 4년(1404년) 8월 20일의 사헌부 상소에서도 드러나듯 여전히 고려조의 허약한 왕권과 강력한 신권을 대변했던 도평의사사의 흔적이 강하게 남아 있었다. 태종은 집권 초기부터 육조직계제로의 전환을 모색했다. 그러나 태종 5년 1월의 개혁을 통해 정2품의 판서를 새롭게 설치하고 이들에게 좌우 정승이 갖고 있던 각종 서무를 귀속시켰지만 육조직계제로의 완전한 전환은 태종 14년 4월에야 완료될 수 있었다. 당시 권신과 재상 세력의 권력은, 물론 고려조의 그것과는 비교할 수 없겠지만 여전히 태종의 정책 추진을 지연시킬 정도였음을 보여준다. 태종과 함께 쿠데타를 일으킨 강한 공신 세력의 존재는, 왕권의 약화뿐만 아니라 사대부들의 공론을 널리 수렴할 수 없다는 근본적인 한계

---

[19] 개국 이래 성종조까지 육조 관료들 중에서 승지를 선임한 비율이 40%에 이르는데 특히 태종의 경우는 53%에 이른다. 승지 퇴임 직후 경관직(京官職)을 맡은 인원은 태종의 경우 총 12명 중 5명이 의정부 참지사 이상으로, 6명이 육조 참의 이상으로, 1명이 대사헌으로 기용되었다. 평균 재임 기간의 경우 승지는 43개월, 도승지는 53개월로서 성종조에 이르기까지 최장기였다(김창현, 1986: 61-68).

를 드러내는 것이었다. 따라서 태종은 권력 체제에서 소외된 사대부 세력의 여론을 파악하고, 이에 따라 권신들이 장악한 도평의사사나 의정부의 실권을 빼앗아 육조에 나누어주는 육조직계제를 추구했던 것이다(정두희, 1989: 54-55, 63-64).

태종의 왕권 강화 정책이 가진 특징이 예문관과 승정원 등 자문·보좌 기구 설치나 행정 실무 기관인 육조의 강화였다는 사실은 공론 정치와 관련하여 중요한 의미가 있다. 태종이 자의적·전제적 권력만을 추구했다면 아마도 사찰 기관이나 첩보 기구를 강화했을 것이다. 실제로 중국의 황제들은 환관과 같은 친위 조직이나 강력한 첩보 조직, 그리고 대량 숙청을 통해 황제권을 강화한 바 있다.[20] 그러나 태종이 왕권 강화를 위해 제도화한 자문·보좌 기구와 육조는 왕의 절대적 권력 강화를 위한 것이 아니라, 강화된 왕권으로 권신 세력을 억제함으로써 의정부와 권신으로 대표되는 소수의 중신에게 제한되었던 정치적 논의의 공간에 다양한 소장파 관료와 사대부가 참여할 수 있도록 한 것이다. 태종 집권 후반기에는 조정에서의 논의 주체가 의정부와 육조에서 '대소 신료'까지 확대된다.

> 아조(衙朝)를 받은 후에는 의정부와 육조 이외의 대소 신료도 시정(時政)의 잘잘못과 민간의 이해를 모두 나와서 아뢸 수 있다(『太宗實錄』 15年 3月 癸卯條).

---

20) 송 태종은 태조 때의 무덕사(武德司)를 황성사(皇城司)로 확대·강화하여 외척과 환관 등을 그 간부로 임명해 전국적인 규모의 정보 정치를 했다. 명 태조는 환관의 정치 개입은 막았으나 대신 수많은 옥사와 역모 사건의 날조를 통해 황제권을 강화한 바 있다. 명 성조는 환관을 친위 조직으로 다시 중용했고 '동창(東廠)'과 같은 비밀 첩보 기구를 통해 황제권을 강화했다(신채식, 1993: 75-79).

태종조의 왕권 강화 정책은 공론의 형성을 억압하는 전제적·자의적인 왕권 확립으로 진행되었다기보다는 오히려 고려 말기 이래 공론을 왜곡하고 저해한 권신 세력을 약화시켜 공론의 폭넓은 형성과 확대를 강화한 측면이 강하다고 볼 수 있다. 왕권의 비정상적인 비대화가 아니라 공론의 확대를 저해하는 권신 세력을 제어하고 공론을 확장할 수 있을 정도로 왕권이 정상화되는 결과를 가져왔다. 태종조의 왕권 강화 정책은 결과적으로 공론 정치의 발달에 긍정적인 효과를 거두고 있었던 것이다.

4. '유신의 교화'와 태종의 정체성 변화

태종 집권 전반기에 성취된 성리학적 정치제도와 강화된 왕권은 태종 10년(1410년)에 선언된 유신의 교화 이후 본격적으로 가동되며 공론 정치에 기여하게 된다. 민무구·민무질에게 자결을 명하고 그들의 당여에 대한 숙청을 종료함으로써 태종은 그가 추구한 왕권 강화 작업을 일단락 짓는다. 그리고 그로부터 약 4개월 후인 7월 26일, 태조와 신의왕후의 신주를 종묘에 부묘하고 난 후 신료들 앞에서 하교하는 자리에서 태종은 전국적인 대사면과 함께, 서론에서 인용했듯이 앞으로 '유신의 교화'를 펴겠다는 선언을 한다.

『시경』에 기록된 '유신'은 '천명'에 맞게 체제를 새롭게 하여 나라를 혁신한다는 뜻으로서 성리학에서는 매우 중요한 의미를 갖는 개념이다.[21] 태종이 1차적 왕권 강화 작업이 종료된 이 시점에서 유신을 선언했다는 것은 의미가 크다. 유신이란 혁명과 달리 계통을 계

---

21) 『詩經』「大雅」: 文王在上, 於昭于天. 周雖舊邦, 其命維新.

속 이으며 새롭게 된다는 뜻이기 때문이다. 이는 성리학적인 제도화와 왕권 강화를 위한 권력정치가 공존했던 집권 전반기의 갈등을 태종 스스로가 종료하고, 전반기에 확립된 정치제도와 강화된 왕권을 바탕으로, 유신의 정치 이후인 집권 후반기에는 본격적인 성리학적 정치, 즉 공론 정치를 지향하겠다는 새로운 의지를 예측하게 한다.

이 예측은 유신의 교화 이후 태종 스스로 언급하고 있는 자신의 정체성 변화와 구체적인 정책 사례들을 통해 확인할 수 있다. 특히 태종의 정체성 변화는 중요한 의미를 갖는다. 태종과 권력정치의 관계는 집권 초기 태종 자신의 정체성 규정과 밀접한 관련을 갖고 있다. 집권 초기 태종은 성리학적 정치 문법의 테두리 내에 거하면서도 스스로의 정체성을 무인의 그것으로 규정함으로써 정통적인 성리학적 군주상과 일정 정도 선을 그으며 일탈을 꾀했던 것으로 보인다. 그리고 그러한 무인적 정체성을 통해 조선의 개국, 왕자의 난, 정권 장악, 외척 및 공신 세력에 대한 가차 없는 숙청으로 표현되는 권력정치가의 모습을 드러내고 있는 것이다. 이러한 태종의 무인적 정체성의 표현은 다음과 같다.

> 내가 구중궁궐에서 생장한 사람이 아니다. 대강 시서(詩書)를 익혀서 우연히 유자의 이름을 얻었으나, 실상은 무가(武家)의 자손이다. 어려서부터 오로지 말을 달리고 사냥하는 것을 일삼았는데 ……(『太宗實錄』 3年 10月 乙巳條).

> 조계생 등이 간하기를, "전하께서 이어하여 계심은 공구수성(恐懼修省)하여 …… 오늘 사냥을 구경하심은 옳지 못한 듯합니다." 하니, 임금이 말하기를, "…… 내 어찌 중처럼 벽을 향하여 좌선하여야만 하겠는가?"(『太宗實錄』 6年 9月 辛酉條)

소사(所司)에서 모두 매사냥을 그르게 여기나, 내가 본래 깊은 궁궐에서 생장하지 않았기 때문에, 잠저(潛邸) 때부터 즐겨 하던 것이라, 지금 그만둘 수 없다(『太宗實錄』6年 9月 辛巳條).

태종의 무인적 정체성이 극명히 나타난 것은 1, 2차 왕자의 난이었다. 자신의 생존과 권력 획득이라는 목표를 위해 그는 신속한 결단과 무력을 동원한 가차 없는 숙청으로 왕권을 차지했다. 그러나 일단 왕위에 오른 후에는 그의 무인적 정체성이 공식적으로 해소될 수 있는 공간은 결국 강무와 사냥밖에 없었으며, 따라서 집권 초기 태종이 자신의 정체성을 무인의 그것으로 규정하고 있는 사례는 주로 강무와 사냥과 관련한 대간과의 대립에서 잘 드러난다. 이러한 태종의 무인적 정체성이 권력 장악 과정과 집권 초기의 외척 세력 척결 및 왕권 강화 작업을 가능하게 한 가장 중요한 요소였음을 부정할 수 없다. 문제는 이러한 태종의 자기 정체성이 앞서 언급한 태종 자신의 성리학적 소양과, 개국 이래 계속 진행되던 조선의 성리학적 제도화와 계속 긴장을 유발하고 있다는 것이다.

그러나 이러한 태종의 무인적 자기규정은 태종의 1차적 목표인 왕권 강화 작업이 마무리된 결정적 계기인 민무질·민무구 형제에 대한 숙청 이후 급격히 변모하게 된다. 유신의 교화는 앞으로 태종의 정치가, 성리학적 정치 질서와 태종의 무인적 정체성이 끊임없이 갈등하던 집권 초반기의 모습에서 보다 정통적인 성리학적 정치의 모습으로 바뀌게 되는 신호라고 할 수 있다. 그리고 그것은 태종이 전반기와 달리 자신의 무인적 정체성을 부인하고 자신을 성리학적 군주의 정체성으로 바꾸어 규정하는 데에서 잘 드러난다.

내가 사어(射御)에 유능하다고 할 수는 없지만, 또한 알지 못한다고 할 수도 없다. 그러나 임금은 정사를 잘하면 가하지, 사어를 잘한다 해서 무엇에 쓰겠는가?(『太宗實錄』16年 1月 癸丑條)

훈련관에서 전지를 본관에 소속시켜 무사 양성하기를 성균관과 한가지로 하여주도록 청하니 임금이 말하였다. "불가한 것이다. 무(武)란 본시 광사(狂事)이며 공력을 씀이 적은 까닭에 …… 병서를 읽는 것이 어찌 육경(六經)·사서(四書)를 구명함만 하겠는가?"(『太宗實錄』17年 閏5月 己未條)

나는 본래 무반(武班)의 자식인데 다행히 태조의 권학(勸學)하는 힘을 입어서 사어(射御)와 응견(鷹犬)의 일을 익히지 않고, 글을 읽어 과거에 올라 벼슬이 승선(承宣)에 이른 뒤에 사어·응견의 일을 익히었고 ……(『太宗實錄』17年 10月 庚寅條).

　왕정하에서 가장 의미 있는 정치적 행위자인 국왕, 특히 태종과 같은 강력한 군주가 스스로 자신의 정체성을 정반대로 이동시킨 것은 중요한 의미를 가진다. 집권 초반부의 태종은 성리학적 통치 질서를 기본적으로 인정하면서도 정작 자신의 정체성을 무인의 그것으로 규정함으로써 자신의 정치적·지적인 배경인 성리학적 가치 및 언설 체계로부터 일정한 선을 그으며 권력정치가로서의 자율성을 누리고 싶어 했다면, 집권 후반부의 태종은 자신을 성리학적 군주로 완전히 위치시키고 있다.
　이러한 태종의 정체성 변화는 이른바 '유신의 교화' 이후 조선 정치에 있어 공론 정치의 특성이 더욱 분명해지는 것과 관련이 있다. 태종과 신하들 간의 논의의 수준과 주제가 매우 깊어지게 되며, 대간과의 관계 역시 이른바 종간(從諫)과 거간(拒諫) 사이에서 조심스럽게 균형을 잡으려고 노력하게 된다. 이는 과거에 태종이 주로 언관들과 충돌했던 자신의 무인적 정체성과 관련된 사안을 다루는 모습의 변화를 통해서 분명히 알 수 있다. 태종 13년 봄에는 강무를 사이에 두고 그동안 계속 대립해왔던 태종과 신료들의 관계가 오히려 부드럽게 변했음이 드러난다.[22]

이처럼 무가적 정체성에서 유가적 군주로의 분명한 정체성 변화는 태종의 유신의 교화가 가진 정치적 성격을 확인하게 한다. 유신의 교화 이후 태종의 정국 운영은 전반기가 보여준 권력정치와 성리학적인 제도화 사이에서의 갈등을 극복하고, 안정되고 강화된 왕권과 각종 제도들을 바탕으로 보다 분명하게 성리학적인 공론 정치의 모습을 띠게 된다. 유신의 교화 이후 조선의 정치가 유교적 공론 정치의 모습으로 전환되었음을 보여주는 사례들을 저화법(楮貨法, 지폐법), 노비변정 사업, 예전(禮典)의 사안으로 나누어 살펴보고자 한다.

5. 태종조 공론 정치의 구체적 작동 사례

1) 저화법

태종은 집권 전반기에도 자신의 왕권과 직접 관련되지 않은 행정 실무적인 사안에 대해서는 상당 부분 실무 관료들의 의견을 수용하

---

[22] 강무와 사냥의 자제를 권고하는 사간원 상소에 대해 태종은 자기 허물을 인정하며 수긍한다(『太宗實錄』 13年 3月 辛巳條). 상왕을 모시고 동교로 놀러가는 것을 변명하는 태종을 좌대언 이관은 오히려 기쁜 일이라며 격려하고, 태종은 대언들의 호종을 허락한다(『太宗實錄』 13年 3月 丁酉條). 이어지는 태종의 동교 거둥에 대해서도 우사간 대부 현맹인이 반대하자 태종은 간원의 말이 옳다고 인정한다(『太宗實錄』 13年 4月 壬子條).

는 자세를 갖고 있었다. 그러나 태종 자신이 적극적인 의지를 갖고 추진하는 사안에 대해 신료들이 반대하는 경우에는 첨예하게 그들과 대립하거나 급작스럽게 자신의 입장을 철회하는 등 부정적이고 신경질적으로 반응하곤 했다. 그러나 유신의 정치 이후 태종은 전반기의 자세를 극복하고 보다 합리적으로 세련되게 문제를 해결하고 있다. 특히 통치 전반기에 신료들과 심한 마찰을 빚고 좌초된 사안들에 대해서, 유신의 교화 이후의 태종은 왕으로서 자신의 입장을 표명하면서도 오랜 시간 신료들과 논의하며 차근차근 노력하여 정책 결정을 이끌어내는 리더십을 보여준다. 그 대표적인 사례들로는 저화법과 노비변정 사업 등이 있다.

저화법은 태종 원년(1401년) 4월에 하윤의 건의에 따라 사섬서를 설치하면서 시행되었다. 저화법을 시행하게 된 데에는 다양한 정치·사회·경제적 이유가 있겠지만, 근본적으로는 "만일 저화의 법을 행하여 백성에게 폐해가 있다면, 내가 말을 기다리지 않고 고치겠다."는 태종의 말에서 알 수 있다시피 백성의 편리가 이유였다. 그러나 저화법은 시행 초기부터 신료들의 반대에 직면했다(『太宗實錄』元年 10月 丙子條). 사헌부는 저화의 편리를 인정하면서도, 중국의 명령 없이 추진하는 것이며 우리나라에서는 포필을 쓴 역사가 오래되므로 백성이 잘 따르지 않을 것이라고 주장하면서 저화를 모방하되 종이가 아닌 포(布)를 이용해 화폐를 만들자는 절충안을 내놓았다(『太宗實錄』元年 4月 丁丑條). 그러나 곧 저화법을 폐지하고 사섬서를 혁파하자는 반대론으로 돌아섰다(『太宗實錄』元年 10月 丙子條). 그럼에도 불구하고 태종은 계속 저화법을 밀어붙여 관료의 봉급을 저화로 주거나 오승포(五升布) 유통을 금지하는 등의 실제적인 조치를 시도한다. 하지만 태종 2년 9월 24일의 사간원과 사헌부 연명 상소를 통해 알 수 있듯이, 신료들의 결론은 저화법을 폐지하거나 아니면 오승포와 함께 통용해야 한다는 것이었다. 그로부터 약 1년 후가 지난 태종 3년 8월과 9월의 사헌부 상소에서는 신료들의 태도가 바뀌어 저화법을 시행하자는 것으로 돌아선다. 그러나 이때 태종은 "백성에게 원망을 들어가며 나라에 이(利)가 되게 하면, 또한 무슨 소용이 있는가? 금후로는 크게 나라에 이익이 있고 백세(百世)라도 변치 않을 일이 아니면 새 법을 세우지 말라. 왕안석의 일을 거울삼을 것이다."라고 극도의 실망감을 드러내며 일방적으로 사섬서를 폐지하고 저화 통용을 포기한다(『太宗實錄』 3年 9月 乙酉條).

　태종 집권 전반기의 저화법 시행과 포기는 태종의 일방적인 정책 결정과 그로 인한 파국을 잘 나타내고 있다. 첫째, 저화법의 시행 자체가 태종과 하윤이라는 측근과의 교감에 의한 일방적인 결정이었다. 둘째, 저화법을 시행하기 위한 구체적인 방법에 대한 깊이 있는 논의가 거의 없었다. 대부분이 태종의 일방적인 명령에 의한 것이거나 의정부나 사섬서 혹은 대간의 상소를 듣고 즉각 결정한 것들이었다. 셋째, 저화법의 폐지도 태종의 일방적인 결정이었다. 즉 정책의 결정과 시행 그리고 폐지의 과정이 신료들과의 논의가 아니라 태종 자신 혹은 측근들과의 교감에 의한 자의적이고 일방적인 결정이었다는 것이다.

　태종 집권 전반기에 이처럼 파행적으로 좌초된 저화법은 약 7년이 지난 태종 10년(1410년) 7월에 다시 회복된다. 그런데 이때의 저화법 회복은 두 가지 측면에서 중요한 의미가 있다. 저화법이 태종의 유신의 교화 선포와 거의 동시에 회복되었다는 것이며, 저화법의 회복과 시행의 결정이 전반기와 달리 신료들과의 긴밀한 논의의 결과였다는 것이다. 태종 10년 5월 15일, 의정부는 저화법의 회복을 청하는 건의를 올린다. 그런데 이날의 의정부 건의는 이미 이전에 올렸던 호조의 첩정을 검토한 결과로서, 7년 전 중단된 저화법에 대해 실무 부서인 호조는 물론 의정부에서도 논의가 시작되었음을 알게 한다. 더 중요한 것은 의정부의 건의 이후 두 달여라는 시간이 지나서야 태종은 저화를 통행하는 법을 회복한다는 것이다. 태종은 호조와 의정부의 건의가 있은 후에도 황희·이응을 비롯한 대언들과 저화의 사용에 대해 다시 논의를 한 후에야 비로소 저화의 회복을 결정한다(『太宗實錄』10年 7月 丙寅). 전반기의 저화법이 자신의 의지와 하윤과의 공감만을 갖고 성급하게 결정된 것이었다면, 유신의 교화 이후와 때를 같이하여 회복된 저화법은 의정부, 호조, 대언 등이 참여한 논의의 결과를 태종이 받아들이는 형식을 보이고 있다는 점에서 중요한 의미를 가진다.

물론 저화법의 회복에는 저화법에 대한 태종 자신의 의지가 큰 역할을 했을 것이다. 그러나 이제 태종의 의지가 자신의 독단이나 측근과의 비밀스런 논의가 아닌, 신료들과의 공개적인 논의를 통해 드러난다는 것은 유신의 교화 이후 본격화된 공론 정치의 한 측면을 엿보게 한다.

나아가 회복된 저화법을 구체적으로 시행하고 보완하는 과정에서도 신료들과의 논의와 토론의 모습이 두드러지고 있다. 태종은 오승포의 통행을 강제로 금지했던 과거와 달리, 추포(麤布)와 저화를 함께 통행하도록 하자는 호조의 계청을 그대로 받아들임으로써 앞으로 저화법의 시행에 있어 보다 신중한 접근을 할 것임을 드러낸다(『太宗實錄』10年 7月 丙寅條). 이러한 태종 자신의 변화는 호조로 하여금 저화를 사들여서 통행하게 하자는 사헌부의 상소에 대해 "나도 또한 깊이 생각하는 중이다. 지금 수상(首相)이 마침 왔으니 의논하여 행하겠다."고 한 데서도 드러난다(『太宗實錄』10年 10月 丁巳條). 또한 태종은 저화법과 관련하여 다양한 차원의 논의와 건의를 받아들이고자 하고 있다. 태종 10년 9월 28일 기사는 저화법을 엄하게 하자는 사헌부의 건의를 자신이 그대로 결정하기보다 "의정부에 내려 의논하여 시행하도록" 한 후, 의정부의 결정에 대해 "그대로 따랐"음을 알려준다. 이후 대부분의 기술적인 문제는 이러한 순서(사헌부·사간원·육조·기타 상소 → 의정부의 논의 → 태종의 결정)를 밟고 있다. 태종 10년 10월 28일 기사는 저화를 통용하는 방법에 대해 하윤, 성석린은 물론 각사로 하여금 의논하게 했음을 말해준다. 태종 10년 11월 2일의 "시직·산직 2품 및 각사(各司)의 서반 대호군 이상에게 명하여, 각각 저화를 통행시킬 조목을 진언하게 하고, 의정부로 하여금 간택하여 아뢰도록 하였다."는 기사는 저화법을 보완하기 위해 태종이 다양한 논의를 청취하고자 했음을 알려준다. 태종 11년 1월 13일 기사는 장형 이하의 죄를 저화로 수속(收贖)하는 것에 대해 태종이 자기의 의도를 관철시키기보다는 의정부와 육조를 모두 불러 논의하도록 한 후 그 결정에 따르고 있음을 보여준다.

이 외에도 태종이 전위(傳位)할 때까지 의정부를 비롯하여 신료들이 저화법의 구체적인 시행 방법에 대해 건의하거나 논의한 사례는 수없이 많다. 이처럼 신중한 논의를 통해 태종은 저화법을 안착시키고 있는 것이다. 결과적으로, 좋은 저화를 가려서 사용하는 것을 금지시킨 것이나, 위조 저화범 적발 기사는 저화 사용이 백성 사이에서 서서히 정착되고 있음을 보여주고 있다(『太宗實錄』 11年 6月 庚戌條; 『太宗實錄』 12年 10月 庚午條).

유신의 교화 이후 회복된 저화법은 태종조 공론 정치의 분명한 특징을 드러낸다. 저화법은 건국 초 조선의 사회와 경제의 기초를 세우는 법령일뿐더러 중국과의 외교 관계도 고려해야 하는 중대한 사안이었다. 태종은 집권 초기에는 정책에 대한 의지만을 갖고 일방적으로 무리하게 저화법을 추진했다가 자신의 의도가 관철되지 않자 갑작스럽게 저화법을 중단시키는 신중하지 못한 태도를 갖고 있었다. 그러나 유신의 교화와 때를 같이하여 회복된 저화법의 시행에 있어서는 과거와는 전혀 다른 모습을 보여준다. 저화법의 회복이나 구체적인 시행 방안에 대한 논의가, 태종 자신의 의지뿐만 아니라 많은 신료의 논의와 조화를 이루면서 결정되는 것이다. 저화법은 개국 초 조선의 사회경제적인 틀을 공론 정치를 통해 세우게 된 좋은 사례이다.

2) 노비변정 사업

노비변정 사업의 경우 저화법과 함께 태종 집권기를 통틀어 가장 논란이 많았고 그만큼 중요했던 사안이었다. 고려 말기 토지제도가 문란해지면서 귀족들이 토지를 마음대로 점유하거나 그 땅에 살고 있는 양민을 노비처럼 만들어 부림으로써 국가 조세의 감소는 물론 노비 주인 간의 송사가 끊이지 않았다. 또한 불교를 우대한 고려의 정책으로 인해 심지어는 각 사찰들과 승려들끼리도 노비 문제를 두고 소송하는 일이 빈번했다.

태조는 건국 직후부터 부채를 갚지 못해 노비가 된 사람들을 방면한다거나, 고려조의 죄인의 가산과 노비를 돌려준다거나 하는 방법으로 문제를 해결하려 했다(『太祖實錄』 元年 11月 甲午條; 『太祖實錄』 元年 12月 丁未條). 그러나 노비변정 문제는 조선의 상층부 내부의 실제적인 이익이 충돌하는, 섣불리 건드리기 어려운 매우 민감한 사안이었다. 노비변정 문제를 근본적으로 해결하기 위해 태조 4년 설치된 노비변정도감도 제대로 기능하지 못하고 좌초되었다.[23]

---

23) 노비변정도감은 고려 말의 전민변정도감을 모태로 태조 4년 12월 처음 설치되었다. 계속된 쟁송으로 태조 7년에는 좌우 정승까지 변정도감에 참여시켰으나 쟁송의 판결 기준이 불분명한 데다 변정도감 자체가 불공정하다는 의혹과 많

따라서 이 문제의 해결은 태종에게 있어 왕권의 안정화라는 핵심 과제가 걸린 중요한 것이었다. 태종은 즉위한 즉시 문하부의 건의에 따라 정종 때 부활한 노비변정도감을 다시 폐지하고 그 업무를 형조와 도관(都官)이 담당하게 하였다(『太宗實錄』元年 1月 甲戌條). 그러나 이때도 역시 명확한 쟁송 해결의 기준이 미비한 데다 노비 문서의 위조와 같은 범죄가 빈번하였고, 담당관의 오결에 대한 억울함을 호소하는 일이 끊이지 않아, 노비변정 문제에 연루되어 탄핵되고 처벌받는 관리들이 매우 많았다.

결국 이 문제가 근본적인 해결을 보게 되는 것은 유신의 교화 이후 '노비중분법'이 확립된 후였다. 태종은 "내가 생각하건대, 만약 당시 전득(傳得)한 자에게 준다면 한 사람은 반드시 원망할 것이요, 만약 중분(中分)하여 양인(兩人)에게 준다면 본시 동종(同宗)인지라 반드시 큰 원망은 없을 것이다."라며 노비중분법의 의견을 제시하고, 이에 대해 신료들은 "이는 하늘이 성상의 마음을 이끄는 것입니다. 이 법이 한번 시행되면 서로 소송하던 사람들도 명일에는 반드시 서로 웃고 말할 것입니다."라며 기꺼이 찬성한다(『太宗實錄』13年 9月 丁丑條). 이 법은 쟁송 중에 있는 노비 중 사리를 분별하기 어려운 경우는 중분하게 함으로써 소송 쌍방 간의 원망을 줄이고 복잡한 송사를 간단하게 하며, 변정 결과 어느 한편에 노비가 집중되는 것을 막고자 하는 목적을 갖고 있었다.[24] 또한 태종은 노비변정 사업을 강력하게 추진하기 위해, 사헌부에서 제시한 변정도감 재설치의 안을 정

은 오결로 인해 제대로 기능하지 못하고 정종 원년 3월에 결국 폐지된다(김효선, 1995: 8-9).

24) 노비중분법은 양인을 확대하기 위해 양인과 천민 사이에서 낳은 자녀들 중 아비가 양인일 경우 노비가 아닌 양인으로 삼는다는 종부법과 함께 태종조 노비변정 사업의 핵심적인 방안이었다. 이후 이 법은 신료들의 논의에 따라 계속 보완된다.

부로 하여금 의논하게 하여 마침내 변정도감을 재건한다(『太宗實錄』 14年 4月 丁巳條).

　노비중분법 제정과 변정도감 재설치에서도, 정책 과제에 대한 태종의 의지와 신료들과의 논의·토론이 중요한 역할을 하고 있다. 『실록』은 노비중분법이 세워진 태종 13년 9월부터 그해 말까지 3개월간 이 법의 시행과 보완을 위해 실무 부서인 형조, 도관, 변정도감 이외에도 사헌부, 사간원, 의정부, 육조를 비롯한 정부 각 기관에서 올린 상소와 보고, 논의의 기록을 10여 회 이상 기록하고 있다. 태종의 전위 시까지 노비변정 사업을 위해 제도를 보완하고 논의한 기록은 셀 수 없이 많다.

　노비변정 사업은 유신의 교화 이후 태종의 강화된 왕권과 리더십, 그리고 신료들과의 긴밀한 논의와 토론이 함께 조화를 이루어 조선 건국 초기 가장 곤란한 문제를 성공적으로 해결한 또 하나의 사례라고 볼 수 있다. 태종은 법 제정과 기관 설치를 추진하면서도, 그 구체적인 운용과 실행에 있어서는 신료들과의 논의를 통해 결정하고자 했으며, 논의 결과에 대해서는 예외 없이 수용했다. 『실록』에서 태종 재위 18년간 110회 이상 기록된 노비변정 관련 기사가 세종조에는 재위 32년간 15건에 그치는 것은 태종의 노비변정 사업이 성공적으로 마무리되었다는 것을 증명한다.

3) 예전(禮典)의 사안

　성리학적인 천리(天理)의 정치를 구현하는 방법이 공론 정치라면, 공론을 통해 논의되는 최고 수준의 논의는 결국 철학적 사안이며, 그 실제적 표현은 의식이나 제례와 같은 예전의 사안과 관련된 논의이다.

태종 16년(1416년) 6월 1일, 조선에서 제천 의례를 행할 수 있느냐는 문제를 갖고 태종과 변계량, 그 외에 육조판서와 대언이 모두 참여한 논의가 시작된다. 변계량은 가뭄을 맞아 비를 빌기 위해서는 모든 수단을 동원해야 하므로 하늘에 제사를 지내야 한다고 주장한다. 그 근거로 비록 조선이 제후국이기는 하나 역사적으로 독자성을 가진 나라이고, 비상시의 변고나 급박한 사정 등이 있다면 마땅히 제천의식을 행할 수 있다고 주장한다. 이때 태종은 일단 변계량의 주장이 옳다고 여기고 그로 하여금 제천문을 짓게 한다. 그러나 태종과 신료들은 이 결론에 대해 여전히 의구심을 가지고 있었던 것 같다. 태종 17년(1417년) 윤5월 12일에 태종은 원단제를 정지시키고 그해 6월, 8월, 12월에 변계량 등과 이 문제를 갖고 다시 논의를 진행한다. 결국 태종은 원단제가 옳지는 않으나 정 필요하다면 시행하겠다는 원칙을 정하였고. 이에 따라 그해는 물론 다음 해에도 원단에 제사를 지냈다.

　사실, 태종 17년 5월까지 비를 빌거나 농사가 잘되도록 원단에서 제사를 지내는 것은 일상적인 것이었다. 『태종실록』은 원단에서 하늘에 제사를 지낸 사례를 태종 재위 17년까지 수십여 회나 기록하고 있다. 그럼에도 불구하고 태종 집권 후반기에 들어서 이처럼 제천 의례가 문제가 되고 있다는 것은, 이제 태종조 공론 정치의 논의 사안이 의식과 제례와 같은 고차원적인 수준에까지 이르렀다는 것을 보여준다. 권도(權道)를 중시한 변계량의 주장에 대해 집권 전반기와 달리 태종이 계속 이의를 제기하고 있다는 것은 유신의 교화 이후 본래적인 의미의 성리학적 가치들이 조선의 정치 메커니즘은 물론 태종 자신에게도 뿌리내리기 시작했다는 것을 말해준다. 이는 곧 태종조 후반기의 조선 정치가 한층 성리학적 질서로 발전하고 있음을 말해준다.

또 다른 사례는 장제(葬制)와 관련된 것이다. 태종 17년(1417년) 6월 1일, 태종과 신료들은 장제를 두고 수준 높은 토론을 개진한다. 이 사안을 최초에 제기한 사람은 태종이었다. 당시 사람이 죽더라도 길일을 택하기 위해 심지어 수년이 되도록 장사를 지내지 않고 내버려두던 상황에 대해 태종은 심각한 문제의식을 가졌다. 이 논의에는 태종을 비롯해 주무 부서인 예조는 물론 이조와 대언, 그리고 대간까지 참여했다. 태종은 당시의 장례법에 대해 매우 비판적이었으나, "법제(法制)의 창립은 모름지기 후세 사람으로 하여금 개정하지 않게 하여야 하는데, 갑자기 법제를 세우게 되면 이것이 무너짐도 반드시 빠를 것이다."라며 사려 깊은 접근을 하고 있다. 태종은 신료들과의 계속된 논의 끝에 예조의 장계에 따르기로 합의하고 대부는 3개월, 일반 선비는 유월(踰月)의 제로 결정한다. 나아가 장례에 대한 괴서 자체를 없애자는 좌의정 박은의 권고에 대해 서운관에 있는 참서를 불태우도록 함으로써 논의를 통해 결정된 사안에 대한 확고한 실행 의지를 보여준다. 이 사례 역시 태종 후반기의 깊이 있는 조정의 논의 모습을 잘 보여준다. 특히 난해한 장제의 문제를 먼저 제기해 공론화시키며, 사려 깊게 논의하되 결정된 사항에 대해서는 단호하게 실행하는 태종의 자세는 인상적이다.

6. 소결: 태종조 공론 정치의 의미

기존의 연구자들은 조선 건국 후 창업기를 거쳐 수성기(守成期)로 진입한 때를 세종 이후로 보고 있다. 그리고 이러한 수성기 정치의 특징으로 공론 정치를 들고 있다(박현모, 2005: 239-241). 이런 입장은 태종을 창업 군주로 이해하며, 따라서 공론 정치와는 거리가 먼 권력 군주 혹은 세종을 준비한 악역 정도로 바라보는 근거를 마련한다.

그러나 과연 태종이 스스로를 오직 창업 군주로 이해하고 있었는지는 불분명하며, 오히려 사료는 태종이 자신의 임무를 창업과 수성으로 함께 이해했을 가능성을 엿보게 한다. 태종 즉위 초 권근의 상소는 "대업이 이미 정하여져서 수성할 때에 이르러서는 반드시 전대(前代)에 절의를 다한 신하를 상주어 ……."라고 언급하고 있으며, 변계량은 세종 원년에 세종과 대화하며 "우리 태조는 창업을 하셨고 우리 전하[세종]께서는 수성을 하셨으며, 우리 상왕[태종] 전하께서는 창업과 수성을 겸하셨습니다."라고 평하고 있다.[25] 이렇게 보면 태종은 조선 건국 초기 자신의 역할을 수성으로, 혹은 창업과 수성 모두로 의식했으며, 이에 대해 신료들 역시 공감하고 있었음을 생각할 수 있다. 이는 태종을 단순히 창업기의 권력 논리에 매진한 권력 군주로 이해하는 기존의 시각에 수정이 필요함을 의미한다. 다시 말해 수성기의 정치적 특징인 공론 정치의 출발점은 태종조까지 거슬러 올라가야 한다는 것이다.

물론 냉혹한 권력정치가로서의 태종을 무시할 수는 없다. 그러나 민무구·민무질 형제의 숙청을 통해 왕권 강화라는 목표가 달성된 후, 태종은 자신이 선언한 유신의 교화를 전환점으로 유가적 군주로의 정체성 변화를 이루며 성리학적 정치 질서로의 복귀를 보여준다.

유신의 교화를 선언한 이후에도, 태종이 간혹 언론을 탄압하거나 정치적 숙청 등을 하는 것은 사실이다. 예컨대 태종이 상왕으로 있을 때 병권과 관련된 보고를 하지 않았다는 이유로 병조판서 박습, 병조참판 강상인, 세종의 장인인 심온을 숙청한 사건[26] 등은 분명히

---

25) 『太宗實錄』元年 1月 甲戌條; 『春亭集』「永樂十七年七月七日封事」: 我太祖專於創業, 我殿下專於守成, 我上王殿下, 則兼乎創業於守成矣.
26) 세종 즉위년 11월, 태종은 병권과 관련된 사항을 자신에게 보고하지 않았던 병

공론 정치의 모습과는 거리가 멀다. 그러나 중요한 것은 이런 극단적인 상황에서도 태종은 공론 정치의 제도적 틀 자체를 파괴하지는 않았고 자신의 정치적 목표를 달성한 후에는 신속하게 상황을 종료하고 본래의 정치적 메커니즘으로 복귀하려고 했다는 것이다.[27] 즉 태종의 일시적인 일탈이, 그의 집권기 전체를 통해 진행된 조선의 성리학적 제도화나 유신의 교화 이후 정상화된 정치 메커니즘의 발전 자체를 훼손하지는 못한 것이다.

태종조 조선은 공론 정치를 분명히 경험하고 있었다. 태종 개인적 차원의 권력정치가 태종조 전체를 통해 꾸준하게 진행된 성리학적 제도화를 막을 수 없었고, 특히 유신의 교화를 전환점으로 태종은 유가적 군주로 변모하면서 집권 전반기를 통해 확립된 각종 제도들을 통해 본격적으로 공론 정치를 실현하고 있다. 태종의 강화된 왕권 역시 공론 정치의 성장에 긍정적으로 기능하고 있었다. 따라서 세종조의 공론 정치는 유신의 교화 이후 본격화된 태종조의 공론 정치의 연장선상에서 바라보아야 한다. 세종이 성숙한 문화정치와 공론 정치를 실현할 수 있었던 것은, 태종조의 정치적 경험을 통해 공론 정치의 모형을 배우고 그 속에서 정치적 훈련을 받았으며, 신권과 왕권과의 긍정적인 조화를 배울 수 있었던 신료들이 등장했기 때문이라고 볼 수 있다. 태종은 세종에게 단순히 강화된 왕권과 정치적 제도만을 남겨준 것이 아니라, 유교 국가로서의 조선의 분명한

조판서 박습, 병조참판 강상인, 그리고 이들을 배후에서 조종한 것으로 여겨진 세종의 장인 심온을 반역과 모반의 죄로 숙청한다. 태종은 이 사건을 단순한 보고 문제가 아니라 강성한 외척이 왕실을 모욕한 사건으로 생각한 듯 보인다. 한충희는 이 사건을 왕권 안정에 위해가 될 외척의 대두를 막기 위한 것으로 해석한다(한충희, 1999: 98-99).

27) 태종은 심온의 당여를 모두 캐내자는 신료들의 주장을 묵살하고 심온의 자결과 함께 신속하게 사건을 종결한다.

정치적 방향성과 그것을 달성하기 위한 공론 정치의 기반과 경험을 물려준 것이다.

또한 태종의 사례를 통해 공론 정치와 왕권은 반드시 부정적인 것이 아니라 오히려 긍정적일 수 있음을 알 수 있다. 왕권의 강화와 왕권의 전제화는 동일어가 아니다. 조선의 역사는 태종과 세종과 같이 강력한 왕의 치세 가운데 공론 정치가 확립되고 성장할 수 있었음을 말해주고 있으며, 반대로 조선 후기 세도정치기가 말해주듯 왕권이 지나치게 허약해졌을 때 공론 정치가 무너짐을 알려주고 있다.

이것은 오늘날 주목받고 있는 토의민주주의나 심의민주주의에도 교훈을 준다. 민주적인 토의와 심의를 통해 정치 공동체의 각종 의사 결정을 이루어나가는 과정은 민주주의가 가장 추구하는 것이다. 그럼에도 불구하고 이러한 이상이 보다 구체적으로 실현되지 못하는 것은, 종종 토의·심의와 의사 결정력의 양자가 대립 관계에 놓일 때가 있기 때문이다.[28] 이 경우 민주적 심의와 논의를 확대하면서도 정책의 결정과 실현을 보장하는 리더십이 요구된다. 리더십은 단순한 정치적 지배력이나 동원력 이상의 것이며, 민주주의의 수준과 능력을 높이는 중요한 역할을 하기 때문이다. 따라서 공론 정치와 왕권이 긍정적인 관계에서 서로를 뒷받침해주었던 태종조 조선 정치의 사례를 통해 현재의 토의민주주의나 심의민주주의에 있어서도 리더십의 역할이 중요함을 알 수 있다.

---

28) 선스타인(Cass Sunstein)은 '집단 극단화(group polarization)'의 개념을 통해, 심의를 함으로써 합의가 이루어지는 것이 아니라 오히려 분열이 심화될 수 있음을 지적한다. 비슷한 생각을 가진 사람들이 다른 견해에 노출되지 않고 계속 자기들끼리 견해를 나눌 경우, 그들은 심의 이전에 갖고 있는 경향에 따라 이미 지정된 방향으로 극단화된 의견을 갖게 된다(Sunstein, 2003: 80-98).

질의와 응답

1. 서구 심의민주주의 이론에서 말하는 공론장(public sphere) 혹은 공론(public opinion) 개념과 성리학에서 말하는 공론(公論) 개념은 과연 같은 것인가, 다른 것인가?

→ 서구에 있어서 공론장이란 근본적 가치가 배제된 도덕적으로 중립적인 공간이나, 어느 정도 근본적 가치들을 용인하더라도 특정한 가치의 우위를 거부하는 비결정성이 지배하는 공간이다. 반면에 성리학에서 말하는 공론 개념은 서구와 같은 영역적 개념이 아니라, 그 자체가 이미 궁극적 정당성을 가지는 정치적 원리로서의 천리(天理)를 전제로 하여, 이 천리에 따라 정치를 운영하는 하위 범주로서의 의미를 갖는 것이다. 따라서 양자는 부분적 유사성에도 불구하고 그 의미와 맥락은 전혀 다르다.

2. 성리학의 공론 개념이 왕권에 대한 신권 혹은 대중(다수)의 의견의 우위를 뜻하는가?

→ 성리학의 공론 개념이 왕권에 대한 신권의 우위를 뜻하거나, 나아가 대중의 의견 혹은 다수의 의견이라고 명료하게 설명되지는 않는다. 공론 정치의 주체와 관련하여 생각할 때, 조정에서의 논의가 신료들에게서 나와야 공론이라거나, 왕 개인의 의지는 공론이 아니라거나 하는 단순한 논리는 성립하지 않는다. 오히려 왕과 신하라는 두 정치적 행위자는 공의(公義)와 사리(私利)의 대립적인 개념 틀 안에서 그 성격이 파악되어야 한다. 다수 신하의 의견이 항상 공론은 아니며, 오히려 신하들의 논의가 관료들의 사적인 권력 행사나 사적인 결합을 위한 것이라면 공론이라고 불릴 수 없다.

3. 왕권의 강화는 과연 공론 정치에 부정적인 것인가?

→ 공론의 소재를 신권에 귀착시켜 신권의 확대와 왕권의 약화, 신료의 역할 및 자율성의 확대, 나아가 재상 위임 정치나 사림 정치로 공론 정치를 설명한다면 왕권 강화는 공론 정치에 부정적이거나 무관한 것이 된다. 그러나 절대주의 왕권에서처럼 왕권을 왕의 자의적 권력 행사 혹은 사적 의지의 발현으로 바라보고 왕권의 제한과 민주주의·입헌주의의 역사를 동일하게 바라보는 근대 이후의 서구와 달리, 성리학에서 왕은 천리를 추구하는 정치에 있어 핵심적인 위치를 차지하는 존재이다. 따라서 왕권의 강화가 필연적으로 공론 정치에 부정적이라고 볼 수 없다. 오히려 소수의 권신이 조정의 공론을 방해할 경우, 신권을 억제하고 공론을 확대하는 것이 공론 정치를 위한 왕의 임무가 되는 것이다.

4. 과연 태종의 정치는 성리학적 건국이념에서 일탈한 일방적·자의적 권력 방사에 따른 일종의 계엄 정치일 뿐인가?

→ 기존의 연구는 태종을 창업 군주로 이해하면서 공론 정치와는 거리가 먼 권력 군주 혹은 세종을 준비한 악역 정도로 바라본다. 그러나 태종은 조선 건국 초기 자신의 역할을 수성(守成)으로, 혹은 창업과 수성 모두로 의식했으며, 이는 태종을 창업기의 권력 논리에 매진한 권력 군주로 이해하는 기존의 시각에 수정이 필요함을 의미한다. 권력정치와 같은 태종의 일시적인 일탈이 그의 집권기 전체를 통해 진행된 조선의 성리학적 제도화나 유신의 교화 이후의 정상화된 정치 메커니즘의 발전 자체를 훼손하지는 못한다. 태종은 유신의 교화를 전환점으로 유가적 군주로 변모하면서 집권 전반기를 통해 확립된 각종 제도들을 통해 본격적으로 공론 정치를 실현했다.

5. 태종의 권력정치와 세종의 공론 정치는 서로 단절된 것인가?

→ 태종의 강화된 왕권은 공론 정치의 성장에 긍정적으로 기능했다. 따라서 세종조의 공론 정치는 유신의 교화 이후 본격화된 태종조의 공론 정치의 연장선상에서 바라보아야 한다. 세종이 성숙한 문화정치와 공론 정치를 실현할 수 있었던 것은, 태종조의 정치적 경험을 통해 공론 정치의 모형을 배우고 그 속에서 정치적 훈련을 받았으며, 신권과 왕권과의 긍정적인 조화를 배울 수 있었던 신료들이 등장했기 때문이라고 볼 수 있다. 태종은 세종에게 단순히 강화된 왕권과 정치적 제도만을 남겨준 것이 아니라, 유교 국가로서의 조선의 분명한 정치적 방향성과 그것을 달성하기 위한 공론 정치의 기반과 경험을 물려준 것이다.

참고 문헌

『太祖實錄』,『定宗實錄』,『太宗實錄』,『世宗實錄』,『孔子家語』,『近思錄』,『詩經』,『朱子語類』,『春亭集』.

권향숙, 2002,「주희의 공과 사—溝口雄三의 주희 공·사관 비판적 검토」,『철학논구』30: 25-49.

김영수, 2005,「조선 공론 정치의 이상과 현실(I)—당쟁 발생기 율곡 이이의 공론 정치론을 중심으로」,『한국정치학회보』39(5): 7-27.

김영주, 2002,「조선왕조 초기 공론과 공론 형성 과정 연구: 간쟁, 공론, 공론 수렴 제도의 개념과 종류」,『언론과학연구』2(3): 70-110.

김용직, 1998,「한국 정치와 공론성(1): 유교적 공론 정치와 공공 영역」,『국제정치논총』38(3): 63-80.

김창현, 1986,「조선 초기 승지에 관한 연구: 승지의 전주 기능과 임용 실태를 중심으로」, 한양대학교 석사 학위논문.

김효선, 1995, 「조선 초기 노비결송에 대한 고찰: 태종 대를 중심으로」, 숭실대학교 석사 학위논문.

남지대, 1980, 「조선 초기의 경연 제도」, 『한국사론』 6: 413-449.

박현모, 2004, 「조선왕조의 장기 지속성 요인 연구 1: 공론 정치를 중심으로」, 『한국학보』 30(1): 31-61.

박현모, 2005, 「유교적 공론 정치의 출발: 세종과 수성의 정치론」, 한국·동양정치사상사학회 엮음, 『한국정치사상사』, 서울: 백산서당, 239-259쪽.

신채식, 1993, 「송 이후의 황제권」, 동양사학회 편, 『동아 사상의 왕권』, 서울: 한울아카데미, 66-101쪽.

엄훈, 2002, 「조선 시대 공론 영역 논변에 대한 장르론적 접근」, 『국어교육학연구』 14: 289-319.

이동희, 1991, 「조선 태종 대 승정원의 정치적 역할」, 『역사학보』 132: 1-32.

이상익·강정인, 2004, 「동서양 사상에 있어서 정치적 정당성의 비교」, 『정치사상연구』 10(1): 83-110.

이승환, 2002, 「한국 및 동양의 공사관과 근대적 변용」, 『정치사상연구』 6(1): 3-45.

이승환, 2005, 「동양에서 '공적 합리성'의 특성과 근대적 변용─성리학적 공론관을 통해 본 '진리의 정치'와 '관용의 정치'」, 『철학연구』 29: 4-45.

이현출, 2002, 「사림 정치기의 공론 정치 전통과 현대적 함의」, 『한국정치학회보』 36(3): 115-135.

정두희, 1983, 「조선 초기 정치 지배 세력 연구」, 서강대학교 박사 학위논문.

정두희, 1989, 「조선 건국 초기 통치 체제의 성립 과정과 그 역사적 의미」, 『한국사연구』 67: 53-75.

정완근, 1984, 「조선 시대 향약의 성립과 성격」, 고려대학교 석사 학위논문.

조남욱, 1989, 「여말조초 주자학파의 정치의식에 관한 연구」, 『철학논총』 5: 1-41.

조남욱, 1997, 「조선조 태종의 정치철학 연구」, 『동양학』 27: 155-176.

최선혜, 1995, 「조선 초기 태종 대 예문관의 설치와 그 역사적 의의」, 『진단학보』 80: 93-113.

최승희, 1989, 『조선 초기 언관·언론 연구』, 서울: 서울대학교출판부.
한충희, 1999, 「상왕기 태종 연구」, 『대구사학』 58: 91-118.
Cohen, Jushua, 1999, "Procedure and Substance in Deliberative Democracy", James Bohman and William Rehg eds., *Deliberative Democracy*, Cambridge: MIT Press, pp. 407-438.
Gutmann, Amy and Dennis Thompson, 2004, *Why Deliberative Democracy?*, Princeton: Princeton University Press.
Habermas, Jürgen, 1998, *The Inclusion and The Other*, Cambridge: MIT Press.
Rawls, John, 2001, "Constitutional Liberty and the Concept of Justice", John Rawls and Samuel Freeman eds., *Collective Papers*, Cambridge: Havard University Press, pp. 73-95.
Sunstein, Cass, 2003, "The Law of Group Polarization", James Fishkin and Peter Laslett eds., *Debating Deliberative Democracy*, Oxford: Blackwell Publishing, pp. 80-101.

6장 조선 전기 성종과 의론의 정치

방상근

1. 성종과 그 시대

성종(1457~1494, 재위 1469~1494)의 치세는 한편으로는 왕조 초기의 정변과 같은 권력투쟁의 문제가 마무리되고, 국정 운영의 틀이 제도화의 완성으로 안정화되어가던 시기였다. 그러나 또 다른 한편으로는 조선을 건국했던 혁명파 사대부들이 정변과 정란을 거치면서 분화되고, 태종과 세조 시대의 공신들이 훈구 대신으로 확고한 정치적 입지를 확대해가고 있는 가운데, 창업의 과정에서 배제되었던 온건파 사대부들이 새롭게 정치 무대에 등장해가고 있던 시기라는 점에서 잠재적으로 갈등 요인을 내재하고 있던 시기이기도 하였다. 성종 시대의 정치와 관련하여 선행 연구에서는 이 시기를 고려의 중흥을 내세웠지만 여말의 권력투쟁에서 패배한 온건파 신진 사대부들이 조선의 창업 과정에서 배제되었다가 후에 사림파로 불리며 성종 시기를 통해 재등장하여 훈구파와 대립을 형성하며 새로운

정치를 모색해가던 시기로 설명한다.[1]

성종 시대부터 중앙 정계에 진출하기 시작한 사림파들이 당시에 훈구파에 대항해서 얼마만큼 정치적 결속력을 가지고 영향력을 행사하고 있었는가와 관련하여서는 견해의 차이가 있다.[2] 그러나 선행 연구가 공통적으로 가지고 있는 시각은 사림파의 등장이라는 '외재적'인 변화, 즉 세대교체를 통해서 비로소 성종 시대에 새로운 정치가 시작되었다는 점이다. 성종 대를 다룬 비교적 최근의 연구들에서도 기존의 연구에서 통설적으로 제시된 '훈구'와 '사림'의 대립 구도하에서 성종의 사림파의 등용을 통한 새로운 정치의 모색이라는 관점을 공유하고 있다.[3] 이러한 견해에 입각할 때 성종의 역할은 기득권층인 훈구파와 신흥 세력인 사림파 사이에서 발생하는 갈등을 어떻게 조정하며 균형을 유지하고 왕권을 유지 혹은 강화시켜갔는가의 차원에서 다루어진다.[4]

---

1) 이와 같은 연구는 다양한데, 대표적으로는 한영우,「조선 건국과 사대부」(2005); 최승희,「성종조의 국정 운영 체제와 왕권」(2002); 민현구,「조선 양반 국가의 성립과 발전」(2007); 김용흠,「조선 전기 훈구·사림의 갈등과 그 정치사상적 함의」(2004) 등을 들 수 있다.
2) 김범은 '훈구'와 '사림'의 이분법적 구도에서 대신을 훈구 세력에 연결시키고 삼사를 사림 세력에 결부시키는 통설과 관련하여 당시 어떤 관직의 고유 임무가 재직 당시 그 관원의 행동과 논리를 규정하였으며, 관직의 구성원은 언제나 교체되었고, 상하의 관직들은 하나의 체계 안에 묶여 있었다는 사실을 지적하면서 기존의 고정적 이분론이 지닌 논리적 문제를 제기한 바 있다(김범, 2007 참조).
3) 성종이 영남 사림의 종장(宗匠)인 김종직을 임명하여 사림 세력을 등용하고 훈구 세력을 견제함으로써 사림 정치의 기반을 조성하였다고 보는 지두환의 연구서인 『성종대왕과 친인척』(2007)과 성종 대의 지배 연합 양상이 수렴청정기의 '훈척 대신 연합'으로 출발하여 '훈척 대신·대간 연합'을 경유하여 '훈척 대신·삼사 사신 연합'으로 이어지는 특징을 지적하는 강광식의 연구서인 『유교 정치사상의 한국적 변용』(2009)을 들 수 있다. 그는 이 과정을 거치는 동안 김종직 일파는 향촌 사회를 배경으로 유향소 복립 운동을 전개하는 한편 삼사의 언관 활동을 전개함으로써 정치 세력화하는 기반을 구축하였다고 한다.
4) 진덕규의 연구서인 『한국 정치의 역사적 기원』(2002)에서는 성종이 '이이제이책'

그러나 이 글에서는 사림파가 등장해서 훈구파를 비판하고 새로운 정치를 모색하면서 내세웠던 교화의 정치가 성종의 주도적인 노력을 통해서 이루어져가고 있었다는 점에 주목하고자 한다. 즉 성종 시대의 '교화의 정치'가 사림파의 등장이라는 '외재적 요인'보다는 성종이 인욕에 물든 정치가들로 하여금 스스로의 내면을 돌아보도록 설득하는 '내재적 요인'으로 이루어졌다는 점을 밝히고자 한다. '교화'라는 내재적 요인을 중심으로 성종 대를 보겠다는 것은 성종 왕권의 실상과 성격이나 성종 시대 정국의 동향과 각 정치 집단(세력) 간의 입장과 상호 관계 등의 외재적 요인에 대해서는 선행 연구로 충분하다는 인식에 기인한다. 이러한 인식에 입각해서 기존의 연구들에서 간과되어온 측면, 즉 새로운 세력의 등용이 반드시 새로운 정치를 보장하는 것은 아니며 그들이 새로운 정치를 펼쳐갈 수 있기 위해서는 그들 자신의 이념과 노력 못지않게, 그들을 둘러싼 정치 환경과 여건이 중요하다고 본다. 따라서 성종이 어떻게 교화의 정치를 가능케 하는 여건을 마련해갔는가에 주목하고자 한다.

2. 교화와 감화

유교에서는 인간의 내면을 변화시키는 것을 목적으로 하는 교화에 있어서 성인이나 군자와 같은 지도자가 수기(修己)를 통해서 자신의 마음을 바로잡고 그 뜻을 정성스럽게 하여, 이로써 백성을 가르치고 다스려나간다면 정치는 자연스럽게 바르게 되고 백성은 그

을 사용하여 훈신들의 지나친 통치권 행사나 파당화에 대해서 사림파로 하여금 규탄하게 하는 데 치중했다고 지적한다.

러한 성인의 교화를 본받아서 다스려지게 된다는 것을 강조한다. 공자는 "정사(政事)란 바로잡는다는 뜻이니, 그대가 바름으로써 솔선수범한다면 누가 감히 바르지 않겠는가."[5]라고 말한 바 있다. 그는 또한 정치 지도자인 군자의 덕을 바람에 비유하고 백성을 풀에 비유하면서, "그대가 선하고자 하면 백성이 선해지는 것이니, 군자의 덕은 바람이요 소인의 덕은 풀이다. 풀에 바람이 가해지면 풀은 반드시 쓰러진다."[6]고 말한다. 정치 지도자가 먼저 선해짐으로써 그 인격적인 감화에 의해서 백성이 교화될 수 있음을 강조한 것이다.

주자가 강조하는 설득은 기본적으로 이러한 교화의 연장선상에 있다. 특히 주목할 것은 예법을 제정해서 교화를 닦고 삼강(三綱)을 바르게 하여 백성이 크게 화합하는 교화의 과정은 말을 통한 논쟁과 설득에 의해서 이루어지기보다는, 마치 음악이 백성의 귀에 들어와 마음을 감동시켜 화평하게 하는 것과 같이, 자연스럽게 백성이 화합되고 만물이 이에 따르는 것으로 설정되어 있다는 점이다.[7] 이 점에서 성왕이 백성을 교화함에 있어서 감화를 지향하는 것이라고 이해될 수 있을 것이다.

유교 정치에서는 군주와 신하의 사이에서뿐만 아니라 친구들 사이에 있어서도 말로써 견해와 이론을 다투기보다는 서로의 마음을 가다듬어서 바른 길로 인도해가는 감화를 보다 이상적인 설득의 방식으로 보고 있다.[8] 이러한 정치 속에서 군주와 신하는 모두 상대방

---

5) 『論語』「顔淵」: 政者正也 子帥以正 孰敢不正.
6) 『論語』「顔淵」: 子欲善 以民善矣 君子之德 風 小人之德 草 草上之風 必偃.
7) 『近思錄』「治法類」: 古聖王制禮法 修敎化 三綱正 九疇敍百姓太和 萬物咸若 乃作樂以宣八風之氣 以平天下之情 故樂聲淡而不傷 和而不淫 入其耳 感其心 莫不淡且和焉 淡則欲心平 和則躁心釋 優柔平中 德之盛也 天下化中 治之至也 是謂道配天地 古之極也.
8) 『近思錄』「敎學類」: 橫渠先生曰 孟子曰 人不足與適也 政不足與間也 唯大人爲能

의 마음속에 감화를 추구하면서 자신의 뜻을 설득하고자 한다. 군주는 거짓이 없는 진실함과 공경함으로써, 신하는 임금의 밝은 점으로부터 임금의 마음을 바로잡아서 바른 길로 보좌하고 이끌어감으로써 설득한다. 군주가 신하를 설득하는 감화와 신하가 군주의 마음을 바로잡는 것은 모두 교화를 기반으로 해서 이루어지는 설득의 방식이라고 할 수 있다. 이러한 '감화적 설득'에서는 구변을 통한 논리적인 변론보다는 진실함과 공경하는 말과 충신 선도의 마음을 가지고 서로를 대할 때 얻어지는 믿음과 그 믿음에 기반하는 서로 감통하는 것에 보다 강조점이 놓여 있다.

그러나 유교 정치에서 인간 내면의 변화를 추구해가는 데 있어서 인격적 감화만을 강조하고 대화나 설득을 통한 변화는 존재하지 않았다고 말할 수는 없다. 인간의 심성에 있어서 "천리를 보존하고 인욕을 멸"하는 것을 추구하는 주자학에 있어서 '철학적' 설득은 종종 군자와 소인에 관한 '논쟁'을 통해서 이루어졌기 때문이다. 맹자는 "양호가 말하기를 '부자가 되는 일을 하면 인(仁)하지 못하고, 인을 하면 부자가 못 된다.' 하였습니다."⁹⁾라고 말한 바 있다. 이에 대해서 주자는 "천리와 인욕은 병립함을 용납하지 않는다. 양호가 이것을 말한 것은 인을 함이 부에 해가 될까 두려워함이요, 맹자께서 이것을 인용하신 것은 부를 함이 인에 해가 될까 두려워하신 것이니, 군자와 소인은 매양 상반될 뿐이다."¹⁰⁾라고 하였다. 여기서 주자는 군자는 천리인 인을 추구하고, 소인은 인욕인 부를 추구한다는 점을

格君心之非 非唯君心 至於明游學者之際 彼雖議論異同 未欲深較惟整 理其心 使歸之正.
9) 『孟子』「滕文公上」: 陽虎曰 爲富不仁矣 爲仁不富矣.
10) 『孟子集註』「滕文公上」: 天理人欲 不容並立 虎之言此 恐爲仁之害於富也 孟子引之 恐爲富之害於仁也 君子小人 每相反而已矣.

지적하면서 맹자를 군자로, 양호를 소인으로 설정하고 있다.

　주자는 군자를 '공'을 추구하는 자로, 소인을 '사'를 추구하는 자로 규정하면서 군자와 소인의 분변을 강조하였고, 옛날부터 지금까지의 흥망성쇠는 다만 군자를 나아가게 하고 소인을 물리치며, 사람을 아끼는 것에 불과하다고 말한 바 있다.[11] 그리고 이러한 주자학적 이념에 의해서 지배되는 사회에서 군자와 소인의 분별은 유학적 이념 체계를 삶에 구현했는가의 여부를 재는 잣대가 되며, 어떤 집단에서 군자로 인정받는다는 것은 자신의 논의가 집단 내부에서 공적으로 통용될 수 있는 권위를 부여받는 것을 의미한다. 따라서 유학자들 사이에서는 자신의 의사의 정당성을 내세우기 위해서, 혹은 상대방의 의사에 정당성을 부과하지 않기 위해서 군자·소인 논쟁이 치열하게 벌어지게 되며 이 논쟁은 치열한 이념 투쟁의 양상을 띠는 것이다(김미영, 2005: 55).

　군자와 소인의 분별에 관한 논쟁은 조선에 있어서 성종 대의 '임사홍 사건'을 계기로 하여 본격적으로 제기되었다.[12] 성종 8년 9월에 있었던 전 도승지 현석규에 대한 탄핵 사건을 시작으로 하여 성종 9년 5월에 임사홍·유자광·박효원·김언신 등 임사홍 일파의 인물들이 유배됨으로써 마무리되었던 이 사건은 붕당이 죄악시되었던 조선 초기에 "『대명률』을 사용한다."는 『경국대전』의 형전에 따라서 『대명률』의 간당조의 규정에 의해서 처벌된 것이었다.[13] 선행 연구

---

11) 『朱子語類』「學七力行」: 因論人好習古今治亂典故等學曰 亦何必苦苦於此用心 古今治亂 不過進君子退小人 愛人利物之類 今人都看巧去了.
12) 물론 성종 시대 이전에도 군자와 소인에 관한 논의는 많이 있었다. 그러나 이 논의가 정치투쟁과 연관되면서 정치의 전면에서 본격적으로 제기된 것은 성종 시대의 '임사홍 사건'에서 비롯된다.
13) 『대명률』에서는 "조정(朝廷)의 관원으로서 붕당을 교결(交結)하여 조정의 정치를 어지럽히는 자는 모두 참(斬)하여 그 처자(妻子)는 종으로 삼고 재산은 관(官)

에 의하면 이 구절이 중국의 전통적인 부정적 붕당관에 기초하여 명문화된 것으로 붕당 행위를 죄목으로까지 규정해놓은 것이며, 조선 초기의 붕당관 역시 이와 마찬가지로 극히 부정적인 성격을 지니고 있었음을 보여주는 것이라고 한다(정만조, 1989: 92-95).[14]

그러나 임사홍이 처벌된 것은 그가 붕당을 교결했다는 죄목으로 이루어진 것이지만, 보다 본질적인 이유는 당시에 그가 하늘로부터의 견책을 부정했을 뿐만 아니라 몰래 간관을 사주하여 현석규를 탄핵하고자 했던 소인이었기 때문이었다. 이 사건에서는 붕당과 소인의 문제가 서로 결합되어 나타나고 있었기 때문에 소인의 문제는 곧 붕당의 문제로 이해되고 있었지만, 붕당에 의한 정치가 이루어지기 이전이라는 점에서 사법적 심사와 설득의 초점은 임사홍이 소인인가 아닌가에 보다 비중이 놓여 있었다. 그리고 붕당정치가 이루어지는 16세기 이후라 할지라도, 즉 군자의 결합인 붕(朋)의 존재가 긍정된다고 하더라도 사욕을 추구하면서 정치를 해치는 소인들을 어떻게 배제해야 하는가, 그리고 그들을 어떻게 교화시켜나갈 것인가 하는 문제는 이후에도 중요한 과제가 되었다.

성종 10년 5월의 한 경연의 자리에서 성종은 "군자와 소인을 어떻게 구별하는가?"라고 질문한다. 이때 이세광은 일을 행하는 것과 말

에 몰수한다[若在朝官員 交結朋黨紊亂朝廷者皆斬 妻子爲奴 財産入官]."고 규정되어 있다(『大明律』「吏律」'奸黨條').

14) 정만조는 15세기의 붕당론이 붕당을 소인(小人)이 이해(利害)에 따라 취합하는 사당(私黨)과 같은 의미로 사용하고 있었다는 점에서 중종 대 이후 사류(士類)의 붕당론과는 현저한 차이가 있었으며, 연산군 이후에 일어난 사화(士禍)의 구실 또한 바로 이와 같은 사당적이고 죄악시되는 부정적 붕당관에 근거하였던 것이라고 한다. 그리고 이러한 인식에서 벗어나 조금씩 새로운 이해와 약간이나마 긍정적인 의미를 부여하려 시도한 예는 중종 대 신진 사류 세력의 도학 정치론의 일환으로 제기된 군자와 소인의 변(辨)에 관한 논의 과정에서 찾아진다고 한다.

을 하는 것을 병합하여 보면 알 수 있다고 대답하고, 조위는 "그 하는 바를 보고 그 마음 씀을 관찰하며 그 좋아하는 바를 살피면 사람이 어찌 숨기겠는가?"라는 공자의 말을 인용하면서 그 말을 듣고 행실을 관찰해야 군자와 소인을 구별할 수 있을 것이라고 간하는데, 이에 대해서 성종은 동의를 표명한다(『成宗實錄』 10年 5月 己酉條).

이듬해에도 경연관을 인견한 자리에서 주나라 말기의 치란과 흥망 성패의 자취에 대하여 강론하도록 지시하였는데, 강론이 '당고의 화'에 이르러 김흔이 군자와 소인은 각각 그 무리로써 당을 삼는다고 하자, 성종은 "분별하는 것이 밝지 못하면 군자가 그릇 그 화를 입는다."고 말하고 있다.[15] 이때 이창신은 "만일 공평무사하여 사적인 정에 가리어지지 않는다면 가히 분별할 수가 있을 것"이라고 말하면서 한 무제의 경우 욕심이 많았기 때문에 급암의 어즮을 알고서도 쓰지 못했다는 점을 지적하였다. 성종은 급암같이 곧은 사람은 얻기가 쉽지 않다고 하면서 당시 새로이 관직에 들어온 자가 모두 직언과 항론을 하지만, 지위가 높아지고 편하게 되면 처음과 같이 못하고 곧음을 내세워 승진을 탐내게 됨으로써 취할 바가 못 된다고 하면서 사풍을 비판하였다. 이 자리에 참가했던 성현은 선을 좋아하면서도 능히 쓰지 못하고 악을 미워하면서도 능히 물리치지 못하여 나라가 망하는 지경에까지 이르렀던 춘추시대의 곽공, 우문사급의 아첨함을 알고서도 능히 물리치지 못했던 당 태종, 이임보의 간사함을 알고서도 능히 물리치지 못했던 당 현종 등의 사례를 거론하면서 간사하고 아첨하는 소인을 물리치지 못하여 후회가 있었다는 점을 경계로 삼을 것을 간하였다(『成宗實錄』 11年 2月 辛酉條).

---

15) 당고(黨錮)의 화(禍)는 후한(後漢) 말에 환관이 정권을 전담하는 것에 분개하여 이를 공박한 지사(志士)들이 환관의 미움을 받아 종신금고의 형을 받았던 일에서 나온 말이다.

이처럼 임사홍 사건 이후 지속된 군신 간의 논의에서는 정치에 있어서 군자와 소인을 분별하는 일과 소인을 물리치고 군자를 나아오게 하는 것에 관한 논의가 집중적으로 이어지고 있었다. 그리고 이러한 논의는 그동안 신하들과 암묵적으로 합의해왔던 감동의 정치를 탈피하고, 공의를 실현하여 교화를 보다 철저하게 시행하기 위한 제도적인 방안을 새롭게 마련하는 논의로 연결된다.

3. 유신의 교화

성종 11년 11월 8일에 임금이 인정전에 나아가서 왕비를 책봉하였는데, 이날 정승들의 동의를 얻어서 사면하는 전교를 내리고 이 전교를 통해서 임사홍 사건으로 유배를 갔던 이들도 사면을 얻게 된다(『成宗實錄』11年 11月 甲申條). 성종의 첫 번째 비(妃)였던 한명회의 딸 한씨는 성종 5년에 죽었는데, 성종 7년에 윤씨를 왕비로 삼았다. 그러나 연산군의 생모이기도 한 윤씨는 성종 10년 6월에 폐비되었고, 이때에 이르러 새로운 왕비를 맞이한 것이었다.

대간에서는 임사홍 등은 죄를 범한 바가 매우 무거우므로 사유(赦宥)를 입게 할 수 없다고 하면서 지속적으로 반대하였지만, 성종은 강상(綱常)에 관계되는 것이 아니면 모두 용서하였는데 임사홍의 무리만 용서하지 않는 것은 신의를 저버리는 것이라고 하여 받아들이지 않았다(『成宗實錄』11年 11月 丙戌條). 그리고 이듬해 정월에 성종은 예조에 삼퇴례와 삼소례를 행할 것을 상의해서 아뢰라고 전지하였다.[16] 이 전지에서 성종은 다음과 같이 '유신의 교화'를 선언하였다.

16) 삼퇴례는 임금이 적전(籍田)에 나아가 쟁기를 잡고 세 차례 쟁기질을 하는 의식

내가 부덕한 자질로 조종의 기업을 이어 신민의 위에 군림하여, 농사짓고 누에치는 것이 제대로 수행되지 않을까 염려하였다. 그래서 이미 지난해에 고전을 널리 상고하게 하여 친경과 친잠하는 예를 행하도록 하였다. 이제 윤씨를 왕비로 삼았으니, 마땅히 이를 책봉한 뒤에 반드시 성한 예에 맞추어 유신의 교화를 펴게 할 것이다(『成宗實錄』 12년 1월 癸巳條).

성종이 이 시점에서 유신의 교화를 선언한 직접적인 이유는 전지에 나와 있는 바와 같이 성종 10년에 폐위되었던 윤씨 이후 한동안 왕비의 자리가 비워져 있었는데, 새로이 왕비를 맞이하고 친경과 친잠을 행하는 것을 계기로 하여서 국정을 일신하고자 했던 것이다. 그러나 성종 이전의 임금들이 유신을 선언함에 있어서는 그 이전과 이후가 구별되는 정치적 변화를 보여주었다는 점에서 볼 때 성종의 유신 역시 새로운 왕비 책봉에 따른 단순한 선언 이상의 의미를 지니고 있다고 할 수 있다. 그렇다면 성종이 유신의 교화를 통해서 추구하고자 했던 변화는 무엇이었는가?

우선 주목할 것은 앞서 왕비의 책봉과 더불어 사유를 내린 것에서 알 수 있듯이 성종은 이 유신 선언을 전후로 하여 임사홍 사건으로 유배되었던 인물들에 대한 포용을 시도하고 있다. 이 점은 임사홍 무리에 대한 사유와 더불어 "유자광은 사직에 공이 있으니 공신녹권을 특별히 돌려주라."고 이조에 전지한 대목에서도 보인다(『成宗實錄』 12년 5월 乙未條). 유자광은 비록 임사홍 사건에 연루되어 함께 유배를 갔지만, 그 자신이 공신이란 점에서 다른 이들과는 다른 대우

을 말하며, 삼소례는 왕비가 누에고치의 실을 뽑을 때 세 차례 손으로 잡고 실을 뽑는 의식을 말한다.

가 필요한 신분이었고, 성종은 이미 임사홍 사건이 마무리된 이듬해에 유자광의 공신녹권을 환급하는 것에 대한 뜻을 보인 바가 있다. 그러나 겨우 1년이 넘어서 갑자기 공신녹권을 돌려주는 것에 대한 대간의 반대가 컸고, 대신들 역시 너무 빠르다고 한 까닭에 뜻을 굽힌 바 있다(『成宗實錄』 10年 4月 丁未條). 이로부터 2년이 지나 유신의 교화를 선언한 시점에서는 더 이상 대간의 반대나 문제 제기는 일어나지 않았다.

성종 13년에는 유자광의 직첩을 돌려주는 것과 관련해서 대간이 반대하면서 다시 문제가 제기된다. 당시 가뭄이 심하였는데 대신들은 유자광의 죄는 비록 중하지만 그 공이 크니 다시 쓸 만하다고 건의하였다. 대간에서는 유자광이 소인과 교제를 맺어 나라를 저버렸는데 국가에서 녹권을 주어서 그 공에 보답한 것이 이미 지극하였다는 점과 상벌이 이치에 합당한 뒤에야 하늘의 마음을 화하게 할 수 있다는 점에서 한재(旱災)를 이유로 직첩을 돌려줄 수 없다고 반대하였다. 그러나 성종은 그가 예종조에 큰 공이 있다는 이유로 직첩을 주면서 김맹성·김괴·표연말도 모두 직첩을 주라고 지시하였다. 이에 사헌부 대사헌 채수 등이 직첩을 돌려주는 것이 마땅치 못하다고 논하였으나, 성종은 유자광이 공신을 대우하는 자신의 마음을 다시 저버리지는 않을 것이라고 하여 들어주지 아니하였다(『成宗實錄』 13年 7月 己丑條, 壬辰條).

유신의 교화를 전후로 하여 이처럼 한편으로는 유배를 갔던 임사홍 무리들에 대한 사유와 포용을 시도했던 성종은 다른 한편으로 새로운 인재의 등용을 적극적으로 추진해가고 있었다. 이는 성종이 자신의 즉위 이후 지속적으로 문제되어온 세조 대 훈신들의 탐오와 전횡, 그리고 당시의 신하들이 보여주었던 표리부동한 행태를 목도하면서 새로운 인재를 등용시켜야 할 필요성을 보다 분명하게 인식하게 되었기 때문이었다. 성종은 의정부와 육조, 그리고 대간에 인재를 천거하라고 전지하면서 다음과 같이 말한다.

> 내가 생각하건대, 사람을 등용하기는 어렵고 사람을 알아보기는 더욱 어렵다. 외모가 공손한 듯하고 언어가 정직한 듯하나 실지는 그렇지 않은 자가 있고, 외모와 언어는 민첩하지 않은 듯하나 마음과 행실이 충직한 자가 있다. 더구나 하료(下僚)에 침체되어 있거나 멀리 초야에 사는 자 중에 어진 인재가 있더라도 내가 어떻게 알겠는가? 전조(銓曹[이조와 병조])의 주의(注擬)[17]에도 혹 구슬을 빠뜨리는 한탄이 있다.

성종은 이 당시 화기(和氣)를 손상하여 재변을 부르는 일이 발생하고 있는 것도 인재를 잘못 등용한 것과 무관하지 않다고 지적하면서 널리 어진 인재를 구해서 함께 치평을 이루어 천견(天譴)에 보답하고자 한다는 점을 말하고 있다(『成宗實錄』12年 6月 乙丑條). 이에 대해서 사간 경준과 영사 정창손 등은 우리나라는 중국과 달리 땅이 좁아서 한 가지 기예라도 이름난 자는 다 기록되었으므로 묻히거나 침체되어 있는 자가 없을 것이라고 하면서, 다만 관리의 고과를 맡은 자가 마땅한 사람을 구하기에 달려 있다는 의견을 제시한다. 그러나 성종은 "이조와 병조의 직임을 맡은 자가 마땅한 사람을 구하더라도 어찌 사람의 현부(賢否)를 죄다 알 수 있겠는가?"라고 하면서 대신들로 하여금 아는 자를 천거하게 하였다(『成宗實錄』12年 6月 丙寅條).

여기서 성종은 인재를 등용하고 물리치는 직임을 맡고 있는 전조

---

17) 주의(注擬)는 관원(官員)을 임명할 때에 먼저 문관(文官)은 이조(吏曹), 무관(武官)은 병조(兵曹)에서 임용 예정자 수의 3배수[三望]를 정하여 임금에게 올리던 것을 말한다.

의 역할에 대해서 근본적인 문제를 제기하고 있는 것이다. 그것은 전형을 맡고 있는 자의 능력과 자질에 대한 불신과 함께 사람을 알아보는 것이 얼마나 어려우면서도 절실한가에 관한 인식에 기반하고 있었다. 어진 사람을 등용하고 쓸 만한 재주를 가진 자를 알기 위해서는 전조의 판단만으로는 미진하고 보다 폭넓은 시각과 경험에서 의지해서 그 인선을 행하는 것이 필요하며 이 과정에서 현능한 자에 관한 여러 사람의 논의가 필요함을 말하고 있다.

성종은 "전조는 사람의 심술을 알고서 등용해야 한다."고 말하고, 선비를 시험하는 책문을 내면서도 "어떻게 해야 풍속을 순박하게 하고 교화가 유행하겠는가?"에 관해서 물으면서, "현재에 유통하면서 옛것에 어긋나지 않고 옛것을 본받되 현재에도 어긋나지 않게 하려고 하면 무슨 방법으로 이를 성취하겠는가?"라고 문제를 제기한다(『成宗實錄』 12年 6月 壬申條). 이러한 모색은 당시 관리들의 인사에 관한 규정을 담고 있는 전최(殿最)의 법에 관한 문제 제기로까지 이어지고 있다.[18] 성종은 관리의 포폄에 대해서 의정부에 전지를 내려 당시 중앙과 지방의 관리들의 현부를 평가하는 전최를 담당하는 자들이 '공'을 버리고 '사'를 따르는 관행으로 인해 용렬한 자들이 상등에 남아 있는 폐단이 있음을 지적하면서, 전최의 법이 제대로 시행되기 위해서는 포폄을 맡은 자들이 사정을 버리고 공도를 따라야 하며, 이로써 관리의 잘잘못을 가릴 수 있음을 말하고 있다(『成宗實錄』 12年 11月 癸未條). 전조의 직임과 역할이 관행에 따라서 관리들의 근무성적과 업적을 평정하는 것에 그쳐서는 안 되고, 보다 중요한 것은 그

---

18) 전최(殿最)란 전조(銓曹)에서 관리의 근무성적을 평정하는 것이다. 『경국대전』 「이전(吏典)」에는 관리의 업적 평정, 즉 포폄에 있어서 "중앙 관리는 해당 관청의 당상관·제조 및 소속된 조(曹)의 당상관이, 지방 관리는 관찰사가 해마다 6월 15일과 12월 15일에 등급을 평정하여 임금에게 보고한다."고 규정되어 있다.

들의 현부와 내면의 심술까지 분별해야 함을 촉구하고 있으며, 이를 위해서 전조는 먼저 스스로 '사'를 버리고 '공'을 따름으로써 자신과 다른 사람들을 살피는 역할을 감당할 것을 요구한 것이다.

성종이 유신의 교화를 선언한 이후 전조로 하여금 사람의 현부뿐만 아니라 심술을 관찰하도록 촉구하고, 전최를 행함에 있어서 사정을 버리고 공도를 따라야 함을 역설하는 것은 그가 관리들의 내면의 변화를 요구하며 설득하고 있는 것이었다. 그러나 공도에 따라서 전최의 법을 올바르게 시행하기만 한다면 교화는 이루어지는 것인가? 성종의 치세 중반기에 해당하는 이 시기의 논의를 살펴보면 그것이 그렇게 쉬운 일이 아니라는 점이 드러나고 있다. 성종 13년 4월에 전 도승지이자 평안도관찰사였던 신정이 임금의 도장(관인)을 위조했을 뿐만 아니라 세 번이나 임금을 속여가면서 자신이 위조하지 않았다고 상소까지 한 사건이 발생하였다. 성종은 신정이 공신이라는 점과 신숙주의 아들이라는 점을 고려해서 그 처벌에 신중을 기하고자 했지만, 임금을 대면하여서도 거짓으로 속이면서 상소까지 올린 일은 고금에 없었던 일이라고 한탄하면서 스스로 부끄러워하였다. 결국 신정은 그 자신이 공신이었음에도 불구하고 죽음을 당하여 공신의 적에서 삭제되기에 이른다(『成宗實錄』13年 4月 壬戌條).

신정 사건은 사람을 구별하고 인재를 쓰는 일에 대한 경각심을 다시 한번 환기시켰다. 이로부터 얼마 후에 경연의 자리에서 사람을 쓰는 일에 대해서 논하면서 "기예가 있다고 하더라도 심술이 바르지 못하면 장차 어떻게 쓸 것이며, 만일 정대하다고 하면 재주가 모자란다고 해서 버리는 것은 옳지 않은 것이다."라고 말하고, "신정을 시험해보았더니, 과연 심술이 바르지 못하였다."고 술회한다(『成宗實錄』13年 6月 己亥條). 성종은 어질고 능력 있는 인재를 찾아서 아뢰도록 지시하고, 아울러서 훌륭한 덕행이 있는 선비도 이름을 적어 아뢰도록 하면서, 자신이 사람의 마음을 들추어내어 판별하고자 함을 알린다.

> 현명하고 능력 있는 선비가 혹 하급 관료로 침체되어 그 재주를 다 펴지 못하기도 하고, 혹은 한산한 곳에 배치되어 세상에 쓰이지 못하는 자도 있을 것이다. 비록 완전한 덕을 갖춘 사람이 아니더라도 진실로 일절의 덕행이 있으면 이도 훌륭한 사람이 되므로 또한 채용할 만하니 아울러 이름을 적어 계문하여서 나의 측석명양(側席明揚[마음을 기울여 들추어냄])하는 뜻에 부응하도록 하라.

이 전지에서는 숨어 있는 인재뿐만 아니라 도고·관고·포관과 같은 천한 직업에 속한 자까지 언급하고 있는데, 이는 성종이 인재의 진퇴 문제에 대해서 얼마나 심각하게 고민했는지를 보여주는 대목이라고 할 수 있다(『成宗實錄』 13年 6月 乙丑條). 이 점에 있어서 신정사건은 재주와 뛰어남을 간직하고 있으면서도 쓰이지 못하고 있는 숨어 있는 인재를 찾아내어야 한다는 것, 더 나아가서는 숨어 있는 선비뿐만 아니라 심행과 덕행을 갖춘 인물도 나아오게 해야 한다는 것이 필요함을 인식시켜주었다. 그리고 단지 기예나 재주만이 아니라 '마음을 들추어내는 것'이 보다 중요하다는 것을 성종에게 각인시켰다.

유신의 교화를 선언한 이후 성종은 새로운 인재를 등용하고자 했는데, 새로운 인재의 등용을 위해서는 사람을 분별하는 것이 필요하고, 사람을 올바르게 분별하기 위해서는 겉으로 드러나는 모습만이 아니라 그 사람의 마음을 들추어내어야 한다. 그러나 사람의 마음속을 들추어내기 위해서는 먼저 그 사람이 자신의 속마음을 털어놓아야 하는데, 군주와 신하라는 상하 관계에 있어서 신하가 속마음을 임금 앞에서 솔직하게 털어놓는다는 것은 쉽지 않은 일이고, 따라서 임금이 신하의 속마음까지 분별하는 일 역시 어려운 일이다. 그렇다면 어떻게 신하가 스스로 그 속마음을 허심탄회하게 털어놓도록 할 수 있는가? 여기서 성종은 이 문제에 있어서 세심한 배려를 보여주고 있었다.

『대학』을 강론하는 경연의 자리에서 성종은 신하들과 함께 성의·정심과 군자를 올려 쓰고 소인을 물리치는 임금의 도를 논하면서 순임금은 뜻이 성실하고 마음이 발라서 거울처럼 맑고 저울처럼 공평하기 때문에 능히 사흉의 간사함을 알아서 내쫓았다고 말하였다. 임금이 신하의 속마음을 들추어내기 위해서는 먼저 임금의 뜻이 성실하고 마음이 바르고 맑고 공평해야 함을 자각하고 있음을 보여준다. 그리고 이어서 성종은 왕안석이 소인이 되는 이유를 신하들로 하여금 자세히 말하도록 하였는데, 『실록』에서는 이 자리에서 공조판서인 "손순효가 몹시 취하여 말이 절도를 잃은 것이 많았는데, 임금이 모두 관대히 용서하였다."고 기록하고 있다(『成宗實錄』13年 11月 癸亥條).

이후에 대간은 강연의 자리에서 신하들이 임금 앞에서 실례를 범한 일들을 지적하면서 손순효의 행실을 비판하였는데, 이에 성종은 다음과 같이 말한다.

> 무릇 사람이 취하면 반드시 속마음을 털어놓는 것인데 임금과 신하 사이에 품은 것을 반드시 진술하는 것이 무엇이 옳지 못한 것이 있겠는가? 만약 머리와 꼬리를 두려워하여 말을 골라서 발하면 교언영색인데, 이것이 옳겠는가? 사람으로 하여금 임금 앞에서 담론하지 못하게 하면 임금이 누구와 같이 사람의 어질

고 어질지 못한 것과 정치의 잘하고 못한 것을 논하겠는가? 대 간의 말이 매우 옳지 못하다. 손순효의 말이 비록 오활한 듯하 나 다만 마음속을 털어놓았을 뿐이다. 무슨 다른 뜻이 있었겠는 가? 군신 사이에는 항상 공경하는 것만을 주로 할 수 없다(『成宗 實錄』 14年 1月 丁酉條).

성종은 임금 앞에서 속마음을 털어놓고 품은 것을 반드시 진술하 는 것이 교언영색보다는 옳은 일이라고 말하고 있다. 또한 임금 앞 이라고 할지라도 얼마든지 서로 '의론'을 나눌 수 있어야만 사람의 현부를 분별하고 정치의 선악과 득실을 논할 수 있음을 강조한다. 군신의 사이가 비록 공경함이 없어서는 안 되는 관계이기는 하지만, 정치를 행하고 논함에 있어서는 비록 오활한 말이라 할지라도 마음 속을 솔직하게 털어놓을 수 있어야 한다는 점을 신하들에게 설득하 고 있는 것이다. 성종의 이러한 언급은 사람의 마음속 깊은 곳을 들 추어내어 그 심술을 알고서 등용하는 일이 가능하기 위한 조건이 무 엇인지, 그리고 군신 관계라는 비대칭적 권력을 전제로 하는 유교 정치에 있어서 어떻게 공정하고 평등한 입장에서의 심의가 가능한 것인가에 대한 해답을 제시해주고 있는 것이라고 할 수 있다.[19]

---

19) 군주와 신하 사이의 공적인 담론에 관한 성종의 이러한 인식과 태도는 단지 정 치에 있어서 의론의 중요성에 대한 일회적인 언급으로 그쳤던 것이 아니었다. 성종의 집권 후반기에 이르러서 홍문관이 언관의 기능을 띠면서 언론이 더욱 활성화되고 있었다.

4. 승출의 법

성종 14년 3월에 대왕대비 정희왕후가 승하하자 성종은 신하들의 의견을 물리치고 3년의 상(喪)을 치르는데, 아직 상중에 있던 15년 11월에 이조에 다음과 같이 전지한다.

> 우리나라는 인재가 비록 중국과 비교할 수는 없으나, 십실(十室)의 고을에도 반드시 충성되고 미더운 사람이 있다고 하였는데, 사방 넓은 땅에 어찌 그만한 사람이 없겠는가? 요(要)는 쓰고 버림을 적당하게 하여 착한 사람과 악한 사람을 담는 그릇을 다르게 할 뿐이다. 돌이켜 보건대, 사람을 알아보기는 요·순도 어려워하는 바이므로, 전선(銓選)의 임무를 일체 전조(銓曹)에 위임하였는데, 전조에서 연륜과 격식에 구애되어 오직 날짜의 오래고 가까운 것만 취하고, 인물의 착하고 착하지 못한 것은 가리지 아니하므로, 비록 뛰어난 사람이 있을지라도 하찮은 사람과 함께 섞여 있으니, 어찌 국가에서 어진 재주를 골라서 쓰는 도라고 하겠는가?

여기에서 성종은 삼대의 화목하고 태평한 다스림의 요체는 쓰고 버림을 적당하게 하여 착한 사람과 악한 사람을 담는 그릇을 다르게 하는 것이라고 말하고 있다. 그렇지만 당시 사람을 알아보는 일을 맡고 있는 전조에서 인물의 선악을 가리지 아니하고, 다만 연륜과 격식에만 구애되어서, 그 결과 현능한 사람과 불초한 사람을 쓰는 도에 맞지 않음을 지적하고 있다. 성종은 이 전지를 내린 후에 재주와 행실이 뛰어난 자는 자격에 구애되지 말고 차례를 뛰어넘어서 쓰고, 그 다음으로 쓸 만한 사람은 그 임기 만료에 따라 차례로 올려 써서 점차로 승진하게 할 것이며, 범용한 무리는 비록 갑자기 버리지는 아니하더라도 또한 벼슬을 올려주지 않고, 임기가 만료된 뒤에 같은 품계에서만 옮기도록 함으로써 어질고 어리석은 이가 함께 오래 머물러 있는 폐단이 없도록 지시하였다(『成宗實錄』15年 11月 癸巳條).

본래 유교에서는 세습이나 출신을 관직 분배의 기준으로 내세우지 않는다. 유가에서는 덕성과 능력을 갖춘 사람, 즉 현능이야말로 남을 다스리는 위치에 설 수 있으며, 따라서 관직에 오를 자격이 있다고 생각했다. 덕과 능력은 이상적인 행정·관리 요원에게 필요한 도덕적·인격적·행정적 탁월성을 지칭하는 것이었다(이승환, 2001: 30-32). 관직이 세습이나 출신 혹은 연륜과 격식에 구애받아 왜곡되거나 침체되는 경우가 있었지만, 유교에서는 정치에 있어서 도덕적이고 인격적인 덕성과 탁월성을 향상시킬 것을 요구할 뿐만 아니라 관직의 배분과 관원의 선별을 통해서 이를 실현할 수 있는 제도적 장치를 마련하고 있었던 것이다.[20]

성종은 당시 관직에 있는 자들을 재주와 행실이 뛰어난 자, 쓸 만한 사람, 범용한 무리로 구별하여 이들을 각각 달리 차등적으로 대우할 것을 요구하고 있다. 특히 재주와 행실이 뛰어난 현능한 자를 높이면서 인물의 착하고 착하지 못한 것을 가려야 함을 다시 한번 역설함으로써 인간 내면의 변화를 관직의 배분과 관원의 선별을 통해서 실현하고자 했던 것이다. 이는 '전최의 법'에 대한 문제 제기와 비판의 차원을 넘어서는 것이라는 점에서 보다 진일보한 조치였다. 그러나 이것으로도 사풍을 바로잡아 교화를 이룰 수 없다면 그다음

---

20) 이 점에서 서양 고대 그리스의 소크라테스(플라톤)가 대화법을 통해서 인간의 영혼에서 정의를 소생시키고자 노력했던 것과는 차이가 있다. 즉 소크라테스의 철학적 설득은 대화법적인 태도를 통해서 인간 내면의 변화를 촉구하는 것이지만, 이를 제도적으로 실현할 수 있는 장치가 없었던 것이다.

에 취할 수 있는 조치는 무엇인가?

성종 16년 1월에 홍문관에서 유교를 장려하기 위해서 올린 상소에는 일반적으로 교화론에서 얘기되고 있는 감화의 정치를 강조하고 있었다. 즉 교화는 허물어지고 풍속은 날마다 야박해져서 점점 구제할 수 없는 지경으로 빠져들어가고 있는 상황을 지적하면서, 백성을 교화하는 데 있어서는 임금이 먼저 그 몸을 닦고 마음을 바르게 하여 인도해야 한다는 것이다. 홍문관에서는 "백성이 보고서 감화하는 것은 정교(政敎)나 호령을 기다리지 아니하여도 하늘에 덮이고 …… 혈기가 있는 자는 기뻐하며 고무되고, 감동하고 분발하여 공경하기를 신명처럼 하고, 사랑하기를 부모처럼 하지 않는 이가 없는데, 이와 같으면 풍속이 어찌하여 바르지 아니하며, 인간으로서 지켜야 할 도리가 어찌하여 밝지 아니하겠습니까?"라고 건의하였다(『成宗實錄』 16年 1月 壬辰條). 그러나 성종은 '덕과 예로 인도하고 형벌과 정사로 가지런히 한다.'고 하는 옛 사람의 말은 바꿀 수 없는 지론이지만, "지금으로 보면 한갓 덕과 예만 믿고 다스릴 수는 없다."고 말하였다(『成宗實錄』 16年 1月 丁未條). 이는 교화에 있어서 덕과 예로 다스리는 감화가 중요한 원칙이라고 할 수 있지만, 당시의 각박한 시대 상황을 고려해볼 때 보다 개혁적인 조치가 필요함을 말해주고 있는 것이다.

이로부터 두 달여가 지나 비로소 정희왕후의 3년 상을 끝내고 경연에 나아간 자리에서 동지사 김종직은 다음과 같이 건의하였다.

> 지금 관직의 과궐(窠闕)이 부족하여, 별좌(別坐)가 8년이 되도록 등용되지 못한 자가 있고, 부장(部將)이 10년이 되어도 등용되지 못한 자가 있는데, 전지(傳旨)로 서용(敍用)하는 자가 매우 많아서 즉시 서용하지 못합니다. 또 현능한 자도 침체되어 등용되지

못하는 자가 있으니, 청컨대 승출(陞黜[올리고 내림])의 법을 행하소서.

그리고 이 건의에 성종은 다음과 같이 화답하였다.

과연 경의 말과 같다. 용렬한 사람이 하료에 침체되는 것은 괴이할 것이 못 되나, 적당히 쓰일 재목이 억울함을 품고 펴지를 못한다면, 이는 실로 잘못된 정사인 것이다. 사람을 쓰는 전지를 전조에서 대부분 많이 폐각하고 행하지 않음은 매우 옳지 못하다. 지금의 관직에 있는 자가 어찌 다 어질겠는가? 그 직임을 감당하지 못하는 자는 내치고, 현사(賢士)를 등용하는 것이 가하다.

김종직은 승출의 법을 건의하였고, 성종은 이에 따를 것임을 표명하였다(『成宗實錄』 16年 4月 戊午條). 그러나 승출의 법을 시행함에 있어서는 많은 논란이 야기되고 있다. 성종은 이날에 의정부와 전조의 당상관을 불러서 승출의 법을 통해서 쓸 만한 사람을 얻고자 한다고 말하면서 의견을 물었는데, 대신들 가운데는 이조판서 이숭원이 임금의 뜻에 동감을 표시하였지만, 영의정 윤필상 등은 반대하였다. 반대의 논리는 비록 출척(黜陟)을 행한다 하더라도 정밀하기가 어려울 것이며, 만약 출척하는 바가 정밀하지 못하다면 물의를 불러일으킬 뿐이므로 전조에 맡기는 것만 같지 못하다는 것이었다. 의정부와 이조·병조에서 합사하여 아뢴 의견도 대체로 이와 유사하였다.

윤필상은 당시 출척하는 바가 정밀하지 못하여 물의를 불러일으켰던 사례로 '서감원 사건'을 언급하고 있었다. 이는 대구에 사는 생원 서감원이 성종 15년 8월 2일에 내려졌던 구언(求言)에 응하여서 시무(時務)를 말하고 파직되어 오래도록 복직되지 않은 자가 있으며 의정부가 수령의 승출에 있어서 어진 자와 어질지 못한 자를 구별하지 못하고 승출했다고 비판한 것을 계기로 이해 8월부터 11월까지 넉 달여에 걸쳐서 그것이 누구를 말하는지에 관하여 조정에서 논란을 야기했던 사건이다. 결국 이 사건은 서감원이 자신의 사촌이자, 폐비 윤씨를 동정하는 언사로 인해 파직되어 오랫동안 복직되지 아니한 전 대사헌 채수를 비호하기 위해서 일으킨 것으로 밝혀졌다.[21]

이처럼 승출의 문제를 둘러싼 임금과 신하들의 입장 차이가 분명하게 드러나고 있는 상황에서 성종과 신하들은 지속적인 논의를 통하여 승출의 법에 대한 서로의 견해를 제시하고 있었다. 이때 성종이 제시한 논거들로는 첫째로 어진 사람의 보좌를 얻어서 선왕의 다스림을 일으켜야 한다는 것, 둘째로 지금의 대간은 재능이 있는 자를 명하여 한 계급을 올리면 과당하다고 논박하고 작은 일을 하나하나 들어서 책임을 면할 뿐이며 어진 자가 침체되는 것과 정치의 궐실과 국가의 대계를 말하는 이가 없다는 것, 셋째로 대간의 말이 모두 지공(至公)에서 나오는 것이 아니며 간혹 사사로이 붕당을 심고 은밀히 선한 사람을 배척하는 자도 있으니 대간 역시 변별하지 않으면 안 된다는 것이었다(『成宗實錄』 16年 4月 癸亥條).

임금의 변론에 대한 신하들의 반대의 논리는 앞서 언급한 내용, 즉 사람의 현부와 마음을 알기란 매우 어렵기 때문에 이를 억지로 분별하려면 착오가 많을 것이라는 점 외에도 다음과 같은 논거가 제

---

21) 성종은 서감원이 처음부터 채수를 언급하지 않고 그와는 상관없이 파직되어 오랫동안 복직되지 아니한 정윤정을 말하였고, 수령을 올리고 내치는 것이 공론에 맞지 않는다는 것은 채신보에게 있는 것인데, 처음에 말하지 아니하였다는 점에서 간사함이 막심한 소인의 행위로 규정하고, 나라의 기강을 세우기 위해 죄를 가할 뜻을 보였지만, 구언에 응한 자를 죄주면 언로가 막힌다는 신하들의 건의를 받아들여 그를 용서하였다.

시되었다. 첫째 임금이 어진 사람을 구하는 마음을 처음부터 끝까지 한결같이 하면 현량한 보좌가 나오는 것은 기다리지 않아도 그렇게 될 것이라는 점, 둘째 어진 사람을 올리고 바르지 못한 사람을 물리치는 것은 비단 대간의 책임만은 아니며 전조의 관리로 마땅한 사람을 얻으면 시행하는 것이 모두 마땅함을 얻게 될 것이니 전조를 가려 임명하는 것을 신중하게 하면 된다는 점, 셋째 군주의 마음은 만화(萬化)의 근본이니 임금이 먼저 그 마음을 바르게 하면 대간을 비롯한 조정이 바르게 될 것이라는 점이었다. 요컨대 사람의 사정(邪正)을 분별하여 어진 사람을 나아오게 하고 사악한 사람이 물러나게 하는 핵심은 결국 임금이 마음을 바르게 하여 감화시키는 데 있을 뿐이라는 주장이다.

　하지만 성종은 이러한 신하들의 반대론에도 불구하고 승출의 법을 시행할 것을 지시하면서, 이조와 병조에게 다음과 같이 전지한다.

> 사람을 아는 것은 요·순도 어렵게 여긴 바이다. 내가 과매(寡昧)한 몸으로 구중(九重)에 깊이 거처하여 조정 신하의 현부(賢否)를 능히 다 알지 못하므로, 착한 사람과 악한 사람을 구별하는 것을 한결같이 전조에 맡겼는데, 만약 남들이 아는 현인인데도 등용되지 못하고, 남들이 아는 불초한 사람인데도 물리치지 못한다면, 어찌 가히 인물을 전형한다고 할 수 있겠는가? …… 어진 사람과 우매한 사람이 같이 침체되고 선악의 구별이 없으면, 장차 어떻게 사람을 권려하고 징계하겠는가? 말이 여기에 미치니 진실로 마음이 아프다. 오직 너희 전조는 나의 지극한 뜻을 체득하여, 쓸 만한 자는 한미(寒微)하다고 하여 가벼이 여기지 말고, 제거할 만한 자는 권세가 있다고 하여 비호하지 말며, 혐

의(嫌疑)를 갖지도 말고 형적(形迹)을 숨기지도 말며, 아는 바에 따라 견별(甄別)하여 승출시켜, 내가 위임하여 책성(責成)하는 뜻에 부응하도록 하라(『成宗實錄』16年 4月 庚午條).

사람을 알고 분별하는 것이 어렵다는 점에 대해서는 성종 역시 인정한다. 그럼에도 불구하고 성종은 조정 신하의 현부나 사람의 선악을 구별하는 일을 맡고 있는 전조에서 어진 자와 불초한 자의 진퇴를 제대로 하고 있지 못하기 때문에 선악이 구별되지 않고 어질고 우매한 자가 함께 섞이고 침체되어서 사람을 권려하고 징계됨이 없다는 점을 들어서 승출이 필요함을 역설한다. 성종은 임금이 마음을 바르게 하여 악하고 불초하며 우매한 자들을 감화시킴으로써 이루어지는 교화를 부정하지는 않지만, 그것 못지않게 승출을 통하여 진퇴시킴으로써 교화가 이루어질 수 있다는 점을 분명하게 말하고 있는 것이다.

성종은 또한 관찰사로 하여금 지방의 수령들에 대해서 전최의 법을 엄격히 시행할 것을 지시하면서, "내가 근자에 여러 도에서 포폄(褒貶)한 등제(等第)를 보았더니 상등에 있는 자가 많고 중등과 하등에 있는 자는 적으니, 한 도가 넓고 군읍이 많아서 수령들이 반드시 모두 어질지 않을 것인데도 드러난 허물만 없으면 비록 용렬하여 그 임무를 감당하지 못하고 번요하게 해가 백성에게 미친 자라 하여도 거의 모두 상등에 두는 것은 악한 자를 내치고 착한 자를 올려 쓰는 뜻이 아니며, 사람들이 장차 권징되는 바가 없어서 훈유(薰蕕)의 구별이 없고 사람을 쓰고 버리는 것이 마땅함을 잃게 되니 어찌 그것이 가하겠는가?"라고 하였다. 이는 당시 관찰사가 행하던 수령들에 대한 전최에 대한 비판이자 경고였다(『成宗實錄』16年 閏4月 丁亥條).

승출의 어려움과 감화를 주장하는 신하들의 입장은 형정보다는 감화를 보다 바람직한 것으로 여기고 이를 추구해야 한다는 공자나 주자의 교화론에 입각하고 있는 것이다. 그러나 유의할 것은 공자나 주자가 말하는 감화 그 자체와 이러한 감화론을 설득의 논리로 삼아서 상대를 설득하는 것은 다르다는 점이다. 즉 예와 덕으로 상대를 감화시키거나 진실한 마음과 태도로 감화시키는 것과 이러한 감화론을 언급하면서 임금을 설득하고자 하는 것은 차이가 있다는 것이다.[22] 신하들은 비록 승출을 반대하는 논리로서 감화론을 내세우고는 있지만, 그 말 속에 담겨진 진실함이라는 측면에서는 감화적 설득력을 결여하고 있었다. 왜냐하면 승출을 반대하는 이면에는 자신들의 사욕이 드러나는 것을 두려워하는 뜻이 내재되어 있었기 때문이다. 성종이 감화론을 내세운 신하들의 설득에 반대하면서 대간의 말이 모두 지공에서 나오는 것이 아니며 간혹 사사로이 붕당을 심고 은밀히 선한 사람을 배척하는 자도 있으니 대간 역시 변별하지 않으면 안 된다고 말한 것은 이 점을 말해주고 있다.

  신하들의 반대 논리에 비해서 성종의 논리는 감화보다는 출척이라는 징계를 사용하고자 한다는 점에서 예와 덕보다는 형정을 통한 교화를 시도한 것이었다. 그것은 마치 의사가 환자의 병을 치유하기 위해서 고통을 주는 일이 있는 것과 같이, 비록 모든 신하로부터 환영받지 못하는 일이라 할지라도 책벌을 통해서 사풍을 바로 세워야 함을 주장하고 있는 것이다. 성종의 입장은 대신들과 대간들의 반대에도 불구하고 감화만으로는 교화가 불가능하며, 법률과 형벌 혹

---

22) 이 점을 아리스토텔레스의 『수사학』에서 말하는 세 가지 설득의 수단(pisteis)으로 설명하면, 공자나 주자의 감화는 말하는 사람의 인품(ethos)에 의한 설득이라고 할 수 있고, 공자나 주자의 감화론을 논거로 삼아서 설득하고자 하는 것은 논증(logos)에 의한 설득에 해당한다. 대간과 대신들은 자신들의 진실함과 공경함으로써 설득하고 있는 것이 아니라, 주자의 감화론을 논거로 하는 논증적 설득을 시도하고 있는 것이다.

은 진퇴와 출척을 통해서라도 인간 내면에 있는 악함을 치유함으로써 공의와 선함을 회복시키고자 하는 것이었다. 비록 사람을 알기란 어렵기 때문에 승출이 정밀하지 못하여 차오가 생길 수 있을지라도, 그것이 현부를 가려서 침체된 사풍을 교화하고자 하는 데 있어서 방해가 되어서는 안 된다는 것이다. 이 점에서 성종은 승출을 통해서 관리들의 악덕을 치유하고 공의를 회복시키고자 하는 '철학적' 설득을 통한 교화를 시도하고 있는 것이다.

　승출의 법을 시행한 이후에 이조에서 영해부사 전자완·봉산군수 김계증과 안동판관 박소정·아산현감 고언겸 등을 아뢰자 성종은 이들을 모두 파출하게 하였다(『成宗實錄』16年 閏4月 乙酉條). 이후에도 이조와 병조의 당상, 대간과 함께 관원의 등용과 파출에 대해서 논의하면서 그 현부를 가린다. 홍문관에서도 상소하여 사람들의 허물을 논하였는데, 성종은 "나라를 다스리는 길은 어진 이를 등용하고 불초한 자를 물리치는 것보다 급한 것이 없는데, 만약 출척이 없다면 관리들을 어떻게 권장하고 징계하겠는가?"라고 하면서 이를 의논하도록 하였다. 당시 홍문관의 상소에서는 "장례원사의 최자축·유종수·정겸과 한성부참군 송환종은 사리에 어둡고, 정언 안진생은 입을 다물고 말하지 않으며, 익위 이숭경, 익찬 김제, 위솔 정의·현준·정부, 시직 윤운손, 세마 유집은 용렬하고 무능하며, 태안군수 이종경·양지현감 이중선·광주판관 성준·무안현감 유천·평양판관 이식·양덕현감 탁경지·하동현감 정내언은 탐오하고, 강서현령 정인손·강음현감 윤소보·진천현감 양전은 학문이 없고 책략도 없으며, 청안현감 경수·안음현감 이서손·합천군수 허훈·신계현령 허창은 연약 무능하고, 우후 전세정은 광망하고, 조익희는 용렬합니다."라고 논하였다(『成宗實錄』16年 7月 甲寅條).

　그러나 이로부터 얼마 후 해주 지방에 큰 바람이 불고 천둥 번개가 치며 우박과 얼음 덩어리가 섞여 내려서 그것이 지나간 곳의 곡식이 모두 손상되는 재변이 일어났다. 이에 성종은 놀라움과 두려움을 표시하면서 비록 재변이 홍문관에서 논박당하여 파출된 수령들이 원통함을 품고 있기 때문에 일어난 것은 아니라 하더라도, 마음이 편치 않으니 그들을 경직(京職)에 서용하여 원통함을 펴게 하고 개과천선하는 길을 열어주고자 하는 뜻을 보인다. 이에 대해 승지들은 파출당한 수령들의 소행이 홍문관에서 아뢴 바와 그렇게 다르지 않으니 폐출한 것은 마땅하며, "선한 자에게 복을 주고 악한 자에게 재앙을 내리는 것이 하늘의 도"이니 퇴출된 자를 갑자기 다시 쓰는 것은 적당하지 않다고 하면서 반대하였다.

승지들이 『서경』의 말[23]을 인용하여 말한 것은 재변이 파출당한 수령들의 원한과 직접적인 관련은 없다고 하더라도 하늘의 뜻이 승출의 법의 시행에 대해서 견책을 보이고 있는 것이라고 생각하여 절치부심하던 성종에게 하늘의 뜻 역시 착한 자에게 복을 주고 악한 자를 벌하는 데 있다는 '복선화음'을 명분으로 내세우면서 승출의 정당성을 옹호해주기 위한 것이었다. 하지만 성종은 "이들이 만약 능히 허물을 고친다면 이는 선한 사람이 되는 것이니, 어찌 끝내 버릴 수 있겠는가?"라고 하면서 들어주지 않았다(『成宗實錄』 16年 7月 甲子條).

천견을 이유로 하여 파출된 자들을 복귀시킴으로써 지난 몇 달간 시행해오던 승출의 법이 사실상 좌초되었다. 복선화음론의 주장처럼 '천'의 운행이 항상 상리(常理)대로 진행되는 것은 아니라는 점에서 복선화음이 주자학자들 사이에서도 절대적으로 긍정되어온 것은 아니었다(와타나베 히로시, 2007: 274-275). 그뿐만 아니라 본래 『서경』

---

23) 『書經』 「湯誥」: 天道福善禍淫.

의 복선화음은 하나라 걸왕이 덕을 멸하고 위엄을 부려 만방의 백성에게 사나움을 펴자 백성이 하늘에 하소연하였고, 이에 하늘이 하나라에 재앙을 내려 걸왕의 죄를 드러내었다는 고사에서 사용된 말이다. 따라서 복선화음 역시 하늘이 재앙을 내려서 왕의 부덕함과 사나운 정치를 견제하고 심판한다는 의미가 있었다. 앞서 천견을 둘러싼 소인 논쟁에서 살펴본 바와 같이 재이 현상의 배후에는 그것을 지배하는 하늘의 의지가 있음을 상정하고 있는 천인상관설은 왕권을 제약하는 논리로서 유교 정치에서 누구도 적어도 명시적으로는 부인할 수 없는 것이었다는 점을 상기해볼 때 천견을 이유로 한 승출의 법의 좌초는 이해 못할 것은 아니었다. 파출을 통해서 악덕을 치유하는 것도 공(公)이지만 재변을 내리는 하늘의 뜻 역시 그것 못지않은, 혹은 그것보다 더 큰 공이라고 할 수 있기 때문이다.

 그렇다고는 하더라도 성종이 이 법을 시행함에 있어서 보여주었던 교화를 향한 단호한 의지를 고려해볼 때 너무 허무하게 좌절된 것은 아닌가? 그러나 그 이면에는 승출의 법을 시행하는 과정에 있어서 파출된 수령들뿐만 아니라 대간과 대신의 비판 역시 적지 않았다는 점에서 성종은 천견을 명목으로 삼아 문제점이 드러난 승출의 법을 폐기했다고 할 수 있다. 출척당한 수령들을 다시 사용하여 원통함을 풀게 하라는 교지를 내린 다음 날에 승출에 찬동했던 이숭원과 이 법을 건의했던 김종직이 사직하기를 청하였다. 이때 이숭원은 "사람을 알아보지 못하여 주의(注擬)할 때 많은 착오를 가져와서 대간의 논박을 당하였습니다."라고 하였다. 김종직은 "조정 신하의 현부를 다 잘 알지 못하여서 임금에게 아뢰는 조항이 타당함을 잃어 사람들의 의논에 부끄럽습니다."라고 말하였다. 여기에서 대간들과 대신들 역시 승출의 과정에서 주의의 착오와 거조의 부적절함을 지적하면서 비판하고 있었음을 알 수 있다. 파출된 수령들이나 승출을 위해서 논박당한 당사자들 가운데는 대간들이나 대신들과 직접 혹은 간접적으로 관련된 인사도 적지 않았기 때문이다. 성종은 결국 이숭원을 유임시키고, 김종직은 그의 뜻에 따라 성균관에서 근무하도록 하였다(『成宗實錄』 16年 7月 乙丑條).

승출의 법이 폐기된 후에 성종은 이조와 병조에 전지하여 청렴한 관리와 파출된 관리에 대하여 경계하게 하는 다음의 글을 내렸다.

> 염치는 사대부가 몸을 세우는 큰 절조이니, 사람이 염치가 없다면 그 나머지 무엇을 보겠는가? 근자에 홍문관에서 탐오로 지적한 자는 이미 모두 공론에서 나온 것이니, 그 파출은 부득이한 것이었다. 그러나 인심의 변이가 일정하지 않아서 혹 먼저는 곧다가 뒤에 탐하기도 하고, 혹 먼저는 탐하다가 뒤에 청렴하기도 한 것을 생각하면 일률적으로 논해서는 안 된다. 허물이 있어도 능히 고치면 이것이 선한 사람이니, 지금 파출을 당한 자라도 진실로 능히 마음을 움직이고 성품을 고쳐서 개과천선한다면 내가 마땅히 그 새로워진 것을 어여삐 여겨 이들을 쓰되 의심하지 않을 것이다. 어찌 지난날의 허물을 탓하여 끝내 폐기하겠는가? 그대 전조는 내 뜻을 잘 알도록 하라(『成宗實錄』 16年 7月 戊辰條).

성종은 승출의 법의 필요성을 부정하지 않으며, 이 법에 근거한 파출 역시 부득이한 것이었다는 점을 들어서 그 정당성을 말하고 있다. 다만 인심의 변화 가능성을 얘기하면서 허물이 있어도 마음과 성품을 고쳐서 개과천선한다면 영영 폐기하는 것보다 다시 쓰도록 하는 것이 교화에 있어서 더 바람직한 것이라는 입장을 밝히고 있다. 이것이 승출의 법을 둘러싼 논의 과정을 통해서 그가 도달한 결론이었다.

5. 철인왕의 변론

유교 정치에서는 군주와 신하가 말로써 견해와 이론을 다투기보다는 서로의 마음을 가다듬어서 바른 길로 인도해가는 감화를 보다 이상적인 설득의 방식으로 보고 있다. 이러한 정치에서 군주와 신하는 모두 상대방의 마음속에 감화를 추구하면서 자신의 뜻을 설득하고자 한다. 그러나 이제까지 살펴본 논쟁에 있어서 그 중심적인 내용이라고 할 수 있는 성종의 변론은 인격적 감화를 통한 설득과는 거리가 있는 것이었다. 이는 임사홍 사건 이후 성종이 감동의 정치를 넘어서서 군자와 소인을 분별하는 문제의 중요성과 필요성을 깊이 인식하게 되었기 때문이다. 그리고 그가 신하들과 나누었던 군자와 소인의 분별에 관한 논의는 단지 논의에 그친 것이 아니라 '유신의 교화'와 '측석명양'을 통해서 표명된 바와 같이 사람의 현부와 그 내면의 심술을 관찰하도록 하고, 전최를 행함에 있어서 사정을 버리고 공도를 따라서 잘잘못을 가려야 함을 설득하는 데까지 이어지고 있었다. 성종은 교화를 이루기 위해서는 감화만으로는 불가능하며, 법률과 형벌 혹은 진퇴와 출척을 통해서라도 인간 내면의 사악함을 물리치고 공의를 회복시켜야 한다고 설득하였다.

성종의 철학적 설득은 마치 소크라테스가 온 시민이 정신적으로 향상되도록 하기 위해서 변론했던 것과 유사하다(Plato, *Gorgias*, 503a-505b). 그는 어떻게 해서든지 사풍을 바로잡아서 신하들의 내면에서부터 정의가 소생되고 부정이 제거되도록, '사'를 제거하고 '공'을 따르도록, 절제가 생기고 방종이 제거되도록 덕을 심고 악덕을 몰아내고자 하였다. 소크라테스가 참된 변론가는 시민들의 영혼을 돌보는 자이며, 참된 변론술은 영혼 속에서 정의가 소생되고 부정이 제거되도록 변화시키는 것이라고 했던 것처럼 성종은 대신과 대간의 마음을 들추어내고 함께 논의하는 과정을 통해서, 그리고 승출의 과정을 통해서 관료들의 내면에서 정의가 소생되고 부정이 제거되도록 변화시키고자 했던 것이다. 그는 군주이지만 동시에 의사나 교사와도 같이 내면이 병들어서 비천한 상태에 있는 정치가들이 부정하고 경건치 못한 탐욕의 충족을 금하도록, 그래서 더욱 훌륭한 인품을 갖추도록 설득하면서 '승출의 법'을 추진했던 것이다.

샤오쿵취안(蕭公權)은 공자와 플라톤을 비교하면서 양자 모두 군주는 스승의 직책과 같은 것이며 정치와 교육은 동일한 효과를 갖는다고 보았다는 점에서, 그리고 도덕을 국가 존립의 최고 문제로 삼아서 정치와 교육이 분리되어서는 안 된다고 보았다는 점에서 동일하다고 주장한다. 다만 플라톤의 철인왕은 지식을 무엇보다 숭상하고 지식으로써 나라를 다스리는 데 반하여, 공자의 군사(君師)는 덕을 무엇보다 숭상하고 덕으로 사람을 교화시킨다는 차이가 있다고 하였다(蕭公權, 1998: 112-113). 성종은 군사로서 덕으로 교화시키는 감화를 부정하지 않았지만, 동시에 사람의 마음을 들추어내어서 그 내면의 선악까지도 살피고 분별하고, 출척이라는 책벌과 징계를 통해서 이를 실현하고자 하였다. 이런 점에서 볼 때 선량한 인간이 되기 위해서는 부정을 저지른 것에 대한 책벌과 징계를 통해서 영혼을 정화해야 하며, 변론술은 이러한 선한 일에 사용되어야 함을 주장했던 플라톤의 소크라테스와 오히려 유사하다.

진퇴 논쟁에서 나타난 성종의 변론을 통해서 볼 때, 성종은 의사이자 교사로서 관리들의 현부와 그 내면의 선악을 분별하여 교화시키고자 하는 확고한 의지를 가지고 승출의 법을 추진하였다는 점에서는 영혼의 치유를 역설했던 플라톤의 철학자와 닮아 있다. 비록 천변과 반대론으로 인해 승출의 법이 실패했지만 성종은 이 법이 지닌 의미에 대해서까지 부정한 것은 아니었다. 그는 이에 근거한 파출 역시 부득이한 것이었으며 공론을 따른 것이었다는 점을 들어서 그 정당성을 변론하고 있다. 다만 "처음에 현저한 죄악이 있는 것이 아니었는데 끝내 폐기하게 된다면 그 원한이 없을 수 없다."고 언급하고 있는 바와 같이, 현재에 있어서의 진퇴에 초점을 두기보다는 세월이 바뀌면 징계되는 것을 고려하여 서용함으로써 "장래의 선을 권고"할 것임을 밝히고 있다는 점에서 성종은 사풍의 교화를 추구하는 방법에 있어서 향후의 입장 변화를 시사해주고 있다(『成宗實錄』 17年 2月 庚子條).

한편 대신들과 대간들은 군자와 소인을 분별하는 문제의 중요성을 공감하고 소인을 물리치기 위해서 언행과 심행을 살필 것을 임금에게 건의하고 있었지만, 사풍을 바로잡는 데 있어서는 감화를 원칙으로 주장하고 있었으며 승출의 법을 통한 출척에는 반대하였다. 그들의 논거는 사람의 현부와 마음을 알기란 매우 어렵기 때문에 이를 억지로 분별하려면 차오가 많을 것이라는 점, 기존의 제도인 전최의 법과 전조를 통한 포폄을 제대로 시행하면 교화를 이루어갈 수 있다는 것이었다. 그리고 이 이면에는 승출의 법을 통해서 드러났던 중앙과 지방의 많은 사례에서 알 수 있는 바와 같이 탐오하고 비루한 풍속이 여전하였다는 점에서 그들이 승출의 법을 통해서 현부뿐만 아니라 내면의 선악까지 탐문하는 정치에 대해서 쉽게 동조하기 어려운 입장이었음을 고려해야 할 것이다.

그렇지만 대간들과 대신들의 입장이 항상 고정불변한 것이 아님을 주목할 필요가 있다. 왜냐하면 그들이 비록 승출을 반대하기는 하였지만, 승출을 논의하는 과정을 통해서 자신을 돌아보고 성찰할 기회를 갖고 있었기 때문이다. 그들은 승출의 대상이 되었던 수령들과 함께 철학적 변론이 이루어지는 '법정'에 참여하고 있었다. 그리고 이 변론의 장에서 성종과 대간·대신은 자신들의 입장과 견해를 주고받으면서 사람의 현부를 가리고 논하는 문제에 있어서 서로 설득하고자 하였다. 비록 합의를 통해서 승출의 법이 추진된 것은 아니지만, 그래서 천견을 이유로 하여 폐지되었지만, 대신과 대간 역시 그동안 자신들이 가지고 있었던 문제들에 대해서 자각할 수 있었다.

  승출을 의논하는 법정에 참여한 사람들과 그 논의를 통해서 파출된 사람들, 그리고 이러한 승출의 논의와 파출당한 인사를 지켜보는 중앙과 지방의 관리들과 사림들에게는 탐오함과 권세에 물든 자신들의 내면을 자각하고 치유할 수 있는 기회가 부여되었다. 그동안 세조 시대의 훈척 정치에 익숙해져서 드러나지 않았던, 혹은 이미 모두가 알고 있는 일이지만 권세가의 위세에 눌려서 체념하고 방치해왔거나 그 상황에 편승하여 자신의 이익을 도모하고자 해왔던 문제들에 대해서, 그리고 성리학의 이념이 추구하는 정치의 윤리성과 도덕성이라는 본질적인 문제에 대해서 새롭게 성찰하며 자신의 영혼을 돌볼 수 있는 경험을 하게 되었다. 비록 승출의 법은 실패했지만, 이후에 전개되는 성종 시대의 교화의 정치에 있어서 대신들의 풍속에 대한 대간의 탄핵과 격렬한 비판이 가능해지고, 인욕이 아니라 공을 추구해야 한다는 정치의 대의가 분명하게 세워지게 된 것이다. 이 점에서 성종 시대의 진퇴 논쟁과 승출의 법은 성종의 치세를 그 이전과 이후로 가르는 분수령이 되었을 뿐만 아니라, 조선 초기의 정치사를 성종 시대 이전과 이후로 구별 짓게 하는 분기점이 되었다고 평가할 수 있을 것이다.

6. 중재의 논리: 개전론

이제까지 임사홍 사건 이후 지속된 군신 간의 논의에서 정치에 있어서 군자와 소인을 분별하는 일과 소인을 물리치고 군자를 조정에 나아오게 하는 것에 관한 논의가 집중적으로 이어지고 있었으며, 감동의 정치를 탈피하여 공의를 실현하고 교화를 보다 철저하게 시행하기 위한 제도적인 방안, 즉 승출의 법을 새롭게 마련하는 논의로 연결되었다는 점을 살펴보았다. 그러나 승출의 법의 실패 이후에 성종은 사욕을 추구하면서 정치를 해치는 소인들을 어떻게 분별하고 사풍의 교화를 이루어갈 것인가 하는 점도 중요하지만, 이 과정에서 대립하는 여러 세력 간의 갈등을 조정함으로써 내면의 교화와 정치적 안정을 어떻게 양립시킬 것인가를 놓고 고민하게 된다. 이하에서는 앞서 살펴본 '철인왕'으로서의 성종과는 또 다른 모습, 곧 '중재자'로서 성종의 모습을 살펴보고자 한다.

성종 17년 3월 5일에 성종은 형조에 전지하여 국가와 강상을 범하거나 강도한 자를 제외하고는 모두 용서하라고 지시한다. 그 이유로서 성종은 "사람의 일이 아래에서 잘못되어 하늘의 꾸중이 위에서 응하매, 근년 이래로 가뭄의 재해가 잇달아 백성이 편히 살지 못하더니, 또 이달 초나흗날에 벼락이 공릉의 정자각 서쪽 기둥을 쳤다."는 점을 들었다. 즉 "재변이 일어나는 것이 이 지경에 이르니, 벌벌 두려워하여 깊은 못이나 얇은 얼음에 다가선 듯이 어찌할 바를 모르겠다."는 것이었다(『成宗實錄』 17年 3月 庚戌條). 다음 날 의정부로 하여금 백성의 억울함을 아뢰게 하여 하늘을 공경하는 뜻에 부응하라고 하면서, 이조로 하여금 임사홍·박효원·김언신 등 112명의 직첩을 돌려주도록 했다. 사간원에서는 이들은 죄가 무거우니 직첩을 돌려주어서는 안 된다고 하였으나, 성종은 들어주지 않았다(『成宗實錄』

17年 3月 辛亥條). 이를 계기로 성종 9년에 서로 붕비(朋比)가 되어 조정을 어지럽혔던 소인이라는 죄목으로 사법적인 심판을 받은 임사홍의 무리가 앞으로도 조정을 어지럽힐 수 있다는 위험성에 대한 논의가 이루어진다.

임사홍 등의 직첩을 돌려주는 것과 관련하여 지속되는 간관의 반대에 대해서 성종이 내세우는 주요한 논리는 "죄받은 지 이미 오래 되었거니와, 천도가 10년이면 변하는데, 임사홍인들 어찌 스스로 새로워지는 마음이 없겠는가?" 하는 것이었다. 이른바 개전론(改悛論)을 내세운 것이다. 그의 개전론에 대한 대간의 반대 논리는 임사홍 등이 "붕비가 되어 서로 부르고 화답하여 조정을 어지럽혔으니, 이는 곧 요임금 때의 사흉이요 송나라 때의 오귀"인데 "직첩을 도로 준다면 악한 짓을 한 자가 무엇에 징계되겠습니까?" 하는 것이었다(『成宗實錄』17年 3月 丙辰條).[24] 소인의 무리들이 서로 붕비가 되어서 조정을 어지럽히고 종사에 죄를 지었는데, 이들에게 직첩을 돌려준다면 간당(奸黨)을 징계하는 뜻이 없어질 것이며, 소인은 끝내 허물을 뉘우칠 리가 없으니 간당을 징계함으로써 미래의 경계로 삼아야 한다는 것이었다. 이른바 경계론을 내세운 것이다. 성종과 대간의 입장 차이는 분명했다. 성종은 비록 소인이라고 하더라도 죄를 받아서 허물을 뉘우치는 교화가 가능하다고 보고 있었고, 대간은 소인은 끝내 교화되지 않을 것이라고 보았던 것이다.

임사홍 등에 대한 대간의 경계심은 성종의 입장 표명에도 불구하고 해소되지 않았다. 이는 비록 성종이 겉으로는 개전론을 내세우고는 있지만, 그 이면에는 임사홍과 왕실과의 관계에 대한 고려가 깔

---

24) 사흉(四凶)은 요(堯)임금 시대의 네 사람의 악인(惡人)으로 공공(共工)·환두(驩兜)·삼묘(三苗)·곤(鯀)을 말하고, 오귀(五鬼)는 송(宋)나라의 간신(姦臣)인 왕흠약(王欽若)·정위(丁謂)·임특(林特)·진팽년(陳彭年)·류승규(柳承珪)를 말한다.

려 있었기 때문이었다. 대간은 임사홍의 아버지가 공신이고 아들이 부마이며 자신도 종실과 혼인을 맺어 여러 가지로 인연 있는 형세가 있다는 점에서 볼 때 "뜻밖의 많은 것을 바라서 정치를 흔들는지 어찌 알겠습니까?"라고 비판했다(『成宗實錄』 17年 3月 庚申條). 또한 대간은 순이 사흉을 제거한 일을 본받고 송나라에서 소인을 쓴 일을 경계하여 간사한 자를 징계할 것을 건의하였지만, 성종은 "그 아비가 공신이고 그 아들도 공주에게 장가들었으므로 직첩만을 돌려줄 뿐"이라고 답하였다(『成宗實錄』 17年 3月 辛酉條).

대간은 '열 군자를 나아오게 하는 것이 한 소인을 물리치는 것만 못하다.'는 논리를 내세우면서, 소인은 내침을 받았다가 다시 진용(進用)되면 마음을 고치지 않고 국가에 환란을 만드는 자가 많다고 하였다. 그러나 성종은 임사홍의 일은 소인을 나아가게 하고 군자를 물러가게 하는 것이 아니라고 하였다(『成宗實錄』 17年 3月 辛亥條). 비록 신하들이 소인을 써서 나라를 그르치게 될 것을 염려하고 있지만, 성종은 자신이 이미 그 점을 잘 알고 있으며 충분히 짐작하고 헤아려서 처리한 것이므로 염려할 것이 없음을 강조했다. 대간에서는 임사홍의 직첩을 돌려주는 것이 대비(大妃) 때문이 아닌가라는 의혹도 제기하였는데, 성종은 자신이 대신과 의논하여 준 것이라는 점을 분명히 하면서 들어주지 않았다(『成宗實錄』 17年 3月 丁卯條).

임사홍의 직첩을 환급하는 문제를 둘러싸고 전개된 논의를 통해서 살펴본 바와 같이 군자를 나아오게 하고 소인을 물리치는 것이 교화를 이루어가는 요체라고 할 수 있다. 그러나 현실적으로는 소인이나 공신을 물리치는 것이 쉽지 않았다. 성종은 비록 소인이라 하더라도 완전히 폐하여 일벌백계하는 것보다는 다시 개전의 기회를 줌으로써 스스로 변화될 수 있는 교화의 가능성을 열어두어야 하는 상황에 직면하였던 것이다. 그렇다면 성종이 임사홍의 직첩을 돌려주면서 내세운 개전론의 논리대로 그동안 임사홍은 과연 교화되었을까?

성종 19년 9월에 대사헌 성준은 임희재가 충청도 향시에 합격하였는데, 그의 나이가 겨우 약관이고 학문에 통달하지 못하였으므로 나라 사람이 떠들며 매우 분하게 여기고 있으며, '그 도에 사는 자나 현재 벼슬에 있는 조정의 선비가 아니면 향시에 나아가는 것을 허가하지 않는다.'라는 『대전』의 규정이 있는데 임희재 등 3인은 재상의 아들로서 서울에 살고 있다는 점, 그리고 그의 부형이 시험관과 교통하여 제 아들을 보내어 법을 어기고 들어가 응시하게 하였다는 점을 지적하면서, 이들을 다시 시험하고 그 부형과 시험관을 국문할 것을 청하였다(『成宗實錄』 19年 9月 癸未條). 대간의 논계가 지속되자 성종은 결국 진사시와 생원시, 문과의 향시와 한성시를 내년 봄에 다시 시행하라고 지시했다.

임희재는 바로 임사홍의 아들이었는데, 며칠 후 임사홍은 상소하여 자신의 아들과 관련하여 자신에게 부과된 혐의에 대해 해명하며 다음과 같이 말했다.

> 무술년에서 지금까지 11년이니 천도 또한 이미 변하였을 것인데, 신이 감히 스스로 근신하지 않고 무슨 악을 하겠습니까? 신과 동시에 죄를 받은 박효원·김언신은 이미 죽고 신만이 아직도 살아 있으나, 성조(聖朝)에 있어 털끝만 한 보탬도 없이 도리어 애매한 비방을 불러일으켜서 문을 닫고 홀로 앉아 원통한 다음을 품어 탄식하는 것을 누가 다시 알겠습니까? …… 신은 이미 세상 사람의 버림을 받아 곤궁한 처지에 놓임이 심하고, 신의 아비는 늙고 병들었으며, 친척이나 벗의 후원으로 상부(相扶) 할 만한 것도 없으니, 그 사람이 함부로 입을 놀려 욕하는 것이

종만도 못한 것도 또한 마땅합니다. '간교하다'는 말에 이르러서는, 인자로서 차마 들을 수 없는 것이니, 어찌 약한 자의 고기는 먹을 만하고, 축축한 땅은 말뚝 박기에 쉽다는 것이 아니겠습니까? 신은 참으로 가슴이 아픕니다. 노경에 이른 아비가 신의 아들의 연고로 남에게 욕을 당하니, 이를 생각하면 통곡함을 깨닫지 못합니다. 오로지 성감으로 불쌍히 여기시어 살피소서

(『成宗實錄』 19年 10月 壬辰條).

임사홍의 변론에는 성종 9년의 사건으로 그동안 근신하고 지낸 자신의 처지에 대한 술회와 함께 임희재 사건으로 또다시 비방을 받고 있는 것에 대한 원통함과 탄식하는 마음, 그리고 힘없는 자신을 물어뜯고 있는 대간에 대한 원한이 담겨 있다. 이후에도 임사홍의 아들 임광재가 다시 상소하였는데, 그는 성종 9년에 그의 아비인 임사홍이 붕당을 교결하여 조정을 탁란하였다는 것에 대해서 문제를 제기하면서, 그의 아버지의 죄에 대해서 다시 공경을 불러서 조율할 것을 건의했다(『成宗實錄』 19年 10月 己酉條). 이는 성종 9년의 사건에 대한 근본적인 부정이라고 할 수 있다. 성종은 "임사홍이 죄를 얻었을 때에 임광재의 나이 겨우 10여 세이니, 어찌 그 일의 시말을 알아서 능히 그 시비를 분변하겠는가?"라고 하면서, 자신이 이러한 뜻을 그에게 유시하자 그 또한 자신의 잘못을 알았다고 말했다(『成宗實錄』 19年 10月 庚戌條). 이는 임광재의 상소가 사실은 임사홍이 아들을 시켜서 자신의 입장을 변론하기 위하여 올린 것이며, 임사홍이 자신에게 부과된 혐의를 인정하거나 과거의 잘못을 뉘우치고 있지 않다는 것을 말해준다.

임사홍에 관한 논의는 보름 후에 다시 재연된다. 그 계기는 성종의 모후인 인수대비가 오랫동안 몸이 편찮아서 궐 밖의 임원준의 집

으로 옮겨서 치료를 받아왔는데, 이때에 이르러 비로소 몸이 회복된 것을 기뻐하면서 대비를 시약해온 임원준에게 한 자급을 더하고 공이 큰 적장(嫡長)을 서용하도록 지시한 것이었다(『成宗實錄』19年 11月 甲戌條). 이로 인해 임원준의 장자인 임사홍이 절충장군부호군이라는 군직을 제수받고 서용되면서 또다시 격렬한 논란이 야기되었다. 대간의 비판 논리는 명확했다. 임사홍은 이미 붕당과 교결하여 조정의 정사를 탁란케 한 소인이니 만약 그를 다시 기용하게 되면 나라를 그르칠 것이라는 것, 그리고 지난번에 임사홍의 직첩을 돌려줄 때 다시 기용하지 아니하겠다고 했던 전교를 상기시키면서 임금의 신의를 거론했다. 이에 대한 성종의 입장도 분명했다. 즉 대비를 위한 효와 임원준의 공, 그리고 그 공에 기인한 사정의 변경과 공신의 적장자를 서용했던 관례를 내세우는 것이었다(『成宗實錄』19年 11月 乙亥條).

주목할 것은 성종이 임사홍을 서용함에 있어서 소인을 쓰면 나라를 그르치게 될 것이라는 대간의 비판이 이어지는 가운데에 "임사홍이 비록 소인이라고 하더라도 그대들과 같은 정대한 인사가 그것을 규정하면 어찌 나라를 그르치는 데 이르겠는가?"라고 하면서 임사홍과 대간 사이의 대립을 중재하고자 했다는 점이다. 성종은 임사홍에 대한 비판이 끊임없이 제기되는 상황에서 관례대로 그를 녹용하면서 다만 권한이 없는 행직(行職)에 서용함으로써 그가 권력을 얻어 나라를 그르칠 것이라는 비판을 무마시키고자 하였다(『成宗實錄』 19年 11月 乙酉條, 戊子條).

그러나 대간의 의심과 반대는 쉽게 가라앉지 않았고, 보다 극단적인 언설을 동원하여 임사홍의 서용을 비판했다. 대사헌 이칙과 대사간 안호 등은 촛불을 밝히고 무리를 지어 임금 앞으로 나아가서 "오늘날 임사홍이 나아가고 물러감은 종사와 생령이 위태롭고 망하는 것이 달렸습니다."라고 하면서 성종을 윽박질렀다. 이에 성종은 "오늘 만약 임사홍을 기용하면 내일 나라가 망하겠는가?"라고 반문했다. 이 자리에서 이칙은 왕위의 정통성 문제까지 거론하는데, "전하께서는 방지(旁支)로서 들어와 대통을 이어받으셨으니, 이는 사람이 한 것이 아닙니다."라고 하면서 마땅히 종사와 백성을 위해서 큰 계책을 삼아야 할 것이라고 하였다. 본래 왕위를 계승할 만한 적장자가 아니었던 성종의 입장에서 볼 때 그의 발언은 자칫하면 왕권의 정통성을 부정하는 것으로 받아들여질 수도 있는 위험한 수준의 내용이었다(『成宗實錄』19年 11月 乙丑條).

다음 날 대간의 칼날은 다시 대신들을 향해 겨누어졌다. 대간이 합사해서 "국사를 의논하는 대신이 모두 임사홍의 간사함을 알면서 말하기를, '신은 자세히 알지 못합니다.'라고 하였으니, '사슴을 가리켜 말이라고 하는 것[指鹿爲馬]'과 무엇이 다르겠습니까?"라고 주장하면서 국문할 것을 청하였다.[25] 이에 성종은 방지가 들어와 대통을 이었다는 전날 대간에서의 말에 대해서 유감을 표명하고, 사슴을 가리켜서 말이라고 하는 것과 관련하여 "현재의 삼정승과 찬성은 모두 조고인가."라고 반문하였다. 또한 임사홍을 씀으로써 군자가 물러나고 소인이 나오며 나라 일이 곧 그릇된다면 그 말이 가하지만, 다만 대비를 시약한 임원준의 공을 생각해서 군직을 서용한 것인데 어떻게 나라를 그르치겠는가라고 반박했다.

성종의 비판으로 수세에 몰린 대사헌 이칙은 다음과 같이 변론하였다.

---

25) 지록위마(指鹿爲馬)는 진(秦)나라 조고(趙高)가 이세 황제(二世皇帝)에게 사슴을 바치며 말이라고 하자 황제가 좌우에게 물으니 모두 조고의 권력을 두려워하여 말이라고 한 고사에서 유래하여 윗사람을 농락하며 권세를 마음대로 부리는 것을 말한다.

'방지가 들어와서 대통을 잇는다.'는 말은, 신의 생각으로는, 제왕이 서로 계승함에 있어 만약 아버지가 아들에게 전하면 비록 착하고 밝지 못할지라도 오히려 대통을 이을 수 있으나 만약 종사와 생령을 위하여 어진 이를 골라서 준다면 대성인이 아니면 감히 감당할 수 없다는 것입니다. 이는 멀리 옛일을 끌어서 말할 것도 없이 우리 세종께서 대업을 이어받은 것은 전하와 서로 같습니다. 세종께서는 우리나라의 요·순이십니다. 신은 전하께서 반드시 세종을 앞지르고 요·순과 가지런하게 되기를 기대하였는데, 뜻밖에 전하께서 감히 소인을 써서 나라를 그르치는 계제가 되게 하시니, 신이 참으로 마음이 아파서 감히 아뢴 것입니다. 또 군자와 소인의 사이는 저울로 달 수도 없고 거울로 비추어볼 수도 없으며 단지 공사(公私)에 있을 뿐입니다(『成宗實錄』19年 12月 庚寅條).

방지와 대통을 언급한 것은 임금이 적임자가 아니라는 뜻이 아니라, 방지로서 대통을 이어서 대업을 이루어 요순으로 칭송받는 세종과 같이 성종도 그렇게 되기를 바랬기 때문이라는 해명이다. 대간이 대신들을 '지록위마'라고 표현한 것에 대해서도 이칙은 대신들을 참으로 조고 같다고 말한 것이 아니라, 다만 임금을 격동시키기 위해서 말했던 것이라고 변론하였다. 여기서 이칙이 세종과 같은 요순의 치세를 이루는 데 있어서 군자와 소인을 구별해야 한다는 점과 이를 위해서는 비록 겉으로 잘 드러나지는 않지만 그 내면에 있어서의 '공'을 추구하는가, '사'를 추구하는가를 잘 살펴야 함을 언급하고 있다는 점을 주목할 필요가 있다. 성종 시대와 마찬가지로 세종 시대에도 백성과 선비의 풍속의 교화에 대한 문제가 제기되었고, 세종도 성종과 마찬가지로 교화를 위한 방안을 고민했다. 그러나 세종 시대의 사풍의 교화는 아직 관료들 내면에 있어서의 선악의 문제를 심도 있게 논하는 단계로까지 나아가지는 못했다.

조선이 창업한 초기에는 나라가 안정되지 않아 재주만으로 뽑던 관교의 제도를 사용하여, 태조 때에는 4품 이상의 당상관을 임명할 때에 대간의 서경을 거치지 않고 바로 벼슬을 주었다(『太祖實錄』1年 10月 癸酉條).26) 정종 대에 그 폐단을 고치고 고신의 법을 회복하여 재주와 행실을 겸비토록 하여 선비의 기풍을 권면하도록 하였다(『定宗實錄』2年 1月 己丑條). 그러나 태종 대에 이르러 고신의 법은 폐지되고 관교의 법이 회복되었는데, 이는 태종이 인사권을 자신의 뜻대로 행사하여 권한이 아래로 내려가는 것을 차단하고자 했기 때문이다. 당시 사간원에서는 고신의 법을 변경하지 말도록 상소하였으나, 태종은 고신의 법은 옛 역사에 없는 것이며 관교의 법은 태조 때의 아름다운 법이니 고칠 수 없다고 하면서 들어주지 않았다(『太宗實錄』13年 11月 庚辰條).

세종 대에 대사헌 신개 등은 태종 때에 폐지된 고신의 법을 회복할 것을 주장하면서, 4품 이상의 관원의 임명에 있어서 임금의 관교에 의하는 것이 아니라, 대간의 서경을 거쳐서 임명할 것을 요구하였다. 그들은 "가장 좋은 정치는 교화를 세우는 것이고, 그다음은 정치를 밝히는 것"이라고 말하면서 '정(政)'의 차원을 넘어서는 '교(敎)'의 정치를 주장하였다. 사대부의 선행과 악행에 대한 권선징악과 함께 사람의 심술의 은미함과 조행의 비밀까지 살피는 '심성의 정치'

---

26) 태조 1년 10월에 관교(官敎)와 교첩(敎牒) 등 임명장에 대한 규정을 정하였다. 1품에서 4품까지는 왕이 교지를 내리는데 이를 '관교'라 하고, 5품에서 9품까지는 문하부에서 교지를 받아 직첩을 주는데, 이를 '교첩'이라 하였다. '관교의 법'은 1품에서 4품까지의 고위 관원을 임명함에 있어서 대간의 서경을 거쳐서 임명하는 '고신(告身)의 법'과는 달리 서경을 거치지 않고 임금이 직접 임명할 수 있도록 한 법이다.

로 나아갈 것을 건의했던 것이다(『世宗實錄』14年 8月 戊子條).²⁷⁾ 그러나 세종은 관교의 법이 조종의 성헌이라는 이유로 건의를 받아들이지 않았고 고신의 법은 회복되지 않았으며 세종 시대에는 사람의 심술의 은미함과 조행의 비밀까지 살피는 정치로까지 나아가지 못했다. 즉 세종 대의 교화 논쟁은 군자와 소인을 구변하여 그 내면의 선악과 공사를 문제 삼는 데까지 나아가지는 않았던 것이다.²⁸⁾

이칙의 변론이 있은 후에 성종은 대간이 의정부대신을 조고에게 비유하였으니 자신은 이세(二世)가 된다고 말하면서, 이세의 때는 위망할 때인데 어떻게 받아들여야 하는지에 대해서 대신들의 의견을 묻는다. 대신들은 대간의 말이 지나쳤지만, 말이 격절하지 않으면 임금의 마음을 움직일 수 없었기 때문에 한 말이라고 하면서 모두 너그럽게 용서하여 미담으로 삼을 것을 건의하였다. 성종은 이를 받아들이면서 자신을 걸주에 비유하는 것은 가하지만, 대신을 모두 조고라고 하면 후세에 이들을 모두 잘못된 사람이라고 평가할 것을 염려하였다는 점을 언급하면서 특별히 너그럽게 용서하도록 지시했다. 대간에서는 임사홍이 소인이라는 것은 임금도 아는 바인데 자신들이 용렬하여 임금의 마음을 돌이키지 못하였다는 점과 이로 인해 어진 이를 올려 쓰는 길을 방해하고 뭇사람의 비방을 불러일으켰다는 점을 지적하면서 사직할 것을 청하였다. 영의정 윤필상 등도 대간이 대신들을 지록위마라는 말로써 꾸짖은 일로 인해 사직을 청하였다.

---

27) 大司憲申漑等上疏曰 竊惟太上立敎化 其次明政治 政治得失 係於士夫 士夫淑慝 由於勸懲 勸懲之方 雖曰多端 而不行明討 不加顯戮 而斷其惡萌 長其善心 惡者以懲 善者益勸 未有如告身者也.

28) 세종 이후 성종 대에 반포된 『경국대전』「이전」에서는 고신과 관련하여 "관직을 받는 사람의 임명장은 5품 이하이면 사헌부와 사간원의 승인 수표를 확인한 다음에야 내준다."고 규정되어 있다. 고려조에는 1품부터 9품까지의 모든 관리를 대간에서 서경하였으나 조선조에 와서는 5품 이하의 관리만 서경하였다.

한동안 계속된 대간·대신·홍문관의 사직 요청은 성종이 이들에 대해 모두 너그럽게 용서하고 직무에 나가도록 하면서 마무리되었다(『成宗實錄』 19年 12月 辛卯條, 壬辰條).

임사홍의 서용을 둘러싼 논쟁에서 성종과 대간은 소인의 서용 문제를 두고 치열하게 서로를 설득하고자 노력했다. 대간은 소인이 장차 초래할 수 있는 위험성을 강조하며 경계로 삼을 것과 사직의 안위와 조종의 영을 생각하여 나라를 그르치는 화의 기초를 마련하지 않을 것을 내세우면서 임금을 설득하고자 했다. 반면 성종은 임사홍에게 개전의 기회를 주어 스스로 교화되도록 하는 것이 더 바람직하다는 점과 대비에 대한 효와 임원준의 공, 그리고 비록 소인이라 하더라도 그에게 권세가 주어지지 않는다면 나라를 그르치는 일은 불가능하다는 주장을 내세우며 대간을 설득하고자 했다. 그리고 대신들이 성종의 주장에 동조하면서 대신들에 대한 대간의 공격으로 논의가 번져가기도 하였다. 그러나 이 논쟁의 본질은 임사홍의 서용에 대한 대간의 비판과 공격에 대해서 성종이 대신의 입장을 변호하면서 대신과 대간 사이에서 중재자의 역할을 한 것이었다.[29]

성종은 '개전론'을 내세우면서 비록 소인이라고 하더라도 완전히 버리지는 않고 때를 기다려 서용하였다. 그리고 임사홍의 무리들을 요임금 때의 사흉에 비유하면서 경계로 삼을 것을 주장했던 대간의

---

29) 임사홍과는 달리 유자광의 경우에는 공신이라는 이유로 일찍부터 직첩을 돌려받고 공직에 복귀했다. 성종은 임사홍과 마찬가지로 유자광이 소인임을 내세우며 서용해서는 안 된다는 대간의 반대에도 불구하고 그의 '공은 죄를 덮는다.'는 논리와 선왕 대의 공신 맹약을 내세우면서 반대를 물리쳤다. 성종은 그를 나라의 음악을 총괄하는 장악원제조(掌樂院提調)로 임명하였는데, 대간은 반대했다. 그러나 성종은 "사람이 한 번 죄를 범하였다고 하여 만약 다시 서용하지 아니하면, 이는 허물을 고쳐서 마음을 새롭게 하는 길을 막는 것이다."라고 하여 들어주지 않았다(『成宗實錄』 21年 1月 乙丑條).

논의에 대해서는 "비록 이상적으로 다스려진 시대라 하더라도 크게 흉악한 자와 재물을 탐하여 사람을 죽이는 자가 일찍이 아주 없지 아니하였다."라고 말하였다(『成宗實錄』 20年 6月 癸卯條). 이는 성종이 지치(至治)를 지향해가는 데 있어서 현실에서는 소인이 있을 수밖에 없다는 인식과 함께 그들을 처벌하고 영영 폐기시키는 것보다는 덕으로 감화시켜서 스스로 변화되도록 유도하는 교화의 방법을 택하고 있었음을 보여주는 것이다.

7. 소결: 의론의 정치와 설득적 교화

이제까지 살펴본 바와 같이 대간에서는 소인의 무리들을 서용한다면 간당을 징계하는 뜻이 없어질 것이며, 소인은 교화되지 않음을 내세워 이들을 징계함으로써 미래의 경계로 삼아 사풍의 변화시킬 것을 설득하였다. 그러나 성종은 개전의 가능성을 말하면서 소인이라도 뉘우치면 다시 서용함으로써 교화시켜가야 한다고 주장하였다. 이 지점에서 형벌과 경계를 통해서 교화를 추구하고자 하는 대간의 설득과, 감화와 개전을 통해서 교화를 추구하고자 하는 성종의 입장이 충돌하게 된 것이다. 성종은 대간이 대신을 소인으로 몰아서 공격하는 것에 대해서 개전론을 내세우며 대신의 입장을 방어하고 변호하면서 다른 대신들로 공격이 확대되는 것을 막았다. 개전론은 대간과 대신의 대립을 조정하기 위한 중재적 설득의 논리였다. 감화론을 내세우면서 대신과 대간 사이를 중재한 것이다.

성종은 임사홍과 같은 소인이 있을지라도 정대한 대간들이 그를 견제한다면 정치를 그르치지는 못할 것이라고 하면서 대신과 대간을 중재하고자 했다. 그가 줏대 없는 말을 하거나 몰래 중상하는 소인과 같은 대신들의 잘못을 지적함으로써 그들이 자신들의 허물을 뉘우치도록 요구하였던 것도, 이를 통해서 대간의 예봉을 피하도록 하기 위한 것이었다. 대간의 공격과 대신의 방어가 논쟁의 구도를 이루는 가운데, 성종은 양자 사이의 중재자의 역할을 하면서 정치적 안정을 추구하는 모습을 보여주었다. '공'보다는 사욕을 추구하는 대신과 이들을 비판하며 '공'을 실현시키고자 하는 대간 사이에서 양자 간의 대립을 중재함으로써 정치적 안정을 유지하고자 했던 것이다.[30]

그러나 좀 더 긴 역사적 안목으로 볼 때 성종이 임사홍과 유자광 같은 대신들을 비호함으로써 결과적으로는 정치적 안정을 해쳤다고 평가할 수도 있을 것이다. 주지하는 바와 같이 연산군 시대에 일어난 두 차례의 사화는 바로 이들에 의해서 일어났기 때문이다. 즉 1차 사화인 무오사화(연산군 4년, 1498년)는 유자광이 성종 대부터 개인적인 원한 관계를 가지고 있었던 김종직 일파에게 보복하기 위해서 김종직이 지은 '조의제문'을 그의 제자 김일손이 사초에 삽입한 것을 문제 삼아 고발함으로써 일어났다. 그리고 2차 사화인 갑자사화(연산군 10년, 1504년)는 임사홍이 폐비 윤씨에 대한 복수의 뜻을 가지고 있었던 연산군을 부추김으로써 일어났다.[31]

---

30) 강광식은 군왕이 경합 관계에 있는 복수의 지배 세력 사이에서 조정자(balancer) 혹은 중재자(mediator)로서 지배 연합의 결성을 주도하는 대표적 사례로 훈척 세력의 견제를 위한 성종의 사림 등용책을 지적한다(강광식, 2009: 174-175). 그러나 이 글은 중재자로서 성종의 역할이 대립(경합) 관계에 있는 세력들 간의 조정이라는 측면보다는 정치가 내면의 교화와 정치적 안정을 어떻게 양립시킬 것인가에 초점을 맞추었다는 점에서 차이가 있다.
31) 한희숙은 흔히 연산군이 임사홍의 고변을 통해서 어머니 윤씨의 죽음에 관한 전말을 알게 되었고 이로 인해 갑자사화가 일어난 것이라고 보는 견해와 다른 해석을 내놓았다. 즉 연산군은 이미 즉위 직후 성종의 묘지문에 나타난 폐비 윤씨의 아버지 윤기견의 이름을 확인하는 과정에서 생모 윤씨가 죄를 입어 폐위

만약 성종 당시에 대간의 비판대로 이들을 다시 서용하지 않고 영
구히 폐함으로써 후대에 경계를 삼도록 하였다면, 연산군 시대의 사
화는 일어나지 않았을 수도 있었고 조선왕조 초기의 태평과 안정
은 보다 오래 지속되고 사풍의 교화는 더 큰 성과를 보였을지도 모
른다. 율곡은 연산군 시대에 임사홍이 불측한 마음을 품고 사림들을
해치기 시작하여서 그 남은 기습이 아직도 대단하여 기묘년에 잔인
하게 짓밟았으나 한 기식(氣息)이 아직 남았던 것을 을사년에 베고
끊어버렸다고 비판했다. 그리고 그 뒤로부터는 선을 행하는 사람은
서로 두려워하고 악을 행하는 사람은 서로 권하여, 만약에 선비의
논의가 약간 다르면 부형으로부터 책망을 받게 되고 이웃과 마을에
서 배척당하게 됨을 한탄한 바 있다.[32]

하지만 사화의 원인을 임사홍과 유자광이라는 두 인물의 개인적
요인에 의해서만 설명하기는 어려울 것이다. 무엇보다도 연산군이
라는 군주의 개인적 성향과 복수 심리, 그리고 당시의 군주·대신·
대간 사이의 정치적인 역학 관계 등이 고려되어야 하기 때문이다.[33]
나는 오히려 연산군 시대에 사화를 일으킨 소인 임사홍과 유자광 등
이 이미 성종 시대에서부터 크고 작은 문제를 일으키고 있었음에도

된 사실을 알게 되었으며, 폐비 묘의 관리 상태를 알아보는 과정에서 폐비 사사
의 전말을 파악하게 되었다고 한다(한희숙, 2009: 56).
32) 『栗谷集』「東湖問答」'論當今之時勢': 燕山之世 任士洪懷不測之心 始戕士林 餘
氣猶盛 而殘傷于己卯 尙有縣縣之息 而斬絶于乙巳 自是厭從爲善者相戒 爲惡者
相勸 若有一士頭角稍異 論議稍正 則得責於父兄 見擯於鄕.
33) 김범은 갑자사화의 기화(起禍) 원인과 관련하여서 당시 정치 세력의 협력·대
립 관계에 있어서 대신(大臣)과 삼사(三司)가 서로 가까워지고 국왕은 점차 고
립되는 구도로 재편되었다는 점을 지적하면서, 연산군이 삼사는 물론 대신까지
도 능상(凌上)의 풍조에 젖어 있다는 판단을 내려서 국왕에 대한 능상의 척결과
폐모 사건에 대한 소급 처벌의 명분을 내세워 진행한 것이라고 한다(김범, 2007:
139-144).

불구하고, 성종 시대의 태평과 안정은 지속되고 있었다는 사실에 주목할 필요가 있다고 생각한다. 성종이 "이상적으로 다스려진 시대라 하더라도 크게 흉악한 자와 재물을 탐하여 사람을 죽이는 자가 일찍이 아주 없지 아니하였다."라고 말하고 있는 바와 같이, 비록 정치적 안정을 해칠 수 있는 소인이 존재한다고 하더라도 때로는 이들을 질책하며 징계하기도 하고 때로는 이들에 대한 탄핵과 비판을 중재하고 개전의 기회를 제공함으로써 대신과 대간 사이를 중재할 수 있는 군주의 역할이 존재한다면 정치적 평화는 유지될 수 있다는 점을 보여주고 있었던 것이다.[34]

유교는 인의를 추구한다. 그리고 인과 의는 모두 공에 해당된다. 그런데 '인'은 마음의 덕이자 사랑의 원리라고 할 수 있고, '의'는 마음의 제재요 일의 마땅함이라는 점에서 정의의 원리라고 할 수 있다.[35] 따라서 인의라는 말은 그 출발에서부터 '사랑'과 '정의'라는 서로 상충하는 원리들 사이의 긴장 관계를 내포하고 있다. 그렇다면 '인'에 입각해서 허물을 덮어주고 개전의 기회를 주는 것과 '의'에 입각해서 심판하고 처벌하여 경계로 삼는 것, 어느 것이 보다 바람직한 것이라고 할 수 있을까? 성종은 형정보다는 감화에 초점을 맞추어 교화를 추진하였다. 그것은 공자가 말한 바와 같이 형벌보다는 예와 덕을 통한 감화가 사람을 선으로 이끌어가는 데 있어서 보다 우선적으로 고려되어야 하기 때문이었다. 성종 시대의 소인 논쟁은 개전과 경계, 감화와 형정, 인과 의라는 서로 대립하는 원리들 사이

---

34) 이 점에서 볼 때 성종 시대의 태평과 그 이후에 전개된 연산군·중종 대에 걸친 사화의 시대와의 근본적인 차이점은 군자와 소인을 분별하고 소인을 탄핵하는 예리한 비판자인 대간이 존재하는가가 아니라, 대신과 대간의 대립을 중재할 수 있는 군주의 역할이 존재하는가에서 찾아야 할 것이다.
35) 『孟子集註』「梁惠王上」: 仁者 心之德 愛之理 義者 心之制 事之宜也.

에서 성종이 대신과 대간의 갈등을 조정하는 중재자의 역할을 하면서 치열하게 고민했다는 점을 보여준다. 동시에 한 개인의 교화뿐만 아니라 공공의 선을 이루기 위해서 '인'을 따라야 하는지 아니면 '의'를 실현하는 것이 바람직한 것인지의 문제는 끊임없이 우리의 분별과 지혜를 요구하면서 고민하게 하는 문제이기도 하다.

질의와 응답

1. 유교 정치의 핵심이라고 할 수 있는 교화는 어떠한 방식으로 이루어지는가?

→ 유교에서는 인간의 내면을 변화시키는 것을 목적으로 하는 교화를 위해서 성인이나 군자와 같은 지도자가 수기(修己)를 통해서 자신의 마음을 바로잡고 그 뜻을 정성스럽게 하여, 이로써 백성을 가르치고 다스려나간다면 정치는 자연스럽게 바르게 되고 백성은 그러한 성인의 교화를 본받아서 다스려지게 된다는 것을 강조한다. 정치 지도자가 먼저 선해짐으로써 그 인격적인 감화에 의해서 백성이 교화될 수 있음을 강조한 것이다. 성인(聖人)이 예법을 제정해서 교화를 닦고 삼강(三綱)을 바르게 하여 백성이 크게 화합하는 교화의 과정은 말을 통한 논쟁과 설득에 의해서 이루어지기보다는, 마치 음악이 백성의 귀에 들어와 마음을 감동시켜 화평하게 하는 것과 같이, 자연스럽게 백성이 화합되고 만물이 이에 따르는 것으로 설정되어 있다.

2. 조선 초기 훈구파와 사림파의 대립은 정치 이념의 차이에 기인한 것인가?

→ 기존의 연구에서는 고려의 중흥을 내세웠지만 여말(麗末)의 권력 투쟁에서 패배한 온건파 신진 사대부들이 조선의 창업 과정에서 배제되었다가 후에 사림파 혹은 절의파로 불리우며 성종 시기를 통해 재등장하면서 훈구파와 대립을 형성하였다고 설명한다. 그러나 조선 초기 어떤 관직의 고유 임무가 재직 당시 그 관원의 행동과 논리를 규정하였으며, 관직의 구성은 언제나 교체되었고, 상하의 관직들이 하나의 체계 안에 묶여 있었다는 점에서 볼 때 정치 이념의 차이에 기반한 훈구파와 사림파의 이분법적 대립 구도는 문제점을 지니고 있다.

3. 성종 시대의 새로운 정치는 과연 사림파라는 새로운 세력의 등장으로 가능했는가?

→ 선행 연구들이 공통적으로 가지고 있는 시각은 사림파의 등장이라는 '외재적'인 변화를 통해서 성종 시대의 새로운 정치가 가능했다는 점이다. 그러나 새로운 세력의 등장(등용)이 반드시 새로운 정치를 보장하는 것은 아니며, 그들이 새로운 정치를 펼쳐나가기 위해서는 그들을 둘러싼 정치 환경과 여건이 중요하다. 이러한 점에서 볼 때 군주 성종이 어떻게 주도적으로 '교화의 정치'를 가능케 하는 여건을 만들어갔는지 하는 '내재적' 요인에 대한 분석을 통해서 성종 시대의 새로운 정치를 설명할 수 있다.

4. 교화의 정치를 이루어가는 데 있어서 성종이 보여준 리더십은 어떠한 것이었는가?

→ 성종은 '유신의 교화'와 '측석명양'을 통해서 정치가(관료)의 현

부와 그 내면의 선악과 심술을 관찰하면서 출척(黜陟)을 행하도록 촉구하고 설득하였으며, 이는 성종 16년의 '승출의 법'을 통해서 제도화되었다. 이 점에서 성종은 '철인왕'의 설득적 리더십을 행사했다고 볼 수 있다. 그러나 승출의 법이 실패한 이후에는 교화의 정치를 이루어가는 데 발생하는 대신과 대간 사이의 대립과 갈등을 조정하는 역할을 수행한다. 이를 통해서 교화의 원칙을 견지하면서도, 그것이 현실에서 정치적 안정을 저해할 위험성을 예방하고자 노력하였다. 이 점에서 성종은 '중재적' 설득의 리더십을 행사했다고 말할 수 있다.

5. 유교가 추구하는 인(仁)과 의(義)는 과연 서로 양립 가능한 것인가?

→ '인'은 마음의 덕이자 사랑의 원리라고 할 수 있고, '의'는 마음의 제재요 일의 마땅함이라는 점에서 정의의 원리라고 할 수 있다. 따라서 '인의'라는 말은 그 출발에서부터 '사랑'과 '정의'라는 서로 상충하는 원리들 사이의 긴장 관계를 내포하고 있다. 성종 시대의 교화 논쟁은 개전(改悛)과 경계(警戒), 감화(感化)와 형정(刑政)이라는 서로 대립하는 원리들 사이에서 발생하는 대신과 대간의 갈등을 조정하는 과정에서의 치열한 고민을 보여주었다. 한 개인의 교화뿐만 아니라 공공의 선을 이루기 위해서 '인'을 따라야 하는지 아니면 '의'를 실현하는 것이 바람직한 것인지의 문제는 끊임없이 우리의 분별과 지혜를 요구하면서 고민하게 하는 문제이면서 동시에 실천(praxis)의 문제라고 할 수 있다.

참고 문헌

『太祖實錄』,『定宗實錄』,『太宗實錄』,『世宗實錄』,『成宗實錄』,『書經』,『論語』,『孟子』,『四書集註』,『朱子語類』,『近思錄』,『栗谷集』.

강광식, 2009,『유교 정치사상의 한국적 변용』, 백산서당.

김미영, 2005,「성리학에서 '공적 합리성'의 연원 — 군자/소인 담론을 중심으로」,『동서 철학의 공적 합리성』, 철학과현실사, 49-71쪽.

김백철, 2008,「士林의 徵召와 出仕」,『규장각』 33: 123-159.

김범, 2007,『사화와 반정의 시대』, 역사비평사.

김용흠, 2004,「조선 전기 훈구·사림의 갈등과 그 정치사상적 함의」,『조선 건국과 경국대전 체제의 성립』, 혜안, 359-413쪽.

민현구, 2007,「조선 양반 국가의 성립과 발전」,『한국사의 재조명』, 고려대학교 출판부, 140-187쪽.

蕭公權, 1998,『中國政治思想史』, 崔明·孫文鎬 譯, 서울대학교 출판부.

와타나베 히로시, 2007,「"중용"과 행복: 주자학자들의 모색」,『민족주의, 평화, 중용』, 까치, 257-283쪽.

이병휴, 1999,『조선 전기 사림파의 현실 인식과 대응』, 일조각.

이승환, 2001,『유가 사상의 사회철학적 재조명』, 고려대학교출판부.

정만조, 1989,「16세기 사림계 관료의 붕당론」,『한국학논총』 12: 79-129.

지두환, 2007,『성종대왕과 친인척』, 역사문화.

진덕규, 2002,『한국 정치의 역사적 기원』, 지식산업사.

차장섭, 2007,「조선 전기 관학파의 정치사상」,『한국 유학 사상 대계』 VI, 한국국학진흥원, 187-239쪽.

최승희, 2002,『조선 초기 정치사연구』, 지식산업사.

최이돈, 1994,『조선 중기 사림 정치 구조 연구』, 일조각.

한영우, 2005,「조선 건국과 사대부」,『한국사 특강』, 서울대학교 출판부, 127-145쪽.

한희숙, 2009,「조선 전기 이세좌의 생애와 갑자사화」,『조선시대사학보』 50: 41-71.

日原利国, 1986, 『漢代思想の研究』, 東京: 研文出版.

Plato, 1997, *Plato Complete Works*, John M. Cooper & D. S. Hutchinson eds., Indianapolis: Hackett Publishing Company.

Wagner, E. W., 1974, *The Literati Purges: Political Conflict in Early Yi Korea*, Cambridge: Harvard University Press.

7장 조선 중기 당쟁과 이율곡의 공론 정치론

김영수

1. 동양의 '말'과 정치

이 글은 조선 전기 사림의 정치적 이상인 공론 정치를 구체적인 정치 현실 속에서 검토하려는 것이다. 특히 당쟁 발생기인 선조 대에 이이의 공론 정치론이 붕당정치의 현실 속에서 어떻게 굴절되고 좌절되었는지를 살펴보았다. 이 글의 또 다른 목적은 붕당정치에 대한 두 견해, (1) '시원적 민주주의(proto-democracy)'로 보는 입장(안확, 1983; 김용직, 1996: 8-11), (2) 붕당정치 비판을 식민사학의 영향에 의한 패배주의로 이해하려는 입장을 재검토하기 위한 것이다(이태진, 1986: 14-25).[1]

조선 정치에서 '공론'이 갖는 위상은 민주정치에서 '국민의 의사'

---

[1] 이 글은 조선 공론 정치의 긍정성이나 식민사학의 왜곡을 부정하려는 것은 아니다. 다만 그것을 구체적인 현실 정치에서 재검토하여 공론 정치의 가능성과 한계를 함께 검토하려는 것이다. 유사한 연구로는 오수창(1986) 참조.

에 해당된다(최창규, 1973; 최정호, 1986).[2] 공론은 왕조차도 복종해야 하는 "국가의 최고 의지"라는 합의가 존재했기 때문이다(이현출, 2002: 117).

동양 정치에서 '말'의 중요성은 매우 일찍부터 강조되어왔다. 정당한 정치는 어떻게 가능한가에 대해, 중국인들은 '천명 → 민심 → 공론'의 순으로 정치적 사유를 발전시켜왔다(이상익, 2004: 289-295, 305-313). 명(命), 심(心), 논(論)이라는 접미어에서 알 수 있는 바처럼 그것은 점차 구체적인 양상으로 변화해왔다. 특히 '공론'이라는 정치적 사유는 송 대 주자학의 독창적 위업이다(이상익, 2004: 295; 이상익·강정인, 2004: 87-88). 그중 주자는 공론의 정치적 중요성을 포괄적으로 검토한 사상가로 높이 평가받고 있다.

> 군왕은 비록 명령을 제정하는 것으로 직분을 삼는 것이나, 반드시 대신과 함께 도모하고 간관의 의견을 참고해야 합니다. 그들로 하여금 충분히 의논하게 하여 공론의 소재를 구한 다음, 왕정(王庭)에 게시하고 밝게 명령을 내려 공개적으로 실행해야 합니다. 이로써 조정이 존엄해지고 명령이 자세히 살펴지게 되는 것입니다. …… 의논하고 싶은 신하들은 또한 거리낌 없이 자신의 의견을 다 밝힐 수 있는 것이니, 이것이 고금의 상리(常理)이며 또한 조종의 가법입니다(『朱子大典』卷14, 頁26; 이상익·강정인, 2004: 91에서 재인용)

이념상 왕은 정통성을 대표하고 있으나, 정통성(legitimacy)과 정당

---

2) 공론 정치는 조선왕조가 장기 지속된 핵심적 요소로 이해되고 있기도 하다(박현모, 2004b).

성(justice)은 다르다. 그러므로 무엇이 정당한지에 대해서는 충분하고 자유로운 논의가 필요하다는 주자의 주장은 왕정하의 이상적 공론 정치를 잘 표현하고 있다.

성리학의 공론관은 여말선초 이후 조선 정치에서 깊이 뿌리내렸다. 한국 정치에서 여말선초는 "말의 정치적 발견"의 시대였다. 『고려사』를 보면, 위화도회군 뒤 대대적인 개혁이 추진되면서 정치적 논쟁은 폭발적 양상을 띠었다. 그 주체는 신진 성리학자들이었다. 그 일원인 윤소종은 이른바 '삼대의 정치'의 특징을 원활한 의사소통에서 찾고 있다.

> 요순은 사악(四岳)에게 자문하였고 사방의 문을 열었으며, 사방의 이목이 다다르게 하여 유익한 말이 숨겨짐이 없었는데도, 오히려 한 말이라도 혹시 아래에서 막혀 위에 통하지 않을까 염려하여, 그 신하에게 명하기를, "내가 도리를 어긴 일을 네가 보필할 것이니, 너는 내가 보는 데서는 복종하고 안 보는 데서는 비난하는 일이 없도록 하라." 하였습니다. 또 말하기를 "너도 또한 착한 말을 하라." 하였습니다. 삼대의 성왕들도 모두 이 도에 따라 꼴 베는 천하고 무식한 자에게도 물었으며, 백공(百工)은 각각 자기의 기예에 관한 것을 간하였고, 비방의 나무가 있고 진선(進善)의 깃발이 있었으며, 필부필부의 말도 모두 위에 들리게 하여 상하가 서로 사귀는 것이 태괘(泰卦)가 되었습니다(『高麗史節要』卷34, 恭讓王 2年 2月).[3]

---

3) 사악은 요임금 때 사방 제후의 일을 관장한 희중(羲仲), 희숙(羲叔), 화중(和仲), 화숙(和叔)이며, 비방의 나무는 표목(表木)을 세워 백성에게 정치의 득실을 기록케 한 것이다. 진선은 좋은 견해를 가진 사람은 깃발 아래 서 있도록 한 것이다. 태괘는 『주역(周易)』의 상곤(上坤)·하건(下乾)으로, 낮은 땅이 위로 오르고, 높은 하-

이러한 인식은 조선에서 확고한 정치적 전통으로 확립되었다(김영주, 2002). 이성계는 공양왕에게 왕정의 "요체는 다만 마음을 비우고 뜻을 바르게 하여 간언을 청납함에 있을 따름"이라고 말했다(『高麗史』卷46, 恭讓王 3年 7月 甲午). 조선의 건국자들은 공론을 정치체제의 가장 핵심적인 문제로 이해했다. 건국 직후 간관들은 다음과 같이 주장하고 있다.

> 공론이란 것은 국가의 원기입니다. …… 공론은 국가에서 진실로 하루라도 없어서는 안 될 것입니다. …… 전하께서 가르쳐 인도하여 간언을 구하시고 진실로 믿고 들어주신다면, 신등은 마땅히 할 말을 다하고 숨기지 않음으로써 백성의 이해를 다 진술하여 막힘이 없게 하고, 국가의 원기가 유통하여 막히지 않게 될 것입니다(『太祖實錄』卷2, 元年 11月 丙戌).

공론은 언론의 소통 없이는 존재할 수 없다. 이 때문에 정도전은 조선 정치체제를 구상하면서 간관을 모든 정치적 사안에 대해 왕과 논쟁할 수 있는 위치에 두었다.

> 간관은 재상과 대등하다. …… 천하의 득실과 생민의 이해와 사직의 대계에 있어서 오직 듣고 보는 대로 간섭하고 일정한 직책에 매이지 않는 것은, 홀로 재상만이 행할 수 있으며 간관만이 말할 수 있을 뿐이니, 간관의 지위는 비록 낮지만 직무는 재상과 대등하다. …… 전계(殿陛) 앞에 서서 천자와 함께 시비를 다투는 자는 간관이다. 재상은 도(道)를 마음대로 행하며 간관은
>
> 늘이 아래로 내려와 상하가 통하는 형상이다.

말을 마음대로 행하니, 말이 행해지면 도도 또한 행해진다(『三峯集』卷10,「經濟文鑑」下).

그가 구상한 정치의 요체는 왕의 '판단', 재상의 '실무', 간관의 '비평'이었다. 이중환의 지적처럼 조선 정치의 현저한 특징은 '의논의 정치'였다.

대저 우리나라의 관제는 고대와 달라, 비록 삼공육경을 두어 여러 관청을 감독·통솔하였으나, 대각[사헌부, 사간원]을 더욱 중히 여겨 풍문, 피혐(避嫌), 처치 등의 법규를 설치하여 오직 의논으로써 정치를 하였다(『擇里志』「人心」).

세종 대는 그 모범이다.[4] 즉위 3일 뒤 첫 정사에서 세종은 "내가 인물을 잘 알지 못하니, 좌·우의정과 이조·병조의 당상관과 함께 의논하여 벼슬을 제수하려고 한다."고 말했다(『世宗實錄』卽位年 8月 12日 己丑). 카리스마적 태종과 달리 세종 대는 '의논'이 정치의 중심이었다. 폭넓은 공론 형성과 협력적 파트너십의 정치는 세종 대에 변함없이 시행되었다.[5]

---

4) 최승희(1989: 128)에 따르면, 세종 대의 언론은 세종 18년을 기준으로 전기는 비교적 억압적이었고 후기는 관대했다. 가장 자유로운 시대는 성종 대이다(1989: 150).
5) "인간의 모든 'partnership'은 '함께 말하기'에서 시작되며, 이것을 연결 고리로 해서 계속적으로 더 확장해나가든가 아니면 '함께 말하기'가 깨어짐으로 인해서 축소·소멸되든가 한다. 따라서 함께 말하는 '방식'은 '정치적인 것'을 포함한 모든 인간의 'partnership'의 성격과 스타일, 즉 그것의 'Regime' 또는 '질'을 규정하고 구성한다고 말할 수 있다."(김홍우, 2005: 7)

세종 대야말로 우리의 역사상 보기 드문 "상향적 리더십(upward leadership)"의 전성기였으며, 또 이런 이유에서 정조 대와도 구분된다고 본다. 그가 왕위에 오른 직후의 제일성은 "의논"한다는 말이었다. …… 그후에도 그는 끊임없이 신하들에게 "진언"과 "직언"을 요구하였으며, 또 이들의 "언론을 의논"하게 했고, 그들 "중 시행할 만한 조건을 가려 뽑아 아뢰"게 하였으며, 이렇게 뽑힌 건의 사항을 지체 없이 시행토록 명하였다. 이처럼 "더불어 의논한다[與議]."는 표현은 『세종실록』에서 가장 빈번하게 마주치는 말 중의 하나이다(김홍우, 2005: 13).

이 점은 그의 정치적 성공을 가져온 가장 커다란 요소로 평가받고 있다(박현모, 2004a; 2004b: 43; 배기찬, 2005: 116-117).

2. 조선 사림의 공론 정치론: 천리와 공론

조선에서 공론 정치의 주창자들이자 주체는 사림 세력이었다. 그 정신적 기원인 조광조는 "언로의 통색(通塞)은 국가의 관건"이며, "통하면 편안하게 다스려지고 평안하며, 막히면 어지럽고 망하는 것이다. 그러므로 인군은 언로를 넓히기를 힘써서 위로 공경·백집사로부터 아래로 여항·시정의 백성에 이르기까지 모두 말을 할 수 있게 해야 한다."(『靜菴集』卷2,「啓辭」司諫院請罷兩司啓 一)고 주장하고 있다.

이이의 공론 정치론도 이 전통을 따른다. 그는 "공론은 국가를 존립하게 하는 원기"이며, 상하에 공론이 없으면 그 나라는 망한다고 주장하고(『栗谷全書』卷4,「疏箚」2, '代白參贊論時事疏'), 백성에게까지 전면적인 언로의 개방을 촉구했다.[6] 그러나 그의 공론관에는 긴장과 모순이 존재한다.

> 더구나 국시를 정하는 데 구설로 언쟁하는 것이 가장 옳지 못한 일이겠습니까? 인심이 함께 옳다 하는 것을 공론이라 하며, 공론의 소재를 국시라고 합니다. 국시란 한 사람이 꾀하지 않고도 함께 옳다는 것입니다. 이익으로 유혹하는 것도 아니고, 위세로 무섭게 하는 것도 아니면서 삼척동자도 그 옳은 것을 아는 것이 국시입니다. 지금 이른바 국시라 하는 것은 이와 달라서, 주론(主論)하는 자가 스스로 옳다 생각하여도 듣는 자가 혹은 좇기도 하고 혹은 어기기도 하여, 우부우부(愚夫愚婦)까지도 또한 모두 반은 옳다 하고 반은 그르다 하여 마침내 귀일(歸一)할 때가 없을 것이니, 어찌 집집마다 타일러 억지로 정할 수 있겠습니까?(『栗谷全書』卷7, 「疏箚」5, '辭大司諫兼陳洗滌東西疏')

이는 주자를 답습한 것이다. 이이의 공론관은 현대 민주정처럼 전제 없는 토론의 산물이 아니다.[7] 주자의 국시 역시 "천리에 따르고 인심에 부합하여 천하 사람이 모두 함께 옳게 여기는 것"(『朱子大典』卷24, 頁16)이며, 이에 배치되는 소인당의 축출을 주장하고 있다.

---

6) 공론의 효용은 지혜의 결집[集群策]으로, 이이는 개혁의 급선무는 공론이라고도 본다(강광식·전정희, 2005: 343-344).
7) 민주정치에서도 다수 의견(輿論, general opinion/ 衆論, mass opinion)과 공적 의견(public opinion)은 구별된다. 중론과 여론에만 의존하는 민주정치는 '다수의 독재'의 가능성이 있다. 중론의 특징은 관성이며, 공론의 특징은 심의와 성찰이다. 그러나 중론과 공론은 엄격하게 구별되는 실체가 아니며, 맥락 속에서 판단된다. 완전한 공론은 없다. 즉 공론은 고정된 실체가 아니라 과정 속에 존재하는 좋은 견해이다(김대영, 2005: 68-99).

정치를 '천리'의 연장(이현출, 2002: 118)으로 보는 성리학의 공론관은 '귀일'을 지향한다. 즉 폭넓은 의견 개진을 촉구하지만 최종 목적은 진리의 발견이다.[8] 이와 반대로 아렌트는 공론 영역은 근본적으로 인간의 다원성(plurality)과 차이(difference)에 근거하고 있다고 본다.[9] 이는 "반은 옳다 하고 반은 그르다."는 정치적 논쟁을 부정한다. 천지의 공도(公道)를 자각한 사람만이 공론의 진정한 주체라고 보는 것이다.

> 무릇 마음으로는 고도(古道)를 사모하고, 몸으로는 유행(儒行)을 실천하고, 입으로는 법언(法言)을 말하여 공론을 부지하는 사람을 사림이라 한다. 사림이 조정에 있어서 공론을 사업에 베풀면 국가가 다스려지고, 사림이 조정에 없어서 공론을 공언(空言)에 부치면 국가가 혼란해진다(『栗谷全書』卷3,「疏箚」1, '玉堂陳時弊疏').

---

[8] 이상익·강정인은 주자학의 '공론'이 '공정한 논의'이자 모든 구성원이 참여하는 '공개적인 논의'라고 이해한다. 즉 '공'은 결과이고 '론'은 절차로서, "천명과 민심에는 '론(論)'이 결여되어 있으나, 공론에는 특별히 '론'이 포함되어 있는 것을 주목해야 한다."고 본다(2004: 91). 이는 주자학의 공론에 대한 새롭고 훌륭한 해석이다. 그러나 양자의 긴장 역시 주목해야 할 것으로 생각된다. 왜냐하면 첫째, 절차와 결과는 자연적으로 일치하는 것이 아니기 때문이다. 공론의 리더십에 대표적 정치 태도와 결단적 정치 태도의 분열이 나타나는 것도 그 예증이다(이현출, 2002: 125). 둘째, 주자의 지적대로 인심에는 천리와 함께 사욕(私欲)도 담겨 있다. 공론의 근거가 되는 인심은 '도심(道心)'(이상익·강정인, 2004: 90-91)뿐이므로, 결론적으로 공론의 근거는 천리뿐이다(이현출, 2002: 119).

[9] "'공론 영역의 실재성'은 수많은 측면과 관점이 동시에 존재한다는 사실에 기초해 있다. 이러한 측면과 관점들 속에서 공동 세계는 자신을 드러내지만, 이것들에 공통적으로 적용되는 척도나 공통분모는 있을 수 없다. …… 타자에게 보이고 들린다는 것이 의미가 있는 것은, 각자 다른 입장에서 보고 듣기 때문이다. 이것이 공적 삶(public life)의 의미이다."(아렌트, 1996: 110-111)

이러한 성리학의 공론관은 사림이 정치적 약자로서 정의를 주장할 때는 현실 정치와 조화를 이루었다. 재야 사림에 대한 언로의 개방과 자연법적 정의를 동시에 포괄하고 있었던 반면 복잡한 정치 현실과 직접 대면할 필요는 없었기 때문이다(이현출, 2002: 121). 그러나 이이의 시대에 공론 정치는 중대한 시련에 직면했다. '붕당정치에서의 공론'이라는 새로운 정치적 환경에 직면했기 때문이다.

조광조를 비롯한 사림 정치의 신봉자들은 공론의 완전한 실현을 정치적 이상으로 삼았다. 선조 대는 사림 정치의 시대였다. 그 실현을 위해 조광조와 수많은 사림이 처형되고 좌절의 세월을 보내야 했다. 그리고 마침내 사화(士禍)의 주범이자 공론의 적인 권신이 제거되고, 사림이 전권을 장악했다. 그러나 이 이상적인 시대에 이이는 오히려 공론의 붕괴를 목격해야 했다. 먼저 사림이 동서로 분열되었다. 그러자 자신이 공론으로 확신했던 정치적 입장은 당론(黨論)으로 비판되었다. 권신 정치 시대와는 달리 사림의 '언론'과 '공론'은 자연적으로 일치되지 않았다. 동인은 심지어 이이를 공론의 적인 소인으로 공격했다(전세영, 2005: 438-442).

붕당정치는 공론을 활성화시키기보다 왜곡했다. 이 문제를 극복하는 데 실패하면서 조선 전기 정치의 이상과 근본원리가 붕괴되기 시작했다. 그러나 새로운 정치 원리는 발견되지 않았다. 그로 인해 조선은 구조적이고 만성적인 극단적 분열의 시대로 진입했다.[10] 이중환은 그 정황을 다음과 같이 전하고 있다.

신축[경종 1, 1721], 임인[경종 2, 1722]년 이래로 조정에서 노론, 소

---

10) 이건창은 조선의 당쟁을 "고금의 붕당을 통틀어 지대(至大), 지구(至久), 지난(至難)한 것"으로 평했다(『黨議通略』「原論」).

론, 남인의 삼색이 날이 갈수록 더욱 사이가 나빠져 서로 역적이란 이름으로 모함하니, 이 영향이 시골에까지 미쳐 하나의 싸움터를 만들었다. 그리하여 서로 혼인을 않을 뿐만 아니라, 이색(異色)끼리는 서로 용납하지 않는 지경에 이르렀다. 다른 색과 친하게 지내면 절개를 잃었다느니, 항복했다느니 하여 서로 배척하고, 달사나 천한 노예까지도 한번 아무 집안의 신(臣)이라고 이름이 지어지면, 비록 다른 집안을 섬기려 하여도 또한 받아들이지 않았다. …… 대저 천지가 개벽한 이후로 천하의 수많은 나라 가운데에서 인심이 괴패하고 함닉되어, 그 떳떳한 본성을 잃어버린 것이 오늘날 붕당의 환난처럼 심한 적이 없었다 (『擇里志』「人心」).

이처럼 정치적 논쟁은 공동 성찰(collective reflection)을 진전시켰던 것이 아니라 '편 가르기'와 세력화의 방편으로 떨어졌다.[11] 이이의 공론 정치론은 이러한 역설과 모순에 대한 고투의 과정이었다. 그런데 당론을 지양하고 사림을 화합시키고자 했던 이이의 정치적 개입은 오히려 붕당의 전선을 선명하게 만들어 해결 불가능한 상태로 악화시키는 역설을 야기했다. 정치에 절망한 이이는 천리에 부합되고 만인에게 자명한 공론이 현실 정치 세계에서는 지난하다는 사실을 통감하게 되었다.

어떤 의미에서 조선 후기 정치는 이 문제에 대한 고뇌의 과정이었다. 이 고투의 격렬성은 공론 정치에 대한 회의를 야기했다. 정여립 사건을 둘러싼 기축옥사(己丑獄事)는 그 시작이었다. 이것이 다시

---

11) 언론은 악용될 때 '공론'보다 '당론'에 의한 세력화가 나타나고, 외적 '투쟁'과 내적 '통일'이 강조된다(김대영, 2005: 33). 이중환의 지적은 조선의 언론이 전형적으로 이런 문제에 직면했음을 보여준다.

'탕평 정치'로 발전하였으며, 마침내 일체의 정파를 배제한 '세도정치'라는 최악의 사태로 종결되었다. 그 과정은 요컨대 특정한 '진리'에 의해 정치로부터 '말'을 배제해가는 과정이기도 했다. 조선 후기의 정치가 생기를 잃고 정치적 지성이 생동감을 상실했던 이유는 바로 '말'의 종언과 깊은 관련을 가지고 있는 것으로 생각된다.

또한 이이의 때 이른 죽음은 어떤 의미에서 공론 정치의 이상이 어떤 한계에 직면했음을 보여주는 상징으로 읽힐 수 있다. 그의 죽음은 정치적 절망과 깊은 관련을 가진 것으로 보이기 때문이다. 사림의 공론 정치는 개화(開花)와 더불어 난관에 직면했다.[12] 그와 함께 조선 전기의 정치도 종언을 고했다. 이하 그 현실적인 정치과정을 상세히 검토하고자 한다.

3. 동서(東西) '붕당정치'의 시작과 공론 정치의 위기

선조 8년(1575) 이후, 이이는 오히려 사림이 가장 강력한 공론의 적일 수도 있다는 새로운 정치 현실에 직면했다. '붕당'과 '당쟁', '당론'이 새롭게 등장했다. 정견의 차이와 논쟁은 정치체제의 건강성을 드러내는 지표이다. 그러나 모든 차이와 논쟁이 그러한 것은 아니다. 조선 정치는 붕당정치에서 그 점을 심각하게 경험했다. 당쟁은 외척 심의겸과 사림 김효원의 불화에서 비롯되어 걷잡을 수 없는

---

12) 이현출은 공론 정치가 선조 대에 사림 정치 초기의 과도기적 혼란을 경과하여 인조반정 이후 정상화되었다가 탕평론의 등장으로 종식된 것으로 본다(2002: 123-124). 그러나 복수의 의견을 인정하고 조정하는 새로운 공론관이 나타나지 않았다는 점에서 조선의 공론 정치는 근본적인 결함을 가지고 있었던 것으로 생각된다.

정치적 사태로 발전되었다. '을해분당(乙亥分黨)'은 당쟁의 시발로서, 조선 후기 정치의 핵심적인 특징이 되었다.[13]

조선 전기의 정치에서 급진파 성리학자들인 사림은 이른바 권신을 공론 정치의 적인 '소인'으로, 자신들을 '군자'로 통칭했다. 그러나 붕당정치의 시대에 이 이분법은 무의미해졌다. 이 시기에 이이의 공론관은 (1) 먼저 전통적인 '군자-소인'론에서 '군자-군자'론으로 전환되었다. 사림을 '소인'으로 비판할 수 없었던 이이는 양편 모두를 '군자'로 존중해야 한다고 주장했다[兩是論]. 그것은 이상적인 대안이었으나, 대립이 격화되면서 그 가능성은 곧 붕괴되었다. (2) 둘째 단계에서 이이의 공론관은 '군자-군자'론에서 '소인-소인'론으로 바뀌었다. 즉 자신의 견해가 전혀 인정받을 수 없고 반대파의 정당성도 전혀 긍정할 수 없다면, 최소한의 공존을 위해 양자 모두의 오류 가능성을 긍정해야 했다[兩非論]. 그러나 이는 군자를 자칭했던 사림의 자기부정이자 주자학적 공론관의 실패를 의미했다. 진리(天理)로서의 공론은 더 이상 존재할 수 없었기 때문이다. 그런데 이조차 곧 붕괴되어, 사림 간의 당쟁은 반대파를 절멸시키기 위한 극한 투쟁으로 발전하였다.

당쟁의 발단은 심의겸과 김효원의 대립이었다. 장원급제하기 전에 김효원은 이의민의 집에 잠시 유숙한 적이 있었다. 이의민은 영의정이자 외척인 윤원형의 첩 사위였다. 심의겸이 이를 문제시하여 김효원은 요직에 승진하지 못했다. 그러나 김효원은 관직 생활을 충실히 수행하여 마침내 이조전랑에 발탁되었으며, 인사를 공정하게 집행하여 사림 소장파의 중망을 얻었다. 심의겸 또한 김효원을 오해했다고 생각하여 후회하였다. 그런데 구체적인 대립이 시작된 것은

---

13) 선조 대 유생층의 공론 참여와 붕당화에 대해서는 김돈(1994) 참조.

심의겸의 동생 심충겸을 둘러싼 인사였다.

> 심충겸이 급제하여 전랑에 천망되자 김효원이 저지하면서 말하기를, "외척을 진출시키는 데 이처럼 급급하게 하는 것은 마땅치 않다." 하였다. 이에 심의겸을 두둔하는 자들은 "충겸은 하자가 없어서 전랑에 합당치 못한 사람이 아닌데도, 효원이 틈을 타 원수를 갚는 것은 그르다." 하고, 효원을 두둔하는 자들도 말하기를, "효원은 앞일을 징계하여 뒷일을 삼가는 것으로 국가를 위함에서 나온 것이지 다른 뜻이 있는 것은 아니다." 하였다. 이로부터 사림의 선후배가 서로 화합하지 못하여 당파를 나누는 조짐이 있게 되었다(『宣祖修正實錄』 8年 7月 1日 丁酉).

심의겸은 이황의 문인으로 명종 비 인순왕후의 동생이었다. 그는 사림을 제거하려는 외숙 이량에 반대하여 이량을 탄핵, 유배시켰다. 선배 사림은 이를 높이 평가했다. 그러나 심충겸이 이조전랑에 천망되자 김효원은 "전랑이 외척 집안의 물건인가. 심씨 문중에서 반드시 차지해야 한단 말인가."라고 반대했다. 이에 심의겸은 "외척이 원흉(윤원형)의 문객보다는 낫지 않은가."라고 반발했다.

그런데 양인의 대립이 당쟁으로 발전된 데에는 객관적인 상황이 존재했다. 이조전랑을 둘러싼 권력투쟁이 그것이다. 이조전랑(吏曹銓郎)은 품계는 낮으나 대표적인 요직으로, 인사권과 언론권을 실질적으로 장악하고 있었다. 이를 통해 대각(사헌부, 사간원)은 왕권이나 재상권과는 독립된 독자적 정치권력을 장악했다. 이중환은 다음과 같이 말하고 있다.

> 내외의 관원을 임명하는 것은 삼공이 하지 않고 오로지 이조에

게 맡겼으며, 또 이조의 권리가 지나치게 중할까 염려하여 삼사(三司[홍문관, 사헌부, 사간원])의 임명만은 판서에게 맡기지 않고 낭관에게 전임했다. 이조정랑과 좌랑은 또한 대각을 추천하는 권리[自代權]를 맡아서, 삼공육경이 비록 벼슬이 높지만 조금이라도 마음에 만족하지 못한 일이 있으면 전랑은 삼사의 제신(諸臣)을 시켜 논박하게 하였다. 조정의 풍속은 염치를 숭상하고 명절을 중하게 여기므로, 한번 탄핵을 받으면 그 자리를 물러나지 않을 수 없었다. …… 이러므로 모두 승진에 있어 반드시 전랑을 우선해서 차례로 승진한 다음에야 관청에 미치기 때문에 한번 전랑을 지낸 사람은 특별한 사고만 없으면 평탄하게 공경에 올라갈 수 있다. 그러므로 명예와 이익이 함께 부여되어, 젊은 신진들이 희망하지 않는 자가 없었다. 이 제도를 시행한 지 오래되자 추천의 선후와 추천해주고 해주지 않는 사이에 다툼의 단서가 일어나지 않을 수 없었다(『擇里志』「人心」).

즉 구조적으로 6명의 전랑에게 요직의 인사권과 언론권이 집중되고, 거기에 사림 고유의 준엄한 청론(淸論)이 더해져 견제받지 않는 권력이 되었던 것이다. 왕과 권신들이 강력했던 선조 대 이전의 대간은 종속적이었다.[14] 그러나 권신들이 제거되고 상대적으로 왕권의 정통성이 취약했던 선조 대에 들어 균형이 깨졌다. 이제 전랑은 정권의 향배를 좌우하는 핵심 권력이 되었다. 이 직위를 둘러싸고 분열의 소용돌이가 발생한 것은 불가피한 현상이었다. 따라서 유성룡의 지적대로 심의겸과 김효원은 당쟁의 근본 원인이 아니라 매개자

---

14) "일반적으로 조선 시대는 언론이 자유로웠던 것으로 보는 경향이 있으나, 조선 초기에 있어서 언론의 길은 매우 좁은 것이었다."(최승희 1989: 99)

였을 따름이다.[15]

　이런 상황에서 공경들인 사림 노장파는 전랑의 권력을 억제해야 하는 처지였다. 반면 소장파는 전랑의 입장을 추종해야 했다. 이 때문에 김효원과 심의겸의 문제를 놓고 노소가 나뉘고 입장이 분열되어 "각립(角立)하는 의논이 분분하여 그치지 않았다."(『宣祖實錄』 8年 10月 24日)고 한다.

　선조 8년 10월, 이이는 분쟁을 종식시키기 위해 우의정 노수신과 함께 상의하여, 심의겸과 김효원을 모두 지방으로 전출시켰다. 명분은 두 사람 모두 잘잘못이 있다는 이른바 '양시양비론(兩是兩非論)'이었다. 그러나 이이의 주장은 소장파의 격분을 불러일으켰다. 소장파는 이이가 사림과 외척을 동일시하여 시비를 분별하지 않았다고 주장하고, 이이를 무원칙한 기회주의자로 비판했다. 이이의 절친한 친우이자 사림의 종장으로 인정받던 성혼조차 "이이가 시비를 분변하지 못한 까닭에, 드디어 크게 격화시켰다."고 말했다(『栗谷全書』 卷11, 「書」3, '答成浩原' 己卯).

　선조 8년(1575)은 40세의 이이가 『성학집요(聖學輯要)』를 집필하여 왕에게 봉헌했던 해였다. 그것은 왕도 정치의 이상에 대한 이이의 정치적 구상을 집대성한 것으로, 왕도 정치를 위한 출사표의 성격을 지니고 있었다. 요컨대 이해는 이이에게 필생의 이상을 실현하기 위한 첫 출발을 의미했다. 그러나 그 절정의 순간에 이이는 헤어날 수 없는 정치적 수렁에 빠지고 말았다. 더욱이 그의 의도와는 달리, 그는 조선 후기 정치를 지배했던 이 정치적 수렁을 더욱 깊게 만든 장

---

15) 유성룡은 다음과 같이 말하고 있다. "당론이 일어난 것은 전랑의 천거에서 시작되어 대신을 추감(推勘)하자는 데서 걷잡을 수 없이 터진 것으로서, 각박한 풍속이 경조하여 서로 선동한 것이지, 두 사람이 각자 당을 만들어 알력이 생긴 데서 이루어진 것은 아니다."(『宣祖修正實錄』 8年 8月 1日 丙寅)

본인이 되었다.

4. 주자학과 정치의 불화: '사적 윤리'의 정치화에 대한 이이의 비판

그런데 이이의 양시양비론은 사림 정치의 편향성에 대한 중대한 비판이 내포되어 있었다. 선조 12년 5월의 상소에서 이이는 양시양비론을 상세히 설명하고 있다. 그에 따르면 심의겸이 김효원을 "비방한 것이 애초에 원수진 일이나 혐오가 있어서 그러한 것이 아니었고, 다만 악을 들추는 마음을 고집하여 변통할 줄을 모른 탓"이었으며, 또한 김효원이 심의겸의 "흠을 든 것도 또한 반드시 그 사감을 보복하고자 한 것이 아니고, 마침 그 소견이 이와 같았을 뿐"(『栗谷全書』 卷7, 「疏箚」5, '辭大司諫兼陳洗滌東西疏')이라고 말했다. 그러나 분쟁이 이렇게 확대된 것은 주위 사람들의 부화뇌동 때문이며, 이 때문에 당사자들을 중앙 정치에서 격리시켜 문제를 진정시키고자 했다고 말한다.

> 이것을 옆에서 보는 자가 그 실정을 모르고 쓸데없이 두 사람의 나쁜 점을 번갈아 말했는데, 더구나 불평을 가진 무리가 두 사람 사이를 이간하여 점점 뚜렷하게 분당(分黨)이 생기게 되었습니다. 을해년[선조 8, 1575]에 신이 홍문관에 있었으므로, 눈으로 직접 그 사실을 보아 이것이 후일에 화를 만들게 될 것이라고 깊이 깨닫고, 대신 노수신을 보고 말하기를, "두 사람은 모두 선비요, 흑백과 정사를 가릴 수도 없을 뿐만 아니라, 또 정말 혐의할 틈이 생겨서 기어이 서로 해하고자 하는 것도 아닌데, 다만

> 터무니없는 소문이 어수선하게 나서 조정을 어지럽게 하고 있으니, 이와 같은 것이 큰 우환을 이룰까 두려워하는 바입니다. 잠시 두 사람을 멀리 다른 지방으로 내보내어 피차를 서로 갈라 놓아 진정시키는 것이 좋겠습니다."라고 하였습니다(『栗谷全書』 卷7, 「疏箚」5, '辭大司諫兼陳洗滌東西疏').

그러나 동인은 이이의 처사가 부당하다고 생각했다. 김효원은 고결한 처신으로 중망을 받고 있었기 때문에 양시양비론은 외척을 옹호하기 위한 고육책으로 오해될 가능성이 있었다. 즉 '외척'을 옹호하고 '사림'을 배척한다는 것이다. 동인은 이이가 심의겸의 사은(私恩)을 입었기 때문이라고 생각했다. 이이 역시 외척 문제를 간과한 것은 아니었다.

> 국가는 한명회 이래로 많은 외척이 권력을 잡아, 나라를 좀먹고 백성을 병들게 하여 세상의 큰 환이 되고, 심하면 사림을 어육으로 만드는 수까지 있기 때문에 사류는 '외척'이라는 두 글자 보기를 승냥이와 범이나 귀신같이 여기어, 찡그리고 싫어한 지 오래되었습니다(『栗谷全書』 卷7, 「疏箚」5, '辭大司諫兼陳洗滌東西疏').

세조 이래 외척의 정치적 폐해는 심각했다. 특히 사림에 대한 그들의 반감은 사화로 비화되었다. 동인의 의구심은 당연했다. 그러나 이이는 "심의겸 같은 이는 별로 죄악이 없는데도 한번 흠을 잡히자, 젊은 사류들이 덩달아 배척하며 오히려 '남에게' 뒤지지 않을까 두려워하는 형편"이 되었다고 주장하고, 소장파들을 "남의 뜻에 모두 영합하여 아부하는 자들"로 비판하고 있다. 이러한 상호 불신이 누적되어 '심의겸-김효원' 사건을 통해 폭발했던 것이다.

그러나 이이는 서로 타협할 수 있다고 생각했다. 양시양비론에는 정치적 문제나 인간사에 대한 이이의 중요한 인식 변화가 포함되어 있었다. 양시양비론은 천리에 의한 '귀일'의 공론관과는 큰 차이가 있었다. 엄격한 시비 분별을 주장했던 이이의 태도에 변화가 나타났던 것이다. 아마도 새로운 정치 환경이 새로운 정치적 사유를 요구했을 것이다. 이이는 동인 김우옹에게 다음과 같이 말하고 있다.

> 인백(仁伯[김효원])의 신상을 살펴보건대 4등급의 의논이 있다. 한 등급은 소인이라는 것이니 계함(季涵[鄭澈])의 무리들이 하는 말이고, 또 한 등급은 명예를 좋아하는 사람이라는 것이니 나의 말이다. 또 한 등급은 명예를 좋아하는 사람이나 본심은 선한 사람이라는 것이니 이는 그대들의 말이고, 또 한 등급은 흠 없는 군자라는 것이니 이는 그의 동류들의 말이다. 한 사람이 4등급의 제품(題品)을 갖추고 있는데, 사람마다 자기의 견해를 옳다 하여 상통할 수 없게 되므로 허다한 분쟁을 만들어내게 된 것이다. 나라의 기강과 백성의 고통은 도외시한 채 시비를 정하기에만 급급했기에 조정의 정사는 자연히 문란하게 되었으니, 이 역시 운명이라 하겠다(『宣祖修正實錄』 9年 2月 1日 乙丑).

첫째, 이이에 따르면 대부분의 사림은 시비론을 고수하여 정치적 문제의 다원성을 간과하고 있다. 이에 반해 이 문제를 보는 이이의 태도에는 두 가지 의미가 함축되어 있었다. (1) 이이는 정치나 인간의 문제가 기본적으로 복합적·다원적이라고 보고 있다. 양시양비론은 문제를 비켜가는 중재론이 아니다. (2) 자신의 견해를 여러 입장 중의 하나로 객관화시키고 있다. 그는 자신의 견해를 성찰의 대상으로 삼았다. 성찰과 다원성의 인정은 어떤 의미에서 동일한 근거를 가지고 있다. 즉 그것은 인간 존재의 한계에 대한 자각이자 그것을 극복하기 위한 지평의 확대로서, 그것을 통해 인간은 타인의 견해를 수용하게 된다. 이것이 정치의 가능성이다. 이이의 전환은 그런 가능성을 시사하고 있다.

김효원이 함경도의 변지인 부령부사(富寧府使)로 임명되자 이이는 왕에게 관대한 처분을 요청했다. 지평의 확대에 의해 이이는 반대 의견이 조정될 수 있을 것으로 기대했다. 그러나 결과는 그 반대였다. 양시양비론은 오히려 모두의 비판을 받는 결과를 초래했다. 비판자들은 "천하에 둘이 다 옳고 둘이 다 그른 것이 없는데, 공의 요새 일에 있어서는 시비를 가리지 않고 둘이 다 옳다고 하는 것은 어째서인가."라고 공격했다(『栗谷全書』卷35, 「附錄」, 行狀). 이것은 성리학의 전통적인 시비론에 해당된다.

둘째, 그러나 이 반론에 대해 이이의 역사적·정치적 다원주의는 한 걸음 더 나아간다.

> 천하에 진실로 둘 다 옳고 둘 다 그른 것도 있으니, 백이·숙제가 서로 나라를 사양한 것과, 무왕과 백이·숙제가 서로 뜻이 합하지 않은 것은 둘 다 옳은 것이고, 춘추전국시대에 의로운 전쟁이 없었던 것은 둘 다 그른 것이다. 김효원과 심의겸의 일은 국가에 관계되는 일이 아닌데도 서로 불화하여 알력을 빚음으로써 조정이 평온하지 못하게까지 되었으니, 이는 둘 다 그른 것이다. 그러나 이들이 모두 그르지만 본시 사류들이니 당연히 화해하고 융합하는 것이 옳다. 그런데 반드시 저쪽은 그르고 이쪽은 옳다고 하면 자꾸만 생겨나는 말과 서로 알력을 빚는 정상이 어느 때에 그치겠는가(『宣祖修正實錄』9年 2月 1日 乙丑).

이이는 역사와 정치가 지닌 의미가 현실 그 자체로 판단될 수 없다고 본다. 의미는 현실과 함께 현실 어딘가에 숨겨져 있기 때문에 인간사의 특정한 문제는 명료한 시비 판단을 넘어서 있다. 현실에서 대립했던 백이·숙제와 무왕의 태도는 모두 고귀한 동기에 근거하고 있으며 정의롭다. 이것이 인간의 존재 양식이다. 그렇다면 양자택일적 윤리에만 의거한 판단은 존재의 깊이를 이해하지 못하는 피상적 견해이다.

셋째, 그렇다면 우리는 언제나 자신의 한정된 지평을 넘어 융합될 수 있는가? 이이의 비판자들은 이이가 융합될 수 없는 것을 융합시키려 하여 정의를 포기하고 있다고 본다. 이에 대해 이이는 먼저 융합될 수 있는 것처럼 보이지만 그렇지 못한 백이·숙제와 무왕의 사례를 제시한다. 그렇다면 융합될 수 없는 것처럼 보이지만 융합될 수 있는 것은 어떤 경우인가? '심의겸-김효원'의 사례가 그렇다. 왜냐하면 이 "일은 국가에 관계되는 일이 아니"기 때문이다. 즉 이것은 양립 불가능한 시비 판단의 문제처럼 보이지만, 사실은 정치의 장에서 논의될 가치가 의심스러운 문제이다. 그렇다면 그들이 융합될 수 없는 이유는 무엇이며, 또한 정치가로서의 우리는 왜 이 문제를 가장 중요한 정치적 논쟁 대상으로 삼아야 하는가?

그것은 요컨대 정치를 위임받은 자들이 궁극적으로 정치적 행위의 근거를 어디서 발견해야 하는가에 관한 문제이다. 뒤에 거론되는 바처럼, 이이는 그 근거가 민생과 국사라고 주장한다. 즉 당대 조선의 정치 상황에서 '심-김'의 대립은 사적인 문제이다. 따라서 정치가들이 그 문제를 가장 중요한 정치적 현안으로 판단하고 정력을 쏟는 것은 책임의 방기이다. 즉 양자는 모두 과오를 저지르고 있으며, 그것을 가장 중요한 국가 현안으로 다루고 있는 정치는 오류이다.

물론 훗날 이익과 이중환의 지적처럼, 이 대립 뒤에는 언론의 독점이라는 조선 정치의 중대한 문제가 잠재되어 있었다. 이 때문에 이이는 사안의 중대성을 과소평가했다는 비판을 받아야 한다(전세영, 2005: 453-454). 그러나 이이의 비판자들 역시 그 점을 자각하고 있지는 못했다. 그들은 오히려 정치체의 그러한 병적 요소를 강화시키려 하였다. 사림만의 정치를 경험해본 적이 없었던 당대인들은 여전히 언론권의 제한만이 문제라고 인식했다. 그러나 당쟁이 극단적으로 진행되면서 결론적으로 전랑의 언론권 및 인사권 독점에 중대한 문제가 있음이 인식되었다. 이 구조하에서 시비론자들은 소수 정치 계급의 문제에만 함몰되어 있었다. 임진왜란에서의 참담한 패배와 민심 이반은 당대의 사림 정치가 민생과 국정 문제를 적절히 다루는 데 실패했음을 보여준다.

넷째, 이이는 좀 더 근본적으로 사림의 정치적 가능성에 대해 반문하고 있다. 이이에 따르면 "옛날에는 단지 사류(士類)와 속류(俗類)의 두 편일 뿐이었는데, 지금은 사류가 두 편으로 나뉘었다."고 말한다. 조선 전기의 사림은 권신 정치의 권력 남용과 백성의 착취 같은 정치의 사물화(私物化)를 비판해왔다. 사림 정치의 시대는 어떠한가? 이에 대해 이이는 낮은 차원의 '사적 윤리주의', 즉 사적 윤리의 문제를 곧바로 정치의 문제로 환치하려는 사림의 무의식적 정향을 예감했던 것으로 보인다.

주자학은 그 자신에게 질문되고 경험되는 진실한 정신적 체험[修身]이야말로 완전한 정치[治國]와 절대 평화[平天下]의 근본 조건이라고 주장해왔다.[16] 그러나 '심-김' 사건은 그러한 주장의 정치적 위험성을 예시하고 있다. 성리학을 포기하지 않는 한, 이이 역시 '수신

---

16) '수신(修身)'이 사적인 것만은 아니다. 도(道)나 천리(天理)는 우주적 공공 이성(universal public Reason)으로 이해된다(이승환, 2005: 12).

의 정치'를 부정했던 것은 아닐 것이다. 문제는 그러한 체험이 곧 정치를 보장하지 않는다는 점이다. 오히려 수신은 정치에 의해 재음미되고 확장·심화되어야 한다. 즉 정치는 체험된 진리의 실현이 아니라, 그 반대로 체험된 진리는 정치의 실현을 위해 봉사해야 한다. 그렇다면 '심-김' 사건을 둘러싼 대립은 누가 옳은가의 문제가 아니라, 정치를 위해 왜 그것이 필요한가라는 질문으로 바뀌어야 한다.

그렇다면 양자는 왜 융합할 수 없는 것인가? 국가의 문제가 아니라면 그들의 투쟁은 사적인 장에서 이루어져야 한다. 그렇지 않으면 정치가 희생된다. 요컨대 개인의 진리가 곧바로 정치에 대입되는 것은 정치의 윤리화가 아니라 정치의 사물화를 초래한다. 그런 의미에서 주자학적 정치는 역설적인 사태에 직면하고 있다. 어떤 의미에서 조선의 붕당정치는 그 점을 여실히 보여주었다. 붕당정치는 권신 정치보다 더 공적이고 윤리적이라는 점을 입증하지 못했다.

5. 사림의 자기부정과 그 대안: '군자-소인' 론에서 '군자-군자' 론으로

그런데 이이의 의도와 달리 김효원의 추방은 오히려 동서의 전선을 분명히 만드는 역효과를 초래했다. 선조 12년 이이는 다음과 같이 말하고 있다.

> 신이 병으로 물러나고 세상일의 그릇됨이 어찌할 수 없게 되자, 의논하는 이들이 비로소 김효원을 내보낸 것을 신의 잘못이라 하옵고, 일 꾸미기 좋아하고 말을 지어내는 이들은 동서의 설을 만들어내어, 공사(公私)의 득실을 막론하고 다만 심의겸을 편

드는 이를 서인이라 이르며 김효원을 편드는 이를 동인이라 일러, 조정의 벼슬아치들은 용렬한 사람이 아니면 모두 동서로 지목하는 속으로 들어가게 된 것입니다. …… 동인 서인의 이름이 한번 나오고부터 조정에는 전혀 온전한 사람이 없게 되었으니, 또한 사림의 재난이라고 말할 수 있겠습니다(『栗谷全書』卷7, 「疏箚」5, '辭大司諫兼陳洗滌東西疏').

이처럼 당론이 일단 성립되자, 누구도 공정성을 인정받을 수 없게 되었다. 이이가 '사림'에게 기대했던 지평의 확장은커녕 오히려 지평의 축소, 왜곡, 또는 폐쇄가 나타났던 것이다. 동인은 이이가 단지 서인의 입장을 대변하며, 양시양비론은 명분상 수세에 몰린 서인의 궁여지책일 뿐이라고 보았다. 그 속에 내포된 사림 정치의 잠재적 위험에 대한 심각한 반성은 전혀 간취되지 못했다.

이이와 달리 동인은 '심-김' 문제를 국가적 문제로 판단, 전선을 명료하게 하고자 했다. 이이는 "요사이 사헌부의 상소는 감히 노골적인 배척을 시작하여, 서인을 사당(邪黨)이라고 하고 심의겸을 소인이라 하니, 의논의 과격함이 어찌 이보다 심하겠습니까?"라고 말하고 있다. 동인의 어법은 과거 사화(士禍)에서 훈척 세력을 비판했던 사림의 적대적 어법이었다. 동인은 당쟁 초기부터 사림의 정치적·정신적 동질성을 부인했던 것이다. 이이는 그 점을 강경하게 비난하고 있다.

하물며 있는 흠 없는 흠을 찾아내어 더러운 이름을 듣게 한 사람이 어찌 여기에 그치겠습니까. 요새 그러한 무리들의 뜻도 서인을 모두 배척하려는 것이 아니고, 다만 국시를 억지로 정하여 꼭 온 나라의 사람들로 하여금 모두 동인이 옳고 서인이 그르다고 말하게 한 뒤에야 수용하여 벼슬을 주어, 자기들에게 반항하지 못하도록 하는 것이 원래의 계략인 것 같습니다(『栗谷全書』卷7, 「疏箚」5, '辭大司諫兼陳洗滌東西疏').

결정적인 결별을 자제하고 있던 이이였지만, 사헌부의 상소는 "공사(公事)를 가탁하여 사심(私心)을 부린 것"이며 "실상 소인의 손에서 나왔"고, "지금은 뭇 소인들이 가득 차서 그 세력이 성하다."고 단정하고 있다(『栗谷全書』卷11, 「書」3, '答成浩原'己卯). 그 역시 점점 동인의 어법을 닮아가고 있었다.

그런데 동인으로서 이이가 신뢰하던 김우옹도 이이에 비판적이었다. 그는 "어찌 이이가 말한 바와 같이, 한 시대의 사람들을 자기의 의논에 동조하게 하여 억지로 시비를 정하고자 하는 자가 있겠습니까. 만약 이와 같다면 그가 바로 소인으로, 한 시대를 농락하는 처사"라고 주장하고 있다(『宣祖實錄』12年 6月 8日 壬午).

동서 대립을 더욱 격화시킨 것은 선조 11년, 서인 강경파인 삼윤(三尹, 윤두수, 윤근수, 윤현)의 뇌물죄를 둘러싼 공방이었다. 동인은 이 사건을 조사하면서 공물 대납자(貢物納人)인 증인 장세량을 20여 차례 가혹하게 고문했다. 국법상 "사형죄가 아니면 실정을 말할 때까지 고문할 수 없"었고, 3회 이상의 고문은 불법이었다. 이이는 불법적인 고문을 비판하고, 삼윤의 죄상이 조작되었을 수도 있다는 견해를 표명했다.

> 장세량의 죄는 장(杖)을 몇 대 치는 것뿐인데도, 어떻게 그 실정을 말할 때까지 한정하고 고문할 수 있는가? 후배들의 식견이 밝지 못하고 생각이 넓지 못하여, 단지 그 옥사가 되지 않을 것만 걱정하다가 도리어 그 화를 당하게 되는 것이다. 죄 없는 사

람을 죽이는 것이 의(義)에 어긋나는 것을 생각하지 않고, 앞뒤의 시비는 돌아보지 않으며 오직 옥사 만드는 것만 생각하고 있으니, 다른 사람에게 말할 수 없는 노릇이다(『栗谷全書』卷35, 「附錄」, 行狀).

이 사건은 동서 대립을 공식적인 정치적 의제로 전환시키는 계기가 되었다. 이이는 상황의 심각성을 자각했다. 장세량 사건은 동인이 정치적 목적을 위해 탈법적이고 불의한 수단까지 사용할 용의가 있음을 입증했다. 이이는 마침내 양시양비론을 포기하고 동인의 처사를 강력히 비판했다. 선조는 장세량의 석방을 명령했다. 그러나 이 조치는 동인을 더욱 격분시켜, 동서 분열은 치유할 수 없는 상태로 발전되었다.

그러나 이이로서는 아직 사림의 정치적 의의를 부정할 수 없었다. 그것은 곧 자신의 정치적 이상에 대한 부정이기도 했기 때문이다. 선조 12년 5월, 이이는 대사간을 사임하면서 동서 분열의 원인과 대책을 상론하고 양시양비론을 옹호했다. 또한 사림의 분열이 반드시 해결되어야 한다는 입장을 역설했다.

예부터 국가가 믿고 유지하는 것을 사림이라 하오니 사림은 나라의 원기라, 사림이 성하고 화합하면 그 나라는 다스려지고, 사림이 과격하고 분열되면 그 나라는 어지러워지며, 사림이 부패하고 없어지면 나라는 망하는 것이오니, 지나간 일이 역사 기록에 밝게 실려 있습니다. …… 치란 흥망이 여기에서 비롯되지 않음이 없는 것도 사세의 당연한 이치입니다. 그러나 지금 사림은 화목하다고 말할 수 있는지 신은 알지 못하겠사오며, 다만 들리기는 동서 붕당의 설이 방금 큰 병근이 되었다 하오니, 신이 깊이 근심하는 바입니다(『栗谷全書』卷7,「疏箚」5, '辭大司諫兼陳洗滌東西疏').

사림의 명백한 분열과 사림적 정체성의 한계를 넘어선 불의에도 불구하고 사림에 대한 이이의 신뢰는 절대적이다. 이이는 사림 외의 정치적 대안을 가지지 못했던 것이다. 그러므로 어떠한 병폐에도 불구하고 사림의 건강성이 회복되어야 한다고 보았다. 이이는 사림에 대해 판단중지를 하지는 않는다.

이 때문에 이이는 주자학의 공론관과는 다소 색다른 제안을 하고 있다. 그것은 시비를 주장하기보다 각자의 입장에서 벗어나 상대를 인정해야 한다는 것이다. 즉 사림의 전통적인 '군자-소인'의 이분법으로부터 상호 인정(reciprocal recognition)의 '군자-군자'의 패러다임을 제시하고 있다.

> 요새 사람들의 뜻을 가만히 보면, 심의겸이 다시 벼슬길에 들어오는 길을 막고 그에게 소인의 이름을 붙이고자 하려는 것일 뿐입니다. 그런 뒤에 화평으로 처치하고자 하는데, 그 말에 "시비는 명백히 아니할 수 없으며, 처치는 화평하게 아니할 수 없다."고 합니다. 그 말은 그럴듯하지만 실은 요령 없는 말입니다. 왜냐하면 대체로 이른바 조절한다는 것은 둘 다 사류로 인정하여야 서로 화합할 수 있는 것인데, 만일 하나는 군자이고 하나는 소인이라 한다면 물과 불이 한 그릇에 있을 수 없고, 향기 나는 풀과 냄새나는 풀이 한 뿌리에서 날 수 없기 때문입니다(『栗谷全書』卷7,「疏箚」5, '辭大司諫兼陳洗滌東西疏').

이처럼 사림 사이의 '군자-소인'론은 사림의 자기모순이었다. 그것은 곧 사림 정치의 정당성을 스스로 훼손하는 일이었다. 사림 정치는 권신 정치와 차별성을 입증할 수 없었던 것이다. 그 점을 자각한 이이는 의견 차이가 있다 해도 상호 인정해야 함을 주장하고 있다.

그러나 이이의 다원성은 '차이'에 대한 근본적인 수긍을 뜻하지는 않는다. 그는 여전히 '군자-소인'의 준별을 포기하지 않는다. 그는 고금에 "어찌 군자와 소인이 함께 조절하여 나라를 보전한 일이 있었겠습니까?"라고 말한다. 그것은 주자학적 정치 현실과 그 정치 이념 사이에서 이이가 방황하고 있었다는 점을 시사한다.

정치에서 다원성의 완전한 인정은 불가능할지 모른다. 그것은 가능성으로만 주어진 것이다. 왜냐하면 우리가 다원주의를 전적으로 수용한다 해도 다원주의를 부정하는 입장에 대해서도 여전히 다원주의적일 수 있는가는 또 다른 문제이기 때문이다. 이이가 이념형으로서의 사림을 신뢰하면서도 현실의 사림에 절망하지 않을 수 없었던 이유도 이 때문이었다. 종국에는 이이 자신조차도 마침내 '소인'으로 비판되고, 그 역시 반대파를 '소인'으로 비판하게 되었다.

그러므로 현실적인 의미의 다원성은 반대파를 '소인'으로 인식하고, 그 역시 반대파에 의해 '소인'으로 인식될 가능성을 받아들이는 것이라고 할 수 있다. 즉 현실의 다원성은 '군자-군자'가 아니라 '소인-소인'의 패러다임일 가능성이 높은 것이다. 그것은 우리 모두가 잘못될 가능성에 대한 시인이며, 좀 더 대화 지향적이다. 왜냐하면 '군자'라는 개념이 고수되는 한, '군자-군자'론은 '군자-소인'론으로 쉽게 전환될 수 있기 때문이다.[17]

그런 의미에서 이이는 여전히 붕당의 현실적 의미를 부인하고 있

---

17) 그러나 '군자-군자'의 패러다임이 완전히 불가능하지 않은 것은 백이·숙제와 무왕의 관계에서도 볼 수 있다. 그러나 그것은 타인에 의한 부정조차 수용하는 양측의 결단 없이 가능하지 않다.

다. 즉 사림의 보편성을 부정하고, 그 안에서의 대화를 고려하지는 않는다. 그는 여전히 사림의 비당파성과 군자 간의 소통을 신뢰한다. 그러나 당쟁이 격화되면서 그럴 가능성은 점점 희박해졌다.

6. 사림의 공론 정치론의 붕괴: '군자-군자' 론에서 '소인-소인' 론으로

이러한 난관에 직면하여 이이의 '군자-군자'론은 '소인-소인'론으로 바뀌었다. 먼저 동인의 독단성에 대한 이이의 비판은 왕과 동인으로부터 공정성을 인정받지 못했다. 선조는 "사연이 맞지 않는다."고 말하고, 이이를 대사간직에서 물러나게 했다(『栗谷全書』卷35, 「附錄」, 行狀). 동인 유성룡은 이이가 고매하고 박학하긴 하지만 인격의 깊이가 없다고 비판했다.

> 이이가 논한 것은 아주 옳지 않습니다. 대개 이이의 사람됨이 천품이 고매하고 글을 본 것 또한 많으니, 배우지 않은 것은 아닙니다. 다만 함양한 힘이 없기 때문에 언론과 처사에 있어 경솔한 점이 많습니다. 지금 논한 것도 이 병통으로 인하여 망발한 것입니다(『宣祖實錄』12年 6月 8日 壬午).

김첨은 "이이의 말은 진실로 다른 뜻이 없으나, 그 논의는 아주 잘못되어서 후인들이 부회(傅會)하여 변환해낸다면 사림의 화를 조성할까 두렵다."고 하여, 이이로 인한 사화까지 우려하고 있다(『宣祖實錄』12年 6月 8日 壬午). 관용을 주장했던 이이에게는 역설적인 사태였다. 동인에게 이이는 사림과 공론의 적이었다. 동인 김우옹은 좀 더 관용적이었다. 그는 이이의 주장은 부정하지만 그 진정성은 인정한다.

> 논한 것이 옳지 않기 때문에 낱낱이 진술하여 아뢰는 것이요, 이이가 옳지 않은 사람이기 때문은 아닙니다. …… 그의 마음은 나라를 위하는 것뿐입니다. …… 잘못 전해진 말을 듣고 다시 자세히 살피지 않은 채, 드디어 시론(時論)이 크게 편벽되어 나랏일이 어그러지고 있다고 생각한 나머지 우려와 분개한 마음이 지나쳐 광언(狂言)을 발한 것일 뿐이니, 그 말이 지나쳤더라도 나라를 걱정하는 뜻에서 나온 것입니다(『宣祖實錄』12년 6월 8日 壬午).[18]

김우옹은 특히 '양시양비론'은 문제를 잘못 이해하여, 화합을 빌미로 시비를 분별하지 않는 오류를 저질렀다고 강력히 비판하고 있다.

> 모름지기 공사(公私)와 시비가 크게 분별돼야 할 부분에서 이이의 말은 너무 분별이 없고 단지 양시양비라고만 하였습니다. 이는 그 주의(主意)가 온당하지 못하기 때문에 허다한 병통이 이를 인연하여 나온 것입니다. …… 만약 시비를 전연 논하지 않고 진정시키려고만 한다면, 또한 혼잡을 빚어 진정시킬 수가 없게 될 것입니다. 그렇다면 오늘날 시비를 정하고자 하는 것은 바로 일국의 공론이요, 사의(私意)가 아님은 물론 억지로 정한 것도 아닙니다. 그러니 이이가 한 말을 어찌 옳다고 할 수 있겠

---

18) '광언(狂言)'의 '광(狂)'은 "뜻만 극히 높고 행동이 따르지 못하는 것[志極高而行不掩]"이라는 의미이다.

습니까?(『宣祖實錄』12年 6月 8日 壬午)

이이가 신뢰하던 동인의 핵심 인물 이발(李潑) 역시 이이에게 깊은 실망감을 토로하고 있다. 그는 "일찍이 정치로는 이이를 허여했고, 도학으로는 성혼을 추앙했습니다. 그러나 이제 공론은 중하고 사정(私情)은 가벼운 것이며, 친구도 생각해야겠지만 나라를 저버릴 수 없습니다."라고 말했다(『燃藜室記述』卷 13,「宣祖朝-東人用事」). 동인들은 "인심이 공평하지 못한 자는 비록 복종하지 않아도 해로울 것이 없다."고 말하고, 또한 "이름은 착한 선비지만 실상은 사심을 품었다."고 이이를 비판했다(『栗谷全書』卷11,「書」3, '答成浩原'己卯). 절친한 지우 성혼조차 "시비는 분변하지 않을 수 없다."는 입장을 표명했다.

고립무원의 상태에 빠진 이이는 "나로서도 어쩔 수 없다."고 무력감을 토로했다. 그러나 "맞버티어 굴복하지 않는다."는 이발의 비난에 이이는 다음과 같이 스스로를 변호하고 있다.

> 이 말은 내가 심의겸, 삼윤(三尹)과 함께 사림을 해칠 수 있다고 의심하는 것이니, 형이 나를 보는 것이 너무 경박하지 않습니까? 내가 전부터 고립하여 서인이나 동인에 가담하지 않은 것은 진리로 양쪽을 조화시켜 조정을 편안하게 하고자 한 것이며, 만약 나에게 서인에 붙어 동인을 공격하라 한다면 차라리 동인에 붙어 서인을 공격할 것입니다. …… 더구나 형이 사림을 해친다고 나를 의심하니, 생사도 또한 근심하지 않는데 어찌 반드시 오늘의 일을 구원하려고 하겠습니까?(『栗谷全書』卷12,「書」4, '答李潑'庚辰)

자신이 이해받을 수 없음을 절감한 이이의 공론관은 한 걸음 더 현실에 다가갔다. 그는 먼저 이발과의 의견 일치가 어렵다는 점을 인정했다. 그리하여 "나 또한 감히 스스로 반드시 옳다고 하지 않을 것이니, 형도 또한 다시 생각하고 마음속에 두지 않는 것이 어떠합니까?"라고 제안하고 있다. 여기에서 그는 '군자-군자'론을 포기하고, '소인-소인'론을 받아들이고 있다. 그것은 파국을 막기 위한 마지막 제안이었다. 그러나 그것은 주자학이 제시하는 정치적 대안의 종언을 의미했다. 사림은 군자가 아니며, 사림 정치는 더 이상 권신 정치의 대안이 아닌 것이다.

그러나 이 상황을 수긍하기 힘들었던 이이는 "오늘날의 일은 여러 가지로 생각하여도 마침내 뒷수습을 잘할 계책이 없으니, 실로 하늘이 만들었는데 말한들 무슨 소용이 있겠습니까?"라고 괴로워했다 (『栗谷全書』卷12,「書」4, '答李潑'庚辰). 이 사태는 운명이다. 그러나 그것은 자신이 배우고 신뢰했던 정치적 패러다임의 파국과 한계를 고백하는 말이기도 했다.

7. 소결: 조선 공론 정치의 난점 — 정신주의, 유아론, 혁명주의

이상으로 당쟁 발생기에 나타난 공론 정치의 현실을 살펴보았다. 공론 정치의 시련은 여기서 끝나지 않았다. 그 논의는 이이가 죽을 때까지 계속되었다. 선조 14년 이이의 공론 정치관은 '소인-소인'론에서 '적-적'론으로 진전되었다. 아울러 낮은 차원의 '사적 윤리주의'를 비판했던 이이는 민생과 국방 등 당대의 절박한 위기를 해결하기 위해 열렬한 개혁안을 제출했다. 그는 당시의 국가 상황에 대해, "아, 이 얼마나 위태롭고 위태롭습니까"라고 절규하고 있다(『宣祖修正實錄』16年 4月 1日 壬子).

백성은 항심을 잃어버리고, 군사는 장부에만 기재되어 있으며, 안으로는 저축이 바닥났고, 밖으로는 변란이 잇달고 있으며, 사론은 분열되고, 기강은 무너졌습니다. 전례대로 따르자니 속수무책으로 망하기를 기다려야 할 형편이고, 변통을 해보자니 많은 사람이 놀란 눈으로 바라보며 이상하게 여길 뿐입니다(『宣祖修正實錄』 16年 2月 1日 甲申).

그러나 그의 개혁안은 동인의 반대로 좌절되었다. 절망한 이이는 사림 대신 왕과 대현(大賢)에 의한 메시아적 정치를 갈망하였다. 죽기 세 달 전, 그는 선조에게 "요즈음 연소한 무리들이 조정의 권력을 잡은 지 30년이 넘었습니다. 어떤 현상이든지 극에 도달하면 되돌아오는 법이니, 이제는 위에서 총괄하실 때가 되었다 할 것입니다."(『宣祖修正實錄』 16年 10月 1日 己酉)라고 말했다. 또한 "호걸의 자질과 성현의 학문의 갖춘 이가 나와 세상에 등용되어 세도(世道)를 만회하지 않는다면, 전하의 예지를 가지고도 토붕와해의 형세를 구제할 수가 없을 것"이라고 경고했다(『宣祖修正實錄』 16年 2月 1日 甲申). 그것은 사림에 절망하면서도 주자학의 정치적 이상을 포기할 수 없었던 방황의 최종 결론이었다. 선조 17년 1월, 이이는 향년 49세로 운명했다. 그 9년 뒤 임진왜란이 발발했다.

이이의 정치적 생애는 사림과 공론 정치에 대한 낙관으로부터 출발하여, 그것의 좌절로 끝났다. 이이의 죽음과 임진왜란은 조선 정치를 전후로 가르는 분수령의 의미를 가지고 있다. 왜냐하면 이이의 죽음은 조선 전기의 정치적 이상이었던 사림 정치와 공론 정치의 파국을 상징하고 있으며, 임진왜란은 이성계의 즉위 교서에서 표명된 '위민의 정치'가 실패했음을 의미하고 있기 때문이다.

이상으로부터 조선 전기 사림의 공론 정치가 지닌 몇 가지 특징을 살펴볼 수 있다. 첫째, 사림의 공론 정치론은 의사소통의 정치적 중요성을 확장·심화시켜 국가 현안에 관해 폭넓은 논의를 활성화시켰다.

둘째, 주자학은 진실한 체험에 기초한 앎과 정치의 직접적인 연관성을 강조함으로써 조선 전기의 정치 현실주의를 윤리적 성찰로 이끌었다. 이는 사림의 정치 운동을 추동하는 근본적 에너지로 왕과 권신의 전횡을 억제하는 데 강력한 영향력을 발휘했다.

셋째, 그러나 사림의 도덕적 근본주의는 정치를 낮은 차원의 '사적 윤리주의'와 동일시할 위험성을 풍부하게 간직하고 있었다. 그로 인해 정치로부터 윤리를 재음미하는 것이 아니라, 윤리에 의해 정치를 대체하려는 경향이 나타났다. 정조는 다음과 같이 말하고 있다.

> 요즈음의 풍속은 의리라는 두 글자를 가지고 사람을 족쇄 채우는 수단으로 삼고 있으니, 한 번만 다른 사람들의 뜻에 들지 않았다 하면, 곧바로 그 결점을 파헤쳐 들추어 샅샅이 찾아내어 의리에 배치된다고 몰아붙인다. 이것이 바로 어느 누구도 과감하게 말하지 못하는 이유이다(『국역 홍재전서』 17, 제174권, 106).

넷째, 정치의 윤리화는 다원주의를 부정하는 '유아론적 정치(political solipsism)'로 발전되었다. 이로 인해 붕당의 정치적 논쟁은 공동 성찰을 지향하는 공론으로 발전되지 않고, 편 가르기와 세력화를 지향하는 극단적인 적대적 분열로 귀결되었다. 또한 정치가의 개인에 관련된 모든 문제를 정치화시키려는 나쁜 의미의 '정치주의(부의(浮議)의 정치)'를 만연케 했다.[19]

---

19) 유수원(柳壽垣)은 언관들이 사소한 사건조차 확대시키기 때문에 "시비의 와중에

다섯째, 민생과 국방 같은 정치 현실 문제가 경시되었다. 임진왜란, 병자호란의 파국과 조선 후기의 실학 운동은 그 예증이다.

여섯째, 조선의 정치적 공론장의 두께는 상당히 얇은 것이었다. 즉 조정에서 구체적인 정치 현안으로 거론되기 전에, 다양한 문제가 제기되고 논의되는 자율적인 사회적 공론장이 부재했다. 이 때문에 정치적 이슈가 '시간'의 경과 속에서 발효되고 성숙할 기회를 얻지 못한 채, 곧바로 최종적인 정치의 장에서 제기되었다.[20] 정치의 '결정[制命]' 영역과 '논의[公議]'의 영역은 분리되어서도 안 되지만 완전히 일치되어서도 안 된다. 논의 없는 결정은 빈약하고 오류에 빠지기 쉽지만, 논의로 대체된 결정은 무책임하고 실기(失機)할 가능성이 많기 때문이다. '논의' 영역은 자유롭고 변혁적이어야 하고, '결정' 영역은 신중하고 제한적이어야 한다. 그러므로 논의에 의해 결정 영역이 점령되면 정치는 지나치게 사변적이거나 논쟁적으로 된다.

이이의 양시양비론이 도리어 분열을 격화시킨 것은 이러한 요인에 상당 정도 기인하는 것으로 생각된다. 조선의 정치적 주체들은 국가 현안이 조정의 최종 공론으로 제기되기 전에 충분한 여과 과정이 존재해야 한다는 점에 유의하지 않았다. 이이 역시 그러했다. "여항에 공론이 있으면 국가가 어지러워진다."는 이이의 생각은 그 예증이다.[21] 이 때문에 그의 의도는 심각한 의구를 불러일으키고 다양한 방식으로 왜곡되었다. 이이 또한 보다 넓은 의미의 공론과 정치를 이해하는 데 결함이 있었다.

서 새로 나오는 시비가 한정이 없"어서, "사건 발생이 한정이 없고, 분란을 피움도 그칠 날이 없다."고 말하고 있다(『迂書』 卷4, 論主論之弊).

20) 이러한 경향은 헨더슨이 말한 중심 지향적 '소용돌이의 정치(center-oriented politics of vortex)'가 지닌 중요한 특징으로도 이해될 수 있다(Henderson, 1968).

21) 이는 "국가 운영에 있어서 공론은 유생에게 개방되어야 하는 것이나, 그것은 조정으로 수렴되지 않으면 안 된다는 인식"으로 볼 수 있다(이현출, 2002: 122).

다른 한편 '결정'과 '논의' 기능이 미분화된 조선 정치체제에도 중대한 결함이 있었다. 강력한 왕과 대신들에 의해 '논의' 기능이 조정되는 경우 양자는 긴장된 균형을 이루었다. 그러나 '논의' 기능이 우월한 경우 사회적 공론장이 협소했던 조선 정치는 곧바로 일상적인 혁명의 정치로 전화되었다. 이는 조정 밖의 정치적 담론을 위험시했던 독점적 정치체제의 본래적 결함으로 볼 수 있다.

마지막으로 실학 운동이나 탕평 정치 같은 조선 후기의 정치적 실험은 이러한 문제를 극복하는 데 성공적이지 못했다.

질의와 응답

1. 정통성(legitimacy)과 정당성(justice)은 어떻게 다른가?
→ 정통성이 권력 지배에 대한 승인, 체제에 대한 인정을 뜻하는 정치적 관념이라면, 정당성은 옳고 그름에 대한 윤리적 관념이다. 이중 어느 하나라도 결여되면 정치체제의 존립이 위태롭다. 주자는 군주제하에서 왕은 정통성을 가지고 있으나, 언제나 정당성을 가지고 있는 것은 아니라고 보았다. 왕은 혈연적 세습권에 의해 정통성을 가지나, 천리를 알고 행하는 정당성은 별개의 문제이기 때문이다. 둘 다를 충족시키는 왕이 요순 같은 성왕(聖王)이다. 하지만 모든 왕이 요순은 아니므로, 왕은 열린 자세로 현명한 자들의 조언을 듣고 실천해야 한다. 공론 정치가 필요한 것은 이 때문이다.

2. 조선에서의 공론 정치의 주창자인 사림 세력의 정신적 기원인 조광조의 논리는 무엇인가?
→ 통치자가 언로를 열어 널리 의견을 들어야 할 필요성은 어떤 시

기에도 주장되었다. 하지만 한국 정치사에서 이 문제가 이론적으로 명료하게 이해된 것은 고려 말이었다. 유학의 새로운 조류인 성리학을 받아들인 신진 사대부들은 고려 정치체제 전반을 깊이 연구하였다. 그 결과 정치체제의 건전성을 지키기 위한 요체가 공론 정치에 있다고 주장했다. 이색, 정몽주, 정도전이 그 대표적인 인물들이다. 조선은 공론 정치의 이상하에 건국되었다. 조광조 역시 이러한 전통 위에 서 있다. 하지만 조광조는 조선이 공론 정치의 이념을 철저하게 실천하지 않는다고 보았다. 조광조는 언로의 통하고 막힘은 국가의 사활적인 문제라고 주장했다. 통하면 편안하게 다스려지고 평안하며, 막히면 어지럽고 망한다. 그러므로 어진 군주는 언로를 넓히기를 힘써서, 위로는 공경·백집사로부터 아래로 여항·시정의 백성에 이르기까지 모두 말을 할 수 있게 해야 한다고 했다.

3. 성리학과 아렌트의 공론관의 차이는 무엇인가?
→ 두 입장의 차이는 정치관의 차이에서 비롯된다. 성리학은 정치를 '천리(天理)'의 연장으로 보기 때문에, 성리학의 공론관은 '귀일(歸一)'을 지향한다. 즉 폭넓은 의견 개진을 촉구하지만 최종 목적은 진리의 발견이기 때문에 궁극적인 의미에서 의견 차이를 인정하지 않는다. 하지만 아렌트는 정치란 자유롭고 평등한 시민들이 공공사에 관해 서로 논의하고 결정하는 행위라고 생각한다. 정치는 그 자체가 목적이고, 진리의 실현을 위한 수단이 아니라는 것이다. 이런 정치에서는 하나의 진리가 존재할 수 없고, 정치적 공론장은 근본적으로 인간의 다원성(plurality)과 차이(difference)에 근거하고 있다. 어떤 정치체제가 차이를 부정하고 하나의 진리를 지향한다면, 그것은 전체주의로 가는 길이다.

4. 이이의 양시론(兩是論)은 무엇인가?

→ 조선 전기 정치에서 급진파 성리학자들인 사림은 이른바 권신을 공론 정치의 적인 '소인'으로, 자신들을 '군자'로 통칭했다. 권신들은 인욕에 따라 사익을 지향하고, 사림은 천리에 따라 공익을 지향하기 때문이다. 16세기 들어 사림이 집권하자, 형식논리상으로는 이런 이분법이 무의미하게 되었다. 하지만 당쟁이 시작되자 사림들 역시 서로를 소인이라고 비판했다. 정치적 대립과 갈등 또한 사림 이전 정치보다 훨씬 심각했다. 이것은 사림 정치를 군자 정치이자 천리에 의해 통일된 화합 정치로 본 전통적 공론관과 논리적으로 모순된 것이었다. 이이는 또한 사림의 공멸도 우려했다. 이이는 그 대안으로 전통적 '군자-소인'론을 '군자-군자'론으로 전환하자고 주장했다. 그것은 나의 합리성을 주장한다면, 타인의 합리성도 인정해야 한다는 자유주의적 대안에 가깝다. 하지만 당쟁이 격화되면서 이이의 대안은 곧 폐기되었다.

5. 이이의 양비론(兩非論)은 무엇인가?

→ '군자-군자'론이 폐기되자, 이이는 다시 '소인-소인'론을 제시했다. 즉 자신의 견해가 전혀 인정받을 수 없고 반대파의 정당성도 전혀 긍정할 수 없다면, 최소한의 공존을 위해 양자 모두의 오류 가능성을 수용하자는 것이다. 이는 칼 포퍼가 관용과 대화의 기본 조건으로 제시한 것과 같다. 실제 정치를 보면, 이것은 매우 현실적인 대안이자 보다 겸손한 태도이다. 하지만 이는 군자를 자칭했던 사림의 자기부정이자 주자학적 공론관의 실패를 의미했다. 진리[天理]로서의 공론은 더 이상 존재할 수 없었기 때문이다. 그런데 이 대안조차 붕괴되자, 이이는 현명한 군자에 의한 일원적 통치를 주장했다. 그 뒤 사림 간의 당쟁은 반대파를 절멸시키기 위한 극한투쟁으로

발전했다.

참고 문헌

『書經』,『周易』,『朱子大典』,『高麗史節要』,『高麗史』,『太祖實錄』,『宣祖實錄』,『宣祖修正實錄』,『黨議通略』,『栗谷全書』,『練藜室記述』,『與猶堂全書』,『三峯集』,『靜菴先生文集』,『星湖集』,『迂書』,『擇里志』.

강광식 · 전정희, 2005,「경장과 변법의 정치사상: 율곡」, 한국동양정치사상사학회 편,『한국정치사상사』, 서울: 백산서당.

권인호, 1995,『조선 중기 사림파의 사회 정치사상』, 서울: 한길사.

김대영, 2004,「공론화를 위한 정치 평론의 두 전략: 비판 전략과 매개 전략」,『한국정치학회보』38(2).

김대영, 2005,『공론화와 정치 평론: 닫힌 사회에서 광장으로』, 서울: 책세상.

김돈, 1993,「16세기 전반 정치권력의 변동과 유생층의 공론 형성」, 서울대학교 박사 학위논문.

김돈, 1994,「선조 대 유생층의 공론 형성과 붕당화」,『진단학보』78.

김비환, 2003,『축복과 저주의 정치사상: 20세기와 한나 아렌트』, 서울: 한길사.

김선욱, 2002,『한나 아렌트 정치 판단 이론: 우리 시대의 소통과 정치 윤리』, 서울: 푸른숲.

김영주, 2002,「조선왕조 초기 공론과 공론 형성 과정 연구: 간쟁, 공론, 공론 수렴 제도의 개념과 종류, 특성」,『언론과학연구』2(3), 한국지역언론학연합회.

김용직, 1996,「한국 민주주의의 기원과 공공 영역의 전개: 유교적 공론 정치 모델」,『한국 정치학의 성찰과 전망』, 한국정치학회 연례학술논문집 1, 한국정치학회.

김용직, 1998,「한국 정치와 공론성(1): 유교적 공론 정치와 공공 영역」,『국제정치논총』38(3).

김홍우, 2005, 「한국 정치사상 연구의 새로운 지평」, 『정치사상의 전통과 새 지평』, 서울: 서울대정치학과·현대사상연구회.

남달우, 1993, 「선조 초기의 정국과 사림 — 이이의 『경연일기』를 중심으로」, 『인하사학』 1, 인하역사학회.

朴龍雲, 1983, 『高麗時代 臺諫制度 硏究』, 서울: 일지사.

박충석, 1982, 『韓國政治思想史』, 삼영사.

박현모, 2004a, 「세종의 세제 개혁 과정에 나타난 혁신 리더십」, 『선조에게서 배우는 혁신 리더십』, 문화재청.

박현모, 2004b, 「조선왕조의 장기 지속성 요인 연구: 공론 정치를 중심으로」, 『한국학보』 30(1).

배기찬, 2005, 『코리아. 다시 생존의 기로에 서다』, 서울: 위즈덤하우스.

배병삼, 1995, 「율곡 사상의 정치학적 해석」, 『율곡 사상과 그 현대적 의미』, 한국정신문화연구원.

아렌트, 한나, 1996, 『인간의 조건』, 이진우·태정호 옮김, 서울: 한길사.

안확, 1985, 『조선문명사』, 서울: 중앙일보사.

오문환, 1996, 「율곡의 군자관과 그 정치철학적 의미」, 『한국정치학회보』 30(2).

오수창, 1986, 「인조 대 정치 세력의 동향」, 이태진 편, 『조선 시대 정치사의 재조명』, 서울: 범조사.

이상익, 2004, 『유교 전통과 자유민주주의』, 서울: 심산.

이상익·강정인, 2004, 「동서양 사상에 있어서 정치적 정당성의 비교」, 『정치사상연구』 10, 한국정치사상학회.

이승환, 2002, 「한국 및 동양의 공사관과 근대적 변용」, 『정치사상연구』 6, 한국정치사상학회.

이승환, 2005, 「동양에서 '공적 합리성'의 특성과 근대적 변용: 성리학적 공론관을 통해 본 '진리의 정치'와 '관용의 정치'」, 『철학연구』 29.

이태진, 1986, 「당쟁을 어떻게 볼 것인가」, 이태진 편, 『조선 시대 정치사의 재조명』, 서울: 범조사.

이현출, 2002, 「사림 정치기의 공론 정치 전통과 현대적 함의」, 『한국정치학회보』 36(3).

전세영, 2005, 『율곡의 군주론』, 서울: 집문당.

정연구, 1990, 「동양의 언론 사상과 언론 방식에 관한 연구—율곡의 언론 사상을 중심으로」, 『사회과학연구』 2, 연세대학교.

최승희, 1989, 『서울: 조선 초기 언관·언론 연구』, 서울: 서울대학교출판부.

최이돈, 1994, 『조선 중기의 사림 정치 구조 연구』, 서울: 일조각.

최정호, 1986, 「조선조 공론권의 구조 변동에 관한 시론」, 『사회과학논집』 17, 연세대학교.

최창규, 1970, 「소차 제도와 조선조의 사림 정치—율곡의 정치사상을 중심으로」, 『율곡의 사상』, 서울: 현암사.

최창규, 1973, 『한국의 사상—그 주체와 본질』, 서울: 서문문고.

황의동, 1998, 『율곡 사상의 체계적 이해』 1·2, 서울: 서광사.

Henderson, Gregory, 1968, *Korea: The Politics of the Vortex*, Cambridge: Harvard University Press.

8장 개화기의 민의와 의론 기구의 전환

이원택

1. 민의의 성장과 의론 기구의 분화

　개화기 이전의 유교 국가 조선에서 민(民)은 지배의 대상이었을 뿐 정치의 주체로 간주되지 않았다. 민은 유교 정치 이념에 따라 위민(爲民), 안민(安民), 치민(治民)의 대상이었다. '민본(民本)'이라는 용어도 기본적으로 정치 공동체의 기본 구성 요소라는 의미이지, 정치적 주체를 함축하는 의미는 가지고 있지 않았다. 따라서 민의 정치적 의사 표출은 매우 제한적이었다. "그 지위에 있지 않으면, 그 정사(政事)를 논하지 않는다."라는 공자의 가르침에 입각하여, 일반 백성은 말할 것도 없고 관직에서 물러난 선비일지라도 포의(布衣)로 자처하여 정치적인 발언을 삼가는 모습을 흔히 볼 수 있었다. 일반 백성의 정치적 의사 표현, 즉 민의(民意)는 억울함에 대한 하소연 곧 소송이나 아니면 매우 극단적인 형태 곧 민란으로 나타났다.
　그러나 조선 후기 특히 18세기가 되면 민의 성장이 두드러지게 나타나며, 19세기 들어 지배층에 대한 민의 저항은 민란으로 거세게 나타났다. 1862년 임술민란을 전후한 시기의 잦은 민란에서 민은 '민회(民會)'를 개최하여 집단적 의사 결정을 하고 또 '민회소(民會所)'라는 임시 집행 기구를 구성하기도 하였다. 이와 같은 민의 정치적 의사 표현 형태에 대하여 집권층도 '민회'라는 용어를 사용하면서, 그것을 새롭게 인식하는 모습을 보여주기도 하였다. 이러한 '민회'는 30여 년 뒤 동학농민운동에서 다시 나타났다.

그리고 동학농민운동으로부터 얼마 지나지 않아 서울에서 시민들에 의한 만민공동회(萬民共同會)가 개최되는데, 여기서 민회 운동은 정점에 달한다. 이 시기에 이르면 이미 서구의 근대적인 법 관념이 소개되어 생명과 재산에 대한 권리 의식이 확산되는 등 민의 의식에 큰 변화가 일어난다. 또 갑오경장으로 신분제 철폐 등 근대적 개혁이 진행되어 민이 새롭게 정치의 장에 등장할 수 있는 여건이 형성되었다. 그리하여 '봉건적 백성'으로부터 초보적이지만 '근대적 시민'으로 민이 재탄생하게 된 것이다.

조선왕조는 유교 이념에 입각하여 왕의 자의성(arbitrariness)을 견제할 여러 가지 제도적 장치를 가지고 있었다. 삼사를 비롯한 언관 제도, 왕에게 유교 경전을 가르쳐서 덕성을 함양하게 하는 경연 제도, 후세의 평가에 대비하여 역사를 기록하는 사관 제도 등 여러 가지 장치가 있었지만, 국정 최고 기구인 의정부(議政府)에 주목할 필요가 있다. 의정부는 문자 그대로 '정치적 사안을 의론(議論)하는 관청'이라는 뜻으로 '정치'의 본래적 의미를 잘 살려서 만든 기구라고 할 수 있다. 의정부는 육조와 여타 관청에서 올라온 사안을 심의 결정하여 왕에게 보고하는 임무를 담당한 집단적 합의 기구였으며, 육조는 결정된 정책을 집행하는 기구라고 할 수 있다. 의정부는 왕권의 강약에 따라 그 권한과 기능에 진폭이 있었으나, 조선 전기에는 대체로 '의정부-육조 체제'가 시행되었다. 그러나 임진왜란을 계기로 비변사(備邊司)가 의정부의 권한과 기능을 대체하기 시작하였다. 비변사는 문신과 무신이 함께 참여하여 정책을 의론하고 집행까지 하는 실무 기구의 성격을 가지고 있었다. 그리하여 조선 후기에는 비변사를 폐지하고 의정부를 복설하자는 주장이 지속적으로 제기되었다. 마침내 흥선대원군에 의하여 의정부가 복설되었다.

개화기에 들어 민의를 수렴하여 의론하는 기구에도 변화가 나타났다. 서구의 근대적인 정부 형태가 소개되면서, 의정부(議政府)가 정책의 집행을 담당하는 정부(政府)와 정책을 의론하는 의회(議會)로 분화되는 단초가 열리기 시작한 것이다. 이러한 분화에는 일본의 외압이 부분적으로 작용했지만, 아래로부터의 내적 압력이 더 중요하게 작용하였다. 동학농민운동과 만민공동회가 그것이다. 동학농민운동은 앞 시기의 민란에서 나타나기 시작한 민회 운동을 계승하여 '집강소(執綱所)'라는 자치 기구를 구성하기까지 하였다. 이러한 민회 운동의 연장선에서 만민공동회는 훨씬 더 나아간 근대적인 정치 운동이었다. 만민공동회는 정부와 의회의 분리를 당연시하였으며, 그 분리를 촉진시키는 의회 설립 운동을 주도하였다. 여기서 우리는 의정부가 한편으로는 (행)정부로, 다른 한편으로는 의회로 분화되어가는 모습을 볼 수 있다.

먼저 개화기 이전의 의론 기구였던 의정부와 비변사를 개략적으로 살펴보고, 이어서 의정부가 어떻게 행정부가 되어가는지, 그리고 민의의 성장과 민회 운동을 통하여 의정부가 어떻게 의회로 분화되어가는지 차례로 살펴보자.

2. 개화기 이전의 의론 기구: 의정부와 비변사

조선왕조를 개창한 태조 이성계(李成桂, 1335~1408)는 고려 시대의 관제를 그대로 계승하여 도평의사사(都評議使司)를 새 왕조의 최고 국정 기관으로 삼았다. 도평의사사는 정치적 사안을 평의(評議)하는 최고 관청이라는 뜻이다. 정종 2년(1400) 도평의사사를 의정부로 개편하여 의정부를 최고 국정 기관으로 삼았다. 태종 원년(1401) 의정부와 기능이 중복되는 문하부(門下府, 왕명 출납과 간쟁 담당)를 혁파하고 비로소 의정부 고유의 직제를 확립하였다. 이때 간쟁을 담당하는 사간원과 군사 업무를 담당하는 승추부(承樞府)를 독립시켰다.

태종 14년에는 의정부의 여러 업무를 육조에 귀속시켜 의정부의 기능을 축소시키고 육조직계제(六曹直啓制)를 실시하였다. 육조직계제는 의정부를 통하지 않고 왕에게 모든 일을 직접 보고하는 시스템이다. 이 육조직계제는 명나라의 제도를 본뜬 것으로 왕권 강화에는 도움이 되는 제도이나 왕에게 업무가 폭주한다는 문제점이 있었다. 명나라에서는 왕을 보좌하는 내각(內閣) 제도가 있었기 때문에 직계제가 가능하였다(이재호, 1971: 37-39).

그러다 세종 18년에 다시 의정부의 기능을 강화하였다. 즉 의정부서사제(議政府署事制)가 부활되어 의정부 구성원이 판육조사(判六曹事)를 겸임하고 인사권의 일부도 행사하였다. 의정부서사제는 육조가 업무를 왕에게 직접 보고하지 못하고, 의정부가 심의를 하여 왕에게 보고하게 하는 제도이다. 그리하여 제도적으로는 육조가 의정부에서 완전히 분리된 독립기관이었으나, 실제로는 의정부에서 독립하지 못한 모습을 보여주었다.

그러나 세조의 즉위와 함께 다시 육조직계제가 실시되자 의정부의 기능은 약화되었다. 성종 때에는 의정부의 기능이 더 약화되어 육조가 의정부를 능가하는 모습을 보여주었다(한춘순, 2003). 특히 세조 13년부터 성종 7년까지 원상제(院相制)가 실시되면서 의정부의 기능은 더욱 약화되었다. 원상제는 정승이 번갈아가며 승정원에서 집무하는 형태를 말한다. 승정원은 왕명을 출납하는 기관으로 비서실과 같은 기능을 하는 곳이다.

그런데 의정부는 이상에서 서술한 의정부 권한의 현실적 부침과는 상관없이, 태종 원년 문하부 혁파 당시의 규정이 『경국대전』에 수록됨으로써 법제화되었다(한충희, 1980: 110-112). 『경국대전』에는 의정부의 직무가 "백관을 통솔하고 서정(庶政)을 바르게 하며, 음양을 다스리고 나라를 경륜하는 것"이라고 규정되어 있다. 의정부는 문자 그대로 '정치를 의론하는 기구'였다.

한편 비변사는 중종 5년(1510) 삼포왜란에 대한 대책의 일환으로 설치된 임시 기구로 『경국대전』에 없는 기구이다. 명종 10년(1555)에 상설 기관이 되었고, 임진왜란을 거치면서 의정부를 대신하여 정치의 중추 기관이 되었다. 비변사를 설치한 배경은 두 가지로 요약할 수 있다. 첫째, 중앙의 대신들은 변방의 사정을 정확하게 알지 못하므로 '변방의 사정을 잘 아는 사람'을 참여시켜 변방 대비책을 논할 필요성이 있었다. 둘째, 『경국대전』에 군정(軍政)은 병조가 담당하고 군령은 오위도총부(五衛都摠府)가 담당하도록 규정되어 있어, 군정과 군령 체계가 이원화되어 있었다. 따라서 변방 문제에 신속하게 대응하기 위해서는 일원적인 통합 기구가 필요하였다(반윤홍, 1991: 37-41).

문제는 임시 기구인 비변사가 전란 후에도 최고 국정 기구로 유지되고 있었으며, 인조반정 후에는 오히려 조직과 역할이 확대되었다는 사실이다. 그뿐만 아니라 확대된 비변사 조직은 인조반정 후 주로 반정공신들이 차지하면서 권력 기구가 되었다. 숙종 때부터는 비변사가 더욱 강화되어 8도를 비변사의 당상들이 나누어 담당하는 팔도구관당상제(八道句管堂上制)가 시행되었고, 『속대전』에 정식 관제로 법제화되었다. 그리하여 비변사는 고종 2년(1865) 흥선대원군에 의해 의정부에 합속될 때까지 최고 국정 기구로서 역할을 하였다(이재철, 2001).

3. 비변사 폐지와 의정부 복설 담론

비변사가 상설 기관화되고 의정부가 유명무실해지자, 비변사 혁파론이 제기되었다. 가장 먼저 비변사 혁파론을 체계적으로 제시한 사람은 최명길(崔鳴吉, 1586~1647)이다. 그는 인조 3년(1625)에 차자(箚子)를 올려 관제의 변통이 시급함을 주장하였다. 먼저 의정부서사제가 폐지되면서부터 삼공이 국정을 의논할 곳이 없게 되었다고 한다. 비변사는 변방의 일을 처리하는 것이 업무로서 송나라의 추밀원(樞密院)과 같은 곳인데, 의정부서사제가 없으므로 모든 일이 비변사로 돌아갔다는 것이다. 그 결과 의정부의 관원들은 청류(淸流)를 자처하여 일을 하지 않고, 비변사의 재상과 무부(武夫)가 일을 처리하고 있다고 비판한다. 따라서 비변사를 혁파하고 의정부서사제를 복구하여야 한다는 것이다. 그런데 의정부서사제의 복구에 대하여, "대신의 권한이 무거워지면 반드시 뒷날에 염려가 있을 것"이라는 비판이 제기되었다. 이에 대해 최명길은 "임금이 훌륭하고 신하가 어질면 권한이 무거워지는 것을 꺼릴 것이 없는 것"이라고 원론적인 답변을 하면서, 차선책으로 "대신의 권한을 분산하려"면 당송의 제도가 바람직하다고 한다. 그리하여 "비국(備局)[비변사])을 문하성(門下省)으로 고친 다음 삼공이 겸하여 문하성의 일을 통괄하고, 찬성과

참찬이 지사(知事)를 겸임하며, 또 치체(治體)를 잘 아는 두 사람을 가려 문하성 좌우복야(左右僕射)라 하여 유사의 임무를 맡게 할 것"을 제안하였다(崔鳴吉, 「論官制箚」).

최명길은 인조 15년(1637)에 다시 차자를 올려, 그의 권력 구조 개편 구상을 피력하였다. 그는 의정부서사제에 대해 "갑자기 회복하기는 어렵다."는 현실론을 인정하고, 비변사 체제의 골격을 그대로 유지하되 부분적으로 비변사의 직제를 개편할 것을 주장하였다. 비변사 체제 유지의 논거는 첫째, 당나라와 송나라의 동평장사(同平章事)가 정치를 전임하여 삼공이 임무가 없어졌으나 정령(政令)이 한 곳에서 나온다는 장점이 있으며, 또 동평장사와 비변사 유사의 임무가 같아 지위나 나이로 보아 직무를 전담하기에 적절하다는 것이다. 둘째, 비변사는 송나라의 추밀원 제도로서 삼공이 이곳에서 국사를 논의하니 의정부 제도와 유사하다는 것이다. 다만 사무가 번잡하고 임시 기구여서 사람들이 육조나 대각보다 가벼이 여기는 폐단이 있음을 지적하였다. 따라서 비변사의 호칭을 중서성(中書省)이나 추밀원 또는 고려의 도평의사(都評議司)로 바꾸고, "삼공이 총재가 되고 유사당상이 주관을 하되 육경 및 추밀의 여러 신하가 참여하여 토론하는" 형태가 바람직하다고 한다. 그렇게 되면 "권세가 무겁다는 혐의도 없을 것이며 또한 위치가 가볍다는 탄식도 없을 것"이라는 것이다(崔鳴吉,「丁丑封事」).

김익희(金益熙, 1610~1656) 역시 효종 5년(1654)에 차자를 올려 비변사를 혁파하고 의정부서사제를 복구할 것을 주장하였다. 즉 "주나라 제도를 본받아 관직을 설치하고 직임을 나누어서 삼공은 육경을 통솔하고 육경은 여러 관아를 거느려 체제가 통솔되고 직무를 분장한 것이 분명하였"는데, 임시 기구인 비변사가 큰 일 작은 일 모두를 취급함으로써 "정부(政府[의정부])는 한갓 헛이름만 지니고 육조는 모두 그 직임을 상실하였다."는 것이다. 그는 고려 말에 문하밀직(門下密直) 외에 별도로 도평의사를 설치하여 식목도감(式目都監)이라고 칭하고 거기에 수십 인이 참여하여 정사를 논한 것을 두고 식자들이 그 때문에 나라가 진작되지 못했다고 기롱한 사실을 상기시켰다. 따라서 "비변사를 혁파하여 정당(政堂)으로 개칭"하고, "육조의 판서와 참판으로 하여금 각기 해당 사항을 대신에게 품의 결정하게 해서 조종조의 옛법을 회복"하여야 하며, 군국(軍國)의 중요한 기밀은 병조판서의 직무로 되돌려야 한다는 것이다(金益熙,「甲午封事」).

이단하(李端夏, 1625~1689)는 숙종 13년(1687)에 상소하여 공자의 정명론(正名論)을 내세우고 의정부 복구론을 주장하였다. "의정부는 삼공이 백관을 통솔하고 치도(治道)를 논하는 곳인데, 삼공이 정부(政府)에서 모이지 않고 비국(備局)에 모이니, 모든 관사의 문서가 비국으로 폭주한다."는 것이다. 그리하여 비변사가 원래 의정부에 속한 관사였는데 도리어 의정부가 되어, 의정부는 유명무실해지고 직무가 없게 되었다는 것이다. 그래서 그는 첫째, 지금의 비변사를 의정부의 집무실로 삼고 곁의 집무실 한 개를 비변사로 삼아 서로 긴밀히 통하게 할 것, 둘째 중요하고 급한 일이 아니면 의정부에 곧장 보고하지 말고 육조판서가 자체적으로 처리하게 하고, 육조판서가 판단하기 어려운 일만 의정부에 보고하게 할 것, 셋째 병조판서와 양국대장 및 총융사로 하여금 비변사 당상을 겸하게 하여 비변사 고유의 업무를 처리하게 할 것, 넷째 중요한 일은 육조판서와 비변사 당상이 의정부 회의에 참석하여 대사를 결정하고 각 부서로 돌아가 집행할 것 등을 주장하였다(李端夏,「請議政府變通箚」).

박세채(朴世采, 1631~1695)는 숙종 14년(1688)에 만언봉사를 올려 의정부 제도 복원을 주장하였다. 그는 "조종조에서는 육조가 여러 직책을 나누어 맡아서 여러 사무를 결재해 처리하고, 또 반드시 총괄하여 의정부에서 서결(署決)해야만 그제야 왕에게 알렸다."고 하며, 심지어 "군정(軍政)과 민정(民政)에 관계된 큰일이라도 성지(聖旨)는 또한 의정부로 내리고 일찍이 본조(本曹[육조의 해당 조])에 곧바로 맡기지는 않았다."고 한다. 따라서 "비변사를 고쳐서 중서당(中書堂)으로 하고, 대신으로 하여금 날마다 그 가운데 좌정하여 올라온 모든 사무를 서결하게 하고, 삼공은 이미 각각 육부를 나누어 맡게 하며, 그 큰일에 이르러서는 또 모두가 공통으로 의논하여 품처하게 해야 한다."고 주장하였다(朴世采, 「陳時務萬言疏」).

한편 남인계의 유형원(柳馨遠, 1622~1673)은 『반계수록』에서 비변사를 혁파하고 의정부를 복설할 것을 주장하였다. 그는 비변사가 원래 명종 때 "국경 지대에서 발생한 외적의 침입 사건" 때문에 만들어졌는데, 그후 국가의 크고 작은 일을 모두 비변사에서 처결하게 되어 의정부가 유령 기관이 되어버렸다는 것이다. 의정부의 구성은 의정 1인, 좌찬성·우찬성 각 1인, 좌참찬·우참찬 각 1인으로 할 것을 제안하였다. 의정을 3인에서 1인으로 개편하는 안이다. 『주례』의 총재(冢宰) 제도를 염두에 둔 것이다. 한편 유형원은 삼공삼고(三公三孤)와 의정부를 분리하였다. 태사, 태보, 태부 각 1인을 두어 삼공으로 삼아 임금의 스승으로 삼게 하고, 삼고는 둘 필요가 없다고 했다. 임금의 스승이 되기 때문에 숫자보다 도덕성이 중요하다는 것이다. 그러나 세자에게는 삼공과 삼고, 그리고 좌우빈객을 별도로 둘 것을 주장하였다(유형원, 1991: 114-171).

윤휴(尹鑴, 1617~1680)는 비변사를 혁파하고 삼공부(三公府: 의정부)를 복설하되, 삼공과 삼고(三孤)가 육경을 겸임하게 하고 아울러 선초의 문하부처럼 왕명 출납과 간쟁의 직무를 삼공부에서 담당하게 할 것을 주장하였다(尹鑴, 「公孤職掌圖說」). 삼공부의 직제가 어떻게 구성되어 있는지 구체적으로 밝히지 않고 있으나, 삼공삼고가 육경을 겸임하여야 한다는 주장에서 삼공삼고로 구성된 삼공부를 추론해볼 수 있다. 그러나 윤휴는 재상은 한 사람으로 삼아야 한다고 주장하였다. 『주례』의 총재 제도를 염두에 둔 것이다.

정약용(丁若鏞, 1762~1836)은 유형원과 달리 삼공삼고의 직을 별도로 두지 않고, 삼공삼고로 의정부를 구성하는 방안을 모색하였다. 그는 의정부를 영의정 공(公) 1인, 좌의정·우의정 공 2인, 도찬성 고(孤) 1인, 좌찬성·우찬성 고 2인으로 구성하고, 좌참찬·우참찬은 없앨 것을 제안하였다. 그 이유로 "보좌하는 신하도 실상은 옛 삼고인데, 지금은 네 사람을 두었으니 옛 제도와 부합하지 않는다."는 것이다. 또 그는 삼고의 위계가 정경보다 높은 것이라고 하여 좌·우참찬이 육조의 판서와 품계가 같은 것도 잘못되었다고 한다. 요컨대 정약용은 삼공삼고와 의정부의 3의정·3찬성을 일치시키고, 삼공과 삼고의 품계를 육경보다 높게 설정하여 의정부가 육조를 통괄하는 형태의 권력 구조를 구상하고 있다(정약용, 1977: 47). 정약용은 비변사는 중추부로 만들어 병조에 소속시킬 것을 제안하였다(정약용, 1977: 112-113).

윤휴와 유형원은 재상을 한 사람으로 삼아야 한다고 주장하였다. 그러나 정약용은 총재 제도가 주나라의 제도이며 본받아야 할 제도이지만, 세 명을 재상으로 삼은 조선의 제도도 나름대로 의미가 있는 제도라고 하였다. 주나라의 1인 총재 제도가 후세에 3인 재상으로 바뀐 것은 권력을 나누어주어 서로 견제하게 함으로써 왕권을 강화하려는 의도에 따른 것이었다.

이와 같은 다양한 의정부 복설에 대한 담론에도 불구하고 의정부는 복설되지 않다가, 흥선대원군이 집권하여 내외적인 위기에 대응하기 위하여 비변사를 폐지하고 의정부를 복설하였다.

4. 개화기의 민의 표출과 민회 운동

어떤 사회든지 그대로 머물러 있는 사회는 없으며 계속하여 크고 작은 변화들을 보이게 마련이다. 조선 시대 역시 계속 변화하는 과정에 있었으며, 따라서 일률적으로 그 성격을 규정하기는 어렵다. 일반적으로 조선 시대는 양반사대부가 중심이 된 사회라고 이해되고 있으며, 민은 통치의 대상으로서 자리매김되었다. 그러나 18세기에 들어서면서 신분제의 동요와 함께 민의 위상도 바뀌어갔다. 이 시기의 민은 경제적 성장을 바탕으로 또는 불법적인 방법으로 신분 상승을 도모하였으며, 그 결과 양반과 준양반층이 크게 확대되었다(이태진, 1999). 그리하여 종래 양반들만 참여 가능했던 향회(鄕會)에 일반민들이 참여하기 시작하였고, 양반들은 자신들만의 별도의 향회를 구성하는 등 지방 차원에서의 향권(鄕權)을 놓고 다툼의 양상이 나타났다. 이른바 향전(鄕戰)의 발생이다(김인걸, 1981). 이와 같은 향전의 발생은 군현의 하부 단위로 면리제(面里制)를 시행하고, 감사와 수령의 권한을 확대한 정부 정책과도 관련이 있다. 수령은 향촌 사회를 다스리는 데 향회의 협조가 필요하였고, 그 과정에서 향회의 위상이 높아졌기 때문이다.

19세기 들어서 민의 신분 상승은 가속화되었다. 이러한 현상과 맞물려 향촌 사회를 급변하게 만든 것은 조세 부과와 깊은 관련이 있다. 국가의 재정 규모가 커지고, 중앙과 지방의 관서가 독자적으로 재정을 운용함에 따라 각종 조세가 늘어났다. 과중한 조세 부과는 민의 납세 저항을 야기하였고, 급기야 민란으로 발전하게 되었다. 이 시기 조세 문제는 '삼정문란'이란 말로 요약된다. 전정(田政)은 전세 외에 대동세 등 토지에 부과되는 조세가 40여 항목에 이를 정도로 번잡하고 세액도 증가하였다. 징수 형태도 바뀌어 쌀이나 면포보다 화폐로 징수하는 경우가 늘어나 "1결당 총액을 화폐로 환산하여 결가(結價)라는 형태로 징수하였다." 결가를 매기는 과정에서 "수령이나 서리들의 농간이 끼어들어 수탈이 늘어났다." 군정(軍政)은 양인 농민에게 군포를 징수하는 것인데, 신분 상승 등으로 면탈된 사람이 늘어나자 농민층에게 부담이 가중되었다. 환곡은 원래의 기능은 상실되고 고리대로 전락하여 관청에서 농민들에게 강제로 나누어주고 이자에 포탈된 액수까지 거둬들여 가장 큰 문제가 되었던 수탈 방식이었다(송찬섭, 1997).

그런데 이 시기 민란에는 지주층이라고 할 수 있는 '요호부민(饒戶富民)' 혹은 대민(大民)의 참여가 눈에 띈다. 이것은 조세 부과 방식에 그 원인이 있었다. 원래 조세를 각각의 호 단위로 부과하던 것을 면리제를 시행하고 나서 각 면과 리를 단위로 일괄하여 공동으로 부과하는 방식으로 바뀌고, 또 전세의 결가 속에 "군역의 부족분이나 환곡 부담의 부족분도 토지에 부과하여 한꺼번에 걷는" 방식, 즉 도결(都結)로 바뀌면서, 상대적으로 '먹고살 만한 부유층'인 요호부민은 조세를 더 많이 부담하여야 하는 결과를 초래하였다(송찬섭, 1997). 따라서 이들 요호부민층이 하층 농민과 함께 민란의 대열에 참여하게 된 것이다.

그런데 요호부민층이 처음부터 하층 농민들과 이해관계가 일치하여 민란에 참여한 것은 아니다. 종래 양반들로만 구성되던 향회에 18세기부터 상층 농민들이 참여하였으며, 향회는 수령의 지방행정에 자문을 하면서 자신들의 의견을 반영시켰다. 수령도 향회의 도움을 받아 기존 양반 사족들을 견제하면서 향촌 지배를 원활하게 할 수 있었다. 19세기 중엽이 되면 "수령이 읍정(邑政)의 대부분을 향회의 논의와 동의하에 수행해야 할 만큼" 향회의 영향력이 커졌다(안병욱, 1986: 183). 향회는 수령이 부과한 도결에 대하여 논의하고 조정하였다. 그러나 조정이 되지 않고 수령과 이서배들이 침탈을 자행하였을 때는 하층 농민과 연대하여 상부 기관인 감영(監營)에 소송을 제기하는 등 합법적 저항을 하다가, 그마저 막히면 민란을 일으켰던 것이다.

향회는 도회(都會), 취회(聚會)라고도 불렸으며, 민회(民會)라고도 불렸다. 향회는 조선 전기의 유향소에서 사족들의 모임으로 시작되었다. 16세기에 들어 지방의 사림들은 향약 운동을 전개하여 향회를 통해 향촌 지배 질서를 구축해나갔다. 양란 후 향약이 재정비되고, 18세기에 들어 수령권의 강화와 결부되어 향회의 위상이 높아진 것은 앞에서 서술한 바와 같다. 18세기의 향전을 거치면서 성장한 향회는 19세기에는 요호부민층의 주도하에 관권과 협력하기도 하고 때로 긴장 관계에 놓이기도 하였다. 1862년 삼남 지방을 중심으로 전개된 임술민란은 향회와 깊은 연관이 있다. 사건의 진행 과정을 보면, 수령에 의해 도결이 책정되자 대부분의 지방에서 과중하게 책정된 도결에 불만을 품고 향회를 개최하게 된다. 향회는 수령에게 결가(結價) 조정을 요구하고, 받아들여지지 않으면 감영 및 중앙정부에 소송을 제기하기도 한다. 그래도 해결되지 않으면 향회를 연달아 개최하여 관권에 저항하였다.

지방에 따라 향회가 민회로 발전하는 경우도 있었다. 요호부민에 의해 주도된 향회가 관권과의 대립에서 방관하거나 타협하는 경우, 하층 농민, 즉 소민(小民)들의 주도로 별도의 향회가 열렸는데 이를 민회라고 부르기도 하였다. 민회는 리회(里會), 면회(面會) 등 지방 단위로 구성되었으며, 민회소라는 운영 기구를 갖춘 곳도 있었다(김용민, 1994: 48). 민회는 작업 공동체인 두레를 기반으로 강한 단결력을 보였으며, 불참자에게는 벌전(罰錢)을 부과하고 제재를 가하여 참여를 독려하였다. 민회는 민란을 주도하면서 탐학한 이서배의 집을 불태우는가 하면, 수령을 쫓아내고 새로운 수령을 맞이하기도 하고, 읍청을 접수하여 아전과 향회 임원을 직접 임명하기도 하였다.

민회가 출현한 지방은 일부 지방에 그쳤으며, 또 그것은 항구적인 자치 기구로 성장하지 못하고 일시적인 현상에 그쳤다. 그러나 민의의 성장과 그 표출 방식의 진취성에서 의의를 찾을 수 있다. 민회 운동은 "민의 요구와 행위"에 대해 지배층으로 하여금 민 "자신이 언어화하지 못한 부분까지 해석을 가하고 의미를 규정하며 대응하는 정치에 나서도록" 함으로써 "새로운 정치의 장을 만들어내었다." "저항 주체인 민도 저항의 대상인 정부나 지배층도 모두 행위 주체로서 참여"하는 "저항의 정치"를 만들어낸 것이다(김선경, 2006: 88-89). 지배층이 처음에는 무뢰배, 폭도, 난민으로 규정하다가 점차 '민회', '취회', '도회', '향회' 등의 중립적인 용어를 사용했던 것에서 민회에 대한 인식이 점차 바뀌어감을 볼 수 있다. '민회'라는 용어는 임술민란 때부터 정부 측 인사들이 사용하기 시작한 것으로 보인다.

이와 같은 민회 운동은 임술민란으로부터 30여 년 뒤의 동학농민운동에서도 나타났다. 당시 호남과 충청도의 선무사로 파견된 어윤중(魚允中, 1848~1896)도 동학운동 당시 농민들의 집회를 민회라고 부르고 있다. 민회를 백성이 자신의 의견을 표출하는 하나의 방식이라고 본 것이다. 또 농민군을 동원하고 지도하는 본부를 도소(都所), 도회소(都會所), 의소(義所), 회소(會所) 등으로 부르기도 하였는데(김양식, 1995: 8), 이전 시기의 '민회소'와 같은 성격의 기구라고 할 수 있다. 전주화약(全州和約)으로 농민운동의 정당성이 인정받자 자치 기구로 '집강소(執綱所)'가 설치된다. 집강소의 집강(執綱)은 원래 유향소의 임원이었는데, 조선 후기에는 향회의 임원이었으며, 이들이 모여 수령과 더불어 도결 등 부세 결정을 하였던 것이다. 도소는 자발적 조직이었고, 집강소는 정부의 제안에 따른 조직이었다는 차이점이 있으나, 임술민란 때의 민회소와 동학농민운동 때의 도소 및 집강소는 연장선상에 있는 조직이라고 볼 수 있다.

그리고 박영효(朴泳孝, 1861~1939)의 상소문에 "현회(縣會)의 법을 세워 민으로 하여금 민사(民事)를 의논하게 하여 공사(公私) 양편에 편리를 얻게 할 것"을 요구하는 내용이 있다(박은숙, 2004). "현회의 법"이 향회를 염두에 둔 말인지, 지방 단위의 의회를 염두에 둔 말인지는 분명하지 않다. 그런데 박영효를 비롯한 개화파들은 1895년 이른바 을미개혁을 단행하여 정부 조직을 내각제로 개편하고, 6월에 지방 조직을 23부 337군으로 개편하였는데, 이때 유길준(兪吉濬, 1856~1914)이 내부대신이었다. 그해 12월에 '향회조규(鄕會條規)'와 '향약판무규정(鄕約辦務規程)'을 반포하였는데, 박영효의 현회 구상과 밀접한 연관이 있는 것으로 보인다. 또 유길준은 뒤에 한성부민회를 조직하여 자치 기구 운동을 전개하기도 하였다. 이 향회와 향약 규정에 대하여 "향회를 개설 보급함으로써 리(里)·면(面) 수준에서 민주주의적 정치를 점진적으로 보급 실시하려 했다."고 보기도 하고, "당시의 국내 상황은 향회가 민의의 상달에 기여하기보다는 지방행정을 보조하여 중앙 정치권력의 지방행정 장악을 용이하게 하는 데 더 필요했을 것"이라고 보기도 한다(김신재, 2002: 262-263).

한편 동학농민운동이 끝나고 얼마 지나지 않아 독립협회가 만들어지고 독립협회는 관민공동회와 만민공동회를 개최하였다. 이 당시의 집회에 대해 조정의 관원들은 물론이요 국왕까지 '민회'라고 지칭하였다. 당시 만민공동회의 집회를 보도하였던 신문들에서 '민회'라고 하였으며, 이남규(李南珪, 1855~1907)도 민회를 비판하는 상소에서 '민회'라고 지칭하고 있다(李南珪,「論民會疏」). 그런데 임술민란이나 동학농민운동은 농민들의 집회였던 데 반해, 만민공동회는 도시민들의 집회였다. '민회'라는 점에서 연속성이 있으나, 주장하는 내용에 차이가 있다는 점을 강조하는 연구도 있다(전인권, 2004). 어쨌든 만민공동회는 단순한 자치 기구를 설립하고자 한 것이 아니라 서구의 근대적 의회 제도를 도입하는 의회 설립 운동을 추진하였다. 이에 대해서는 아래서 기술할 것이다.

만민공동회 운동이 실패로 끝나고, 대한제국이 성립하면서 급격하게 황제권의 전제화 흐름이 전개되었다. 그리하여 1900년대에 들어 민회 운동은 급격하게 위축되었다. 그러나 이 시기에도 부분적으로 민회 운동의 시도가 있었다. 유길준에 의해서 '한성부민회'가 설립되면서 민회를 자치단체로 전환시키기 위한 새로운 모색을 하지만 실패하였다. 한성부민회는 한성부의 자치 기구를 목표로 설립된 '민회'라고 할 수 있다. 원래 출발은 일본 황태자의 한국 방문을 환영하기 위해 설립되었으나, 유길준은 이를 활용하여 한성부 주민들의 자치 기구를 만들려고 하였다. 그리하여 한성부민회는 교육 사업을 비롯하여 여러 가지 사업을 전개하였으나, 일제의 탄압으로 소기의 목적을 달성할 수 없었다(이용창, 2004).

한편 동학농민운동의 실패로 위축되었던 동학 교단은 손병희(孫秉熙)가 교단 재건 노력을 한 결과 진보회를 결성하여 민회 운동을 전개하였다. 이때의 민회는 동학농민운동 당시의 민회 노선에서 훨씬 나아가 문명개화의 입장에서 추동되었다. 그러나 일본 측의 탄압으로 성과를 발휘하지 못했다(오문환, 2004). 일제시대에는 간도에서 일본의 지원하에 한인들이 각지에서 '민회'를 설립하여 자치 기구로 활용하기도 하였다(임영서, 1993).

5. 갑오경장과 내각제(內閣制): 의정부에서 (행)정부로

고종의 생부인 흥선대원군은 집권 후 세도정치기의 조선 정치의 난맥상을 극복하기 위하여 국가 체제의 정비에 심혈을 기울였다. 그 과정의 하나가 바로 고종 2년의 『대전회통』 편찬이다. 이와 함께 최고의 중앙 권력 기구였던 비변사를 폐지하고 조선 초기의 의정부 제도를 복구하였으며, 군사 기구도 조선 초기의 삼군부 제도를 복구하였다.

그러나 고종이 친정(親政) 체제를 확립한 후 개항과 더불어 1880년대에 들어서면 고종 주도의 점진적인 개화 정책들이 추진된다. 그 과정에서 의정부-육조 중심의 '경국대전 체제'는 서서히 와해의 조짐을 보인다. 그것은 고종 17년(1880) 12월 제도적인 면에서 새로운 관제인 통리기무아문(統理機務衙門)의 설치에서 시작된다. 통리기무아문은 사대·교린·군무·변정(邊政)·통상·군물(軍物)·기계·선함·기연(譏沿)·어학·전선(典選)·이용(理用) 등 12사(司)를 둔, 의정부와 동급의 관청이다. 통리기무아문의 설치로 대원군이 설치한 삼군부는 폐지되었다. 통리기무아문의 당상들은 의정부와 육조의 직을 겸하여 권한이 크게 확대되었다. 1881년 12사를 7사로 통합 개편하여 개화 정책을 추진하였다. 신식군대인 별기군을 창설하고 일본에 조사시찰단(朝士視察團)을 파견하고 청나라에 영선사를 파견하였다. 이 개혁의 의의는 "거의 5세기 동안 존속하여온 정부의 오랜 중추적 유제를 근대적 제도로 이행시키는 시발점이 되었다는 점"에 있다(김운태, 2001: 111).

통리기무아문은 1882년 6월 임오군란으로 대원군이 집권하였을 때 일시적으로 폐지되었으나, 1882년 7월 민비 정권이 들어서자 기무처(機務處)라는 이름으로 궁궐 내에 복설되었고, 뒤이어 통리아문

(統理衙門)과 통리내무아문으로 분리되었다가 통리교섭통상사무아문과 통리군국사무아문으로 변경되었다. 통리교섭통상사무아문은 청나라의 총리각국사무아문(總理各國事務衙門)을 모방한 기구로 생각된다. 청나라의 총리각국사무아문은 1860년에 설치되어 실질적인 개화 정책을 집행하던 기구였다. 통리군국사무아문은 1884년 갑신정변 직후 의정부에 통합되었다가 다시 내무부(內務府)로 복설되었으며, 통리교섭통상사무아문은 기구가 축소되어 갑오경장 때까지 지속되었다. 새로 생긴 이와 같은 기구들은 "구래의 의정부의 육조체제를 존속시킨 채 그 외곽에다가 설치한 관계로 정부 구조상 옥상옥(屋上屋)의 폐단을 면치 못했던 것"이며(김운태, 2001: 169), '경국대전 체제'를 흔드는 작용을 하였다.

갑신정변 주도 세력들은 의정부를 중심으로 국정 기구를 일원화하려고 하였다. 급진 개화파였던 정변 주도 세력이 근대적인 신식 정부 조직을 내세우지 않고 의정부의 기능을 복구하여 개혁을 추진하려 한 것은 의아스러운 점이 있다. 그래서 "세도정치의 속성에서 크게 벗어나지 못한" "개명 관료의 독재"로 보기도 한다(주진오, 1995: 37). 그러나 갑신정변 때 발표했던 정령(政令) 14개조 중 마지막 조항에서 정변 주도 세력은 개항 이후 신설된 두 아문과 기존의 의정부가 이원화되어 폐단을 낳고 있는 점을 강하게 비판하고 있다. 또 당시 통리군국사무아문을 장악하고 있었던 민씨 척족 세력을 제거하고 상대적으로 소외되어 있던 종친 세력과 연합하기 위한 현실적 고려도 있었을 것이라고 추론할 수 있다. 따라서 그것은 '의정부-육조체제'의 단순한 복구가 아니라, "전통적 체제를 토대로 하여 근대적 운영 방식을 접목"한 것으로 이해할 수 있다. 특히 정령 13조는 의정부의 "대신과 참찬은 매일 합문 안 의정소에서 회의하여 품정하고, 정령을 반포 시행할 것"을 규정하고 있는데, 통리기무아문처럼 대궐

안에 '의정소'를 둔 것이 특징적이다(박은숙, 2004: 158). 이는 궁중과 부중을 분리하려는 근대적 지향에 역행하는 것인데, 국왕의 권위에 절대적으로 의존해야 했던 당시의 비상적인 상황을 반영한 조치라고 생각된다. 또 의정부는 정책을 심의하여 국왕에게 품의하고 재결을 받아 집행하는 기관으로 상정하였던 것으로 생각된다. 그렇지만 그들은 기본적으로 군주의 권한을 제한하려는 입헌군주제를 지향하였다.

청나라의 개입으로 갑신정변이 실패로 끝난 뒤, 청나라는 반청 태도를 보인 민씨 척족을 견제하기 위하여 통리군국사무아문의 철폐를 요구하였던 것으로 보인다. 고종은 청나라의 압력으로 통리군국사무아문을 의정부에 통합하고 모든 국정을 의정부에 위임하겠다고 발표하였다. 고종과 민비는 청나라의 간섭에서 벗어나기 위해 러시아에 접근하였으나 실패하였으며, 또 1885년 국정의 주도권을 장악하기 위하여 통리군국사무아문의 부활을 시도하였으나 역시 청나라의 방해로 무산되었다. 그러자 고종은 청나라에 있었던 '내무부(內務府)'를 본떠 군국의 사무를 살피고 아울러 궁내의 사무를 관장하는 기구로 내무부를 설치한다고 선포하였다(한철호, 1995: 9).

의정부에서 마련한 내무부 신설 절목을 보면 갑신정변 직후 의정부에 흡수 통합된 통리군국사무아문의 직무와 거의 일치한다. 내무부는 의정부와 동급의 관청으로서 궁궐 내에 설치되었다. 총리대신을 수반으로 독판(督辦), 협판(協辦), 참의(參議)로 구성되었으며, 7국(局)으로 편성되었다가 뒤에 7사(司)로 바뀌었다. 군사 업무를 주관하는 병조판서와 재정을 담당한 호조판서가 내무부 당상을 겸임함으로써 내무부는 권한과 기능이 크게 증대하였으며, 업무가 중복된 통리교섭통상사무아문은 상대적으로 유명무실하게 되었다. 내무부는 1894년까지 개화 자강 정책을 총괄하여 추진하였다. 이 기간 역시 내무부와 의정부의 이원적인 구조로 관제가 운영되었는데, 의정부가 전혀 기능을 하지 못한 것은 아니나 내무부가 의정부보다 우월한 위치를 점하고 있었다고 할 수 있다(장영숙, 2003).

1894년 동학농민운동을 계기로 조선에 파병한 일본은 조선에 내정 개혁안을 제시하였는데, 궁중과 부중을 분리하되 의정부가 통괄할 것을 제의하였다. 고종은 교정청(校正廳)을 설치하여 독자적인 개혁을 추진하려고 하였으나, 일본군이 경복궁을 점령한 뒤 집권한 대원군은 친일 개화파를 중심으로 군국기무처(軍國機務處)를 설립하고 내무부를 혁파하였다. 군국기무처는 비록 그 명칭은 전통적인 것이었지만, 실제로는 합의제 최고 정책 결정 기관으로서 서구의 위원회 제도를 모방한 조직으로 일종의 독재 기구였다. 군국기무처는 의정부에 속한 기관이었지만, 의정부의 권력을 넘어서서 최고 입법기관의 성격을 가지고 있었으며, 뒤에 의정부로부터 분리하여 독립적인 입법기관으로 개조하려고 하였으나 무산되었다.

1894년 6월 25일 군국기무처가 설치되면서 갑오경장이 시작되었다. 군국기무처는 출범 당일 신분제 폐지 등 사회제도 개혁안을 의결하여 공포하고, 이튿날 새로운 의정부 관제를 의결하였다. 의정부 산하의 육조는 내무·외무·탁지·군무·법무·학무·공무·농상무 등 8아문(衙門)으로 재편되었다. 새로운 관제 실시로 궁중(宮中, 왕실)과 부중(府中, 의정부)의 분리가 이루어졌다. 궁중 부문에 궁내부(宮內府)·종정부(宗正府)·종백부(宗伯府)가 설치되었다. 그리고 사헌부·사간원·홍문관 등 삼사의 언관 기능이 폐지됨에 따라 사헌부와 사간원은 폐지되고 홍문관은 궁내부에 소속되어 경연(經筵)만을 담당하게 되었다. 또 승정원은 궁내부 소속의 승선원으로 개편되었다가 후에 비서감으로 개편되었다. 이 관제 개혁으로 국왕은 권력 행사가 현저하게 제한되고, 의정부와 군국기무처가 실권을 장악하였다. 그러나 청일전쟁과 동학농민군의 재봉기, 집권층 내부의 분열로 인하여 개혁이 원활하게 추진되지 못하였다(김신재, 2001).

1894년 12월 일본의 후원으로 김홍집·박영효 내각이 구성되고, 1895년 1월 고종은 일본의 압력하에「홍범14조」를 발표하여 내정 개혁을 약속하였다.「홍범14조」는 우리나라 최초의 근대적 헌법으로 간주되기도 하지만, 이노우에 가오루(井上馨) 공사의 '내정 개혁 강목'을 바탕으로 작성하여 형식과 내용 면에서 근대적 헌법으로 간주하기에 부적당한 측면이 많다. 다만 내정 개혁의 내용에 권력 구조에 관한 규정이 있다는 점에서 '헌정 문서'로 간주될 수 있다. 그것은 청나라로부터 독립하고, 궁중 사무와 부중 사무를 분리하여 왕비와 종척의 정치 참여를 금지하고, 대신에게 의견을 물어 국왕이 정사를 처리하도록 하는 등 왕권을 제약하는 내용을 담고 있었다(김신재, 2002).

「홍범14조」를 발표한 지 4일 후인 1895년 1월 11일 고종은 의정부를 궁내로 옮기고 내각(內閣)으로 명칭을 바꾸었다. 4월에는 군국기무처가 만든 의정부 관제를 내각제로 다시 개편하였다. 내각은 외부·내부·탁지부·군부·법부·학부·농상공부 등 7부(部)로 구성되었다. 의정부가 내각으로, 8아문이 7부로 개편되어 명칭이 바뀌었을 뿐 골격과 내용은 큰 변화가 없었다. 다만 승선원이 완전히 폐지되어 국왕의 정치 간여가 크게 제약을 받게 되었고, 종정부와 종백부도 폐지하여 궁내부에 통합시켰다. 또 군국기무처가 폐지되어 내각이 정책 결정 및 집행 기관으로서 실질적인 권한을 갖게 되었다. 내각은 모든 사안에 대해 심의 결정하여 국왕에게 상주하면 국왕은 가부만 재결하도록 하여 군주의 전제권에 근본적인 제한을 가하였다(김신재, 2002).

한편 내각제로의 개편에서 주목할 점은 재판소 구성법을 반포하여 근대적인 사법제도의 외양을 갖춘 점과 군국기무처를 무력화시켜 내각으로부터 독립된 그리고 형식상 입법부와 비슷한 중추원으로 통합 개편한 점이다. 삼권분립의 단초를 보여주었다는 점에서 의의가 있다고 할 수 있다(유영익, 1997). 내각제로의 개편은 헌법도 제정되지 않았고 의회도 없는 상태이기는 하지만 입헌군주제로 나아가는 과도기적 정치체제라고 할 수 있다.

6. 만민공동회의 의회 설립 운동: 의정부에서 의회로

1895년 을미개혁으로 출범한 내각제는 근대적인 정부의 틀을 갖추었는데, 그것은 일본의 압력하에 발표한 「홍범14조」에 따른 것이었고 그 결과 고종의 왕권은 매우 제한되었다. 그런데 삼국간섭으로 일본 및 개화파 세력이 위축되자 고종은 왕권 회복을 시도하였다. 1895년 6월에 박정양·박영효 내각을 출범시켰다가 박영효가 일본으로 망명하자 8월에 정동파를 중심으로 김홍집·박정양 내각을 출범시켰다. 이 당시 고종은 내각을 제쳐놓고 궁내부를 중심으로 통치를 하였다. 그러자 일본은 을미사변으로 대응하였고, 마침내 고종은 아관파천을 단행하여 왕권 강화를 시도하였다. 고종은 경운궁으로 되돌아와 1896년 9월 내각 제도를 혁파하고 의정부 제도를 다시 복구하였다. 이 의정부 관제에서 고종은 군주가 만기(萬機)를 통령(統領)한다고 천명하였다. 의정부 구성원의 명칭은 다시 의정(議政), 참정(參政), 찬정(贊政), 참찬(參贊)으로 바뀌었다. 그리고 의정부 회의에서 부결된 안건이라도 군주가 재가할 수 있음을 규정하여 군주의 권한을 강화시키고 의정부의 권한을 약화시켰다. 그러나 이때의 의정부 제도가 갑오경장 이전의 구제도로 완전히 되돌아간 것은 아니었으며, 축소되기는 하였지만 군주의 전횡을 견제할 수 있는 권한을 가지고 있었다(김신재, 2002). 고종은 계속하여 대한제국을 선포(1897)하는 등 왕권 강화 정책을 추진하였다.

한편 1896년에 창간된 『독립신문』과 1897년에 설립된 독립협회(獨立協會)는 고종의 정치 노선에 비판적이었으며, 독립협회의 급진파는 1898년 3월 종로에서 처음 만민공동회를 개최하여 외세의 간섭을 규탄하고 자강 운동을 전개하였다. 독립협회는 1898년 봄부터 의회 설립 운동을 추진하기 시작하였다. 처음에는 독립협회의 토론 의제로 삼거나 『독립신문』에 논설을 게재하는 방식으로 의회 설립의 필요성을 계몽하는 데 힘썼다. 같은 해 7월 고종에게 의회 설립을 청하는 상소를 올렸으나 거부되었다. 독립협회는 중추원을 개편하여 의회를 개설할 구상을 하였다. 독립협회가 만민공동회의를 개최하여 개혁을 요구한 결과 10월에 박정양 내각이 구성되자 독립협회는 박정양 내각과 의회 설립 문제를 논의하였다. 그리고 박정양 내각과 관민공동회를 개최하여 성공리에 마치고, 그 여세로 마침내 기존의 중추원을 개편하여 의회의 성격을 갖는 중추원 신관제가 반포되었다(신용하, 1985).

중요한 조문(『독립신문』 1898년 11월 5일)을 살펴보면, 제1조는 중추원의 직무를 규정하는 조항으로 다음 여섯 가지 사항을 "심사하여 의정(議政)하는 처소"로 규정하고 있다. 첫째 법률과 칙령을 제정하거나 개정하는 일, 둘째 의정부에서 의론(議論)을 거쳐 상주(上奏)하는 일체의 일, 셋째 칙명으로 인해 의정부가 자문하는 일, 넷째 의정부가 임시로 건의한 것에 대하여 자문하는 일, 다섯째 중추원에서 임시로 건의한 일, 여섯째 인민의 의론을 받아들이는 일 등이다. 제1조는 기존의 의정부 관제 규정 중에서 의정부의 권한을 규정한 조항의 대부분을 포함하고 있는데, 종래 의정부의 입법 권한을 중추원으로 이관시킨 것임을 알 수 있다. 특히 인민의 의론을 받아들이는 일은 종래 의정부 관제에는 없던 새로운 조항으로 근대적인 의회의 기능을 표현한 것이라고 할 수 있다(이원택, 2007).

제3조에서는 중추원의 구성 방식을 규정하고 있다. 의장은 황제가 임명하고 부의장은 중추원의 공천(公薦)을 받아 황제가 임명한다. "의관(議官)은 반수는 정부(政府[의정부])에서 국가에 공로가 일찍 있는 자로 회의하여 주천(奏薦)하고 반수는 인민협회(人民協會) 중에서 27세 이상 사람이 정치와 법률과 학식에 통달한 자로 투표하여 선거"한다. 근대적 투표와 선거를 통하여 관원을 임명하는 것은 조선왕조 최초의 일대 사건이라 할 수 있다. 제16조에 "인민에서 선거하는 것은 지금은 독립협회로서 행할 일"이라고 규정하여 중추원 의관의 반수는 독립협회에서 선발하기로 되어 있다.

한편 중추원과 의정부의 권한을 명백히 나누고 있는데, 제11조에 "중추원에서 각항 안건에 대하여 의결하는 권(權)만 있고, 상주하거나 혹 발령(發令)을 곧 행하지는 못할 일"이라고 규정하여 중추원은 의결권만 가지고 의정부는 그것을 집행하는 권한을 가지는 것으로 규정하고 있다. 나아가 제12조에 "의정부와 중추원에서 의견이 불합(不合)하는 때에는, 부(府)와 원(院)이 자리에 합하여 협의하여 타당하게 가결한 후에 시행하고, 의정부에서 곧 행함을 얻지 못할 일"이라고 하여, 중추원의 의결 없이 의정부 단독으로 정책을 시행할 수 없도록 규정하였다. 12조, 16조 등은 의정부 관제 규정에 없던 것으로 새로 추가된 것이다.

11월 4일 중추원 신관제가 공포되고, 5일에 독립관에서 중추원 의관 선거가 실시된다고 공고되었다. 그러나 5일 새벽 익명서 사건의 조작으로 인하여 고종은 독립협회 지도자들을 구속하고 『독립신문』을 혁파하라고 명령하였다. 고종의 대반격으로 독립협회의 의회 설립 운동은 좌절되었다. 독립협회는 곧바로 만민공동회를 개최하여 구속자 석방을 요구하였다. 5일부터 시작된 만민공동회가 8일째 접어들자 고종은 중추원 관제를 급히 개정하여 의관을 황제가 임명하도록 고치고, 중추원을 개설하여 독립협회의 복설을 막을 심산이었다. 만민공동회가 17일째 접어든 11월 21일 만민공동회는 보부상의 습격을 받아 많은 사람이 부상을 입고 물러났다. 민심이 독립협회로 급격히 쏠리자 고종은 독립협회의 복설을 승인하고 대책 마련에 부심하였다. 마침내 고종이 대중 앞에 친림하여 만민공동회의 요구 조건을 모두 승낙하자 만민공동회는 해산하였다. 만민공동회는 10여 일간 고종의 시책을 지켜보다가 12월 6일 다시 집회를 열었다. 만민공동회 운동이 계속되자 고종은 중추원을 개원하여 요구 조건을 논의하게 하고 만민공동회를 해산시킬 것을 생각하였다. 그런데 중추원 의관으로 선출된 명단에 박영효와 서재필(徐載弼, 1864~1951)이 들어 있음을 문제 삼아 고종은 군대를 동원하여 1898년 12월 25일 만민공동회를 해산시키고, 중추원을 종전의 상태로 돌려 무력화시켰다. 그리하여 중추원의 관제는 다시 개편되었으며, 중추원의 의관을 고종이 임명하는 방식으로 바뀌어 어용 기관화되었다(신용하, 1985).

그리고 고종은 새로 법규교정소(法規校正所)를 만들어 1899년 8월 「대한국국제(大韓國國制)」를 반포하였다(『독립신문』 1899년 8월 23일). 제1조에서는 대한국이 자주독립 제국(帝國)임을 선언하고, 제2조에서는 전제정치(專制政治)를 선언하였다. 제3조에서는 황제의 무한 군권(君權)을 선언하고, 제4조에서는 신민이 군권을 침해하지 못한다는 신민의 도리를 선포하였다. 제5조에서는 황제의 육, 해군 통수권과 계엄, 해엄권을 규정하고, 제6조에서는 황제의 법률 제정, 반포, 집행권과 사면, 감형, 복권의 권한을 규정했으며, 제7조에서는 황제의 행정 각 부부(府部)의 관제와 문무관 봉급의 제정, 개정권 및 행정상의 칙령 발동권을 규정했으며, 제8조에서는 황제의 문무관 출척(黜陟)과 임면권, 그리고 작위, 훈장, 영전 수여권을 규정하였다. 마지막 제9조에서는 황제의 외교관 파견권 및 선전포고, 강화 그리고 조약 체결권을 규정하였다.

「대한국국제」는 만민공동회가 추진한 의회로서의 중추원의 권한을 무화시키고 모든 권한을 황제의 권한으로 선언하여 군주주권을 천명한 것이라 할 수 있다. 이로써 만민공동회가 추진한 의회 설립 운동은 무산되었고, 얼마 지나지 않아 조선은 일본의 식민지로 전락하였다. 중추원은 일제 식민지하에서 총독부의 자문기관으로 어용화되었다. 그리고 의정부의 '의정'이란 용어는 임시정부의 '대한민국임시의정원'으로 다시 살아났다.

7. 소결

조선 시대의 민은 정치의 대상으로만 간주되었으며, 따라서 적극적으로 자신의 정치적 의사(意思)를 표출할 수 없었다. 그들은 기껏해야 관청에 억울함을 하소연할 수 있었을 뿐이었다. 그 하소연이 통하지 않을 때는 민란의 형태로 집단적인 의견을 표출하기도 하였다. 이와 같은 상황에서 최고 정치 기구였던 의정부는 왕정 체제하에서 백성의 의견을 수렴하여 최종적으로 국정에 반영하는 기관이었다. 의정부는 근대국가의 정부(행정부)와 의회의 기능을 동시에 가지고 있었다. 여기서 의회의 기능이라 함은 '국정을 의론한다.'는 의미에서 의회의 속성을 부분적으로 가지고 있다는 것이다. 이와 같은 기능은 그 크고 작음이 다를 뿐이지 어느 정치체제든지 반드시 가지고 있다고 할 수 있다. 특히 조선의 경우 집행부인 육조(六曹)가 별도로 있었으므로 의정부는 의논하고 심의하는 기구였다고 할 수 있다.

의정부의 집행 기능과 심의 기능은 개화기에 근대적인 내각 제도가 시행되면서 분리되어가는 모습을 보인다. 의정부의 집행 기능은 육조가 근대적인 여러 행정 부서로 재편됨에 따라 행정 부서로 분산 소속되는데, 의정부의 정부(政府) 기능이 분화되어 행정화(行政化)되어가는 모습을 볼 수 있다. 그리고 의정부의 의정(議政) 기능은 입법 기관을 염두에 두고 중추원으로 분리되어나간다. 그리하여 『독립신문』과 독립협회 운동을 주도한 개화파 지식인들에 의해 만민공동회가 개최되어 중추원을 근대적인 의회로 개편하려고 한 의회 설립 운동이 추진된다. 의회 설립 운동은 순조롭게 진행되어 고종의 허가까지 얻어놓고 의관을 선출하려는 시점에서, 수구파의 음모에 걸려들어 좌절된다. 그후 고종은 황제권의 강화를 추구하게 되고 중추원은 한갓 명목뿐인 어용 기관으로 전락하게 된다. 그 결과 조선은 자주 독립국가 건설을 달성하지 못하고 일본 제국주의의 식민지로 전락한다.

이와 같은 국가 제도의 개혁 과정에서 만민공동회는 중요한 역할을 하였다. 이들의 운동은 이전의 민의(民意) 형성 및 민의 표출 방식과는 매우 달랐다. 이와 같은 새로운 민의 표출 방식에 걸맞은 새로운 형태의 민의 수렴 방식이 절실히 요청되었는데, 그것은 바로 민의를 대표할 수 있는 의회의 설립이었던 것이다. 만민공동회는 서구 근대의 계몽사상을 습득하여 근대적인 법과 권리 의식을 가지고 있었으며, 이를 기반으로 민의 권리와 그 권리를 보장해줄 수 있는 제도를 만들기 위해 풍찬노숙(風餐露宿)을 무릅쓴 것이다. 이와 같은 만민공동회의 정신은 3·1운동, 4·19의거, 5·18민주화운동, 6·10항쟁을 거쳐 21세기의 촛불시위에까지 면면히 이어져온다고 할 수 있다(전인권, 2004).

질의와 응답

1. 18~19세기 민의(民意)의 성장과 정치의 관계는 어떠했는가?
→ 18세기에 접어들면 조선은 비교적 안정된 대외 환경에서 성리학적 질서가 백성에게까지 확산되며, 생산력의 발전에 의해 신분 상승이 일어나고 노비의 숫자도 급격하게 감소된다. 이러한 상황에 조응하여 영·정조의 개혁 정책이 펼쳐졌으며, 많은 치적을 이루어냈다고 평가된다. 그러나 19세기에 들어서면서 세도정치로 인하여 정치가 제 기능을 발휘하지 못하고, 외부로부터의 충격에 적절한 대응을 하지 못한 채 아래로부터의 저항을 맞게 된다. 민은 외세와 집권층에 대한 저항을 통하여 고양된 의식을 갖게 되고 독자적으로 자신의 활로를 개척해간다.

2. 임술민란을 전후한 시기에 향회(鄕會)와 민회(民會)의 관계는 어떠했는가?
→ 조선 후기 향약이 널리 보급되면서 향회는 수령을 도와 사족 중심의 향촌 지배 질서를 유지하는 역할을 하였다. 경제적 성장을 발판으로 신분 상승을 도모한 준양반층과 상층 농민들이 향회에 참여하면서 향회의 성격은 변화하여간다. 특히 19세기에 들어 향회는 수령의 조세 부과 행정에 참여하면서 때로는 협조하고 때로는 긴장 관계를 만들기도 하였다. 향회를 주도한 대민(大民)은 대개 수령 및 이서층과 결탁하였으나, 때로는 소민(小民)과 함께 관의 수탈에 저항하기도 하였다. 농민운동이 격화되면 소민들은 별도의 민회를 구성하여 독자적으로 운동을 전개하기도 하였다. 이 당시 향회와 민회는 지역에 따라 다양한 특성을 갖고 있었기 때문에 일률적으로 규정하기는 어려우나, 점차 향회에서 민회로 중심이 옮겨 가는 모습이 나타났다.

3. 동학농민운동의 민회와 만민공동회운동의 민회는 어떤 차이가 있는가?
→ 동학농민운동은 동학이라는 전국적인 종교 조직을 근간으로 전개되었다는 점이 특징이다. 따라서 단시일 내에 매우 많은 대중을 동원하여 폭발적인 운동을 일으킬 수 있었다. 그러나 종교는 동질성을 추구하는 특성을 가지고 있기 때문에 다양성에 기초한 정치와의 사이에 큰 간격을 노정하게 된다. 만민공동회는 처음에는 독립협회가 주도하였지만 운동이 진행되면서 다양한 계층의 사람들이 참여하였고, 마침내 독립협회의 지도 없이 그 자체의 내적 힘으로 운동이 발전해갔다. 즉석에서 의장을 선출하여 회의 진행 규칙을 마련하고 그것을 준수하는 자기 지배의 원리가 작동하였던 것이다. 만민공동회운동은 토론의 힘을 통해 '힘없는 자들의 힘'을 보여준 전형이라고 할 수 있다.

4. 만민공동회에서 추진한 의회의 특징은 무엇인가?
→ 만민공동회에서 추진한 의회는 오늘날의 상원에 해당하는 것이라고 할 수 있다. 독립협회 및 『독립신문』은 당시 일반민들의 의식 수준으로는 하원을 구성하여 운영하는 것은 어렵다고 생각하였다. 그래서 그들은 중추원이라는 자문기관을 실제 권한을 가진 의회로 개편하여 개혁을 추진하려 한 것이다. 그러나 그동안의 민회 운동과 만민공동회 운동을 살펴보면, 하원을 구성 운영하는 것이 꼭 무리한 것이었다고 말할 수는 없을 것 같다. 민회 운동에서 우두머리를 선출하고, 참여를 독려하며, 현안을 토론하여 결정하는 모습에서, 그리고 만민공동회에서 스스로 회의 진행 규칙을 마련하여 질서 정연하게 토론회를 전개하는 모습에서 그 가능성을 확인할 수 있다.

5. 만민공동회운동의 현대적 의의는 무엇인가?

→ 만민공동회는 우리의 근현대사에서 가장 위대한 사건이라고 생각된다. 힘없는 민초들이 자유와 권리를 찾기 위해 함께 모여 토론하고, 토론으로 결정된 사항을 정부에 요구하여 자신들의 의사를 반영시키는 것은 너무나 자연스러운 정치과정이라고 할 수 있다. 특히 외세의 침탈과 지배층의 압제에 저항하여 자신들의 의사를 평화적 토론회로 표출한 것은 민주주의의 꽃이라고 할 수 있다. 이와 같은 만민공동회의 정신은 일제의 압제에 항거한 3·1운동, 독재에 항거한 4·19, 군사 정권에 항거한 5·18 및 6·10항쟁을 비롯하여 정부의 부당한 처사에 반대한 근래의 많은 촛불시위까지 면면히 이어져온다고 할 수 있다.

참고 문헌

『滄洲遺稿』,『修堂集』,『南溪集』,『白湖全書』,『畏齋集』,『遲川集』,『독립신문』.

김선경, 2006, 「19세기 농민 저항의 정치: 1862년 농민 항쟁, 관민 관계 위기와 법 담론」,『역사연구』 16, 역사학연구소.

김신재, 2001, 「갑오개혁기의 국가형태 개혁 — 제1차 개혁기를 중심으로」,『경주사학』 20, 경주사학회.

김신재, 2002, 「제2차 갑오개혁기의 국가형태 개혁」,『경주사학』 21, 경주사학회.

김양식, 1995, 「1894년 농민군 都所의 설치와 그 이념」,『한국근현대사연구』 2, 한국근현대사연구회.

김용민, 1994, 「1860년대 농민 항쟁의 조직 기반과 민회」,『사총』 43, 고려대 사학회.

김운태, 2001,『조선왕조 정치·행정사(근대편)』, 박영사.

김인걸, 1981, 「조선 후기 향권의 추이와 지배층 동향」, 『한국문화』 2, 서울대 한국문화연구소.

박은숙, 2004, 「갑신정변 政令에 나타난 정치체제와 권력 운영 구상」, 『한국사연구』 124, 한국사연구회.

반윤홍, 1991, 「조선 후기 비변사의 정치적 기능에 관한 연구」, 『전통문화연구』 1, 조선대 인문학연구소.

송찬섭, 1997, 「농민 항쟁과 민회」, 『역사비평』 39, 역사비평사.

신용하, 1985, 『독립협회 연구』, 일조각.

안병욱, 1986, 「19세기 壬戌民亂에 있어서의 鄕會와 饒戶」, 『한국사론』 14, 서울대 국사학과.

오문환, 2004, 「의암 손병희의 '교정쌍전'의 국가 건설 사상: 문명 계몽, 민회 운동, 3·1독립운동」, 『정치사상연구』 10(2), 한국정치사상학회.

유영익, 1997, 『갑오경장 연구』, 일조각.

유형원, 1991[1960], 『반계수록』 3, 북한·과학원 고전연구실 옮김, 평양: 과학원출판사[여강출판사, 1991, 영인본].

이용창, 2004, 「한성부민회의 조직 과정과 활동」, 『한국독립운동사연구』 22, 독립기념관 한국독립운동사연구소.

이원택, 2007, 「개화기 근대법에 대한 인식과 근대적 사법 체제의 형성: 『독립신문』의 논설을 중심으로」, 『동양정치사상사』 6(2), 한국동양정치사상사학회.

이재철, 2001, 『조선 후기 비변사 연구』, 집문당.

이재호, 1971, 「조선비변사고」, 『역사학보』 50·51, 역사학회.

이태진, 1999, 「18세기 한국사에서의 민의 사회적·정치적 위상」, 『진단학보』 88, 진단학회.

임영서, 1993, 「1910~20년대 간도 한인에 대한 중국의 정책과 민회」, 『한국학보』 73, 일지사.

장영숙, 2003, 「내무부 존속년간(1885년~1894년) 고종의 역할과 정국 동향」, 『상명사학』 8·9합집, 상명사학회.

전인권, 2004, 「독립신문의 재해석과 한국의 사회과학」, 『독립신문다시읽기』

해제, 푸른역사.

정약용, 1977, 『국역 경세유표』 1, 민족문화추진회 옮김, 민족문화추진회.

주진오, 1995, 「19세기 후반 개화 개혁론의 구조와 전개」, 연세대 박사 학위 논문.

한철호, 1995, 「민씨 척족 정권기(1885~1894) 내무부의 조직과 기능」, 『한국사연구』 90, 한국사연구회.

한춘순, 2003, 「조선 성종의 육조직계제 운용과 승정원」, 『한국사연구』 122, 한국사연구회.

한충희, 1980, 「조선 초기 의정부 연구(上)」, 『한국사연구』 31, 한국사연구회.

제3부

일본 정치사상사에서 민의와 의론

9장 일본 전근대의 민의와 왕권 _ 송완범
10장 에도시대 사상사와 민의 _ 고희탁
11장 막말 유신기의 공의 여론과 민의 _ 노병호

9장 일본 전근대의 민의와 왕권

송완범

1. '동일본대지진'과 '천황'

2011년 3월 11일 금요일 오후 2시 46분경, 일본열도의 도호쿠(東北) 지방 먼 바다에서 매그니튜드 규모 9의 대지진이 발생했다. 이는 관측사상 일본 최대의 지진이며, 세계 관측사상으로는 다섯 번째 큰 지진이다(송완범, 2011b: 1-10; 2011c). 일본은 인간의 몸이 느끼는 진도 1 이상의 유감 지진이 연간 1,000~1,500여 회, 즉 매일 3~5회가 발생하며, 또 대지진이라고 말해지는 매그니튜드 7 이상의 지진이 1년에 1회꼴로 나타나는 '지진 대국', 그리고 세계의 활화산의 약 7퍼센트가 존재하는 '화산 대국'이다('平成22年度 防災白書' 참조).

다시 말해 일본에서 언제 어디서 지진과 화산 현상이 일어나도 이상하지 않은 것이다. 하지만 이번 '3·11 대재난'[1]은 너무나도 그 정

---

[1] 지진에 따른 쓰나미(津波) 그리고 그 이후의 후쿠시마(福島) 현의 원자력발전소

도가 엄청났다. 이 재난의 충격은 이제 일본을 '3·11' 이전과 이후로 구분 지어야 한다는 의견이 나오게 했다(『국민일보』 2011. 4. 10). 또한 '3·11'을 일본의 제3의 개국, 혹은 새로운 초기화(Reset)로 보아야 한다는 입장도 있다(『중앙SUNDAY』 2011. 3. 20. 참조).

그런데 이러한 대재난의 현장과 복구의 과정에서 일본인들이 인간적으로 위로를 받는다고 느끼는 존재는 누구일까? 이는 일본의 수상이 아니라 바로 천황이다. 이런 점은 이번 '3·11'에서도 간 나오토(菅直人) 수상의 방문은 별로 환영을 못 받은 반면에 천황 내외의 재해지 방문은 열렬하게 환영을 받은(2011. 4. 27. 일본 각 신문) 것에서 잘 드러났다.

한편 이번 재난의 무대가 되었던 이와테(岩手), 미야기(宮城), 후쿠시마(福島) 현의 도호쿠 지방은 일본에서는 변경, 낙후의 이미지가 강한 곳이다. 이러한 낙후, 미개발의 이미지는 전국(戰國)시대 때 도호쿠의 패자(覇者)이면서 도요토미 히데요시(豊臣秀吉)에게 패퇴한 다테 마사무네(伊達政宗)(小林清治, 1985)의 본거지였다는 점, 나아가 메이지(明治)유신 때 막부 권력을 타도하려는 신(新)정부군에 끝까지 반항한 구(舊)막부의 소년 결사대인 아이즈(会津, 지금의 후쿠시마 현) 번의 백호대(白虎隊)(星亮一, 2005: 43-44)가 상징하는 것처럼 저항의 지방이라는 점과도 오버랩된다. 하지만 천황 복권에 반대하다 차별받은 이 지역에서조차 천황의 행차를 보고 느끼는 주민의 반응은 수상의 그것과는 사뭇 달랐다.

지금의 일본국헌법에서는 일본의 왕인 천황을 일본국 및 일본 국민의 통합의 상징이라고 규정하고 있다. 최근 일본의 국영방송인 NHK가 조사한 현 천황의 '즉위 20년 황실에 관한 의식조사'(2009.

의 파괴 등에 따른 제2차 재난을 모두 포함하는 의미이며 이후 '3·11'이라 한다.

11. 12. NHK 여론조사)[2]에 따르면, 천황일가에 관심을 갖고 있다고 응답한 일본인들이 70퍼센트였고, 일본국의 상징으로서 적합한가 하는 질문에는 85퍼센트가 찬성을 표했다 한다.

이러한 천황과 그 일가에 대한 생각이 고이즈미(小泉純一郎) 정권 이후의 아베(安倍晉三) 수상의 '위안부' 발언, 아소(麻生太郎) 수상의 '창씨개명' 발언 등에서 볼 수 있는 일본 우경화와 무관한 것은 아닐 것이다(若宮啓文, 2006). 그런 점에서 한국정치사상학회가 '정치사상의 왕권과 민의'에 관한 주제를 국회의 연구 용역 과제로 제안한 것은 매우 적절한 것이다.

이 책에서 내가 담당한 주제가 '일본 전근대의 왕권과 민의'에 관한 것이기에 현재 일본학계에서의 '왕권론'에 초점을 맞추어 그 현황과 과제를 중점적으로 서술하고자 한다. 나아가 일본 왕권론의 핵심 내용인 '천황'과 '정이대장군'의 역사적 의미와 변환의 사정을 분석하고 그러한 것들이 일본의 민의와 어떠한 관련을 맺어왔는가에 대해 모색하고자 한다.

다만 내가 가진 학문적인 한계로 인해 민속학이나 문화인류학 그리고 역사사회학의 범주에 들어가는 전 방위적이고 광범위한 연구 성과들(網野善彦·上田千鶴子·宮田登, 2000)은 소화해내지 못하고, 단지 역사학 분야를 중심으로 한 연구 성과들을 언급한 것에 지나지 않는 한계점을 가진 것에 대해 미리 양해를 구해두기로 한다.

---

[2] 그 외 이전 조사에서도 상징 천황제의 현상 유지를 지지하는 사람들이 약 70퍼센트를 차지하고 있었다. 게다가 천황의 존재를 인정하는 다음 단계로서의 '원호(元號)'의 존폐 여부에 대해서는, 있는 쪽이 좋다는 의견이 반대 의견의 8퍼센트를 압도적으로 앞지르는 79퍼센트에 달하고 있다. 이는 전쟁을 알지 못하는 세대가 일본인의 60퍼센트를 넘는 시점에서 일본 국민의 천황제에 대한 생각이 점차 정착되어가고 있다는 것을 알 수 있게 해준다(網野善彦·上田千鶴子·宮田登, 2000: 278 宮田의 발언 참조).

2. 천황, 왕권론의 논의 구조

2010년은 '한일강제병합 100년'이 되는 해였다. 이를 기점으로 지나온 100년의 한일 간의 궤적을 뒤돌아보고 새로운 100년을 준비하기 위한 유관 행사들과 연구 성과들이 국내외에서 많이 발표되었다. 이와 관련된 자세한 사정은 『저팬리뷰 2011』의 역사편을 참조하기 바란다(송완범, 2011a: 216-233). 특히 해방 이후 최초로 130여 명이라는 일본 전문가들이 공동 집필한 『일본문화사전』은 모두 2,200여 항목으로 이루어졌는데 그 간행 의의는 크다고 할 수 있다(『중앙일보』 2010. 8. 12). 이 사전의 '천황' 항목의 내용은 다음과 같다(송완범 외, 2010: 599).

> 일본의 군주를 부르는 칭호이다. 현행 헌법에서는 일본국의 상징이고 이 지위는 주권의 소유자인 일본 국민의 총의에 의한 것으로 헌법이 정하는 국사만을 행하고 국정에 관한 기능을 갖지는 않는 것으로 되어 있다. 헌법이 정하는 국사에는 국회의 지명에 의거한 총리대신과, 내각의 지명에 의거한 최고재판소 장관의 임명권과 내각의 조언과 승인에 근거해서 헌법 개정·법률 정령·조약의 공포, 국회 소집·중의원 해산·총선거 시행의 공시, 영전의 수여, 비준서 등 외교문서 인증, 외국 대공사의 접수 등이 있으며 현재의 천황은 외교 의례상의 원수에 해당한다고 볼 수 있다.
> 그런데 역사상의 천황이라는 호칭의 시작에 대해서는 6세기 말 7세기 초의 추고(推古)조설과 7세기 말의 천무(天武), 지통(持統)조의 시기가 경합 중으로 확실한 정설은 없다. 하지만 후자의 천무, 지통설이 최근에는 더 많은 지지를 얻고 있는 것 같다. 원

래 천황의 '천(天)'에는 일본 신화에 보이는 하늘에서 내려온 아마쓰카미(天津神)들이 산다는 '다카아마하라(高天原)'의 의미가 있고, '황(皇)'에는 신과 하늘의 주재자 혹은 군주라는 의미가 있다고 한다.

이러한 의미를 가진 천황을 두고 일본 역사 전체를 조망해본다면 3세기 후반부터 7세기 중반까지의 왕 혹은 대왕의 시대, 7세기 말부터 8세기까지의 율령 천황제 성립의 시대, 9세기부터 막말까지의 율령 천황제 변용의 시대, 메이지 이후 근대 천황제 시대, 현재의 상징 천황제 시대로 구분할 수도 있다. 그리고 에도시대에는 천황과 막부가 함께 존재했는데, 막부는 법으로는 '금중병공가제법도(禁中並公家諸法度)'를 두고, 그리고 관청으로는 '경도소사대(京都所司代)'를 두어 황실과 조정을 견제하며 통제했다.

그렇다면 천황 이전의 군주의 호칭에는 어떤 것들이 있었을까. 대략 일본열도의 군주호에 대해서는 왕, 대왕에서 천황으로라는 변화상의 윤곽이 그려진다. 그런데 그 변환의 의미는 매우 크다. 즉 왕이나 대왕에서 천황으로의 군주 칭호의 변화의 배경에는 야마토(大和) 왕권 혹은 전방후원분(前方後圓墳) 체제로부터 율령국가 체제로의 전환을 의미하는 사회 시스템의 근본적인 변화가 있었다. 그리고 왜에서 일본으로의 국호의 변화도, 군주 호칭의 변화의 시기도 이 시기에 해당한다고 보기 때문에 군주 호칭의 변화의 의의는 매우 크다.

최근의 천황의 후계에 관한 논의는 천황가의 고민을 넘어서 일본열도 전체의 고민이기도 하다. 지금 천황인 헤이세이(平成) 천황의 후계자에는 황태자(나루히토(德仁)), 동생왕자(후미히토(文仁))가 있지만 그다음 대에 최근까지도 여아들(황태자는 아이코(愛子), 동생왕자는 마코(眞子)와 가코(佳子))만 있었기에 여성 천황의 존재가 매우 현실적인 대안으로 부각되고 검토되기도 하였다. 여성 천황 대망론은 역사적으로 여성 천황의 존재가 없는 것도 아니어서 가능한 대안으로 모색되다가 요즈음 그 논의는 수그러진 감이 있다. 그 이유에는 최근 동생왕자 부부가 남아(히사히토(悠仁))를 낳았기 때문에 황실의 후계 논의 선상에는 이제 대안이 생긴 것이다. 단 남계 왕자가 황위 계승에 오르는 '황실 전범(皇室典範)'의 원칙에 서게 된다면 황위는 장자인 황태자 집안이 아닌 차남인 동생왕자 집안으로 이동하게 되는 것이다.

이처럼 천황을 포함한 천황가의 문제는 아직도 일본 국민에게는 현재와 미래의 천황의 의미를 구현하는 데 빼놓을 수 없는 존재이다. 그런데도 외국, 특히 한국에서의 천황 인식은 낮다. 한국 매스컴의 신조어 '일왕'은 천황을 대신하고 있는 것이다. 이러한 국내외 간 천황 인식의 갭에는 천황의 '전쟁 책임론'과 '상징론'으로 대별되는 오래된 논의가 있음은 물론이다. 아직도 진행 중인 인식의 논의 공간을 볼 때 진정한 '천황 방한'을 실현하는 데에는 좀 더 많은 시간을 요할지 모른다.

이러한 기본 인식에 서서 다음의 몇 가지 논의를 들여다보자. 우선 일본 고대사 연구자에게는 '천황제'라는 의미는 그리 어려운 개념이 아닌 것 같아 보이지만, 일본 중·근세 전공자에게는 '천황제'라는 말은 어쩐지 위화감이 있는 것 같다. 그래서인지 권력의 실질을 잃은 천황만이 아니라, 그 대신에 권력을 실제적으로 가졌던 막부도 시야에 넣어 왕권이라는 말로 쓰일 수 있다고 한다. 요컨대 왕권이라는 말을 사용함으로써 고대부터 중세, 근세까지 전근대의 국가와 권력, 권위의 존재를 전체적으로 생각해볼 수 있다는 것이다(大津透, 2006: 3).

최근 '왕권'이라는 용어가 일본 고대사를 포함한 일본 전근대사에서 광범위하게 쓰이고 있다. 이러한 왕권 사용의 남발에 대해 비판이 없는 것은 물론 아니다(河內祥輔, 2006: 99-122). 하지만 왕권이 주는 가벼움이랄까? 역사를 답답한 천황제라는 권력 체제의 울 속에 가둬놓기보다는 좀 더 편안하게 그리고 넓은 의미로 사용할 수 있다는 점에서 대다수의 지지를 받고 있는 것 같다.

이러한 실정을 감안하면서, 왕권에 대해 실제로 어떠한 논의가 펼쳐지고 있는가에 대해, 논자들과 그 의논들을 소개하면서 나의 의견을 전개해보기로 한다. 먼저 아라키(荒木敏夫)는 왕권의 의미에 대해 다음의 세 가지를 들고 있다. 첫 번째로 왕의 권력이라는 의미. 두 번째로 왕을 왕답게 하는 구조와 제도. 세 번째로 시대를 지배하는 자 혹은 집단의 권력(荒木敏夫, 2006[1997]). 또 아라키에 따르면, 왕권이라는 용어를 쓰는 이유는, 천황이나 천황제라는 말을 쓰게 되면 오히려 천황과 천황제(일본형 왕권)의 본질이 흐려지기 때문이라고 한다. 그래서 왕권이라는 말을 사용함으로써 천황과 천황제를 상대화하고, 또 그 특질을 정착시킬 필요가 있다고 한다(荒木敏夫, 2006[1997]). 요컨대 가마쿠라(鎌倉)·무로마치(室町)·도쿠가와(德川)의 막부 권력도 왕권의 개념에서 분석할 수 있다고 보는 것이고, 또 왕의 권력만이 왕권을 지탱할 수 있는 것은 아니라고 보았다(大平聰, 2006: 37).

한편 가케이(筧敏生)는 왕권에 대해 광의와 협의의 이중의 개념이 필요하다고 하고, 전자의 왕권은 왜 왕권, 일본 왕권과 같이 왕, 왕족, 신하를 포함하는 지배층 전체를 가리키는 것이라고 한다. 또 후자의 왕권은 군주 권력을 말하는 것이고, 군주가 신하인 호족, 귀족과 대치하는 국면에서 의미를 갖는다고 한다. 또 가케이에 따르면 왕권 개념은 군주 권력이 미확립된 특수한 상황을 표시하기에 적당한 장치이지, 군주권이 천황권으로 확립된 9세기 이후에는 왕권 개념은 적합하지 않다고 하였다(筧敏生, 2002). 이에 대해 오히라(大平聰)는 광의의 왕권을 생각할 때, 9세기 이후의 역사 분석의 개념 장치로서도 왕권이 유효성을 갖는다고 하였다(大平聰, 2006: 36-37). 이상에서 본 것처럼 현재 일본사학계에서는 '왕권'을 중요 소재로 하는 '왕권론'에 관해서 논의가 아직도 활발하게 진행 중인 것을 알 수 있다.

다음으로는 일본의 왕권론 중에서 최근에 연구가 가장 활발한 분야 중의 하나인 '여제론'의 연구를 중심으로 왕권론의 현상을 살펴보고 또 그에 대해 나의 입장을 전개해보기로 하자. 먼저 간단하게나마 고대 왕권론의 전망과 함께 과제에 대해 언급하기로 한다.

(1) 왕권론에는 서양사적 시점이 지나치게 많다. 궁정·궁정 사회·고전문화 등등.
(2) 여제론이라는 현상적 수요에 대처하기 위한 연구가 아닌가?
(3) 헤이안 시대를 어떻게 볼 것인가? 즉 후기 율령제 국가로 헤이안 시대 중·후기를 설명하는 것은 반드시 일본사학계 전체의 승인을 얻고 있다고는 할 수 없다.
(4) 지나치게 정치사 중심으로 흐른다는 지적이 가능할 것이다.
(5) 일본에 현재 존속하는 '천황제' 설명의 논리로 작동되기 쉽다.
(6) 왕권론 자체가 애매한 용어라는 비판도 있다. 고·중세사를 하나의 발전 단계로 보는 가와치(河內祥輔)의 지적에도 유념할 필요가 있을 것이다.

이상의 과정을 통해 다음과 같이 정리할 수 있다. 첫째, '왕권'은 왕 혼자만이 아닌 복수의 권한일 수 있고, 나아가 사람이 아닌 제도와 권위일 수도 있다. 둘째, 고대 왕권론 중에서 가장 연구 성과가 많은 여제론은 현재 일본 황실의 고민이 반영된 매우 현실적인 연구다. 셋째, 한국에서의 여제론 연구는 일본 여제론 연구의 답습으로는 해결되지 않고, 동아시아 전체의 여제 연구라는 시점에서 도움을 받을 수 있을 것이다. 넷째, 왕권론 연구는 헤이안 시대의 중·후기에 해당하는 10세기 중엽부터 12세기까지를 율령국가의 계속이라고 보았을 때에 가장 효과적인 방법이다. 즉 섭관(攝關) 정치(山本信吉, 2003; 加藤友康 編, 2002; 倉本一宏, 2000; 坂本賞三, 1991; 阿部猛, 1977)의 담당자들을 왕권의 범위에 넣을 수 있을 때 고대 왕권론을 윤택하게 만들 수 있다.

한편 그런 만큼 헤이안 시대를 고대보다는 중세와의 관련에서 보려는 연구자들에게는 왕권론의 문제는 낯설 수밖에 없다는 점도 지적할 수 있겠다. 또 이와 관련하여 어쩌면 왕권론의 논리가 허약한 기반 위에 서 있을 수도 있다는 점을 항상 의식해야 한다. 역시 앞에서 언급한 대로 왕권론이라 할지라도 민속학이나 문화인류학 그리고 역사사회학의 범주를 가능한 한 섭렵해나갈 때 본래의 왕권론이 갖는 의미를 찾을 수 있으리라 생각한다.

3. 여성 천황론의 의미

왕권론 연구가 활발하였던 시기는 근자에 두 번 있었다. 먼저 첫 번째로는 1988년에 쇼와(昭和) 천황의 와병이 심해짐과 아울러 이듬해인 1989년에 쇼와 천황에서 지금의 헤이세이(平成) 천황으로 천황이 바뀐 시점이다. 두 번째로는 지금의 황태자에게 남아가 생산되지 않는 관계로 황위 계승권자의 문제를 둘러싸고 여자를 천황 계승권자로 인정하지 않고 있는 황실 전범의 개정 문제와 맞물려 '여제 대망론'이 등장한 시점이다.

그런데 고대 왕권론 연구에서 '여제론'이 활황을 보일 수 있었던 이유는 무엇일까. 그것은 고대에 여제가 실제로 존속했고, 여제가 많은 활동을 했기 때문이다. 원래 고대의 여제 연구에 대해서는 주로 세 가지의 연구 경향이 존재한다. 먼저 첫 번째로는 오리구치(折口信夫)에 의한 '샤먼·무녀설'(折口信夫, 1956[1946]). 두 번째로는 이노우에(井上光貞)의 '중계설'(井上光貞, 1965). 마지막으로는 아라키·요시에(義江明子)·니토(仁藤敦史)에 의한 '젠더론(論)'(荒木敏夫, 1999; 義江明子, 2002; 仁藤敦史, 2003a; 2003b)이다.

이상의 전문적인 연구 경향과 아울러 일반인을 대상으로 하는 연구 성과도 활발하다(水谷千秋, 2003; 瀧浪貞子, 2004; 中野正之, 2004; 義江明子, 2005; 成淸弘和, 2005; 仁藤敦史, 2006; 荒木敏夫, 2006). 그 외에도 왕권 전체의 시점에서 고대를 아우르는 연구(吉田孝, 2006; 大津透 編, 2006 참조)까지 실로 여제론 연구는 다종다양하다. 나아가 왕권과 여성과의 관련에서 살펴보면 헤이안 중기에서 가마쿠라 시기의 연구가 활발한 것도 특징이다(服藤早苗, 2005; 伴瀬朋美, 1993; 1996; 2006; 末松剛, 1999; 野口華世, 2000; 2006; 古瀬奈津子, 2001; 栗山圭子, 2001; 2005; 山田彩起子, 2003; 2005; 高松百香, 2005; 野村育世, 2006). 종래 연구가 많지 않았던 분야인 왕가의 여성들을 중심으로 하는 연구가 많아진 것은 주목할 만한 것이라고 할 수 있겠다. 다만 이러한 연구들이 의식(儀式)[3]의 분석이나 종래의 정치사의 표면적 이해에 그치고 있는 것

---

3) 조정의 항례적 일이나 임시의 사무에 관한 순서를 정해놓은 책. 홍인(弘仁), 정관

은 아닌가 하는 우려가 있다는 점도 주의해야 한다(大津透, 2006: 5).

그런데 이상의 연구들은 어디까지나 일본의 왕권론의 일부 성과이자, 또 나아가 이것들은 일본 고대의 천황제 규명의 논리인 것이다. 이에 매몰되어 한국에서의 일본 여제론 연구자가 일본의 연구 성과만을 되밟는다면 좋은 성과를 거두기 난망함은 말할 나위도 없는 것이다. 그렇다면 어떻게 해야 할 것인가? 역시 여제론 연구를 동아시아적 규모로 확대하려는 노력을 게을리하지 말아야 할 것이다. 즉 당과 신라의 여제(여왕)의 실례를 비교 분석하고 왜 동아시아 각국에 여제가 출현할 필연성이 있었던 것인가에 대해, 또 각국의 여제의 같은 점과 다른 점은 무엇인가에 대해 면밀히 분석해나가는 가운데 일본 고대 여제들의 특징과 개성이 분명해질 것이다(김선민, 2004; 2010: 398-404).

마지막으로 왜 여제였을까에 대한 가장 기본적인 질문에 답하지 않으면 안 된다. 다시 말하면 대부분 남제가 출현하는 사이사이에 출현하는 여제의 존재가 갖는 존재 이유에 대해 나름의 설명을 갖지 못한다면, 여제 연구는 언제까지나 여제라는 특수한 존재의 설명에 매몰되어버릴지도 모를 일이다. 요컨대 앞에서 언급한 세 가지 연구 성과의 흐름 중에 가장 최신의 방법만이 가장 올바르다거나 하는 식의 애매한 접근 방식으로는 올바른 연구의 진전이 어려운 것은 아닐까?

(貞觀), 연희(延喜) 3대의 의식이 만들어졌지만 현존하는 것은 『정관의식』 10권뿐이다.

4. 정이대장군의 실태와 의의

정이대장군(五味文彦·本鄉和人 編, 2009; 笠谷和比古, 2008; 関幸彦, 2006; 岡野友彦, 2003; ドナルド·キーン, 2001; NHK取材班 編, 2000~2005; 高橋富雄, 1987; 1999; 野口実, 1994; 笠谷和比古, 1994; 高橋崇, 1986; 森茂暁, 1988; 橫田健一先生古稀記念会 編, 1987)은 나라 시대부터 헤이안 시대까지는 동국(東國)에 파견된 장군의 호칭의 하나로 게다가 임시직이었다. 줄여서 장군, 구보(公方),[4] 다이주(大樹), 다이주코(大樹公), 고쇼(御所)[5]라고 불렸다. 정융(征戎)대장군, 정만(征蠻)대장군이라는 명칭은 없지만 유사한 것에는 정적(征狄)대장군이나 정서(征西)대장군·정동(征東)대장군이 있다. 또 정이대장군에 유비되는 관직으로서 진수부(鎮守府)장군이 있다. 진수부장군이 평상시의 지방 군정부의 최고 책임자라면, 정이대장군은 비상시의 지방 군정부의 최고 책임자인 것이다.[6]

또한 정이대장군은 가마쿠라시대 이후 에도(江戶)시대에 이르기

---

4) 전근대의 일본에서 국가에 관한 오야케(公)를 체현하는 방편 및 국가적 통치권, 다른 말로 바꾸면 고대의 천황이나 조정, 가마쿠라시대와 무로마치시대의 장군에 해당하는 말이다. 특히 무로마치시대의 후반에는 장군의 공권력의 대행자로서 군림한 아시카가 장군가의 일족을 부르는 칭호로서 이용되었다.
5) 주로 천황가의 주거 혹은 천황을 가리킨다. 그 외 태상 천황(太上天皇)의 고쇼를 인고쇼(院御所)라고 하고 황태후 등의 고쇼를 뇨인고쇼(女院御所)라고 한다. 그 외에도 황족, 대신, 장군의 주거 또는 그 사람이나 그 직계 또는 방계의 자제나 자손을 가리킨다. 특히 대신가 이상의 공경의 자손에 대해 경칭하는 습관도 있고 이 호칭은 황실뿐만 아니라 공가와 무가의 고위자 층에 널리 이용되었다.
6) '정이'는 '오랑캐를 정토한다.'는 뜻으로 정이대장군은 '이(夷)'를 정토할 때 임명된 장군이라는 말이다. 대개 동쪽인 태평양 쪽으로 진군하는 군대를 이끌었다. 서쪽인 동해 쪽으로 진군하는 군대를 이끄는 장군은 정적대장군, 규슈로 진군하는 군대를 인솔하는 사람은 정서대장군이라고 부른다. 여기에는 '동이(東夷)·서융(西戎)·남만(南蠻)·북적(北狄)'이라고 하는 중화사상의 '사이(四夷)'를 가리킨 개념이 작용했다.

까지는 막부의 책임자이고 무가의 동량이 자리에 올라 자손이 세습하는 형을 취했다. 형식적으로는 칙령에 의해 임명되는 신하이지만, 무로마치시대와 에도시대에는 실질적으로 조정을 지배한 일본의 통치자이고 대외적으로도 일본의 국왕으로서의 대우를 받는 것이 통례였다.

다음으로는 일본 역사상 정이대장군의 호칭을 가졌던 사람들을 살펴보겠다. 다만 이하의 사례는 문자 그대로의 정이대장군 호칭만이 아니라 정이대장군과 거의 같은 의미로 쓰였다고 생각되는 '정동'이나, '정이장군' 등의 사례도 포함한 것이다.

〈표〉 역대 정이대장군 일람 [7]

순번	이름	재직 기간	비고
1	巨勢麻呂	709년	(鎮東将軍)
2	多治比縣守	720~721년	(征夷将軍)
3	大伴家持	784~785년	(征東将軍) 中納言春宮大夫陸奥按察使 従三位
4	紀古佐美	788~789년	(征東大将軍)
5	大伴弟麻呂	793~794년	(征夷大将軍) 従四位下 → 従三位, 勲二等
6	坂上田村麻呂	797~808년	陸奥出羽按察使兼陸奥守従四位下 → 大納言正三位, 没後贈従二位
7	文屋綿麻呂	811~816년	(征夷将軍) 参議従三位 → 参議従三位
8	藤原忠文	940년	(征東大将軍) 参議正四位下 → 参議正四位下, 941년 征西大將軍
9	源(木曾)義仲	1184년	(征東大将軍) 従四位下伊予守 → 従四位下伊予守
10. 鎌倉①	源頼朝	1192~1199년	1194년에 사임? 正二位前権大納言
11. 鎌倉②	源頼家	1202~1203년	従二位左衛門督 → 正二位

[7] 이 표는 日本 Wikipedia 征夷大將軍(2011. 6. 1 검색)의 내용을 기본으로 하여 대폭 수정한 것이다.

12. 鎌倉③	源実朝	1203~1219년	従五位下 → 右大臣正二位左近衛大将
13. 鎌倉④	藤原頼経 (九條頼経)	1226~1244년	摂家(藤原)将軍, 九條道家의 자 正五位下右近衛権少将 → 正二位前権大納言
14. 鎌倉⑤	藤原頼嗣 (九條頼嗣)	1244~1252년	従五位上右近衛権少将 → 従三位左近衛中将
15. 鎌倉⑥	宗尊親王	1252~1266년	皇族将軍, 後嵯峨天皇의 황자, 三品 → 一品中務卿
16. 鎌倉⑦	惟康親王	1266~1289년	従四位下 → 二品
17. 鎌倉⑧	久明親王	1289~1308년	後深草天皇의 황자, 三品 → 一品式部卿
18. 鎌倉⑨	守邦親王	1308~1333년	不詳 → 二品
19. 建武①	護良親王	1333~1334년	二品兵部卿 → 同左
20. 建武②	成良親王	1335~1336년	上野太守四品 → 同左
21. 室町①	足利尊氏	1338~1358년	正二位権大納言 → 同左, 贈従一位左大臣・追贈太政大臣
22. 南朝①	宗良親王	1352년	征夷大将軍
23. 室町②	足利義詮	1358~1367년	参議従三位左近衛中将 → 正二位権大納言贈従一位
24. 室町③	足利義満	1367~1394년	従五位下左馬頭 → 准三宮従一位前左大臣, 将軍辞職後, 太政大臣
25. 南朝②	尹良親王	1386년~?	征夷大将軍右近衛大将
26. 室町④	足利義持	1394~1423년	正五位下左近衛中将 → 従一位前内大臣, 贈太政大臣
27. 室町⑤	足利義量	1423~1425년	正五位下左近衛中将 → 参議正四位下右近衛中将, 贈従一位左大臣
28. 室町⑥	足利義教	1429~1441년	参議左近衛中将従四位下 → 従一位前太政大臣贈太政大臣
29. 室町⑦	足利義勝	1442~1443년	正五位下左近衛中将 → 従四位下左近衛中将贈従一位左大臣
30. 室町⑧	足利義政	1449~1473년	正五位下左馬頭 → 准三宮従一位前左大臣贈太政大臣
31. 室町⑨	足利義尚	1473~1489년	従五位下左近衛中将 → 従一位内大臣右近衛大将贈太政大臣
32. 室町⑩	足利義材	1490~1493년	従四位下右近衛中将 → 参議右近衛中将従四位下

33. 室町⑪	足利義澄	1494~1508년	正五位下左馬頭 → 参議従三位左近衛中将贈太政大臣	
34. 室町⑫	足利義材 (再任)	1508~1521년	足利義材의 再任, 従三位権大納言 → 従二位権大納言, 贈太政大臣従一位	
35. 室町⑬	足利義晴	1521~1546년	正五位下左馬頭 → 従三位権大納言右近衛大将, 贈従一位左大臣	
36. 室町⑭	足利義輝	1546~1565년	従四位下左馬頭 → 参議左近衛中将従四位下贈従一位左大臣	
37. 室町⑮	足利義栄	1568년	従五位下左馬頭 → 同左	
38. 室町⑯	足利義昭	1568~1573년	参議左近衛中将従四位下 → 従三位権大納言, 将軍辞職後, 准三宮	
39. 江戸①	徳川家康	1603~1605년	従一位右大臣 → 従一位前右大臣 将軍辞職後, 太政大臣. 贈正一位	
40. 江戸②	徳川秀忠	1605~1623년	内大臣正二位右近衛大将 → 従一位右大臣右近衛大将 将軍辞職後, 太政大臣. 贈正一位	
41. 江戸③	徳川家光	1623~1651년	内大臣正二位右近衛大将 → 従一位左大臣左近衛大将 太政大臣宣下固辞, 贈太政大臣正一位	
42. 江戸④	徳川家綱	1651~1680년	内大臣正二位右近衛大将 → 右大臣正二位右近衛大将贈太政大臣正一位	
43. 江戸⑤	徳川綱吉	1680~1709년	内大臣正二位右近衛大将 → 右大臣正二位右近衛大将贈太政大臣正一位	
44. 江戸⑥	徳川家宣	1709~1712년	内大臣正二位右近衛大将 → 内大臣正二位右近衛大将贈太政大臣正一位	
45. 江戸⑦	徳川家継	1712~1716년	内大臣正二位右近衛大将 → 内大臣正二位右近衛大将贈太政大臣正一位	
46. 江戸⑧	徳川吉宗	1716~1745년	内大臣正二位右近衛大将 → 右大臣正二位贈太政大臣正一位	
47. 江戸⑨	徳川家重	1745~1760년	内大臣正二位右近衛大将 → 右大臣正二位贈太政大臣正一位	
48. 江戸⑩	徳川家治	1760~1786년	内大臣正二位右近衛大将 → 右大臣正二位右近衛大将贈太政大臣正一位	
49. 江戸⑪	徳川家斉	1787~1837년	内大臣正二位右近衛大将 → 従一位太政大臣贈正一位	

50. 江戸⑫	德川家慶	1837~1853년	従一位左大臣左近衛大将 → 従一位左大臣左近衛大将, 贈太政大臣正一位
51. 江戸⑬	德川家定	1853~1858년	内大臣正二位右近衛大将 → 内大臣従一位右近衛大将贈太政大臣正一位
52. 江戸⑭	德川家茂	1858~1866년	内大臣正二位右近衛大将 → 従一位右大臣右近衛大将贈太政大臣正一位
53. 江戸⑮	德川慶喜	1866~1868년	正二位権大納言右近衛大将 → 内大臣正二位右近衛大将 明治時代, 従一位公爵勳一等旭日大綬章 贈旭日桐花大綬章

이 〈표〉에 따르면 다음과 같은 몇 가지의 사실을 알 수 있다. 우선 전체적인 개관을 하자면 53건의 정이대장군이 존재했다는 것이다. 그리고 정이대장군의 범주에는 앞에서도 언급한 대로 '진동(鎭東)'이나 '정동', '장군'이나 '대장군'이 붙은 모든 경우가 들어간다는 것이다. 다만 순번 32의 경우와 순번 34의 경우가 동일 인물인 아시타카 요시타네(足利義材, 義稙라고도 한다)이다. 그는 무로마치막부 제10대 장군과 제12대 장군으로 장군 재직 기간이 두 번이다.[8] 그렇다면 정이대장군을 경험한 사람은 일본 역사상 모두 52명이 된다.

그다음으로 여기서 말하는 정이대장군이 최초로 출현한 사례는 순번 5이다. 오토모노 오토마로(大伴弟麻呂)의 족적을 살피면 783년에는 정동부장군(征東副將軍)을, 그리고 791년에는 정이대사(征夷大使)를 경험하고 있음을 알 수 있다. 그의 이러한 경험이 793년의 정이대장군 임명으로 이어진 것이다.

그리고 가마쿠라막부와 무로마치막부 사이 또한 무로마치막부와

---

8) 첫 번째로 1490년(延徳2) 7월부터 1493년(明応2) 6월까지 재직한다. 그후 약 13년의 망명생활을 마친 후 다시 두 번째로 1508년(永正5) 7월부터 1521년(大永元) 12월까지 재직한다.

에도막부 사이에 정이대장군의 시공간적 불연속성이 보이는 것을 알 수 있다. 여기서 전자의 건무신정(建武新政)에 따른 '남북조 분열'(久保田収, 1965; 佐藤進一, 2005)이나 후자의 전국시대(堀新, 2010; 齋藤慎一, 2005; 永原慶二, 2000)를 언급하는 것은 지면 관계상 생략하지만, 시대의 전환기에 막부의 현실적 지배자의 칭호인 정이대장군도 적잖은 영향을 받고 있었음을 볼 수 있다.

또한 정이대장군의 위계의 높고 낮음이 에도시대 이전과 이후로 구별되고 있는 것도 알 수 있다. 다시 말해 에도시대 이전은 종5위(從5位) 혹은 정5위(正5位)가 정이대장군으로 승진하기 위한 이전 포스트였다면, 에도시대 이후는 정이대장군 이전 포스트가 정2위(正2位)로 고정되고 있음을 알 수 있다. 이는 정이대장군의 위치가 에도시대에 들어 더욱 격상된 것으로 바뀌고 있음을 말해준다.

이상과 같은 개관적 특징을 기반으로 해서 정이대장군의 칭호의 변천에 따른 변화상을 점검해보기로 한다. 다만 정이대장군의 전체인 53예를 모두 분석 대상으로 삼는다는 것은 나의 능력을 넘어선 것이기에, 여기서는 정이대장군의 시작에 해당하는 고대에서 무가정권의 시초인 가마쿠라시대로의 변화상에 초점을 맞추어 의견을 전개해보고자 한다.

우선 고대의 정이대장군은 당초는 '정이'라고 불리고 있었지만, 호키(宝亀) 연간 이후 '정동'으로 되고, 엔랴쿠(延暦) 12년 이후 다시 '정이'가 된다. '정이장군'이 제일 처음 보이는 예는 요로(養老) 4년의 다지히노 아가타모리(多治比縣守)이고, '정동장군'이 제일 먼저 나타난 예는 엔랴쿠 7년에 보이는 기노 고사미(紀古佐美)이다. 장군의 명칭은 기록상으로는 별로 통일되어 있지 않고 예를 들면 후지와라노 우마카이(藤原宇合)의 경우는 임명할 때는 '지절장군', 나중에 귀경할 때는 '정이지절대사'로 혼용되기도 한다.

『일본기략(日本紀略)』에는 엔랴쿠 13년(794년) 정이대장군인 오토마로에게 세치토(節刀)⁹⁾를 내리고 있다(延暦13年(794) 正月條 참조). 오토마로를 대신하여 실질적으로 전쟁을 지휘한 '정동부사'·'정이부사'인 사카노우에노 다무라마로(坂上田村麻呂)는 797년에 '정이대장군'에 임명되었다. 다무라마로는 완강하게 반항하고 있던 이사와(胆沢)의 에미시(蝦夷) 중의 수장인 아테루이(阿弖流為)를 잡아 교토로 돌아오는 데 성공하고 도호쿠 지방 전역을 평정했다(新野直吉, 1994). 그후 훈야노 와타마로(文室綿麻呂)가 에미시와의 교전이 있었던 811년 '대'자가 없는 '정이장군'에 임명되고, 같은 해 윤12월에는 에미시 정토가 끝났다고 천황에게 보고하고 있다(『日本後紀』弘仁2年 (811) 10月 13日 條 참조). 요컨대 이상의 순번 1부터 7까지의 결과가 '이(夷)'라든가 '동(東)'의 차이는 있더라도 '정(征)'의 대상이 모두 이민족이라 생각되었던 에미시를 의식한 것임을 알 수 있다.

그에 비해 막부가 아직 성립되기 이전의 두 예인 순번 8과 9는 조금 그 성격을 달리하고 있는 것 같아 보인다. 우선 순번 8의 후지와라노 다다부미(藤原忠文)는 다이라노 마사카도(平將門)¹⁰⁾의 난을 진압하기 위해 기용되었으며 '정동대장군'이다. 그리고 순번 9의 미나모토노 요시나카(源義仲)(혹은 기소(木曾) 요시나카라고도 한다)(鈴木彰·樋口州男·松井吉昭 編著, 2008)의 경우는 겐페이(源平)쟁란¹¹⁾ 중

---

9) 일본 고대에 천황이 출정하는 장군 혹은 견당사의 대사에게 수여한 임명의 표시로 수여한 칼로서 맡은 바의 임무가 종료하면 다시 반환하는 것이 항례였다.
10) 시모우사(下総国), 히타치(常陸国)에 널리 퍼져 있던 헤이씨 일족의 항쟁에 개입한 것을 시작으로, 동국 여러 나라의 지방 관아를 습격하여 도장을 탈취한 사건으로 인해 조정으로부터 적으로 간주되었다. 교토의 조정 권력에 대항하여 독자적으로 천황위에 올라 '신황(新皇)'이라고 하였다. 조정으로부터 독립국가 건설을 목표로 하였지만 나중에 토벌되었다[承平天慶の乱](関幸彦, 1998; 川尻秋生, 2007).
11) 헤이안 시대 말기인 1180년(治承4)부터 1185년(元暦2)까지 만 6년간에 걸쳐 일

에 다이라(平)를 타도하고 입경하여 고시라카와(後白河) 인세이(院政)[12]를 정지시키고 미나모토(源)를 타도하기 위한 목적으로 이 직에 부임했던 것이다. 다시 말해 이 두 예의 정이대장군은 이전의 에미시라는 동북쪽의 이민족 타도를 위한 사례가 아니라는 말이다. 결국 이 두 예에서 보이는 정벌해야 할 대상으로서의 이적의 모습은 조정 내의 분열 혹은 천황 권력을 둘러싼 주변 권력과의 세력 싸움에서 제압하거나 응전해야 할 다른 편의 무력으로 바뀌고 있는 것이다. 이는 다른 말로 하자면 정이대장군의 본래의 모습의 일탈이자 왜소화인 것이다.

이후 가마쿠라 이래의 무가 사회의 정이대장군이 담당하는 기능은 앞의 순번 8과 9의 그것과 겹친다는 것을 알 수 있다. 막부에서의 이 직은 절도 수여라는 상징 행위를 통해 천황 대권의 일부를 가져옴으로써 태정관[13]을 거치는 일 없이 천황에 직속하는 대장군의 지위라는 점에서 무가의 동량들이 원망하는 직이 되었다. 결과적으로 이 직은 점차 동국의 군사 지배권을 상징하는 관직으로서의 성격을 강하게 띠게 되었다고 할 수 있다.

어난 대규모의 내란이다. 다른 말로 지쇼·조에이노란(治承·寿永の乱)이라고도 하는데, 각지에서 다이라노 기요모리(平清盛)를 중심으로 하는 로쿠하라(六波羅) 정권, 즉 다이라 정권에 대한 반란이 일어나고, 최종적으로는 반란 세력의 대립 속에 다이라 정권이 붕괴하고 그 대신에 미나모토노 요리토모(源頼朝)를 중심으로 한 관동 정권, 즉 가마쿠라막부가 수립되었다.
12) 인세이(院政)란 재위하는 천황의 직계존속인 태상 천황[上皇]이 천황을 대신하여 정무를 직접 행하는 형태의 정치를 이른다. 상세한 내용은 미카와(美川 圭, 1996), 모토키(元木泰雄, 1996) 참조.
13) 다이조칸(太政官)은 고대 일본의 율령제에서 사법, 행정, 입법을 담당하는 최고 국가기관이다. 장관은 다조다이진(太政大臣)이며, 좌우에 우다이진(左大臣)과 사다이진(右大臣)을 두고 정무를 본다. 그 외 사무국으로서는 쇼나곤쿄쿠(少納言局)와 사우벤쿄쿠(左右弁官局)를 둔다. 그 외 메이지시대의 유신 정부에서 고대 천황제를 본떠 설치한 관청도 다이조칸이다.

5. 소결 — 민의의 확산

이상의 내용을 확인하면서 동시에 민의의 문제를 확산이라는 시점에서 서술해보고자 한다. 일본의 경우 권력의 실질을 잃은 천황만이 아니라, 그 대신에 권력을 실제적으로 가진 막부도 시야에 넣어 왕권이라는 말로 나타낼 수 있다고 한다. 요컨대 왕권이라는 말을 사용함으로써 고대부터 중세, 근세까지 전근대의 국가와 권력, 권위의 존재를 전체적으로 생각해볼 수 있는 것이다.

고대에 이미 정이대장군의 이름이 보이지만, 정이대장군의 이름이 본격적으로 그리고 지속적으로 언급되기 시작한 것은 가마쿠라시대 이후였다. 정이대장군은 이후 에도시대에 이르기까지는 막부의 책임자이자 무가의 동량이 자리에 올라 자손이 세습하는 형태를 취했다. 정이대장군은 형식적으로는 칙령에 의해 임명되는 신하이지만, 무로마치시대와 에도시대에는 실질적으로 조정을 지배한 일본의 통치자이자 대외적으로도 일본의 국왕으로서 대우를 받는 것이 통례였다.

또한 정이의 대상이 어디의 누구를 가리키는지를 규정하는가가 중요하다. 정이의 대상인 이(夷)는 이민족으로 규정할 수도, 혹은 중앙에 대해 반대하는 정벌해야 할 세력으로 규정할 수도 있는 것이다. 더 나아가 무가 사회에 들어서면 막부의 무사가 지방 무사를 제압하기에 좋은 칭호가 정이대장군으로 기능하는 것이다. 나중에 이러한 생각이 굳어져서 천황 권력을 대신하는 단계에 이르게 되고 바로 이것이 막부의 성립으로 이어진다.

한편 중앙의 천황과 공가(公家)라는 기존의 지배층에 더하여 지방의 장군과 무사가 결합한 또 다른 지배층의 존재는 집권 세력의 범위를 더 크게 만들었고, 더 나아가 이전 시대보다 지방을 더 잘 이해하고 지배할 수 있는 세력의 출현을 의미한다. 다시 말해 지방의 철저한 지배와 수탈에 뛰어난 지방 무사 세력이 천황과 공가 권력을 대신하게 된 것이 바로 무가 사회의 성립으로 이어졌고, 그 기제의 변용에 큰 역할을 한 것이 바로 정이대장군이라고 할 수 있다.

한편 이로 인해 수탈의 대상이 된 지방은 또 다른 면에서는 발전이라는 명암을 함께 나누게 된다. 이러한 현상은 민(民)에게는 기회의 확산을 의미하는 것이었다. 그 구체적인 예가 바로 전국시대 이후 하층 무사인 아시가루(足輕) 출신의 성장이며, 이는 더 나아가 지방 하급 무사들에 의한 메이지유신의 성공으로 이어졌고, 또 근대 이후의 '서민 시대'까지 계속되고 있다고 할 수 있다.

마지막으로 본문에서의 천황론을 확장된 의미에서의 왕권론으로 끌고나간다면, 정이대장군도 왕권론의 일부로서 논의할 수 있을 것이다. 더 나아가서는 정이대장군의 성격의 변화상으로부터 민의의 확산을 살펴볼 수 있을 것이다. 요컨대 정이대장군의 발생으로부터 9세기 중엽의 이민족을 대상으로 한 시기의 정이(征夷)를 거쳐, 이후 고대 말기와 중세로의 전환에서 보는 바와 같이, 제압하는 상대인 이(夷)가 때에 따라 변하기도 하고 혹은 확산하기도 한다는 것은 이후 민의의 확산과도 오버랩된다고 할 수 있을 것이다.

질의와 응답

1. 일본 전근대의 천황이란 무엇인가?
→ 천황이란 역사적으로는 7세기 후반에 성립된 일본의 군주이며 일본국헌법에 있어서 일본의 상징 및 일본 국민 통합의 상징이다. 현재 일본의 천황은 아키히토(明仁)이다. 천황이라는 칭호의 유래로는

몇 가지 설이 있으나 대표적으로는 고대 중국에서 북극성을 의미하며 도교에도 적용된 '천황 대제'에서 왔다거나, 백제와 고구려의 멸망이라는 한반도의 변화상과 관련지어 설명하는 설도 있다.

2. 일본 전근대의 왕권이란 무엇인가?
→ 고대 국가에 있어서의 왕권이란 권력이 재생산될 수 있는 시스템을 의미한다. 왕권 계승에 있어 중심이 되는 주체가 대왕과 천황이었으나, 계승 시에 제도적 기제를 갖지 않는 시대가 장기간 존재했다. 일본사에 있어서의 왕권에 대해 고대 사학자 야마오(山尾幸久)는 '왕의 신료로서 결집한 특권 집단의 공동 조직'이 '왕이라는 존재로 종속자군의 지배를 장악하고, 더 나아가 왕을 권위의 정점에 둔, 한 종족의 서열적 통합을 이룬 권력의 집합체'라고 정의하고 있다.

3. 여제란 무엇인가?
→ 여성 천황을 의미하며, 황위 계승 문제 논의가 활발했던 2004년 이후 일본의 공문서와 보도에서는 여제라는 말 대신 '여성 천황'이라는 표현이 사용되는 경우가 많았다. 일본에서는 과거에 8인 10대의 여성 천황이 존재하였다. 진구(神功) 황후와 이이토요히메히코(飯豊皇女)를 포함하여 여성 천황 모두가 남계 여자(남계 여성 천황)이다. 기혼인 경우는 황후 또는 황태자비이며 남편이 죽고 난 후에 계승했다. 그중 6인 8대는 6세기 말부터 8세기 후반에 집중되어 있다.

4. 정이대장군(征夷大將軍)이란 무엇인가?
→ 정이대장군(세이타이쇼군)은 일본의 영외관 장군직 중 하나이다. 줄여서 쇼군(将軍), 구보(公方), 다이주쇼군(大樹将軍), 다이주, 다이주공, 고쇼(御所) 등으로 불렸다. 나라 시대, 헤이안 시대에는 동쪽 지

역의 에미시 정벌을 위해 파견된 장군의 명칭이었는데, 가마쿠라시대에 미나모토노 요리토모가 일본 천황으로부터 이 직책을 임명받으면서 막부의 수장이자 동국 무사단의 동량을 가리키는 말이 되었고, 이 직책은 무가 동량 가문이 대를 이어 계승하는 경향이 생겼다. 에도시대까지 최고 권력자의 직책으로 존재하였으나, 메이지유신 이후 폐지되었다.

5. 민의의 확산이란 무엇인가?
→ 민의를 여론이라고도 하고, 국민 일반의 의견을 의미한다고도 한다. 혹은 공공의 문제에 대해 많은 사람이 공유하고 있는 의견이나 대다수의 찬동을 얻고 있는 의견 및 생각을 말한다고 할 때, 민의의 확산이란 일본 전근대의 천황 일 개인보다는 '왕권'이라는 복수의 권력자의 존재로부터 설명할 수 있다. 또한 이는 결국 근대 이후의 민의가 '시민'의 손에서 창출된다고 할 때 점증적인 민의의 확산이라고 이야기할 수 있을 것이다.

참고 문헌

김선민, 2004, 「고대 일본여성의 정치적 역할과 지위」, 『일본역사연구』 19.
김선민, 2010, 「古代 女性天皇論」, 『日本研究』 13.
송완범 외, 2010, 『일본문화사전』, 도서출판 문.
송완범, 2011a, 「'한일강제병합 100년'을 넘어 새로운 100년으로」, 『저팬리뷰 2011』, 도서출판 문.
송완범, 2011b, 「'3.11' 이후의 일본, 그리고 동아시아」, 『동북아역사문제』 50: 1-10.
송완범, 2011c, 「시론: 일본인들의 '질서 의식'에 보이는 역사성」, 『고대신문』

1665(2011. 3. 21).

『국민일보』 2011. 4. 10.

『중앙SUNDAY』 2011. 3. 20.

『중앙일보』 2010. 8. 12.

NHK取材班 編, 2000~2005, 『その時歴史が動いた 1-34』, KTC中央出版.

加藤友康 編, 2002, 『日本の時代史6 摂関政治と王朝文化』, 吉川弘文館.

岡野友彦, 2003, 『源氏と日本国王』, 講談社.

筧敏生, 2002, 『古代王権と律令国家』, 校倉書房.

高橋富雄, 1987, 『征夷大将軍 ― もう一つの国家主権』, 中央公論社.

高橋富雄, 1999, 『平泉の世紀: 古代と中世の間』, 日本放送出版協会.

高橋崇, 1986, 『坂上田村麻呂』新稿版, 吉川弘文館.

高松百香, 2005, 「院政期摂関家と上東門院故実」, 『日本史研究』513.

古瀬奈津子, 2001, 「摂関政治成立の歴史的意義 ― 摂関政治と母后」, 『日本史研究』463.

久保田収, 1965, 『建武中興』, 日本教文社[나중에 明成社].

堀 新, 2010, 『日本中世の歴史7 天下統一から鎖国へ』, 吉川弘文館.

吉田孝, 2006, 『歴史のなかの天皇』, 岩波書店.

大津透, 2006, 「王権論のための覚え書き」, 大津透 編, 『王権を考える ― 前近代日本の天皇と権力』, 山川出版社.

大津透 編, 2006, 『王権を考える ― 前近代日本の天皇と権力』, 山川出版社.

大平聡, 2006, 「古代の国家形成と王権」, 大津透 編, 『王権を考える ― 前近代日本の天皇と権力』, 山川出版社.

鈴木彰・樋口州男・松井吉昭 編著, 2008, 『木曾義仲のすべて』, 新人物往来社.

瀧浪貞子, 2004, 『女性天皇』, 集英社.

栗山圭子, 2001, 「准母立后制にみる中世前期の王家」, 『日本史研究』465.

栗山圭子, 2005, 「中世王家の存在形態と院政」, 『ヒストリア』193.

笠谷和比古, 1994, 『関ケ原合戦 ― 家康の戦略と幕藩体制』, 講談社選書メチエ.

笠谷和比古, 2008, 『関ケ原合戦 ― 家康の戦略と幕藩体制』, 講談社.

末松剛, 1999, 「即位式における摂関と母后の祭壇」, 『日本史研究』447.

網野善彦·上田千鶴子·宮田登, 2000,『日本王権論』(新装版), 春秋社.

美川 圭, 1996,『院政の研究』, 臨川書店.

伴瀬朋美, 1993,「院政期-鎌倉期における女院領について」,『日本史研究』374.

伴瀬朋美, 1996,「院政期における後宮の変化とその意義」,『日本史研究』402.

伴瀬朋美, 2006,「中世の天皇家と皇女たち」,『歴史と地理』597.

服藤早苗, 2005,「王権と国家 ─ 王朝国家の政治と性」,『平安王朝社会のジェンダー─家·王権·性愛』, 校倉書房.

山本信吉, 2003,『摂関政治史論考』, 吉川弘文館.

山田彩起子, 2003,「天皇准母内親王に関する一考察」,『日本史研究』491.

山田彩起子, 2005,「平安中·後期における院宮年始賀礼の変遷」,『日本歴史』688.

森茂暁, 1988,『皇子たちの南北朝 ─ 後醍醐天皇の分身』, 中央公論社.

星亮一, 2005,『会津戦争全史』, 講談社.

成清弘和, 2005,『女帝の古代史』, 講談社.

小林清治, 1985,『伊達政宗』, 吉川弘文館.

水谷千秋, 2003,『女帝と譲位の古代史』, 文芸春秋.

水林彪ほか編, 1998,『王権のコスモロジー』, 弘文堂.

新野直吉, 1994,『田村麻呂と阿弖流為』, 吉川弘文館.

阿部猛, 1977,『摂関政治』, 教育社.

野口華世, 2000,「安嘉門院と女院領荘園」,『日本史研究』456.

野口華世, 2006,「中世前期の王家と安楽寿」,『ヒストリア』198.

野口実, 1994,『武家の棟梁の條件 ─ 中世武士を見なおす』, 中央公論社.

野村育世, 2006,『家族史としての女院論』, 校倉書房.

若宮啓文, 2006,『和解とナショナリズム ─ 新版·戦後保守のアジア観』, 朝日新聞社.

永原慶二, 2000,『戦国時代 ─ 16世紀, 日本はどう変わったのか』(上·下), 小学館.

五味文彦·本郷和人 編, 2009,『征夷大将軍』, 吉川弘文館.

元木泰雄, 1996,『院政期政治史研究』, 思文閣.

義江明子, 2002,「古代女帝論の過去と現在」,岩波講座『天皇と王権を考える』7, 岩波書店.

義江明子, 2005,『つくられた卑弥呼』, ちくま書房.

仁藤敦史, 2003a,「古代女帝の成立」,『国立歴史民俗博物館研究紀要』108.

仁藤敦史, 2003b,「古代女帝論の現状と課題」,『歴史評論』642.

仁藤敦史, 2006,『女帝の世紀 皇位継承と政争』, 角川書店.

齋藤慎一, 2005,『戦国時代の終焉──「北條の夢」と秀吉の天下統一』, 中央公論新社.

折口信夫, 1956[1946],「女帝考」,『折口信夫全集』20, 中央公論社.

井上光貞, 1965,「古代の女帝」,『日本古代国家の研究』, 岩波書店.

佐藤進一, 2005,『南北朝の動乱』, 中央公論社[나중에 中公文庫].

中野正之, 2004,『女性天皇論』, 朝日新聞社.

倉本一宏, 2000,『摂関政治と王朝貴族』, 吉川弘文館.

川尻秋生, 2007,『平将門の乱』, 吉川弘文館.

坂本賞三, 1991,『藤原頼通の時代: 摂関政治から院政へ』, 平凡社.

河内祥輔, 2006,「中世の国家と政治体制」, 大津透 編,『王権を考える──前近代日本の天皇と権力』, 山川出版社.

荒木敏夫, 1999,『可能性としての女帝──女帝と王権・国家』, 青木書店.

荒木敏夫, 2006,『日本の女性天皇』, 小学館[主婦と生活社, 2003].

荒木敏夫, 2006[1997],「王権論の現在──日本古代を中心として」,『日本古代王権の研究』, 吉川弘文館.

横田健一先生古稀記念会 編, 1987,『文化史論叢』上・下, 創元社.

関 幸彦, 1998,『蘇る中世の英雄たち』, 中央公論社.

関 幸彦, 2006,『東北の争乱と奥州合戦──「日本国」の成立』, 吉川弘文館.

ドナルド・キーン, 2001,『明治天皇』上巻・下巻, 角地幸男 訳, 新潮社.

'平成22年度 防災白書'(온라인 판), 日本地震學會홈페이지.

2009. 11. 12. NHK 여론조사,「즉위 20년 황실에 관한 의식조사」.

日本 Wikipedia 征夷大將軍(2011. 6. 1 검색).

10장 에도시대 사상사와 민의

고희탁

1. '민'의 정치적 진화의 시대

17세기 초 일본의 근세, 즉 에도시대의 개막은 무장 집단 간의 세력 다툼으로 일본 전국이 전란에 휩싸였던 약 1세기 남짓한 전국시대의 종식과 함께 '평화와 안정'의 도래를 예고하는 것이었다. 도쿠가와 가문의 쇼군(將軍)을 정점으로 한 중앙정부와 성립 당시 약 180여 개의 지방정부로 이루어진 막번 체제는 그 평화와 안정을 지속시킬 제도의 골간이었다. 사무라이들과 천황, 종교 세력 등에 대한 법도(法度)를 제정하여 정치적 권한을 명확히 한정하거나 지방 영주들에게 격년제로 쇼군의 거주하는 에도(江戶, 현재의 도쿄)에 산킨코타이(參勤交代)할 것을 의무화한 것은 현상 유지를 위한 전형적 정책이었다. 그리고 19세기 중엽 서세동점을 계기로 또다시 일본 전국이 내란의 와중으로 떨어지기 전까지 눈에 띄는 커다란 전국적 혼란 없이 그 사무라이 지배 체제는 약 250여 년간 지속되었다.

그런데 사무라이 지배 체제의 에도시대라고 하면 자의적이고 폭력적인 무단(武斷)통치와 압제의 이미지를 일반적으로 연상하기 쉽지만, 실상은 그리 단순하지 않다. 1980년대까지만 해도 일본의 역사학계에서조차 에도시대를 지배층의 무단통치와 압제에 굴종한 시대라는 부정적 이미지로 보는 것이 일반적이었다. 상대적으로 신분적 제한이 없었던 공공적 공간이나 자치 조직을 통해 민의가 표출되고 있었던 중세에 비해, 에도시대는 그 가능성이 봉쇄당하거나 압살당한 시대였다는 의미에서 '밝은 중세에서 어두운 근세로', '자유로운 중세에서 구속된 근세로'라는 이미지가 강조될 정도였으니까 말이다.[1] 그러나 그러한 '어둡고 구속된' 에도시대의 부정적 이미지는 일면적인 것에 지나지 않는다(朝尾直弘, 1991: 11-18). 평화와 안정의 지속은 약 한 세기를 지나면서 사무라이 지배 체제와는 이질적인, 게다가 그 체제를 곤경에 빠뜨리게 될 새로운 흐름을 낳았다. 시장경제의 본격화를 바탕으로 삶의 기축이 '내세'에서 '현세'로, '종교'에서 '경제'로 옮아가는 이른바 '경제사회'로의 흐름이었다. 거기서 새로운 사회적 활기가 움트기 시작했음에 유의하지 않으면 안 된다.

특히 '경제사회'로의 사회경제적 변동의 흐름 속에서 경제적 실력과 문화적 교양을 갖춘 '민'을 중심으로 정치적 각성의 계기가 주어

---

1) 일본 중세사 연구에서 강조되는 '공계(公界)' 및 '무연(無緣)' 등의 '공공'적 공간에서의 '자유'는 누구에게나 열려 있는 것이 아니었다. 이와 같은 '공공'적 공간과 함께 '소(惣)' 및 '잇키(一揆)' 등의 자치 조직에 대한 연구를 통해 중세의 '자유' 및 '자치'를 강조하는 흐름에 대해 보다 신중하고 복합적인 시점에서의 접근이 필요하다는 문제 제기에 유의할 필요가 있다(東島誠, 2000: 238-246). 그와 함께 도시 귀족 지배의 존재, 도시 특권층의 존재 등을 근거로 하여 봉건영주제에서 '자유로운' 유럽의 중세도시 혹은 자유도시가 반드시 근대적 자유를 도시 주민에게 준 것만은 아니었다는 지적도 참조할 필요가 있을 것이다(速水融, 1988: 31).

졌으며, 이를 정당화하는 사상적 시도도 출현하였다는 점은 간과할 수 없다. 그것을 상징적으로 보여주는 것이 종래 정치적으로나 사상적으로 동원 대상이나 소비자로서만 간주되어온 '민'이 사회와 정치를 둘러싼 언설의 생산 및 유통의 주체로서 본격적으로 대두되기 시작하였다는 점이다. 그때까지의 사회 정치적 언설이 특정한 질서 및 권위에 대해 피지배자나 하위자의 충성을 조달하기 위한 하향적 성격의 것이 대부분이었다고 한다면, 에도시대에는 '민에 의한', 그리고 '민 자신을 위한' 수평적, 상향적 성격의 언설들이 산출되어 유통되었던 것이다(고희탁, 2009: 11-12). 그런 의미에서 에도시대는 '민'에게 오로지 '어둡고 구속된' 감옥의 시대는 아니었다. 오히려 민의의 직접적 자기 표출의 교두보를 '민' 자신이 구축하기 시작한 시대이기도 하였다는 것이다.

다른 한편 지배 엘리트에게 그러한 '민'의 정치적 진화는 결코 바람직한 사태였을 리가 없다. 그러한 '민'의 정치적 진화가 눈에 띄는 정치적 변동을 직접적으로 초래하지는 않았다고 하더라도, 그것이 생활세계의 저변에서 인식론적 구조 변동을 일으키고 있었다면, 그것은 당장의 정치적 변동과는 다른 차원의 파괴력을 내포한 것이라 하지 않을 수 없다. 특히 경제사회화의 흐름 속에 사무라이 지배 체제가 경제적 곤궁에 처하게 되면서, 그것으로부터 초래될 권위의 동요나 붕괴의 위험성 또한 지배 엘리트에게는 공포스러운 일이었을 법하다.[2] 그런 위기감으로부터 보다 현실적 적실성을 갖는 체제 개

---

[2] 후술하게 될 오규 소라이에게서 그 위기의식이 전형적으로 보인다. 그는 당대의 경제사회화를 역사적으로 전례가 없는 새로운 상황의 도래를 의미하는 것으로 인식하여, 특히 그 파장을 "상인이 주인이 되고 사무라이가 객이 되는"(『政談』卷 2) 사회적 변동으로 받아들여 그에 대한 대책을 촉구하면서 그 대책을 담은 책을 쇼군에게 헌상하였다.

혁의 구상과 함께 지식 및 사상적 언설에 익숙해가던 '민'을 민의의 포섭 및 조작을 통해 체제 내로 끌어들여 체제의 위기를 극복하기 위한 모색도 그만큼 활발해지지 않을 수 없었다. 그 양상은 '민'의 정치적 진화에 대한 사상사적 격투에서 두드러지게 나타났다.

여기서는 에도시대에 주자학이 대중적으로 수용되면서부터 나타난 주자학적 사고방식에 대한 반발과 변용, 해체 등 일련의 사상사적 변동을 민의의 직접적 자기 표출과 그것을 둘러싼 사상적 격투의 전형으로 보고 그 역사적 전개의 의미를 분석, 추적하고자 한다. 이를 위해 우선, '민'의 정치적 진화를 추동한 배경으로서 일본 근세의 독특한 정치, 경제, 국제 관계 등의 사회 정치적 조건과 당대 동아시아의 보편적 학문이었던 주자학의 본격적 수용이라는 두 계기가 서로 얽혀 있다는 점을 살펴볼 것이다. 다음으로, 이러한 배경에서 형성되어 동시대적으로 대중적 파급력을 가지면서 동아시아의 사상적 지형에도 영향을 끼친 주요 사상가의 언설 분석에서 민의의 직접적 자기 표출과 그것을 둘러싼 사상적 격투의 전개 양상을 읽어낼 것이다. 그 중심은 열렬한 주자학도의 입장에서 전향하여 주자학의 엘리트주의적 경향을 철저히 비판하면서 '민'의 정치적 진화에 선구자적 역할을 한 이토 진사이(伊藤仁齋, 1627~1705, 이하 진사이), 유학의 정치화를 꾀함으로써 현실적 적실성을 갖는 체제 개혁의 구상과 민의의 포섭을 통해 체제의 장기 지속을 모색한 오규 소라이(荻生徂徠, 1666~1728, 이하 소라이), 그리고 위 두 흐름의 영향을 받으면서도 유학적 언설에 대한 근원적 부정과 민의의 조작 및 봉쇄를 통해 천황의 정치적 위상을 원리적으로 역전시키고 일본 중심주의로서의 국학(國學)을 집대성한 모토오리 노리나가(本居宣長, 1730~1801, 이하 노리나가) 등이다.[3]

2. '민'의 정치적 진화의 환경

여기서 에도시대 '민'의 정치적 진화와 그를 둘러싼 사상적 격투의 배경을 이룬 사회 정치적 조건으로서 다음과 같은 몇 가지 점에 유의할 필요가 있다.

첫째, 경제사회화의 흐름 속에서 경제활동의 주도권을 쥔 도시 상공인(초닌)들의 경제적 성장과 그 사상적 여파에 관련된 것이다. 오랜 전란의 종결과 정치적 안정화를 바탕으로 일본 역사상 처음으로 시장경제화의 물결이 전 지역과 전 계층으로 점차 퍼져갔으며, 이와 더불어 삶의 기축이 '내세'에서 '현세'로, '종교'에서 '경제'로 옮아가는 이른바 '경제사회'로의 사회구조적 변동이 뚜렷한 모습을 드러내기 시작했다. 종래 각지의 경계를 관할하던 검문소[關所]가 전국적으로 개방되어 전 사회적인 안정과 농업 생산의 비약적 증대 등을 배경으로 전국적인 교통망 및 유통망이 정비되었으며, 전국 각지에 자유로운 거래가 가능한 시장이 개설되었다. 생산력의 발전에 따른 생활 향상의 욕구와 연동하여 많은 상품생산이 이루어졌으며, 이를 토

---

3) 이들은 무사 지배의 세습적 신분제 사회에서 넓은 의미의 '민'에 속하는 상인 계층(진사이, 노리나가)이거나 그에 가까운 사회적 존재(소라이는 지방 영주의 주치의 아들)였다. 바로 에도시대의 주요 사상가들이 '민'이거나 민에 가까운 존재였다는 사실은 조선 사회에서 학문과 사상적 모색의 주요한 계층적 기반이 양반층이었다는 점과 선명한 대조를 이룬다. 양 사회의 계층적 차이만큼이나 주자학에 대한 접근 시각의 차이도 존재했을 것이라는 점은 상상하기 어렵지 않다. 한편 진사이와 소라이의 사상적 모색은 조선통신사 등을 통해 조선에 전해져 다산 정약용을 비롯한 실학자들에게 논의의 대상이 되었으며(하우봉, 1989: 210-265), 소라이의 저작은 명청 교체 이후의 중국에도 전해져 그의 "잃어버린 '중화'를 찾아 고대로 거슬러 올라간"(片岡龍, 2001: 159) 학문적 방법론을 중심으로 결코 적지 않은 영향을 끼쳤다. 다른 한편 노리나가의 국학은 일본 근대국가 형성에 큰 영향을 끼쳤으며, 식민지 시대 근대 한국의 '국학' 모색에도 중요한 자극이 되었을 법하다.

대로 한 상품 및 금융의 거대 시장 및 유통 및 금융 시스템이 형성되었다. 막부 소재지 에도는 18세기 초에 이미 인구가 100만 명을 넘는 당대 세계 최대 규모의 도시로 팽창하였고, 오사카 및 교토 등의 전통적 도시를 비롯하여 각 지방정부의 소재지 및 교통 요지에도 약 200여 개소의 크고 작은 도시가 생겨났다.

이와 같은 '경제사회'로의 사회구조적 변동 속에 이미 17세기 초반 무렵에는 사무라이와 초닌의 사회적 지위가 역전된 형세를 보이기 시작했으며, 사무라이 지배 체제는 화폐 주조권 이외의 경제활동에 대해서는 전혀 주도권을 쥐지 못하고 있었다(마루야마 마사오, 1995: 246). 초닌의 생활 향상 지향에 동반된 문화적 욕구는 당시를 '출판 혁명의 시대'라 부를 만큼의 지식과 정보의 대중화를 촉진하였다(宇野田尙哉, 1996: 10). 비록 경제사회화의 최대 수혜자였던 거대 상인들이 '봉건 권력에 기생하는' 존재로서 서구적 의미의 '중산계급(middle class)'이나 '자본주의 정신(spirit of capitalism)'과는 거리가 먼 존재였다고 할지라도(마루야마 마사오, 1995: 248), 경제사회화에 의해 초래된 지식과 정보의 대중화라는 사회 문화적 환경의 변화가 유학의 보급과 더불어 상당히 넓은 범위에 걸쳐 민간의 '지적(知的) 독서'를 추동하였음은 '민'의 정치적 진화와 관련하여 과소평가할 성질의 것이 아니다(橫田冬彦, 1996: 48).[4]

---

[4] 오사카(大阪) 근교의 상층 농민층의 장서 분석을 통해 유학의 대중적 보급을 위해 만들어진 가이바라 엣켄(貝原益軒)의 저작, 즉 '엣켄본(益軒本)'의 출판 및 보급 상황을 정리한 요코타 후유히코에 의하면, 17세기 후반에서 18세기 초반에 걸친 시기에 '엣켄본'은 출판미디어의 성립에 따라 대량으로 출판되었고, 그 시기 장서에는 문예서나 취미 오락서, 실용서만이 아니라 '정신적 영위'에 관련되는 유학서 및 불교 서적 등이 포함되어 있었다(橫田冬彦, 1996: 48-50). 그뿐만이 아니라, 사상적 계몽운동을 목적으로 한 '경학파(京學派) 유학자'들에 의해 사서(四書) 등 유학서의 출판 및 보급 또한 전성기를 맞이했다(宇野田尙哉, 1996: 15). 이 시기부터 유학적 지식이 대중적으로 보급되어 상당히 넓은 범위에 걸쳐서 '지적 독

둘째, 당대의 중국이나 조선과는 달리 도쿠가와 쇼군들은 어떤 특정한 정치이념을 통한 지배 체제의 정당화에 그다지 관심을 갖고 있지 않았다. 도쿠가와 이에야스가 도요토미 히데요시 가문으로부터 권력을 탈취하여 전국을 제패한 후, 그 자신은 특히 맹자의 논리에 관심을 기울인 듯하나(마루야마 마사오, 1995: 120), 거기서 더 나아가지는 않았다. 학문을 장려할 제도에 대한 구상을 갖고 있지 않았으며, 중국과 조선처럼 학문적 능력에 의거하여 관료를 선발할 과거제도에 대한 생각조차 가진 적이 없었다(와타나베 히로시, 2007: 49). 오로지 관심은 내전의 종식과 막번 체제의 안정이라는 현상의 유지를 통한 사실상의 지배에 집중되었다. 명분상으로도 실질상으로도 평화와 안정의 지속이야말로 사무라이 지배 체제의 정당성의 원천이었다. 그 이상의 이념적 지배에 의욕을 갖고 있지 않았을 뿐만 아니라, 지배 체제에 직접적으로 도전하는 것이 아닌 한, 사상 통제에 대해서도 큰 관심을 기울이지 않았다. 17세기 후반 유학자 야마가 소코(山鹿素行)의 유배나 구마자와 반잔(熊沢蕃山)의 추방 또한 주자학을 정통 사상으로 하는 체제에 의한 이단 배척이 아니었다(와타나베 히로시, 2007: 44). 그런 만큼 민간에서의 학문 및 사상적 모색에 대해서도 무관심하였다고 하는 편이 적절할 것이다. 이처럼 지배 체제의 사상적 무관심이 결과적으로 '의도하지 않은' 사상적 관용성을 민간에 허여하고 있었다는 점은 '민'의 정치적 진화와 관련하여 중요한

서'가 행해지기 시작하였다. 더욱이 지방의 유식자층이나 강담사(講談師)들이 행한 '강화(講話)' 및 '강담(講談)' 등 각종 오럴 미디어는 문자를 해독하지 못하는 기층의 사람들에게까지 지식을 전파하기 시작하였다. 이처럼 상하를 불문한 각종 커뮤니케이션 네트워크의 점차적인 형성이라는 현상까지 염두에 둔다면, 유학의 대중적 보급 범위는 훨씬 더 광범위한 것이었으리라. '읽기 쉽고 이해하기 쉬움'을 특징으로 한 계몽적 출판물의 등장도 이러한 사정을 반영하고 있는 것이다.

조건으로 작용하였다.

셋째, 막부가 사상적으로 체제를 정당화할 의욕도 갖지 않았다거나 사상 통제를 시행하지 않았다 하더라도, 정치의 윤리화를 지향한 유학적 이념에 대한 관심이 높아진 사회 정치적 분위기를 무시하기는 어렵다. 중세 이래 '[천하는 특정인의 천하가 아닌] 천하의 천하(天下之天下)'라는 사고(玉懸博之, 1998)나 '인정(仁政)이념의 상식화'(若尾政希, 1999) 등이 지적되는 것은 그와 관련이 깊다. 더욱이 에도시대 초기에 위정자를 대상으로 하여 작성된 『본좌록(本佐錄)』에는 전국시대부터 강조되기 시작한 '천도(天道)'에 의거해 윤리적이고 책임 있는 정치를 하라는 요구가 보인다(黒住真, 1994: 282-286).

'천도' 사상은 한편으로는 인과응보의 논리에 의해 막부의 전국 지배권을 정당화하는 역할을 하기도 하지만, 다른 한편으로는 민귀군경(民貴君輕) 사상에 의거하여 민의의 반영 및 수렴을 강조하는 민본 정치를 요구하거나 당면 정치 질서에 대항하는 일종의 '반역'조차 정당화하는 이념[暴君放伐]으로서도 기능하는 양면적 성격을 띤다(石毛忠, 1968: 28). 도쿠가와 이에야스가 "마상(馬上)에서는 태평(泰平)을 이룰 수 없다."고 하여 전시와 달리 평시에는 무력만으로 온전하게 통치할 수 없다고 생각하면서, "무사는 도(道)에 어두워서는 안 된다. 도의(道義)를 제일로 여겨야 한다."(「本田平八郎聞書」)고 강조하지 않을 수 없었던 이유이기도 하다. 1615년에 제정된 무가제법도(武家諸法度) 제1조에 "문무궁마(文武弓馬)의 도를 오로지 잘 연마할 것. 좌문우무(左文右武)하는 것은 예로부터의 법도이다."(『御触書寛保集成』卷1)라고 명시된 것 또한 이러한 사회 정치적 분위기를 반영하는 사례라 하지 않을 수 없다.[5]

---

5) 비록 아직 무(武)가 문(文)보다는 비교 우위의 위치를 점하고 있기는 하지만, '문

넷째, 중화 문명권 바깥의 또 다른 문명권(서구)과의 꾸준한 접촉이 중화주의적 질서관의 해체와 동아시아 국제 관계에 대한 새로운 해석, 그리고 민족주의적 정체성에 대한 모색을 촉발하고 있었다는 점이다. 16세기 중엽 조총과 기독교의 전파로 상징되는 '대항해 시대' 서구와의 접촉은 타 지역에 대한 관심을 꾸준히 확대시켰다. 비록 막부의 성립과 더불어 기독교에 대한 금압과 자유로운 항해 금지가 법제화되어 나가사키(長崎)에서 네덜란드와 중국에 한정된 무역밖에 허용되지 않았다고 하더라도, 권력에 대한 도전을 기도하는 성격이 아닌 한, 무역 루트를 통해 세계의 산물 및 정보 등이 지속적으로 공급되었다.

네덜란드 풍설서(風說書)를 통해 동시대 루이 14세의 처형 사실이 알려지고, 당인(唐人) 풍설서를 통해 『화이변태(華夷變態)』가 저술되었다는 사실이 이를 반증한다(大庭脩, 1999). 이미 18세기 중반에는 지동설(地動說)을 담은 천문학 서적이 번역되었고, '지구가 둥글다.'는 사실을 소개하면서 그 사상적 의미를 묻는 사상가가 출현할 정도였다(高橋正和, 1981: 115). 게다가 18세기 초엽 서민극의 대본 작가로 인기를 누리던 지카마쓰 몬자에몬(近松門左衛門)의 『국성야합전(國姓爺合戰)』에서 드러나듯이, 중화 문명의 중심이던 명(明) 왕조가 주변의 '야만'이던 청(淸) 왕조에 의해 몰락한 동아시아의 정치 변동 또한 에도 사회에 각인되어갔다. 이처럼 전통적 세계관 및 가치관의 동요를 초래할 지식 및 정보의 지속적인 유입이 가치 상대주의적 공

무'의 틀의 정착에는 중세 정치사상의 흡수라는 측면 또한 존재한다. 중세 정치사상의 전형을 정리한 기타바타케 지카후사는 "문무(文武) 이 두 가지를 잠시라도 잊어서는 안 된다. '세상이 어지러워질 때는 무우문좌(武右文左)로 하고 나라가 안정될 때는 문우무좌(文右武左)로 한다'고 하였다."라고 정리한다(北畠親房, 『神皇正統記』 第52代 嵯峨天皇).

간을 조형하고 그것이 민족적 자의식을 강조하는 정치사상적 흐름을 유인하고 있었다.

다섯째, 고대 율령제에 입각한 천황 및 조정이 당대 사람들의 기억 속에 그 존재를 남기고 있었다는 점 또한 중요하다. 당대 천황 및 조정의 정치적 권력은 사무라이 지배 체제에 완전히 장악된 상태였다. 그러나 정치적으로는 막부의 통제를 받으면서도, 막부의 무단적 성격과의 대비를 통해 왕조시대에 쌓아둔 문화 자본을 배경으로 천황 및 조정은 정치적 권위의 원천으로서나 문화적 상징으로서 기능할 개연성을 갖고 있었다. 특히 위에서 언급한 전통적 세계관 및 가치관의 동요에 따른 가치상대주의적 공간에서의 민족적 자의식의 강조와 맞물리면서 천황의 존재 가치는 더욱 빛을 발하게 된다. 18세기 중엽에 이미 야마가타 다이니(山縣大貳)가 막부의 무단통치를 비판하고 존왕론을 전개하여 사무라이 지배 체제의 전복을 꾀했다는 이유로 형장의 이슬로 사라진 사례는 그 전형이다(고희탁, 2009: 170). 이처럼 권위 및 문화의 상징으로서의 교토 조정의 존재는 에도의 군사정부 체제의 구조적 문제를 통감하는 반대자나 개혁가들에게 정치적, 사상적인 의지처 및 피난처로서의 잠재력을 갖고 있었다. 이 글에서 다룰 노리나가의 국학 또한 그 동기의 저변에는 야마가타 다이니의 그것과 유사한 문제의식이 개재되어 있었으며, 메이지유신을 일으킨 '지사'들에게 천황의 존재가 정치적 권위의 원천이나 문화적 상징으로서 유용한 대안이었음은 이미 잘 알려진 바이다.

위에서 살펴본 에도시대의 '분산적 시스템', 즉 어느 특정 세력이 권력과 권위, 정치적 권력과 경제적 실력을 완전히 독점하지 못한 채, 정치, 경제, 문화의 중심이 분산되어 있던 체계는 막부 정권에 의해 의도되거나 기획된 것이 아니었다. 그런 만큼 이러한 시스템은 아직 신분제적 제도 및 습관이 지배적이던 전근대사회 전반에 걸쳐 커다란 통풍구의 역할을 담당하였다. 더욱이 지정학적 인식의 변동에 따른 가치의 다원화와 가치상대주의적 공간의 출현은 새로운 바람이었다. 그러나 '민'의 정치적 진화를 추동한 보다 근본적 배경으로서 당대 동아시아의 보편 사상이던 주자학의 본격적 수용과 보급이라는 계기를 빼놓을 수 없다. 오히려 이러한 요인들과의 우연적 결합이라는 토양 위에서 주자학에 내재된 다층적 가능성이 싹을 틔울 수 있었다고 말하는 편이 더 적절할 것이다.[6]

3. 주자학의 사상사적 '파문'

주자학은 중국 송 대(宋代)에 북방 이민족의 세력 팽창 및 귀족제도의 몰락이라는 위기와 '경제사회'로의 흐름이 만들어지기 시작한 사회경제적 상황을 배경으로 하여 대두한 신유학(Neo-Confucianism)을 가리킨다(小島毅, 2004). 그것은 신분이나 가문에 의하지 않고 '실력'에 의한 인재 등용을 목적으로 한 과거제도의 본격적 실시와 함

---

[6] 후쿠자와 유키치는 서구의 제국주의적 위협으로부터 일본의 독립을 지키기 위해 문명의 정신과 문물을 아우른 서양 문명의 철저한 학습 및 체득을 강조한 『문명론의 개략』에서, 한편으로는 당대의 일본을 중국과 함께 문명과 야만의 중간단계인 '반개(半開)'의 위치에 설정하면서도, 다른 한편으로는 『유럽문명사』를 저술한 기조(François Guizot)의 역사관을 응용하여 권력과 권위가 황제에게 독점된 중국에 비해, 권력과 권위의 병존으로 '권력의 편중'에서 상대적으로 더 벗어나 있는 일본이 '문명개화'에 더 가깝다는 논리를 전개한다(福沢諭吉, 1995). 이러한 후쿠자와의 '에도시대론'은 그 시대의 '분산적 시스템'에 내포된 가능성에 주목한 선구적 사례로서 주목할 만한 것이다. 그러나 그가 문명개화의 사상적 장애물로서 유교를 비판하는 데에는 동의하기 어려운 측면이 있다. 그의 유교에 대한 이데올로기 비판에는 공감할 수 있는 부분이 적지 않지만, 다른 한편으로는 비역사적 접근의 일반화라는 문제 또한 있기 때문이다. 이 문제에 대해서는 다른 기회에 다루고자 한다.

께 주류가 되어 중국은 물론 동아시아 사회에 널리 퍼져간 '도학(道學)'을 중심으로 한 유학의 흐름을 지칭한다. 그 가운데 특히 '도학' 계열의 유학자들은 민족적, 정치사회적 위기를 극복하기 위해 높은 사명감과 도덕적 이상주의에 입각하여 정치적, 사회적 개혁을 호소하고 실천해간 '신참자'들이었다. '도학' 계열의 유학자들은 당시 제도 및 법률의 제정 및 개폐 등을 사회 정치적 개혁의 중심으로 삼은 왕안석(王安石) 중심의 그룹에 비해 소수파에 지나지 않았다. 그러던 '도학' 계열이 서서히 실세를 장악할 수 있었던 이유는 체제 내외를 불문하고 전 사대부층의 자발성 및 도덕적 자율성의 고양을 통해 공적 의식을 지닌 주체를 형성하고 그 도덕적 주체들에 의거하여 공적 문제의 해결을 지향하려는 도덕적 이상주의에 힘입은 바가 크다(伊東貴之, 1995: 165-167).

그들의 이상주의는 크게 세 가지의 가능성을 내포하고 있었다. 첫째, 맹자의 민본주의가 정치의 목적으로서 명시되어 정치의 윤리화를 촉진한다는 점이다. 그들의 철학적 명제 가운데서도 특히 주목할 것은 주자학의 핵심 개념인 '만물 일체(萬物一體)의 인(仁)'이다. 불교적인 '리(理)'와 도교적인 '기(氣)'라는 존재의 양면과 관련된 요소를 통합하여 주자학의 '만물 일체의 인'이 성립되고 있는데(島田虔次, 1967), 그 가운데 도교적 세계관의 영향을 받은 '기'에는 보다 넓은 범위의 타자 및 세계와의 공명(共鳴), 공감(sympathy)으로 이어지는 계기가 개재되어 있다. "의서(醫書)에 수족(手足)이 마비되어 위축되는 것을 불인(不仁)이라고 한다. 이 말은 인(仁)을 가장 잘 형용하고 있다. 어진 사람(仁者)은 천지만물을 모두 자기 자신의 몸으로 여긴다."(『近思錄』卷1, 道體)고 하여,[7] '어질지 않음(不仁)'을 신체적인 불

---

7) 이 부분은 『정씨유서(程氏遺書)』(卷2, 上)에 보이는 정명도(程明道)의 언급이다.

감증으로서의 '마비'에 비유하고 있는 것에서도 잘 드러난다.

이 '인'에는 존재 그 자체를 존중하는 타자에 대한 열린 마음의 수평적 확장, 모든 존재의 '삶[生]'에 대한 공감이나 사랑, 배려(care)를 의식한 관계를 중시하는 흐름이 내포되어 있다. 동시대 유학자 장재(張載)의 "민은 나의 동포[民吾同胞]"라는 선언(『西銘』) 이후 주자학에 흡수된 이 흐름은, 예를 들어 여말선초(麗末鮮初) 신흥 사대부층이 '민'을 '동류(同類)' 및 '동포(同胞)'로 인식하고 있었다는 점에서도 그 가능성이 잘 나타나 있다(이석규, 2004: 24-28). 이 흐름을 내재한 철학의 구축이야말로 세력 다툼으로 전쟁이 끊일 날이 없던 전국시대에 맹자가 고독하게 외쳐댔던 민본주의의 고고성(呱呱聲)이 비로소 신흥 사대부층을 통해 동아시아 전근대사회에 뿌리를 내리기 시작했다는 반증일 것이다.

둘째, 친소 관계에 따른 인륜적 분별을 기본으로 삼으면서도 도덕심의 동심원적 확장 가능성을 열어놓아 실제상으로는 친소 관계의 분별에 머무르기 쉬웠던 유교 도덕을 친소 관계를 뛰어넘는 공적 윤리로 고양시킨다는 점이다. 위에서 언급한 '기'와 대비되는 측면에서 불교(특히 선불교)적 세계관의 영향을 받은 '리'에는 내면적 자기혁신을 통한 공적 주체로서의 자기 확립이라는 계기가 존재한다. 이를 바탕으로 '격물 궁리(格物窮理)'를 통한 세계 이해라는 측면이 더해짐으로써 탁월성(excellence) 추구를 통한 공적 주체 형성의 과제가 바로 여기서 비롯된다. '리'에는 '리'를 인식하는 '지(知)'적 기반과 그에 의거하여 인식된 불의(不義)의 교정과 '정의(justice)'의 실천을 지향한 자기의식의 확립 및 고차원(高次元)의 주체 형성을 중시하는 흐름이 내포되어 있다.

그 점은 종래 군신(君臣)·부자(父子)·부부(夫婦)·형제(兄弟)·붕우(朋友) 등 직접적 대면 관계에 의거했던 개인적·개별적 도덕을 '인의예지신(仁義禮智信)'이라는 개념으로 일반화하는 데에서도 잘 드러난다. 특히 '경제사회화'가 도시의 발달과 함께 전통적 공동체를 떠나온 '익명'의 존재들을 양산하기 쉽다는 측면을 생각한다면, '도학' 계열의 유학자들에게 경제사회화는 탐탁지 않은 사회현상으로서 그들에게 주요한 문제로 의식되지 않았다고 하더라도, '도학'이 이른바 '게젤샤프트(Gesellschaft)'의 윤리로서 기능할 수 있는 가능성을 열어놓고 있었다는 점은 간과할 수 없다. 이러한 일반화는 종래 가족이나 공동체에만 머물기 쉬운 유교적 도덕을 보다 비(非)직접적인 타자, 보다 고차원의 사회에까지 열린 공적 윤리로서 재인식하기 시작했다는 것을 의미한다(고희탁, 2009: 41-43). 이로써 원리적으로는 '공적인 것'의 사적 독점이나 불공정한 특권적 행태에 대해 '공적 결정의 원칙'에 반(反)하는 문제로서 명확하게 제기할 수 있는 길이 열린 것이다. 거기에는 물론 국가의 존재 이유 및 통치 권력의 정당성(legitimacy)에 대한 물음 또한 내포되어 있다. '도학' 계열의 학자들이 가장 중시한 『대학(大學)』의 '수신(修身)·제가(齊家)·치국(治國)·평천하(平天下)'라는 철학적 좌표축은 사대부층의 개개인에게 이전과는 구별되는 공적 사명감을 환기시켜 사회적, 정치적 개혁의 이상주의 노선을 실천해나갈 책임감 있는 공적 주체의 형성이라는 학문적, 실천적 과제를 웅변적으로 대변하는 것이었다.

 셋째, 정치적으로나 도덕적으로도 수동적 대상에 지나지 않던 '민'에게 적어도 도덕적 주체로서의 가능성을 인정하여 윤리적 영역에서의 신분제적 제한을 철폐하고 있다는 점이다. 주자학은 맹자의 성선설을 선불교적 세계관과 결합시켜 이론화하는 형태로 인성론을 제시했다는 특징을 갖는다. 인간의 본원적 성질[本然之性]을 순수한 우주적 질서의 원리이자 규범인 '천리(天理)'가 인간에 내재화한 것으로 인식함으로써 인간 사이의 신분제적 상하 및 귀천의 구별에 관계없이 본원적 인성의 평등성을 천명한 것이다. 인성론에서의 평등성은 적어도 이론적으로는 현 질서의 사회적, 정치적 지위에 관계없이 모든 존재에게 도덕적 가능성이 평등하게 부여된 것을 의미한다.

신참에 가까운 신흥 사대부층이 외면적 지위나 세력에 위축되지 않고 당당하게 자기주장을 펼 수 있었던 것은 우주적 질서의 원리이자 규범을 본성적으로 내재한 존재로서의 자기에 대한 확신, 즉 현재의 위계질서로 환원되지 않는 이러한 도덕적 만민 평등관에 대한 내면적 확신이 있었기 때문이었다. 더욱이 그런 내면적 확신은 신흥 사대부층에게만 한정될 리 없었다. 그것은 '민'에게도 동일하게 적용되어야만 할 규범적 기준이었다. 이와 같은 도덕적 만민 평등관은 주자학의 수용 주체에 따라 크게 두 가지 가능성을 갖고 있었다. 하나는 유학자 관료층이 도덕 정치 이념으로서 군주의 자의적 권력 행사를 견제하고 공론 정치를 전개해나간 경우이고, 또 하나는 피지배층인 '민'이 주자학에 내포된 도덕적 만민 평등관을 활용하여 지배의 정통성에 대한 문제의식을 발전시켜간 경우이다. 전자는 조선 시대, 후자는 일본의 에도시대에 전형적으로 나타났다.[8]

주자학에 내포된 바로 이러한 다층적 가능성이야말로 중국만이 아니라 전근대 동아시아인들을 매료시킨 결정적 계기이지 않았을까. 주자학이 한국을 비롯한 에도시대 일본, 동아시아의 근세 사회에 본격적으로 수용된 이유가 이러한 '리'와 '기'의 양 계기에 내포된 새로운 가능성에 대한 기대와도 관련이 깊은 것이다.[9]

---

8) 에도시대에 주자학이 본격적으로 수용된 주요한 계기를 주자학의 평등주의에서 찾고서 그 측면이 중세적 자치 조직 속에서 배양된 평등 의식과 상통하기 때문이라고 해석하는 견해도 참고할 만하다(尾藤正英, 2000: 180).
9) 물론 이 양 측면의 계기와 흐름은 경향성을 의미하는 것으로 각각 고립된 상태를 의미하는 것이 아니다. 상호 겹쳐져 있거나 연관되어 있을 뿐만 아니라 상호 보완적으로 작용하는 관계였음은 말할 것도 없다. 그러한 양면성은 주희가 편집

4. '민'의 정치적 진화 — 이토 진사이의 경우

　에도시대에 들어서 동시대의 보편적 학문으로서 다층적 가능성을 가졌던 주자학은 상하를 막론하고 사회 전체에 본격적으로 수용되기 시작하였다. 비록 소수이긴 하지만 이케다 미쓰마사(池田光政), 호시나 마사유키(保科正之), 도쿠가와 미쓰쿠니(德川光圀)와 같은, 유학을 통치에 적극적으로 활용하려 했던 유력 다이묘(大名)들이 비교적 초기에 출현한 것이 그 반증이다(와타나베 히로시, 2007: 37).

　그러나 정치권력에 의한 사상적 지배나 통제 의지가 미약한 상황을 바탕으로 주자학에 내포된 다층적 가능성을 끌어낸 이들은 주로 민간의 학자들이었다. 경제적 여유를 가진 도시민의 문화적 교양의 요구에 따라 수용된 주자학의 사상적 한 축에 지나지 않던 도덕적 만민 평등관이 에도시대의 사회 정치적 조건을 배경으로 '민'의 자기 인식에 근본적 전환을 초래하는 요소로 작용하고 있었다. 예를 들어 에도시대 초기의 가이바라 엣켄(貝原益軒)에게서 보이는 살아 있는 모든 존재의 즐거움(樂)을 찬미하고 이 즐거움이야말로 공자 가르침의 참된 정신이라고 한 재해석의 시도는 '민'의 자기 인식이라는 측면에서의 근본적 전환과 관련이 깊은 것이라 할 수 있다(미나모

한 주자학 학습의 필수 교재의 하나였던 『근사록(近思錄)』에 '리'의 '의'적 측면을 강조하는 사상만이 아니라, '기'의 '인'적 측면을 강조하는 사상도 포함되어 있다는 사실에서 전형적으로 드러난다. 그러나 각각의 경향성으로의 편향이라는 문제 또한 없다고 할 수는 없다. 실제로 진사이가 그 양면성을 "인(仁)을 즐겨한다."는 측면에 중심을 둔 정명도(程明道) 및 범중엄(范仲淹) 계열과 "불인(不仁)을 미워한다."는 측면에 중심을 둔 정이천(程伊川) 및 주자 계열로 구분하는 것은 그 때문이다(『仁齋日札』). 그런 만큼 거기에는 "어떻게 기록되었는가." 혹은 "어떻게 편집, 구성되었는가."라는 측면만이 아니라, 독자가 어떤 입장에 있는가에 따라 그것이 "어떻게 읽혀졌는가."라는 사회사적인 측면의 새로운 해석 가능성도 내포되어 있었던 것이다(ロジェ・シャルチェ, 1996: 12).

토 료엔, 2000: 51).

　그 가운데 특히 '민'의 정치적 진화와 관련된 중요한 시발점이라는 의미에서 이토 진사이의 사상적 모색은 중요하다. 그의 사상은 앞서 언급한 에도시대의 사상사적 조건과 주자학의 가능성이 결합하여 '민'의 정치적 진화라는 화학적 변화를 일으킨 전형적 사례라 할 수 있기 때문이다. 그의 대두는 그때까지 정치적으로, 사상적으로 동원 대상이나 소비자로서만 간주되어온 '민'이 사회와 정치를 둘러싼 언설의 생산 및 유통의 주체로서 본격적으로 대두하기 시작하였다는 것을 의미한다. 종전의 사회 정치적 언설이 당면 질서 및 권위에 대해 피지배자나 하위자의 충성을 조달하기 위한 하향적 성격의 것이 대부분이었다고 한다면, 그는 '민에 의한', 그리고 '민 자신을 위한' 수평적, 상향적 성격의 언설을 산출하여 유통시키고 있다는 점에서 중요하다. 더욱이 그의 사상적 모색은 이후 민의가 갖는 정치적 의미와 그 동향에 대해 정치적으로 주목하지 않을 수 없게 만든 사상사적 '사건'으로서의 성격을 띠기도 한다는 점에서도 그렇다.[10]

　진사이는 철저한 주자학 비판자로 알려진 유학자이지만, 실제로 청년기의 그는 가족 및 가까운 주변의 거센 반대와 장남의 가업 승계를 당연시하는 사회적 관습을 뒤로하고 가출하여 은거하면서 주자학에 전념한 열혈 학도였다. 그 과정에서 『근사록』 『주자어류(朱子語類)』 『성리대전(性理大全)』 등 주자학 학습의 필수 서적을 독해했으며, 한층 더 깊이 있는 실천적 학문을 지향하여 불교 수행법인 백

---

10) 진사이학의 출현을 유학사의 획기적 시점으로 보는 것은 그후의 많은 유학자가 그렇게 이해한 것이기도 하였다. 그러나 그 '사건'성에 대한 의미 부여는 각각의 입장에 따라 긍정, 부정을 포함하여 다양하다(와타나베 히로시, 2007: 223). 이 글에서 주장하는 의미의 '사건'성에 대한 해석은 내가 이전에 시도했던 시론적 연구가 처음이다(高熙卓, 1998).

골관법(白骨觀法)의 수행에까지 이르러 정신적 질환을 겪으면서도 '무욕청정(無慾淸淨)'의 고매한 인격 완성에 몰두할 정도였다(石田良一, 1960: 37-38). "처음에 『대학』을 접하여 「치국평천하」장을 읽고서 요즘 세상에 이와 같은 것을 아는 사람이 있을까!라고 감격하였다."(「先府君古學先生行狀」)고 회고하는 바와 같이, 상인 계층의 일원으로 태어나 제도적으로 신분제 사회의 하층민일 수밖에 없었던 그를 매료시킨 것은 주자학의 '수기치인(修己治人)'이라는 명제에 내포된 공적 주체 형성론과 이를 뒷받침하는 도덕적 만민 평등관이었다. 그러나 그는 점차적으로 그토록 몰입하던 주자학에 대해 공자 및 맹자의 원뜻에서 벗어나 있다고 비판하면서 공맹의 원뜻에 의거하여 유학의 재정립을 지향한 '고의학(古義學)'을 수립하기에 이른다.

그의 '고의학'은 주자학에 내포된 도덕적 만민 평등관을 바탕으로 하여 '민'의 시각에서 주자학에 내포된 관념론적 독단성, 그리고 엘리트주의적 경향성의 문제를 부각시키는 것이었다. 실제로 주자학자들은 불교에 비해 '실(實)'을 강조하고 있었지만, 주자학 역시 '리(理)'를 중심으로 한 관념론적 성격이 강했다. 그런 만큼 언설과 실천과의 괴리에 따른 독단과 위선(僞善)이라는 문제를 배태하고 있었다. 게다가 고차원의 주체 형성을 통해 사회를 변혁시킨다는 이상주의에는 신분제 시대라는 역사적 배경과도 맞물리면서 전위주의나 엘리트주의로의 편향성을 내포하고 있었다. 바로 이 지점들을 그가 치고 들어간 것이다. 그의 방법은 공자와 맹자에 의거하여 새롭게 도덕 및 인성 등의 개념을 주자학의 그것과는 다르게 재정의하는 경학적 스타일을 취하고 있으나, 그 결과는 '민'의 도덕적 주체화는 물론 정치적 진화 또한 강력하게 추동하는 것이었다.

1) '내면의 도덕'에서 '관계의 도덕'으로

진사이의 사상적 전환의 요점은 다음과 같이 정리할 수 있다. 첫째, 도덕 개념의 차원 전환이다. 주자학과 마찬가지로 그에게도 도덕은 '인의예지'와 다르지 않으나, 그 자체가 실체로서 인지되거나 내면적 자각에 중심이 두어진 차원의 것이 아니라는 점이 특징적이다. 그의 도덕 개념은 어디까지나 타자와의 관계에 실질적 영향을 끼칠 경우에 비로소 의미를 갖는 관계론적 차원에서 그 진정성을 묻는다. 인의예지는 "모두 도덕을 가리키는 이름으로서 성(性)을 가리키는 것이 아니다. 도덕이란 널리 천하에 다다름을 의미하는 것으로서 한 사람에게 머무름을 의미하는 것이 아니다."(『語孟字義』仁義禮智3)

그가 도덕의 핵심으로서 가장 중시하는 인(仁)은 "부모를 부모로서 모시는 일에서부터 붕우·향당(鄕黨), 그리고 비직접적 관계[所識疎薄]의 사람들에 이르기까지 자애의 마음을 전체로 널리 확충하여 그 마음이 이르지 않는 곳이 없고 조금이라도 인정이 없거나 남을 훼손하는 마음이 없는 상태"(『童子問』中卷6)로 재정의된다. 그에게 '인'은 가장 자연스런 감정인 부모-자식 관계의 '자애의 마음'을 토대로 하면서도, 가까운 직접적 관계에만 머무는 것이 아니라, 비직접적 관계의 타자에게까지 확장해야 하는 공적 성격의 실천 규범이다. "한 사람에게만 베풀고서 열 사람에게까지 이르지 않을 때에는 인이라 할 수 없다."(『童子問』上卷43) 더욱이 그 의미도 관념적 차원의 형이상학적 의미보다는 바로 '사랑[愛]'이라는 실제적 차원으로의 현실화를 지향한다는 점에서 특징적이다.

덕(德)에 사람을 사랑하는 일보다 더 큰 것은 없고 사물을 해치는 일보다 더 나쁜 것은 없다. 공자학파가 인(仁)을 학문의 종지로 삼는 것은 이런 이유 때문이다(『童子問』上卷43).

사랑하는 마음에서 비롯될 때에는 바로 실(實)이 되지만, 사랑하는 마음에서 비롯되지 않을 때에는 위선일 뿐이다. 이런 이유로 해서 군자에게는 자애의 덕만큼 큰 것은 없고 잔인각박(殘忍刻薄)한 마음보다 더 슬프게 하는 것은 없다(『童子問』上卷39).

이처럼 그의 도덕 개념은 언설과 실천과의 괴리에 따른 독단과 위선이라는 문제를 의식한 것이다. 그 바탕 위에서 그것은 타자와의 실질적 관계에서 비로소 그 진정성을 평가받는 관계론적 규범으로 차원 전환되면서 구체화되고 있는 것이다.

2) '민'의 도덕적 주체화

둘째, 도덕을 관계론적 규범으로 재정의함으로써 '사랑'이 담긴 소박한 일상적 실천도 도덕의 실마리로서 적극적으로 긍정함과 동시에 그 실천 주체의 실질적 범위를 '만민(萬民)'에까지 확장하고 있다는 점이다. 물론 주자학은 이념상으로는 "천자(天子)로부터 일반 서민에 이르기까지" 만민을 도덕적 주체화의 대상으로 하는 보편주의를 표방하고 있다(『大學』經). 그러나 그 관념론적 경향과 그에 따른 고도의 지적 능력에 대한 요구가 주자학에 내포된 도덕적 만민평등관의 가능성에 엘리트주의적 덮개를 씌워버리기 쉽다. 주자학은 만민이 도덕적 주체여야 한다고 당위적으로 주장하지만, 엘리트층에 의한 도덕적 교화를 낙관주의적으로 주장만 할 뿐 그들이 도덕적 주체가 된다는 것의 의미를 분명하게 밝히려 하지 않았다.

이와는 달리 진사이는 그 엘리트주의적 위험성을 민감하게 포착하여 맹자의 재해석을 통해 오히려 '만민'의 일상적 실천에 초점을 맞춘 도덕적 실천 주체의 범위 확장을 명시한다.

> 이른바 대로(大路)란 귀천존비(貴賤尊卑)를 가리지 않고 통행하는 곳이다. …… 위로는 왕공대인(王公大人)에서부터 아래로는 상인, 마부, 절름발이, 하인, 맹인 등에 이르기까지 모두 이 대로를 지나지 않는 사람이 없다. 단지 왕공대인은 갈 수 있고 필부필부(匹夫匹婦)는 갈 수 없다면 그것은 도(道)가 아니다. 현지자(賢知者)는 갈 수 있고 우불초자(愚不肖者)는 갈 수 없다면 그 또한 도가 아니다(『語孟字義』道3).

그는 맹자가 '도'를 '대로'에 비유한 것을 예로 들어 한편으로는 엘리트주의로의 편향성의 문제를 의식하면서, 다른 한편으로는 그 통행의 주체를 특정 신분에 국한시키지 않고 종래 교화의 대상으로서만 취급되던 '필부필부' 및 '우불초자'와 같은 '비천'한 생활인을 포함한 만민에게 수평적으로 열어놓고 있는 것이다. 그가 '인의예지'의 도덕을 지향한 일상생활의 관계론적 실천 조목의 중심에 '성실[忠]'과 '관용[恕]'과 같은 지적 능력과는 무관한 소박한 일상적 실천을 둔 것은 그 때문이기도 하다(高熙卓, 1998: 180-183).

3) 정치관의 전환

셋째, 도덕의 차원 전환과 만민으로의 주체 범위 확장은 주자학적 정치관의 맹점에 대한 비판 의식과 연동되고 있다는 점이다.[11] 그는

---

11) 진사이의 정치에 대한 문제의식은 종래 거의 주목받지 않았다. 그에게 독자의

주자학의 정치관에 내포된 맹점을 다음과 같이 지적한다. 그 맹점은 정치 세계의 한가운데에서 왕도 정치를 주장하면서도 실질적으로는 그 실현과 동떨어지기 쉽다는 문제, 즉 "오로지 심법(心法)에 치우쳐 있다."(『童子問』, 中卷11)는 점에 있다. 그 전형으로서 주자가 주위의 충고를 물리치면서까지 효종(孝宗)에게 '정심·성의(正心·誠意)'를 강조한 사례를 든다. "[인격 수양은] 최고 통치자[人君]에게 고할 내용이 아니다. …… 최고 통치자인 만큼 '민'의 호오(好惡)에 그 자신의 호오를 맞추는 것을 근본으로 삼아 마땅하다. 설령 정심·성의를 갖췄을지언정 그들과 호오를 같이하지 않는다면 도대체 그것이 치도(治道)에 어떤 도움이 되겠는가."(『童子問』中卷17)라고 반문한다. 그 이유는 도덕을 타자와의 실질적 관계에서 비로소 그 진가를 평가받는 관계적 규범으로 재정의한 데에서 알 수 있듯이, 정치 세계의 '도덕' 또한 '민의 호오'에 얼마나 잘 부응하였는가로 평가해야 한다는 것이다. 위정자에 대해서는 '정심·성의'에 대한 내면적 자각이나 진술만을 근거로 평가해서는 안 된다고 보았기 때문이다.

> 공자가 인(仁)을 칭할 때는 대체로 백성이 그 이익과 혜택을 누리게 된 경우를 두고 말한다. 리(理)에 부합하고 사적 욕심이 없

정치론이나 정책론을 전개한 논저가 없을 뿐만 아니라, 지방 영주의 초빙을 거부하고 자신이 직접 정치에 관여하는 길을 선택하지 않았다는 사실로 인해, 종래에는 주로 '비정치적 문화인'으로 취급되어왔으며, 설령 정치와 관련된 언급을 남기고 있다고 하더라도 '현 체제의 지지나 긍정'이라는 의미에서의 관여였다고 규정되어왔다(와타나베 히로시, 2007; 宮宅, 1987; 子安, 1982). 그러나 실제는 결코 그렇지 않다. 그는 치자(治者)가 걸어야 할 길로서의 '왕도(王道)'를 유학자들의 '전문(專門)의 업(業)'(『童子問』中卷11)으로서 강조하고 있을 뿐만 아니라, 후술하는 것처럼 주자학의 정치관에 내포된 맹점을 비롯하여 당대 사무라이 지배 체제의 무단적 성격에 대해서도 날카롭게 비판하고 있었다. 이 점을 간과해서는 안 된다(高熙卓, 1998: 176-179).

다는 시각으로 인을 해석한다면 공자가 의도하는 바를 깨닫지 못하고 이 말들이 의미하는 바의 참뜻에서 점점 더 멀어질 뿐이다(『童子問』上卷51).

통치자에게 '인'이란 단순히 '사적 욕심이 없다[無私].'는 개별적, 관념적 차원의 윤리에 머무는 것이 아니다. 공자가 강조한 '어진 정치'란 생활인들에게 실질적인 '배분[賜物]'을 행하고 그 "이로움[利澤]을 전체에 파급시켜"(『童子問』上卷50), '민'의 삶이 윤택해지는 상황을 포괄하는 구체적 언급이었다는 것이다.

그것은 맹자의 "항산(恒産) 없이 항심(恒心) 없다."(『孟子』「梁惠王上」)는 명제를 활용하여 '민'의 호오에 통치자의 호오를 맞춰 그 민생적 요구를 실현할 때에 비로소 정치는 "공평(公平)하고 관인(寬仁)하다."(『童子問』中卷16)는 그의 왕도 정치론의 반영이다. 왕도 정치는 위정자의 '불인(不仁)'을 막고 '경세제민(經世濟民)'을 통해 민생을 안정과 윤택으로 이끌 것을 요구하는 것이다. 그러나 주자학자들이 '성인의 도'의 계승자로 자처하면서도 왕도 정치론을 퇴색시키고, 오히려 정치의 문제를 단순히 '무욕'의 개별적, 관념적 차원에 한정하여 위정자로서의 정치행동의 결과를 묻지 않거나 오로지 그 동기의 순수성에만 관심을 머무르게 하는 것은 자족적 관념에 빠진 기만(欺瞞)일 수 있다는 것이다.

거기에는 위정자의 '무욕'주의가 일견 '공'적 표상을 띠고 언설 공간을 누비면서도 실제로는 그 관념성으로 인해 '공'적 목표로부터의 이탈을 초래하여 결과적으로 정치적 무책임을 낳을 수도 있다는 역설적 현실에 대한 통찰이 개재되어 있다.[12] 게다가 그의 이러한 비

---

12) 임진왜란을 목전에 둔 16세기 후반의 사례에서 보듯이 조선의 지배 엘리트에

판에는 정치적 임무여야 할 민생의 과제에 대한 망각이나 위선에 대한 비판만이 아니라, 동시에 다른 한편으로는 오히려 자칫하면 '민'을 대상으로 '정심·성의'를 강제하기 쉬운 교화주의적 정치관에 대한 비판도 내포되어 있는 것이다. 맹자가 강조한 민생론 중심의 민본정치에 대한 경학적 답습에 불과한 것처럼 보이는 이 부분이 중요한 이유는 특히 통치 권력의 정당성 문제를 의식하기 시작한 '민' 자신의 정치적 인식의 진화와 관련되기 때문이다.

4) 사무라이 체제의 무단성 비판

넷째, 이러한 진사이의 통치 권력의 정당성에 대한 문제의식은 당시의 사무라이 지배 체제 및 지배 양식에 대한 근원적 비판을 내포하고 있다. 여기에는 무단적 지배가 권력의 자의적 발동을 통해 민생을 안정시키기는커녕 걸핏하면 생활세계의 근저를 뒤흔들어놓는 악정(惡政)을 되풀이해왔다는 역사적 인식이 그 바탕을 이루고 있다. 그가 침략전쟁을 일으켜 국내외적으로 민생의 파탄을 초래한 도요토미 히데요시를 '불인(不仁)=악정'의 대표적 사례로 지적하는 것은 상징적이다(『童子問』 中卷30). 물론 그는 전국적 내란의 종식과 막번 체제의 성립에서 비롯된 에도시대 '태평(泰平)'을 실감하고 있었다. 그러나 그 평화와 안정이 어떠한 기반 위에 구축되어 있으며 어떠한 문제를 배태하고 있는지에 대해서도 무심하지 않다. "문(文)이 무(武)보다 우선할 때는 나라의 번영이 길어지고, 무가 문보다 우선할 때는 나라의 명맥이 단축된다."(『童子問』 中卷31)고 하여, 무단적 통치

의한 공론 정치가 경우에 따라서는 커다란 정치적 무책임을 낳을 수 있었다는 사실에도 주의를 기울일 필요가 있다(김영수, 2005).

방식의 문제에 대한 위기의식조차 없이 관성에 따라 흘러가는 당대의 사무라이 체제에 대한 진단과 미래의 개혁 방향을 '문'과 '무'의 관계로 대비시키는 점은 주목할 만하다.

> 나라가 다스려지려면 반드시 문(文)을 우선하고 무(武)를 뒤로 해야 한다. 장차 혼란스러워지려면 반드시 무를 숭상하고 문을 천시하게 된다. …… 단지 오늘날의 사(士)는 대개 무사의 기질이 강하고 학문을 모른다. …… 학문에 의거하지 않으면 제대로 된 사람이 되기 어렵고 문에 의거하지 않으면 무를 온전하게 할 수 없다. …… 나라의 번영이 오래 지속될 수 있도록 해야 할 텐데, 어찌 이를 단축시켜서야 되겠는가(『古學先生文集』 卷1, 「山口勝隆を送る序」).

그에게 '문'의 정치는 단순히 법도나 처벌로써만 통치하는 데에 익숙한 당대의 무단통치의 현실을 비추는 거울이다. 그것은 앞서 언급한 '공평'하며 '관대하고 어진' 민본적, 민생론적 왕도 정치를 가리키는 상징이기 때문이다.

5) '천하 공공의 도'와 '민'의 정치적 주체화

다섯째, 민생론적 왕도 정치론의 맥락에서 그가 '도'를 '천하 공공'의 차원에서 재정의하고 그 이론적 연장선상에서 맹자의 '방벌(放伐)'론을 급진적으로 해석하는 것은 역사적으로 의미심장한 사상 전환의 국면을 상징한다. 그의 해석은 민본주의 정치를 완전히 외면한 '악정'에 대한 정치적 저항의 주체로서 '민'을 상정하고 있었다는 데에 초점이 있다.[13]

탕(湯)·무(武)의 방벌과 같은 일은 도(道)라고 칭해야 할 것이다. …… 천하 공공의 도[天下公共之道]로서 한 개인의 사적 감정에 의한 것이 아니다. 따라서 천하를 위해 잔학한 사람을 제거한 바를 가리켜 인(仁)이라 칭하고, 천하를 위해 도적을 물리친 바를 가리켜 의(義)라 칭하는 것이다. 당시에 만일 탕·무가 걸(桀)·주(紂)를 방벌하지 못하여 그 악정이 여전히 고쳐지지 않았다면, 반드시 탕·무와 같은 존재가 나타나 반드시 이들을 없애지 않았겠는가. 그런 사람이 위[上]에 있지 않았다면 아래[下]에서 나타났을 것이며, 한 사람이 이를 잘할 수 없었다면 천하(天下)가 들고일어나 이를 실현하지 않았겠는가(『語孟字義』 權4).

주지하다시피 역성혁명론은 고대 중국의 왕조 국가였던 하(夏)·은(殷)·주(周)의 왕조 교체를 '민심(民心)'의 향배와 '천명'에 의거하여 정당화한 일종의 정치 변동론으로서 맹자의 민본주의적 왕도론의 한 측면을 구성하는 요소이다. 그러나 당대의 정치 현실에서 그 이론은 신중히 다루어야만 할 위험한 도구였다. 특히 사대부층의 주체적 실천을 강조하는 주자학에서는 그것은 '권(權)'으로 정의되어, 그 실행은 매우 특별한 전제 조건을 만족시키지 못하면 시도되어서는 안 되는 일종의 금기였다. 주자학적 해석에서 '방벌'을 비상시 수단으로서의 의미를 띤 '권'으로 설정하여 그것을 일반적인 상황에서 배제하고 있었다는 사실을 진사이 자신은 잘 알고 있었다(『語孟字義』 權4).

그럼에도 불구하고 '방벌'의 문제를 보편성·일반성의 의미를 띠

---

13) '방벌'론 자체가 정치적으로 미묘한 파장을 일으킬 수 있는 사안이었던 만큼, "『맹자』를 싣고 [일본으로 향하는] 배는 반드시 침몰한다."는 속설조차 나돌 정도로 맹자의 역성혁명적 논의는 일반적으로 에도시대에 가장 금기시된 유학적 이론이었다(野口武彦, 1986: 6).

는 '도'로서 명확하게 정의하고 있다는 사실만으로도 진사이의 그 해석은 매우 급진적인 성격의 것이라 하지 않을 수 없다. 게다가 그는 그 방벌의 필연성과 성사 여부를 단순히 탕왕·무왕의 개별적 차원에서 마무리하지 않는다. 그 거사가 실패했다면 제2의 탕왕·무왕이 등장하여 다시 거사를 시도했으리라는 대목에서는 탕왕·무왕이 마치 '시대정신의 꼭두각시'와 유사한 존재로밖에 간주되지 않는다. 거기서 한 걸음 더 나아가 '위'에서 해결하지 못했다면 '아래'에서 그와 같은 호걸이 나타났을 것이며, 호걸의 힘으로도 역부족이었을 때에는 '천하'가 들고 일어나 그 '방벌'을 실현했을 것이라고까지 호언한다. 이 부분은 그의 맹자 해석, 더 나아가 유학 해석이 얼마나 근원적 발상의 전환을 꾀한 것인지를 전형적으로 보여주는 대목이라 할 것이다.[14] 그것은 정치적 피지배층을 가리키는 '민'의 위상 규정에 대한 근원적(radical) 전환을 의미하는 것이 아닐까.

그 점은 '천하 공공의 도'라는 명제에 상징적으로 표현되고 있다. '아랫사람'으로 표상되는 '민'은 사상적으로나 정치적으로 그때까지 동원 대상으로만 간주되어온 수동적, 소극적 존재에 지나지 않았다. 그러나 진사이의 '천하 공공의 도'에는 종래의 이미지를 뛰어넘는 '민'의 자기 인식과 주장이 함축되어 있다. '공적인 것'에 대해 '민' 자신이 적극적 의지를 갖는 주체로 표상되고 있는 것이다. 물론 그 '민'이 정치적 혁명을 기도하거나 반(反)권력의 입장에 선 정치집단으로 설정된 존재는 아니다. 진사이의 의도도 거기에 있다고는 보이지 않는다. 그러나 주의해야 할 것은 '천하'의 '공적인 것'에 '민' 자신의 주체적 실천을 연관시키는 인식론적 발상의 전환이 무엇을

---

14) 후술할 소라이는 진사이에게 보이는 이러한 급진성에 대해 위기의식을 품고 있었던 듯하다. 그는 진사이를 순자(荀子)나 왕안석(王安石)에 비유하여 그 사상적 경향의 급진성을 비판하고 있다(片岡龍, 1997).

의미한 것이었는가에 있다.[15] 그가 '공공'이라 칭하는 것은 일반적인 공동 목표 그 자체나 그 실현의 실체를 가리키는 그때까지의 '공'을 의미하지 않는다. 그에게 '공'은 막부 그 자체이거나 막부가 독점할 수 있는 것이 아니다. '모두 함께[共]'라는 의미를 지닌 부사가 덧붙여짐으로써 '공적인 것'의 실현이 '민'을 포함한 '천하'의 '모두가 함께'하는 작용을 통해 이루어지지 않으면 안 된다는 인식이 표명된 점이 특징적이다. 이처럼 그의 '천하 공공의 도'는 공공성을 둘러싼 인식론적 전환까지도 내포한 것이었다.[16]

이러한 진사이의 '공공' 개념은 공적 과제의 설정과 그 실현을 천

---

15) 이와 관련하여 삼국지 영웅 중의 한 사람인 제갈공명에 대한 그의 평가는 흥미롭다. "[제갈공명은] 오로지 한(漢) 왕조의 회복에 급급하여 천하의 안민(安民)에 뜻이 없었다. 그 천하라는 것은 천하의 천하이다. 오래도록 한 왕조의 것일 수 없다."(『古学先生文集』卷2, 「諸葛孔明は王佐の才にあらざるを論ず」)고 하면서, 그는 천하의 평화와 안정보다는 특정 왕조에 대한 충성만을 생각한 제갈공명은 왕도적 이념에 진정으로 충실한 인물이 아니었다고 주장한다. 그는 제갈공명을 우리에게 친숙한 일반적 이미지와는 전혀 다른 시각에서 평가한 것이다. 이처럼 그는 '천하의 천하'라는 명제를 통해 '천하'의 주인은 특정 통치자나 특정 가문에 한정될 수 없다는 점을 부각시키는데, 그것은 생활세계의 평화와 안정을 위해서는 '천하'가 그 주인으로서 서지 않으면 안 될 것이라는 정치 인식으로 발전할 가능성을 내포한 것이었다. 중세 이래 각종 언설 공간에서 유포되어온 '천하의 천하'라는 공적 이념이 '민'에 의해 발전한 사례의 전형으로서도 읽을 수 있는 대목이다.

16) 진사이가 제시한 바와 같은 공적 문제를 공적으로 해결하고자 하는 '공공' 개념이 고대 동아시아 역사에서 보이는 '공공' 개념, 예를 들어 『춘추좌씨전(春秋左氏傳)』에 보이는 개념과 어떠한 연관을 갖는지, 그리고 『주자어류』 등에 보이는 주자학의 그것과는 어떤 공통성과 차이를 드러내는지, 더 나아가 19세기 후반에 서구의 '근대'와 'public' 개념이 유입되면서 나타난 문제, 즉 한편에서는 '공공의 안전'이나 '공공사업'과 같이 공공성을 국가의 활동에 한정시키는가 하면, 다른 한편에서는 국가 활동에 대한 민주적 통제에 한정시켜 사용함으로써 생겨난 공공성 개념의 배타적 사용, 중첩, 불통일 등의 문제를 역사적으로 재점검해볼 필요가 있다. 이 글은 이러한 문제의식의 연장선상에 있는 것이기는 하지만, 이에 대해 본격적으로 논하려 하면 '동아시아 근대의 성격'이라는 대주제와 연관되지 않을 수 없다. 이에 대해서는 추후 다른 기회에 논하고자 한다.

하 만민에게 개방하여 그 실천 주체의 지평을 확대하는 민주적 가능성을 지닌 것이었다. 게다가 그 이유가 '도덕'의 진정성에 대한 재인식을 통해 정치의 본래적 목적에 대해 '민' 중심으로 재정의하고 있다는 점에서 그것은 국가의 존재 이유에 대한 발상의 근원적 전환으로서 근대적 '국가이성'의 대두로 이어질 가능성 또한 내포한 것이었다. 물론 그렇다고 하여 이러한 정치 인식이 세습적 지배를 바탕으로 한 사무라이 지배 체제에 현실적으로 얼마나 실질적인 영향을 미칠 수 있었는지에 대해서는 속단할 수 없다. 또한 앞서 언급한 대로 그에게는 위와 같은 정치적 인식을 더 밀고 나간 체계적인 정치론이 없다. 그러나 '민'을 어디까지나 정치적, 도덕적으로 수동적 존재로밖에 간주하지 않으면서 위로부터의 세습적 지배를 사상, 제도, 습관 등을 통해 정당화하고 당연시하던 시대였다는 점을 감안한다면, 진사이가 던진 인식론적 발상 전환의 메시지의 의미는 결코 작지 않다. '경제사회'의 심화와 더불어 진사이가 던진 메시지가 언설 공간에서부터 '민'의 의식 세계에 이르기까지 퍼져나가 '민'의 정치적 진화를 촉진해갔으리라는 점은 그리 상상하기 어렵지 않다. 그런 의미에서 진사이의 해석학적 방법을 통한 사상적 모색은 '민'의 정치적 진화에 물꼬를 튼 선구적 의미를 지닌 것이었다고 해도 과언이 아니다.[17]

---

17) 그의 문인으로 분류되어 명부[門人帳]에 기록된 사람 수만 해도 사무라이를 비롯한 상인, 농민 등을 포함하여 3,000명이 넘는다. 한편 나하 로도(那波魯堂)의 『학문원류(學問源流)』에 따르면, 진사이 말년에는 학계의 70% 정도가 진사이학파였으며, 그의 학문을 계승한 장남 이토 도가이(伊藤東涯) 때에 이르면 "[그 학파의 교육 시설이] 대체로 학교처럼 여겨질 정도"로 유행했다고 기록한다(大庭脩, 2002: 55). 더 나아가 학파적 사승 관계만이 아니라, 공적 문제에 대한 '민'의 참여 의식의 고취와 그것을 가로막는 제도 및 인습에 대한 회의나 도전이라는 시대적 조류를 배양한 측면 또한 시야에 넣지 않으면 안 될 문제임에 틀림없다. 이 측면에 대해서는 그동안 거의 무시되어왔으며, 사상사에 한정하더라도 후술할 일본 유학의 태두로서 평가받는 오규 소라이를 비롯하여 경제활동의 정당화 및

5. 체제 개혁과 민의의 포섭 ― 오규 소라이의 경우

당대 일본의 지식사회에서 진사이학의 사상적 충격은 결코 작지 않았다. '민'의 자기 인식 및 주장과 거기에 담긴 이념성, 논리성, 의연함 등은 종전과는 비교할 수 없을 정도의 긍정적, 부정적 반응을 포함하여 새로운 다양한 사상적 모색의 자극제가 되었음에 틀림없다. 특히 그것이 '경제사회'화가 몰고 올 사회 정치적 파장, 즉 '민'이 경제적으로 실력을 쌓고 그것을 기반으로 문화적 교양층으로 성장하여 사회적 존재감이 커져가던 상황과 결합할 때의 파괴력은 예측 불허의 새로운 국면을 형성할 수도 있는 것이다. 사회적 존재감을 키워온 '민'이 왕도 정치론을 통해 정치의 목적 및 행태에 대한 비판적 관여를 정당화하는 진사이의 언설과 결합할 때, 당대의 세습적 정치사회의 전통이나 자의적 권력 행사, 무단통치 행태 등이 정치사상적 문제로서 인지되지 않을 리 없다. 수동적 '민'을 바람직한 상태로 여기던 지배층에게는 당대의 정치 현실을 문제 삼을 수 있는 '민'의 존재 자체가 커다란 불안 요인이지 않을 수 없다. 그뿐만 아니라 이러한 '문제화'는 막부에 진심으로 순종하지 않는 사무라이 세력이나 막부에게 정치권력을 탈취당한 천황 세력과 같은 잠재적 권력 경쟁자들에게도 그럴듯한 명분을 제공할 여지를 갖는다는 점에서 현 체제의 위기적인 상황을 초래할 수 있는 위험성을 내포한 것이기도 했다.

> 윤리화와 함께 도시 서민들의 자기 인식의 변화를 몰고 온 심학(心學)의 개창자 이시다 바이간(石田梅岩), 마찬가지로 후술할 국학의 집대성자 모토오리 노리나가 등 에도시대의 굵직한 사상적 대가들에게 사상적 영감을 제공하거나 그들의 독자적 사상 구축의 동기와 관련되어 있었다는 점을 감안한다면, 진사이의 독자적 해석학에서 산출된 가능성이 사상사에 끼친 '사건'적 파장이라는 문제를 간과할 수 없다(고희탁, 2009).

이 절에서 다룰 오규 소라이는 그 위기를 가장 민감하게 포착하여 체제의 재정비를 통해 사전에 그것에 대처하기 위한 사상적 모색을 했다는 의미에서 특별하다.[18] 그는 16세기 후반부터 17세기 전반에 걸쳐 '태평'이 구가되던 에도시대의 경제적, 문화적 황금기라는 시간대에 살고 있었으면서도 그 시대적 분위기에 휩쓸리기는커녕 오히려 이미 거기에 드리워지기 시작한 황혼의 그림자를 미리 내다본 '위기의 사상가'였다(마루야마 마사오, 1995: 259).

> 위[上]가 학문하지 않고 성인(聖人)의 도(道)에 무지하다면, 세계는 일찍 쇠퇴하기 시작하여 마침내 권세가 아래[下]로 넘어가게 됩니다. 대해의 파도를 손으로 막아야 하는 형세처럼 상부의 권력과 권위는 점차로 약해져 결국 난(亂)의 씨앗을 급속히 키우는 꼴이 되고 말 것입니다. 그 조짐이 오늘날 이미 싹트기 시작하였습니다(『太平策』).

소라이의 저술과 당대의 역사적 상황을 관련시켜 살펴보면, 그가 체험하고 있었던 것은 '경제사회'화에 따라 초래된 사회적 변동을 의미하는 현상들이었다. 한편으로는 막부 및 지방정부에 던져진 재정적 궁핍과 체제의 근간인 사무라이 지배층 및 농민층에게 밀어닥친 곤궁의 구조화, 다른 한편으로는 도시에서 비롯되어 전국화한

---

[18] 소라이는 진사이의 저술을 읽고 감동하여 그의 생전에 대단한 찬사와 함께 그의 사상적 성취에 존경의 뜻을 담은 편지를 보낸 바 있다. 그러나 진사이로부터 아무런 답장을 받지 못한 채로 있다가 그의 사후에 발간된 진사이의 문집에 소라이의 편지가 소개되어 있음을 알게 되어 불쾌했다고 회고하고 있다. 이와 때를 거의 같이하여 진사이에 대한 소라이의 비판도 포문을 열기 시작하였다는 점도 흥미롭지만, 이러한 에피소드에서 드러나는 소라이에 대한 진사이의 영향이 어떠한 것이었는가를 분석하지 않으면 안 될 것이다.

'사치화'의 물결과 상인층의 급속한 성장이라는 문제였다. 경제사회화에 따라 체제 근간이 약체화하는 한편, 체제의 주변 세력이 급속히 성장하고 있었다는 대조적 현상이 그의 예민한 정치적 감각 속에 예측 불허의 위기감을 배양하고 있었음에 틀림없다. 그런데 이처럼 보수주의적 동기로 색칠된 그의 위기의식을 더 강하게 부채질한 것은 체제의 지배층이 위기에 대해 전혀 무지하다는 점이었다. 위기를 위기로서 인지해야만 그에 대한 대책도 강구할 수 있는데, 실상은 전혀 그렇지 않다는 것이다.

이러한 역사적 배경을 바탕으로 그는 "성인의 도(道)가 천하 국가를 다스리는 길이라는 본뜻을 망각한"(『太平策』) 주자학에서 벗어나 고문사학(古文辭學)을 통한 유학적 구도 재편, 즉 '사서(四書)'에 의거하여 도덕적 원리를 중심에 놓고 그것을 정치 영역에까지 동심원적으로 확장하고자 하는 발상에서 벗어나, '육경(六經)'에 의거하여 정치적 목표를 중심에 놓고 그 목표의 실현에 각 영역을 구심적으로 수렴시키는 사고로 발상의 틀을 전환시키는 것이다. 그리고 "선왕(先王)의 도는 선왕이 제작한 것이다. 천지자연(天地自然)의 도가 아니다. …… [선왕이] 혼신의 힘과 지적 능력을 다 바쳐 이 도를 제작하여 천하의 후세 사람들에게 이를 따르도록 하였다." "예악형정(禮樂刑政)을 떠나 달리 도가 있는 것이 아니다."(『辨道』)라고 하여, 우주적 질서 원리 및 규범으로서의 주자학적 '천지자연의 도'를 고대 중국 성왕(聖王)이 치세를 가능하게 한 구체적 제도로서의 '예악형정의 도'로 위상을 전환시키는 것이었다.

이에 따라 소라이는 욕망의 자기 제어를 위한 내면적 인격 수양에 실천의 중심을 두는 주자학적 사고방식과는 달리, '선왕의 도'를 모델로 하여 '혼신의 힘과 지적 능력을 다 바친' 정치적 '작위(作爲)'성을 강조한다.[19] 더욱이 유학을 성왕의 이상적 통치의 제도적 경험에 한정함으로써 오히려 주자학을 비롯한 특정 학문에 대해 도그마적으로 집착하는 것에서 벗어나 이상적 통치를 위해서는 "제자백가(諸子百家)나 구류(九流)[20]의 언설에서 불교나 노장 사상에 이르기까지 모두가 '도'의 지류"(『辨名』道)라는 인식에 도달한다. 그렇기에 종전의 유학자들이 이단시해온 묵가나 법가, 불교나 노장 사상은 물론 역사 및 병법(兵法) 등 다양한 아시아적 사상 전통의 자원을 백과전서파적으로 폭넓게 학습하고 활용해야 한다고 주장할 수 있었던 것이다.

이러한 사상적 전환은 체제를 위기로 몰고 갈 수도 있는 시대적 문제에 대한 대응이라는 성격이 강한 것이었다. 그의 시대적 문제에 대한 분석 시각 및 대책의 특징을 정리하면 다음과 같다. 첫째, 진사이가 제기한 현행의 '무(武)', 즉 무단적 지배에서 '문(文)', 즉 민본적 정치로의 전환을 위로부터의 체제 개혁의 요체로 삼고 그것을 위에서 언급한 유학적 구도 재편으로 정당화하여 사무라이 지배층이 개혁에 나서지 않을 수 없도록 압박하고 있었다는 점이다. 둘째, 그 개혁으로부터 한편으로는 사회구조적 변동을 일으키는 경제사회화의 흐름을 원천적으로 봉쇄하거나 지연시키면서 체제 기반 세력의 침식을 막고, 다른 한편으로는 진사이와 같은 식자층을 비롯한 '민'의 아래로부터의 정치적 기대를 체제 내로 흡수하여 그들의 정치적 성장을 둔화시키고 잠재적 권력 경쟁자들을 견제할 방책으로서의 이

---

19) 도덕의 단순한 정치적 확장이라는 종래의 틀에서 벗어나 정치 그 자체의 고유 영역과 고유 윤리를 발견하고 있다는 점에서 마루야마 마사오의 '정치의 발견'이라는 명제는 여전히 유효한 지적이다(마루야마 마사오, 1995). 그러나 그 맹아가 부정적 언급의 형태로 진술되기는 하지만 이미 진사이에게 내재되어 있었음은 앞에서 언급한 바 있다. 그런 만큼 소라이의 '정치의 발견'은 진사이의 문제의식을 확대, 심화시킨 것으로서 재검토할 필요가 있다(고희탁, 2009: 86).
20) 유가(儒家), 도가(道家), 음양가(陰陽家), 법가(法家), 명가(名家), 묵가(墨家), 종횡가(縱橫家), 잡가(雜家), 농가(農家) 등 춘추전국시대의 대표적인 9개 학파를 가리킨다.

중적 역할을 기대하고 있었다는 점이다.

1) 국가적 공공성의 자각

그렇다면 체제의 미래를 가늠할 그의 위로부터의 개혁 전략과 그 특징은 어떠한 것이었는가? 첫째, 쇼군을 비롯한 막료, 그리고 전 사무라이 지배층을 정치 고유의 윤리를 자각한 위정자로서 재탄생시켜 그들을 민본적 '문치(文治)'에서 국가권력의 존재 이유를 발견하는 국가적 공공성 확립의 중추로 삼고자 하였다.

> 원래 출신이 사무라이라 해도 천하 국가의 권력을 쥐고 있는 만큼 왕과 다름이 없습니다. 여러 부류의 관리는 경대부입니다. 그러나 왕·후·경대부의 자리에 있으면서 군자가 되어야 할 바를 모르고 있습니다. 옛날의 비천한 사무라이 이름에 집착하여 학문으로 재능과 지혜를 널리 펼치고 문(文)으로 국가를 다스려야 함을 모르고 있습니다. 눈을 크게 부릅뜨고 위압적으로 어깨에 힘을 넣어 형벌의 위력으로 사람을 두려워하게 하여 세상 사람들을 강제로 따르게 함으로써 나라를 다스리고 있다고 생각한다면 제일 어리석은 일입니다(『太平策』).

쇼군 자신이 최고 통치자로서 단순히 전투자로서의 정체성에서 벗어나 위정자로서 자신의 존재 이유를 재인식하고 증명하지 않으면 안 된다. 그 외에도 막부의 각료를 포함한 각지의 사무라이들 또한 마찬가지이다. 폭력으로서 공포의 굴종을 조달하는 지배 행태를 철회하고 '문치'로 나아가는 길밖에 없는 것이다. 이상적 왕조의 장기 지속(하(夏) 600년, 은(殷) 700년, 주(周) 800년)을 가능하게 한

'선왕의 도'가 그것을 증명하기 때문이다(『太平策』). "선왕의 도는 안민(安民)을 위해 제작된 것이다. 안민의 목표를 잘 달성하는 일보다 더 큰 일은 없다."(『辨名』智) '선왕의 도'는 지배의 정통성은 '안민'의 달성 없이는 더 이상 확보될 수 없다는 명령과도 같은 것이다. 더욱이 그 명령은 인간계를 초월한 '하늘'의 공적 명령이다. "정무(政務)상의 일은 사적인 것이 아닙니다. 하늘[天]로부터 위임받은 [공적] 직분(職分)인 것입니다."(『政談』卷3) 쇼군은 '하늘'의 대리인에 지나지 않는다. 그런 만큼 "윗사람 마음대로"(『政談』卷2) 자의적으로 해온 정치적 권력 행사에 대해서도 비판적이다. 그 대신에 '안민'이라는 공적 목표의 달성과 통치의 효율성을 위해 덕망이 높은 군자를 중용할 것(『政談』卷2)과 신분이나 가문의 틀을 넘어 재능과 지혜가 있는 인재를 도시민이나 백성 사이에서도 널리 구하고 등용할 것(『政談』卷3) 등의 리더십론을 전개한다(고희탁, 2009: 145-151). 이와 같이 그는 국가적 공공성의 확립을 사무라이 지배의 합리적 근거로 삼고 그 실현을 '하늘'의 대리인으로서의 쇼군에게 다각도로 압박하고 있었던 것이다.[21]

---

[21] '하늘'의 대리인이라는 시각은 앞서 지적한 '천도(天道)'나 '천명(天命)'에 내재된 양면, 즉 체제의 구심적 방향의 기능과 원심적 방향의 기능 중에서 후자가 전형화한 경우이다. 군주 자신을 '하늘'의 자식이라 간주하는 '천자(天子)'의 시각과는 정반대의 방향성을 갖는 것이다. 오히려 '민'을 '하늘'의 자식으로 보는 '천민(天民)'의 시각에 가깝다. 군주 및 소수의 지배 세력에게 독점되어온 정치권력이 점차 아래의 사람들에게도 분점되어가는 현상을 '근대'의 특징 중의 하나라고 가정한다면, 정치권력과 그 초월적 근거로서의 '하늘' 혹은 절대자와의 관계에서 '근대'를 생각할 때, 크게 두 가지 방향의 경향성이 존재한다. 하나는 베버가 강조하는 세속화 전략으로서 권력의 신비적 근거를 박탈하는 방향, 이데올로기 폭로와 같은 경우일 것이고, 또 다른 하나는 그 신비적 근거를 피지배층이 전취하여 그것으로 정치권력을 통제하는 경우일 것이다.

2) 경제사회적 변동에 대한 대책

둘째, 이러한 국가적 공공성의 확립을 위해 정치사회적 문제의 진정한 원인을 파악하고 이를 근본적으로 수정할 '제도'의 수립이라는 정치적 '작위'의 긴급성을 강조하였다. 그 방향은 크게 두 가지였다. 하나는 정치사회적 안정을 해치는 구조화된 재정 궁핍 및 곤궁의 해결을 위한 것이었고, 또 다른 하나는 지배의 범위와 책임을 명확히 하는 것이었다.

우선적으로 강조된 제도적 대책의 하나는, 당대의 누구도 예상하지 못했던 경제사회화에 대한 구조적 대응책이었다. "상인층의 이익 증대가 최근의 100여 년간과 같이 급속히 팽창한 예는 천지개벽 이래 일본에도 다른 나라 어디에도 없었던"(『政談』 卷2) 현상이었다. 막부가 사무라이와 지역민과의 결합을 차단할 목적으로 사무라이들을 도시에 거주하게 하고 토지 대신에 녹봉을 지급한 정책은 경제사회화와 더불어 주곡을 제외한 거의 모든 생필품 및 사치품을 시장에서 조달하지 않으면 안 되었던 사무라이들을 시장경제에 묶이게 하였고, 마침내 그들이 경제적으로 곤궁해지기 시작하면서 때에 따라서는 돈을 빌리거나 갚아야 하는 상인들에게 굽실거리지 않으면 안 되게 되었다. 그 결과는 최소한 경제적으로 사무라이 지배층이 상인의 손아귀에서 놀아나는 꼴이 되어, "상인이 주인이 되고, 사무라이들은 객이 되고 말았"(『政談』 卷2)던 것이다. 그러나 경제사회화로 인한 재정 궁핍이나 곤궁 등의 문제에 대해 막부는 미봉적인 검약령(儉約令)이나 근시안적인 화폐 정책 외에는 효과적인 대책을 내놓지 못하고 있었다.

이러한 상황은 모든 사무라이가 도시에 거주하면서 생기게 된 현상으로 제도의 부재에 그 원인이 있는 것입니다. 상인에게 기대어 녹봉으로 지급받은 쌀을 시장에 내다팔아 환금하여 그 돈으로 필요 물품을 구입하지 않으면 아무것도 이룰 수 없는 세상이 되어버린 탓입니다. 따라서 상인의 위세가 날로 커져왔으며, 경제적 주도권을 자연스럽게 상인에게 빼앗기게 되었습니다. 상인들에게는 극락과도 같은 세상이 되고 말았습니다. 그렇다면 세상이 곤궁해진 원인은 대체로 사무라이층의 도시 거주 및 계약적 인간관계로 변질된 풍속과 제도의 부재 때문인 것입니다(『政談』 卷2).

사무라이가 시장경제의 소비자로서 상인층에게 의존할 수밖에 없게 만드는 현행의 사무라이 도시 거주 및 녹봉 지급 정책은 도시의 사치 풍조에 사무라이들을 물들게 하여 그에 따른 재정 궁핍과 곤궁만을 가속화시켰다. 그리고 이러한 풍조가 종전의 인격적 결합에 기초한 '게마인샤프트'적 사회관계를 '게젤샤프트'적 이해관계로 변질시켜 점차 체제에 대한 충성 및 결속도를 이완시켜갈 것이라고 그는 예측하였다. 그가 8대 쇼군 도쿠가와 무네요시(德川宗吉)에게 헌상한 정책론서 『정담(政談)』에서 사무라이의 '토착(土着)' 및 엄격한 신분적 소비 제한 등을 골자로 한 '제도'의 작위를 강조한 것은 이러한 경제사회화의 물결이 초래하는 체제 침식작용을 봉쇄하거나 감속시키고자 했기 때문이다(『政談』 卷2).

3) 중앙집권적 시스템의 필요성

또 다른 대책으로서는 국가 지배의 범위와 책임을 명확히 할 제도적 틀을 마련하는 것, 즉 중앙집권적 제도의 수립이야말로 현 체제의 장기 지속을 위한 긴급한 정치적 과제라는 점이었다. 당시는 체제 침식작용을 동반한 경제사회화의 물결이 막번 체제의 인위적 경계를 넘어 전국을 그물망처럼 엮으면서 퍼져나가고 있었다. 상인들은 일본 전국을 어디든지 자유롭게 다니면서 시장을 통해 전국의 모든 지방 및 도시를 연결하여 한 무리의 집단처럼 조직적으로 움직이고 있었기 때문에 상인들의 시장가격통제에 대해 사무라이들은 속수무책일 수밖에 없었다(『政談』卷2). 사태가 이런데도 막부와 각 지방정부는 이들을 효과적으로 통제할 수 없었다. 경제사회화가 초래하는 구조적 변동의 힘에 대해 무지했을 뿐만 아니라 그 흐름이 전국적인 규모에서 조직적으로 진행되고 있었던 것에 반해, 그 대책은 지역적으로 분할되어 있는 막번 체제의 한계를 뛰어넘을 수 없었기 때문이다. 한편 그는 명목상이기는 하지만 천황이 관위(官位) 수여권을 갖고 있어 생기는 권력과 권위의 이중적 구조 또한 문제로 삼는다. 그는 위기 시에는 얼마든지 체제의 위협 요인으로 전화할 위험성을 갖는 권력과 권위의 이중 구조를 타파하여 막부로 그것을 일원화하는 개혁에 착수할 필요가 있음을 강조한다(『政談』卷3).

 그의 구상은 이러한 문제들에 대한 해결책의 요체로서 쇼군을 명실상부한 일본 최고 통치자로서 제도화하고, 그 권한에 따르는 책임으로 전국적 차원에서 '경세제민'을 실현해야 할 의무를 부과하고자 한 것이었다. 쇼군에게 "천하를 다스리는 데에 있어 일본 안의 모든 지역은 쇼군의 나라"(『政談』卷2)라는 점을 인식시키고 일본 어디에서든지 필요하다면 쇼군의 뜻대로 조치를 취할 수 있도록 하지 않으면 안 된다(『政談』卷3)고 한 것은 그 때문이다.

> 대체로 사적 의리와 공적 의리·충절은 다른 것입니다. 나라를 다스리는 데에 사적 의리를 세우는 경우도 없지는 않지만, 그것

이 공적 관계에 크게 해악을 끼치게 될 때에는 사적 의리를 세울 수는 없는 것입니다(『政談』卷4).

영지를 빼앗기고 불명예스런 자결을 할 수밖에 없었던 주군의 원수에 대한 복수극으로 유명한 '아코(赤穗) 사건'을 둘러싼 판결에서 그의 시각은 명확히 드러난다. 소라이가 주군에 대한 의리를 '사적 의리'로 한정하고 막번 체제에 대한 '공적 충절'의 입장에서 당시 충절과 의리의 화신처럼 추앙받던 복수극의 주인공들을 법적으로 처벌해야 한다고 주장한 것은 국가 지배의 범위를 명확히 할 중앙집권적 제도 수립과 그에 따른 공적 책임의 이행을 강조하는 입장에서 비롯된 것이었다. 또한 에도(江戶)로의 불법적 유입자 문제에 대해 당사자 처벌보다는 오히려 경제적 곤궁을 방치하여 결과적으로 탈법적 행위를 조장한 위정자의 무책임의 문제로 비판한 것도 같은 맥락이다(마루야마 마사오, 1995: 180-183).[22] 이러한 공적 체제의 수립과 공적 책임의 이행을 중심으로 한 '위로부터의 개혁'의 실현 여부는 그것이 체제의 쇠퇴를 감속시키거나 저지하기 위한 위기 대책의 일환이었다는 점에서 체제의 사활을 가늠할 분수령이었던 것이다.[23]

---

[22] 위에서 언급한 '관위' 수여권의 주체적 행사, '귀신(鬼神)'에 대한 정치적 해석이나 제사(祭祀)를 사회 통치론의 핵심으로 삼는 제정일치론, 그리고 조정 주변의 '왕조 문화'에 대한 동경(憧憬) 등은 단지 소라이가 잠재적 권력 경쟁자들에 대한 견제나 효율적 통치의 방책으로서만 제시한 것이 아니다. 그것들은 모두 중앙집권적 제도의 수립을 통해 일본 전체를 통일적으로 지배하는 '일본국'의 구상과 관련이 깊다. 이 점에서 메이지 근대국가와 같은 국가형태의 선구적 구상이라 해도 좋을 것이다(尾藤正英, 1983: 58-60).

[23] 소라이의 정책 구상이 막부의 정책에 얼마나 영향을 미쳤는가에 대해서는 종래 회의적 견해가 대부분이었다. 그러나 개별적 정책의 채택 여부보다는 소라이식 개혁 전략의 의도와 배경이 그 이후의 막부의 체제 운영 전략에 반영되었는지의 여부를 규명하는 것이 오히려 더 중요한 일이 아닐까.

4) '민'의 정치적 진화에 대한 보수주의적 시선

셋째, 이러한 그의 위기 대책은 특히 경제적, 사회적으로 존재감을 키우며 유학의 보급과 더불어 문화적 교양층으로 성장하기 시작한 '민'의 정치적 진화에 대한 보수주의적 타개책이라는 의미가 크다는 점이다. 소라이에게 비친 '민'은 위로부터 던져진 안온한 생활의 영위에 만족하며 살아가는 수동적, 비정치적 존재이자 공적 영역의 활동에는 관심이 없는 비공공적 존재라는 성격이 강하다. "민이 힘쓸 곳은 생활을 영위하는 데에 있다. 그런 만큼 그 지향하는 바는 자기 자신만의 삶의 실현에 있을 뿐, 만민의 안위에는 관심이 없다." (『辨名』君子小人) 그런 성격의 '민'이 경제적 실력을 쌓고 문화적 교양층으로 성장하고 있었다는 점에 대해 그는 앞서 언급한 체제 유지를 위해 발탁할 만한 인재 풀(pool)이 커진다는 의미의 가능성보다는 오히려 예측 불허의 위협적 요소로 사고한 흔적이 크다.

> 민간의 아랫사람들에게는 효제(孝悌)나 충신(忠信)을 알게 하는 것 외에 달리 가르칠 필요가 없습니다. 『효경(孝經)』, 『열녀전(烈女傳)』, 『삼강행실(三綱行實)』의 수준을 넘겨서는 안 됩니다. 그 이외의 학문은 사람의 사악한 꾀를 조장하게 되어 매우 바람직하지 않습니다. 백성에게 사악한 꾀가 넘치게 되면 다스리기 힘들게 될 뿐입니다(『太平策』).

소라이의 시각에서는 비공공적 존재인 '민'에게는 주어진 체제와 전통에 충실하게 하기 위한 도덕교육만이 필요할 뿐이다. 지배층을 '문치'에 대한 무지로 조소하거나 정치적 무책임에 대해 비판하고 그것을 합리화할 수 있는 논리가 '민'에게 제공된다는 것은 '민'의

'사악한 꾀를 조장'하는 위험천만한 일이라고 느꼈을 법하다.

소라이가 진사이에게 느끼는 위험성은 이런 측면과 관계가 깊다. 그만큼 진사이의 사상적 가능성과 위험성을 심각하게 이해한 학자도 없을 것이다. 이러한 해석 없이는 그가 진사이의 사상적 모색에 열렬한 공감을 표하다가 급격히 그를 비판하는 단계로 나아갔다는 점을 설명하기 어렵다.[24] 그가 처음 진사이에게서 이탈을 시도할 때에는 주자학의 이름으로 그를 비판했으며, 주자학에서 벗어나 고문사학을 제창한 이후에는 진사이를 주자학과 동열에 배치시켜 양자를 몰정치적 시각이라고 비판했다. 소라이는 그의 학문적 편력의 과정에서 진사이와 거리두기를 시작한 이래 일관되게 진사이를 비판하고 있었다. 소라이의 입장에서 볼 때, 진사이와 같이 왕도 정치론을 매개로 하여 공적 영역 및 공적 과제에 대한 '민'의 참여를 환기시키는 언설이 나오는 것은 심히 우려할 만한 일이었음에 틀림없다.[25] 왕도 정치론의 민본적 이념이 민간에 퍼져 당시의 세습적 정치 전통이나 자의적 권력 행사, 무단적 통치 행태 등을 사무라이 지배 체제의 문제로 제기하기 시작하면, 그 파장은 체제의 안전을 위협할 상황을 조성할 수도 있을 것이다. 소라이는 하급 사무라이를 비롯하여

---

[24] 소라이가 "진사이학의 근본은 천지(天地)는 일대활물(一大活物)이라는 것에 있다. 이것이야말로 그가 시류를 크게 뛰어넘는 학자인 이유이다."(『蘐園随筆』, 卷1)라고 하여 진사이의 '활물'관에 대해서는 일관되게 높이 평가하면서도, 공적 영역 및 공적 과제에 접근하는 진사이의 '공(公)' 해석을 은폐하거나 왜곡까지 하면서 그의 사상을 비공공적 성격이라는 틀에 가둬두려고 하고 있었다는 점은 예사롭지 않다(고희탁, 2009). 각주 14에서도 언급했듯이, 진사이의 유학론에 내재된 급진성에 대한 소라이의 경계라는 사상적 동기가 개재되어 있다는 점을 의식할 필요가 있다.

[25] 소라이학을 계승한 18세기 후반의 유학자인 이토 란덴(伊東藍田)의 『변탕무비방벌론(辨湯武非放伐論)』은 그 점을 잘 보여주는 사례가 아닐까(와타나베 히로시, 2007: 116).

사무라이층의 정치적 성장을 위해서는 학문의 필요성을 강조하며 진사이의 '활물(活物)'관적 인간 이해에 의거하여 그들의 과감한 등용 및 권한의 위임, 자율적 발전의 기회 및 여건의 보장 등을 쇼군에게 요청하였지만(고희탁, 2009: 145-151), '민'의 공공적 주체화에 대해서는 회의적일 뿐만 아니라 깊은 우려를 갖고 있었다. 그리고 진사이에 이르러 싹을 틔우기 시작한 민주적 가능성을 봉쇄하고 지배층의 정치 영역에 대한 독점을 지속시키려는 그의 전략은 상당한 정도로 성공을 거두었다고 할 수 있다. 소라이의 독자적 주장이 대두된 이후, 진사이학은 그 화려했던 명성을 점차 소라이에게 넘길 수밖에 없었고 단지 그 학맥만을 '가학(家學)'이라는 형태로 유지하는 데에 머무르고 말았기 때문이다.

　이와 같이 체제의 쇠퇴를 예방하거나 감속시켜 사무라이 지배 체제의 지속 가능성을 제고하고자 한 그의 보수주의적 동기는 '위로부터의 개혁'과 '아래의 포섭'이라는 절묘한 이중 전략으로 그 모습을 드러내고 있었다. 그에게 위로부터의 개혁은 '아래의 포섭'을 가능하게 하는 전략적 전제인 것이다. 한편으로는 사회구조적 변동을 일으키는 경제사회화의 흐름을 원천적으로 봉쇄하거나 지연시키면서 체제 기반 세력의 침식을 막고, 다른 한편으로는 식자층을 비롯한 '민'의 정치적 기대를 체제 내로 흡수하여 그들의 정치적 성장을 둔화시키고 잠재적 권력 경쟁자들을 견제할 방책으로서의 이중적 역할을 기대하고 있었기 때문이다.

　위로부터의 개혁을 통해 사적 생활의 영위에만 관심을 기울이는 '민'의 정치적 불만을 최소화하고 각각의 '가업'에만 전념하게 함으로써 결과적으로 체제의 안정성을 지속시킬 수 있다고 보았던 것이다. 이런 상태에 이르러 '민'은 그들의 의도와는 관계없이 각각 체제의 안정화에 기여하는 공적 존재로서의 입지를 확보할 수 있게 된다는 것이다. 이러한 발상에서 제기된 것이 그의 '역(役)의 체계'라는 분업적 질서이다. "세상의 모든 사람은 군주가 백성의 부모로서 실행하고자 하는 일을 도우는 관리[役人]나 마찬가지입니다."(『徂徠先生答問書』)라고 하여, 사농공상(士農工商)의 만인은 '하늘'의 뜻을 받든 '군주'의 통치에 도움을 주는 '관리'로서 의미를 부여받는다. 그런 의미에서 '민'은 목적이면서도 그 목적 수행을 위한 수단이라는 모순적 위상의 존재이다. 이렇게 설정된 만인의 분업적 역할의 안정적 수행을 통해 그의 유기체적 국가관은 성립하는 것이다.[26] 따라서 그를 "얼마나 교묘하게 인민을 통치하고 왕조를 영속시킬 것인가에 기본적인 목표"(와타나베 히로시, 2007: 240)를 둔 교활한 체제 이데올로그라고 부를 만하다.

이와 같이 진사이의 '아래로부터'의 민주적 공공성 문제의 제기와 소라이의 '위로부터'의 정치 개혁을 통한 국가적 공공성의 제시는 17세기 후반부터 18세기 초반에 걸쳐 진행된 '민'의 정치적 성장을 둘러싼 전형적 사상투쟁이었다. 진사이에서 소라이로의 사상사에서 특징적인 것은 민주적 공공성의 조숙한 출현과 어울려 그 문제의식을 '위로부터' 재빨리 간취하여 체제 개혁을 통한 체제 내로의 포섭을 체제의 장기 지속(보수)을 위한 전략적 전제로 사고하게 되었다는 점이다. 이러한 복합적 측면을 내재한 사상적 매력으로 인해 소라이학은 "18세기 초중반 이후에는 실로 일세를 풍미"(와타나베 히로시, 2007: 224)할 정도로 커다란 시대적 영향력을 낳았다고 해도 과언이 아니다. 그러나 이러한 진사이에서 소라이로의 흐름이야말로 소라이가 제언한 구체적 정책의 실현 여부는 차치하더라도 근현대 일

---

26) 소라이의 유기체적 국가관과 '역의 체계'는 근대 천황제 국가의 원형을 제시한 이데올로그로서의 의미도 결코 작지 않다(尾藤正英, 1983: 44-45).

본의 정치의식에서 관찰되는 보수주의에 대한 친화성과 깊은 관계가 있는 것이 아닐까.

6. '민족'의 중심화와 민의의 봉쇄 — 모토오리 노리나가의 경우

소라이에 의한 주자학에서 고문사학으로의 유학적 구도의 재편은 유학의 정체성에 의도하지 않은 결과를 초래하였다. 국가적 공공성의 확립을 위한 성왕의 통치 경험에 대한 학습이 중요해짐에 따라 제자백가는 물론 불교 및 노장 사상에 이르기까지 모든 학문이 통치를 위한 백과전서적 학문으로 탈바꿈하지 않으면 안 되었기 때문이다. 이로써 한편으로는 다양한 아시아적 사상 전통에 대한 비교적 자유롭고 폭넓은 지적 탐구의 문이 열리게 되었으며, 합리적 실증주의에 대한 친화성을 높여갔다. 이렇게 열린 문은 소라이의 의도를 넘어 가치 상대주의적 공간을 창출하였다. 더욱이 '대항해시대' 이후의 서양 세계와의 접촉이 몰고 온 지리적 인식 지평의 확대와 중화(中華)의 몰락이라는 동아시아 국제사회에서의 정치적 변동에 대한 대중적 인지(認知)를 배경으로 그 경향은 가속화되었다. 종래의 가치 기준이 흔들리고 새로운 기준이 마련되지 않은 상황에서는 그때까지 그다지 주목받지 못하던 가치나 새로운 가치들이 숨 쉴 수 있는 공간이 펼쳐진다.

그에 따라 18세기 중반 이후는 일본 역사상 내발(內發)적인 '제1차 계몽 시대'라고 불리는 시기를 맞아 새로운 가치관 및 세계관의 탐구를 위한 일종의 비판적 이성과 그 주체가 역사의 전면에 등장하게 된다. "성인이나 붓다도 원래는 사람이었으므로 결국에는 나의 토론

상대일 뿐이다. 스승은 오직 천지뿐이다."(『三浦梅園集』「多賀墨卿君に答ふる書」)라는 방법론으로 자연철학을 체계화한 미우라 바이엔(三浦梅園), 유학의 틀을 넘어 아시아 사상 전통을 상대화한 도미나가 나카모토(富永仲基), 그리고 서양 해부학을 중심으로 한 네덜란드학의 약칭인 난학(蘭學)의 출현도 이 시기였으며, 다양한 사상적, 종교적 자원을 절충주의적으로 결합시킨 사상의 모색이 활발해지는 시기이기도 했다(미나모토 료엔, 2000: 129-151).

그러나 다른 한편으로는 소라이에 의해 주자학의 내면적, 규범적 탐구가 비판되고 백과전서적 통치학과 국가적 공공성의 시점이 전면에 나서게 됨에 따라 인간 '내면'을 둘러싼 문제는 경시되거나 학문적 관심에서 멀어져갔다.[27] 내면성 경시라는 경향은 도덕적 퇴폐화를 부채질하였다. 더욱이 경제사회화에 따른 물질적 풍요는 이런 경향을 가속화시키는 또 하나의 조건이었다. 그러나 그것은 동시에 게젤샤프트로의 이행과 맞물려 전통적 공동성을 해체하고 경제적 양극화 현상 또한 초래하는 것이었다. 이러한 상황이 18세기 중반부터 빈발한 자연재해와 농민의 집단적 항의 행동인 '잇키(一揆)' 및 도시민의 '우치코와시(打壞し)'의 빈발과 더불어 삶의 불안을 증대시켜갔다. 특히 집단적 항의 행동 과정에서 지배층의 부패상을 비웃고 공적 책임의 이행을 요구하는 그들의 모습은 이전의 수동적, 순종적 피지배자의 표상과는 거리가 먼 것이었다.

이와 같이 삶에 대한 불안 의식의 증대는 위에서 언급한 내면성

---

[27] 소라이의 제자 다자이 슌다이(太宰春台)에 이르면, "성인의 가르침은 밖으로부터 작용하게 하는 묘책이다. 행동거지에 있어서 선왕(先王)의 예법을 지키고, 일을 대함에 있어서 선왕의 뜻에 따라 하며 외면적으로 군자의 풍모를 갖춘 사람을 군자라고 한다. 그 사람의 내면적인 마음이 어떠한가는 묻지 않는다."(『聖學問答』上券)는 발상에까지 나아가, 그러한 사고에 대한 반발을 불러일으키기도 한다(고희탁, 2009).

경시 및 도덕적 퇴폐화와 맞물려 역설적으로 내면성에 대한 탐구와 공동성 감각의 회복을 요청하게 하기도 했다. 종래에는 단순히 취미적 교양으로 간주되던 노래 및 시를 재료로 한 문예 활동이 점차 내면적 요구를 담는 매개체로서의 위상을 강화해갔다. 삶의 불안을 위로하거나 분발을 고무하는 신도(神道)에 대한 관심 또한 꾸준히 증대되어갔다. 이와 더불어 지리적 인식 지평의 확대와 동아시아 정치 변동의 대중적 인지를 배경으로 자국의 전통, 문화, 역사, 언어 등에 대한 관심 또한 점차 가치 상대주의적 공간을 메워갔다.

이 절에서 다룰 모토오리 노리나가의 경우는 이와 같은 '제1차 계몽 시대'의 빛과 그림자 속에서 자국의 문화 및 종교의 전통을 '국학'으로 집대성하여 민의의 표출에 대한 봉쇄와 '민'의 자발적 순종의 논리를 이끌어낸 전형적 사례라는 점에서 주목하지 않으면 안 된다. 노리나가는 만세 일계(萬世一系)라는 황통(皇統)의 연속성의 신화에 의거하여 천황의 통치를 '도(道)'로서 절대화하고 그 통치에 대한 '민'의 순종을 전제 조건으로 규범화하여 피치자의 내면적 동조와 복종의 확보를 정치의 핵심으로 주장하였다(松本三之介, 1973: 46). 이를 통해 근대 일본의 '국체(國體) 내셔널리즘'의 원형을 제시하였다는 점에서 노리나가는 특별하다(고희탁 외, 2011: 64). 이 측면은 앞서 언급한 진사이에서 소라이로의 사상사적 흐름, 즉 공적 체제 수립 및 공적 책임의 이행을 통해 '민'을 체제 내로 포섭하고 '민'의 정치적 진화를 예방하고자 한 소라이의 '위로부터'의 보수주의적 문제의식에 대응한 '아래로부터'의 버전(version)이었다는 점, 그리고 이를 위해 무단적 지배 행태에서 벗어나지 못하는 막부를 대신하여 문화적 지배의 전통을 표상하는 천황의 존재와 '가미(神)'의 신비적 권위를 통치 체계와 정치의식의 핵심으로 끌어들이고 있다는 점과 관계가 깊다. 더욱이 이를 통해 재해와 기근의 빈발, 무능과 무책임의

정치 현실, 그리고 유학의 대중화와 더불어 정치의 동향에 민감해진 '민'이 술렁대기 시작한 '위기' 상황에 대한 근원적이고도 총체적인 반전을 의도하였다는 것은 '민'의 정치적 진화를 둘러싼 이후의 사상투쟁의 향방을 이해하는 데에도 필수적이다. 그는 천황의 통치와 그 통치에 대한 '민'의 절대적 순종을 '정대 공공(正大公共)의 도'(『うひ山ふみ』)로서 규정하는데, 그것은 앞서 지적한 진사이의 '천하 공공의 도'에 내포된 민주적 공공성의 계기를 은폐하는 역할까지 수행한 것이었다.

1) 정서적 소통과 불통

이러한 노리나가 국학 사상의 요점 및 그 형성 과정의 특징을 정리하면 다음과 같다. 첫째, 시대적 불안감을 공동성 감각의 해체 위기에서 비롯된 것으로 보고, 그 회복을 위해 사무라이층의 무단적 남성성에 대응하는 천황의 문화적 여성성, 허위와 위선에 빠지게 되는 외면 중시의 중국풍에 대응하는 진솔과 소박함을 높이 평가하는 내면 중시의 일본풍이라는 인간학적 대립 구도를 설정한다. 그의 사상 형성 과정을 살펴보면, 그가 처음부터 '만세 일계의 황통'과 '가미'의 신비적 권위를 중시한 것은 아니었다. 오히려 초기에 그가 주목한 것은 일본 고유의 문자로 표현된 노래[歌]나 이야기[物語]였다(고희탁, 2009). 이러한 문예 작품은 해체의 위기에 처한 공동성의 감각을 회복하는 통로로서의 의미 부여와 관련이 깊다. 그에게 공동성 감각의 회복은 '인정(人情)'을 얼마나 잘 이해하는가에 달려 있었는데, 그 문예 작품들은 바로 인정의 보고(寶庫)였기 때문이다.

풍아(風雅)를 잘 알지 못하는 목석(木石)과 같은 사람이 인정에 어두운 것은 말할 나위도 없다. 인정을 잘 알고 사물 및 현상의 정취를 잘 분별하여 관용적인 마음이 생기게 하고 마음가짐을 부드럽게 하는 데에 노래만큼 좋은 것이 없다. …… 인정은 덧없는 것으로 어린애·여자와 같은 것이다. 어떤 일에서든지 남자답고 올바르며 확실하게 보이는 것은 인정이라 할 수 없다. 그것은 모두 세간의 풍속에 물들거나 서적의 영향을 받아 타인의 이목을 의식하여 마음을 통제하고 밖을 꾸며 덧칠한 것이다. 오늘날의 무사풍이나 중국풍이 그와 같은 것이다(『排蘆小船』).

사무라이 지배의 정치 현실에서 의지적 남성상은 바람직한 인간상이었을 것이다. 그러나 노리나가는 그 인간상에서 자기 집착과 자기도취(『紫文要領』下卷)라는 독선적 오만과 불성실을 낳는 자기중심주의와 타인을 의식하여 진정성이 결여된 외면적 장식의 허위를 읽어낸다. 그에게 인간은 의지와 심리의 분열 속에 갈등하며 고뇌하는 존재이다. 어린애나 여자로 상징되는, 내면적 동요의 모습을 그린 문예 작품을 통해 그는 인간 내면의 풍경을 진솔하게 인정하고자 한다. 이와 대조적으로 의지적 남성상을 강조하는 무사풍이나 중국풍은 공감을 거부하는 독선적 오만과 허위의 전형일 따름이다. 그런 의미에서 그는 남성상의 독단성과 야만성을 사무라이 지배 체제의 현실적 행태와 조응시켜 비판한다.

이와는 대조적으로 그는 교토(京都)에서의 5년간의 유학 생활을 통해 경험한 '왕조 문화(王朝文化)'의 풍아나 섬세한 정서적 교감을 의미하는 '모노노아와레(もののあわれ)'를 강조한다. 타인과의 정서적 소통을 중시하기 때문이다. 상대의 행위나 발화(發話)를 "내 마음에 비춰보고", "미루어 헤아려보고 느끼는 것"(『紫文要領』下卷), 즉 작품에 묘사된 자연과의 교감에서 오는 감회나 상황을 자기 자신을 둘러

싼 현실 및 기억과 연관시켜 상상하여 얻어지는 감정이입이라는 추체험을 통해 인간사의 희비극에 대한 공감은 우러나오는 것이다. 공감은 구별과 비난보다는 자기 내면의 갈등에 대한 겸허한 인정과 상대에 대한 관용을 낳는다고 보고 있었던 것이다. 이러한 겸허와 관용을 낳는 교감이야말로 공동성 감각의 회복을 위한 필수 조건이었기 때문이다. 이렇게 공동성 감각의 회복이라는 시점에서 공감이라는 정서적 소통을 유도하는 문예 작품의 진술한 인간 이해와 그 공감을 가로막는 무사풍 및 중국풍의 정서적 불통이 대립적으로 설정되고 있었다.

2) '가미'에 대한 신앙과 민족성

둘째, 이러한 정서적 소통과 불통의 차이의 원인을 해명하는 과정에서 '가미'에 대한 의식 여부가 그 차이를 유발하는 관건적 요소로 부각되면서, 그 차이는 민족성과 왕조의 지속 및 교체의 차이로 전이된다. 앞서 지적한 타인과의 소통의 존재론적 기반인 그의 인정론은 의지와 심리의 분열이라는 문제적 상황을 보편적인 것으로 인정하는 데서 비롯되었지만, 다른 한편으로는 시간이 흐름에 따라 점차 그 인정이 '순박함'을 상실해간다는 역사성의 규정을 받는 것이기도 하다. 그가 특히 노래에서 공동성 감각의 회복의 계기를 찾았던 것은 노래가 순박함 상실의 풍조에서 가장 비껴서 있었기 때문이다. 그렇다면 그의 문제의식은 다음과 같은 의문, 즉 '현재에 이르러 노래만이 그 순박함을 유지할 수 있었던 이유는 어디에 있는가? 그것을 가능하게 한 힘은 무엇인가?'로 나아갈 수밖에 없다.

나라(奈良)가 도읍이던 무렵[나라 시대]이 되면서 마침내 모든 일이 모두 중국과 같이 되어버렸다. …… 노래의 도(道)만이 신대(神代)의 마음을 잃지 않았다(『石上私淑言』券三).

노리나가의 사상 형성 과정의 초기에는 문제의식의 중심에 없었던 '가미'가 순박함을 유지하게 하는 요인으로서 습관적 무의식의 차원에서 사상적 의식화의 차원으로 전면화하고 있는 것이다. 이런 맥락에서 "아주 드물게 신대(神代)의 일들에 대해 들어도 그저 머나먼 세계의 옛날이야기를 듣는 것처럼 자신과는 무관하게 생각하고 살아가고 있지만, 그것이 모두 오늘날의 세상과 자신에게 관계되는 근본이라는 점을 생각하지 못한다."(『玉くしげ』)고 동시대 일본인들의 '가미'에 대한 무관심을 비판하고 있는 것이다. 이 단계에 이르면, 그에게 가미의 존재야말로 과거와 오늘을 이어주는 가장 원천적인 불변의 상수항으로 설정된다.

그와 동시에 옛날의 순박함을 노래만이 지키고 있다고 하여 노래를 특권화하면서, 노래의 순박함을 유지하는 일본과 그것을 완전히 상실한 중국을 선명하게 대조한다. "모든 일에 똑똑한 체하는 후대로 오면 올수록 더욱더 우리나라와 남의 나라와의 차이가 커졌다"(『石上私淑言』券三)고 하듯이, 이러한 순박함의 '지속'을 둘러싼 차이가 민족성의 차이로 전이되는 현상이 초래된다. 중국 및 조선이라는 타자에 반조(反照)된 자족적인 '태평(泰平)'의 실감과 결합하면서(渡辺浩, 1997; 前田勉, 2002), 역사 인식에서의 '순박한 고대에서 현재의 퇴행으로'라는 계기가 '중국풍'이라는 외부적 요소의 도입에서 비롯된다는 이른바 국수주의적 배타 의식이 그의 국학 구상의 전면에 부상하는 것이다. 이와 같이 '가미'가 의식의 중심에 자리하면서 국수주의적 민족의식이 문제의 초점이 되어가면, 『고사기(古事記)』, 『일본서기(日本書紀)』 등을 '성전(聖典)'으로서 절대화하여 거기에 기록된 모든 신화적 서술을 '사실'로서 받아들이는 절대적 신앙으로 나아가는 것은 당연한 일이다. 성전 중의 성전으로 높이 받드는 『고사기』에 대한 주석서인 『고사기전(古事記傳)』을 35년간에 걸쳐 필생의 작업으로 저술한 것은 그 '사실'에 대한 '실증'을 위한 것이었다.

3) 수직적 위계질서의 동요와 천황제적 재편

셋째, 노리나가의 사상 형성 과정에서 보이는 문학론에서 신도론으로의 중심 이동, 즉 노래 등 문예 작품을 매개로 한 겸허 및 관용의 공동성 감각에서 '가미'를 매개로 한 민족적 공동성 감각으로의 전환에는 앞에서 다룬 오규 소라이의 그것과 유사한 위기감과 그에 대한 대책이라는 보수주의적 동기가 드리워져 있다. 그것은 지방 영주에게 바친 정치론서인 『다마쿠시게(玉くしげ)』, 『비본 다마쿠시게(秘本玉くしげ)』에 전형적으로 잘 드러나 있다. 거기서는 경제사회화에서 비롯된 곤궁과 빈발하는 농민들의 집단적 항의 행동인 '잇키' 및 도시민들의 '우치코와시' 등의 '소동(騷動)'이 초래하는 위기적 국면에 대한 우려를 솔직하게 표명하고 있다. 실제로 노리나가가 저술에 몰두한 18세기 중반부터 후반에 걸쳐 냉해, 가뭄, 지진 등의 자연재해가 빈발하였고 크고 작은 기근이 서민 생활을 엄습하고 있었다. 아사자가 수없이 속출하는 것은 물론 특히 도호쿠(東北) 지방을 중심으로 농민의 이탈이 가속화되어 농촌의 황폐화와 함께 도시로 몰려든 상당수의 이산민이 두터운 도시 빈민층을 형성하고 있었다.

이런 상황이 '잇키' 및 '우치코와시' 발생의 근원적 배경이 되고 있었다. 노리나가는 "백성이나 도시민이 여럿이 모여 무리를 지어 몰려가 위정자에게 호소하거나 난폭한 짓을 하는 것은 옛날 잘 다스려지던 때에는 전혀 받아들여지지 않던 일이었으며, 근세(近世[에도

시대])에 들어서도 이전에는 꽤 드문 일이었는데, 근년에 이르러 해마다 곳곳에서 이러한 현상이 발생하여 더 이상 드문 일이라 할 수 없게 되어버렸습니다."(『秘本玉くしげ』)라고 말한다. 경제사회화에 따른 민생 문제가 '민'의 사회 정치적 행동화를 부추기는 국면이 조성되고 있었던 것이다. 그런 상항에서 노리나가의 후각은 '민'의 사회 정치적 행동화가 초래할 정치사상적 여파에 대해 더 민감하게 반응했다.

> 나라의 다스려짐과 어지러워짐의 차이는 아래[下]가 위[上]를 공경하고 두려워하는가 아닌가에 달려 있습니다. 윗사람이 바로 그 윗사람을 깊이 공경하고 두려워하게 되면 아랫사람도 이를 본받아 그 윗사람을 깊이 공경하고 두려워하게 되어 나라는 저절로 잘 다스려지게 되는 것입니다(『玉くしげ』).

그에게는 특히 '민이 위를 두려워하지 않게 된 현상'이라는 수직적 위계질서의 동요야말로 '난(亂)의 근본'과 직결되는 우려할 만한 사태였던 것이다. 그의 보수주의적 동기를 잘 보여주는 대목이다. 따라서 그는 '민'으로 하여금 '위'를 공경하고 두려워하게 하는 대책의 강구가 초미의 관심사이지 않을 수 없다. 그러나 그의 눈에 비친 현지배층의 대책은 안이한 상황 인식과 무책임한 대응으로 일관할 뿐이었다. "상층부도 하위의 관리들도 백성을 응대하는 데 있어서 조금도 은혜를 베풀고 아끼는 마음이 없으며", 문제의 근원적 해결은 "이치에 맞지 않는 대책을 그만두고 백성을 아끼는 마음"에서 비롯된다는 것을 인식조차 못한다는 것이다. 따라서 '소동'에 대한 대응 그 자체에 급급할 것이 아니라, 그 원인에 대한 근본적 이해가 선행되지 않으면 안 되는 것이다. "이러한 소동의 시말을 생각해보면 원

래 어떤 경우라도 아랫사람의 잘못이 아니라 모두 윗사람의 잘못으로부터 발생하였습니다. …… 참으로 견디기 어려운 경우가 아니면 이러한 일은 일어나지 않는 법입니다."(『秘本玉くしげ』)라고 현실 정치권력에 대해 왕도 정치론적 압박을 가하고 있었다.

이러한 현실 권력에 대한 압박은 우선 『고사기』, 『일본서기』 등의 '성전'에 의거하여 '만세 일계의 황통'의 지배를 민족적 특성으로 단정하여 수직적 위계질서를 명확히 재규정하고, 그 바탕 위에서 현 사무라이 지배 체제를 황실의 위임에 의한 것으로 규정하는 권력 위임론을 제기함으로써 압박의 근거를 마련하는 것으로 시작되었다. 우선, "아마테라스 신(天照大御神)의 손자에게 '일본을 다스려라!'라는 분부가 있었고, 천상에서 이 땅에 내려오실 때 아마테라스 신의 칙명(勅命)에 '나의 자손들의 번성함이 천지와 함께 영원하리라.'고 하였습니다. 이 칙명이야말로 도(道)의 근본인 것입니다."(『玉くしげ』) '천손 무궁(天孫無窮)', 즉 '만세 일계의 황통'을 '가미'의 명령으로 의미 전환하는 것이다(前田勉, 2002: 339). 황통 지속이 단순한 역사적 사실로서만이 아니라 당대의 사람들에게도 가장 근본적인 정치적 책무로서 부과되고 있는 것이다.

다음으로는 "오늘날은 아마테라스 신이 무엇보다 장래를 깊이 생각하여 황실의 권력을 위임하게 하여 도쿠가와 이에야스 신(東照神御祖命)을 비롯한 쇼군 가문이 천하를 통치하게 된 시대"이지만, "천하의 백성은 모두 아마테라스 신이 도쿠가와 이에야스 신을 비롯한 쇼군 가문에 위임한 백성이며, 나라 또한 아마테라스 신이 위임한 나라이다."(『玉くしげ』)라고 하여, 황실로부터의 권력 위임을 명확히 이론화했다.[28]

---

28) 아무리 사무라이가 지배하던 시대라고 하더라도, 초야의 일개 학자가 도쿠가와

천황이 무가 정권에 실질적으로 압도되어 그 구속하에 있었던 정치 현실을 고려한다면, 나라와 백성에 대한 현 지배층의 정치적 책임을 강조하면서, 도쿠가와 가문 혹은 각 영주에 의한 지배의 근거가 황통의 위임하에 있다는 논리를 노리나가가 만들어내고 있는 것은 '국민' 형성의 문제와 관련하여 중요하다. 또한 그 권력 위임론은 천황 친정(天皇親政)을 직접적인 목적으로 하고 있지는 않지만, 정치적 권위로서의 천황을 부각시키고 있다는 점에서 중대한 정치사상적 전환을 의미하는 것이기도 하다. 실질적으로는 '나라'도 '백성'도 무가 정권에 속하는 것이 아니라 아마테라스 신의 직계인 천황에 속하는 '천황의 나라와 백성'이 되고 있기 때문이다. 막말기에 일반화하여 반막부 세력에게 막부의 '무능'을 이유로 천황에게로의 권력 반환을 정치적 구호로 내걸 수 있게 한 이론적 근거로서의 권력 위임론의 선구라고 부를 만한 것이다(藤田覺, 1999). 노리나가는 이와 같은 만세 일계의 황통론과 권력 위임론에 의거하여 소라이와 유사한 문제의식, 즉 공적 체제의 수립과 공적 책임의 이행이라는 '위로부터'의 개혁을 추동하고, 이를 통해 종래의 무단통치 행태를 개선하여 수직적 위계질서의 동요를 저지하고자 했던 것이다.

4) 민의의 조작과 보수주의 정초

넷째, 무엇보다 노리나가의 최종 관심은 피치자인 '민'이 정치에

> 쇼군 가문의 직계 영주를 대상으로 정치의 근본에 대한 환기와 더불어 정치적 비판을 스스럼없이 내고 권력자가 그것을 또한 문제 삼지 않을 정도의 인식론적 수준을 보여주었다는 점은 결코 과소평가해서는 안 된다. 노리나가가 이러한 정치론서를 제출한 기이(紀伊)번은 막부 정권의 중흥을 달성한 쇼군으로 잘 알려진 제8대 쇼군 도쿠가와 요시무네(德川吉宗)의 출신 번이다.

대한 시비를 논하고 정치적 실천으로 나아가는 것을 저지하는 데에 집중되어 있었다.

> 군주가 좋든 싫든 관계없이 신하가 일을 꾸미지 않는 것은 고도(古道)의 뛰어난 점으로서 …… 군주가 좋지 않으면 신하가 이래저래 일을 꾸미는 것을 바람직한 일처럼 여기는 것은 외국의 도이며, 진실됨과는 상반되는 일이다. 그 속에 모든 난(亂)의 근본이 있거늘(『古事記傳』 券43).

군주가 '좋든 싫든 관계없이' 피치자인 '민'의 복종을 절대화하여 그것을 '도'로서 규범화한 것이다. 그에게 정치의 핵심은 피치자의 내면적 동조와 복종의 확보에 있는 것이다. 그리고 그 배경으로서 유학의 대중화로 예견되는 '민'의 정치적 진화, 즉 '정치에 대해 스스로의 의사나 판단을 운운'하게 되는 국면에 대한 그의 직간접적 체험에서 비롯된 위기의식을 전제하지 않을 수 없다. "중국풍을 우러러 배우는 일이 성행해감에 따라 결국에는 천하를 다스리기 위한 정치도 역시 중국풍으로 바뀌었고, 일반 백성의 마음까지도 그 기풍으로 변해갔다."(『石上私淑言』 券三)

교토 유학 시절의 그에게 직간접적으로 사상적 영향을 미친 이토 진사이의 '천하 공공의 도'에 잠재된 시한폭탄과도 같은 언설, 즉 '덕(德)'의 원칙에 따라 왕조 교체를 해결하는 유학의 전통적인 논의를 기탄없이 확대해석하여 '위로부터'만이 아니라 '아래로부터의' 역성혁명조차 적극적으로 긍정하는 대담한 구상도, 교토를 중심으로 한 지역에서 도덕적 규범 및 주체의 문제를 생활자의 입장에서 탐구한 이시다 바이간의 심학이 당대에 확산되어가는 경향도 그 위기의식을 부채질하는 요인이었을 것이다. 더욱이 집단적 항의 행동에 나선

농민들이, "백성이라고 깔깔 비웃으면서 네놈들 백성이라고 가볍게 여기는 것은 잘못된 생각이다. 백성의 존재를 잘 헤아려보라. …… 생명을 양육하기에 농민만을 백성이라 한다. 너희들도 백성에게 양육되는 존재인 것이다. 이 도리를 깨닫지 못한 채 그저 백성이라 하여 나무라는 자는 무엄한 놈이다. 어서 그곳을 비키고 길을 내어라."(『遠野唐丹寢物語』)라고, 지배층에 대해 호통치는 모습은 피치자의 내면적 동조와 복종의 확보는커녕 수직적 위계질서의 해체를 예견하게 하는 것이었음에 틀림없다. 하물며 노리나가보다 한 세대 정도 앞선 안도 쇼에키(安藤昌益)의 경우는, 모든 정치 질서를 생산자 농민에 대한 계급적 착취를 위한 지배 기구로, 그리고 그것을 정당화하는 모든 사상 및 종교를 지배 이데올로기로 간주하여 전면 부정하고 있다(고희탁, 2009: 232-236).[29] 노리나가가 피치자의 내면적 동조와 복종의 확보를 정치의 핵심으로 삼고 만세 일계의 황통에 의한 지배를 정치 질서의 요체로 설정한 것은 이러한 시대적 위기의식에서 비롯된 것이었는데, 그 구상의 특출함은 그런 위기적 상황에 대해 근원적이자 총체적인 반전을 시도한 사상적 도전이었다는 점에 있었다고 해야 할 것이다.

그리고 그의 근원적이자 총체적인 사상적 반전을 가능하게 한 것은 바로 '가미'의 신비적 권위를 최대화함으로써 획득된 것이었다. 그 논리적 장치가 바로 이원론적 신정론(神正論, theodicy)이다. "천도(天道)는 선한 일에 복을 주고 악한 일에 화를 내리는 것이다. 이는 낫 놓고 기역 자도 모르는 어린애라 하더라도 잘 알고 분별하는 것

---

[29] 안도 쇼에키는 생산자에 대한 신분제적 착취의 부정이라는 측면에서 20세기 일본 사회에서 한때 각광을 받으면서 '동양의 맑스'로 불리기도 하였다. 한편 우연이기는 하겠지만, 그의 주저인 『자연진영도(自然眞營道)』가 간행된 해가 바로 루소가 『인간 불평등 기원론』을 발표한 1755년이다.

이며, 참으로 그렇게 되어야만 하는 도리이다. 그러나 이 말은 리(理)에는 잘 들어맞을지 몰라도 실제 역사에 비추어보면 잘 들어맞지 않는다."(『玉くしげ』) 그래서 그는 선한 행위가 선한 결과로, 악한 행위가 악한 결과로 직결되지 않는 부조리한 현실에 대해 신정론으로 합리화하는 것이다.

그 합리화의 연결 고리가 악신(惡神)의 존재이다. "세상의 모든 흉악한 일이나 사악한 일은 원래는 모두 마가쓰히 신(禍津日神)의 신령에서 비롯된다."(『古事記傳』 券6) 그런 만큼 "세상에는 기쁘고 좋은 일만이 아니라 흉악한 일도 없어서는 안 되는 이치"(『古事記傳』 券7)가 존재하는 것이다. "지금 좋은 일이라도 결국에는 나쁜 일이 되고, 지금 나쁜 일이라도 후에는 좋은 일이 되는 도리도 있다는 것을 사람들은 알지 못한다."(『玉くしげ』) 현실은 때로는 악신이 승리하기도 하고 때로는 선신(善神)이 승리하기도 하는 선신과 악신의 경합의 장이다. 물론 선신이라 해도 기독교적 의미의 전지전능한 신이 아니다. 선신은 자신과 대등한 수준의 악신에 종종 힘겨워하는 존재이지만, 그러나 노리나가는 『고사기』 해석을 통해 종국적으로는 선신이 승리할 수밖에 없는 구조임을 강조한다.

그리고 그 논리적 결과로서 '그때그때의 신도(神道)'가 제기되는 것이다. '신국' 일본에 '외부'로부터 외래 종교, 즉 유교, 불교, 도교 등이 전해지고 사람들이 그에 '현혹'되는 바도, 당대 사무라이층에게 정치권력이 '위임'된 바도, 그리고 황통이 당대에 이르기까지 지속되고 있는 것도 바로 '그때그때의 신도'의 결과일 따름인 것이다. "세상의 모습은 모두 선과 악의 가미에 의한 행위의 결과인 만큼 좋든 싫든 사람의 힘은 그 핵심에 미칠 수 없다."(『玉くしげ』) 따라서 '정치에 대해 스스로의 의사나 판단을 운운'하는 일은 "인력(人力)으로 신력(神力)을 넘으려는 사고이며, …… 그때그때의 신도에 어긋나

는 일이다."(『鈴屋答問錄』) 이로써 노리나가는 천황가를 둘러싼 역사에서 보이는 각종 부조리, 즉 황위 계승상의 혼란, 분열, 찬탈, 악행 등의 문제를 납득시키고, 그 문제들을 거치면서도 끊이지 않고 '지속'된 황통의 의미를 신비화시킨다. 이리하여 현실의 인간은 초월적 존재인 '가미'들에게 둘러싸여 '좋든 싫든' '그때그때의 신도'에 절대적으로 순종할 수밖에 없는 존재가 되고 말았으며, 세계는 인간의 인식이 닿을 수 없는 불가지(不可知)의 저편으로 모습을 감추게 된 것이다.

이와 같은 장치를 통해 노리나가는 인간 인식의 근원적 한계를 부각시켜, 한편으로는 유학을 비롯한 학문적 지식을 불완전한 세계 이해로 폄훼하여 그 사상적 영향력을 약화시키고, 다른 한편으로는 피치자인 '민'으로 하여금 눈에 보이지 않는 '신력'을 경외하게 하여 그에 의한 '그때그때의 신도'의 결과에 무조건적으로 복종하게 하는 효과를 기대한 것이었다. "좋은 것이든 싫은 것이든 가미의 마음은 사람 마음으로는 알 수 없는 것이다. 천지간의 모든 일은 전부 가미의 마음속에서 비롯된 것이며, 가미에 의한 행위인 만큼 사람이 생각하는 것과도 다르다. 중국 서적에서 말하는 이른바 도리(道理)와는 심히 다른 것이 많다."(『石上私淑言』卷三) 중국의 성인의 지혜는 인간의 지혜로서는 참으로 깊은 것이라 할 수 있을지 모르지만, 성인도 인간인 만큼 한계를 지닌 존재에 불과하다. 그 한계적 지(智)로서는 신들의 세계를 알 수 없다. 결국 성인의 지혜도 '인간의 분별'이라는 한계적 지혜에 지나지 않는다는 것이다(『葛花』).

그럼에도 한계 상황을 뒤돌아보지 않고 완전한 것처럼 꾸미거나 과장하여 진리인 양 떠들어대는 중국풍은 독선적 오만과 위선에 불과하다. 그가 이러한 독선적 오만과 위선의 중국풍을 그 이데올로기적 성격의 폭로라는 의미를 담아 '가라고코로(漢意)'라 명명하고, 그와는 대조적으로 '가미'의 존재를 의식하여 한계 존재로서 겸허와 진솔을 노래에 담아온 고대 일본인의 마음을 '마고코로(眞心)'라 하여 우위에 두는 것은 그 때문이다. 결국 '민'에게 던져진 '마고코로'의 삶이란, "아랫사람은 그저 윗사람이 정한 법도를 그대로 잘 지키고 사람으로서 꼭 해야 할 일을 하면서 살아가는 길 이외에 달리 길이 없는"(『鈴屋答問錄』) 것이다. 그는 이러한 사상 회로를 통해 재해와 기근의 빈발, 무능과 무책임의 정치 현실, 그리고 유학의 대중화와 더불어 정치의 동향에 민감해진 '민'이 정치에 대한 시비를 논하고 정치적 실천으로 나아가는 것을 봉쇄하고 그들의 내면적 동조와 복종을 확보하기 위해 근원적이고도 총체적으로 보수주의적 반전을 시도한 것이었다.

그런 의미에서 천황의 통치와 그에 대한 '민'의 절대적 순종을 그는 '정대 공공의 도'(『うひ山ふみ』)로서 규정하는데, 그 의미는 천황이 현실 정치의 주체가 되어야 한다는 점에 있다기보다는, 오히려 피치자인 '민'이 정치질서에 대해 스스로의 의사나 판단을 운운해서는 안 된다는 쪽에 무게중심을 둔 것이었다(松本三之介, 1973: 44). 또한 그것에는 앞서 지적한 진사이의 '천하 공공의 도'에 내포된 민주적 공공성의 계기를 은폐하거나 뒤틀어버리고, '아래로부터' 자발적 복종을 끌어내어 그것을 체제로 수렴시켜버리는 사상적 역전의 의미가 담겨 있는 것이었다.

7. 소결: 에도시대 '민'의 정치적 각성과 그 역설

이 글에서는 에도시대에 주자학이 대중적으로 수용되면서부터 나타난 주자학적 사고방식에 대한 반발과 변용, 해체 등의 일련의 사상사적 변동을 '민'의 정치적 각성과 이를 둘러싼 사상적 격투라는 시각에서 그 역사적 전개의 의미를 분석, 추적하였다.

에도시대는 시장경제의 본격화를 계기로 삶의 기축이 '내세'에서 '현세'로, '종교'에서 '경제'로 옮겨 가는 사회구조적 변동기였다. 동시에 에도시대는 당대의 독특한 정치, 경제, 국제관계 등의 사회 정치적 조건과 주자학의 본격적 수용을 배경으로 전개된 '이데올로기' 투쟁기이기도 하였다. 그 전형이 '민'의 정치적 각성에 선구자적 역할을 한 이토 진사이, 그에 대항한 체제 개혁의 구상과 민의의 포섭 전략을 제시한 오규 소라이, 민의의 조작과 천황의 정치적 중심화를 국학으로 집대성한 모토오리 노리나가였다. 그 사상적 격투는 민의의 직접적 자기 표출의 교두보를 '민' 자신이 구축하기 시작함으로써 나타난 '민'의 정치적 각성과 그에 대한 저지 혹은 봉쇄, 그리고 이를 가능하게 할 체제의 재편 구상이라는 양상으로 전개되어갔다. 물론 머리말에서도 언급했듯이 에도시대는 결코 '어둡고 구속된' 암흑기가 아니었다. 이 글에서 언급한 시대상과 사상사의 면면을 생각해도, 혹은 난학(蘭學)을 비롯한 '제1차 계몽 시대'의 상대적으로 자유로운 지적 탐구를 고려해도 그 시대의 활력은 간과할 수 없는 것이다. 그 활력의 시대에 '민'도 동아시아의 다른 나라에 비해 조숙한 정치적 각성을 선취하고 있었다. 그러나 그 선취의 대가도 만만치 않았다. 결국 '민'의 정치적 각성에서의 상대적 '조숙함'은 그 속도에 조응이라도 하듯이 조숙한 '보수주의'의 출현이라는 역설을 낳았다. 그것도 '위로부터'의 강제라는 형태가 아니라 '아래로부터'의 자발적 탐구라는 형태로.[30]

---

30) 서구 정치사상사에서 버크(E. Burke) 이후의 보수주의는 다음과 같은 특징을 갖는다. 니스벳의 정리에 의하면, 버크의 보수주의는 영국의 식민지 지배로부터 해방을 추구한 미국의 독립혁명을 적극적으로 지지하던 그가 '변절'이라는 주

그리고 이러한 소라이에서 노리나가로 이어지는 보수주의적 사고방식이 '웨스턴 임팩트' 이후의 일본 근대의 조형에도 치명적 영향을 미쳤다고 할 수 있다. 그 중심에 아렌트(Hannah Arendt)의 '악의 평범성(banality of evil)'이라는 사상적 문제가 놓여 있음에 유의할 필요가 있다. 아렌트는 홀로코스트를 지휘한 아이히만의 사례를 통해 그러한 '거악'의 출현에 '평범한' 이들의 '사고력의 결여(thoughtlessness)'가 얼마나 그들을 쉽게 동원하게 하고, 그들의 자의식과는 무관하게 그들을 얼마나 무서운 '악마'로 변신시켜갔는지를 잘 그려내고 있다(아렌트, 2006). 세상만사를 가미의 뜻으로 받아들여 인간의 규범적 판단을 극력 억제하게 한 노리나가의 세계관은 아렌트가 비판하는 '사고력의 결여'를 양산하는 구조를 갖고 있는 것이었다. 바로 이러한 '사고력의 결여'를 당연시하고 천황과 가미의 뜻에 '무조건' 순종하는 '평범함'의 양산이 근대 일본 '국체(國體)'의 실질적 핵심이었는지 모른다. 그것을 문제시하기는커녕 '참된' 일본인의 표상으로서 선양하게 하기 때문이다. 또한 그런 정신적 상황에서 '평범한' 근대 일본인들은 오늘날에도 여전히 문제로 남아 있는 '악'의 유산들에 아무렇지도 않게 발을 들이밀게 된 것이었다.

위의 비난을 무릅쓰고 프랑스혁명에 대한 대항을 선언한 데에 잘 드러난다. 버크는 프랑스혁명을 그때까지의 정치적 변혁과는 전혀 다른, 인류사에서의 퇴행적 사태의 출현으로 파악하였다. 그것은 프랑스혁명파에 대한 혐오, 즉 전인적인 인간 구원 및 인간 정신의 완전한 개조에의 믿음, 전통에 대한 반란, 정념의 해방, 진보적 역사관, 거창하고 자극적인 이미지의 '말'의 난무, 그 '말'의 생산자이자 유통자인 정치적 지식인 및 계몽철학자들, 이 모두에 대한 혐오를 바탕으로 한 것이었다. 또한 그들과는 반대로 전통, 역사 및 경험, 가족 및 공동체, 종교 등을 중시하는 입장이었다(니스벳, 2007). 이러한 서구 보수주의의 특징을 고려하면, 소라이를 거쳐 노리나가에 의해 어느 정도 완결된 형태를 띠는 에도시대의 보수주의적 언설에는 그것과의 중요한 차이점과 공통점이 적지 않다. 비교연구할 만한 가치가 있다고 생각한다.

질의와 응답

주자학은 동아시아 근세 사회에서 수용 주체에 따라 어떠한 가능성을 가졌는가?
→ 주자학은 수용 주체에 따라 크게 두 가지 가능성을 갖고 있었다. 하나는 유학자 관료층이 도덕 정치 이념으로서 군주의 자의적 권력 행사를 견제하고 공론 정치를 전개해나간 경우이고, 또 하나는 피지배층인 '민'이 주자학에 내포된 도덕적 만민 평등관을 활용하여 지배의 정통성에 대한 문제의식을 발전시켜간 경우이다. 전자는 조선시대, 후자는 일본의 에도시대에 전형적으로 나타났다.

일본 근세 사회에서 주자학의 가능성이 개화할 수 있었던 조건은 어떤 것들이 있었을까?
→ 첫째, 시장경제의 본격화에 따른 경제사회화 및 도시화, 시장 네트워크 형성 등의 사회변동과 그에 따른 '민'의 경제적 실력화 및 상업적 출판의 성립 등이 주자학 수용을 촉진하였다. 둘째, 당대의 조선이나 중국과는 달리 사무라이 지배자들은 사상적으로 체제를 정당화할 의욕을 갖지 않았을 뿐만 아니라 사상 통제를 시행하지도 않았다. 그런 만큼 일본 근세 사회에서 다양한 사상의 모색은 결코 공포를 동반하는 위기의 작업이 아니었다. 셋째, 정치의 윤리화를 지향한 유학적 이념에 대한 관심이 높아진 사회 정치적 분위기 또한 존재하여 도쿠가와 이에야스를 비롯한 막부의 최고 권력자도 무력만으로는 온전하게 통치할 수 없다는 점을 의식하고 있었다. 넷째, '대항해시대' 이후 서구와의 꾸준한 접촉이 중화주의적 질서관을 해체하여 민족주의적 정체성에 대한 모색을 촉발하였다. 다섯째, 고대 율령제에 의거한 천황 및 조정이 정치적 권위의 원천이나 문화적 상징

으로서 살아남아 사무라이 지배 체제의 구조적 문제를 통감하는 반대자나 개혁가에게 사상적 의지처로서 기능할 개연성을 갖고 있었다. 이러한 계기들과 결합하여 주자학의 사상적 한 축에 지나지 않던 도덕적 만민 평등관이 '민'의 자기 인식에 근본적 전환을 초래하게 되었다.

이토 진사이는 유학의 어떤 점을 활용하여 신분제적 한계를 넘어 민의의 표출이 가능하다고 보았으며, 주자학에 대해서는 어떠한 정치적 비판 의식을 갖고 있었을까?
→ 진사이는 주자학에 내포된 도덕적 본성의 만민 평등관을 활용하여 정치의 민본주의적 기본 과제를 자각한 '민'이 그것을 정치 세계에 요구할 수 있다고 보았으며, 맹자의 역성혁명의 논의를 기탄없이 확대하여 최악의 경우에는 '민'도 급진적 정치 변동의 한 주체로서 참여해야 한다고 보았다. 다른 한편 주자학이 왕도 정치를 강조하면서도 '무욕(無慾)'의 심법에 기울어지기 쉬운 경향 때문에 실제의 정책이나 제도로서 민생 및 복지를 달성해야 할 정치의 기본 과제를 망각할 우려를 낳고 있다고 하여 그 정치적 무책임성의 경향을 비판하였다.

오규 소라이의 유학 재구성은 사무라이 지배 체제의 중흥 및 민의의 포섭과 어떤 연관을 갖는 것이었을까?
→ 소라이는 세습적 신분제에 따른 통치 능력의 자연적 쇠퇴와 피지배층에 대한 무단적 통치의 누적이 초래할 위기를 사전에 감지하고, 고대 중국의 요(堯)·순(舜)과 같은 이상적 군주의 통치학을 유학의 기본으로 삼는 유학 재구성을 단행하였다. 이를 통해 막번 체제의 방임적 전국 지배나 불완전한 권위 조달의 현상을 개혁하여 중앙

집권적 전국 지배 체제 구상을 확립하고 중하급 사무라이층의 사명감과 자발성을 고양시켜 체제 내의 하향적 통제 방식을 상향적 참여 방식으로 전환할 것을 촉구하였다. 그 동기는 시장경제의 본격화와 전국적 네트워크화가 초래하는 지역 분산적 지배 체제의 약화 및 활력의 저하, 경제력을 바탕으로 한 도시민의 문화적, 사회적 수준의 제고 등이 초래할 수도 있는 위기를 예방하는 것이었다. 위로부터 구상한 체제 개혁을 통해 민의를 수렴하여 '민'의 반발과 저항을 줄이고 그들을 체제 내로 끌어들이기 위한 전략적 모색이라는 성격이 강한 것이었다.

모토오리 노리나가가 유학을 전면 부정하고 일본 중심주의로서의 국학을 완성하게 된 사회 정치적 배경은 어떠한 것이었을까?
→ 노리나가의 국학은 위기의 산물이라는 성격이 강하다. 당시는 자연재해가 속출하여 기근과 농민 반항이 빈발한 시대였으며, 유학이 여러 경로를 통해 대중화되어 '민'이 지배층과 정치 세계에 대한 민본주의적 요구를 당연시하기 시작한 시대이기도 하였다. 그러나 사무라이 지배 체제는 대책을 내놓지 못하고 무능한 폭력적 대응으로 일관하였으며, 게다가 그 대응도 지역적 고립성을 벗어나지 못하는 난맥상을 노정하고 있었다. 그가 천황가의 신화와 역사를 부각시켜 국학을 형성하는 데에는 한편으로는 무단통치와 대조되는 '왕도'의 통치자로서의 천황과 그에 순종해온 '민'의 이미지를 조작하고, 다른 한편으로는 전국적, 전 계층적 지배자로서 천황을 중심에 두어 사무라이 지배 체제의 지역적 고립성을 일본 전국적 시야로 넓히고 그들을 천황의 위임 통치자로서 설정하여 민의를 고려한 통치를 시행하게 하여 정치적으로 유동적이 된 '민'의 동향을 체제 내로 끌어들이기 위한 전략적 고려가 작용하고 있었다. 그런 의미에서 그의

국학 구상은 체제의 위기적 상황에 대한 근원적이고도 총체적인 반전을 노린 보수주의적 기획이었다.

참고 문헌

『語孟字義』,『童子問』,『論語古義』,『弁道』,『弁名』,『太平策』,『徂徠先生答問書』,『政談』,『排蘆小船』,『紫文要領』,『石上私淑言』,『秘本玉くしげ』,『玉くしげ』,『鈴屋答問錄』,『古事記傳』,『うひ山ふみ』,『自然眞營道』,『本佐錄』,『仮名草子集』,『近世町人思想』.

고희탁, 2009,『일본 근세의 공공적 삶과 윤리』, 논형.

고희탁 외, 2011,『국학과 일본주의: 일본 보수주의의 원류』, 동북아역사재단.

김영수, 2005,「조선 공론 정치의 이상과 현실(1): 당쟁 발생기 율곡 이이의 공론 정치론을 중심으로」,『한국정치학회보』, 39(5).

니스벳, 로버트, 2007,『보수주의』, 강정인 옮김, 비투비21.

마루야마 마사오, 1995,『일본정치사상사연구』, 통나무.

미나모토 료엔, 2000,『도쿠가와시대의 철학사상』, 박규태 외 옮김, 예문서원.

아렌트, 한나, 2006,『예루살렘의 아이히만: 악의 평범성에 대한 보고서』, 한길사.

와타나베 히로시, 2007,『주자학과 근세일본사회』, 박홍규 옮김, 예문서원.

이상익, 2007,『주자학의 길』, 심산.

이석규, 2004,「麗末鮮初 新興儒臣의 民에 대한 인식」,『조선시대사학보』31.

하우봉, 1989,『조선 후기 실학자의 일본관 연구』, 일지사.

高橋正和, 1981,『三浦梅園の思想』, 東京: ぺりかん社.

高熙卓, 1998,「伊藤仁齋の〈王道〉論」,『倫理學年報』47.

大庭脩, 1999,『德川宗吉と康熙帝: 鎖国下における日中交流』, 東京: 大修館書店.

島田虔次, 1967, 『朱子学と陽明学』, 東京: 岩波文庫.

渡辺浩, 1997, 「"泰平"と"皇國"」, 『東アジアの王権と思想』, 東京: 東京大學出版會.

東島誠, 2000, 『公共圏の歴史的創造: 江湖の思想へ』, 東京: 東京大学出版会.

藤田覺, 1999, 「朝幕關係の轉換」, 『近世政治史と天皇』, 東京: 吉川弘文館.

笠谷和比古, 1988, 『主君「押し込め」の構造——近世大名と家臣団』, 東京: 平凡社選書.

尾藤正英, 1983, 「國家主義の祖型としての徂徠」, 『日本の名著 荻生徂徠』, 東京: 中央公論社.

尾藤正英, 2000, 『日本文化の歴史』, 東京: 岩波新書.

福沢諭吉, 1995, 『文明論之概略』, 東京: 岩波書店.

上安祥子, 2002, 「私利私欲から"公共心"への助走: 山鹿素行の思想」, 『奈良女子大学大学院 人間文化研究科年報』17.

石毛忠, 1968, 「江戸時代初期における"天"の思想」, 『日本思想史研究』2.

石田良一, 1960, 『伊藤仁齋』, 東京: 吉川弘文館.

小島毅, 2004, 『朱子学と陽明学』, 東京: 放送大学教育振興会.

速水融・宮本又郎, 1988, 「概説 17-18世紀」, 『経済社会の成立 日本経済史1』, 東京: 岩波書店.

松本三之介, 1973, 『天皇制國家と政治思想』, 未來社.

野口武彦, 1986, 『王道と革命の間: 日本思想と孟子問題』, 東京: 筑摩書房.

若尾政希, 1999, 『"太平記"読みの時代』, 東京: 平凡社選書.

玉懸博之, 1998, 『日本中世政治思想史研究』, 東京: ぺりかん社.

宇野田尚哉, 1996, 「板行儒書の普及と近世儒学」, 『読書の社会史 江戸の思想5』, 東京: ぺりかん社.

伊東貴之, 1995, 「中国近世思想史における同一性と差異性」, 『中国という視座』, 東京: 平凡社.

子安宣邦, 1995, 『「宣長問題」とは何か』, 東京: 青土社.

前田勉, 2002, 「近世日本における天皇権威の浮上の理由」, 『近世神道と国学』, 東京: ぺりかん社.

朝尾直弘, 1991, 「"近世"とは何か」, 『世界史のなかの近世日本 日本の近世1』, 東京: 中央公論社.

片岡龍, 1997, 「荻生徂徠の天命説」, 『日本思想史学』29.

片岡龍, 2001, 「17世紀の学術思潮と荻生徂徠」, 『中国——社会と文化』16.

横田冬彦, 1996, 「近世民衆社会における知的読者の成立: 益軒本を読む時代」, 『読書の社会史 江戸の思想5』, 東京: ぺりかん社.

横田冬彦, 2002, 『天下泰平 日本の歴史16』, 東京: 講談社.

黒住真, 1994, 「儒学と日本近世社会」, 『近世3 日本通史13』, 東京: 岩波書店.

ロジェ・シャルチェ, 1996, 『書物の秩序』, 長谷川輝夫 訳, 東京: 筑摩書房.

11장 막말 유신기의 공의 여론과 민의

노병호

1. 공의 여론 연구의 의의

대일본제국헌법(大日本帝國憲法)[1]이 현행의 일본국헌법(日本國憲法)[2]과 가장 다른 점은, 민(民)이 주권의 주체인가 객체인가라는 문제, 달리 말하면 민이 국민(國民)[3]으로 기술되는가 신민(臣民)으로 기술되는가라는 점일 것이다. 실제로 대일본제국헌법상 신민이라는 표현은, 헌법전문에 16회, 본문 1장에 1회, 2장에 14회, 3장에 1회로 총 32회 사용되고 있다. 이는 보칙을 포함한 전체 76개의 조문을 기준으로 계산하면, 2.4~2.5개의 조문당 적어도 한 번은 신민이 기술

---

1) 제국헌법(帝國憲法), 메이지헌법(明治憲法), 구헌법(旧憲法)이라고도 한다. 1889년 2월 11일 공포하고, 1890년 11월 29일 시행했다.
2) 현행헌법, 평화헌법, 전후헌법, 맥아더헌법이라고도 한다. 1946년 11월 3일 공포하고, 1947년 5월 3일 시행했다.
3) 국민(國民)은 일본국헌법의 전문에 11회, 제1장에 2회, 제2장에 1회, 제3장에 17회, 제7장에 1회, 제9장에 3회, 제10장에 2회로 총 36회 등장한다.

되어 있다는 것을 의미한다. 대일본제국헌법의 공포·시행과 더불어 1890년 10월 30일에 발표된 교육칙어(敎育勅語)에서도 신민은 무려 5회나 등장하고 있다.

이처럼 신민은 대일본제국헌법이 지배했던 1890년대 이후 1947년에 이르기까지 일본의 정치적·법적인 전제 조건이었다. 그러나 신(臣)과 민(民)이라는 어의가 암시하는 것처럼, 신민은 신민을 위한 신민의 주체가 아니라, 천황 혹은 '대일본제국'을 위한 객체로 인식·규정되었다.[4] 만일 신민이 술어로서의 신민에 이의를 제기하며 그 질곡에서 벗어나고자 한다면, 결국 주어인 국민이 되는 길 이외에는 없었다. 하지만 이것의 최종적인 실현은 1947년 일본국헌법의 시행을 통해 '비주체적으로' 달성되었다.

한편 근대 일본에서 신민이 신민으로 귀결되어야 했던 필연적인 이유가 존재한 것은 아니다. 오히려 신민은 막말·메이지기의 유동적인 정치 상황 속에서 '주권자'라고는 말할 수 없을지라도 충분히 능동적인 주역이 될 수 있었다. 그러한 가능성을 상징하는 대표적인 관념이 '공의 여론(公議輿論)'이다. 후술하는 것처럼 공의 여론은 막말·메이지기의 대표적인 정치 이념·정치 규범·정치 수단으로서 전략과 전술 사이의 전 영역에 걸쳐 있었기 때문에 메이지유신의 지사들에게 미다스(midas)의 손처럼 활용되었다.

공의(公議)와 여론(輿論)의 결합으로 이루어져 있는 공의 여론은 어의상 각각 공의 내용과 주체의 범위를 암시하고 있다. 따라서 여론의 구성 주체가 사회의 저변으로 확대 혹은 하강하고, 이렇게 확대·하강된 시스템이 제도화되었더라면 주체로서의 민의 의사(民意)

---

4) 대일본제국헌법상의 신민은 대체로 우리(我ガ)·충량한(忠良ノ)·그대들(爾)을, 교육칙어에서는 익찬(翼贊)·우리(我ガ)·충실(忠実)·충량한(忠良ナル)·일본(日本)을 동반하고 있다.

가 지속적으로 공을 구성하는 안정된 체제가 불가능했던 것도 아니었을 것이다.

이 글에서는 이러한 제도화와 시스템의 단서를 막말·메이지기의 실질적인 정치과정 속에서 공의 여론의 내용이 형성·변용되어가는 흐름을 추적함으로써 찾아볼 것이다.

정치적인 변화의 시기에는 새로운 이념 혹은 이데올로기를 표현하는 정치적 슬로건이 그 변화의 주체와 함께 모습을 드러내는 것이 상식이라고 생각된다. 변화가 한층 격렬해져 '격동'이라고 표현해야 할 만한 상황이라면 정치적 슬로건도 격동만큼이나 강력한 힘을 발휘하면서 등장할 것이다. 하지만 격동의 시기란 그 용어가 함축하는 의미처럼 성격과 방향이 유동적이기 마련이고 마찬가지로 정치적인 슬로건도 그 유동적인 상황만큼이나 동요하기 쉽다고 말할 수 있다.

일본에서 이러한 격동이라는 표현이 가장 적합한 시기로는, 지금까지와는 전혀 다른 새로운 문명과 본격적으로 조우해야 했고, 이에 따른 새로운 반응을 모색하지 않을 수 없었던 막말·메이지기를 들지 않을 수 없다. 이 시기를 리드했던 주체들은 최후의 승리를 위해 보다 많은 동지를 자기편으로 끌어와야 했다. 왜냐하면 한 치 앞도 내다볼 수 없는 불확실한 상황이 지속될 것이라고 예상한다면, 더 많은 지지자를 확보해두는 편이 보다 확실하고 안전하기 때문이다. 이처럼 구질서가 붕괴되기 시작하고 새로운 질서 혹은 안정이 아직은 먼 미래인 막말·메이지기의 정치 상황에서 모든 주체를 끌어안고 갈 수 있도록 한 것이 바로 공의 여론이라는 관념이었다.

이와 관련하여 이노우에 이사오(井上勳, 1940~)는(「公議輿論」; http://ja.wikipedia.org/(2009. 11. 30))[5] 공의 여론은 전통적인 천(天) 관

---

5) 이 글의 구성 및 다음에 이어지는 2절 1항의 서술에 있어서 나는 이노우에 이사

념의 변용으로서 (1) 국가의사로서의 공의, (2) 구성원에 의해 구성된 여론, (3) 공의와 여론의 피드백 시스템으로서의 공의 정체론(公議政体論), (4) 공명정대·공평무사의 정치 자세·정신 태도 등 복합적인 의미를 담고 있다고 말하고 있다. 여기서 (4)가 부사적인 정의라고 한다면, (1)(2)(3)은 명사적인 정의라고 말할 수 있다. 구체적으로 (1)과 (2)는 '공'에 관한 문제, 특히 (2)는 공의 '구성 주체'에 관한 문제, (3)은 '제도'적인 의미를 포함한다고 말할 수 있다. 부사적인 의미로 사용되는 (4)의 경우는 (1)(2)(3)이 원활하게 작동하지 못할 경우 이를 재촉하는 의미에서 사용되는 개념이라고 말할 수 있다.

이 글도 이노우에의 방식을 따라서 먼저 공의 여론 관념의 형성 과정에서 출발하여 제도적인 공의 여론을 검토한 후, 부사적인 공의 여론의 의의를 추적하는 단계로 전개될 것이다.

오의 두 논문, 「네이션의 형성(ネーションの形成)」(井上勲, 1971a)·「통일국가의 비전(統一国家のヴィジョン)」(井上勲, 1971b)에 크게 빚지고 있다. 하지만 두 논문의 주제인 '공의 여론의 근대성'과 두 논문의 기획의 의도는, '근대' 혹은 'nation의 형성'이라는 거대한 결론을 연역적으로 전제하고 있어서 일본의 근대화의 성격에 대한 다차원적인 접근을 방해하고 있다는 느낌을 갖게 한다. 다시 말하면 '근대'의 실패 및 그 실패가 갖는 함의에 대한 설명에는 한계가 있다. 이러한 경향은 근대 일본의 공(公)을 논하는 현재의 거의 모든 연구에서 공통적으로 나타나는 문제점인 것 같다. 그럼에도 불구하고 '공의 여론'을 직접적인 대상으로 한 연구는 이노우에를 제외하고는 좀처럼 발견할 수 없다. 이노우에 이외의 대부분의 연구에서는 '공의 여론'을 일본의 헌정사 혹은 의회주의 성립 과정에서 나타난 과도기적인 개념으로 이해하고 있고, 또 이에 만족하고 있는 것 같다.

2. 공의 여론 관념의 형성과 민

1) 천과 민

공의 여론의 원형을 논하기 위해서는 일본에서 천(天)이 가지는 두 가지 관념을 지적해야 한다. 그 하나는 초월적이고 보편적인 규범으로서의 유교적인 관념, 다른 하나는 동태적이고 역동적인 성격. 학자에 따라 뉘앙스의 차이는 있을지라도 천(天)의 규범성과 존재론적·역동적 성격은 공통된 관심사인 듯하다.

먼저 이노우에 이사오의 천(天)에 대한 인식을 보면, 이노우에는 전국시대(戰國時代)라는 시대 상황하에서의 '천도(天道)'의 의의를 논하고 있다(井上勳, 1971a: 97-100). 이에 따르면 일본의 전국 난세란 보편적인 규범이 의미를 상실하여 마키아벨리즘이 횡행하는 시대이므로 비합리적인 '시세'가 중요성을 갖는다. 그런데 시세가 중요해지면 역설적으로 시세를 초월한 가치를 요구하는 목소리도 커지게 된다. 따라서 비(非) → 리(理) → 법도(法度) → 권(權) → 천도(天道)라는 상승 과정은 오히려 자연스러운 것이다.

천도는 도쿠가와 시대에 들어서자 유교와 접목되어 리(理)와 동일시된다. 막번 체제가 안정기에 접어들게 되자 '천하의 인심'이 리에 포함되고, 사회적인 안정이 이를 보증한다. 그러나 막번 체제가 동요하기 시작하면 천하의 인심과 리는 분리되고, 결국 천하의 인심이 독자적으로 활보하게 된다. 이노우에는 이를 "능동적 천도 관념의 성립"이라고 말한다. 즉 도덕적인 판단을 초월하여 상황 혹은 시세의 비합리성을 깨닫고 상황에 적응하면서 동시에 시세를 관통하고 있는 상황 대응의 규범인 천도를 인식하려는 정신 태도로 시세에 대응하게 되는 것이다. 이때 중시되는 것이 '민심'에 따른다는 관점이다.

막번 체제가 안정되어 있을 때의 민중은 정치적으로 무관심하고, 민심은 군주의 일방적인 관찰에 의해 유지되었다. 이의 전환이 막말의 동란 시에 일어난다. 막말에 무사와 민중이 정치적으로 각성함에 따라서, 바꿔 말하면 정치적으로 적극적인 개인이 자신을 민심의 일부로 인식하게 됨에 따라서 천도 관념은 '사람'의 입장에서의 공의 여론을 탄생시키게 된다.

이노우에의 이러한 분석은 정치적으로 적극적인 개인이 존재함으로써 리와 민심이 분열될 수도 있다는 비판에 대한 해답을 제시하고 있지는 못하다. 하지만 도쿠가와의 안정된 시대에는 결합되어 있던 리와 민심이 막말 이후 분리되고, 결국 민심이 천도라는 관념을 매개로 독자적이고, 능동적인 역할을 수행함으로써 공의 여론 관념이 탄생하였다는 지적은 주목할 만하다.

한편 마루야마 마사오(丸山眞男, 1914~1996)는 일본의 천 관념의 특징으로 '역동성'을 지적하고 있다(丸山眞男, 1996[1972]).[6] 마루야마에 따르면 일본 신화에서는 섭리 사관이나 규범주의적인 역사관에서 보이는 '절대적 시원자' 혹은 '불생불멸의 영원자'가 결여되어 있다. 그러나 이 결여가 오히려 천지개벽(天地開闢)·천지초발(天地初發)·초판(初判)·건곤초분(乾坤初分)이라고 하는 천(天)과 지(地)의 반대 방향으로의 분리와, 이원적 대립에서 도출된 이키호히(いきほひ)가 미래의 행동의 에너지의 원천이 되는 것을 가능케 한다. 말하자면 일본에서의 천은 이키호히가 의미하는 '힘[氣·勢·時勢·大勢]'을 연상시키는 이미지로 나타난다. 심지어 덕조차도 이키호히를 전제로 하고 있다.

---

6) 마루야마가 논하는 천의 관념은 일본인의 '역사의식' 및 '충성'의 문제와 관련되어 있다.

하지만 동시에 마루야마는 천의 이념적인 의미를 명확히 인정하고 있다. 사상적인 충(忠)의 문제에 있어서 천은 여전히 초월적인 의미를 함축하고 있다. 마루야마에 따르면(丸山眞男, 1992[1960]: 27) 막말의 지사들을 움직이게 한 존왕론과 대의명분론의 사상은 후지타 유코쿠(藤田幽谷, 1774~1826)·후지타 도코(藤田東湖, 1806~1855) 부자와 아이자와 세이시사이(会沢正志斎, 1782~1863) 등 후기 미토학(水戸学)에서도 나타나고, 초월적인 '천도'의 이념으로도 여전히 살아 있었다. 천도의 이념이 구체적인 천황의 인격과 황조황종(皇祖皇宗)이라는 혈통의 연속성에 완전히 흡수된 것은 아니었던 것이다. 막번체제의 유교적인 원리를 의미하는 천도는 양날의 칼과 같아서 막부와 번의 실정(失政)으로 인해 '조직'에의 충성으로부터 '원리'에의 충성이 분리되어 나오게 되는 것이다. 공의 여론도 이와 유사하였다. 즉 "천하(天下)를 공(公)으로 한다."라는 전통 관념이 새로운 상황과 지식하에서 점차 의미 전환을 해갔던 것이다.[7]

이러한 의미 전환은 막말의 정국을 주도해가는 주체가 각성해간다는 것을 의미한다. 즉 가산 관료화(家産官僚化)한 무사(士)가 전국난세와 유사한 막말의 상황을 맞이하여 '무'사(武士)로 재전환해야 했던 것이다. 이를 위해서는 강렬한 명예감 및 간쟁의 정신 등 무사적 에토스의 본래적인 의미를 자각하지 않으면 안 되었다. 또한 국외로부터의 위기로 인해 충성 주체의 전국적인 '하강' 및 '확대'를 꾀하는 무사들의 '정치'를 뒷받침해줄 수 있는 원리가 요구되었다. 바로 이때 천도가 지니는 초월성이 새로운 상황하에서 재인식되고,

---

7) 민권론자 또한 천(天)·천도(天道)의 관념에 의존하고 있다. 즉 유신의 지도 이념 중 하나였던 '공의 여론'이 국회 개설 요구에 연결될 뿐만 아니라 만기 공론(万機公論)이 천도(天道)와 관련되어 있었기 때문에 민권론자는 천황에게 유신의 '약속'을 '충고'하려고까지 했다(丸山眞男, 1992[1960]: 53).

'원리'는 '조직'으로부터 결정적으로 분리되어 나오게 되는 것이다(丸山眞男, 1992[1960]: 29).

일본의 천 관념에 대한 최근의 분석으로는 이노우에 아쓰시(井上厚史)의 연구를 들 수 있다(井上厚史, 2008: 170-174). 아쓰시는 에도시대 유학자의 텍스트 속에서 일본의 천 관념의 특징을 추출하고 있다. 나카에 도주(中江藤樹, 1608~1648)에게서는 '천도'의 유행(流行)에 있어서 존재론적인 요소라고 할 수 있는 "부여된 분수(分數)"로서의 '명(命)'을, 야마자키 안사이(山崎闇斎, 1619~1682)에게서는 '천리(天理)'를 외경 및 공순한 순종의 대상으로서가 아니라 "항상 영정(霊静)하여 조금도 사악한 바가 없고, 천묘(天妙)하여 어두운 바가 없"는 그 자체로서의 자명함을, 오규 소라이(荻生徂徠, 1666~1728)에게서는 '천(天)이란 해석할 것도 없이 인간이 쳐다보아 당연히 알고 있는 것이지만 인식하는 것은 불가능하다.'는 점을 추출한다. 특히 소라이론에서는 '불가지(不可知)'하지만 '자명'한 존재로서의 천이 고려되고 있다.

한편 미토학의 중심인물인 아이자와 세이시사이는 "사람은 천지의 마음"이라고 하면서 천(天)을 받들고 조상[天祖]에게 보답하는 의(義)를 강조하고 있다. 동시에 기(気)에 의한 "천인(天人)의 합(合)"과 전기(全気)를 받고 있는 일본인의 "나라의 기풍(気風)"을 주장하고 있다. 막말의 양명학자인 오시오 주사이(大塩中斎, 1793~1837)는 인간의 마음은 우주의 근원인 태허(太虚)를 통해 천(天)과 상즉한다고 주장한다. 아쓰시는 이러한 점들에 대해서 일본의 천 관념은 자기의 행동을 천에 비추어 자성한다는 윤리적인 측면보다는 기(気)를 중심으로 한 존재론적 측면이 강하다고 언급한다.

요약하면 이노우에는 공의 여론이 리(理)를 경유하지 않고 민심이 직접 천도에 연결된다고 지적하고 있고, 마루야마는 천도의 원리적 측면이 조직으로부터 분리되어 '충성'관의 괴리라는 역동성을 낳게 되고, 이 역동성이 천 자체가 본래 가지고 있던 이키호히와 결합되어 한층 강력해진 것이 '공의 여론'이라고 한다. 아쓰시는 기를 통해 표현되는 일본적인 천을 논하고 있다. 일본적인 천은 그 자체로 자명한 '사람'이라는 요소를 중시하는데, 이것이 천의 존재론적인 의미라는 것이다. 즉 이노우에가 공의 여론을 통해 직접 천과 민심을 연결하고 있다고 한다면, 마루야마와 아쓰시는 민이라는 요소를 언급하고 있지는 않지만, 천의 존재론적인 측면에 대한 지적을 통해 간접적으로 공의 여론과 민의 관련성을 논하고 있다고 말할 수 있다.

2) 공과 민

한편 공의 여론에서의 공(公)은 어떤 의미를 가지고 있는 것일까. 이와 관련하여 와타나베 히로시(渡辺浩, 1946~)는 일본적인 공을 오호야케(おほやけ)와 와타쿠시(わたくし)의 '요술 상자' 혹은 '중층 구조'로 설명한다(渡辺浩, 1998: 118-124). 와타나베에 따르면 일본에서의 오호야케는 중국에서의 공이 갖는 "사적인 것을 지양하여 보편적이고 정의로운 것을 추구한다."는 감각을 결여하고 있다. 일본적인 공의 논리는 다이묘(大名)에게는 막부가 오호야케가 되고, 무사에게는 다이묘가 오호야케가 되는 구조로서 다이묘와 무사는 각각 막부와 다이묘와의 관계에서 와타쿠시로 축소되는 연속적인 구조라는 것이다. 즉 하나의 상자를 열면 또 하나의 상자가 연속적으로 나타나는 요술 상자와 비슷해서 앞서 말한 요술 상자 혹은 중층 구조라는 표현이 사용되고 있는 것이다. 실제로 막부의 장군은 다이묘와 마찬가지로 공의(公儀)라고 불리지만, 다이묘와의 관계에 있어서는 대(大)가 추가되어 대공의(大公儀)로 호칭되고 있다. 봉공(奉公)의 관념도

이와 유사해서 관계 속에서 규정되는 '상대적인' 개념으로 인식되고 있다.

이러한 의미의 공에 대해서 에도시대 말기 히토쓰바시파(一橋派)[8]에 의해서 비판이 행해졌다. 그 비판의 핵심은 '어공의(御公儀)에 따른다면 무엇이든지 가능하다.'라는 생각에는 문제가 있다는 것이다. 이를 계기로 공·공론의 현재적인 의미로의 전환이 촉발되었다. 다른 한편 막말·메이지 초기에 서양으로 보낸 사절이 유교의 영향을 받은 중국적인 공·공론과 접하게 됨으로써 현재의 공이 가지는 public적인 의미와 결합하게 되었다고 한다. 즉 공의(公儀)의 자리를 공론(公論) 혹은 공의(公議)가 차지하는 현상이 발생하게 된 것이다(渡辺浩, 1998: 124, 130).

공이 이렇게 공의(公儀)[9]로부터의 거리를 선명히 하게 됨에 따라, 바꿔 말하면 오호야케의 구조로부터 탈피할 가능성을 가지게 됨에 따라 공은 현재의 공의 의미에 더욱 가까워지게 되었고, '사적인' 의미를 탈피하여 막말의 '정치'에 중요한 무기로 사용될 준비를 갖춰가게 된 것이다.

---

8) 히토쓰바시 도쿠가와계(一橋德川家)의 당주인 도쿠가와 요시노부(德川慶喜)를 장군으로 옹립하려 했던 정치 세력.
9) 최초의 공의(公議)는 도쿠가와막부를, 여론(輿論)은 번(藩)·제후(諸侯, 번주)를 의미하며, 번주의 의견을 막정에 반영시키는 정도의 의미였다(「公議政体論」; http://ja.wikipedia.org/(2009. 11. 30)).

3. 충성의 전환·동원·확대와 민의

1) 막말

막부 측은 1853년 페리가 개국을 요구하는 상황을 비상사태로 간주한다. 따라서 로주(老中)인 아베 마사히로(阿部正弘, 1819~1857)를 통해 조정 및 제후들의 자문을 구하게 된다. 아베 마사히로의 이러한 언로 동개(言路洞開) 정책은 인재 등용 정책과 함께 인심을 수습하기 위한 것이었지만, 군(君)의 입장에서 민심을 관찰한다고 하는 천도 논리의 연장선상에 있는 정책이었다. 즉 막부의 언로 동개 정책은 지역과 신분 등의 봉건적 할거주의를 극복한 일본 전체의 문제라는 인식을 전제로 한 것이었다. 동시에 '공론' 관념의 발견과 활성화로 인한 합국(闔国) 감각의 출현으로 인해 천도 관념을 합국의 총체적인 의지로 이해하도록 하였다. 결국 1853년의 언로 동개 정책은 여론을 담당하는 주체를 확대시켰을 뿐만 아니라 공론 관념의 초월화·활성화로 연결되어 공의 여론 관념의 탄생을 상징하는 의미를 갖는다고 말할 수 있다. 공론(公論)과 여론(輿論)·중론(衆論)은 기능적으로 서로 연관되어 있다고 생각되었다. 그래서 여론·중론의 누적으로 인한 공론의 창출과 공론에 의한 여론의 지도라고 하는 두 종류의 정치 태도가 형성되어갔다(井上勲, 1971a: 100-102).

아베 마사히로는 1853년 미국의 함대가 우라가(浦賀)에 등장하자, 7월 모든 사람에게 성안으로 들어갈 것을 명하고, 페리의 서한을 접하자 "일체의 이해득실과 이후에 초래될 점까지 깊이 고려하여 생각을 피력하고, 혹시 발언에 거리낌이 있더라도 고민하지 말고, 어떤 미련도 남기지 말고 예상되는 바를 충분히 피력할 것"(尾佐竹猛, 1930: 10-13)[10]을 명하였다.

이미 지적한 것처럼 공론·천도에서의 공(公)은 막부와 깊은 관계를 가지고 있었다. 부연하면 막부 자체가 공의(公儀)·공변(公辺)으로, 장군은 공방(公方)으로 불리고 있었는데, 그것은 공(公)의 내용이 막부에 의해서 보증되었기 때문이다. 하지만 대외적인 문제의 출현이라는 예외적인 상황 혹은 비상사태하에서 '천하'와 '도쿠가와계', '천하의 공론'과 '막부의 사론'은 결정적으로 분리되고 '공론'은 막부로부터 이탈하게 된다. 막말의 동란 상황하에서는 심지어 천황의 권위조차도 정치 세력과의 관계 속에서만 정당화되었다. 따라서 이렇게 상대화된 상황 속에서의 공론은 천황의 존재를 능가하기도 하였

10) 오사다케 다케키(尾佐竹猛)는 '언로 동개'를 1853년의 명령에 한정하지 않는다. 즉 오사다케는 1846년, 1849년, 1863년에도 '언로 동개'가 있었다고 한다. 예를 들어 미토번의 다이묘인 도쿠가와 나리아키(德川齊昭)는 1846년에 로주인 아베 마사히로에게 보낸 편지에서 "이적(夷狄)은 자주 출몰하는데 이를 계산할 수는 없다. 어쨌든 여론[衆評]을 듣고자 한다. 도쿠가와 삼계(三家)는 물론 도자마(外樣) 다이묘라 할지라도, 뜻이 있는 자는 …… 함께 힘을 모으자. 일본을 위해서 부끄러움을 남기고 싶지 않다."고 말하고 있고, 사쿠라다 히카에(櫻田控?[불명])는 『진비록(眞秘錄)』(1849)에서 "공변(公辺)으로부터 지난겨울 해안 방어에 관한 내용을 들었다. 이는 일본에게 너무나 큰 사건이다. 널리 언로를 열어 천하의 일들을 유직자에게 물어 의견[衆說]을 바치게 하고"라고 기술하고 있다. 또한 막말 교토에 설치된 직책인 교토수호직(京都守護職)이 내린 포고문(1863)에는 "내외 대소사에 관계없이 선악의 문제 및 숨기고 싶은 모든 일이라도 기탄없이 말해도 좋다. 거리낌이 있을 때는 편지로도 무방하다."는 내용이 담겨 있다.
요시노부(慶喜)가 올린 대정봉환의 상소문(大政奉還の上奏文, 1867. 11)에도 언로 동개에 관한 내용이 피력되고 있다. "신 요시노부 삼가 황국의 시운의 연혁을 생각하건대, 옛날에 왕의 제도를 해체하고 재상가가 권력을 잡고, 호헤이의 난(保平의 乱[호겐(保元)의 乱(1156)과 헤이지(平治)의 乱(1160)]) 이후 정권이 무사에 옮겨 가고 …… 200여 년[도쿠가와 막부]을 그 자손이 권력을 이어받았습니다. 신이 그 일을 받들고는 있지만, 정치를 올바로 행하지 못한 경우가 적지 않습니다. 오늘날의 상황에 이르러서는 신의 부덕에 참을 수 없습니다. 외국과의 교제가 갈수록 활발해지고 있으므로, 이제는 조정이 권력을 가져야만 기강이 잡힐 것이라는 점을 말씀드립니다. 따라서 종래의 구습을 고쳐 정권을 조정에 돌려드림으로써 널리 천하의 공의를 다하고, 성단(聖斷)을 우러러 함께 협력하며 황국을 보호할 수 있게 된다면, 반드시 해외 만국과 나란히 할 수 있다고 생각합니다."

다(井上勳, 1971a: 102-104). 이를 원리로서의 공(公)이 지니는 '자유'의 역동성이라고 표현해도 좋을 것이다.

즉 막말·유신의 동란과 제도의 유동적인 상황으로 인해 체제나 조직은 자신이 가지고 있던 원리를 상실하여갔다. 그러나 동시에 이러한 과정은 공론이 보편화하는 과정이기도 했다. 개개인은 자신이 소속하는 조직에 의해 대변되는 것이 아니라 스스로 그 '공론'을 짊어지지 않을 수 없었던 것이다(井上勳, 1971a: 104). 바꿔 말하면 막말·유신의 동란과 제도의 유동적인 상황으로 인해 체제나 조직이 상대화되는 가운데, 그 체제 속의 개개인이 새로운 공(公)의 주인공으로 부각되게 되는 것이다.

이러한 상황은 개인을 향해 오호야케와 와타쿠시의 관계로부터 이탈할 것을 요구하였다. 여기서의 이탈에 대해서 마루야마가 "조직·진리·신조 무엇이든지 이들 '틀[型]'에 정체해 있을 때, 이들 틀에의 순응에 저항하는 생명의 탈피 과정으로서 모반(謀叛)이 긍정된다. 그렇지만 그 과정은 동시에 소여(所与)의 자아에 의존하려는 내적 경향성과의 부단한 싸움이며, '고통을 인내하고서 얻는' 해탈이다. 결코 단순한 외적 속박으로부터의 자아의 밋밋한 해방감의 향수가 아니다."(丸山眞男, 1992[1960]: 101)라고 표현했던 것처럼, 자아 내부의 처절한 고통 속에서 얻어지는 것이었다.

공론의 최초의 주체가 된 것은 유지다이묘(有志大名)였고, 활동의 무대는 공무합체(公武合体) 운동이었다. 후쿠이번주(福井藩主)인 마쓰다이라 요시나가(松平慶永, 1828~1890)는 이렇게 말한다. "막부는 종래의 사심을 버리고, 천하 여론의 공(公)에 따라서, 비(非)와 사(私)를 전부 일소하고, 천하에 물어서 천하를 다스리고, 인심에 따라서 인심을 안심시켜야 한다. 그리하면 천하가 모두 막부와 하나가 된다."(1862. 8. 29, 幕府宛建白「愚衷」;『続再夢紀事』第一巻, 日本史籍協会,

1921; 井上勳, 1971b: 119-120) 여기서 막부는 '사심'을 버리고 '천하 여론의 공(公)'을 따를 것을 요구받는다. 막부의 '사심'은 비(非)라고까지 표현되어 있다. 그렇다면 '천하 여론의 공'을 결정하는 실질적인 주체가 막부가 아님은 분명해진다.

그런데 "사(私)를 버리자."는 공무합체의 이념으로서의 공론·천하의 공론·천하의 공의·공공의 천리 등의 관념이 봉건적인 할거주의를 초월하는 성격을 가진 이상, 공(公)은 결국 유지다이묘조차도 상대화하는 이념을 담은 것이었다. 금문의 변(禁門의 変, 1864. 7)·초슈 정벌(1차 1864. 7~12, 2차 1866. 6~8)·조약 칙허 문제(이 경우는 1857~1867)와 같은 격동하는 정국에 유지다이묘도 적응할 수 없게 된 것이다. 이러한 과정은 공론의 주체가 제후로부터 일부의 번사(藩士)에게로 점차 하강하는 것을 의미한다(井上勳, 1971b: 120-123).

오쿠보 도시미치(大久保利通, 1830~1878)는 제2차 초슈 정벌에 대해서 이렇게 말하고 있다. "조정이 이[초슈 정벌]를 허락한다면 비의(非義)의 칙명이 될 것이다. 조정의 중요성을 인식하고 있는 번 중에서 어느 번도 천황을 받들지 않게 될 것이다. 천하 만민이 마땅히 그러해야 한다고 여기는 내용만이 칙령이라 말할 수 있으며, 비의의 칙령은 칙령으로서의 가치가 없다."(1865. 9. 23, 西郷隆盛宛書翰;『大久保利通文書』第一巻, 日本史籍協会, 1929; 井上勳, 1971b: 120-123) 오쿠보의 이러한 언급은 조정 및 공무합체파 다이묘 양자에 대한 비판적인 의미를 담고 있으며, 칙령조차도 준거해야 할 천하 만민·의(義)라는 요소를 제시하고 있다.

이처럼 '공'론('公'論)은 막부의 공의(公儀)라고 하는 오호야케로부터 180도 전환하여, 유지다이묘와 조정에 의해 점유되다가, 더욱 하강하여 '일부의' 번사에 의해 좌우되게 된다. 그러나 공론의 주체는 '일반' 번사 및 초망(草莽)에게까지 확대되어간다. 여기서 '초망'이란 초목이 무성한 초원이나 마을을 의미하는데(『広辞苑』, 1955), 『맹자(孟子)』의 "나라[國]에 있는 이를 시정(市井)의 신(臣)이라고 하며, 들에 있는 이를 초망의 신(臣)이라고 한다. 모두 서인(庶人)을 말한다."[11]로부터 유래한다. 말하자면 관(官)에 있지 않은 민간과 재야의 사람들을 총칭하는 것이다. 요시다 쇼인(吉田松蔭, 1830~1859)은 도쿠가와 막부의 탄압[安政の大獄]으로 수감되기 직전인 1859년 4월 7일 친구인 기타야마 야스요(北山安世, ?~1870)에게 보낸 편지에서 "현재 막부도 제후도 너무 취해 있어서 어찌할 방도가 없군. 초망이 들고 일어나는 수밖에. 하지만 초슈번의 은혜와 천조(天朝)의 덕은 도저히 잊을 수 없네. 초망이 들고 일어나는 힘으로 가까이는 초슈번을 유지하고 멀리는 천조의 중흥을 보좌할 수 있다면, 필부(匹夫)는 이해할 수 없겠지만, 일본[神州]에는 큰 공을 세우게 되는 거라네."(「吉田松陰」; http://ja.wikipedia.org/(2009. 11. 30))라고 말하고 있다. 이는 번과 천조에의 미련이 완전히 해소되었다고 말할 수 없을지라도, 막부와 제후 그리고 천조조차도 상대화하는 '초망'의 사명감을 확인할 수 있는 부분이다. 이러한 사명감이 결집되는 것이 막부를 토벌하자는 운동[討幕運動]인 것이다.

2) 메이지유신

대정봉환(大政奉還)의 직접적인 계기 중의 하나인 『도사번대정봉환건백서(土佐藩大政奉還建白書)』(1867. 10)에는 주체로서의 '천하 만민'이 언급되어 있다.

---

11) 『孟子』「萬章下」: 在國曰市井之臣, 在野曰草莽之臣, 皆謂庶人.

황송한 마음으로 삼가 말씀 올립니다. 천하 세상을 걱정하는 사람들[士]이 입을 닫고 있고, 오히려 불신하기에 이르게 된 참으로 염려스러운 시세입니다. 조정, 막부, 공경, 제후 모두 견해[趣]가 상이한 것 같습니다. …… 이러한 사태에 이르게 된 책임을 누구에게 물어야 할지 모르겠습니다. 그러나 또한 이제까지의 일들을 이러쿵저러쿵 말한다고 해서 아무런 도움도 되지 않습니다. 단지 바라는 것은 대영단을 내려, 천하 만민과 한마음으로 협력하고 공명정대한 도리로 돌아가, 만세에 걸쳐 부끄러움이 없도록 하고, 만국에 임하여 뒤처지지 않는 큰 틀을 만들어야 한다는 것입니다. …… 12가래(家来)와 함께 말씀드리고 싶은 것은, 공명정대한 도리로 돌아가 천하 만민과 함께 황국 수백 년의 국체를 일신하시고, 지성으로 만국과 만나 왕정복고의 업을 세워야 할 대기회라는 것입니다(「土佐藩大政奉還建白書」『復古記』卷一; http://nihonsi.web.fc2.com/(2009. 11. 30)).

한편 별지에서는 "의정소(議政所)는 상하로 나누고, 의정관(議事官)은 위로는 공경(公卿)으로부터 아래로는 배신(陪臣)과 서민(庶民)에 이르기까지 정명 순량한 사람[士]을 선거할 것"이라고 하여 주체로서의 서민을 인정하고 있다.

1868년 1월의 「왕정복고의 대호령(王政復古の大号令)」은 다음과 같은 내용을 담고 있다.

도쿠가와 내부(內府)에서 종전에 위임받은 대정(大政)을 반납하고 장군직을 사퇴하였다는 소식이 들리고 있다. 중서(衆庶)도 잘 알고 있듯이 1853년 이래의 국난으로 효명 천황이 오랫동안 걱정하고 계셨다. 따라서 예려(叡慮)로 결단하시어, 왕정복고, 국위 만회의 근본을 세우시려 하시었다. 그러므로 이제부터 섭정과 관백 및 막부 등을 폐절하고, 총재·의정·참여(総裁·議定·参与)의 3직을 두어, 만기(万機)를 행하도록 한다. 모든 일은 진무천황의 창업 당시에 근거하여, 공가[縉紳]·무사[武弁]·5급 이상인 당상(堂上)·5급 이하의 지게[地下]를 구분하지 말고, 지당한 공의를 다하며, 천하와 기쁨과 슬픔을 같이 나누라는 예려를 깊이 생각하여 각자 힘쓰고, 구래의 교만과 게으름을 타파하여, 진충보국의 성심으로 봉공해야 한다(「王政復古の大号令」慶應三年十二月九日(1867) 『法令全書』; http://www.spacelan.ne.jp/~daiman/ (2009. 11. 30)).

여기서 봉공의 주체로서 중서, 공가, 무사, 5급 이상인 당상, 5급 이하인 지게, 특히 중서와 지게를 제시하는 것은 공의의 주체가 어디까지 하강해 있는지를 잘 보여주고 있다.

1868년 4월의 「5개조의 어서문(五箇條の御誓文)」은 다음과 같은 내용으로 되어 있다.

- 널리 회의(会議)를 일으켜 만기 공론(万機公論)으로 정해야 한다.
- 상하(上下) 마음을 하나로 하여 활발하게 경륜(経綸)을 행해야 한다.
- 관무(官武)와 서민(庶民)에 이르기까지 각자 그 뜻을 이루어 사람의 마음이 지치지 않도록 해야 한다.
- 구래의 악습을 버리고 천지의 공도(公道)에 근거해야 한다.
- 지식을 세계에 구하여 널리 황기를 진흥시켜야 한다. 일본의 과거에는 없었던 개혁을 행하려 하며, 짐 스스로 그대들[衆]에

앞서서 천지신명께 맹세하여, 국시를 정하고 만민(万民)을 보전하는 길을 세우려고 한다. 그대들 또한 이러한 뜻에 따라 마음을 합하여 노력하자.[12]

여기서 '만기 공론'·'상하 마음을 하나로 하여'·'관무와 서민에 이르기까지'·'천지의 공도' 등은 '공'의('公議)의 주체인 여론의 구성원을 전형적으로 보여주고 있다. 동시에 이 「어서문」의 말미에 언급된 표현(일본의~노력하자)에서 막부와 번이 의미하는 구래의 조직과 오호야케로부터의 완전한 일탈을 엿볼 수 있다.

「5개조의 어서문」의 초안이라고 할 수 있는 유리 기미마사(由利公正, 1829~1909)의 「의사지체대의(議事之体大意)」(井上淸, 1966)[13]에서도, "서민이 뜻을 이루어 인심이 지치지 않도록 한다." "사민(士民)의 마음을 하나로 하여 활발히 경륜을 행해야 한다." "만기 공론으로 결정하고 비밀리에[私]에 논해서는 안 된다."라고 하여, 서민·사민을 중시하고 '사(私)'를 배척하는 분위기를 읽을 수 있다. 한편 후쿠오

---

12) 원문은 다음과 같다.
 · 広ク会議ヲ興シ万機公論ニ決スベシ.
 · 上下心ヲ一ニシテ盛ニ経綸ヲ行フベシ.
 · 官武一途庶民ニ至迄各其志ヲ遂ゲ人心ヲシテ倦ザラシメン事ヲ要ス.
 · 旧来ノ陋習を破リ天地ノ公道ニ基クベシ.
 · 智識ヲ世界ニ求メ大ニ皇基ヲ振起スベシ. 我国未曾有ノ改革ヲ為ントシ 朕躬ヲ以テ衆ニ先シ 天地神明ニ誓ヒ 大ニ斯国是ヲ定メ万民保全ノ道ヲ立ントス 衆亦此旨趣ニ基キ共心努力セヨ(慶応4年3月14日)(http://shupla.w-jp.net/datas/theImperial-CovenantOfFiveArticles.html(2009. 11. 30)).

13) 원문은 다음과 같다.
 · 庶民志を遂げ、人心をして倦まざらしむるを欲す.
 · 士民心を一にし、盛に経綸を行ふを要す.
 · 知識を世界に求め、広く皇基を振起すべし.
 · 貢士期限を以て、賢才に譲るべし.
 · 万機公論に決し、私に論ずるなかれ(http://list.room.ne.jp/~lawtext/ (2009. 11. 30)).

카 다카치카(福岡孝弟, 1835~1919)의 안인「회맹(会盟)」(井上清, 1966)[14]에서는, "제후 회의(列侯会議)를 일으켜 만기 공론으로 결정해야 한다." "관무(官武)로부터 서민에 이르기까지 그 뜻을 이루도록 하여 인심이 지치지 않도록 한다." "상하 마음을 하나로 하여 활발히 경륜(経綸)을 행해야 한다."고 주장하고 있는데, 역시 관무·서민이 중시되고 있음이 잘 드러나 있다. 그러나 정치제도적으로는 '제후 회의'에 한정된 측면을 지적하지 않을 수 없다.

이리하여 기존의 충(忠)의 대상은 '악습'으로 전환되고, 민중[衆] 혹은 서민을 포함한 광범위한 충성의 주체가 확보되게 된다.

4. 메이지유신 이후의 공의 여론과 민의

1) 공의의 제도

메이지유신을 전후하여 수많은 사건 및 전투가 발생하였다. 막부의 대정봉환(1867. 11. 9)을 무시하고 벌어진 왕정복고의 쿠데타(왕정복고의 대호령, 1868. 1. 3), 도바·후시미의 전투(鳥羽·伏見の戦い, 1868. 1. 27~30), 동북전쟁(東北戦争), 그리고 하코다테전쟁(箱館戦争)[15]으로 이

---

14) 원문은 다음과 같다.
  · 列侯会議を興し、万機公論に決すべし.
  · 官武一途庶民に至る迄、各其志を遂げ、人心をして倦まざしむるを要す.
  · 上下心を一にし、盛に経綸を行ふべし.
  · 知識を世界に求め、大に皇基を振起すべし.
  · 徴士期限を以て、賢才に譲るべし(http://list.room.ne.jp/~lawtext(2009. 11. 30)).
15) 고료카쿠(五稜郭)의 전투라고도 하며, 1868년 10월부터 1869년 5월까지 계속되었다.

어지는 무진전쟁(戊辰戰爭, 1868~1869)이 그러하다. 이렇게 계속되는 전투의 과정에서 정치적 저변은 더욱 확대되었다. 하급 무사는 물론 민중조차도 정국의 동향을 의식해야 하는 상황이 발생했기 때문이다. 따라서 전술한 것처럼 공론 형성의 주체가 점차 하강하는 현상이 발생하고, 심지어 일부 민중의 경우 '자발적으로'(井上勳, 1971a: 105) 공론의 주체가 되었다.

그런데 이렇게 하강하는 주체들의 참여를 자극하는 제도로서 공의소(公議所)[16]가 만들어진다. 1868년 12월 6일의 「동경성일지(東京城日誌)」와 13일의 「태정관일지(太政官日誌)」에는, "공의소를 두고 내년 봄부터 개의(開議)하게 한다."라는 공의인(公議人)에 대한 포고문이 실려 있다.

> 각 번의 공의인에게
> 만민을 보전하여 영구 불후[永世不朽]의 황기를 굳건히 다지기 위해서는 만기 공론에 따라야 한다. 이를 위해 5개조의 어서문의 본문에 의거해서 올여름 의정·행정의 각 제도를 세우고 각 부번현(府藩縣)으로부터 징공사(徵貢士)를 뽑는 법을 만드는 것이다. …… 병화가 계속되어 5개조의 서문의 뜻이 아직 전해지지 않았지만, 이제 진정되고 있으므로 이전에 정해진 대로 회의를 일으켜 만기 공론으로 결정해야 한다. …… 도쿄의 구 히메지번주의 저택을 당분간 공의소로 정하고 내년 봄부터 회의를

---

16) 1868년 5월부터 9월까지 지속된 오우에츠 열번동맹(奧羽越列藩同盟)의 번 대표들로 구성되는 의사 기관에도 공의부(公議府), 공의소(公議所)라고도 하며 센다이번(仙台藩)의 시로이시죠(白石城)에 소재)가 설치되었다. 이는 동맹이 점차 '북부 정권'을 수립해갈 때 이에 관한 사무를 다루기 위해서 만들어진 것으로, 동맹에 참가한 각 번의 참모들에 의한 평의를 중심으로 운영되었다(「奧羽越列藩同盟」; http://ja.wikipedia.org(2009. 11. 30)).

하게 되었다. …… 피아의 사견으로부터 벗어나 공명정대한 국전(国典)을 확정하는 것이므로 숙의(熟議)를 다하여 5개조의 어서문의 뜻이 관철될 수 있도록 하여야 한다(尾佐竹猛, 1938-1939: 上206).

즉 「5개조의 어서문」에 근거하여, '만기 공론'이라는 방법에 의해서, 의정과 행정에 관한 제도를 만들고, 부번현으로부터 그 인원을 뽑는 시스템을 갖추게 된 것이다.

한편 이에 앞서 『중외신문외편(中外新聞外編)』에 실린, 도쿄에 공의소를 두는 것에 관한 「포고문」에는 공의소의 의의가 다음과 같이 언급되어 있다.

> 황국의 제도의 기본을 전국의 공의로 결정해야 한다는 것은 당연한 일이며, 정권을 조정에 바치고, 제번의 공의를 다하도록 천황께 아뢰었다. 그럼에도 이제까지의 상황을 숙고해보면 사민(士民)의 마음에 맞지 않는 경우가 적지 않다. 실로 부끄러운 일이다. 따라서 이번에 공의소를 만들어, 널리 중인(衆人)의 공의를 채택하여, 상하의 마음이 서로 통하도록 하고 싶다. 따라서 하나하나 예상되는 것들을 거리낌 없이 발언하고, 의견을 제출하도록 했으면 한다. 메미에(目見) 이하, 심지어 차남과 삼남 및 방계, 그리고 번사와 농부·상인에 이르기까지 뜻이 있는 자는 누구나 예상되는 것들을 서면으로 공의소에 의견을 제출할 수 있다. 사항에 따라 직접 구두로 말해도 좋은 것도 있다(「江戶表公議所取建之布告」(慶應四年四月), 『中外新聞外編』; 明治編年史編纂会, 1934: 31)

즉 전제로서의 '공의'를 위해서 사민·중인·메미에 이하·차남·삼남·방계·농부·상인에 이르기까지 서면 및 구두로 의견을 제출할 수 있는 시스템을 구축하자는 것이다. 이렇게 공의소는 의견 제출 기관으로서의 성격을 갖게 되는데, 그 구성은 부번현에서 뽑힌 징공사에 의해서 이루어지게 된다. 그런데 징공사의 선출 또한 '공의'에 의해야 한다. 「태정관일지」(慶應四年二月十七日)는 "징사(徵士)는 '공의에 의해 발탁된다.' '중의에 의해야 한다.'"고 하고, "공사(貢士)는 '여론 공의를 물어야 한다.'"(明治編年史編纂会, 1934: 15)고 하여, 공의라는 기관을 운영하기 위한 선출 방식 자체도 공의에 의해야 함을 강조하고 있다.

공의소는 1869년 3월 7일 개소하였다. 각 번과 학교에서 뽑힌 공무원[公務人](8월 20일 공의인(公議人)으로 개칭)으로 구성되고, 의안 제출권을 가졌다. 정부 고관 각 1명, 학교에서 각 1명, 부현(府県)의 대표는 없지만 각 번(藩)에서 1명씩 공무원 대표를 보냈다. 권농(勧農), 조세, 역체(駅逓), 화폐, 외국 교제, 외국 교역, 광산, 도량, 국내 상업, 개간, 학교 출판, 형법, 군율, 해군, 종문(宗門), 육군, 영선 수리 부문으로 분과를 나누어 심의를 했다. 임기는 4년으로 2년마다 반수가 선출되었다.

1869년 7월 8일까지의 짧은 존속 기간에도 불구하고, 공의소는 할복 금지, 폐도(廃刀), 에타(穢多)·히닌(非人)의 폐지 등 근대적인 정책을 다수 채택하였다. 하지만 혁신적인 제안과 독자적인 발언력에 위기감을 느낀 메이지 정부에 의해 집의원(集議院)으로 개칭되게 된다.

중앙에서의 공의 제도의 움직임은 지방으로도 확대되어간다. 1869~1870년에 수많은 번의회(藩議会)[17]가 탄생하였고, 1871~

---

17) 번의회의 명칭은 회의소(議事所), 의사국(議事局), 의사원(議事院), 의사방(議事

1879년에는 다수의 지방 민회(民会)가 조직되는 것이다. 모두 '공의 여론'의 '민(民)'으로부터의 요구라는 측면을 반영한 제도 혹은 기관이라고 말할 수 있다.

1868년 10월 28일 「번치직제(藩治職制)」(尾佐竹猛, 1938-1939: 上 248)가 공포되어 각 번은 법제상 중앙정부의 통제에 복종해야 했다. 1869년 2월 5일 번치직제 제1조("의사(議事)의 제도를 각 번에 만들어야")의 실현을 위해 각 번에 하달된 문서는 "각 번에서 널리 공의를 일으키고, 여론을 취해서 민의[下情]가 전달[上達]될 수 있도록 [중앙의] 공의소의 법칙에 준하여 의사 체재를 정하게" 해야 한다고 명령하고 있다. 또한 「부현시정순서(府県施政順序)」를 정하여, '의사에 관한 법'을 만들고, "중의를 채택하여 공정한 논(論)으로 귀결될 수 있도록 중서(衆庶)의 정(情)으로부터 어긋나지 않게 민심을 안심시켜야 한다"·"중서와 함께 의사하는 것이란 중론 중 지당한 의(議)를 채택하는 것이다."라고 규정하고 있다.

이리하여 중앙의 공의소(집의원)에 준하여, 각 번에도 번의원(藩議院)이라고 말할 수 있는 시설들이 생겨났다. 하지만 이러한 시설은 오사다케 다케키(尾佐竹猛, 1880~1946)의 표현을 빌리자면(尾佐竹猛, 1938-1939: 上250),[18] '사회적 기반'·'사상적 기초'·'인적 요소'의 결여로 인해서 소멸되어갔다.

方), 공의국(公議局), 회의당(会議堂), 회의소(会議所), 집의소(集議所), 집의국(集議局), 의정당(議政堂), 의법국(議法局), 중의원(衆議院), 중의소(衆議所), 의치직(議治職), 평정국(評定局), 의정당(議政堂), 총회소(総会所), 박의직(駁議職), 정무국(政務局), 의정(議政), 회의(会議) 등으로 다양하다.

[18] 오사다케 다케키는 사상적 근거로 1) 「5개조의 어서문」, 2) 「번치직제」, 3) 중앙정부의 시설, 4) 막연한 언로 동개 정책, 5) 한학자 계통의 여론설, 6) 영미류의 의회 사상(尾佐竹猛, 1938-1939: 上251-252)을 들고, 각각의 실상을 논하고 있다(尾佐竹猛, 1937: 89-90).

[이러한 시설은] 3인이 모이면 문수보살의 지혜라고 말할 수 있는 것처럼 단순히 중지(衆智)를 모으는 좋은 제도로만 이해되었다. 민(民)의 목소리를 듣는다는 관념이 동양에 존재했고, 이것은 선정(善政)이라고 여겨지고 있었다. 이러한 시설은 그러한 의미에서의 제도로 환영되었을 뿐이다. 국익을 위해 건의하는 것은 좋은 일이므로 기탄없이 의견을 말해라 하는 정도였다. 겨우 시세에 눈뜨게 된 각 번이 뭔가 새로운 시도로서 단지 중앙정부의 명령을 받들어 이 제도를 마련했기 때문에 번 내의 여론에 촉발된 것도 아니고, 번의 당국자가 이 제도의 의의를 이해했던 것도 아니다. 중앙정부의 명령에 따르다 보니, 과연 이것이 선정(善政)이구나 하는 정도의 생각으로 시행되었을 뿐이다. 성공할 수 없었던 것은 당연하다. 하지만 번 당국자가 이 제도를 귀찮아하면서 폐절시킨 것도 아니다. 왜냐하면 귀찮아할 정도로 유력한 기관도 아니었기 때문이다. 또한 의사를 압박해서 그 의결이 채용되지 못하도록 한 것도 아니다. 여론을 받아들일 얼마간의 아량은 있었기 때문이다. …… [하지만] 농공상이 아래로부터 자주적으로 참정권의 획득을 외쳤다는 서민적인 요소를 발견할 수는 없다(尾佐竹猛, 1938-1939: 上249-250)

즉 제도는 있었지만 주체적으로 마련된 것도 아니고, 제도의 '존재' 자체에 의미가 있는 정도였던 것이다. 하지만 제도의 성공 여부와 그 제도를 만들도록 촉구하는 사상적인 분위기를 동일시해서는 안 될 것이다.

2) 공의와 공법

일본에서의 공(公)의 역사를 더듬어보아도, 공의 여론 관념이 생성·보급되기 시작한 출발점인 막부의 '와타쿠시'로부터의 전환과 '일본 전체'라는 의식의 생성 과정을 보아도 공의 여론은 보편사 혹은 세계와 친화성을 갖는 관념이었다. 따라서 당시 유입되기 시작한 국제법 및 국제정치를 만국공법(萬国公法)으로 해석한 것과, 이 만국공법을 준수하는 그 자체가 '공의 여론'으로 해석되는 것은 어쩌면 너무도 당연한 일이었다.

> 외국 응접의 의식을 …… 조정에서 변혁하면 오히려 해외 각국의 신의를 잃게 됩니다. …… 황국 고유의 국체와 만국의 공법을 참작하여 채용합니다. 이를 행치 않으면 안 되며, 에치젠(越前)의 재상 이하의 건의에 입각해 널리 백관 제번의 공의에 따라 고금의 득실과 만국 교제의 장점을 절충하셔서 이번 외국 공사의 입경 참조에 즈음해 …… 각국과의 교제는 조정에서 결정하실 일이지만, 지금은 초정(初政)의 시기이며, 모든 사건은 총재를 중심으로 한 당직자의 책임에 완전히 맡겨져 있습니다. 불초(不肖)의 몸이 대임을 떠맡은 비상 다난(非常多難)의 시기를 맞이하여 황송하옵지만 천하의 공론으로 말씀드립니다. 이번의 사건을 결정하는 데 있어서 일본 국내는 아직 안정되지 않았습니다. 해외 만국과의 교제라는 큰일은 전 일본이 마음을 모으고 힘을 합하여 함께 결정해야 합니다. 만기(万機) 모두 과거와 장래를 묻지 않고 기탄없이 상론 극간(詳論極諫)하였으면 합니다. 다만 시세에 응하여 혜안을 가지고 종전의 폐습을 타파하며, 성덕을 만국에 비추시어 천하를 편안케 하시고, 열성 재천(列聖在

天)의 신령을 봉위하여 상하 모두 이 뜻을 삼가 받들 수 있도록 하는 것이 급무입니다(「太政官日誌」(慶應四年二月十七日); 明治編年史編纂会, 1934: 14).

위의 인용문에서도 알 수 있는 것처럼 막말의 공의 여론·공의라는 관념의 유행은 '천하의 공론'으로 수렴되어 만국공법 수용의 과정에서도 비료와 같은 역할을 수행하고 있다.

요시노 사쿠조(吉野作造, 1878~1933)는 이 점을 유교적인 공도(公道) 관념과 관련해서 설명한다. 요시노에 따르면(吉野作造, 1995d[1927]: 226-227), 교토 정부는 쇄항(鎖港)과 양이(攘夷)를 내걸고 도쿠가와 막부를 무너뜨렸지만 사실상 양이의 실현이 불가능했다. 외국과의 친교를 단행해야 한다는 것도 곤혹스러운 일이었다. 그 이유는 이제까지의 태도를 바꾸어 천하를 향해 새로운 설명을 하지 않으면 안 되었기 때문이다. 더구나 당시 민간 지사들의 배외적인 양이 사상은 매우 강렬하였다. 따라서 양이 사상을 선동해서 정치적인 동원에 성공한 메이지 정부로서는 이러한 난국을 어떻게 극복할까 고민하게 되었고, 이런 와중에 '공도' 관념을 채용하게 되는 것이다.

즉 그때까지 이적 금수로 여겼던 외국인들을 자세히 살펴보니, '천하[宇內]의 공의'를 잘 이해하고 있고, '천지의 공도'로 접근하려고 한다. 그렇다면 신정부 측에서도 '공법(公法)'으로 응하지 않으면 안 된다. 무조건 배척만 한다면 고래의 '인의(仁義)의 도(道)'를 거스를 뿐만 아니라, 그들을 자극할 수도 있다. 이렇게 공도를 이용하여서 대외 관계의 태도를 변명하게 됨에 따라서 메이지 초기에 '공법'·'공론'·'공도'의 관념이 크게 유행하게 된다. 엄밀하게 말하면 공법은 '만국공법'을 의미하지만, 공도와 구별되지 않았고, '인간 교제의 도리' 정도로 이해되어 사용되었다. 법률과 도덕이 구분되지 않았고, 막연히 '선왕(先王)의 도(道)'를 대신하는 정도로 생각되었다. 하지만 시세의 변화에 맞추어 뭔가 새로운 도가 필요하다는 것을 자각하게 되자, 서양에서 들어온 공법이 선왕의 도를 대신할 '천지의 대도(大道)'라고 인식하게 된 것이다.

이처럼 요시노는 공도라고 하는 유교적 관념을 전제한 뒤, 공도(公道)≒공법(公法)이라는 '오해'로부터 서양의 만국공법이 수용되었다고 밝히고 있다. 그러나 여기서 놓쳐서는 안 되는 점은 막부에 상대되는 보편으로서의 '공의'가 이념화된다면 만국공법의 보편성에 훨씬 더 가까워질 수 있다는 것이다.

3) 공의 여론과 민정

'공의 여론에 의한 정치'의 본질은 '여론에 의한 공의의 형성'을 의미하며, 주체로서의 여론이 가장 확대될 수 있다면 '민중에 의한 정치'와 연결된다. 하지만 막말·유신 당시에 실질적인 '민중에 의한 정치', 즉 '주체로서의 민중'이 전제되어 있었던 것일까? 여기서는 '민중에 의한 정치'를 가장 직접적으로 표현하고 있는 '민정(民政)'[19]이라는 관념의 실상을 추적함으로써 이러한 질문에 대한 해답을 찾고자 한다.

---

19) 이하 '민정'이라는 용어의 출현 및 그 의미의 확장에 대해서는 오사다케 다케키의 『일본헌정사론집(日本憲政史論集)』(尾佐竹猛, 1937: 570-577)을 따른다. 오사다케 다케키의 관점을 정리해보면 민정은 일본 국내에서는 농민 및 상인에 '대한' 정치에서 시작된 후, 그러한 성격의 일부를 반영하는 행정기관으로 발전하고, 나아가 모든 내무행정을 반영하는 행정 관서로 확대되었다. 반면 일본의 외부에서는 군정(軍政)에 대한 대립적인 뉘앙스가 강하여, 대만에 민정장관(民政長官), 간토슈(関東州)에 민정서(民政署), 칭다오(青島) 및 남양 점령지에 민정부(民政部), 진저우(金州)에 민정청(民政聽)을 두었다(尾佐竹猛, 1937: 570-571).

'민정'은 가토 히로유키(加藤弘之, 1836~1916)가 쓴 「입헌정체략(立憲政体略)」(1868. 7)에 최초로 등장한다. 가토는 이 책에서 민(民)이 정(政)의 주체라고 말하고 있다. 하지만 주체로서의 민이 논의된 경우는 가토의 경우가 유일하다. 그 외의 다른 사료에서는 민은 주로 '객체'로서만 인식되고 있을 뿐이다.

역사적으로 보면 막번 체제하에서는 문관과 무관의 구별이 없기 때문에 정치란 일반적으로 '사무라이 계급의 정치'를 의미한다. 그러나 이때 '민정'이라는 말이 사용된다면 그 말은 '농민·상인 등에 대한 정치'를 의미한다.

그런데 막번 체제가 무너진 후 '민정'은 '내무행정' 혹은 '지방행정'으로 의미 전환이 이루어진다. 1868년 3월 내무사무국(內務事務局)에 민정계(民政係)를 두었고, 교토에서는 구 마치부교쇼(町奉行所)에 민정청[民政役所]을 설립한다. 4월에는 태정관의 7관(官) 중의 하나인 회계관(会計官)에 민정사(民政司)를 둔다. 이런 사실로 보면 '민정'이 매우 좁은 의미로 사용되었다는 것을 알 수 있다. 에도가 조정에 넘어가던 5월에는 에도진대(江戸鎮台)에 관동 지방의 하타모토령(旗本領)을 지배하던 간죠부교(勘定奉行)의 역할을 바꾼 민정재판소(民政裁判所)를 둔다. 이 민정재판소와 관계가 깊은 인물이 에토 신페이(江藤新平, 1834~1874)다. 그는 '민정은 건국의 기초'라고 말하는 등 당당하게 민정 중시를 외쳤다. 동년 8월에는 교토부직제(京都府職制)가 마련되는데, 교토부직제에서는 판사(判事, 지사(知事)보다 하위직)[20]의 임무를 '지사를 도와 부내의 서무를 판단하고 민정을 전담한다.'라고 규정한다. 판사의 밑에는 시정국(市政局)과 군정국(郡政局)이 두어진다. 이 또한 민정이 지방행정과 관련되어 있다는 것을 증명하는

---

20) 직명으로, 관명은 지부사(知府事).

것이다.

    1869년에 이르러 '민정'의 의미가 확장된다. 4월에 민부관(民部官)을 두고, 7월에 민부성(民部省)으로 바뀐다. 민부관은 "민정을 총괄하며 지방관원의 근무 태도[平居勤墮] 및 자질의 적부를 파악하"는 임무를 맡는다. 민부성에 대해서는 "민정은 치국의 근본이며 가장 중요한 일이다. 어서문에 근거하여 그 뜻을 받들고, 부번현과 협력하여 널리 교화하고, 풍속을 두터이 하고, 지극으로 생업을 장려하고 소중히 하며, 가난과 재난에 대비하고, 상하가 마음을 하나로 하여, 중서가 안도할 수 있도록 한다."라는 방침 속에 그 임무가 규정되어 있다. 이로부터 '민정'은 부서 중의 하나가 아닌 민정에 관한 사무를 관장하는 관청으로 그 의미를 확장하게 된다. 따라서 민부관의 관장 사무도 오늘날의 내무행정의 대부분과 겹칠 만큼 확대되어, 부현 사무의 전체적인 감독 및 호적, 우편, 교량, 도로, 수리, 개간, 물산, 구빈, 양로원 등에 대한 관리 업무를 떠안게 된다. 즉 '민정=내무행정'이 된 것이다. 이로 인해 민부성은 전국의 지리와 위치의 확보, 부번현의 경계 획정, 주군촌시의 제도, 부번현의 중소학교, 구빈사업, 산림 산야, 호적 인구, 수리 제방, 개간, 축산, 관청 간의 분쟁, 지방세, 절과 신사[社寺], 물산, 공업, 우편, 도로 교량, 항만, 등대 및 도로 등 농상무성 및 체신성의 업무를 관할하는 내무성으로 확정되었다. 각 번에도 민정청(民政聽)이 두어져 번의 내무성과 같은 역할을 담당하게 된다.

    요시노 사쿠조는 다음과 같이 말한다(吉野作造, 1996c[1926]: 313-314). 메이지유신의 지사들은 도쿠가와막부와 구별되는 '표지'로 공의 여론을 중시한다고 입버릇처럼 외치곤 했지만, 그들이 공의 여론의 진의를 제대로 이해한 것은 아니었다. 미천한 신분으로 천하의 권력을 장악했다는 슬픔과, 자신들에 대한 번공(藩公)들의 비난에 대항하기 위한 궁여지책으로 '공의 여론이 명한다.'라는 논리를 만들어냈을 뿐이었다. 물론 '시세에 밀려서' 민간의 의견을 채택해야 한다는 사고가 존재하긴 했고, 의회 제도를 채용해야 한다고도 생각했지만, 그들이 생각하는 여론 정치란 '민중이 후원하는 정치'에 불과하였다. 즉 정치는 어디까지나 자신들이 담당해야 하는 일이었다. 하지만 막부와의 차이점은, 막부의 정치는 '독단적'이었지만, 조정과 지사들은 국민의 '이해와 납득 그리고 지지'를 기반으로 정치를 행한다는 사고였다. 이들은 민중이 당연히 신정부를 도울 것이라고 낙관하고 있었으며, 성의를 가지고 임한다면 민간에서 이론을 제기하는 일도 없을 것이라고 판단하고 있었다. 혹시라도 문제가 생긴다면 이는 국민의 무지몽매함으로 인한 것이고, 민지(民智)를 개발하면 곧 해결되리라고 보았다. 때문에 오히려 정부 측에서 정론(政論)의 활성화에 적극적이었다.

이처럼 '공의 여론'과 '공의소'에서의 민의 정치적 지위가 '주체적'·'주권적'이었다고 말할 수 없는 것처럼 '민정'의 민(民) 또한 반드시 주어로서의 역할을 수행했다거나, 주어로서의 역할을 부여받았다고 보기에는 무리가 있는 것이다. 오히려 '민정'은 민의 생활에 관련된 행정을 상징하는 '민에 관한' 정치라고 해석하는 것이 타당할 것이다.

그럼에도 불구하고 주권의 소재가 어느 한쪽에 일방적으로 기울어 있었던 것도 아니었다(이하 吉野作造, 1996b[1926]: 117-122). 주권을 '민중이 후원하는 정치' 정도로 생각하고는 있었다고 하더라도, '단 한사람에게 집중되어 있다.'라고는 생각하지 않았던 것이다. 누마 모리가즈(沼間守一, 1843~1890)를 중심으로 설립된 오메이샤(嚶鳴社)가 민권론자 중에서는 다소 우익적인 집단이었는데도 불구하고, '군주에게 특사권(特赦權)을 부여할 것인가.'라는 주제로 자유로이 토론했다는 것 자체가 놀라운 일이었다. 오히려 군주에게 특사권을 부여할 것인가 말 것인가라는 문제를 처음부터 인민(人民)의 권리로 긍정한 후, 단지 특사권을 부여함으로써 발생하는 이해득실의 문제를 토론의 주제로 삼고 있었던 것이다. 게다가 특사권을 부여하는 입장이 공리주의적인 관점에서의 접근이었고, 소극적인 입장을 취한 측도 "민중이 이 중대한 권력을 한 사람에게 부여하는 것을 선호할까, 그렇지 않다. 인간의 자연스러운 마음에 따른다면 절대로 선호하지 않을 것이다." "군주 한 사람의 사의(私意)로 법률과 재판에 대항하게 하는 것은 '실로 신대(神代) 이래의 골동품'이다." "법은 정의의 표상이다. …… 국왕은 국법에 지배되는 자이며 국법이 국왕에 지배되는 것은 아니다."라는 입장을 취하고 있었다. 요시노가 응시하는 오메이샤의 국가관은 '극단적인 민주주의론'이었다. 심지어 당시에는 "나라를 조직하는 인민이 주권자라는 설이 많았다."는 입장을 취하고 있다.

요약하면 민정의 민이 주권적인 의미를 가지고 있다고 말할 수 없는 것과 마찬가지로, 주권이 1인에게 독점되어 있다고 주장되지도 않았다. 결국 당시의 민의 지위는 매우 '유동적'인 상태에 놓여 있었다고 보아야 할 것이다.

4) 부사적인 공의 여론과 의론

공의 여론은 '사(私)'와도 매우 친숙한 개념이었다. 물론 이때의 친숙이란 유의어로서의 친숙이라기보다는, 부사적인 사에 대비되는 부사적인 공의 여론을 의미한다. 부사적인 사는 '개인적으로'·'은밀히'·'비밀스럽게'로 해석되는데, 이에 대비되는 공의 여론은 긍정적인 의미의 부사로 기능하는 것이다.

「정체서(政体書)」(1868. 6)는 "재직하는 관원은 은밀하게(私に) 자기 집에서 타인과 정치를 논의해서는 안 된다. 혹시 만나고자 청하는 자가 있더라도, 관청에서 공론을 경유해야 한다."라고 기술하고 있다. 「5개조의 어서문」의 유리 기미마사의 원안인 「의사지체대의」(井上清, 1966)에도, "만기 공론으로 결정하며, 비밀리에(私に) 논해서는 안 된다."라는 문장이 보인다. 사(私)에 대해서 부사적인 공의가 이토록 강조되는 이유는 그만큼 정치적인 안정이 이루어지지 못했다는 것을 반증하는 것이기도 하지만, 동시에 공적인 토론 혹은 논의에 의한 절차적인 방법이 채택되지 못하고 있음을 암시하는 것이다. 따라서 사에 대한 비판이 심하면 심할수록 공의에 대한 강조도 그만큼 빈번해질 수밖에 없다.

기오이자카의 변(紀尾井坂の変, 1878) 당시 오쿠보 도시미치를 암살한 6명의 사족들이 작성한 『오쿠보 도시미치 참간장(大久保利通斬奸状)』에는 부사적인 사와 부사적인 공의의 관계가 잘 나타나 있다.

> 현재의 우리 황국의 상황을 지켜보니, 정령 법도가 위로 천황폐하의 성지로부터 나오지 않고, 아래로는 중서인의 '공의'에 의하지 않고, 오로지 요로 관리 몇 명의 억단 전결에 의하고 있다. …… 요로 관리의 행위를 보건대 …… 교사 탐람(狡詐貪婪)하여 위를 무시하고 아래를 학대한다. 이러한 행위는 그 예를 찾을 수 없는 국가적인 치욕으로, 이들은 너무나도 큰 피해를 끼치고 있다. 그 죄상을 열거하면 다음과 같다. 첫째, '공의'를 두절하여 민권(民権)을 억압하고, 이로써 정치를 사유화한다(私する). 이것이 그 죄 중 하나이다. …… 넷째, 충성스러운 사족들을 배척하고, 우국의 비판자들을 혐오하여 내란을 일으킬 수밖에 없도록 한 죄. …… 다섯째, 외국 교제의 방법을 그르쳐서 국

권을 실추시킨 죄. …… '공의'는 국시를 결정하고 민권(民權)은 국위를 세운다. 지금 이를 두절하여 이를 억압하는 것은, 곧 국가의 흥기를 저해하는 것이다. 법령은 국가의 대전, 인민의 표준이다. 이를 무시하는 것은 위로는 왕망(王網)을 멸기하고, 아래로는 민심을 기만하는 것과 같다. …… 칙령을 제멋대로 이용하고, 국권을 사유화하고(私し), 왕사를 농락하고, 우국지사 보기를 반역자처럼 한다. 더욱 심한 것은 음모 술책을 부려서 충량절의를 가진 사람들에게 해를 끼치려 한다. …… 시마다 이치로(島田一郎[1848~1878]) 등은 이제 하늘의 뜻을 받들고 백성의 바람을 헤아려, 간신 도시미치를 베고자 한다. …… 이제부터 정치를 개정하고 국가를 일으키는 것은 천황 폐하의 성명과 전국 인민[闔國人衆]의 '공의'에 있다. 원컨대 메이지 일신의 서문에 근거한 메이지 8년 4월의 조지에 따라 유지 전제의 폐해를 바로잡고, 하루빨리 민회(民会)를 열어서 '공의'를 취하고, 황통의 융성과 국가의 영구, 인민의 안녕을 이룬다면, 이치로 등의 충정이 이루어진 것이라 할 수 있고, 평화롭게 죽을 수 있을 것이다 (四宮正貴, 「大久保利通斬殺事件(『紀尾井坂の変』)の意義と明治第二維新運動」; http://www.max.hi-ho.ne.jp/m-shinomiya/ron/2007/ron070813.htm(2009. 11. 30)).

여기에 제시된 공의는 새로운 제도라는 의미를 함축하고 있으며, 그 제도는 '은밀히'와 대비되는 내용을 갖추어야 한다. 이는 「5개조의 어서문」에 기술된 '만기 공론으로'와 유사한 용법이라고 말할 수 있다. 바꿔 말하면 '공의'는 '비밀리에'·'은밀히'를 지양한 명명백백하고 깨끗한 방법과 제도의 확립을 과제로 하고 있는 것이다.

입지사(立志社)의 「국회 개설 건의서(国会開設の建白書)」(1878)에는,

"내각 대신이 5개조의 어서문의 예지를 확충하지 않고, '공의'를 취하지 않아 전제를 행한다."라는 비판이 있다.「태정관일지」(慶應四年二月十七日)에도 공의인의 선출에 대하여 '징사'는 "공의로(公議二) 발탁할 것"·"중의(衆議)로 발탁할 것"·'공사'는 "여론 공의를 취해야 한다."(明治編年史編纂会, 1934: 15)[21]라고 표현하고 있다. 마찬가지로 부사적인 '공의'의 의의를 잘 보여주는 대목이다.

이와 같은 부사적인 의미로서의 '공의'가 정치화할 때, 서구적인 의회 민주주의의 초석인 '의회'의 설립 운동으로 구체화된다.「민선 의원 설립 건의서(民選議院設立建白書)」(1874)에는 '비밀리에(私)' ↔ '투명하게(부사적인 '공의') → 부사적인 '공의'의 제도화로서의 '민선 의회'에 대한 호소가 명확히 서술되어 있다.

> 요즘 민심이 흉흉하여 상하 서로 의심하므로 자칫 땅이 무너지고, 기와가 무너질 것 같은 조짐이 보입니다. 이는 천하의 여론 공의가 막혀 있기 때문입니다. 참으로 유감스럽습니다. …… 저희들 엎드려 현재의 정권의 상태를 지켜보건대 위로는 황실도 아니고, 아래로는 인민도 아니고, 오로지 유사(有司)가 있을 뿐입니다. 유사가 황실을 존경하지 않는다고 말하는 것은 아니지만 황실이 점차 그 존엄을 잃어가고, 인민을 보호하지 않는다고 말하는 것은 아니지만 정책은 조삼모사입니다. …… 언로가 막혀버려 그 곤란은 말할 수 없습니다. 삼척동자도 다 알고 있는 것처럼 이래서는 천하의 치안을 지킬 수 없습니다. 이러한 상황을 타개하지 않으면 국가는 망합니다. 저희들이 애국의 충정을

---

21) 사카모토 료마(坂本龍馬)의「선중팔책(船中八策)」(1867)에도 "상하 의정국을 마련하여, 의원을 두고, 만기를 참여시켜, 공의로 결정해야 한다."(二策)라는 표현이 보인다.

억제할 수 없어서 이러한 상황을 타개할 방법을 말씀 드리는바, 그 길은 오로지 '천하의 공의'를 펴는 데에 있을 뿐입니다. '천하의 공의'를 펴는 방법은 민선의원(民撰議院)을 세우는 데에 있습니다. 유사의 권한을 제한하면 상하의 안전과 행복이 있습니다. …… 유사의 전제와 인민의 '여론 공의', 어느 쪽이 현명할까요. 유사의 지혜도 유신 이전에는 의미가 있었습니다. 그러나 인간의 지식은 이를 사용함에 따라서 반드시 진보합니다. 이 때문에 말씀드립니다. 민선의원을 세우면 인민의 배움[学]과 지혜[智]를 개명으로 이끌 수 있습니다. …… 천하를 유신하고, 진흥시키는 길은 오로지 민선의원을 세워서 '천하의 공의'를 펴는 데에 있습니다. …… 의원을 세워 '천하의 공론'을 신장하고, 인민의 통의 권리(通義權理)를 세워 천하의 건강을 고무하여, 이로써 상하가 서로 친근하게 되고, 군신이 서로 좋아하며, 우리 제국을 발전시키고, 행복과 안전을 보호하기를 바랍니다. 청컨대 부디 이를 채택해주셨으면 합니다.

이렇게 부사적인 공의 여론이 드디어 의회의 설립에 대한 요구로 완성되었다. 바꿔 말하면 메이지유신 이후의 공의 여론은 점차 의회의 설립에 관한 문제를 중심으로 발전해나가는 것이다. 이와테현(岩手県) 모리오카(盛岡)에서 간행된 스즈키 이에사다(鈴木舎定, 1856~1884)의 헌법안인 『국회 안내(国会手引草)』(明治十四年二月)(『日本近代思想大系9 憲法構想』: 328)는, "국회라는 것은 나라 전체의 공의 여론을 취하여, 일국의 법률을 정하는 의회가 …… 정치를 시행하기 위해 여는 곳"·"지금 국회를 개설해야 한다는 것은 실로 천하의 인심이 향하는 곳, 공의 여론이 귀착하는 곳"이라고 기술한다. 의견을 모으는 것도 공의 여론이지만, 이 공의 여론이 향하는 곳도 공의 여론이며, 이때의 공의 여론은 '국회'라고 말하고 있는 것이다.

   하지만 국회 설립의 문제를 둘러싸고 '공의 여론'으로 정부를 압박하게 됨에 따라서 정부는 오히려 공의 여론과 거리를 두게 된다. 이는 앞서 요시노 사쿠조도 언급한 것처럼 공의 여론이 메이지 초기의 여론 정치에 대한 관념 중 특히 목적이 아닌 '수단'과 '정치'라는 성격이 강했기 때문이기도 하다. 바꿔 말하면 민중의 의사를 결집시키는 과정과 통로에 큰 의미를 부여하기보다는 민중을 어떻게 동원할 것인가라는 전략적인 측면을 중시하였기 때문이다. 주연과 연출은 어디까지나 자신들이 담당하고 민중에게는 보조적 역할에 머무르게 한 것이다. 결국 메이지 정부는 1877년의 서남전쟁의 승리를 계기로 "공의 여론이라는 베일을 벗어던지고"(丸山眞男, 1992[1960]: 50), 민중을 일군 만민(一君万民)·신민(臣民)으로 격하시키게 된다.

5. 다이쇼 데모크라시기에 이르는 민의론

   서남전쟁 이후 일본은 대외적인 팽창정책을 본격적으로 추진하고 또한 성공하게 되자, 민의에 관한 주장은 점차 세력이 약화되거나 국권론과 결합하고, 공의 여론의 몸부림은 결국 '체제 내'의 자그마한 움직임에 지나지 않게 되었다. 패전에 이르기까지 민의와 관계된 일본의 정치적 동향은 이 체제 내라는 성격을 완전히 불식하지 못하였다. 물론 다이쇼 데모크라시라는 에피소드가 존재하긴 하였지만, 이 시기의 논의를 들여다보면 공의 여론이 서구의 데모크라시의 도입과 함께 이전과는 어떠한 차이를 갖고 변질되었는지를 잘 보여주는 사례를 발견할 수 있다.

   스미야 에쓰지(住谷悅治)는 주로 메이지유신 이후로부터 다이쇼기까지의 언설을 분석한 「데모크라시 ― 역자고(デモクラシ―訳字考)」(1957)에서 서구의 데모크라시 유입 이후의 서구의 democracy에 상응하는 일본의 사상과 역어를 소개하고 있다. 스미야가 주목하고 있는 것은 ① 사카모로 료마(坂本龍馬, 1836~1867)의 번론(藩論), ② 만기 공론과 여론 공의의 관념, ③ 간다 다카히라(神田孝平, 1830~1898)의 총대회의(総代会議)와 입찰(入札), ④ 가토 히로유키의 만민 동권(万民同権)·만민 동치(万民同治)·인권(人権), ⑤ 자유 민권(自由民権), ⑥ 천부인권(天賦人権)·통의 권리(通義権理), ⑦ 오쿠보 도시미치의 서한 민주정치(民主政治), ⑧ 나카네 주이치(中根重一)의 민주정(民主政)·민주정체(民主政体)·민주정당(民主政党), ⑨ 바바 다쓰이(馬場辰猪, 1850~1888)의 민의 정치(民意政治), ⑩ 도쿠토미 소호(徳富蘇峰, 1863~1957)와 고토쿠 슈스이(幸徳秋水, 1871~1911)의 평민주의(平民主義), ⑪ 히토미 이치타로(人見一太郎, 1865~1924)의 평민정치(平民政治), ⑫ 사카이 유자부로(酒井雄三郎, 1860~1900)의 민주정치(民主政治)와 쓰즈키 게이로쿠(都筑馨六, 1861~1923)의 민정(民政), ⑬ 오노즈카 기헤이지(小野塚喜平次, 1871~1944)의 중민주의(衆民主義)·중민정치(衆民政治), ⑭ 요시노 사쿠조의 민본주의(民本主義), ⑮ 모리 오가이(森鴎外, 1862~1922)의 데모크라시 역자평(訳字評), ⑯ 니토베 이나조(新渡戸稲造, 1862~1933)의 평등론(平等論)·공평주의(公平主義)·민중정치(民衆政治), ⑰ 사사키 소이치(佐々木惣一, 1878~1965)의 민의주의(民意主義)·공생주의(共生主義), ⑱ 다바타 시노부(田畑忍, 1909~1994)의 민화주의(民和主義)이다(太田雅夫, 1990: 160).

스미야가 제시한 이들 사상과 관념은 ②를 예외로 하면, 주창자가 서구의 민주주의에 대한 지식이 있거나 서구에서 유학한 경험이 있다는 점에서 서구 민주주의에 대한 반응에서 나왔다는 것을 알 수 있다.

한편 오타 마사오(太田雅夫)도 『증보 다이쇼데모크라시 연구(增補 大正デモクラシー硏究)』에서, democracy와 이에 상응하는 일본 사상과의 관련 혹은 democracy 자체에 대한 일본 내에서의 논쟁을 소개하고 있다.

① 역어와는 전혀 무관한 일본 고유의 제국 치국의 근본정신인 선정주의(善政主義)를 주장하는, 이노우에 데쓰지로(井上哲次郎, 1856~1944)의 민본주의(民本主義)와 오구라 소호(小倉徂峰)의 민중주의(民重主義)가 있다. 이 경우 '민주주의'는 democracy의 역어가 된다. ② 선정주의가 역어와 관련되어 있기는 하나 제국 치국의 근본정신이라는 입장으로 우에스기 신키치(上杉愼吉, 1878~1929)·요시노 사쿠조의 민본주의(民本主義)가 있다. ③ 역어이자 정치상·정체상의 민주주의라는 입장으로 오노즈카 기헤이지의 중민주의(衆民主義), 요시노 사쿠조의 주민주의(主民主義)·민중주의(民衆主義)·민본주의(民本主義), 하야시 기로쿠(林毅陸, 1872~1950)의 민중주의(民衆主義), 오다 요로즈(織田萬, 1868~1945)·미노베 다쓰키치(美濃部達吉, 1873~1948)의 민정주의(民政主義), 기무라 규이치(木村久一, 1883~1977)의 민치주의(民治主義)가 있다. ④ 역어로서 사회생활의 각 방면에 걸쳐 존재하는 democracy를 논하는 입장으로 도쿠토미 소호·평민사(平民社)의 평민주의(平民主義), 아네사키 마사하루(姉崎正治, 1873~1949)의 인본주의(人本主義), 기타 레이키치(北昤吉)의 민생주의(民生主義)가 있다. ⑤ 역어로서 단지 democracy의 대용으로 사용되는 경우로 『만조보(滿潮報)』의 기자인 가야하라 가잔(茅原華山, 1870~1952)의 합중주의(合衆主義), 무로부세 고신(室伏高信, 1897~1970)·우에하라 에쓰지로(植原悅二郎, 1877~1962)·우키타 가즈타미(浮田和民, 1859~1946)·야마카와 히토시(山川均, 1880~1958)의 민주주의(民主主義)가 있다(太田雅夫, 1990: 제1부 제2장).

오타 마사오의 경우 특히 ①과 ②에서 일본의 전통 사상과의 관련성을 인정하고 있기는 하지만, 공의 여론과의 관계성은 거의 인정되지 않고 있다.

또한 토민생활(土民生活)이라는 용어도 존재하며(太田雅夫, 1990: 54), 민(民)의 계열로서 일반 사람을 의미하는 민중(民衆), 관위가 없는 서민(庶民), 국가의 통치에 복속하는 사람인 신민(臣民), 인민(人民), 중(衆), 그리고 이들을 포함한 많은 사람을 의미하는 중인(衆人)이라는 관념이 존재했다는 점을 고려해야 한다(太田雅夫, 1990: 78).

이처럼 일본의 전통 사상과 민주주의와의 교집합이 전혀 고려되지 않은 것은 아니지만, 대체로 서구의 민주주의의 맥락 속에서 민의에 대한 논의가 진행되었다. 그러나 '공의 여론'과 '데모크라시'의 가장 큰 차이점은 공의 여론이 비록 동원을 위한 수단의 성격을 벗어나지 못했지만 체제의 내부와 외부를 자유로이 오갈수 있었다고 한다면, 데모크라시는 상대적이긴 하지만 체제의 내부에서 크게 벗어나지 못했다고 말할 수 있다. 간단하게 말하면 천황제와 민주주의는 그 관계를 조금만 조정할 수 있다면 동거가 전혀 불가능하다고는 볼 수 없다는 점이다.

6. 소결

이미 살펴본 것처럼 공의 여론 관념 자체의 형성에도 서구 열강에 의한 개항 요구가 있었음은 물론이지만, 서구적인 것의 수용 과정에 있어서도 공의 여론, 특히 '공'의 보편성이 기여한 측면이 강하다. 즉 서구와 공의 여론은 서로를 보강하면서 형성·수용되었다고 보아야 할 것이다. 더구나 공적인 것의 수용을 위해서 공의 내용과 주체를 의미하는 공의 여론을 묻고 공의 여론으로 결정한다고 할 때, 공의 여론이 지니는 다면성과 중층성을 다시금 확인할 수 있다.

하지만 공의 여론은 충성의 대상의 확보라는 메이지유신을 전후한 시기의 정치적인 상황하에서 정치적인 수단으로서의 성격이 강하다는 취약점으로 인해, 결국 인격자인 천황에게 수렴되어버렸고, 공의 여론의 주체는 '신민'으로 왜소화되는 불행한 역사를 경험하지 않을 수 없었다. 비록 '데모크라시'가 공의 여론를 대체하여 횡행하기는 하였지만, 그 '내재적'인 속성을 탈피할 수는 없었다.

그럼에도 불구하고 공의 여론의 정치적인 취약성이 '절대적'이라고 단정해서는 안 된다. 1910년대 다이쇼 데모크라시의 주역이면서 동시에 그 시대를 냉철하게 조망할 수 있었던 요시노 사쿠조[22]의 어법에서도 알 수 있듯이, 공의 여론의 지속적인 재생은 어느 시대이든 '비(非)공의 여론'적인 대상과 방법에 대한 날카로운 무기로 기능할 수 있었기 때문이다. 그것도 공의 여론을 억눌렀던 것과 동일한 논법으로.

한편 1947년 일본국헌법의 공포에 앞서 1946년 11월 3일 천황은 "짐은 일본 국민의 총의에 기반하여 신일본 건설의 초석이 정하여지게 된 것을 심히 기뻐하며, 추밀고문의 자순(諮詢) 및 제국헌법 제73조에 의한 제국의회의 의결을 거친 제국헌법의 개정을 재가하며, 여기에 이를 공포한다."[23]라고 선언하였다. 천황의 선언은 '일본 국

---

22) "메이지 천황 폐하도 유신의 당시 널리 회의를 일으켜, 만기 공론으로 결정해야 한다는 칙령을 발표하였다. 즉 다수가 상담하여, 공평하게, 그리고 정당하게 정치를 행하는 것이 민본주의의 정신인 것이다. 이는 메이지시대 초기에 시작된 일본의 국시이기도 하다. 지금에 와서 이를 부인하고, 소수의 자순(諮詢)주의를 주장하는 것은 정치적 진화의 대세를 거스르는 것과 같다."(吉野作造, 1995a[1916]: 47)
23) 원문은 다음과 같다. "朕は、日本国民の総意に基いて、新日本建設の礎が、

민'과 일본 국민의 '총의'라고 하는 새로운 주체와 새로운 주체의 의사(意思)의 중요성을 역설하고, '신민'의 쇠락을 증명한 것이라 말할 수 있다.

하지만 이러한 '선언의 주체'가 대일본제국헌법 제73조, "장래 이 헌법의 조항을 개정할 필요가 있을 때에는 칙령에 의한 의안을 제국의회의 논의에 제출한다."라는 규정에 근거한 '천황의 칙령'에 의한 것임을 기억해둘 필요가 있다. 즉 '전후'는 천황의 칙령에 의해서 시작되었다고 말할 수 있는 것이다. 여기서의 '전후'에 '국민의 의사'와 '국민의 총의'와 '국민주권'을 포함시킬 수 있다면 그리고 이들이 천황의 칙령에 의해 가능하게 되었다면, 메이지헌법과 현행헌법의 차이점은 그리 크다고 말할 수 없다.

즉 전후를 가능케 한 정치·현실·사실이라는 측면에서 '신민'은 '국민'으로 상승·변모하였다. 그렇지만 사상적 측면에서 본다면 '신민'은 "'국민'으로 재탄생하여라."라는 천황의 '명령'에 의해 '국민'이라는 옷으로 갈아입은 것에 불과하다. '주체'가 주체의 의지에 의해서 주체가 된 것이 아니라, 천황에 의해서 '주체'가 되도록 강제[令]되었다고 말할 수 있는 상황인 것이다. 따라서 막말과 메이지유신을 전후해 대두된 '공의 여론'과 체제의 안정을 위해 혹은 체제가 안정된 이후 등장한 '신민'이 함축하는 의미 그리고 이들의 교착은 반드시 과거적인 것이라고는 말할 수 없다. 공(公)과 여론(輿論)의 문제는 그만큼 지속적이고·역동적인 성격을 갖고 있는 것이다.

<blockquote>
定まるに到つたことを、深くよろこび、枢密顧問の諮詢及び帝国憲法第七十三條による帝国議会の議決を経た帝国憲法の改正を裁可し、ここにこれを公布せしめる."
</blockquote>

질의와 응답

1. '공의 여론'이 막말·메이지 시대에 정치적으로 어떻게 활용되었는가?
→ 공(公) 혹은 공의(公議)는 막부의 장군 등을 상징하는 의미였지만, 점차 번주, 하급 무사, 민중 등으로 상징의 대상이 바뀌게 된다. 이러한 변화 과정은 메이지유신에서 유리한 고지를 점하고자 하는 반막부 세력의 전략과 무관하지 않다. 또한 '공의'는 적을 공격하거나 새로운 제도를 수립하고자 할 때, 부사적·제도적으로 활용되기도 한다.

2. 막말·메이지기의 충성의 대상의 전환과 공의 여론은 어떻게 관련되는가?
→ 공(公)은 인격적인 의미를 띠는 동시에, 유교적인 천(天)의 관념과 관련된 규범적인 의미를 갖기도 한다. 그런데 반막부 측이 막부 측을 천(天)에 반하다고 규정해버리자, 천을 대변하게 되는 것은 반막부 세력과 천황이 되는 것이다. 따라서 기존의 봉건적이고 다원적인 충(忠)은 천황에 집중되어버리게 된다.

3. 민정(民政)이란 용어가 시대에 따라 얼마나 진보적일 수 있는가?
→ 메이지헌법 이후의 일본의 민중은 신민(臣民)으로 규정된다. 여기서 신민이란 주체가 아닌 수동적인 대상일 뿐이다. 그러나 가토 히로유키가 사용한 민정(民政)은 주체로서의 민(民)을 의식하지 않고는 생각될 수 없는 관념이다.

4. 다이쇼 데모크라시와 공의 여론은 어떻게 관련되는가?
→ 요시노 사쿠조는 다이쇼 시대의 번벌 정치(藩閥政治)의 관념을 정

당화하는 인사들을 비판하며 막말·메이지기의 공의 여론 관념이 갖는 반번벌적인 성격, 즉 민중 지향성을 제기하고 있다.

5. 전후 일본의 질서를 수립한 일본국헌법의 발포 근거로서 대일본제국헌법에 규정된 천황의 칙령과 관련하여 일본의 민주주의의 장래는 어떻게 논의할 수 있는가?
→ 전후 일본의 헌법은 정치적으로는 GHQ와 일본 국민의 의사에 의해 완성된 것으로 보이지만, 법적으로는 메이지헌법의 규정과 천황의 칙령에 따른 절차에 따라 제정·공포되었다. 따라서 일본의 민주주의를 논하기에는 좀 더 긴 시간과 넓은 시야가 필요하다고 생각된다.

참고 문헌

古田光·作田啓一·生松敬三編, 1968, 『近代日本社会思想史』I·II, 有斐閣.
橋川文三·鹿野政直·平岡敏夫 編, 1971, 『近代日本思想史の基礎知識』, 有斐閣.
宮本盛太郎 編, 1987, 『近代日本政治思想の座標』, 有斐閣.
吉野作造, 1995-1996, 『吉野作造選集』全16卷, 岩波書店.
吉野作造, 1995a[1916], 「憲政の本義を説いて其有終の美を済すの途を論ず」, 『吉野作造選集』2, 岩波書店.
吉野作造, 1995b[1926], 「自由民権時代の主権論」(1926. 9), 『吉野作造選集』11, 岩波書店.
吉野作造, 1995c[1926], 「明治初期の新聞雑誌に現れたる政論について」, 『吉野作造選集』11, 岩波書店.
吉野作造, 1995d[1927], 「我国近代史に於ける政治意識の発生」, 『吉野作造選集』11, 岩波書店.

渡辺浩, 1998,「日本思想史的脈絡から見た公私問題」,『比較思想史的脈絡から見た公私問題——第一回公共哲学共同研究会』, 将来世代国際財団.

明治編年史編纂会, 1934,『新聞集成明治編年史』第一巻(維新大変革期 文久2年~明治5年).

尾佐竹猛, 1930,『日本憲政史』, 日本評論社.

尾佐竹猛, 1937,『日本憲政史論集』, 育生社.

尾佐竹猛, 1938-1939,『日本憲政史大綱』上・下, 日本評論社.

福沢諭吉, 1960,『福沢諭吉全集』, 岩波書店.

杉原荘介・黛弘道・羽下徳彦・金井圓・鳥海靖, 1974,『日本史の基礎知識』, 有斐閣.

松本三之介, 1974,『近代日本の知的状況』, 中央公論社.

松本三之介, 1981,『明治精神の構造』, 日本放送出版協会.

松本三之介 編, 1966,『現代日本思想大系1 近代日本思想の萌芽』, 筑摩書房.

井藤隆, 1997,『明治の群像』, 実業の日本社.

井上勲, 1971a,「ネーションの形成」, 橋川文三・松本三之介 編,『近代日本政治思想史』I・II, 有斐閣.

井上勲, 1971b,「統一国家のヴィジョン」, 橋川文三・松本三之介 編,『近代日本政治思想史』I・II, 有斐閣.

井上厚史, 2008,「한일 전통 사상과 '천(天)' 관념의 변용——'천(天) 관념의 변용에서 보이는 한일 양국의 근대 내셔널리즘의 특징'」,『정치사상연구』14(2), 한국정치사상학회.

井上清, 1966,『日本の歴史20 明治維新』, 中央公論社.

太田雅夫, 1990,『増補 大正デモクラシー研究』, 新泉社.

河野健二 編, 1970,『日本の名著36 中江兆民』, 中央公論社.

丸山眞男, 1992[1960],「忠誠と反逆」,『忠誠と反逆』, 筑摩書房.

丸山眞男, 1995-1997,『丸山眞男集』全17巻, 岩波書店.

丸山眞男, 1996[1972],「歴史意識の古層」,『丸山眞男集』10, 岩波書店.

『日本近代思想大系9 憲法構想』(岩波書店, 1989).

『広辞苑』(岩波書店, 1955).

『現代思想』(幕末の思想) 4-4(青土社, 1976).

『伝統と現代』(日本近代のアポリア) 第23号(伝統と現代社, 1973).

『歴史公論』(自由民権運動) 1月号(雄山閣, 1976).

http://ja.wikipedia.org/.

http://nihonsi.web.fc2.com/.

http://www.spacelan.ne.jp/~daiman/.

http://shupla.w-jp.net/datas/theImperialCovenantOfFiveArticles.html.

http://list.room.ne.jp/~lawtext/.

http://www.max.hi-ho.ne.jp/m-shinomiya/ron/2007/ron070813.htm.

결론을 대신하여

장현근

　이상 우리는 민의를 중시하고, 의론을 통해 민심의 정치적 반영을 시도했던 동아시아의 정치 전통에 대해 살펴보았다. 시대적으로 중국의 경우 2500년 전의 사상에서 100년 전까지 긴 시대를 넷으로 나누어 다루었고, 한국의 경우 조선 초에서 개화기까지 500년 과정을 다루었다. 일본의 경우는 전근대 시기에서 메이지시대까지 1000년을 나누어 다루었다. 서장을 포함하여 12개 장에서 각 집필자들이 내린 결론 중 몇 가지 흥미로운 주장들을 정리하여 결론을 대신하고자 한다.
　동아시아 정치사상에서 민은 노예도 아니었고, 단순히 보호되어야 할 대상도 아니었다. 위정자들은 혹독한 형벌이나 단속을 통하 다스리지 않고, 법에 앞서 교화를 통해 자발적 질서를 유도하였다. 통치자들은 심지어 민을 공경하는 의식까지 가져야 했다. 따라서 단순한 권리와 의무의 상관관계로 정치를 인식하여, 동아시아의 민을 그저 의무만 있는 노예적 상태의 존재로 보거나 민의 초기적 의미예만 천착하여 맹목적이고 어리석은 존재로만 취급하는 시각은 교정되어야 한다. 국민을 무지몽매한 존재로 인식하여 이끌어가야 할 대상으로만 보는 오늘날의 일부 지도층이 전통을 운운하는 것은 잘못된 것이다.

중국 선진시대를 보더라도 묵자는 정치적 차별에 대한 강한 부정과 정치적 소통 및 책임의 필요성을 강조했다. 나아가 공익적 능력 여하에 따라 민이 정치에 참여할 수 있는 가능성을 열어놓았으며, 특히 군-신-민 간 정치적 소통의 방법을 제시하기도 했다. 노자와 장자의 경우 공동체의 발전을 위해서는 정치 지도자의 자비를 통한 용기, 검소를 통한 베풂, 그리고 국민의 위에 군림하지 않고 국민을 섬기려는 자세가 중요하다고 역설했다. 이들은 개체 간 갈등과 대립을 넘어 조화와 협력을 통한 공동체의 발전을 욕구했던 것이다.

진·한 제국의 출현은 이전 군신 관계에서 제시된 정치 권위의 정당성에 관한 원천을 그대로 계승하면서 동시에 제도화로의 발전을 추구했다. 그 결과 제국 질서가 유지될 수 있었고 황제-신민 관계의 규범성을 확보하는 데 성공할 수 있었으나 황제권의 강화로 인해 군신 쌍방의 소통이 제한되었다. 주나라 때의 '간언' 기능은 진·한 제국에 이르러 '의론'으로 제도화되었는데, '간언'을 황제권에 대한 견제 또는 민의의 상달이라는 현재의 민주적 가치로 재단할 경우, 군주-신민 관계를 유지하는 궁극적인 기제로 작동되었던 소통을 간과할 수 있다. 건강한 지배 질서는 소통이 관건이다.

주자학에선 주권의 차원에서 보면 백성이 귀중하고 군주가 가벼우나, 통치권의 차원에서 보자면 군주가 귀중하고 백성은 가볍다고 생각한다. 주자의 입장에서 이 두 주장은 차원을 달리하며 양립하는 것으로 결코 모순이 아니었다. 그는 주권과 통치권을 별개로 인식하고, 주권이 통치권보다 상위의 개념임을 분명히 하였다. 주자는 인간 능력의 유한성을 인정하고 '군·신·민의 의사소통'과 그 공정한 수렴을 지향하였다. 주자는 여론과 공론을 구별하였다. 천리와 민심이 접맥되는 지점에서 공론의 이론적 근거를 발견하고, 공론에 공동선의 추구라는 의미를 부여하면서 언로의 개방과 언론의 자유를 역설하였다.

중국 근대에는 과거의 정치 전통에 이의를 제기하며 군권에 대한 민권의 대체를 주장하였다. 호남개혁운동 및 입헌파와 혁명파 논쟁의 핵심은 전근대적 지배의 극복과 민권의 제도화에 있었고 결국 중화민국의 건국으로 귀결되었다. 청조를 종식시킨 신해혁명이 민권주의를 제도화했는지는 불확실하다. 국민당과 공산당의 내전은 '민의'에 의한 정치는커녕 '민권'마저 위태롭게 만들어버렸다. 중화민국을 계승한 대만은 민주화됨으로써 '민권'이 보장되고 '민의'에 의한 정치를 실시하고 있지만, 현대화와 발전의 논리에 갇혀 있는 중국은 경제사회적 다원화에도 불구하고 여전히 민권과 민의에 의한 정치는 요원한 상태이다.

조선의 경우 태종은 성리학적 정치 질서로 복귀한 뒤 일부 언론 탄압을 한 적이 있으나 공론 정치의 제도적 틀 자체를 파괴하지는 않았고, 자신의 정치적 목표를 달성한 후에는 신속하게 상황을 종료하고 본래의 정치적 메커니즘으로 복귀하였다. 세종이 성숙한 문화정치와 공론 정치를 실현할 수 있었던 것은 태종조의 정치적 경험을 통해 공론 정치의 모형을 배우고, 신권과 왕권과의 긍정적인 조화를 배웠기 때문이다. 공론 정치와 왕권의 관계는 반드시 부정적인 것이 아니라 오히려 긍정적일 수 있다. 강력한 왕의 치세 가운데 공론 정치가 확립되고 왕권이 지나치게 허약해졌을 때 공론 정치가 무너지기도 한다. 문제는 리더십이다.

성종은 승출의 법을 논의하는 과정을 통하여 철인왕의 리더십을 보여주었다. 군주와 신하 사이의 의론을 통해서 정치가 내면의 선악과 현부를 분별하고 인욕에 물든 마음을 스스로 돌아보도록 요구하였다. 또한 갈등과 대립을 완화시키는 성종의 중재적 설득은 뛰어난 리더십의 전형이다. 성종은 개전의 가능성을 말하면서 소인이라도 뉘우치면 다시 서용함으로써 교화시켜가야 한다고 주장하였다. 그는 '공'보다는 사욕을 추구하는 대신과 이들을 비판하며 '공'을 실현시키고자 하는 대간 사이에서 양자 간의 대립을 중재함으로써 정치적 안정을 유지하고자 했다. 성종은 형정보다는 감화에 초점을 맞추어 교화를 추진하였다. 그것은 공자가 말한 바와 같이 형벌보다는 예와 덕을 통한 감화가 사람을 선으로 이끌어가는 데 있어서 보다 우선적으로 고려되어야 하기 때문이었다. 정치가는 인의(仁義)로 소통해야 한다.

율곡 이이의 정치사상을 면밀히 살펴보면 조선 시대 공론과 당론 간의 갈등과 괴리에 대해 이해할 수 있다. 조선은 공론의 정치적 중요성을 잘 인식하고 있었음에도 불구하고, 주자학의 도덕적 근본주의로 인해 정신주의적이고 유아론적인 정치로 흐를 위험을 풍부하게 지니고 있었다. 또한 정치 체제상 정치적 논쟁을 '시간'의 경과 속에서 여과시키고 발효시킬 자율적인 사회적 공론장이 대단히 취약했으며, 정치적 '결정'과 '논의'의 장을 조정안에 통합, 제한함으로써 극단적인 분열의 정치를 초래한 것으로 이해된다.

개화기에 이르러서도 민의와 의론은 정치적 기반을 갖지 못하였다. 정치에 관한 의론을 담당하던 의정부가 있었는데, 개화기에 내각 제도가 시행되면서 의정부의 집행 기능은 행정 부서로 재편되고, 의정 기능은 입법기관을 염두에 두고 중추원으로 분리되어나간다. 만민공동회가 개최되어 중추원을 근대적인 의회로 개편하려고 한 의회 설립 운동을 추진하기도 하였다. 만민공동회는 서구 근대의 계몽

사상을 습득하여 근대적인 법과 권리 의식을 가지고 있었으며, 이를 기반으로 민의 권리와 그 권리를 보장해줄 수 있는 제도를 만들기 위해 풍찬노숙을 무릅쓴 것이다. 이와 같은 만민공동회의 정신은 4·19의거, 5·18민주화운동 등 현대 정치의 중요한 흐름들에까지 면면히 이어져온다고 할 수 있다.

일본의 경우 왕권은 권력의 실질을 잃은 천황만이 아니라, 그 대신에 권력을 실제적으로 갖는 막부도 포함이 된다. 이 점에서 무로마치시대와 에도시대에 정이(征夷)대장군은 실질적으로 조정을 지배한 일본의 통치자였다. 즉 지방의 철저한 지배와 수탈에 뛰어난 지방 무사 세력이 천황과 공가 권력을 대신하게 된 것이 바로 정이대장군이었다. 이로 인해 수탈의 대상이 된 지방은 한편으로 민(民)에게 기회를 주기도 했다. 이는 더 나아가 지방 하급 무사들에 의한 메이지(明治) 유신의 성공으로 이어졌고, 또 근대 이후의 '서민 시대'까지 계속되고 있다고 할 수 있다. 권력은 민과의 상호 관계 속에서 만들어진다.

근세 일본에서 유학의 담당자는 '시정(市井)'의 사람들이었다. 일본에서는 주자학이 지배 엘리트보다 민에게 본격적으로 수용되어 주자학에 잠재된 만민 평등적인 가능성이 중국이나 조선과는 다른 양상으로 개화하기 시작했다. 근세 일본에 있어서의 유학의 비중심성은 공공 탐구를 둘러싼 풍부한 사상적 영위를 가능하게 하였지만, 자기비판을 회피하는 '일본주의'화의 흐름에 쉽게 빠지기도 했다. 유학 지식의 대중화는 '위[上]'의 공적 의식과 '아래[下]'로부터의 사회참여 의식의 고양이 서로 맞물렸을 때 생활세계를 공공적 세계로 변모시키려는 다양한 시도를 낳을 수 있다.

일본에서 공의 여론 관념의 형성은 서구의 수용 과정에서 '공'의 보편성이 기여한 측면이 강하다. 공적인 것의 수용을 위해서 공의 내용과 주체를 의미하는 공의 여론을 묻고 공의 여론으로 결정한다고 할 때, 공의 여론이 지니는 다양성을 확인할 수 있다. 하지만 메이지유신을 전후하여 정치적인 수단으로서 공의 여론은 인격자인 천황에게의 충성으로 수렴되어버렸고, 그 주체는 '신민'으로 왜소화되는 불행한 역사를 경험하였다. '신민'은 '국민'으로 변모하였지만 체제 안정을 위해 등장한 '신민'이 함축하는 의미는 정치사회에 지속적인 영향력을 행사하고 있다.

    결국 민이 주체적으로 거듭나고 민의와 의론에 입각한 정치 전통을 수립하려면 통치자와 피통치자 간의 소통이 관건이다.

각 장에 대한 안내 및 각 장이 처음 게재된 학술지

2장(윤대식)은 이 책에 처음 싣는 글이고, 그 외의 글은 학술지에 게재된 것을 이 책에 맞게 일부 내용을 수정 보완한 것이다.

서장: 장현근, 2009, 「민의 어원과 의미에 관한 고찰」(『정치사상연구』 15집 2호)을 수정 보완한 것이다.

1장: 김정호, 2008, 「묵자사상에 나타난 정치사회의식의 현대적 함의」(『한국시민윤리학회보』 21집 1호)와 김정호, 2010, 「노장 정치사상의 인식론적 특성과 공동체적 정치의식의 현대적 의의」(『한국시민윤리학회보』 23집 2호)를 수정 보완한 것이다.

3장: 이상익, 2009, 「朱子學에 있어서 君·臣·民 관계」(『한국철학논집』 27집)를 수정 보완한 것이다.

4장: 조성환, 2008, 「중국의 근대정치와 민의: 민권론의 전개를 중심으로」(『국제정치연구』 11집 2호)를 수정 보완한 것이다.

5장: 박홍규·이세형, 2006, 「태종과 공론정치: '유신의 교화'」(『한국정치학회보』 40집 3호)를 수정 보완한 것이다.

6장: 방상근, 2011, 「철인왕 성종의 설득적 리더십: 진퇴(進退)논쟁을 중심으로」(『정신문화연구』 34집 2호)와 방상근, 2011, 「성종의 중재적 리더십과 태평의 정치: 소인논쟁을 중심으로」(『대동문화연구』 74집)를 수정 보완한 것이다.

7장: 김영수, 2005, 「조선 공론정치의 이상과 현실 1: 당쟁발생기 율곡 이이의 공론정치론을 중심으로」(『한국정치학회보』 39집 5호)를 재수록한 것이다.

8장: 이원택, 2004, 「17세기 윤휴의 권력구조 개편론」(『동방학지』 125집)의 일부와 이원택, 2008, 「개화기 禮治로부터 法治로의 사상적 전환」(『정치사상연구』 14집 2호)의 일부를 수정 보완하고, 일부는 새로 집필하여 작성한 것이다.

9장: 송완범, 2011, 「民의 대척점에 선 「王權」의 표상: 「天皇」과 「征夷大將軍」」(『일본사상』 20집)을 수정 보완한 것이다.

10장: 고희탁, 2012, 「에도시대 '민'의 정치적 각성과 그 역설」(『일본사상』 22집)을 수정 보완한 것이다.

11장: 노병호, 2009, 「公議輿論과 民意」(『일본사상』 17집)를 수정 보완한 것이다.

지은이 소개

장현근은 중국문화대학교에서 『순자』 연구로 정치학 박사 학위를 받았으며, 현재 용인대학교 중국학과 교수로 재직 중이다. 중국 정치사상 전반을 한국에 소개하는 데 전념하고 있으며, 전통문화와 사상에 대한 재해석과 비판적 계승 작업을 계속하고 있다. 저서로『중국 사상의 뿌리』(2004), 『맹자: 바른 정치가 인간을 바로 세운다』(2010), 『성왕: 동양 리더십의 원형』(2012) 등이, 역서로『중국정치사상사』(2002), 『신어역해』(2011) 등이, 논문으로 「공(public)·공(common) 개념과 중국 진한정부의 재발견: 예·법의 분화와 결합」(2010), 「방벌(放伐)과 선양(禪讓)의 이중주: 초기 유가사상의 정권에 대한 정당화」(2012), "荀子'化性起僞'的政治意義"(2004) 등이 있다. 이메일: koosnikr@hanmail.net

김정호는 인하대학교에서 정치학 박사 학위를 받았으며, 현재 인하대학교 정치외교학과 교수로 재직 중이다. 동아시아 정치사상사 및 외교사 분야를 강의하고 있으며, 주요 관심사는 한일 근세 교류사, 동아시아 비교사상사 및 문명사와 관련된 주제들이다. 저서로

『근세 동아시아의 개혁사상』(2003), 『도전과 응전의 정치사상』(2005) 등이, 논문으로 「동양정치사상에서의 진보: 한국의 전통적 진보사상의 특성을 중심으로」(2009), 「국권상실의 정치사상적 요인」(2010), 「사료(史料)를 통해 본 조선피로인(朝鮮被擄人)의 일본 나에시로가와(苗代川) 정착과정 연구(1)」(2011) 등이 있다. 이메일: jhkim04@inha.ac.kr

윤대식은 한국외국어대학교에서 정치학 박사 학위를 받았으며, 현재 한국외국어대학교와 인하대학교에 출강 중이다. 고대 중국의 유·법가, 조선 후기 실학, 한국 정치사에 관한 연구를 진행했으며, 고대 법가 철학과 조선왕조의 리더십 연구에 주력하고 있다. 저서로 『17·18세기 조선의 외국서적 수용과 독서문화』(2006, 공저), 『동아시아의 정치적 의무관에 대한 모색』(2008) 등이, 논문으로 「일지록(日知錄)에 내포된 중국 실학의 정치적 의도와 조선으로의 유입 과정」(2004), 「상앙의 법치주의에 내재한 정치적 의무」(2004), 「맹자의 왕도주의에 내재한 정치적 의무의 기제」(2005) 등이 있다. 이메일: dskhan@hanmail.net

이상익은 성균관대학교에서 철학 박사 학위를 받았으며, 현재 부산교육대학교 윤리교육과 교수로 재직 중이다. 주로 중국과 한국의 윤리사상을 강의하고 있으며, 주요 관심 분야는 주자학(성리학)의 인성이론과 사회·정치사상이다. 저서로 『歷史哲學과 易學思想』(1996), 『서구의 충격과 근대 한국사상』(1997), 『畿湖性理學 硏究』(1998), 『儒家 社會哲學 硏究』(2001), 『儒教傳統과 自由民主主義』(2004), 『畿湖性理學 論考』(2005), 『朱子學의 길』(2007), 『사람의 길, 文明의 꿈』(2009), 『嶺南性理學硏究』(2011) 등이 있다. 이메일: dltkddlr200@

hanmail.net

조성환은 파리 고등사회과학대학원에서 정치학 박사 학위를 받았다. 현재 경기대학교 정치전문대학원 교수로 재직 중이다. 주로 중국 정치와 동북아국제정치, 한국의 국가전략을 강의하고 있다. 주요 관심 분야는 중국 근대 정치사상의 지식사회학적 분석, 탈냉전 이후 동아시아 주요국의 신민족주의, 동아시아 지역주의의 사상과 전략, 세계화 시대의 한국의 국가전략 등이다. 저서로『동북아공동체를 향하여』(2004, 공저),『세계화와 동아시아 민족주의』(2010, 공저) 등이, 논문으로「유토피아와 과학: 중국 사회주의 지식사회학, 1905-1926」(2001),「동아시아주의의 정치사상: 근대와 탈근대의 변주」(2004),「역사와 의지: 중국 근현대지식인의 정치적 행동주의」(2005),「체제전환기 중국의 국가민족주의」(2010),「근대 중국의 세계관적 사상의 변화와 정치사상의 전개」(2011) 등이 있다. 이메일: 77shjo@hanmail.net

박홍규는 일본 도쿄대학교에서 정치학 박사 학위를 받았으며, 현재 고려대학교 정치외교학과 교수로 재직 중이다. 주로 한국·동양 정치사상을 강의하고 있으며, 주요 관심 분야는 한중일 3국의 보편 이념으로서의 주자학의 수용, 주자학과 조선 건국, 이념과 현실정치의 관계, 정치가의 리더십이다. 저서로『山崎闇齋の政治理念』(2002),『정치가 정도전』(2007) 등이, 역서로『주자학과 근세일본사회』(2007),『마루야마 마사오: 리버럴리스트의 초상』(2011) 등이 있다. 논문으로「주자학과 조선건국(1): 고려말기 주자학의 수용과 적용」(2000),「주자학과 조선건국(2): 조선건국과 정도전」(2001),「정도전의 "공요(攻遼)" 기도 재검토: 정치사상의 관점에서」(2004),「나카에

쵸민(中江兆民)의 평화이념과 맹자」(2005), 「정도전과 도통」(2007), 등이 있다. 이메일: hkpark61@hanmail.net

이세형은 고려대학교에서 정치학 석사 학위를 받았으며, 현재 미국 위스콘신-매디슨대학교 정치학 박사 과정을 수료하고 박사 논문을 준비 중이다. 주요 관심 분야는 동서양 정치사상 비교연구, 그리스 민주주의, 심의민주주의, 그리스비극 연구 등이다. 역서로『시민정치론 강의: 시티즌십』(2009, 공역) 등이, 논문으로「심의민주주의와 아리스토텔레스」(2005), 「미국의 진보와 보수: 사상적 기원, 역사, 그리고 전망」(2010, 공저) 등이 있다. 이메일: syi2@wisc.edu

방상근은 고려대학교에서 정치학 박사 학위를 받았으며, 현재 고려대학교 정외과 BK사업단(한국정치학의 세계화 교육연구단) 연구교수로 재직 중이다. 주로 한국·동양 정치사상을 강의하고 있으며, 주요 관심 분야는 정치와 법치의 관계, 유교 이념과 정치, 정치사상과 정치가, 정치가로서 군주의 리더십 관련 문제들이다. 논문으로「태종 이방원의 권력정치: '양권(揚權)'의 정치술을 중심으로」(2006, 공저), 「정도전의 '재상주의론' 재검토」(2008, 공저), 「세종의 권력이양과 인시제의」(2009, 공저), 「세종조의 도덕과 법: 인정과 성헌을 중심으로」(2009, 공저), 「성종과 포황(包荒)의 정치: 심술(心術)논쟁을 중심으로」(2012) 등이 있다. 이메일: phronesis@korea.ac.kr

김영수는 서울대학교에서 정치학 박사 학위를 받았으며, 현재 영남대 정외과 교수, 대통령실 연설·기록비서관으로 재직 중이다. 저서로『장면·윤보선·박정희—1960년대 초 주요정치지도자 연구』(2001, 공저), 『한국정치사상사』(2005, 공저), 『건국의 정치: 여말선초,

혁명과 문명전환』(2006), 『변용하는 일본형시스템: 현장보고』(2008, 공저), 『세종 리더십 이야기』(2010, 공저) 등이, 역서로 『해양국가 일본의 구상』(2005, 공역), 『리더십강의』(2000) 등이, 논문으로 「근세 도쿠가와 일본의 정치와 윤리: '赤穗事件'에 나타난 武士道의 '정치-윤리'의 갈등을 중심으로」(2004), 「조선건국의 정신적 기원: 14세기 주자학 수용의 내적 계기를 중심으로」(2010) 등이 있다. 이메일: kys0326@yahoo.com

이원택은 서울대학교에서 정치학 박사 학위를 받았으며, 현재 연세대학교 국학연구원 연구교수로 재직 중이다. 동아시아 전통사회의 예학(禮學)과 경연(經筵)을 연구하고 있다. 저서로 『한국중세 정치사상과 周禮』(2005, 공저), 『유교의 예치이념과 조선』(2007, 공저), 『한국유학사상대계Ⅷ(법사상편)』(2008, 공저) 등이, 역서로 『茶山의 經學世界』(2002, 공역), 『역주 詩經講義 1~5』(2008, 공역) 등이, 논문으로 「顯宗朝의 復讐義理 논쟁과 公私 관념」(2002), 「법가사상과 리더십: 한비자의 경우」(2007), 「17세기 복제예송이 18세기 복제예론에 미친 영향」(2008), 「星湖의 정치사상과 '유교주의'」(2010), 「근대적 소유권의 확립과 관습적 권리의 박탈」(2010) 등이 있다. 이메일: cpp5@chol.com

송완범은 일본 도쿄대학교에서 문학 박사 학위를 받았으며, 현재 고려대학교 일본연구센터 HK교수로 재직 중이다. 주로 동아시아 세계 속의 일본 역사와 문화를 강의하고 있으며, 주요 관심 분야는 일본고대사, 한일관계사, 일본율령국가와 동아시아 등이다. 저서로 『저팬리뷰 2011』(2011, 공저), 『한·일 상호간 集團居住地의 역사적 연구―미래지향적 한일관계의 提言』(2011, 공저), 『근대 동아시아 담론의 역설과 굴절』(2011, 공저) 등이, 역서로『교양으로 읽는 일본사상사』(2010, 공역),『삼국지의 세계』(2011, 공역),『일본의 술』(2011, 공역) 등이, 논문으로「간무(桓武)천황과 백제왕씨」(2010),「일본율령국가의 변용에 대한 일고찰―간무(桓武)천황의 가타노(交野) 행행(行幸)을 중심으로」(2010),「韓半島南部 倭人의 殘像―交流와 共存의 시점에서」(2011) 등이 있다. 이메일: swb7906@hotmail.com

고희탁은 일본 도쿄대학교에서 일본 근세의 정치사회사상사 논문으로 학술 박사 학위를 받았으며, 현재 연세대학교 정치외교학과 연구교수로 재직 중이다. 주로 주자학의 확립과 전파 이후 일어난 정치사회사상사적 변화가 동아시아 각국의 근대에 어떤 영향을 미쳤는가에 대한 연구에 관심을 갖고 있다. 저서로『일본 근세의 공공적 삶과 윤리』(2009),『국학과 일본주의』(2011, 공저),『公共する人間1 伊藤仁齋』(2010, 공저),『公共する人間2 石田梅岩』(2011, 공저) 등이, 역서로『교양으로 읽는 일본사상사』(2010, 공역),『일본 '국체' 내셔널리즘의 원형』(2011, 공역) 등이, 논문으로「유학적 구도의 재편과 공공론적 탐구」(2009),「전후 일본의 정치학 정체성론 연구」(2010),「東アジアにおける公共的な生と倫理」(2011) 등이 있다. 이메일: glocal@yonsei.ac.kr

노병호는 일본 교토대학교에서 근현대 일본 정치사상사에 대한 연구로 박사학위를 받았다. 현재 한국외국어대학교 일본연구소 초빙연구원이며, 한국외국어대학교와 한림대학교에 출강하고 있다. 시기적으로는 메이지 전후로부터 현대, 대상으로는 마루야마 마사오(丸山眞男) 등의 근대주의를 축으로 하지만, 근대주의에 의문을 제기하는 일본주의·우익·보수주의에도 관심을 갖고 있다. 저서로『ナ

ショナリズムの時代精神』(2009, 공저), 『일본지역학 입문 Ⅰ』(2011, 공저) 등이, 논문으로 「일본의 민주주의와 1960년—시미즈 이쿠타로와 마루야마 마사오」(2009), 「현대일본의 아이덴티티와 미국」(2010), 「미키 키요시와 전향」(2010), 「현대일본의 핵무장론의 사상사적 계보」(2011), 「남바라 시게루(南原繁)의 내셔널리즘—유학과 '후루사토', 그리고 미국과 '일본'」(2012) 등이 있다. 이메일: maruya1@yahoo.co.kr